7급, 9급 국가직·서울시·지방직 채용을 위한 **기술직 공무원** 합격 완벽 대비서

건축계획
한권으로 끝내기

TECH BIBLE

SD에듀
(주)시대고시기획

기술직 공무원 합격 완벽 대비서

TECH BIBLE

기술직 공무원 [건축계획]

Always with you

사람이 길에서 우연하게 만나거나 함께 살아가는 것만이 인연은 아니라고 생각합니다.
책을 펴내는 출판사와 그 책을 읽는 독자의 만남도 소중한 인연입니다.
SD에듀는 항상 독자의 마음을 헤아리기 위해 노력하고 있습니다.
늘 독자와 함께하겠습니다.

7급, 9급 국가직·서울시·지방직 채용을 위한 기술직 공무원 합격 완벽 대비서!

본서는 기술직 공무원 기본서 교재로, 임용을 준비하는 예비 공무원부터 전공/비전공 준비생에 이르기까지 이 책 한권으로 건축계획에 대한 기초 지식을 쌓고, 최종 마무리를 위해 활용할 수 있도록 하였습니다.

최근 공무원 시험의 출제범위는 기본서 범위에서 벗어나 연구자료, 각종 기준고시 등에서 출제되기도 하며, 현장 실무와 연관되거나 심도 있고 사회적 이슈가 되는 문제들이 출제되어 수험생들에게 큰 부담을 주고 있습니다. 이에 수십 년간의 강의, 설계 실무, 연구 등의 경험을 바탕으로 핵심적인 내용만을 정리하였으며, 기출문제를 철저히 분석하여 이 책을 구성하였습니다.

본 교재의 특징은 다음과 같습니다.
첫째, PART 01 핵심이론에는 건축계획의 기초가 되는 계획 총론 및 각론, 건축환경 및 설비분야에 대한 내용을 자세하게 수록하여 이 책 한 권으로 학습의 토대를 세울 수 있도록 하였습니다.
둘째, 최근에 개정된 건축법을 반영하였으며, 각종 기준과 규칙도 교재에 수록하였습니다.
셋째, PART 02 기출문제에서는 심화 또는 신규 출제된 기출문제의 해설에, 연관된 학습 포인트 내용을 추가함으로써 변형된 문제를 해결할 수 있도록 보완하였습니다.

공무원 수험생활은 길고 지루할 수 있습니다. 그러나 학습의 방향성과 집중도에 따라 그 어려움은 반감될 수 있으므로, '나는 할 수 있다'는 의지를 가지고 본서를 기초로 삼아 꾸준히 공부해 나간다면 원하는 결과를 얻을 수 있으리라 봅니다.

편저자 민영기 씀

시험 안내

기술직 공무원의 업무

기계, 전기, 화공, 농업, 토목, 건축, 전산 등 각 분야에 대한 전문적이고 기술적인 업무를 수행한다.

응시자격

● 9급채용 응시연령 : 18세 이상(고졸자 경력경쟁임용시험은 조기 입학한 17세 해당자도 응시 가능)

● 국가공무원법 제33조 및 지방공무원법 제31조(결격사유), 국가공무원법 제74조 및 지방공무원법 제66조(정년)에
해당되는 자 또는 지방공무원 임용령 제65조(부정행위자 등에 대한 조치) 및 부패방지 및 국민권익위원회의 설치
와 운영에 관한 법률 제82조(비위면직자 등의 취업제한) 등 관계법령에 의하여 응시자격이 정지된 자는 응시할 수
없음

국가공무원법 제33조, 지방공무원법 제31조(결격사유)

• 피성년후견인
• 파산선고를 받고 복권되지 아니한 자
• 금고 이상의 형을 선고받고 그 집행이 종료되거나 집행을 받지 아니하기로 확정된 후 5년이 지나지 아니한 자
• 금고 이상의 형을 선고받고 그 집행유예 기간이 끝난 날부터 2년이 지나지 아니한 자
• 금고 이상의 형의 선고유예를 선고받고 그 선고유예 기간 중에 있는 자
• 법원의 판결 또는 다른 법률에 따라 자격이 상실되거나 정지된 자
• 공무원으로 재직기간 중 직무와 관련하여 형법 제355조(횡령, 배임) 및 제356조(업무상의 횡령과 배임)에 규
  정된 죄를 범한 사람으로서 300만원 이상의 벌금형을 선고받고 그 형이 확정된 후 2년이 지나지 아니한 자
• 다음의 어느 하나에 해당하는 죄를 범한 사람으로서 100만원 이상의 벌금형을 선고받고 그 형이 확정된 후 3년
  이 지나지 아니한 자
  – 성폭력범죄의 처벌 등에 관한 특례법 제2조에 따른 성폭력범죄
  – 정보통신망 이용촉진 및 정보보호 등에 관한 법률 제74조제1항제2호 및 제3호에 규정된 죄
  – 스토킹범죄의 처벌 등에 관한 법률 제2조제2호에 따른 스토킹범죄
• 미성년자에 대한 다음의 어느 하나에 해당하는 죄를 저질러 파면 · 해임되거나 형 또는 치료감호를 선고받아
  그 형 또는 치료감호가 확정된 자(집행유예를 선고받은 후 그 집행유예 기간이 경과한 자를 포함한다)
  – 성폭력범죄의 처벌 등에 관한 특례법 제2조에 따른 성폭력범죄
  – 아동 · 청소년의 성보호에 관한 법률 제2조제2호에 따른 아동 · 청소년대상 성범죄
• 징계로 파면처분을 받은 때부터 5년이 지나지 아니한 자
• 징계로 해임처분을 받은 때부터 3년이 지나지 아니한 자

- 거주지 제한(지방직 공무원, 아래의 요건 중 하나를 충족하여야 함)
  - 매년 1월 1일 이전부터 최종시험(면접시험)일까지 계속하여 응시지역에 주민등록상 주소지 또는 국내거소신고(재외국민에 한함)가 되어 있는 자
    ※ 동 기간 중 주민등록의 말소 및 거주 불명으로 등록된 사실이 없어야 함
    ※ 재외국민(해외영주권자)의 경우 위 요건과 같고 주민등록 또는 국내거소신고 사실증명으로 거주한 사실을 증명함
  - 매년 1월 1일 이전까지 주민등록상 주소지 또는 국내거소신고(재외국민에 한함)가 응시지역으로 되어 있었던 기간을 모두 합산하여 총 3년 이상인 자
    ※ 각 시 · 도에 따라 다를 수 있음

시험방법

- 제1 · 2차 시험(병합실시) : 선택형 필기시험(과목별 20문항, 4지택일형)
  ※ 서류전형 : 필기시험 합격자에 한해 서면으로 실시(응시자격, 가산점 등)
- 제3차 시험 : 면접시험(필기시험 합격자 중 서류전형 합격자)

가산점

가산점 적용대상자 및 가산점 비율표		
구분	가산비율	비고
취업지원대상자	과목별 만점의 10% 또는 5%	• 취업지원대상자 가점과 의사상자 등 가점은 1개만 적용 • 취업지원대상자/의사상자 등 가점과 자격증 가산점은 각각 적용
의사상자 등	과목별 만점의 5% 또는 3%	
직렬별 가산대상 자격증 소지자	과목별 만점의 3~5% (1개의 자격증만 인정)	

※ 세부 사항은 변경될 수 있으니 원서접수 홈페이지를 확인하시기 바랍니다.

기술직 가산점		
구분	9급	
	기술사, 기능장, 기사, 산업기사	기능사
가산비율	5%	3%

※ 폐지된 자격증으로서 국가기술자격법령 등에 따라 그 자격이 계속 인정되는 자격증은 가산대상 자격으로 인정됨

구성 및 특징

01

핵심이론

필수적으로 학습해야 하는 중요한 이론들을 한눈에 이해할 수 있도록 각 단원별로 체계적으로 정리하여 수록하였습니다.

PART 01 핵심이론

건축계획

제1절 총론

1 계획일반

(1) 건축의 3대 요소
① 기능 : 공간의 용도 및 목적
② 구조 : 안정성에 기초한 기능·미의 균형과 조화
③ 미 : 형태, 아름다움

(2) 의사결정 단계(분석 → 종합 → 평가 순으로 진행)
① 분석
  ㉠ 용도, 특성의 분석 및 결정
  ㉡ 공간의 연계성, 대지조건 등 분석
  ㉢ 건축주의 요구사항 수렴
② 종합

02

국가직 기출문제

과년도부터 최근까지 시행된 기출문제를 수록했습니다. 과년도 기출문제와 최근에 실시된 기출문제를 풀어보며 최신의 출제경향을 파악할 수 있습니다.

2023년 국가직 7급(2023.09.23.)

01 건축물계획에 대한 설명으로 옳지 않은 것은?
① 백화점 – 사행배치 방식은 고객 동선을 판매장 구석까지 연결할 수 있지만, 다양한 크기의 진열장이 필요하다.
② 공연장 – 아레나(Arena)형 무대 배치는 많은 관객을 수용할 수 있으며, 무대의 배경을 만들지 않아서 경제성이 있다.
③ 공장 – 공정중심의 레이아웃(기계설비 중심)은 기능식 레이아웃으로써 다품종 소량생산으로 표준화가 어려운 경우 적합하다.
④ 미술관 – 전시실의 중앙홀 형식은 자유로운 출입이 가능하고 장래 확장에 유리하다.

해설
전시실의 중앙홀 형식은 중앙홀에서 전시실로의 자유로운 출입이 가능하지만, 장래 확장에는 불리하다.

03

서울시 기출문제

과년도부터 최근까지 시행된 기출문제를 수록했습니다. 과년도 기출문제와 최근에 실시된 기출문제를 풀어보며 최신의 출제경향을 파악할 수 있습니다.

2022년 **서울시 9급** (2022.02.26.)

01 유니버설 디자인의 7대 원칙에 해당하지 않는 것은?

① 공평한 사용(Equitable Use)
② 사용상의 융통성(Flexibility in Use)
③ 오류에 대한 포용력(Tolerance for Error)
④ 안전한 사용(Safe Use)

해설
유니버설 디자인 7대 원칙
1. 공평한 사용(Equitable Use)
2. 사용상의 융통성(Flexibility in Use)
3. 손쉬운 이용(Simple, Intuitive Use)
4. 정보이용의 용이(Perceptible Information)
5. 오류에 대한 포용력(Tolerance for Error)
6. 편리한 조작(Low Physical Effort)
7. 적당한 크기와 공간(Size and Space for Approach and Use)

04

지방직 기출문제

과년도부터 최근까지 시행된 기출문제를 수록했습니다. 과년도 기출문제와 최근에 실시된 기출문제를 풀어보며 최신의 출제경향을 파악할 수 있습니다.

2023년 **지방직 9급** (2023.10.28.)

01 배수관 내의 흐름을 원활하게 하고 신선한 공기를 유통시켜 배수관 계통의 환기를 도모하는 것은?

① 봉수   ② 트랩
③ 통기관   ④ 워터해머

해설
① 봉수 : 트랩 안에 일정량의 채워져 있는 물을 말한다.
② 트랩 : 봉수를 고이게 하는 기구이며, 배수관 속 악취, 유독가스 및 벌레의 침투를 방지한다.
④ 워터해머(수격작용) : 급수관 내에서 물의 흐름이 갑자기 정지할 때, 급수관경이 작을 때, 빠른 유속에 의해 발생한다.

PART 01

핵심이론

기술직 건축계획

TECH BIBLE

CHAPTER 01 건축계획

제1절 총론

1 계획일반

(1) 건축의 3대 요소

① 기능 : 공간의 용도 및 목적

② 구조 : 안정성에 기초한 기능·미의 균형과 조화

③ 미 : 형태, 아름다움

(2) 의사결정 단계(분석 → 종합 → 평가 순으로 진행)

① 분석

　㉠ 용도, 특성의 분석 및 결정

　㉡ 공간의 연계성, 대지조건 등 분석

　㉢ 건축주의 요구사항 수렴

② 종합

　㉠ 디자인 원칙 및 요소 결정 : 의장, 이미지 등의 결정

　㉡ 평면, 입면, 단면도 작성

　㉢ 구조 및 설비 시스템 검토

③ 평가 : 최적안 결정

(3) POE(Post Occupancy Evaluation)

① 거주 후 평가(Post Occupancy Evaluation)로서 자료수집 단계에서 거주 후 사용자의 경험과 반응을 연구한다.

② 장래에 유사한 건축물 계획에 필요한 정보추출 및 제공을 위하여 만족도, 요구, 가치 등을 평가한다.

③ 평가과정 : 건축물 선정 → 인터뷰, 답사, 관찰 → 반응연구 → 지침설정

④ 평가요소 : 환경장치, 사용자, 주변 환경, 디자인 활동

⑤ 거주 후 평가 유형

　　㉠ 기술적 평가 : 건물에 대한 평가

　　㉡ 기능적 평가 : 서비스에 대한 평가

　　㉢ 행태적 평가 : 환경 심리에 대한 평가

(4) 건축계획 조사방법

① 문헌조사

　　㉠ 비용과 시간이 최소가 되며, 가장 많이 사용하는 방법이다.

　　㉡ 문헌 자체의 오류와 한계를 고려해야 한다.

② 면담법

　　㉠ 면담에 의해 계획적 기초 연구를 시행한다.

　　㉡ 시간 및 조사 경비가 소요된다.

③ 관찰법

　　㉠ 인간 행태에 관한 연구이다.

　　㉡ 구두 표현 능력이 없는 어린이 등이 조사 대상이다.

④ 설문지법

　　㉠ 설문지 응답자는 기초적 문장 이해 능력이 요구된다.

　　㉡ 오류의 최소화를 위한 고도의 설문지 작성 기법 요구된다.

⑤ 실험법 : 특수한 문제의 해결법으로 사용한다.

2 건축 공간 구성

(1) 건축척도조정(MC ; Modular Coordination)

① 개념

　　㉠ MC : 구성재의 크기를 정하기 위한 치수의 조정을 뜻한다.

　　㉡ 건축의 공장생산화(Prefabrication) : 공장에서 대량생산하여 현장에서 조립한다(공기 단축, 품질 확보).

② MC의 고려사항

　　㉠ 우리나라의 지역성을 최대한 고려한다.

　　㉡ 건물의 종류, 성격에 맞추어 계획 모듈을 정한다.

　　㉢ 가능한 한 국제적 MC 합의 사항에 맞도록 한다.

　　㉣ MC화 되더라도 설계의 자유도를 높이도록 한다.

③ MC의 장점

ㄱ 재료규격의 표준화 및 대량생산이 가능(공장화)하다.

ㄴ 연중 공사가 가능(건식화)하고, 공사기간이 단축(조립화)된다.

ㄷ 설계작업과 시공이 간편하다.

④ MC의 단점

ㄱ 융통성이 없고 획일적이므로 집단화에 유의한다.

ㄴ 인간성, 창조성 상실이 우려된다.

ㄷ 배색에 신중을 기해야 한다.

(2) 건축공간 스케일(Scale) 분류

① 물리적 스케일 : 인간이나 물체의 크기 등에 따라 치수가 결정된다(출입구 치수).

② 생리적 스케일 : 실 공간의 소요 환기량과 같이 생리적으로 필요로 하는 공간의 치수이다(창문의 크기).

③ 심리적 스케일 : 심리적으로 압박감이나 답답함을 느끼지 않을 만큼의 치수이다(천장 높이).

(3) 주택의 평면과 각 부위의 치수 및 기준척도

① 치수 및 기준척도는 안목치수를 원칙으로 한다.

② 거실, 침실 평면 각 변의 길이는 5cm 단위로 한다.

③ 부엌, 식당, 욕실, 화장실, 복도, 계단 및 계단참 등 평면 각 변 길이 또는 너비는 5cm를 기준척도로 한다.

④ 거실 및 침실의 반자높이(반자를 설치하는 경우만 해당한다)는 2.2m 이상으로 하고 층 높이는 2.4m 이상으로 하되, 각각 5cm를 단위로 한 것을 기준척도로 한다.

3 건축 의장

(1) 통일(Unity)과 변화(Variability)

① 통일

ㄱ 구성체 요소들 간에 이질감이 느껴지지 않고 전체로서 하나의 이미지를 주는 것을 말한다.

ㄴ 형태, 색깔, 질감 등에서 통일성을 얻을 수 있다.

② 변화

ㄱ 무질서한 변화가 아니라 통일성에서의 조화를 뜻한다.

ㄴ 지나친 통일성 강조는 단조로워지므로 적절한 변화성이 필요하다.

(2) 비례(Proportion)와 균제(Symmetry)

① 비례

    ㉠ 어떤 양과 다른 양, 건축에서 말하면 선, 면, 공간 사이에 상호 간의 양적인 관계를 뜻한다.

    ㉡ 비례의 기본은 언제나 인간이며, 자연 상태의 동식물에서도 훌륭한 비례 체계를 찾아볼 수 있다.

② 균제 : 일정한 비율 관계의 균형 잡힌 구성

(3) 조화(Harmony)와 대비(Contrast)

① 조화

    ㉠ 미적 대상을 구성하는 부분과 부분 사이에 질적으로나 양적으로 모순되는 일이 없이 질서가 잡혀 있는
것을 말한다.

    ㉡ 유사와 대비가 있다.

② 유사(Similarity) : 서로 비슷한 요소들의 조화

③ 대비

    ㉠ 서로 상반되는 요소를 대치시켜 상호 간의 특징을 더욱 강조하는 것이다.

    ㉡ 동적이고 강한 시각적 디자인에 효과적이다.

(4) 균형(Balance)

① 어느 한쪽으로 기울거나 치우치지 아니하고 고른 상태를 말한다.

② 대칭과 비대칭, 주도와 종속으로 균형을 이룰 수 있다.

(5) 리듬(Rhythm)

① 부분과 부분 사이에 시각적으로 강한 힘과 약한 힘이 규칙적으로 연속될 때 나타난다.

② 동적 질서는 활기찬 표정, 시각적 운동감을 준다.

③ 리듬의 종류 : 반복, 점층, 점이, 점증, 억양 등

(6) 질감(Texture)

① 표면처리의 외곽적 표현을 뜻한다.

② 물체를 만져보지 않고 눈으로만 보아도 그 표면의 상태를 알 수 있는 것을 말한다.

1 기본 목표와 주거생활 수준

(1) 주택설계의 새로운 방향

① 생활의 쾌적함 증대

② 가사노동의 경감(주부의 동선 단축)

③ 가족본위의 주거(가장 중심 → 주부 중심)

④ 개인생활의 프라이버시(독립성) 확보

⑤ 좌식 + 입식(의자식) 혼용 : 좌식 기본, 입식 도입

(2) 가사노동의 경감방법

① 필요 이상의 넓은 주거를 지양(노동의 절감)

② 평면에서의 주부의 동선이 단축되도록 할 것

③ 능률이 좋은 부엌시설이나 가사실을 갖출 것

④ 설비를 좋게 하고 되도록 기계화할 것

(3) 주거생활 수준

① 주거생활 수준

㉠ 주거생활 수준은 1인당 주거 면적으로 나타내며, 주거 면적은 연면적에서 공용 부분을 제외한 순수 거주 면적을 말한다.

㉡ 건축 연면적의 50~60% 정도

② 1인당 점유 바닥면적(주거면적)

㉠ 최소 $10m^2$

㉡ 표준 $16m^2$ 정도

③ 각국의 기준

㉠ 세계가족단체협회의 콜로뉴 기준 : $16m^2$/인

㉡ 숑바르 드 로브(Chombard de Lawve)의 기준

• 병리기준 : $8m^2$/인 이상

• 한계기준 : $14m^2$/인 이상

• 표준기준 : $16m^2$/인 정도

2 주생활공간과 동선계획

(1) 주생활공간

① 생활공간에 의한 분류
  ㉠ 단란생활공간
  ㉡ 보건위생공간
  ㉢ 개인생활공간

② 사용시간에 의한 분류
  ㉠ 주간 사용공간
  ㉡ 주야간 사용공간
  ㉢ 야간 사용공간

③ 생활 주체에 의한 분류
  ㉠ 주인 사용공간
  ㉡ 주부 사용공간
  ㉢ 아동 사용공간

(2) 동선계획

① 동선계획
  ㉠ 동선 3요소 : 속도, 빈도, 하중
  ㉡ 하중이 큰 가사노동의 동선은 굵고 짧게 하고, 남쪽에 위치시킨다.
  ㉢ 동선에는 가구를 둘 수 있다.
  ㉣ 동선에는 공간(Space)이 필요하다.

② 동선계획의 원칙
  ㉠ 단순 명쾌할 것
  ㉡ 빈도가 높은 동선은 짧게 할 것
  ㉢ 서로 다른 종류의 동선은 분리할 것
  ㉣ 필요 이상의 동선 교차는 피할 것
  ㉤ 서로 다른 영역권에 대한 독립성을 유지할 것

3 각 실 세부계획

(1) **거실(Living Room)**

① 단란, 대화, 휴식 및 주부의 작업공간 역할도 할 수 있다.

② 거실의 위치 : 주거 공동생활의 중심적 위치에 둔다.

③ 거실의 크기

　ㄱ 가족 구성 및 편리, 가구의 크기(응접, 전시)와 사용상의 조건(TV, 영화, 음악 감상 등)에 의해 결정된다.

　ㄴ 주택 전체면적의 21~25%, 소규모는 30% 정도이다.

　ㄷ 일반적으로 가족 1인당 4~6m² 정도이다.

　ㄹ 한식 16.5m²(5평), 양식 26.4m²(8평) 내외이다.

④ 고려할 사항

　ㄱ 침실과는 대칭되게 한다.

　ㄴ 다른 한쪽 방과 접속하게 되면 유리하다.

　ㄷ 통로나 홀로 사용되어서는 안 된다.

　ㄹ 정원과 테라스에 연결되도록 한다.

(2) **침실(Bed Room)**

① 침실의 위치

　ㄱ 거실과 식당, 부엌 등의 공간은 분리한다.

　ㄴ 현관, 출입구에서 떨어진 조용한 곳에 있어야 한다.

　ㄷ 야간의 교통 소음과 주간의 복잡한 시선을 피하며, 도로 쪽은 피하여 안정되고 기밀한 곳에 위치한다.

② 침실의 크기

　ㄱ 규모 결정 기준 : 사용인원수에 따른 필요한 기적(신선한 공기의 양), 활동 면적(수면, 휴식 등), 수납공간의 면적 등

　ㄴ 침실 면적 산정

　　• 보통 성인 1인은 50m³/h의 신선한 공기가 필요하다.

　　• 천장 높이 2.5m 기준, 자연환기 횟수 2회/h로 가정한다.

　　• 따라서 1인 10m², 2인은 20m²가 필요하다.

　ㄷ 침실 길이 : 최소한 한쪽 벽면이 2.1m 이상 필요하다.

③ 고려할 사항

　ㄱ 개인 생활공간이므로 정적, 독립성을 고려한다.

　ㄴ 부부 침실 : 기밀성을 고려한 독립된 내측에 위치해야 한다.

　ㄷ 노인 침실 : 욕실, 화장실 등에 근접한 안정된 곳에 위치해야 한다.

(3) **식사실(Dining Room)**

① 가족 수, 가구, 테이블, 여유 공간을 고려하여 정한다.

② 4인 가족 평균 $8.5m^2$ 정도이다.

③ **분리형** : 거실이나 부엌과 완전히 독립된 식사실

④ **개방형**

ㄱ 리빙 다이닝(LD형식, Living Dining) : 거실 내에 커튼이나 스크린으로 칸막이를 설치한다.

ㄴ 다이닝 알코브(Dining Alcove) : 거실의 일부에 식탁을 꾸민 것으로, $6{\sim}9m^2$의 공간이 필요하다.

ㄷ 리빙 키친(LK, LDK형식, Living Kitchen) : 거실, 식사실, 부엌을 겸용한 형식이다.

ㄹ 다이닝 키친(DK, Dinette형식, Dining Kitchen) : 부엌의 일부에 간단히 식탁을 꾸민 것이다.

ㅁ 다이닝 포치(Dining Porch) : 테라스, 정원에 식당을 설치한 것이다.

(4) **부엌(Kitchen)**

① 위치

ㄱ 남쪽 또는 동쪽 모퉁이 부분에 위치한다.

ㄴ 서쪽은 음식물이 부패하기 쉬우므로 피해야 한다.

② 크기

ㄱ 보통 연면적의 8~12% 정도의 크기가 필요하다.

ㄴ 소규모 주택($50m^2$ 이하)인 경우는 $5m^2$ 정도가 필요하다.

ㄷ 주택 규모가 큰 경우($100m^2$ 이상)는 7% 이하도 가능하다.

ㄹ 작업대의 면적, 작업인의 동작공간, 수납공간, 연료의 종류와 공급 방법, 가족 수와 주택의 크기 등을 고려해야 한다.

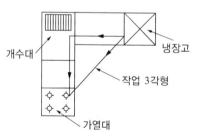

③ 부엌의 작업 3각형 : 냉장고 + 개수대 + 가열대 연결

④ 부엌의 유형

ㄱ 직선형, ㅡ자형 : 동선이 길어진다(소규모, 좁은 부엌).

ㄴ L자형, ㄱ자형 : 작업동선이 가장 효율적이지만, 모서리 부분 이용도 낮다.

ㄷ U자형, ㄷ자형 : 수납공간이 넓고 이용이 편리(양측 벽면 이용)하다.

ㄹ 병렬형 : 외부로 통하는 출입구를 둘 수 있다.

(5) 욕실 및 화장실

① 욕실 계획 시 고려할 사항

㉠ 천장의 높이는 2.1m 이상으로 한다.

㉡ 천장은 물방울 떨어짐을 고려해 적당한 경사를 둔다.

② 화장실의 크기

㉠ 한식 화장실 : 최소 0.9×0.9m

㉡ 양식 화장실 : 0.8×1.2m 이상

(6) 복도 및 계단

① 복도

㉠ 50m²(약 15평) 이하의 소규모 주택은 협소한 공간이기 때문에 복도를 두는 것이 비경제적이다.

㉡ 복도 면적은 전체 연면적의 10% 정도이다.

㉢ 통로로서의 복도의 최소한 폭은 90cm가 많다.

② 계단

㉠ 계단은 현관이나 거실에 가까이 근접해서 식당, 욕실, 화장실과 가까운 곳에 만드는 것이 적합하다.

㉡ 복층구조에서는 상하층 친교의 매개공간이 된다.

4 한식주택 특성

(1) 한식주택과 양식주택의 비교

특성	한식	양식
형태	단층 구조	2층 구조
구조	목조 가구식(바닥 높고, 개구부 작다)	목구조, 벽돌조적식(바닥 낮고, 개구부 크다)
평면	조합평면(은폐적이며 실의 조합)	분화평면(개방형이며 실의 분화)
습관	좌식생활(온돌)	입식생활(의자식)
난방	바닥의 복사난방	대류식 난방
용도	혼용도	단일용도
가구	부차적 존재	가구에 따라 실결정

(2) 전통 주택(한옥)의 지방별 유형

① 서울 지방형 : ㄱ자형, ㄴ자형, ㅁ자형

② 중부 지방형 : ㄱ자형(방 앞에 좁은 툇마루 설치)

③ 남부 지방형 : 一자형(방 앞에 긴 마루 설치)

④ 북부 지방형 : 田자형

⑤ 제주도형 : 남부형과 유사하며 방 뒤에 폭이 좁은 광을 설치

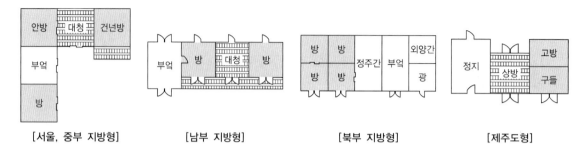

[서울, 중부 지방형]   [남부 지방형]   [북부 지방형]   [제주도형]

1 공동주택의 특성

(1) 공동주택의 성립 요인

① 사회적 요인

㉠ 도시 인구밀도의 증가, 도시의 지가 상승

㉡ 도시 생활자의 이동성 증대

㉢ 세대 인원의 감소

② 경제적 요인

㉠ 세대별 건축비, 대지비, 설비비 등을 분담 절약

㉡ 토지이용 효율의 극대화 및 좋은 실외 환경을 조성

㉢ 주거 서비스 만족도 향상 : 커뮤니티 시설(문화 및 체육 공간) 제공 및 주택의 품질 향상과 거주성 확보

(2) 공동주택의 장단점

① 토지의 이용률을 높일 수 있다.

② 접지, 집합 형식에 따라 양호한 옥외공간 조성이 가능하다.

③ 경사지, 소규모 택지의 이용이 가능하다.

④ 대지와의 지형 조화로써 다양한 배치와 변화가 가능하다.

⑤ 일조·채광·통풍이 불리하고 평면계획에 제약을 받는다.

⑥ 프라이버시 유지에 불리하며, 단조로운 외관이 형성된다.

(3) 테라스 하우스

① 지형에 의한 분류

㉠ 자연형 테라스 하우스 : 경사 지형을 이용한 것으로 양호한 일조, 조망, 향이 확보될 수 있다.

㉡ 인공형 테라스 하우스 : 평지에 테라스형으로 건립하는 것이다.

② 진입방식에 의한 분류

㉠ 상향식 : 아래층에 거실을 두고 도로로부터 진입한다.

㉡ 하향식 : 상층에 거실 등의 주생활 공간을 두고, 하층에 침실 등의 휴식·수면 공간을 둔다.

③ 평지 주택보다 주거로 진입하는 동선이 길어지게 된다.

④ 테라스 하우스는 경사가 심할수록 밀도가 높아진다.

⑤ 아래층 세대의 지붕은 위층 세대의 개인 정원이 될 수 있으며, 2.7m 정도의 높이 차이가 적당하다.

⑥ 테라스 하우스에서는 경사면 반대쪽에 창문이 없기 때문에 각 세대의 깊이가 6~7.5m 이상 되어서는 안 된다.

2 형식별 분류

(1) 평면 형식에 의한 분류

① 계단실(홀)형(Direct Access Hall System)
  ㉠ 계단 또는 엘리베이터 홀로부터 각 주거로 진입하는 형식이다.
  ㉡ 장점
    • 프라이버시(독립성)가 양호하다.
    • 통행부의 면적이 감소한다(건물의 이용도가 높다).
    • 출입(통행)이 유리하다.
  ㉢ 단점
    • 계단실마다 엘리베이터 설치로 시설비가 많이 든다.
    • 다수의 주호가 하나의 홀을 사용할 경우 각 주호는 거실의 향에 따라 일조 등의 환경이 달라진다.

② 편(갓)복도형
  ㉠ 편복도로부터 각 주호로 출입하는 형식이다.
  ㉡ 장점
    • 복도 개방 시 채광, 환기에 유리하다.
    • 중복도에 비해 독립성이 우수하다.
    • 엘리베이터 이용률이 높다.
  ㉢ 단점
    • 복도 폐쇄 시 채광, 환기, 통풍이 불리하다.
    • 복도 개방 시 추락사고의 위험이 있다.
    • 공용복도에 있어서는 프라이버시가 침해되기 쉬우나 이웃 간에 친교할 수 있는 기회가 많아진다.
    • 공용면적이 많아진다.

③ 중(속)복도형, 집중형
  ㉠ 복도 양측으로부터 각 주호로 출입하는 형식으로, 복도의 폭은 보통 1.8~2.1m 이상으로 계획한다.
  ㉡ 장점
    • 대지에 비해 건물 이용도가 높다.
    • 고층, 고밀도 아파트에 유리하다.
    • 독신자 아파트에 많이 이용된다.
  ㉢ 단점
    • 중복도에서 프라이버시, 채광, 통풍이 불리하다.
    • 각 세대에 대한 균일한 환경(향) 제공이 어렵다.
    • 편복도형에 비해 공용면적이 많아진다.

(2) 단면 형식에 의한 분류

① 단층형(Flat Type, Simplex Type)

　㉠ 각 주호가 1개 층으로 구성

　㉡ 장점

　　• 평면구성의 제약이 적고, 피난상 유리하다.

　　• 작은 면적에서도 설계가 가능하다.

　㉢ 단점

　　• 프라이버시 유지가 어렵다.

　　• 각 주호 규모가 커질수록 공용부분 면적이 커진다.

② 복층형(Maisonnette Type)

　㉠ 하나의 주호가 복층형식(2개 층은 듀플렉스, 3개 층은 트리플렉스)으로 구성

　㉡ 장점

　　• 엘리베이터 정지 층수가 적어서 경제적, 효율적이다.

　　• 복도가 없는 층은 남북면이 트여서 조망, 채광, 통풍 등이 유리하다.

　　• 통로 면적이 감소되고, 유효면적이 증대된다.

　　• 독립성, 프라이버시가 좋다.

　㉢ 단점

　　• 복도가 없는 층은 피난상 불리하다.

　　• 소규모 주거에는 비경제적이다.

　　• 복층 구성으로 구조, 설비계획이 어렵다.

③ 스킵플로어형(Skip Floor Type)

　㉠ 하나의 주호가 반층 높이 차이로 구성

　㉡ 장점

　　• 엘리베이터 정지 층수를 적게 계획할 수 있다.

　　• 통로 면적이 감소하고, 유효면적은 증대된다.

　㉢ 단점

　　• 구조, 설비계획이 어렵다.

　　• 계단으로 상하 이동하는 경우 통행이 불편하다.

(3) 주거동의 형태상 분류

① 판상형

　㉠ 각 세대의 환경이 균등하다.

　㉡ 뒤쪽의 주동은 경관, 조망이 불리하다.

　㉢ 주동의 그림자(음영) 분포가 크다.

② 탑상형

    ㉠ 조망이 우수하고 시각적 개방감이 높다.

    ㉡ 고층화가 가능하고 옥외 환경이 풍부하다.

    ㉢ 경관, 랜드마크적 역할을 할 수 있다.

    ㉣ 주동의 음영 분포가 적다.

    ㉤ 각 세대의 환경이 불균등하다.

3 주거동 계획

(1) 주동 계획(Block Plan) 결정 조건

① 각 단위 플랜이 2면 이상 외기에 접하게 한다.

② 중요한 거실이 모퉁이 등에 배치되지 않도록 한다.

③ 각 단위 플랜에서 중요한 실의 환경을 균등하게 한다.

④ 현관이 계단으로부터 멀지 않게 한다(6m 이내).

⑤ 모퉁이에서 다른 거주가 들여다보이지 않게 한다.

(2) 단위 평면(Unit Plan)의 결정 조건

① 거실에는 직접 출입이 가능하도록 한다.

② 침실에는 직접 출입이 가능하도록 하며 타 실을 통하여 통행하지 않도록 한다.

③ 식사실은 부엌과 직결하고 거실과도 연결한다.

④ 동선은 단순하고 혼란되지 않도록 한다.

(3) 공용 복도 및 계단

① 화재 시의 연기, 피난 등을 고려하여 계획한다.

② 복도 폭

    ㉠ 한쪽에만 거실이 있는 경우(편복도) : 1.2m 이상

    ㉡ 양측에 거실이 있는 경우(중복도) : 1.8m 이상

③ 주택단지의 건축물에 설치하는 계단 유효폭

    ㉠ 공동으로 사용하는 계단 유효폭 : 최소 120cm 이상

    ㉡ 세대 내 계단, 옥외계단 유효폭 : 최소 90cm 이상

(4) 엘리베이터 계획

① 엘리베이터는 50~100세대당 1대가 적당하다.

② 엘리베이터 대수 산출 시 가정 조건

 ㉠ 2층 이상 거주자의 30%를 15분간에 일방향 수송

 ㉡ 1인 승강 필요시간 : 문의 개폐시간을 포함해서 6초

 ㉢ 한층에서 승객을 기다리는 시간 : 평균 10초

 ㉣ 실제 주행속도 : 전속도의 80%

 ㉤ 수송인원 : 정원의 80%

4 근린주구 이론

(1) 페리의 근린주구 구성의 6가지 원리

① 규모 : 초등학교 하나를 중심으로 하는 단위이며 인구 규모는 5,000~6,000명 정도이다.

② 경계 : 주구와 주구는 간선도로를 경계로 한다.

③ 지구 내 가로 체계 : 가로는 폭이 좁고 구불구불한 막다른 도로 형식의 쿨데삭(Cul-de-sac)으로 처리한다.

④ 오픈스페이스 : 소공원과 레크리에이션 공간이 계획되어야 한다(주구 면적의 10% 정도).

⑤ 공공건축물 : 보행거리 400m 정도에 집중 배치한다.

⑥ 근린 점포 : 근린주구의 교차점이나 인접 주구의 점포에 인접한 1개 이상의 점포지구를 배치한다.

(2) 하워드(Ebenzer Howard)의 전원도시

① 내일의 전원도시(1898)

 ㉠ 도시와 농촌 결합으로 도시가 확산되는 것을 방지한다.

 ㉡ 인구 규모는 30,000~50,000명으로 제한한다.

 ㉢ 토지사유를 제한하며, 개발 이익의 사회 환원을 주장한다.

② 레치워스(Letchworth), 웰윈(Welwyn) 전원도시 계획

(3) 라이트(Henry Wright)와 스타인(Clarence S. Stein)의 래드번 계획

① 래드번(Radburn) 계획의 5가지 기본원리

 ㉠ 슈퍼블록(大街區, Super Block)은 사통차의 통과교통을 배제하고, 주택과 시설, 학교, 공원 등은 보도로 연결한다.

 ㉡ 기능에 따른 4가지 종류의 보차 분리의 도로로 구분한다.

 ㉢ 보도망의 형성 및 보도와 차도를 입체적 분리한다.

 ㉣ 쿨데삭(Cul-de-sac)으로 접근하고 주택의 거실, 서비스실은 보도 또는 정원 방향으로 배치한다.

　　　　ⓜ 단지의 어디든 통할 수 있는 공동 오픈스페이스 조성

　　② 뉴저지 래드번(Radburn) 설계(1928)

(4) 케빈 린치(Kevin Lynch)의 도시 이미지 5요소

　　① Paths(통로, 길) : 이동 경로(가로 보도, 철도, 고속도로 등)

　　② Nodes(중심, 지역) : Path의 결절점(교차로, 광장 등)

　　③ Districts(구역) : 지역 또는 지구 구분의 선형적 영역

　　④ Edges(경계, 접경) : 두 지역 사이의 경계(해안선, 빌딩 등)

　　⑤ Landmarks(랜드마크) : 탑, 기념물, 건물, 산 등

5 주택단지의 체계

(1) 주거밀도의 표시

　　① 건폐율(%)

　　　　㉠ 건물의 밀집도를 나타낸다.

　　　　㉡ 대지면적에 대한 건축면적의 비율

　　② 용적률(%)

　　　　㉠ 토지의 고도집약 이용도를 나타낸다.

　　　　㉡ 대지면적에 대한 연면적의 비율

　　③ 호수밀도(호/ha)

　　　　㉠ 토지와 건물량의 관계를 나타낸다.

　　　　㉡ 대지면적에 대한 주택호수의 비율

　　④ 인구밀도(인/ha)

　　　　㉠ 토지와 인구와의 관계를 나타낸다.

　　　　㉡ 대지면적에 대한 주거인구의 비율

(2) 근린주구의 구성

　　① 인보구(隣保區)

　　　　㉠ 규모 : 20~40호, 인구 100~200명

　　　　㉡ 반경 100m 정도를 기준으로 하는 가장 작은 생활권 단위로서 어린이 놀이터가 중심이 되는 단위이다.

　　　　㉢ 아파트는 3~4층 건물로서 1~2동이 인보구에 해당한다.

　　　　㉣ 이웃 개념으로 가까운 친분관계를 유지하는 범위이다.

② 근린분구(近隣分區, Branch Unit of Neighborhood)
  ㉠ 규모 : 400~500호, 인구 2,000~2,500명
  ㉡ 주민 간에 면식이 가능한 최소단위의 생활권으로서 일상 소비생활에 필요한 공동시설이 운영 가능한 단위이다.
  ㉢ 소비시설을 갖추며, 후생시설(목욕탕, 약국 등), 보육시설(유치원, 탁아소), 어린이 공원을 설치한다.
③ 근린주구(近隣住區, Residential Neighborhood)
  ㉠ 규모 : 1,600~2,000호, 인구 8,000~10,000명
  ㉡ 보행으로 중심부와 연결이 가능하며, 초등학교를 중심으로 한 단위이다.
  ㉢ 어린이 공원, 운동장, 우체국, 소방서, 동사무소 등

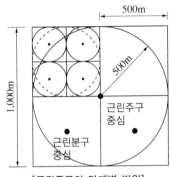

[근린주구의 단계별 범위]

6 주택단지 시설 계획

(1) 커뮤니티 시설

① 커뮤니티(Community, 공동, 집합, 집단지, 근린)
  ㉠ 적극적으로 공동사회에의 소속감과 연대의식을 느낄 수 있는 지역공동사회라는 주거집단을 의미한다.
  ㉡ 커뮤니티 센터(공동시설, 근린생활시설) : 공동생활에 필요한 시설이 형성된 군
② 공동시설
  ㉠ 1차 공동시설(기본적 주거시설) : 급·배수, 급탕, 난방설비, 통로, 엘리베이터, 구급설비 등
  ㉡ 2차 공동시설(거주 행위의 일부를 공유하여 합리화 향상) : 작업시설, 어린이 놀이터, 창고, 응접실 등
  ㉢ 3차 공동시설(집단생활 기능 촉진) : 관리시설, 물품 판매, 집회실, 체육시설, 의료, 보육시설, 정원 등
  ㉣ 4차 공동시설(공공시설) : 우체국, 학교, 경찰서, 파출소, 소방서, 교통기관 등

(2) 단지 내 시설 계획

① 주택법상 주택단지의 복리시설

    ㉠ 복리시설 : 어린이 놀이터, 주민운동시설, 근린생활시설, 경로당, 유치원 등

    ㉡ 부대시설 : 주차장, 관리사무소, 담장, 주택단지 안의 도로 등

② 아파트에 설치하여야 하는 장애인·노인·임산부 등의 편의시설의 종류

    ㉠ 매개시설 : 장애인 등의 통행이 가능한 접근로(주출입구 접근로), 장애인전용주차구역, 주출입구 높이 차이 제거

    ㉡ 내부시설 : 출입구(문), 복도, 계단, 승강기

    ㉢ 안내시설 : 유도 및 안내설비, 점자블록, 경보 및 피난설비

    ㉣ 위생시설 : 대변기, 소변기, 세면대, 욕실, 샤워 및 탈의실

    ㉤ 그 밖의 시설 : 객실, 침실, 관람석, 열람석, 접수대, 작업대, 매표소, 판매기, 음료대, 임산부 등을 위한 휴게시설 등

7 주택단지 교통 계획

(1) 교통 계획의 주요 착안사항

① 통행량이 많은 고속도로는 근린주구 단위를 분리한다.

② 근린주구 단위 내부로의 자동차 통과진입을 극소화한다.

③ 도로 패턴은 조직적이어야 하며, 주요 차도와 보도의 입구는 명확히 해야 한다.

④ 2차 도로체계(Sub-System)는 주도로와 연결되어 쿨데삭(Cul-de-sac)을 이루게 한다.

⑤ 단지 내 통과교통량을 줄이기 위해 고밀도 지역은 진입구 주변에 배치한다.

⑥ 통과도로는 다른 도로들보다 중요하게 취급되어 방문자가 불필요하게 방황하거나 길을 잃지 않도록 한다.

(2) 도로의 유형

① 쿨데삭(Cul-de-sac, 막다른 도로 형식)

    ㉠ 차량통행로 계획으로 통과교통을 없애고, 자동차 진입을 최소화함으로써 보행자 위주로 계획하는 방법이다.

    ㉡ 우회도로가 없어서 방재, 방범상 불리하다.

    ㉢ 주택 배면에 보행자 전용도로가 설치되면 효과적이다.

    ㉣ 쿨데삭의 길이는 120~300m로 계획하지만, 가능한 150m 이하로 계획하는 것이 좋다.

    ㉤ 주거환경의 쾌적성 및 보행자의 안전성 확보가 용이하다.

② 선형도로(Linear Road Pattern)

　　㉠ 폭이 좁은 단지에 유리하고, 양 측면 또는 한 측면의 단지를 서비스할 수 있다.

　　㉡ 특이한 지형과 바로 인접할 경우 비교적 가까이에서 보행자를 위한 공간의 확보가 가능하다.

③ T자형 교차로

　　㉠ T자형으로 도로를 교차하는 방식이다.

　　㉡ 격자형이 갖는 택지의 효율성을 활용한다.

　　㉢ 지구 내 통과교통 배제 및 주행속도를 감소시킬 수 있다.

　　㉣ 목적지로 가려면 교차로를 통하므로 통행거리가 증가된다.

　　㉤ 보행자 전용도로와 결합해서 계획한다.

(3) 단지 내 도로의 계획

① 보차의 동선 분리방법

　　㉠ 평면적 분리 : 평면에서 선적으로 분리(T자형 교차로, 루프(Loop)형 도로, 쿨데삭(Cul-de-sac) 등)

　　㉡ 입체적 분리 : 평면에서 교차되는 부분 입체화 분리

[보차의 동선 분리방법]

평면 분리	쿨데삭(Cul-de-sac), 루프(Loop), T자형
면적 분리	안전참, 보행자 공간, 몰 플라자(Mall Plaza)
입체 분리	오버브리지(Over Bridge), 언더패스(Under Path), 지상인공지반, 지하가, 다층구조지반
시간 분리	시간제 차량통행, 차 없는 날

② 공동주택단지 안의 도로의 설계속도

　　㉠ 주택단지 내 도로는 시속 20km/h 이하가 되도록 한다.

　　㉡ 도로의 설계속도 : 유선형 도로로 설계하거나 도로 노면의 요철이나 마감 포장, 과속방지턱 설치 등을 통하여 도로 속도를 조절하게 된다.

[공동주택 단지 도로폭]

주택단지의 총 세대수	기간도로와 접하는 폭 또는 진입도로의 폭
300세대 미만	6m 이상
300세대 이상~500세대 미만	8m 이상
500세대 이상~1,000세대 미만	12m 이상
1,000세대 이상~2,000세대 미만	15m 이상
2,000세대 이상	20m 이상

(4) 장애인전용주차구역의 의무적 설치 대상

① 제1종 근린생활시설 중 지구대, 우체국, 지역자치센터의 경우 공공용도로서 장애인전용주차구역을 설치하여야 한다.

② 슈퍼마켓, 일용품점 능 소매점 등의 경우는 일상소비생활을 위한 용도로서 공공용도가 아니므로 의무 설치 대상은 아니다.

1 사무소 유효율 및 평면 형식

(1) 유효율(렌터블비, Rentable Ratio, %)

① 유효면적(대실, 주거, 거주, 전용)과 공용면적의 비

② 유효율(임대율, Rentable Ratio)은 수익성의 지표가 된다.

$$유효율 = \frac{대실면적}{연면적} \times 100$$

③ 연면적에 대해서는 70~75%, 기준층에서는 80% 정도이다.

④ 전용 사무소는 거주성을 고려하여 낮게 하는 경우도 있다.

(2) 복도형 사무실(Corridor Office) 평면 형식 구분

① 단일지역 배치(Single Zone Layout, 편복도식)

　㉠ 복도의 한편에만 사무실을 둔 형식이다.

　㉡ 통풍, 채광에 유리하고 보건위생, 쾌적성이 좋다.

　㉢ 임대료가 고가이며, 소규모 사무소에 적당하다.

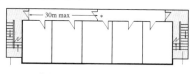

[단일지역 배치(편복도식)]

② 2중지역 배치(Double Zone Layout, 중복도식)

　㉠ 남북 방향의 복도를 중앙에 두고 양쪽에 사무실 배치한 형식이다.

　㉡ 동서 방향으로 사무실을 면하게 하는 것이 유리하다.

　㉢ 중규모의 사무소 건물에 적당하다.

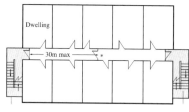

[2중지역 배치(중복도식)]

③ 3중지역 배치(Triple Zone Layout, 2중복도식)

　㉠ 중앙에 코어 존(Zone)을 배치하고 양쪽에 사무공간을 배치한 형식이다.

　㉡ 코어 존(Zone, 제3지역)에 교통, 위생설비 등을 둔다.

　㉢ 대규모의 고층 사무소 건물에 적당하다.

② 경제적이고, 미적 및 구조적인 이점이 있다.

⑩ 복도, 깊은 사무공간에는 인공조명과 환기설비가 필요하다.

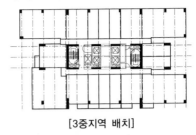

[3중지역 배치]

2 사무소의 실 단위 계획

(1) 개실 시스템(Individual Room System)

① 복도에 의해 각 층의 사무공간으로 들어가는 방법을 말한다.

② 장점

ㄱ 독립성(프라이버시), 쾌적성이 좋다.

ㄴ 조명, 창, 블라인드, 커튼 등을 이용한 환경 조절이 쉽다.

③ 단점

ㄱ 큰 실은 적절한 공간으로 실을 분할하여야 한다.

ㄴ 공사비가 많이 들고, 칸막이 설치 후 변경이 어려워 장래의 공간 변화에 대응하기 어렵다.

ㄷ 업무 감독과 커뮤니케이션이 어렵다.

ㄹ 복도, 구석진 공간, 출입문 등의 공간 낭비가 있다.

ㅁ 방 길이에는 변화를 줄 수 있으나, 연속된 긴 복도 때문에 실 깊이에는 변화를 줄 수 없다.

(2) 개방식 배치(Open Plan System)

① 단일공간의 개방된 대규모 사무공간으로 계획한다.

② 사무공간은 책상과 시설을 서열에 따라 배치한다.

③ 장점

ㄱ 통로가 최소화되어 공간이 절약된다.

ㄴ 작업의 흐름이 유연하여 작업 능률이 향상된다.

ㄷ 업무 감독과 커뮤니케이션에 용이하다.

ㄹ 실의 길이나 깊이에 변화를 줄 수 있다.

ㅁ 전면적을 유용하게 이용할 수 있다.

ㅂ 내부 개조가 쉽고, 벽이 없어 공사비가 절감된다.

④ 단점

ㄱ 소음이 많고 독립성이 저하된다.

ㄴ 서열에 의한 책상 배치, 비우호적인 느낌을 준다.

ㄷ 각 개인이 주위 환경을 통제할 수 없다.

ㄹ 자연채광에 인공조명이 필요하다.

(3) 오피스 랜드스케이핑(Office Landscaping)

① 사무공간의 작업 패턴(흐름) 관계를 고려하여 획일성을 없애고 융통성과 능률을 높이고자 하는 방식이다.

② 개방식 배치의 변형된 방식으로, 낮은 칸막이나 화분 등으로 자유롭게 구성한다.

③ 장점

ㄱ 인간관계의 질적 향상과 작업 능률이 향상된다.

ㄴ 작업 패턴의 변화에 따른 조정이 가능하며 융통성이 있으므로 새로운 요구 사항에 맞도록 신속한 변경이 가능하다.

ㄷ 사무공간 및 공사비(칸막이 벽, 공조, 소화, 조명설비 등)가 절약되어 경제적이다.

ㄹ 시각적 차단과 부드러운 분위기를 조성할 수 있다.

ㅁ 창, 기둥의 방향에 관계없이 사무실 배치가 가능하다.

3 사무소의 코어 계획(Core Planning)

(1) 코어의 역할

① 평면적 역할

ㄱ 서비스 부분을 집약하므로 유효면적을 높일 수 있다.

ㄴ 사무실 공간은 융통성 있는 균일 공간으로 계획된다.

② 구조적 역할

ㄱ 주내력 구조체로 외곽이 내진벽 역할을 한다.

ㄴ 코어 하중 부담으로 긴 스팬(Span) 구조가 가능하다.

③ 설비적 역할

ㄱ 설비 계통의 집중화로 각 층 계통거리가 최단이 된다.

ㄴ 설비 계통의 순환이 원활하여 설비비가 절약된다.

(2) 코어 내의 각 공간의 위치 관계

① 계단, 엘리베이터, 화장실은 가능한 한 접근시킬 것

② 코어 내의 공간과 사무공간 사이의 동선이 간단할 것

③ 코어 내의 공간의 위치가 명확할 것

    ㉠ 화장실 위치는 외래자에게 잘 알려질 수 있도록 할 것

    ㉡ 홀, 복도 등에서 화장실 내부가 보이지 않도록 할 것

④ 엘리베이터 홀이 출입구에 접근해 있지 않도록 할 것

⑤ 엘리베이터는 가급적 중앙에 집중될 것

⑥ 코어 내의 각 공간이 각 층마다 공통의 위치에 있을 것

⑦ 잡용실, 급탕실은 가급적 접근시킬 것

(3) 코어의 종류

① 중심(중앙)코어형

    ㉠ 중앙에 코어가 있어서 구조적으로 가장 유리하다.

    ㉡ 내진구조로서 고층 및 초고층에 적합하다.

    ㉢ 바닥면적이 큰 경우에 적합하다.

    ㉣ 내부공간과 외관이 획일적으로 되기 쉽다.

② 편심코어형

    ㉠ 기준층 바닥면적이 작은 소규모 건물에 적합하다.

    ㉡ 규모가 커지면 피난 및 구조상 좋지 않다.

③ 독립코어(외코어)형

    ㉠ 코어와는 독립된 자유로운 사무공간 제공이 가능하다.

    ㉡ 각종 덕트, 배관 등의 길이가 길어지며 제약이 많다.

    ㉢ 방재상 불리하고 바닥면적이 커지면 피난시설을 포함한 서브코어(Sub Core)가 필요하다.

    ㉣ 내진구조에는 불리하다.

④ 양단코어형

    ㉠ 중앙부에 대공간이 필요한 전용 사무실에 적합하다.

    ㉡ 2방향 피난에 이상적이며, 방재 및 피난상 유리하다.

4 사무소의 평면 및 단면 계획

(1) 평면 계획

① 기준층 평면형태 결정요인

  ㉠ 구조상 스팬의 한도

  ㉡ 동선상의 거리

  ㉢ 각종 설비 시스템상의 한계

  ㉣ 방화구획상 면적

  ㉤ 자연광에 의한 조명한계

  ㉥ 대피상 최대피난거리

  ㉦ 배연 계획

② 기둥 간격 결정요인

  ㉠ 공간의 기능 : 책상단위 배치, 사무기기 배치 등

  ㉡ 채광상 층고에 의한 안깊이

  ㉢ 코어의 크기, 위치 등

  ㉣ 지상부 주차배치단위, 지하주차장 주차구획

(2) 단면 계획

① 층고 계획

  ㉠ 기준층의 층고는 3.3~4.0m 정도가 적당하다.

  ㉡ 최상층은 옥상으로부터의 단열과 옥상 슬래브의 물매를 위해 2중 천장으로 계획하여 최상층의 층높이는 기준층보다 최소한 30cm 정도 높게 계획한다.

  ㉢ 사무실의 깊이

   • 외측에 면할 경우 층고의 2.0~2.4배 이내로 한다.

   • 채광 정측에 면할 경우 층고의 1.5~2.0배 이내로 한다.

  ㉣ 채광용 개구부는 바닥면적의 1/10로 하고, 창대 높이는 0.75~0.8m 정도로 한다.

② 층고 결정요소

  ㉠ 층고와 깊이 결정요소 : 사용목적, 채광, 공사비 등

  ㉡ 구조적 요인 : 보의 춤

  ㉢ 설비적 요인 : 냉·난방설비(파이프, 덕트 등), 공조시스템, 소방설비(스프링클러 등), 전기설비(조명 등)

  ㉣ 생리적 요인 : 소요 기적량, 사무실의 깊이 결정요소(채광, 창 크기 등)

5 사무소의 기타 계획

(1) 엘리베이터 계획

① 엘리베이터(승용승강기) 배치

   ㉠ 1개소에 집중 설치하고 출발 층은 1개소로 한정한다.

   ㉡ 직렬로 배치할 경우, 4대 한도로 하며, 엘리베이터 중심간 거리는 8m 이하가 되도록 한다.

   ㉢ 5대 이상일 경우 알코브형 배치로 한다.

   ㉣ 알코브형 배치 시 대향거리는 3.5~4.5m 정도로 한다.

   ㉤ 홀의 넓이는 정원의 50%로 $0.5 \sim 0.8 m^2$/인 정도이다.

② 5분 동안의 집중률

   ㉠ 기준 : 아침 출근시간 직전 5분

   ㉡ 아침 출근 시 5분간(전체 이용자의 1/3~1/10 정도)

     • 전용 건물의 경우 사무소 수용 인원의 20~30%

     • 임대 건물의 경우 10~20%

   ㉢ 피크타임 적용 : 점심시간(12시경)을 기준으로 한다.

③ 사무소 건축에서 엘리베이터 계획 시 고려사항

   ㉠ 수량 계산 시 교통수요량에 적합해야 한다.

   ㉡ 승객의 층별 대기시간은 평균 운전간격(허용값) 이하가 되도록 하여 기다리는 시간을 줄여 주어야 한다.

   ㉢ 군 관리 운전 시 동일 군 내의 서비스 층은 같게 한다.

   ㉣ 초고층, 대규모인 경우는 분할(조닝)을 고려한다.

(2) 계단실 계획

① 동선을 단순하게, 주계단은 1층 출입구 근처에 배치한다.

② 엘리베이터 홀에 근접시킨다.

③ 방화구획 내에는 1개소 이상의 계단을 설치한다.

④ 2개소 이상의 계단을 설치할 경우 균등하게 배치한다.

(3) 스모크 타워(Smoke Tower)

① 비상계단 전실에 설치하는 연기의 배기 샤프트(Shaft)를 말한다.

② 화재 시 계단실이 굴뚝 역할을 하는 것을 방지한다.

③ 자연환기에 의한 배연과 기계배기에 의한 배연이 있다.

④ 방화문은 피난 방향으로 열려야 한다.

⑤ 전실의 천장 높이는 가급적 높게 한다.

6 은행

(1) 은행의 시설 규모

① 시설 규모의 결정 요인 : 행원 수, 내점 고객 수, 고객 서비스를 위한 시설 규모, 장래의 예비 스페이스 등

② 연면적 산정

    ㉠ 연면적 = 행원 수 × (16~26m²)

    ㉡ 연면적 = 은행실 면적 × (1.5~3)

③ 영업장 및 객장 면적

    ㉠ 영업장 면적 = 행원 수 × (4~5m²)

    ㉡ 고객용 로비 면적 = 1일 평균고객 수 × (0.13~0.2m²)

    ㉢ 고객용 로비 면적 : 영업장 면적 = 1 : 0.8~1.5

④ 은행실(영업장 + 객장) 면적 = 행원 수 × 10m²

(2) 평면계획 시 고려할 사항

① 고객의 공간(객장)과 업무공간(영업장)과의 사이에는 원칙적으로 구분이 없어야 한다.

② 고객이 지나는 동선은 되도록 짧아야 한다.

③ 고객 부분과 내부 객실과의 긴밀한 관계가 요구되며 작업의 흐름이 정체하지 않도록 한다.

④ 업무공간 내(영업장) 일의 흐름은 고객이 알기 어렵게 한다.

⑤ 고객공간을 1층에 설치할 수 없는 경우, 카운터 홀에서 직접 통하는 특별계단 또는 엘리베이터를 이용한다.

⑥ 직원 및 내객(방문객)의 출입구는 따로 설치하여 영업시간에 관계없이 열어 둔다.

(3) 은행 각 실 계획

① 주출입구

    ㉠ 겨울철에 낮은 기온으로 인한 열손실 방지를 위해 방풍실을 설치한다.

    ㉡ 출입문은 도난 방지상 안여닫이로 하며, 방풍실의 바깥문은 밖여닫이 또는 자재문으로 계획한다.

② 객장 : 최소 폭은 3.2m 정도를 확보한다.

③ 영업 카운터

    ㉠ 고객 대기실에서 입식 카운터의 높이는 고객이 문서나 금전을 취급하기 쉬운 100~110cm 정도로 한다.

    ㉡ 은행원 측에서 카운터의 높이는 상담 방식에 따라 다르지만, 의자식은 76cm 정도로 한다.

1 상점

(1) 상점 광고 5요소(AIDMA법칙)

① Attention(주의)

② Interest(흥미, 주목)

③ Desire(욕망, 공감, 욕구)

④ Memory(기억, 인상)

⑤ Action(행동, 출입)

(2) 진열장(가구)에 의한 배치 형식

① **굴절 배열형** : 케이스와 고객 동선이 굴절 또는 곡선으로 구성된다(양품점, 모자 코너, 안경 코너, 문방구 등).

② **직렬 배열형** : 진열장 등 입구에서 안을 향하여 직선으로 구성되며, 부분별로 상품 진열이 용이하다(침구류, 의복코너, 전기코너, 식기, 서점 등).

③ **환상 배열형** : 중앙진열대를 중심으로 회전형으로 배치하고 그 안에 포장대 등을 놓는 형식(수예품점, 민예품점 등)이다.

④ **복합형** : 여러 가지 형태를 적절히 조합시킨 형식(패션점, 액세서리점, 부인복, 피혁제품 코너, 서점 등)이다.

(3) 상점 판매 형식

① **대면판매**

　㉠ 고객과 종업원이 쇼케이스를 기준으로 상담, 판매를 하는 형식이다.

　㉡ 시계점, 귀금속점, 카메라점, 안경점, 제과점, 약국 등

　㉢ 장점

　　• 상품에 대한 설명과 포장이 편리하다.

　　• 판매원이 위치를 정하기가 용이하다.

　㉣ 단점

　　• 쇼케이스(Showcase, 진열장) 내 전시로 진열면적이 감소된다.

　　• 쇼케이스가 많아지면 상점의 분위기가 부드럽지 않다.

② **측면판매**

　㉠ 고객과 종업원이 상품을 같은 방향으로 보며 판매하는 형식이다.

　㉡ 의류 매장, 침구점, 서점, 양복점, 양장점 등

ⓒ 장점
- 충동적 구매와 선택이 용이하다.
- 진열 면적이 커지며, 상품에 친근감이 있다.

ⓔ 단점
- 상품의 설명이나 포장 등이 불편하다.
- 판매원이 위치를 정하기가 어려우며 불안정하다.

(4) 매장 동선 계획

① 고객의 동선
- ㉠ 고객이 밖에서 점내로 유도되어 들어오는 동선
- ㉡ 고객의 동선은 원활하면서도 길게 할 것

② 점원의 동선
- ㉠ 고객을 응대하며 판매하고 출납사무를 위해 생기는 점원의 동선
- ㉡ 점원 동선은 중복을 피하고 단순하고 짧게 할 것

(5) 매장 가구 배치 계획

① 고객 쪽에서 상품이 효과적으로 보이게 한다.
② 고객을 감시하기 쉬우며, 고객에게 감시받고 있다는 인상을 주지 않도록 해야 한다.
③ 고객과 종업원 동선이 원활하고, 소수의 종업원으로 다수의 고객을 수용할 수 있어야 한다.
④ 매장으로 들어오는 고객과 종업원의 시선이 마주치는 것을 피하도록 한다. 이를 위해 종업원의 위치는 상점 전면에서 직접 보이지 않고, 슬며시 보이는 장소를 정한다.
⑤ 고객 동선을 길게 하고, 판매와 지불의 관계에 있어서 종업원의 동선은 짧게 한다.

(6) 진열창(Show Window)의 유리 흐림 방지

① 진열창 내부와 외부의 온도차가 생기면 유리면에 김이 서리고 흐려져서 내부의 진열 상품을 볼 수 없게 된다.
② 창대 밑에 난방장치를 하여 내외의 온도차를 적게 함이 유리하다.
③ 환기와 열선 등으로 김서림을 방지한다.

(7) 진열창(Show Window)의 반사 방지

① 진열창의 내부가 어둡고 외부가 밝을 때에는 유리면은 거울과 같이 비추어서 내부에 진열된 상품이 보이지 않게 된다.

② 주간 시 반사 방지

    ㉠ 진열창 내의 밝기를 외부보다 더 밝게 한다.

    ㉡ 차양을 설치하여 외부에 그늘을 준다.

    ㉢ 유리면을 경사지게 하고 특수 곡면유리를 사용한다.

    ㉣ 건너편의 건물이 비치는 것을 방지하기 위해 가로수를 심어서 그늘을 준다.

③ 야간 시 반사 방지

    ㉠ 광원을 감춘다.

    ㉡ 눈에 입사하는 광속을 적게 한다.

2 백화점

(1) 백화점 무창 계획

① 외벽의 창을 없애고, 실내의 진열면을 늘리거나 분위기의 조성을 위해 입면을 처리한다.

② 무창 계획의 장점

    ㉠ 창문을 통해 들어오는 역광으로 인한 내부 의장의 불리함을 감소시킨다.

    ㉡ 매장 내의 냉난방 효율이 좋아진다.

    ㉢ 외벽면에도 상품전시가 가능하여 진열면적이 증가한다.

    ㉣ 채광을 고려하지 않아도 되므로 매장의 면적을 늘리거나 진열장을 배치하는 데 유리하다.

③ 무창 계획의 단점

    ㉠ 화재나 정전 시 고객들이 피난에 혼란을 겪을 수 있다.

    ㉡ 자연채광 및 통풍이 불리하여 고도의 설비시설이 요구된다.

(2) 백화점 매장 평면 계획 시 유의할 사항

① 일반매장과 특별매장(일반매장 내 배치)으로 구분된다.

② 매장 전체가 멀리서도 넓게 보이고, 알기 쉬워야 한다.

③ 동일 층에서는 수평적으로 높이의 차가 없도록 한다.

④ 시야가 방해, 돌출, 만곡, 모난 것은 피하는 것이 좋다.

(3) 백화점 매장 통로

① **주통로** : 엘리베이터, 로비, 계단, 에스컬레이터 앞, 현관을 연결하는 통로로 폭은 2.7~3.0m 정도로 한다.

② **부통로** : 주통로와 연결하는 통로로 폭은 1.8m 이상으로 판매대 앞에 사람이 서고, 후면에 둘 이상 보행 가능한 폭 정도로 한다.

③ 통로 폭은 쇼케이스 앞에 손님이 서 있을 때 45~60cm가 필요하다.

④ 통과하는 손님 한 사람에 대하여 60~70cm를 요한다.

⑤ 1층은 통행량이 최대이므로 다른 층보다 넓게 계획한다.

(4) 백화점의 매장 기둥 간격

① 일반적으로 사방 6~7m 정도이며 바람직한 기둥 간격은 기둥 크기를 포함해서 차량 3대가 주차 가능한 사방 9~10m 정도이다.

② 기둥 간격 결정요소
   ㉠ 매장 진열장의 치수와 배치방법
   ㉡ 엘리베이터, 에스컬레이터의 배치방법
   ㉢ 매장의 통로와 계단실의 폭
   ㉣ 지하주차장의 주차 방식과 주차폭

(5) 백화점 매장의 배치 형식

① 직각배치(직교법)
   ㉠ 가장 간단한 배치로, 가구와 가구 사이를 직교하여 배치함으로써 직각의 통로가 나오게 하는 배치방법이다.
   ㉡ 경제적이고 판매장 면적을 최대한 이용할 수 있으므로 가장 많이 사용되는 배치 형식이다.
   ㉢ 단조로운 배치이고 고객 통행량에 따른 통로폭의 변화가 어려워, 국부적인 혼란을 가져오기 쉽다.

② 사행배치(사교법)
   ㉠ 주통로를 직각으로 배치하고, 부통로를 주통로에 45° 경사지게 배치하는 방법이다.
   ㉡ 직각배치 형식에서 국부적인 혼란의 결점을 시정한 것으로 주통로에서 부통로의 상품이 잘 보인다.
   ㉢ 사행배치는 상하 교통로를 가깝게 연결할 수 있다.
   ㉣ 수직 동선에 접근이 쉽고, 매장의 구석까지 가기 쉽다.
   ㉤ 이형의 판매대가 많이 필요하다.

③ 방사형배치(방사법)
   ㉠ 엘리베이터, 에스컬레이터 등 수직 동선을 중심으로 판매장의 통로를 방사형이 되도록 배치하는 방법이다.
   ㉡ 고객 동선이 명확하고 매장에 대한 인지도가 높다.

④ 자유유선형배치(자유유동법)

　㉠ 고객의 유동 방향에 따라 자유 곡선으로 통로를 배치할 수 있다.

　㉡ 전시에 변화를 주고 판매장의 특수성을 살릴 수 있다.

　㉢ 매장의 변경 및 이동이 곤란하다.

　㉣ 쇼케이스나 판매대 등이 특수형을 필요로 하므로 유리케이스 등 가구비가 증가하고 시설비가 많이 든다.

[직각배치]

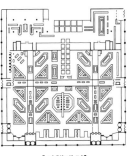

[사행배치]

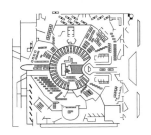

[방사형배치]

[자유유선형배치]

(6) 엘리베이터(Elevator) 특성

① 위치는 주출입구의 반대쪽 또는 먼 곳에 배치한다.

② 에스컬레이터와 병용하는 경우에는 최상층에의 급행용 이외에는 보조적인 역할을 한다.

③ 연면적 2,000~3,000m²에 대해 15~20인승 1대 정도이다.

(7) 에스컬레이터 배치 형식

① 직렬식 배치

　㉠ 승객의 시야가 좋은 형식이다.

　㉡ 점유 면적은 크다.

② 병렬식 배치

　㉠ 백화점 내부를 내려다보기가 좋고 시야가 넓은 형식이다.

　㉡ 병렬 단속식 배치 : 오르기와 내리기를 단속적으로 하는 형식으로 서비스가 나쁘고, 혼잡할 수 있다.

　㉢ 병렬 연속식 배치 : 오르기와 내리기를 연속적으로 하는 형식으로 교통이 연속되어 혼잡이 적다.

③ 교차식 배치

    ⊙ 점유 면적이 가장 작은 형식이다.

    ⓒ 교통이 연속되어 혼잡이 적다.

    ⓒ 에스컬레이터 측면이 매장의 전망을 나쁘게 한다.

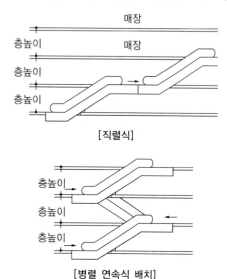

[직렬식]

[병렬 연속식 배치]

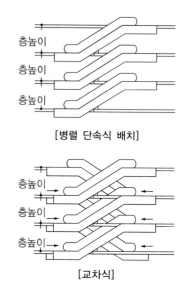

[병렬 단속식 배치]

[교차식]

3 쇼핑센터 계획

(1) 쇼핑몰(Shopping Mall)의 구성

① 몰(Mall)의 5개 구성요소

    ⊙ 핵상점(핵점포) : 고객을 끌어들이는 점포 센터

    ⓒ 몰(Mall) : 고객의 주요 동선(쇼핑거리) 역할

    ⓒ 코트(Court) : 몰 중간에 고객이 머무르는 넓은 공간

    ⓔ 전문점(단일 상점) : 단일 상품을 전문적으로 취급하는 상점과 음식점 등

    ⓜ 주차장 및 관리시설 : 관리를 위한 부분으로 사무공간, 통제 및 설비관계 공간

② 몰(Mall)의 면적 배분

    ⊙ 핵상점 : 50% 정도

    ⓒ 전문점 : 25% 정도

    ⓒ 몰, 코트 등 공유공간 : 10% 정도

    ⓔ 기타(관리시설, 기계실 등) : 15% 정도

③ 쇼핑몰(Mall)의 유형

    ㉠ 오픈 몰(Open Mall) : 몰(Mall) 천장이 개방된 형태이다.

    ㉡ 엔클로즈드 몰(Enclosed Mall) : 몰(Mall) 천장이 닫혀 있는 형태로 공기조화에 의해 쾌적한 실내기후를 유지하여야 한다.

(2) 몰(Mall)의 계획

① 몰(Mall)의 계획 시 고려할 사항

    ㉠ 몰의 폭은 6~12m가 일반적이며, 핵 상점들 사이 몰의 길이는 240m를 초과하지 않아야 한다.

    ㉡ 20~30m의 길이마다 변화를 주어 단조로운 느낌이 들지 않도록 하며, 보행공간의 중간에 특별행사, 휴식, 만남 등을 위한 코트를 계획한다.

    ㉢ 몰(Mall)은 고객의 주 보행동선을 통해 핵상점과 각 전문점으로 연결되므로 방향성과 식별성을 갖도록 계획한다.

    ㉣ 고객에게 변화감과 다채로움, 자극과 흥미를 갖도록 하여 유쾌한 쇼핑이 될 수 있도록 계획한다.

② 페데스트리언 지대(Pedestrian Area)

    ㉠ 변화감과 다채로움, 자극과 변화와 흥미를 주며 쇼핑을 유쾌하게 할 수 있으며, 휴식할 수 있는 장소를 말한다.

    ㉡ 보행로, 휴식 공간, 분수, 연못, 조경 등으로 구성된다.

    ㉢ 쇼핑몰 또는 쇼핑센터의 가장 특징적인 요소로서 넓은 면적을 필요로 하지만, 고객들이 즐겁게 쇼핑을 할 수 있으므로 결과적으로 구매력이 증가한다.

1 교사 계획

(1) 교사(教舍)의 배치 형식

① 폐쇄형

　　㉠ 운동장을 남쪽에 확보하고 부지의 북쪽에서부터 건축하기 시작해서 L형에서 □형으로 완결하는 형식이다.

　　㉡ 부지를 효율적으로 활용하고, 유기적 구성이 가능하다.

　　㉢ 화재 및 비상시에 불리하고, 환경 조건이 불균등하다.

　　㉣ 운동장으로부터 교실로의 소음이 크다.

　　㉤ 교사 주변에 활용되지 않는 부분이 많다는 결점이 있다.

② 분산병렬형

　　㉠ 교사동을 남면으로 향하게 나란히 배치한다.

　　㉡ 일조 통풍 등과 교실 환경 조건이 균등하다.

　　㉢ 구조계획이 간단하고, 규격형의 이용이 편리하다.

　　㉣ 건물 사이에 놀이터, 정원 등을 만들 수 있어 생활환경이 좋아진다.

　　㉤ 넓은 부지가 필요하다.

　　㉥ 편복도 형식으로 계획하면 복도 면적이 크고 단조로운 형태이며 유기적인 구성을 취하기가 어렵다.

③ 집합형(새로운 형태)

　　㉠ 부지 활용 효율성과 교사의 합리적인 배치를 고려하여 유기적인 구성으로 전체 교지를 계획한다.

　　㉡ 교육구조에 따른 유기적 구성이 가능하다.

　　㉢ 동선이 짧아 학생의 이동이 유리하다.

　　㉣ 물리적 환경이 좋고, 다목적 계획이 가능하다.

　　㉤ 산만한 배치가 될 수 있다.

(2) 단층 및 다층 교사(教舍) 계획

① 단층(單層) 교사

　　㉠ 학습활동을 실외에 연장시킬 수 있다.

　　㉡ 계단을 오르내릴 필요가 없으므로 재해발생 시 피난상 유리하다.

　　㉢ 각 교실에서 밖으로 직접 출입이 가능하므로 복도가 혼잡하지 않다.

　　㉣ 채광 및 환기가 유리하다.

　　㉤ 내진이나 내풍구조가 용이하다.

　　㉥ 소음이 큰 작업, 화학약품의 악취 등을 격리시키기 좋다.

② 다층(多層) 교사

    ㉠ 전기, 급배수, 난방 등의 배선 및 배관의 집약이 가능하다.

    ㉡ 치밀한 평면계획을 할 수 있다.

    ㉢ 부지의 이용률이 높다.

2 학교운영 방식

(1) 종합교실형(U(A)형)

① 교실 수는 학급 수와 일치하며, 각 학급은 자기 교실 안에서 전 교과를 행한다.

② 초등학교의 저학년에 적합한 형식이다.

③ 학생들의 이동이 전혀 없고, 교실 이용률이 높다.

④ 각 학급마다 가정적인 분위기를 조성할 수 있다.

⑤ 시설 정도가 낮은 경우에는 빈약한 형태가 된다.

⑥ 초등학교 고학년 이상에는 무리가 있다.

(2) 일반교실 및 특별교실형(U+V형)

① 일반교실은 각 학급에 하나씩 배당하고 그 밖에 특별교실을 갖는 형식으로 우리나라에서 가장 일반적인 형태이다.

② 전용 학급교실이 있고, 홈룸 활동이 편하다.

③ 학생의 소지품을 두는 자리가 안정되어 있다.

④ 특별교실이 많을수록 일반교실의 이용률은 낮아진다.

⑤ 시설의 수준을 높일수록 비경제적이다.

(3) 교과교실형(V형)

① 모든 교실이 교과교실로 만들어지고, 일반교실이 없다.

② 순수율이 높은 교실이 주어지며, 시설 수준도 높다.

③ 학생의 이동이 심하다.

④ 이동에 대비해서 소지품을 보관할 장소가 필요하다.

(4) U형과 V형의 중간형(E형)

① 일반교실은 학급 수보다 적고, 교과교실도 있다.

② 특별교실의 순수율은 반드시 100%가 되지 않는다.

③ 이용률을 상당히 높일 수 있으므로 경제적이다.

④ 학생이 있는 곳이 안정되지 않고, 학생의 이동이 상당히 많으며 혼란이 심하다.

(5) 플래툰형(P형)

① 전 학급을 2분단으로 나누고, 한편이 일반교실을 사용할 때 다른 한편은 특별교실을 사용한다.

② 초등학교에서 과밀을 해결하기 위해 실시한다.

③ 학급 담임제와 교과 담임제의 병용이 가능하다.

④ 교실 사용시간을 배정하기 위한 시간표 구성이 복잡하고, 담당교사 수를 맞추기에도 어려움이 있다.

(6) 달톤형(D형)

① 학급, 학년을 없애고 학생들이 각자의 능력에 따라 교과를 골라 일정한 교과가 끝나면 졸업한다.

② 하나의 교과에 출석하는 학생 수가 정해지지 않기 때문에 여러 가지 크기의 교실을 설치해야 한다.

(7) 오픈스쿨(Open School, 개방학교)

① 종래의 학급단위 수업을 거부하고 개인의 능력, 자질에 따라 무학년제로써 다양한 학습활동을 할 수 있게 하는 형식으로 넓고 변화가 많은 공간으로 구성한다.

② 각자의 흥미나 능력에 따른 수업 진행으로 교육의 질을 높일 수 있다.

③ 교원(교사) 자질, 풍부한 교재 및 티칭머신의 활용이 필요하고, 시설적인 면에서 공기조화설비 등이 요구된다.

3 기본 계획

(1) 이용률과 순수율

① 이용률 $= \dfrac{\text{실제 이용시간}}{\text{평균 수업시간}} \times 100(\%)$

② 순수율 $= \dfrac{\text{해당 교과목 수업시간}}{\text{실제 교실 이용시간}} \times 100(\%)$

(2) 확장성과 융통성

① 확장성 : 인구 집중, 증가에 따른 학생 수 증가에 대응하고 최적 600~700명, 최대 1,000명으로 계획한다.

② 융통성

　㉠ 융통성이 요구되는 원인

　　• 미래의 확장, 지역사회의 이용에 의해서

　　• 광범한 교과 내용의 변화에 대응하여

　　• 학교운영 방식의 변화에 대응하여

ⓛ 해결 수단

- 방 사이 벽(Partition)의 이동(구조계획) : 건식 구조
- 교실 배치의 융통성(배치계획) : 관련 시설은 근접 배치
- 공간의 다목적성(평면계획) : 교과 내용의 변화에 대응

(3) 블록(Block) 플랜과 교실군

① 일반교실군과 특별교실군

ⓞ 일반교실과 특별교실은 분리한다.

ⓛ 특별교실군은 교과 내용에 대한 융통성·보편성, 학생의 이동과 그 때의 소음 방지를 검토한다.

② 학년 단위로 정리

ⓞ 초등학교 저학년

- 종합교실형(U)이 이상적이다.
- 단층이 좋고, 1층에 배치하여 교문에 근접시킨다.
- 다른 접촉은 적게 하고, 출입구는 따로 설치한다.
- 중정 중심으로 둘러싸인 형태가 좋다.

ⓛ 초등학교 고학년 : 일반교실 및 특별교실형(U+V형)의 운영 방식이 이상적이다.

(4) 특수한 형태의 블록(Block) 평면 형식

① 엘보 액세스형(Elbow Access) : 복도를 교실에서 이격시켜 설치하는 형식으로 소음대비에 유리하다.

② 클러스터형 : 홀(공용공간)을 중앙에 위치시키고, 몇 개의 교실을 하나의 유닛으로 하여 분리(교실 2~4개씩 단위화)시키는 형식이다.

4 교실 및 기타 계획

(1) 교실계획

① 교실의 채광

ⓞ 일조가 긴 방위로서, 채광 면적은 실면적의 1/10 이상이어야 한다.

ⓛ 교실 칠판을 향해 좌측 채광이 원칙이다.

ⓒ 칠판의 현휘를 막기 위해서 정면이 벽에 접하여 1m 정도의 측면벽을 남긴다.

ⓔ 조명은 실내에 음영이 생기지 않도록 한다.

ⓜ 칠판면 조도를 책상면보다 높게 한다(100lx 이상).

② 교실의 크기 등

    ⊙ 교실 크기 : $7 \times 9m$ 정도(저학년은 $9 \times 9m$)이다.

    ⓒ 창대 높이 : 초등학교 80cm, 중학교 85cm가 적당하다.

    ⓒ 출입구 : 교실마다 2개소에 설치한다.

③ 색채계획

    ⊙ 저학년은 난색계통, 고학년은 사고력의 증진을 위해 중성색이나 한색계통이 좋다.

    ⓒ 음악, 미술교실 : 창작적 학습 활동을 위해서는 난색계통이 좋다.

    ⓒ 교실 반자는 음향을 고려하며, 백색(80% 반사)에 가까운 색으로 마감한다.

(2) 강당

① 강당의 크기(학교별 1인당 소요 면적)

    ⊙ 초등학교 : $0.4m^2$/인

    ⓒ 중학교 : $0.5m^2$/인

    ⓒ 고등학교 : $0.6m^2$/인

② 강당과 체육관 겸용 계획

    ⊙ 강당 겸 체육관으로 시설비, 부지면적을 절약한다.

    ⓒ 커뮤니티의 시설로서 학생 및 지역주민의 이용을 고려하며, 학생의 수업시간 내에는 외부 지역주민의 이용을 금지한다.

    ⓒ 벽, 천장, 바닥, 마감재료 등에 있어서 양자의 기능을 민족할 수 있노록 하여야 한다.

    ⓔ 일반적으로 강당으로의 이용보다는 체육관의 사용이 높으므로 체육관의 목적으로 치중하는 것이 좋다.

(3) 체육관

① 크기

    ⊙ 농구코트를 둘 수 있는 크기를 기준으로 한다.

    ⓒ 최소 $400m^2$, 보통 $500m^2$($15.2 \times 28.6m$) 정도

② 세부 계획

    ⊙ 천장 높이 : 최소 6m 이상

    ⓒ 바닥 : 충격 흡수를 위해 2중의 실의 길이 방향으로 목재 마루판을 깐다.

    ⓒ 징두리벽 : 운동기구 설치를 고려한 2.5~2.7m 높이

③ 배치

    ⊙ 채광은 남쪽뿐 아니라 천장을 이용하면 좋다.

    ⓒ 장축을 동서로 잡고, 장변(남북)으로부터 자연채광을 받도록 한다.

제7절 도서관

1 출납 시스템

(1) 자유개가식

① 이용자가 자유롭게 자료를 찾고, 검열 없이 열람 가능하다.

② 1실의 규모는 10,000권 이하로서 분관이나 아동도서관 등의 소규모인 도서관에 적합하다.

③ 책의 내용을 보고 선택하며, 목록이 필요 없다.

④ 책이 손상되기 쉽고 분실할 염려가 있다.

⑤ 책의 위치, 정리정돈, 열람실이 혼잡하기 쉽다.

(2) 안전개가식

① 이용자는 서고에 들어가서 책을 선택하여 사서의 검열을 받고 열람한다(자유개가식과 반개가식의 혼용).

② 1실의 규모가 15,000권 이하인 도서관에 적용된다.

③ 책의 내용을 직접 보고 선택하며, 목록이 필요 없다.

④ 책의 대출 시 사서의 검열이 있어 수속이 조금 번잡하다.

⑤ 책은 다소 손상되기 쉽지만 분실은 적다.

(3) 반개가식

① 이용자는 책을 배포지 등에 의해 선택해서 직원들에게 신청하면 사서가 책을 가져와서 열람한다.

② 책의 표지를 보고 선택하기 때문에 책의 선택이 쉽다.

③ 신간 서적 코너 등으로 채용된다.

④ 사서의 검열이 있고 수속이 조금 번잡하다.

⑤ 책의 대출, 반납의 작업이 증가된다.

⑥ 책의 손상이나 분실될 염려가 적다.

(4) 폐가식

① 목록으로 자료를 찾고, 대출 수속을 받은 후 열람한다.

② 이용 빈도가 낮은 귀중 도서나 대학도서관 등에 좋다.

③ 목록으로 책을 선택하므로 희망하는 책이 아닐 수 있다.

④ 사서가 서가에서 책을 찾아서 대출해 주는 시간이 길다.

⑤ 책의 대출, 반납의 작업이 증가된다.

⑥ 책의 손상이나 분실될 염려가 적다.

⑦ 대규모인 도서관에 적용되고 있다.

2 열람실, 서고 계획

(1) 열람실

① 일반 열람실
  ㉠ 크기 : 1.5~2.0m²/인
  ㉡ 통로를 포함하면 2.4m²/인 정도가 필요하다.

② 아동 열람실
  ㉠ 1층 현관 주변에 위치하며, 성인과 구별하여 열람실을 설치한다.
  ㉡ 별도의 현관을 둘 수 있으며, 자유개가식으로 계획한다.
  ㉢ 자유로운 책상배치로 획일적인 배치는 피한다.
  ㉣ 아동 1인당 1.2~1.5m² 정도

(2) 서고

① 서고의 계획
  ㉠ 서가 1단 1m당 20~30권이며, 평균 25권
  ㉡ 서고 면적 1m²당 150~250권이며, 평균 200권 내외
  ㉢ 서고 공간 1m³당 평균 66권 정도
  ㉣ 모듈러 시스템(Modular System)을 도입한 서가 배치
    • 모듈러 플래닝은 건물 치수를 기둥 간격 치수의 배수가 되도록 계획하는 방법이다.
    • 서고의 바닥면은 사동벽과 녹립 서가에 의해서 구획되고 필요조건의 변화에 대응해서 구획을 변경하는 것이 가능하게 할 수 있도록 한다.
    • 도서관 계획은 확장성(50% 이상의 확장 변화 대응)과 융통성의 문제가 처음부터 고려되어야 하기 때문에 모듈러 플랜(Modular Plan)으로 계획한다.

② 장서의 보관방법
  ㉠ 서고는 온도 15℃, 습도 63% 이하가 좋다.
  ㉡ 도서 보존을 위해서는 서고 내부가 어두운 것이 좋다.
  ㉢ 서고는 개구부를 닫아 기계환기와 인공조명으로 온도, 습도를 유지하여 세균의 침입을 예방하여야 한다.
  ㉣ 세균, 충해 작용이 많은 경우 : 온도 20℃, 습도 80%일 때

③ 캐럴(Carrel)
  ㉠ 서고 내에 설치하는 개인용 소열람실 또는 소연구실을 말한다.
  ㉡ 크기 : 1인당 바닥면적은 1.4~4.0m² 정도이다.
  ㉢ 캐럴(Carrel)은 열람자의 도서 접근을 용이하게 하기 위해 서고의 내부 등에서 연구를 할 수 있도록 설치한다.

1 건축 형식

(1) 배치 계획

① 건물 배치는 작업 내용을 검토한 후 결정하는 것이 좋다.

② 장래 계획, 확장 계획을 충분히 고려한다.

③ 원료 및 제품을 운반하는 방법, 작업동선을 고려한다.

④ 동력의 종류에 따라 배치하는 계통을 합리화한다.

⑤ 생산, 관리, 연구, 후생 등의 각 부분별 시설을 명쾌하게 나누고 유기적으로 결합시킨다.

⑥ 견학자 동선을 고려한다.

⑦ 가장 중요한 작업은 가장 유리한 위치에 배치한다.

(2) 장래 확장 계획

① 장래 계획과 확장 계획을 충분히 고려하며, 공장의 전체 종합 계획을 하고 그 일부로서 단위 건물을 계획한다.

② 공장 설계 시 전체 종합 계획을 수립하고, 입체적 환경이 예측될 경우 구조물 설계에 미리 고려한다.

③ 부대설비의 용량을 확장 계획에 반영하도록 고려한다.

④ 마스터 플랜(Master Plan)을 계획하며, 증축을 고려한다.

(3) 공장 건축 형식 분류

① 분관식(Pavilion Type)

    ㉠ 건축 형식, 구조를 다르게 할 수 있다.

    ㉡ 대지가 부정형이거나 고저차가 있을 때 유리하다.

    ㉢ 공장의 신설, 확장이 비교적 용이하다.

    ㉣ 채광 및 통풍이 양호하다.

    ㉤ 여러 개의 공장 건물을 순차적으로 병행 건축할 수 있으므로, 조기 가동이 가능하다.

    ㉥ 배수, 물홈통 설치가 용이하다.

    ㉦ 화학공장, 기계조립공장, 중층(다층) 공장 등이 많다.

② 집중식(Block Type)

    ㉠ 기계 배치 및 작업공간의 효율이 좋다.

    ㉡ 대지가 평탄하거나 정형일 때 유리하다.

    ㉢ 재료 및 제품의 운반이 용이하고 흐름이 단순하다.

    ㉣ 건축비가 저렴하다.

ⓜ 내부 배치 변경에 탄력성, 융통성이 있다.

ⓑ 기계조립공장, 단층 공장이 많으며, 평지붕 무창공장에 유리하다.

2 공장 레이아웃(Layout), 무창공장

(1) 레이아웃(Layout)의 개념

① 공장의 기계설비, 작업자의 작업구역, 재료 및 제품을 보관하는 장소 등 상호 위치관계를 말한다.

② 레이아웃을 통해 생산성을 향상시키도록 한다.

③ 장래 공장 규모의 변화에 대응한 융통성이 있어야 한다.

④ 생산, 관리, 연구, 후생 등은 분리하여 기능을 유지한다.

(2) 공장의 레이아웃 형식

① 제품중심 레이아웃

ⓐ 생산에 필요한 모든 공정, 기계·기구를 제품의 흐름에 따라 배치하는 방식이다.

ⓑ 대량생산에 유리하고, 생산성이 높다.

ⓒ 장치 공업(석유, 시멘트), 가전제품 조립공장 등에 유리하다.

ⓓ 공정 간의 시간적, 수량적 균형을 이룰 수 있고, 상품의 연속성이 유지된다.

② 공정중심 레이아웃

ⓐ 동종의 공성, 동일한 기계, 기능이 유사한 것을 하나의 그룹으로 집합시키는 방식이다.

ⓑ 생산성이 낮으나 주문생산 공장에 적합하다.

ⓒ 다종 소량생산으로 예상 생산이 불가능한 경우나 표준화가 행해지기 어려운 경우에 채용된다.

③ 고정식 레이아웃

ⓐ 주가 되는 재료나 조립부품이 고정되고, 사람이나 기계가 이동해 가며 작업하는 방식이다.

ⓑ 선박 건축과 같이 크고 수량이 적은 경우에 적합하다.

④ 혼성식 레이아웃 : 위의 방식들이 혼성된 형식이다.

(3) 무창공장

① 방직공장 또는 정밀기계 공장에 적합하다.

② 실내의 조도는 인공조명을 통해 조절(균일한 조도)한다.

③ 창호를 설치할 필요가 없다(건설비 저렴).

④ 실내에서의 소음이 크다.

⑤ 외부로부터의 자극이 적어서 작업 능률을 향상시킬 수 있다.

⑥ 온도, 습도 조정이 쉽고, 유지비가 저렴하다.

3 공장의 형태

(1) 단면 형식에 의한 분류

① 단층 공장
  ㉠ 톱날 모양의 지붕 및 천창이 있는 형태로 무거운 원료나 제품을 취급하는 공장에 적합하다.
  ㉡ 기계, 조선, 주물공장 등이 적용된다.

② 중층 공장
  ㉠ 다층 형태로 가벼운 원료나 제품 취급 공장에 적합하다.
  ㉡ 제지, 제약, 제과, 제분, 방직공장 등이 적용된다.

③ 단층·중층 병용 공장
  ㉠ 단층 공장과 중층 공장을 병용한 건물 형태이다.
  ㉡ 양조, 방적공장 등이 적용된다.

④ 특수한 형태
  ㉠ 제품에 따라 형태가 결정되는 경우이다.
  ㉡ 제분, 시멘트 공장 등이 적용된다.

(2) 지붕 형태에 의한 분류

① 평지붕 : 일반적으로 중층 건물 최상층 옥상에 쓰인다.

② 뾰족지붕
  ㉠ 평지붕과 동일한 최상층 옥상에 천창을 내는 형태이다.
  ㉡ 어느 정도 직사광선을 허용한다.

③ 솟음지붕(솟을지붕)
  ㉠ 채광, 환기에 적합한 형태로 채광창의 경사에 따라 채광을 조절할 수 있다.
  ㉡ 상부 창의 개폐에 의해 환기량을 조절할 수 있다.

④ 톱날지붕
  ㉠ 공장 건물 특유의 지붕 형태이다.
  ㉡ 채광창을 북향으로 설치하여 균일한 조도를 유지하며 작업 능률을 향상시키도록 한다.

⑤ 샤렌구조 지붕
  ㉠ 톱날지붕의 기둥이 많은 결점을 보완하기 위한 형태이다.
  ㉡ 기둥이 적게 소요되는 장점이 있다.

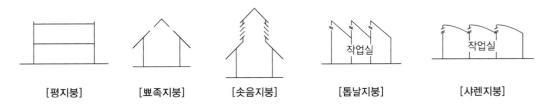

[평지붕] [뾰족지붕] [솟음지붕] [톱날지붕] [샤렌지붕]

1 병원 형식 분류, 규모

(1) 병원건축 형식

① 분관식(Pavilion Type)

ㄱ 3층 이하 저층 건물로 외래부, 부속진료시설, 병동을 각각 별동으로 분산시키고 복도로 연결시키는 방법이다.

ㄴ 병실을 남향으로 하면 일조, 통풍 조건이 좋아진다.

ㄷ 넓은 대지가 필요하며, 설비가 분산되고 보행거리가 길어진다.

ㄹ 환자는 주로 경사로 보행 또는 들것으로 운반한다.

② 집중식(Block Type)

ㄱ 외래부, 부속진료시설, 병동을 합쳐서 한 건물로 고층화하여 환자를 엘리베이터로 운송하는 방식이다.

ㄴ 대지가 협소한 도시 지역에 적합하다.

ㄷ 관리가 편리하고, 설비 등의 시설비가 적게 든다.

ㄹ 일조, 통풍 등의 조건이 불리하며, 각 병실 환경이 균일하지 못하다.

ㅁ 의료, 간호, 급식 등의 서비스가 원활하다.

③ 다익형

ㄱ 건물을 날개 모양으로 여러 개를 연결한 형태로 의료 수요 변화, 기술 및 설비 고도화 등에 대응하는 형식이다.

ㄴ 병원 각 부의 증·개축이 용이한 구조로 계획한다.

(2) 병원의 규모

① 병상 규모로 추정 : 병동부 병상을 기준으로 한다.

② 소요 병상 수 추정의 요소

ㄱ 연간 입원환자 수

ㄴ 평균재원일 수

ㄷ 병상이용률

③ 전체적인 면적 배분

ㄱ 병동부 : 30~40%

ㄴ 외래부 : 8~10%

ㄷ 중앙진료부 : 15~17%

ㄹ 관리부 : 8~10%

ㅁ 서비스부 : 20~25%

2 병원의 각 부 구성

(1) 중앙(부속)진료부 계획

① 계획상의 요점

  ㉠ 수술실, 중앙 소독 재료·X선·분만·검사·구급부 등

  ㉡ 외래부와 병동부의 중간 위치가 좋다.

  ㉢ 수술실, 물리치료실, 분만실은 통과교통이 없게 한다.

  ㉣ 약국은 외래진료부, 현관과의 연락이 좋은 곳에 설치한다.

② 수술실 위치

  ㉠ 외래와 병동 중간에 위치하게 하여 쌍방의 이용이 편리하게 한다.

  ㉡ 중앙소독공급부와 수직, 수평적 근접된 부분이 좋다.

  ㉢ 병동 및 응급부에서 환자 수송이 용이한 곳으로 한다.

  ㉣ 복도에 다른 부분의 통과교통이 없는 건물의 익단부(막다른 위치)로 격리된 위치에 둔다.

③ 수술실 계획

  ㉠ 실내온도는 26.6℃ 이상의 고온이어야 하고, 습도는 55% 이상이어야 한다.

  ㉡ 공조설비 시 공기를 재순환시키지 않는다.

  ㉢ 실내 벽재료는 피의 보색인 녹색 계통으로 마감을 하여 적색의 식별이 용이하게 한다.

  ㉣ 바닥재료는 전기도체성 타일을 사용하며, 모든 전기기구는 스파크 방지장치가 붙은 것을 사용한다.

  ㉤ 출입문은 쌍여닫이로 1.5m 전후의 폭으로 한다.

  ㉥ 출입구 손잡이는 팔꿈치 조작식 또는 자동문으로 하며, 내부를 볼 수 있는 유리를 설치한다.

  ㉦ 방위 : 전혀 무관하며 인공조명(무영등)으로 하여 직사광선을 피하고 밝기를 일정하게 한다.

  ㉧ 눈 수술실에는 암막장치를 필요로 한다.

  ㉨ 넓이는 5.5×4.5m 이상으로 수술 공간을 확보한다.

④ 기타 부분

  ㉠ 중앙소독재료부 : 수술실 부근에 둔다.

  ㉡ 분만부 : 20병동 이하 산과 병상 수에 대해 1실을 둔다.

  ㉢ X레이실 : 각 병동에 가깝거나 외래진료부나 구급부 등으로부터 편리한 장소에 위치한다.

  ㉣ 물리요법부 : 외래환자가 많으므로 외래 이용에 편리한 위치에 둔다.

  ㉤ 검사부 : 병동과 외래진료부에서 가까운 곳으로 북향이 좋다.

  ㉥ 구급(응급)부 : 병원 후면의 1층에 위치하여 구급차가 출입할 수 있도록 플랫폼을 설치한다.

  ㉦ 육아부 : 산과 중앙에 배치하며 분만실과 격리한다.

(2) 외래진료부 계획

① 진료 방식의 분류

　ㄱ 클로즈드 시스템(Closed System)

　　• 대규모 각 과를 필요로 하고, 환자가 매일 병원에 출입하는 형식이다.

　　• 1일 외래환자 수는 보통 병상 수의 2~3배이다.

　　• 동선은 체계화, 대기공간을 통로공간과 분리한다.

　　• 각 외래진료실은 환자 이용이 편리하도록 1층 또는 2층 이하에 둔다.

　　• 한국은 클로즈드 시스템(Closed System)을 주로 채용한다.

　ㄴ 오픈 시스템(Open System)

　　• 종합병원 근처에 일반 개업 병원이 종합병원에 등록되어 개인이 준비하기 힘든 큰 병원의 각종 의료시설과 장비를 이용하는 형식이다.

　　• 자기 환자를 종합병원 진찰실에서 예약, 진찰, 치료할 수 있도록 하고 입원 또한 시킬 수 있다.

　　• 외국의 경우는 오픈 시스템(Open System)을 주로 채용한다.

② 외래진료부 각 실 계획

　ㄱ 내과 : 환자가 탈의를 하므로 충분한 난방을 요하며, 진찰실, 검사실, 치료실로 구분한다.

　ㄴ 소아과 : 부모가 동반하므로 넓어야 한다.

　ㄷ 외과 : 진찰실, 처치실로 구분한다.

　ㄹ 정형외과 : 보행이 불편한 환자를 위해 저층에 둔다.

　ㅁ 산부인과 : 임산부를 주로 돌보는 산과와 부인병을 주로 치료하는 부인과로 구분한다.

　ㅂ 피부비뇨기과 : 피부과와 비뇨기과로 구분되며 채뇨를 위해 화장실에 근접시킨다.

　ㅅ 이비인후과 : 남쪽 광선은 차단하고 북쪽 채광을 하되 수술 후 요양하는 침대가 필요하다.

　ㅇ 안과 : 시력검사(검안)를 위하여 5m 정도의 거리를 확보한다.

　ㅈ 치과 : 진료실은 북향이 좋고, 치료공간별 칸막이를 설치한다.

(3) 병동부 계획

① 간호단위(Nursing Unit)의 분류

　ㄱ 전염병, 결핵, 정신병은 종합병원에서 제외하되, 만일 포함할 때는 별동으로 격리한다.

　ㄴ 성인과 어린이를 구분한다.

　ㄷ 내과, 외과, 소아과, 산부인과로 대별한다.

　ㄹ 증상이 가벼운 환자는 공동 병실(Ward)에 집단 수용도 가능하며, 고급 병실은 별도로 한다.

② 간호단위(Nursing Unit)의 구성

　ㄱ 1조(8~10명)의 간호사가 담당하는 병상 수로 나타낸다.

　　• 1개소의 간호 병상 수는 20~30베드가 이상적이다.

　　• 간호사 대기소에서 능률적으로 간호할 수 있는 일반적인 병상 수는 30~40베드 정도로 한다.

ⓛ 간호사 대기소에서 병실까지 보행거리는 24m 이내이다.

ⓒ 간호사 대기실은 계단과 엘리베이터에 인접하여 환자 및 보호자 등의 출입을 감시할 수 있도록 한다.

ⓔ 간호사 대기소는 간호단위, 각 층 또는 동별로 설치하되, 환자를 돌보기 쉽도록 병실군 중앙에 위치한다.

③ PPC(Progressive Patient Care)의 방식

ⓖ 간호단위의 개념 : 증세에 따라 간호단위를 구성한다.

ⓛ 질병의 종류에 관계없이 또는 같은 질병의 환자를 단계적으로 구분하여 질병을 치료하는 방법이다.

ⓒ PPC(Progressive Patient Care) 단계 : 집중 간호단위, 중간 간호단위, 자가 간호단위, 장기 간호단위 등의 단계로 구분할 수 있다.

ⓔ ICU(Intensive Care Unit) : 중증환자로 24시간 집중적인 간호와 치료를 행하는 집중 간호단위이다.

ⓜ CCU(Coronary Care Unit) : 협심증 환자, 심근경색 등 환자를 대상으로 집중 치료를 행하는 간호단위이다.

④ 특수 병실(큐비클)

ⓖ 일반적으로 천장에 닿지 않는 가벼운 커튼이나 몇 개의 큐비클로 나누어 병상을 배치한다.

ⓛ 특성

- 공간을 유효하게 사용한다.
- 북향 부분도 실의 환경이 균일하다.
- 개방감은 있으나, 독립성이 나쁘다.
- 실내공기의 오염 가능성이 높다.

⑤ 병실의 구분

ⓖ 총 실과 개실의 그룹별로 층 구성을 한다.

ⓛ 병상 수의 비율은 4 : 1 혹은 3 : 1로 한다.

1　호텔의 분류

(1) 시티 호텔(City Hotel)

① 커머셜 호텔(Commercial Hotel)

　㉠ 일반 여행자, 비즈니스 여행자를 위한 호텔이다.

　㉡ 교통이 편리한 도시 중심지에 위치한다.

　㉢ 제한된 도심지에 건축 가능하며, 주로 고층화한다.

② 레지덴셜 호텔(Residential Hotel)

　㉠ 상업, 사무상 단기 체재 여행자용 호텔이다.

　㉡ 객실이 2~3개 연결된 스위트(Suite)로서 최고의 호화로운 시설을 갖추고 있다.

　㉢ 도심을 피하여 안정된 곳에 위치한다.

③ 아파트먼트 호텔(Apartment Hotel)

　㉠ 장기간 체재하는 데 적합하다.

　㉡ 각 객실에는 일반 아파트에 가까운 시설로서 부엌과 셀프 서비스를 갖추고 있다.

④ 터미널 호텔(Terminal Hotel)

　㉠ 여행자를 위한 호텔로서 교통기관의 발착 지점이나 근처에 위치하는 호텔이다.

　㉡ 가까운 관광지까지 교통이 편리한 것을 이용하여 리조트 호텔의 형태를 취하는 것도 있다.

　㉢ 철도, 터미널, 부두(Harbor), 공항 호텔 등

(2) 리조트 호텔(Resort Hotel)

① 피서 및 휴양을 위주로 하여 관광객이나 휴양객에게 많이 이용되는 호텔이다.

② 산, 바다, 호수, 강, 공원 등 도시에서 떨어진 관광지에 위치하여 운동, 레크리에이션 시설 등을 갖춘다.

　㉠ 해변 호텔(Beach Hotel)

　㉡ 산장 호텔(Mountain Hotel)

　㉢ 온천 호텔(Hot Spring Hotel)

　㉣ 스키 호텔(Ski Hotel)

　㉤ 클럽 하우스(Club House)

(3) 기타 호텔의 종류

① 모텔(Motel) : 모터리스트 호텔(Motorists Hotel)이라는 의미로 자동차 여행자를 위한 숙박시설이다.

② 유스 호스텔(Youth Hostel)

    ㉠ 청소년의 국제적 활동 장소로 우호적인 분위기 속에서 회합할 수 있는 휴식처 역할을 한다.

    ㉡ 보통 1실의 수용인원은 20명을 넘지 않는다.

2 각 부 계획

(1) 호텔의 공간 구성

① 부분별 공간 구성

부분별	주요 각 실의 명칭
숙박부분	객실 및 부수되는 공동화장실, 메이드실, 보이실, 린넨실, 트렁크실, 복도, 계단 등
퍼블릭 스페이스	현관, 홀, 로비, 라운지, 식당, 연회실, 매점, 바, 커피숍, 프런트 데스크, 정원 등
관리부분	프런트 오피스, 클로크 룸, 지배인실, 사무실, 종업원관계제실 등
요리관계부분	배선실, 주방, 식기실, 식료품창고 등
설비관계부분	보일러실, 각종 기계실 등
대여실	상점, 창고, 임대사무실, 클럽 등

② 호텔 경영 방침 : 경영 주최는 숙박료와 식사료에 있으나 비중은 영업 방침에 따라 다르다. 커머셜 호텔은 숙박에 비중을 두고, 레지덴셜 호텔은 식사료 등, 리조트 호텔은 그 중간에 비중을 두고 있다.

③ 호텔 부분별 면적비 비교

숙박 면적비	시티(커머셜) 호텔 > 리조트 호텔 > 아파트먼트 호텔
공용 면적비	아파트먼트 호텔 > 리조트 호텔 > 시티(커머셜) 호텔
객실 1개 면적	아파트먼트 호텔 > 리조트 호텔 > 시티(커머셜) 호텔

(2) 호텔의 각 실 계획

① 객실의 크기는 대지나 건물의 형태에 영향을 받는다.

② 현관, 로비, 라운지

    ㉠ 현관은 외부인 접객 장소로 로비, 라운지와 분리한다.

    ㉡ 로비는 현관홀에 접속되어 호텔의 전체적인 인상을 보여주는 공간으로 프런트 데스크가 인접해 있다.

    ㉢ 로비(Lobby)는 퍼블릭 스페이스의 중심으로 휴식, 면회, 담화, 독서 등 다목적으로 사용되는 공간이다.

    ㉣ 라운지는 휴식이나 대화 등을 할 수 있도록 테이블, 의자를 갖춘 공간이다.

③ 프런트 오피스는 고객을 응대하는 안내데스크와 함께 계획되며, 기계화 및 현대화된 설비와 함께 적은 인원으로 고객의 편의와 능률을 높여야 한다.

④ 주식당은 외래객이 편리하게 이용할 수 있도록 출입구를 별도로 설치한다.

⑤ 공공 부분, 사교 부분은 저층에 배치하는 것이 좋다.

1　전시실 순회 형식

(1) 연속순로(순회) 형식

① 구형 또는 다각형 전시실들을 연속적으로 연결하는 형식이다.

② 소규모 전시실에 적합하다.

③ 단순하고 공간이 절약된다.

④ 전시벽면을 많이 만들 수 있다.

⑤ 많은 실을 순서별로 통해야 하며 1실을 닫으면 전체 동선이 막힌다.

(2) 갤러리(Gallery) 및 코리더(Corridor) 형식

① 연속된 전시실을 복도에 의해 배치한 형식이며, 그 복도가 중정을 포위하여 순로를 구성하는 경우가 많다.

② 각 실에 직접 들어갈 수 있는 점이 유리하다.

③ 필요시 각 전시실은 자유롭게 독립적으로 폐쇄할 수 있다.

④ 복도 자체도 전시공간으로 이용이 가능하다.

(3) 중앙홀(Hall) 형식

① 중심부에 하나의 큰 홀을 두고 주위에 각 전시실을 배치하여 자유롭게 출입하는 형식이다.

② 과거에 많이 사용한 평면으로 중앙홀에 높은 천창을 설치하여 고창으로부터 채광하는 방식이 많다.

③ 대규모 전시실에 가장 적합하며, 대지의 이용률이 높은 장소에 설립할 수 있다.

④ 중앙홀이 크면 동선 혼란이 없으나, 장래 확장은 어렵다.

⑤ 뉴욕의 구겐하임 미술관(Frank Lloyd Wright), 오르세 미술관(Gae Aulenti) 등이 있다.

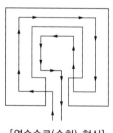
[연속순로(순회) 형식]

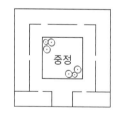
[갤러리 및 코리더 형식]

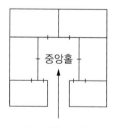
[중앙홀 형식]

2 특수전시기법

(1) 디오라마(Diorama) 전시

① 전시물 뒤에 그림이나 사진을 비추어 전시하여, 현장에 임한 듯한 느낌을 가지고 관찰할 수 있는 전시기법이다.

② 하나의 사실 또는 주제의 시간 상황을 고정시켜 연출한다.

③ 현장 매체를 전시하는 방법, 모형 전시방법, 실물 또는 모형을 전시하고 보조 매체를 첨가하는 방법 등이 있다.

(2) 파노라마(Panorama) 전시

① 연속적인 주제를 선적으로 연계성을 표현하기 위한 전시로, 넓은 시야의 전경을 보는 듯한 감각을 주는 전시기법이다.

② 벽면 전시(벽화, 사진, 영상 등)와 입체물을 병행한다.

③ 시간적인 연속성을 위해 플로차트와 시퀀스마다 중심 주제를 수평적으로 펼쳐 전시하는 방법이다.

(3) 아일랜드(Island) 전시

① 벽, 천장을 직접 이용하지 않고 전시물이나 장치를 바닥에 배치함으로써 전시공간을 만들어 내는 전시기법이다.

② 관람객의 동선이 전시물 사이를 통과할 수 있도록 하며, 입체적인 전시물의 성격에 따라 모든 방향에서 관람이 가능하게 한다.

③ 전시물을 가까이 볼 수 있고 크기에 관계없이 배치가 가능하다.

(4) 하모니카(Harmonica) 전시

① 전시 평면이 하모니카 흡입구처럼 동일한 공간으로 연속 배치하는 전시기법이다.

② 동일 종류의 전시물을 반복하여 전시할 때 유리하다.

③ 전시 항목 구분이 짧고 명확하며 동선계획이 용이하다.

(5) 3차원 전시

① 입체적인 전시 모체가 벽체로부터 독립되어 전시되는 형식의 전시방법이다.

② 진열장 전시, 전시실 전시, 전시판 전시 등이 있다.

(6) 영상 전시

① 실물을 직접 전시할 수 없거나 오브제 전시만의 한계를 극복하기 위해 사용하는 형식이다.

② 영상매체는 크게 정지 화면인 슬라이드, OHP 등과 동적 화면인 영화, 비디오, 멀티비전 등으로 구분된다.

1 평면 형식별 분류

(1) 프로시니엄(Proscenium)형

① 연기자가 일정한 방향으로만 관객을 대하게 된다.

② 무대 배경이 용이하고 조명 효과가 좋다.

③ 연기자와 관객의 접촉면이 한정되므로 많은 객석이 무대 가까이에 접근하기가 곤란하다.

④ 고정 액자 속에서 보는 듯한 느낌이 들기 때문에 픽쳐 프레임 스테이지(Picture Frame Stage)라고도 한다.

⑤ 강연, 콘서트, 독주, 연극 공연장 등에 적용된다.

(2) 오픈 스테이지(Open Stage)형

① 연기자와 관객의 배치가 동일 공간에 놓여진다.

② 관객이 연기자에게 근접하여 관람할 수 있다.

③ 다양한 방향감으로 연기의 통일된 효과를 내기가 어렵다.

(3) 아레나(Arena)형, 중심 무대형(Center Stage)

① 무대가 객석으로 360° 둘러싸인 형식으로 가까운 거리에서 가장 많은 관객을 수용할 수 있다.

② 무대 배경을 만들지 않으므로 경제성이 있다.

③ 객석과 무대가 하나의 공간에 있으므로 관객과 연기자의 일체감을 높여 긴장감이 높은 연극 공간을 형성한다.

④ 관객이 무대를 둘러싸므로 연기자들끼리 가리게 된다.

(4) 가변형 무대(Adaptable Stage)

① 무대와 객석의 크기, 모양, 배열 그리고 상호관계를 한정하지 않고 작품의 필요에 따라 변화될 수 있다.

② 작품의 성격이나 연출에 적합한 공간을 만들 수 있다.

③ 연출의 다변화가 가능하며 대학극장, 실험극장에 적용된다.

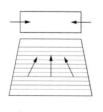

[프로시니엄형]

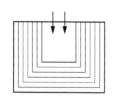

[오픈 스테이지형]

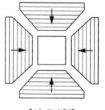

[아레나형]

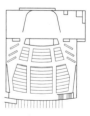

[가변형]

2 극장의 객석 계획

(1) 객석의 가시거리 한계

① 생리적 한도(15m까지)
  ㉠ 연기자의 자세한 표정, 몸놀림을 볼 수 있는 시각 한계 거리이다.
  ㉡ 인형극이나 아동극 등은 이 범위로 정해진다.
② 제1차 허용 한도(22m까지)
  ㉠ 무대와 객석이 가깝게 위치하여 잘 보여야 함과 동시에 많은 관객을 수용하는 범위이다.
  ㉡ 소규모 오페라, 현대극, 고전무용, 실내악 등은 이 범위로 정한다.
③ 제2차 허용 한도(35m까지)
  ㉠ 연기자의 일반적 몸동작을 보고 감상해야 하는 한계점이 있다.
  ㉡ 대규모 오페라, 발레, 뮤지컬 등은 이 범위로 정한다.
  ㉢ 영화관에서의 시거리 한계는 45m 정도이다.

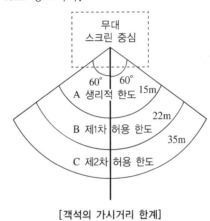

[객석의 가시거리 한계]

(2) 객석 계획

① 세로 통로는 무대를 중심으로 하는 방사선상이 좋다.
② 좌석을 엇갈리게 배열(Stagger Seats)하면 바닥구배가 완만해도 효과적으로 시야가 확보되어 유리하다.
③ 객석은 무대 중심 기준으로 원호의 배열이 이상적이다.
④ 객석의 바닥
  ㉠ 수평식, 경사식, 계단식으로 구분되며, 바닥의 경사에는 직선형 경사 바닥과 포물선형 경사 바닥이 있다.
  ㉡ 직선형 경사 바닥은 무대 끝에서 1/3은 수평, 뒷부분의 2/3는 1/10 정도 경사진 바닥으로 하는 경우가 많다.
  ㉢ 객석 바닥은 경사로로 하는 것이 계단식보다 좋다.

(3) 객석의 음향 계획

① 직접음과 1차 반사음 사이의 경로차는 17m 이내이다.

② 천장은 음을 객석에 고루 분산시키는 형태이어야 한다.

③ 극장의 사용 목적에 따라 잔향시간을 조절해야 한다.

④ 발코니 저면 및 후면은 특히 흡음에 유의해야 한다.

⑤ 발코니 밑면의 천장 및 뒷벽은 파음에 주의한다.

(4) 객석 내의 소음 방지 계획

① 객석 내의 소음은 30~35dB 이하로 한다.

② 출입구는 2중문으로 하여 밀폐하고 도로면을 피한다.

③ 창은 2중창으로 하고 지붕과 천장은 차음구조로 한다.

④ 영사실은 천장에 반드시 흡음재를 사용한다.

3 극장의 무대 및 주변 계획

(1) 프로시니엄 아치(Proscenium Arch)

① 무대와 객석의 경계이며 프로시니엄 개구부를 통해 관람한다.

② 프로시니엄의 개구부는 직사각형으로 가로·세로의 비율이 횡금비(1 : 1.618)로 구성되는 경우가 많다.

③ 프로시니엄은 무대로 집중하게 하는 시각적 효과를 준다.

④ 조명기구, 암막 등이 설치된 후면 무대를 가리는 역할을 하며, 마스킹(Masking)으로 관객의 시선을 차단한다.

(2) 무대의 평면 및 단면

① 무대 폭 : 프로시니엄 아치 폭의 2배 정도이다.

② 무대 깊이 : 프로시니엄 아치 폭 정도 이상이다.

③ 무대 단면에서 플라이 로프트(Fly Loft)는 무대 위의 천장공간을 말하며, 높이는 프로시니엄 높이의 4배 이상이다.

④ 사이클로라마의 높이 : 프로시니엄 높이의 3배 정도이다.

(3) 무대 천장 부분

① 그리드 아이언(Grid Iron, 격자 철판)

ㄱ 배경, 조명기구, 음향판 등을 매달 수 있게 한 장치이다.

ㄴ 무대 천장 밑에서 1.8m의 위치에 바닥이 위치한다.

② 플라이 갤러리(Fly Gallery)

　ⓐ 그리드 아이언에 올라가는 계단과 연결된 좁은 통로이다.

　ⓑ 무대 주위 벽에 6~9m 높이로 설치한다(폭은 1.2~2m).

③ 라이트 브리지(Light Bridge, 잔교)

　ⓐ 플라이 갤러리 가운데 프로시니엄 아치 바로 뒷부분이다.

　ⓑ 조명 또는 눈이 내리는 장면을 위해 사용한다.

④ 록 레일(Lock Rail) : 와이어로프를 모아서 조정하는 장소이다.

(4) 무대 주변 계획

① 오케스트라 박스(Orchestra Box, Orchestra Pit) : 음악을 연주하는 곳(객석과 무대 경계에 설치, 1인당 $1m^2$ 정도)이다.

② 프롬프터 박스(Prompter Box) : 객석 측면에서 무대를 보며 대사를 불러주거나 연기의 주의환기를 시키는 곳이다.

③ 그린 룸(Green Room) : 출연자 대기실로서 무대에 가까운 곳에 위치하며, 규모는 $30m^2$ 이상이다.

④ 앤티 룸(Anti Room) : 출연 바로 직전 기다리는 방으로 무대와 그린 룸 사이의 조그만 방이다.

⑤ 사이클로라마 : 무대 배경용의 벽이다.

[서양 건축사 시대순]

고전		그리스, 로마
중세		초기 기독교, 비잔틴, 사라센, 로마네스크, 고딕
근세		르네상스, 바로크, 로코코
근대	태동기	신고전주의, 낭만주의, 절충주의
	여명기	수공예, 아르누보, 시카고파, 세제션, 독일공작연맹
	성숙기	입체파, 미래파, 표현파, 구성파, 데스틸파, 순수파, 바우하우스, 유기적 건축, 국제주의, C.I.A.M
	전환기	팀텐, GEAM, 아키그램, 메타볼리즘, 슈퍼스튜디오, 형태주의, 브루탈리즘, 포스트, 레이트 모더니즘
현대		대중주의, 지역주의, 신합리주의, 구조주의, 신공업기술주의, 해체주의

1 이집트, 서아시아 건축

(1) 이집트 건축

① 마스타바(Mastaba)

　㉠ 왕, 왕족, 귀족의 분묘로서 후에 피라미드로 발전했다.

　㉡ 평지붕과 경사벽으로 구성된 입방체 형태이다.

② 피라미드(Pyramid)

　㉠ 왕의 분묘로서 사체와 사후생활에 필요한 물품을 보관하는 곳이다.

　㉡ 마스터바 → 단형 → 굴절형 → 일반형 피라미드

③ 암굴 분묘

　㉠ 마스타바, 피라미드는 비공간적인 밀적체인 데 반해 암굴 분묘는 공간을 형성하고 있다.

　㉡ 암굴로 진입하는 출입구 전면은 석조 가구식 기법을 적용하여 암굴과 석조부를 일체화하였다.

(2) 서아시아 건축

① 중정 중심의 장방형 실들이 집약된 평면 구성 형태이다.

② 외벽을 흙벽돌로 두껍게 구축하고 개구부가 없다.

③ 건축구조 : 조적식 구법 발달, 아치 및 볼트 사용

④ 지구라트(Ziggurat)

　㉠ 신에게 제사를 드리는 신전의 기능과, 천문관측과 예언을
　　행하는 천문관측대로서의 기능을 동시에 지니고 있다.

　㉡ 평면은 장방형, 내부는 밀적체의 계단형 외관 형태이다.

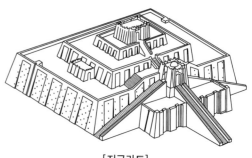

[지구라트]

2 그리스 건축

(1) 기둥(주범) 양식

① 도리아식

  ㉠ 가장 단순하고 직선적이고 장중하며 남성적인 느낌이다.

  ㉡ 주신에는 착시 현상의 교정을 위해 배흘림 기법을 적용하였으며, 골줄을 새겨 입체감과 수직성을 강조한다.

  ㉢ 주초가 없다.

② 이오니아식

  ㉠ 소용돌이 형상의 주두가 특징이다.

  ㉡ 우아, 경쾌, 유연감을 주며, 곡선적이고 여성적인 느낌이다.

  ㉢ 주초가 있고, 배흘림이 약하며 주신에 골줄을 새겼다.

③ 코린트식

  ㉠ 주두를 아칸더스 나뭇잎 형상으로 장식했다.

  ㉡ 세 가지 주범 양식 중 가장 장식적이고 화려한 느낌이다.

  ㉢ 소규모 기념적인 건축 이외에는 많이 사용하지 않았다.

[도리아식]   [이오니아식]   [코린트식]

(2) 신전 건축

① 배치계획

  ㉠ 도시의 아크로폴리스 지역에 위치해 있다.

  ㉡ 건물 배치의 장축이 동서 방향과 일치한다.

  ㉢ 조각적 형태의 넓은 회랑을 가진 건물 및 구조물을 배치했다.

② 건축 형태

  ㉠ 외부공간 구성요소로서 건물의 형태미를 추구한다.

  ㉡ 공간보다는 형태를 중시한 조각적 형태의 건축이다.

③ 외관 구성

  ㉠ 기단(Stylobate) : 3단으로 구성

  ㉡ 열주(Peristyle) : 기둥은 주두, 주신, 주초로 구성

  ㉢ 엔타블러처(Entablature) : 코니스, 프리즈, 아키트레이브로 구성

  ㉣ 박공(Pediment)

(3) 아고라(Agora)

① 도시 생활의 중심적 기능을 담당하며, 시민들의 정치, 경제, 상업 등 일상적 활동을 수용하는 곳이다.

② 야외의 공공광장으로서 광장을 중심으로 열주, 도서관, 의회당, 군무청, 재판소 등이 있고, 광장은 시장, 음악, 논쟁, 사색 등을 하는 장소로 쓰였다.

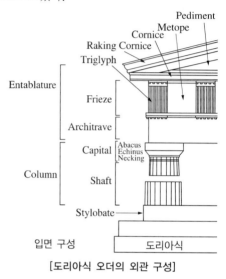

입면 구성

[도리아식 오더의 외관 구성]

(4) 스토아(Stoa)

① 벽체 없이 지붕과 열주로만 이루어진 개방적인 야외열주회랑 형식의 건물이다.

② 시민들의 토론, 집회를 위한 장소로서 그리스인들의 야외 생활의 중심적 역할을 하였다.

(5) 극장 건축

① 도시 근방의 자연 구릉지의 경사 지형을 이용하여 건설하였다.

② 구성

ㄱ 오케스트라 : 원형 무대로 합창, 군무 등의 장소

ㄴ 스케네 : 무대 후면 건물로서 분장실, 준비실로 사용

ㄷ 객석 : 구릉지의 경사를 이용하여 구축

③ 디오니소스 극장(BC 330년)

(6) 아크로폴리스(Acropolis)

① 도시에서의 성역의 장소로서 신전이 위치해 있다.

② 경관이 좋고 유사시에 방어하기 좋은 언덕에 위치해 있다.

③ 입구에 위치한 프로필레아는 성문을 통과하여 진입한다.

④ 아테네의 아크로폴리스에는 파르테논 신전이 있다.

⑤ **파르테논 신전** : 아테나 여신을 모시기 위해 지어진 신전으로, 페리클레스가 페르시아 전쟁에서 승리한 것을 기념하기 위해 건축가 익티누스에 의해 BC 432년에 완공되었다.

(7) 착시교정 기법

① **배흘림(Entasis)** : 기둥의 중앙부가 가늘어 보이는 것을 교정하기 위해 기둥 중앙부의 직경을 기둥 상하부의 직경보다 약간 크게 하는 기법이다.

② **라이즈(Rise)** : 착시 현상을 교정하기 위해 건물 외관의 수평적 요소인 기단과 엔타블레처의 중앙부를 약간씩 솟아오르게 하는 기법이다.

③ **안쏠림** : 건물에 안정감을 주기 위해 양측 모서리 기둥을 약간씩 안쪽으로 기울이는 기법이다.

④ **기둥 간격** : 기둥 간격이 양측 모서리로 갈수록 넓어 보이는 착시 현상을 교정하기 위해 모서리로 갈수록 기둥 간격을 좁게 하였다.

3 로마 건축

(1) 기둥(주범) 양식

① 그리스 건축의 3가지 주범을 사용하였고, 이외에 터스칸식 주범과 복합식 주범 등으로 5주범을 사용하였다.

② **터스칸(Tuscan)식 주범** : 그리스 도리아식 주범을 단순화한 양식이다.

③ **복합식(Composite) 주범** : 이오니아식과 코린트식이 복합된 양식이다.

(2) 신전 건축

① 그리스에 비해 종교에 무관심하여 신전의 중요성이 감소되었다.

② 사각형 평면의 신전과 원형 평면의 신전이 건축되었다.

③ **판테온(Pantheon) 신전(원형 평면 신전)**

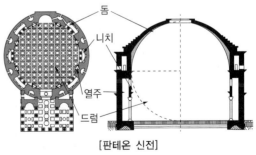

[판테온 신전]

　㉠ 내부는 로툰다(Rotunda)라 불리는 원통형의 벽체(Drum)와 돔(Dome)형의 지붕으로 구성되어 있다.

　㉡ 반구형 돔 하부의 드럼 부분은 상부의 깊은 7개의 벽감(Niche)으로 구성하여 내부에 신상을 안치했다.

　㉢ 돔 하부는 코린트 양식의 열주들로 조형이 분절되어 있다.

　㉣ 단순한 기하학적 공간이면서 역동적인 모습을 나타낸다.

　㉤ 전면 열주현관(Portico)은 코린트식 기둥 8개로 구성되어 있다.

(3) 바실리카(Basilica)

① 법정과 상업교역소의 역할을 하며 포럼에 면하여 위치해 있다.

② 바실리카 울피아(Basilica Ulpia)

ㄱ 트리야누스 광장의 일부에 있는 바실리카로써 행정관청, 법정사무실, 상업거래 교역소 등으로 사용되었다.

ㄴ 후에 초기 기독교 교회당 건축의 규준이 되었다.

ㄷ 박공형 지붕구조로 광대한 내부공간으로 구성되어 있다.

ㄹ 장방형 평면이며, 길이는 폭의 2~3배로 열주로서 내부공간이 네이브(Nave)와 아일(Aisle)로 구분된다.

(4) 포럼(Forum)

① 그리스의 아고라와 동일한 기능을 지니는 공공광장이다.

② 도시구조의 중심으로서 정치, 산업, 사교, 교통 등이 집약된 공공광장이다.

③ 광장 주위에 바실리카, 신전 등의 공공건축물과 개선문, 기념주 등의 기념건축물이 위치해 있다.

④ 포럼 로마나(Forum Romana) : 총 5개소의 포럼 중 트라얀(Trajan) 포럼이 가장 대규모이다.

(5) 공중 목욕장

① 목욕탕 기능 외에 다목적 시민 사교장의 기능도 겸비하고 있다.

② 목욕시설, 도서실, 강의실, 사교실, 휴게실 등을 갖추었다.

③ 카라칼라(Caracalla) 욕장 : 로마의 욕장 중 최대규모로서 천장은 교차 볼트 구조이며, 욕장 외에 휴게실, 도서실, 소극장, 운동장, 광상, 점포 등으로 구성되어 있다.

(6) 로마의 주택

① 그리스의 중정형 평면이 지속적으로 사용되었다.

② 로마 주거 건축의 3가지 유형

ㄱ 도무스(Domus) : 개인주택

ㄴ 빌라(Villa) : 별장 또는 전원주택

ㄷ 인슐라(Insula) : 평민, 노예들을 위한 다층의 집합주거 건물로서의 공동 집합주택

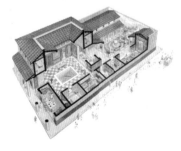

[도무스(Domus)]

[인슐라(Insula)]

4 중세 초기 기독교 건축

(1) 교회 건축 양식의 정립

① 로마 시대의 공공건물이었던 바실리카를 모델로서 교회 건물로 전용되었다.

② 교회에서 요구되는 집회 공간, 제단, 사제석 등의 기능과 기존의 바실리카의 기능이 상호유사하다.

③ 바실리카식 교회는 중세 교회 건축의 원형으로서 로마네스크 양식을 거쳐 고딕 양식에 이르러 완성되었다.

(2) 바실리카(Basilica)식 교회

① 동서를 주축으로 하여 건물을 배치했다.

② 서측 입구, 사방 열주랑으로 둘러싸인 중정에서 전실을 통과하여 교회 내부로 진입하는 형식이다.

③ 좁은 열주와 엔타블레처에 의한 가구식 구조이며, 지붕은 간단한 목조 트러스 구조이다.

(3) 바실리카식 교회의 실내공간 구성

① 입구에서 계단에 이르는 장축형 평면으로 구성되어 있다.

② 신랑(Nave) : 양측의 열주에 의해 형성되는 장방형의 대공간으로서 신자석으로 이용된다.

③ 측랑(Aisle) : 열주에 의해 신랑과 분리되는 신랑 양측의 공간으로서 양쪽 측면의 복도로 이용된다.

④ 후진(Bema) : 신랑 단부에 위치하여 신과 신도를 구분하고 매개하는 성직자의 공간으로 사제석이 위치해 있다.

⑤ 앱스(Apse) : 제단으로서 반원형의 공간이다.

⑥ 수랑(Transept) : 신랑과 후진 사이에 신랑과 직각방향으로 형성된 공간이다.

⑦ 나르텍스(Narthex) : 아트리움에서 본당으로 가는 전실이다.

⑧ 영광의 문(Triumphal Arch) : 신랑과 후진 사이의 대형 횡단아치로서, 신도와 성직자의 영역을 공간적으로 구분한다.

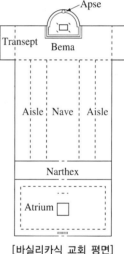

[바실리카식 교회 평면]

(4) 카타콤(Catacomb)

① 원래는 지하분묘이며, 박해시대의 비밀 집회장으로 이용되었다.

② 지하 가로망과 묘소로 구성되어 있으며, 지면에서 수직으로 광정을 통해 채광과 환기를 한다.

5 중세 비잔틴 건축, 사라센 건축

(1) 비잔틴 건축의 특성
① 동서 교류가 활발하여 동서 건축 양식이 혼용되었다.
② 사라센 양식의 영향으로 서양 열주 구조에 동양 돔 구조가 혼용되었다.
③ 돔 중심의 좌우대칭인 집중형(그리스 십자형) 평면을 사용하였다.
④ 아케이드 : 로마의 영향, 아치나 볼트, 열주 사용

(2) 비잔틴 건축의 특성
① 신주범 창안
    ㉠ 주두를 경쾌하게 조각했다.
    ㉡ 주초(Base)를 없앴다.
    ㉢ 주신의 길이와 직경비를 30 : 1로 경쾌하게 가공했다.
② 부주두(Dosseret, 도세렛) 설치
    ㉠ 주두 위에 더 넓은 부주두를 얹어서 이중 주두를 형성한다.
    ㉡ 화려한 조각으로 장식적 효과를 주었다.
③ 펜덴티브 돔(Pendentive Dome) 창안
    ㉠ 페르시아 지방의 스퀸치(Squinch) 구법을 발전시켜 새로운 돔을 개발했다.
    ㉡ 사각형 평면 위에 원형 평면의 돔을 가설하는 비잔틴 양식의 독특한 기법이다.
    ㉢ 정방형 평면 모서리에 4개의 기둥을 세우고 4개의 대형 아치를 구축한 후 아치 위에 돔을 얹은 형태이다.

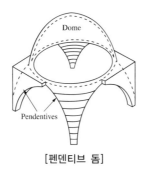

[펜덴티브 돔]

[스퀸치 구법]

④ 비잔틴 건축의 주요 건축물
    ㉠ 성 소피아 성당 : 펜덴티브와 반구형 돔에 의해 지지
    ㉡ 성 마르크 성당 : 정십자형 평면 구성

(3) 사라센 건축의 특성
① 회교(이슬람) 사원인 모스크 건축이 중심이다.
② 아리비아 문자를 이용한 복잡한 곡선의 장식기법인 아라베스크 문양을 사용했다.

③ 주요 건축물
  ㉠ 코르도바 대모스크(스페인)
  ㉡ 알함브라 궁전(스페인 그라나다)
  ㉢ 타지마할 능묘(인도 아그라)

6 중세 로마네스크 건축, 고딕 건축

(1) 로마네스크 건축

① 로마네스크 건축의 주요 특성
  ㉠ 외관은 중후하고 육중한 느낌이지만, 내부에 치중하면서 외관은 단순하고 간소화했다.
  ㉡ 고측창–착색유리, 트리포리움–프레스코 벽화 장식
  ㉢ 초기 기독교 시대 바실리카식 교회의 장축형 평면을 사용했다.
  ㉣ 교회 전면 양측에 고탑을 설치하고 종탑을 첨가했다.
  ㉤ 내부는 수평축에 의한 방향성, 공간의 연속성을 강조했다.

② 건축 구조
  ㉠ 단위 석재를 이용하여 아치, 볼트, 피어 등을 조적
  ㉡ 교차 볼트 기법의 발달
  ㉢ Bay System : 교차 볼트와 리브, 4개의 피어로 구성되는 정방형 구조 체계가 건물 구성의 기본 단위 요소

③ 주요 건축물
  ㉠ 이탈리아 : 피사 성당, 피사의 사탑
  ㉡ 프랑스 : 앙골렘 성당, 성 프롱 성당

(2) 고딕 건축

① 고딕 건축의 주요 특성
  ㉠ 수직성 표현 : 종교적 열망(종탑, 첨탑 등)
  ㉡ 구조미 표현 : 입면 노출 구조체에서 구조미 표현
  ㉢ 외벽 장식 : 성상을 주제로 정교한 부조(Relief) 장식

② 내부 공간 구성
  ㉠ 수직축 구성 : 높은 천장과 첨두형 아치
  ㉡ 착색유리(Stained Glass) : 고측창을 통한 채광으로 내부공간에서 신비감과 종교적 분위기를 조성한다.

③ 건축 구조

    ㉠ 역학적, 합리적인 구조체계를 완성했다.

    ㉡ 첨두형 아치(Pointed Arch), 리브 볼트(Ribbed Vault)를 사용했다.

    ㉢ 플라잉 버트레스(Flying Buttress) : 상부 하중을 측랑 부축벽을 통해 지상으로 전달하는 역할을 한다.

④ 주요 건축물

    ㉠ 프랑스 : 노트르담 성당(파리), 아미앵 성당

    ㉡ 이탈리아 : 두오모 성당(밀라노)

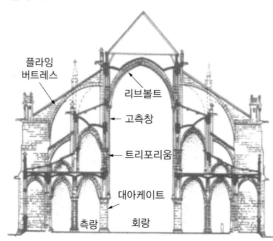

[고딕 건축 교회 내부공간 단면]

7 근세 건축

(1) 르네상스 건축

① 봉건제도와 기독교 정신의 중세가 붕괴되고 상공업 위주의 시민사회가 성립된 15세기 초 이탈리아에서 발생했다.

② 인본주의(Humanism) 사상 영향 : 신 중심 세계관에서 벗어난 인간 주제의 공공건물, 궁전, 주택 등이 건축되었다.

③ 건축 형태

    ㉠ 고전 건축의 질서와 형식미를 기본적 요소로 보았다.

    ㉡ 수학적 기초의 조화, 질서, 균형, 통일, 형태미를 추구했다.

    ㉢ 건축 구성요소가 비례와 조화를 이루는 형태를 추구했다.

    ㉣ 외벽은 거칠게 마감하여 재질감을 강조했다.

④ 주요 건축가와 건축물

　　㉠ 브루넬레스키 : 플로렌스 성당 돔, 파찌 예배당

　　㉡ 미켈로초 : 메디치 궁

　　㉢ 브라만테 : 템피에토

　　㉣ 알베르티 : 건축론 저술

　　㉤ 미켈란젤로 : 메디치가 능묘, 캄피돌리오 광장

　　㉥ 안드레아 팔라디오 : 카프라 별장, 성 마조레 성당

(2) 바로크 건축

① 건축 특성

　　㉠ 관찰자의 강렬한 인상과 감동의 극적 효과를 추구했다.

　　㉡ 비대칭, 대비, 과장 등 역동적인 형태 및 공간을 창출했다.

　　㉢ 회화, 조각, 공예 등을 장식적으로 건축에 적용했다.

　　㉣ 주범 변형, 곡선형 코니스, 파동 벽면 등 화려하게 장식했다.

　　㉤ 종교와 절대왕권을 배경으로 공적 생활 위주로 전개되었다.

② 주요 건축가와 건축물

　　㉠ 베르니니 : 성 베드로 성당 광장

　　㉡ 카를로 마데르나 : 성 수잔나 성당

(3) 로코코 건축

① 건축 특성

　　㉠ 18세기 초부터 1770년까지 프랑스를 중심으로 전개되었으며, 영국, 독일 등에 영향을 주었다.

　　㉡ 실내의 곡선, 곡면을 이용한 섬세하고 우아한 공간으로 구성되어 있다.

　　㉢ 개인의 쾌락, 사적 생활을 위주로 전개되었다.

② 주요 건축물

　　㉠ 독일 : 상수시 궁(포츠담, 1745~1747년)

　　㉡ 프랑스 : 오뗄 드 수비즈(파리, 1735~1740년)

8 근대 건축

(1) 신고전주의 건축(Neo-Classicism)

① 건축 특성

　　㉠ 그리스와 로마 건축 양식의 모방 및 복원에 주력했다.

　　㉡ 순수 기하학적 입방체를 결합한 거대한 건축을 추구했다.

② 주요 건축물

    ㉠ 프랑스 : 샬그랭 – 파리 에투알 개선문

    ㉡ 영국 : 스머크 경 – 대영박물관

    ㉢ 독일 : 싱켈 – 베를린 왕립극장

(2) 낭만주의 건축(Romanticism)

① 건축 특성

    ㉠ 중세의 고딕 건축에 관심을 가졌고, 국가와 민족의 기원이 중세에 있는 것을 보고 중세를 이상으로 삼았다.

    ㉡ 구조와 재료의 정직한 표현이라는 진실성이 반영된 고딕 건축의 양식과 방법을 그대로 유지하려고 시도했다.

② 영국 낭만주의

    ㉠ 19세기 말 미술공예운동을 유발했다.

    ㉡ 찰스 배리 경 : 영국 국회의사당

③ 프랑스 낭만주의

    ㉠ 신고전주의 건축이 활발하였고, 낭만주의 건축은 저조했다.

    ㉡ 비올레르뒤크 : 피에르퐁 성 복원

(3) 절충주의 건축(Eclecticism)

① 건축 특성

    ㉠ 일정한 양식에 국한되지 않고 과거 모든 양식을 이용하였다.

    ㉡ 과거 양식의 절충을 통하여 새로운 양식의 창조를 시도했다.

② 영국 절충주의

    ㉠ 찰스 배리 경 : 리폼 클럽

    ㉡ 존 내시 : 브라이턴 궁

③ 프랑스 절충주의

    ㉠ 고전 건축을 기본으로 한 절충주의 건축이 성행하였다.

    ㉡ 샤를 가르니에 : 파리 오페라 하우스

    ㉢ 앙리 라브루스트 : 생주느비에브 도서관

(4) 예술공예운동(Art & Crafts Movement)

① 건축 특성

    ㉠ 윌리엄 모리스가 주도한 수공예 위주의 예술 운동이다.

    ㉡ 존 러스킨 : '건축의 7등(1849)', 예술에 의한 사회 개혁, 중세적 수공예를 주장했다.

    ㉢ 예술품의 기계생산을 배격하였으며, 수공예 예술로 복귀를 주장했다.

    ㉣ 레드 하우스 : 1859년 미술공예운동의 중심

② 윌리엄 모리스
　ㄱ 솔직한 표현 : 붉은 벽돌을 치장하지 않고 그대로 드러낸 방식이다.
　ㄴ 종합적인 예술로 건축을 꾸미기 위한 5요소
　　• 벽면 장식
　　• 조각
　　• 스테인드 글라스
　　• 금속제품
　　• 가구

(5) 아르누보(Art Nouveau)

① 건축 특성
　ㄱ 19세기 말, 예술공예운동의 영향을 받아 전 유럽에 확산되었다.
　ㄴ 기계생산에 대한 거부감을 드러냈다(주관적이고 낭만적인 사조).
　ㄷ 철의 유연성을 이용한 곡선의 장식적 가치를 창조하였다.
② 주요 건축가
　ㄱ 빅토르 오르타 : 타셀 주택, 튜린가의 저택
　ㄴ 앙리 반 데 벨데 : 공작연맹 주장
　ㄷ 엑토르 기마르 : 파리 지하철역 입구
　ㄹ 매킨토시 : 영국 글래스고 미술학교
　ㅁ 안토니오 가우디 : 사그라다 파밀리아 교회, 카사 밀라, 구엘 공원

(6) 빈 세제션(빈 분리파, Wien Sezession)

① 건축 특성
　ㄱ 일체의 과거 양식으로부터 분리와 해방을 하고자 했다.
　ㄴ 과거 역사적 양식을 거부하고 기하학적 형태를 추구했다.
② 주요 건축가
　ㄱ 오토 바그너 : 빈 우편 저금국
　ㄴ 요제프 마리아 올브리히 : 세제션관
　ㄷ 아돌프 로스 : 슈타이너 저택

(7) 시카고파(Chicago School)

① 건축 특성
　ㄱ 1871년 시카고 대화재와 1893년 만국 박람회 이후 철골구조와 엘리베이터 결합에 의한 고층 건축이 발전했다.

ⓛ 비역사주의적 건축 : 형태와 기능의 순수함을 표현했다.

ⓒ 근대적인 사무소 건축의 발전에 기여했다.

② 주요 건축가

㉠ 윌리엄 배런 제니 : 홈 인슈어런스 빌딩

ⓛ 루이스 설리번 : 웨인라이트 빌딩, 오디토리엄 빌딩, 개런티 빌딩

(8) 독일공작연맹(Deutcher Werkbund)

① 건축 특성

㉠ 공업제품의 질적 향상을 목표로 기계생산에 의한 기술 개선과 생산 제품의 질적 향상을 목적으로 결성되었다.

ⓛ 영국 예술공예운동의 영향을 받았다.

ⓒ 기계화와 공업화 수용, 규격화, 표준화를 건축에 도입했다.

② 주요 건축가

㉠ 무테지우스 : 독일공작연맹 설립자

ⓛ 페터 베렌스 : AEG 터빈 공장

ⓒ 발터 그로피우스 : 파구스 제화 공장

(9) 데 스틸(De Stijl)

① 건축 특성

㉠ 1917년 네덜란드에서 결성되었다.

ⓛ 몬드리안의 신조형주의 영향을 받았다.

ⓒ 추상적인 형태언어 사용 : 직교 직선, 색채 대비, 역동적으로 분해되는 순수 입방체 등

② 주요 건축가

㉠ 리트벨트 : 슈뢰더 하우스(Schröder House)

ⓛ 테오 반 되스버그(Theo van Doesburg) : 프랑스 파리 뫼동(Meudon)의 자택(Van Doesburg House)

(10) 러시아 구성주의(Constructivism)

① 건축 특성

㉠ 1917년 혁명 후 사회주의 국가에 적합한 새로운 기능의 건물과 새로운 미학이 대두되었다.

ⓛ 비대칭의 기하학적, 동적으로 구성되었다.

② 주요 건축가

㉠ 타틀린 : 제3인터내셔널 기념탑

ⓛ 멜니코프 : 루사코프 노동자 클럽

(11) 독일 표현주의(Expressionism)

① 건축 특성

ㄱ 1901~1925년까지의 유럽의 독일 중심 사조이다.

ㄴ 리듬감 있는 조형 구성과 동적인 표현이 특징이다.

ㄷ 환상적인 이상향이나 극단적인 색채 및 조형을 추구했다.

② 주요 건축가

ㄱ 한스 펠치히 : 베를린 대극장

ㄴ 에리히 멘델존 : 아인슈타인 탑

ㄷ 브루노 타우트 : 유리전시관

(12) 미래파(Futurism, 이탈리아)

① 건축 특성

ㄱ 1909년 마리네티의 미래파 선언으로 시작되었다.

ㄴ 기계의 속도감을 조형의 기본 관심으로 하였다.

ㄷ 기계를 찬미했으며, 산업화된 미래 도시를 예견했다.

② 신도시 계획안 : 라 치타 누오바(La Citta Nuova, 안토니오 산텔리아)

(13) 바우하우스(Bauhaus)

① 건축 특성

ㄱ 1919년 발터 그로피우스가 미술학교와 공예학교를 합병하여 바이마르에 설립한 학교이다.

ㄴ 건축과 다른 예술의 협동에 의한 종합예술을 목표로 하였다.

• 공업과의 협력을 통하여 조형예술을 조합

• 기계화, 표준화를 통한 대량생산 방식 도입

② 학교 교장 : 발터 그로피우스 → 한스 마이어 → 미스 반데어로에

9 근대 건축의 주요 건축가

(1) 발터 그로피우스

① 독일공작연맹, 바우하우스를 통해 국제주의 양식 확립했다.

② 표준화, 대량생산 시스템과 합리적 기능주의 추구했다.

③ 주요 작품

ㄱ 데사우 바우하우스

ㄴ 아테네 미국 대사관

ⓒ 파구스 제화공장

ⓔ 하버드대학교 대학원

(2) 프랭크 로이드 라이트

① 미국의 풍토와 자연에 근거한 자연과 건물의 조화를 추구했다.

② "유기적 건축은 그 외부 조건과의 조화 없이 응용된 건축이 아니라, 건축 자체의 조건(Condition)과 조화되는 외부로부터 발전하는 건축을 의미한다."고 주장하였다.

③ 주요 작품

　ⓐ 로비 하우스

　ⓑ 유니티 교회

　ⓒ 제국호텔

　ⓓ 낙수장(Kaufmann House)

　ⓔ 존슨 왁스 사무소

　ⓕ 뉴욕 구겐하임 미술관

(3) 미스 반데어로에(Mies van der Rohe)

① 구조체와 비구조체의 분리(철골구조의 기능성 추구)하였다.

② "Less is More(적을수록 풍부하다)"를 주장하였다.

③ 철, 유리를 사용한 장식을 배제한 순수 형태(건축미)를 강조하였다.

④ 주요 작품

　ⓐ 바르셀로나 파빌리온

　ⓑ 투겐하트 주택, 판즈워스 하우스

　ⓒ IIT 대학 마스터 플랜, 크라운 홀

　ⓓ 시그램 빌딩

　ⓔ 베를린 국립박물관

(4) 르 코르뷔지에(Le Corbusier)

① 합리적 기능주의, 순수주의(Purism)를 전개했다.

② 근대 건축 5원칙(1926)

　ⓐ 필로티 : 지면으로부터 일정 높이를 띄워 구조물 지지

　ⓑ 수평 띠창 : 연속된 수평창으로 골조와 벽이 독립

　ⓒ 자유로운 평면 : 기능에 따라 자유로이 내부 공간 구성

　ⓓ 자유로운 입면 : 자유로운 외관 구성

　ⓔ 옥상정원 : 평지붕으로 정원 구성

③ 주요 작품

    ㉠ 시트로앙 주택

    ㉡ 사보아 주택(Villa Savoye) : 건축 5원칙 적용

    ㉢ 마르세유 아파트 : 메조네트 구조

    ㉣ 롱샹 교회(Notre-Dame du Haut, Ronchamp)

    ㉤ 찬디가르(Chandigarh) 도시계획

10 현대 건축

(1) CIAM

① 근대건축국제회의로 모인 현대건축운동추진단체이다.

② 각국 건축가의 자유롭고 활발한 교류를 자극했다.

③ 국제적인 성격이 강한 기능주의, 합리주의 건축을 보급했다.

(2) 팀 텐(Team 10)

① CIAM 제10회 국제회의(1959)에서 해체를 주도한 단체이다.

② 전체보다는 부분을, 고정보다는 변화를, 닫혀진 미학에서 열려진 미학을, 조직보다는 개인을 중요시했다.

(3) GEAM

① 움직이는 건축 연구 그룹(1957~1963년)

② 건축가는 이용자가 자신의 사회와 그 속에서 움직이고 사회를 형성해 나가기 위한 가능성을 줄 수 있는 유연성 있고, 움직이는 건축을 창조해야 한다는 것이 기본적 사고이다.

③ 스페이스, 프레임, 플라스틱에 의한 막구조, 확장 구조 등 새로운 구조 기술을 사용했다.

(4) 아키그램(Archigram)

① 이상향 계획안 : 변화무쌍한 상상력의 유연성을 추구했다.

② 피터 쿡의 '인스턴트 시티(1968)' : 돌아다니는 대도시라는 발상에서 시작하고, 공동체를 이루는 패키지로 일시적으로 합체 분해 가능한 도시를 구상했다.

③ 워렌 소크의 '갭슐(1904)' : 캡슐은 기술 발긴과 거주 필요에 따라 자유롭게 변형한(플러그인 시티의 연장 개념)

④ 론 헤론의 'Walking City(1964)'

(5) 메타볼리즘(Metabolism, 1960~)

① 신진대사를 의미하는 생물학 용어로서 생체의 메카니즘을 기계에 포함시킨다는 발상이다.

② 생물학적 이미지, 생물과의 유추에 의한 건축을 주장하였으며, 건축과 환경의 신진대사 개념을 조형했다.

③ 주요 건축가 : 단게 겐조, 구로가와 기쇼(나카진 캡슐 타워(1972)), 기쿠다케 기요노리(해상도시 계획안(1963))

(6) 형태주의(Formalism)

① 표현적 특성을 강조하는 형태적, 미적 측면에 관심을 가졌다.

② 내용보다 형태를 강조하고 전통적, 상징적 요소를 도입했다.

③ 주요 건축가 : S.O.M(존 핸콕 빌딩, 람베르트 은행), 에로 사리넨(JFK 국제공항 T.W.A 터미널(1962))

(7) 브루탈리즘(Brutalism, 1958~1966)

① 직접적이고 솔직한 생소재의 모습을 노출시키는 건축

② 구조, 재료, 설비의 정직한 표현과 노출

③ 건축의 구성요소로서 각 요소의 정체성과 연관성 강조

④ 건축의 윤리성과 진실성을 강조

(8) 포스트 모더니즘(Post Modernism, 탈근대 건축)

① 근대 건축 사상의 의도적 거부, 이탈

② 상징성의 회복 시도

③ 대중적, 지역적 코드에 관심 : 전통, 역사 장식 도입

④ 맥락주의 건축 : 도시 환경, 문화, 역사적 맥락을 중시

(9) 레이트 모더니즘(Late Modernism, 후기 근대 건축)

① 근대 건축 이념과 형식 계승, 미적 즐거움을 제공하려 했다.

② 실용주의 사고, 관습적 형태보다 추상적 형태언어와 공업 기술을 구사함으로써 근대 건축의 원리를 기술적 완벽으로 발전시키려 했다.

③ 구조 왜곡 및 표피 강조 : 건물 구조, 기술적 이미지 과장

④ 기계미학 : 논리성과 동선, 기술의 강조 및 장식적 사용

(10) 해체주의(Deconstructivism)

① 근대 건축의 본질적 특성(전통과의 대립)을 계승하지만, 건축과 기능, 건축과 공간 형태에 있어서 차이점을 지닌다.

② 사용자와의 환경적 맥락, 공간과 기능 등의 건축 구성의 모든 요소들의 관계에 의해 변화가 가능하며, 융통성 있는(기능주의 건축과는 다른) 건축 주제를 담고자 한다.

③ 주요 특징

    ㉠ 고정관념의 해체를 목적으로 한다.

    ㉡ 비정형적 성격을 가진다.

    ㉢ 형태적 구성에서 러시아의 구성주의와 유사하다.

④ 주요 건축가

    ㉠ 렘 콜하스 : 네덜란드 국립무용극장, 후쿠오카 넥서스 월드 집합주택

    ㉡ 자하 하디드 : 동대문 디자인 플라자(DDP)

    ㉢ 베르나르 추미 : 라 빌레트 공원

    ㉣ 프랭크 게리 : 스페인 빌바오의 구겐하임 미술관, 비트라 디자인 뮤지엄

    ㉤ 피터 아이젠먼 : 웩스너 시각예술센터, 학살된 유럽 유대인을 위한 추모비(2005)

1 한국 건축의 특성

(1) 주요 특성

① 위치 : 자연을 존중하며 지세에 적응하고 조화되도록 배려했다(지형, 기후, 생활문화 등 고려).

② 기교 : 인위적 기교를 사용하지 않았다(무기교의 기교).

③ 규모 : Human Scale을 적용하여 지나치게 크지 않다.

④ 외관 : 아름답고 안정된 외관으로 구성되었다(배흘림, 민흘림, 귀솟음, 안쏠림 등).

⑤ 공간 구성 : 비대칭적 구성에 의한 균형미를 추구하였다.

⑥ 배치 : 향보다는 지세를 추구하였다(배산임수).

(2) 착시 보정 기법

① 기둥에 배흘림(Entasis)을 두었다.

② 기둥에 안쏠림과 우주(隅柱)의 솟음을 두었다.

   ⊙ 귀솟음 : 우주를 중간에 있는 평주보다 약간 길게(높게) 하여 솟아 올리게 해서 처마 곡선과 조화를 이루도록 한다.

   ⓛ 안쏠림 : 기둥 상단을 안쪽으로 쏠리게 세우는 것으로 시각적으로 건물 전체에 안정감을 준다.

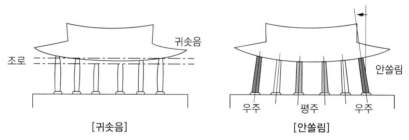

[귀솟음]　　　　　　　　[안쏠림]

③ 지붕 처마 곡선의 후림과 조로 수법

   ⊙ 후림 : 평면에서 처마의 안쪽으로 휘어 들어오는 것

   ⓛ 조로 : 입면에서 처마의 양끝이 들려 올라가는 것

(3) 한국 주거 공간의 특성

① 비대칭성 : 자연에 따라 건물을 비대칭적으로 배치했다.

② 연속성 : 주공간과 부공간들을 상호 유기적으로 연결되어 있다.

③ 공간의 폐쇄성 : 내적으로는 개방적, 외적으로는 폐쇄성을 갖는다.

④ 위계적 공간구성 : 지붕 크기, 지형의 고저차를 이용하여 위계적으로 공간을 구성하였다.

2 삼국시대~고려시대 건축

(1) 삼국시대 건축

① 가장 먼저 건축된 불사는 흥륜사(534~544년)와 영흥사이다.

② 황룡사지

ㄱ 9층 탑은 한국 최대의 목조 탑파였으나 소실되었다.

ㄴ 전형적인 일탑식 가람배치 형식이다.

③ 분황사탑

ㄱ 안산암을 벽돌과 같은 모양으로 다듬어서 축조한 모전탑의 일부와 당간지주가 보존되어 있다.

ㄴ 처음에는 9층이었으나 현재는 3층만 남아 있다.

(2) 통일 신라 시대 건축

① 조형미술이 크게 발달하였다.

② 조화미, 정제미의 극치 : 중국과 서역에 불교미술을 전파했다.

③ 궁궐은 장엄(임해전지, 안압지(동궁과 월지), 포석정 등이 남음)

④ 불사

ㄱ 삼국 통일 후 불교 중흥에 힘써 전국에 많은 절이 창건되었다.

ㄴ 경주 감은사, 사천왕사, 망덕사, 불국사, 합천 해인사, 동래의 범어사, 구례 화엄사, 보은 법주사

ㄷ 일탑식 가람배치와는 달리 2탑식 가람배치가 도입되었다.

ㄹ 불국사 : 751년(경덕왕 10년)에 김대성에 의해 건립되었다.

ㅁ 석굴암 : 사각형 전실과 원형 평면 주실, 돔 천장으로 구성되었다.

(3) 고려시대 건축

① 건축적 특성

ㄱ 전체적으로 외관이 높고 웅대하다.

ㄴ 기둥은 배흘림 양식을 도입했다(건물의 안정감).

ㄷ 일조 효율 향상(처마끝과 주춧돌 일조 각도 30° 내외)

ㄹ 공포(栱包) 양식이 발전했다.

ㅁ 풍수지리설의 영향을 받았다.

② 불사

ㄱ 주심포식 : 봉정사 극락전(최초 목조 건축), 부석사 무량수전, 수덕사 대웅전, 강릉 객사문

ㄴ 다포식 : 심원사 보광전, 석왕사 응진전, 성불사 응진전

③ 궁궐 : 만월대(개경), 수녕궁

3 조선시대 건축

(1) 건축적 특성

① 궁궐과 성곽, 성문, 학교 건축이 중심(불교 건축의 쇠퇴)

② 건물 규모를 신분에 따라 규제

③ 건물 자체의 균형 및 주위 환경과의 조화

④ 자연 그대로 살린 정원 설계(비원, 창경궁)

⑤ 궁궐은 장대, 화려(경복궁, 창경궁, 창덕궁, 덕수궁 등)

⑥ 조선시대 궁궐이나 사찰 전각에는 다포식을 주로 사용

(2) 불사

① 송광사 : 대웅전을 중심으로 지형에 따라 자유롭게 배치

② 금산사 미륵전(1635년 중건) : 다포식 3층 불전

③ 안동 봉정사 대웅전 : 초기 다포식, 단층 8각 지붕

④ 부여 무량사 극락전 : 다포식, 중층 8각 지붕

⑤ 양산 통도사 대웅전 : 단층, 정자형 지붕, 다포식

⑥ 구례 화엄사 : 각황전(다포식), 대웅전(다포식)

(3) 다포식 목조 건축

① 초기 : 개성 남대문, 서울 남대문, 안동 봉정사 대웅전

② 중기 : 창경궁 명정전, 강화 전등사 대웅전

③ 후기 : 불국사 극락전, 대웅전, 수원 팔달문, 창덕궁 인정전, 동대문, 경복궁 근정전, 덕수궁 중화전 등

(4) 주심포식 목조 건축

① 초기 : 부석사 조사당, 무위사 극락전, 송광사 국사전

② 중기 : 도동서원, 안동 봉정사 화엄강당 및 고금당

③ 후기 : 전주 풍남문, 밀양 영남루

(5) 익공식 목조 건축

① 초기 : 합천 해인사 장경판고(초익공), 강릉 오죽헌(이익공), 청평사 회전문

② 중기 : 서울 동묘(초익공), 서울 문묘 명륜당(이익공), 종묘 정전 및 영령전, 남원 광한루(이익공)

③ 후기 : 수원 화서문(이익공), 제주 관덕정(이익공), 경복궁 경회루 및 향원정, 덕수궁 중화전

(6) 향교, 서원의 배치

① 전묘후학(前廟後學) : 대성전(배향 공간)을 앞에 배치하고 강학 공간을 뒤에 배치한 형식

② 전학후묘(前學後廟) : 강학 공간을 앞에 배치하고 대성전(배향 공간)을 뒤에 배치한 형식

4 근대 건축

(1) 구한말 건축

구분	건축물	양식	비고
종교 건축	약현성당	삼랑식 고딕	–
	명동성당	고딕	–
	정동교회	고딕	–
	정관헌	서양 절충식	고종 때 정자
	천주교성당	고딕	원효로
상업 건축	일본 제일은행	르네상스	–
	부산세관	르네상스	현 부산세관
기타	독립문	석조	–
	덕수궁 석조전	그리스	이오니아식

(2) 일제 강점기 건축

구분	건축물	양식	비고
공공 건축	조선총독부	르네상스	전 국립중앙박물관
	경성부청	절충주의	현 서울시청
	경성역사	르네상스	전 서울역사
	경성 부민관	절충주의	–
상업	화신백화점	합리주의	박길용
학교	보성전문학교	고딕	박동진(고대 본관)
	경성제대본관	–	박길룡(문예진흥원)
종교	성공회성당	로마네스크	벽돌, 화강석

(3) 해방 이후 건축(건축가별 분류)

건축가	건축물
김중업	프랑스 대사관, 서강대 및 제주대 본관, 삼일빌딩
킴수근	지유센디, 국립진주박물관
이희태	절두산 복자기념 성당, 혜화동 성당
엄덕문	세종문화회관
이광노	어린이 회관, 중국 대사관
이해성	남산도서관

5 공포(栱包)

(1) 부재 결구 순서(아래에서 위 순으로)

① 기둥

② 창방 : 기둥과 기둥을 연결해주는 부재이다.

③ 평방 : 창방 위에 놓여 주간포를 받친다(다포식의 경우만 해당).

④ 주두

⑤ 첨차 : 살미와 직교하여 짜여진 도리방향의 부재이다.

⑥ 살미(제공) : 첨차와 직교하여 외부로 돌출된 보방향의 부재이다.

⑦ 소로 : 첨차와 살미가 상하로 만나는 곳에 끼워 넣는 부재이다.

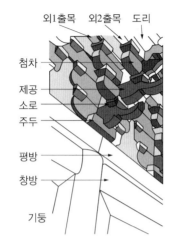

(2) 주심포계 양식(고려 중기 남송에서 전래)

① 기둥 위에 주두를 놓고 배치한다.

② 배흘림이 큰 편이며, 외관이 단아하다.

③ 고려시대에는 사찰의 불전 등 주요 건축물에 사용하였으나, 조선시대에는 중요도가 낮은 곳에 사용하였다.

④ 맞배지붕이 많고, 측면에 공포가 없다(무량수전 팔작지붕).

⑤ 주로 단장혀를 사용한다.

⑥ 대부분 연등천장으로 건물 내부의 구조미를 볼 수 있다.

⑦ 대부분 내출목은 없으며, 외1출목인 3포집이다.

⑧ 주두와 소로는 오목굽에 굽받침이 있으며, 헛첨차도 쓰인다(봉정사 극락전은 굽받침, 헛첨차 없음).

(3) 다포계 양식(고려 말 원나라에서 전래)

① 창방 위에 평방을 놓고, 주간에도 공포를 배치한다.

② 주심포식보다 배흘림이 덜하다.

③ 외형이 정비되고 외관이 장중하다.

④ 중요도 높은 건물에 사용한다.

⑤ 팔작지붕을 많이 사용한다.

⑥ 주로 긴장혀를 사용한다.

⑦ 우물천장 구성으로 동자주, 대공 등의 천장구조는 단순하다.

⑧ 건물 내부에도 출목장여를 두고, 외부출목도 2출목 이상으로 할 때가 많으며, 일반적으로 내출목이 더 많다.

⑨ 주두나 소로의 굽은 평굽으로 되고 굽받침은 없다.

(4) 익공 양식

① 조선 초기 주심포 양식을 간략화하여 개발한 공포 양식이다.

② 기둥 위에 새 날개 모양의 첨차식 장식과 주심도리를 높이는 구조이다.

③ 궁궐의 침전, 누각, 회랑 등 부차적 건물이나 관아, 향교, 서원 등 유교 건축물, 지방 상류 주택에 사용되었다.

건축환경

제 1 절   **열환경**

1   열환경 기초

(1) 열환경 구성 4요소

인체의 온열감각에 영향을 미치는 요소는 다음과 같다.

① 기온(DBT)

② 습도(RH)

③ 기류(m/s)

④ 주위 벽의 복사열

(2) 일조

① 일조율

㉠ 일조 시수 : 태양광선이 실제로 가리지 않고 내리쬐는 시간

㉡ 주간 시수 : 일출부터 일몰까지의 시간으로 일조가 가능한 시간

㉢ 일조율 : 일조가 가능한 시간에 대한 실제로 일조된 시간 비율

② 일조 계획

㉠ 인동간격을 충분히 고려한다.

㉡ 일조 조정장치를 설치한다.

• 차양, 수평루버 : 남향, 높은 고도의 태양광선에 적용

• 수직루버 : 서향, 낮은 고도의 태양광선에 적용

(3) 일사

① **법선 일사량** : 태양에 의해 수직으로 받는 면의 일사량을 말하며, 경사지붕으로 계획한다.

② **수평면 일사량** : 수평면에 대한 일사량으로 법선 일사량에 비해 일사량이 적다.

③ **종일 수열량** : 하루 종일 받는 일사량으로 냉난방 부하, 단열 등에 관계된다.

④ **일사에 의한 이상적 건물형** : 동서축이 길고, 박공형의 지붕이 유리하다.

(4) 온도

① 유효온도(ET ; Effective Temperature)

㉠ 온도, 기류, 습도를 조합한 감각 지표로서 효과온도, 감각온도, 실효온도 또는 체감온도라고도 한다.

㉡ 습도 100%, 풍속 0m/s일 때의 기온으로 표시한다.

② 수정유효온도(CET ; Corrected Effective Temperatur) : 유효온도와 복사열 조합의 온도이다.

③ 신유효온도(ET ; New Effective Temperature) : 유효온도에서 상대습도를 50%로 기준한 온도이다.

④ 작용온도 : 기온·기류 및 주위벽 방사온도의 종합에 의해서 체감도를 나타내는 온도이다.

⑤ 등온지수(等溫指數, Equivalent Warmth, 등가온도) : 기온, 기습, 기류에 더하여 복사열의 영향을 포함하여 4요소의 종합효과를 나타내는 지수이다.

⑥ 불쾌지수 : 기온과 습도 조합에 의해 체감을 나타낸 것으로, 습도가 높을수록 불쾌지수는 높아진다.

(5) 습공기 구성요소

① 건구온도(Dry Bulb Temperature, ℃)

② 습구온도(Wet Bulb Temperature, ℃) : 온도계 감온부를 젖은 헝겊으로 싸고 측정한 온도

③ 노점온도(DPT ; Dew Point Temperature, ℃) : 습공기 냉각으로 이슬, 결로가 맺히기 시작하는 온도

④ 상대습도(RH ; Relative Hurnidity, %) : 어떤 온도에서 포화수증기압에 대한 현재수증기압에 대한 백분율

$$상대습도 = \frac{현재수증기압}{포화수증기압} \times 100(\%)$$

⑤ 절대 습도(Absolute Hurnidity, kg/kg(DA)) : 건공기 1kg을 포함하는 습공기 중의 수증기량(kg)

㉠ $절대습도 = \frac{수증기\ 중량}{건공기\ 중량}(kg/kg')$

㉡ 부피 기준 표시 : 어떤 온도에서의 공기 $1m^3$ 속에 포함되어 있는 수증기의 양을 g 수로 나타낸 것(g/m^3)

⑥ 비중량, 비체적 : 표준 상태에서의 공기 $1m^3$에서는 비중량 $1.2kg/m^3$, 비체적 $0.83m^3/kg$

⑦ 엔탈피(Enthalpy, kJ/kg(DA)) : 건공기와 수증기가 가지는 전열량(현열 + 잠열)

⑧ 현열비 : 전열(현열 + 잠열)에 대한 현열의 비

⑨ 수증기 분압(Vapor Pressure, mmHg) : 습공기 중 수증기가 차지하는 부분 압력

(6) 습공기 선도(Psychrometric Hart)

① 습공기 선도는 습공기의 상태를 나타낸 선도로서, 습공기 구성요소의 상호 관계를 나타낸 그림이다.

② 습공기의 전압력이 일정한 경우, 그 상태량의 건·습구온도, 이슬점, 포화점, 엔탈피, 절대온도 중에서 2가지만 알면 다른 값들을 알 수 있다.

③ 습공기의 특성

　　㉠ 공기를 냉각 가열하여도 절대습도는 변하지 않는다.

　　㉡ 공기를 냉각하면 상대습도는 높아지고 가열하면 상대습도는 낮아진다.

　　㉢ 습구온도와 건구온도가 같다는 것은 상대습도가 100%인 포화공기임을 뜻한다.

　　㉣ 습구온도가 건구온도보다 높을 수는 없다.

2 전열 이론

(1) 현열(감열, Sensible)

① 현열은 물체 온도 변화에 따라 출입하는 열(온수난방 이용 열)을 말한다.

② 예로써 10℃ 물 → 가열(현열) → 50℃ 물이 된다.

③ 감열비(현열비, SHF ; Sensible Heat Factor) $= \dfrac{현열}{전열} = \dfrac{현열}{현열 + 잠열}$

(2) 잠열(Latent Heat)

① 온도 변화 없이 상태만 변화되는 열(증기난방 이용 열)을 말한다.

② 예를 들면, 100℃ 물 → 가열(잠열) → 100℃ 증기가 된다.

(3) 용어의 정의

① 전열 : 고온측(t_0)에서 저온측(t_1)으로 열이 이동하는 현상이다.

② 전도 : 고체, 정지 유체(물, 공기 등) 내의 열이 이동하는 현상이다.

③ 대류 : 유체(공기, 물 등) 내의 열이 이동하는 현상이다.

④ 복사 : 고온에서 저온으로의 전자파로써 열이 이동하는 현상이다.

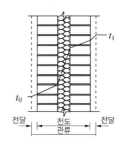

(4) 전열 과정

① 열전도율(λ, W/m·K, kcal/m·h·℃) : 두께 1m 재료에 대해 온도차 1℃일 때 단위시간 동안 흐르는 열량

　　㉠ 작은 공극이 많으면 열전도율이 작다.

　　㉡ 재료에 습기가 차면 열전도율이 커진다.

　　㉢ 같은 종류의 재료는 비중이 작으면 열전도율이 작다.

② 열전달률(α, W/m²·K, kcal/m²·h·℃) : 표면적 1m², 벽과 공기 온도차 1℃일 때 단위시간 동안 흐르는 열량

　　㉠ 벽 표면과 유체 간의 열의 이동 정도를 표시한다.

　　㉡ 풍속이 커지면 대류 열전달률이 커진다.

③ 열관류율(K, W/m$^2 \cdot$K, kcal/m$^2 \cdot$h$\cdot$℃) : 벽 표면적 1m^2, 내외부 온도차 1℃일 때 단위시간 동안 흐르는 열량

　㉠ 전달 + 전도 + 전달이 복합적인 열의 이동과정

　㉡ K값을 낮추려면 열전도율이 작은 재료를 사용한다.

　㉢ 열관류율의 역수$\left(\dfrac{1}{K}\right)$ = 열관류 저항

(5) 난방부하(HL ; Heating Load)

① 난방부하 영향 요인 : 전열손실, 극간풍, 외기취입 등

② 난방부하 계산 시 재실자, 전열기구 등으로 인해 발생된 실내의 열은 일반적으로 무시한다.

(6) 난방도일(Heating Degree Days)

① 실내평균기온과 실외평균기온의 차를 일(days)로 곱한 것(단위 : ℃$\cdot$day)

$$HDD = \Sigma\left(난방설계기준온도 - \frac{일최고기온 + 일최저기온}{2} \right) \times day$$

② 어느 지방의 추위 정도와 연료소비량을 추정할 수 있다.

3 환기설비

(1) 실내공기 기준

[실내공기질 유지기준(실내공기질 관리법 시행규칙)]

다중이용시설	미세먼지 (PM-10) (μg/m^3)	이산화탄소 (ppm)	폼알데하이드 (μg/m^3)	일산화탄소 (ppm)
지하역사, 지하상가, 터미널, 역사대합실, 대형점포, 도서관·박물관, 미술관, 장례식장	100 이하	1,000 이하	100 이하	10 이하
의료기관, 산후조리원, 노인요양시설, 어린이집, 실내 어린이놀이시설	75 이하		80 이하	
실내주차장	200 이하		100 이하	25 이하
실내체육시설, 실내공연장, 업무시설	200 이하	-	-	

(2) 환기 횟수

① 실내공기 : 이산화탄소(CO_2) 농도를 기준으로 산출한다.

② 환기 횟수 : 1시간에 방 공기를 외기와 교체하는 횟수로 표시하며, 소요환기량을 나타내는 지표이다.

$$N = \frac{Q}{V} (회)$$

여기서, N : 환기 횟수(회/h), V : 실체적(m^3), Q : 환기량(m^3/h)

(3) 자연환기

① 특징

ㄱ 실외 풍속이 클수록 환기량은 크다.

ㄴ 실내외 온도차가 클수록 환기량은 크다.

ㄷ 2개의 창을 나란히 두는 것보다 상하로 두는 것이 좋다.

ㄹ 같은 면적의 개구부일 때는 큰 것 하나보다 2개로 나누어 설치한다.

ㅁ 마주보는 벽의 유입구와 유출구는 상호 어긋나게 한다.

ㅂ 개구부에 돌출장치(Baffle)를 하면 바람이 경사지게 불 경우 실내 유속이 약 3배로 증가한다.

② 굴뚝효과(연돌효과)

ㄱ 수직파이프, 덕트에서 온도차에 의한 환기가 된다.

ㄴ 공기 유동이 거의 없을 때에도 환기를 유발시킨다.

(4) 기계환기

① 중앙식 송풍에 의한 분류

구분		급기	배기	적용
1종 환기 (병용식)	배풍기 외기 실내 송풍기	기계	기계	• 공기조정설비 포함한다. • 밀폐공간, 수술실 등에 적합하다.
2종 환기 (압입식)	배기구 외기 실내 송풍기	기계	자연	• 배기구 위치에 제약이 있다. • 청정실, 반도체실 등에 적합하다.
3종 환기 (흡출식)	배풍기 실내 외기 급기구	자연	기계	• 급기구 위치에 제약이 있다. • 부엌, 욕실, 화장실, 오염실 등에 적합하다.

② 흡·배기구 위치에 의한 분류

ㄱ 상향 환기법 : 흡기구를 벽면 하부에 설치하고, 배기구는 천장이나 벽면 상부에 설치하여 아래에서 위로 환기하는 방식으로 취기발생 식당 등에 적용한다.

ㄴ 하향 환기법 : 흡기구를 천장 혹은 벽면 상부에 설치하고, 배기구는 마루 혹은 벽면 하부에 설치하여 위에서 아래로 환기하는 방식으로 넓은 공간, 실내경기장, 병원, 학교, 공장 등에 적용한다.

4 결로 및 단열

(1) 결로(Condensation)의 종류

① 결로의 종류
- ㉠ 표면결로 : 건물 표면온도가 접촉하는 공기의 포화온도(노점온도)보다 낮을 때 표면에 발생한다.
- ㉡ 내부결로 : 실내 습도가 외부보다 높고 벽체가 투습력이 있으면 벽체 내에 수증기압 차이가 생기고, 외부온도보다 낮으면 온도 차이에 의해 재료 내부에 발생된다.

② 결로의 원인
- ㉠ 실내와 실외의 온도차
- ㉡ 실내 습기의 과다 발생
- ㉢ 생활습관에 의한 환기 부족
- ㉣ 투습성이 높은 재료의 사용으로 습기 침투
- ㉤ 시공불량으로 단열 취약 부위에서 습기 침투

③ 결로의 방지 대책
- ㉠ 실내와 실내 습기를 방지하고, 수증기를 외부로 배출시켜서 환기가 잘 되도록 한다.
- ㉡ 벽체의 열관류저항을 크게 하여 열관류를 줄인다.
- ㉢ 열교 현상이 일어나지 않도록 단열 처리 및 시공에 유의한다.
- ㉣ 실내측 벽의 표면온도를 실내공기의 노점온도보다 높게 설계한다.
- ㉤ 벽에 방습층을 두며, 고온측인 실내측에 가깝게 시공한다.

(2) 단열

① 외피의 모서리 부분은 열교가 발생하지 않도록 단열재를 연속적으로 설치한다.
② 열손실이 많은 북측 거실의 창, 문 면적은 최소화한다.
③ 외벽 부위는 외단열로 시공한다.
④ 발코니 확장을 하는 공동주택에는 단열성이 우수한 로이(Low-E) 복층창이나 삼중창 이상의 단열성능을 갖는 창을 설치한다.

5 신재생에너지의 이용

(1) 태양열 주택

① 장점
- ㉠ 에너지원이 무한량이며, 기존 에너지를 보호할 수 있다.
- ㉡ 반영구적이며, 장기적으로 경제적이다.

② 단점

ⓐ 기후의 지배를 받게 되며, 설비비가 고가이다.

ⓑ 태양의 고도 및 지역의 방위각을 고려해야 하므로 집열기 설치 방향에 유의해야 한다.

(2) 태양열 및 태양광에너지의 이용

① 수동적 방식(자연형 태양열 시스템)

ⓐ 건축계획 및 설계, 시스템디자인이 요구된다.

ⓑ 트롬 월(Trombe-wall, 축열벽) : 열용량이 높은 재료로써 열을 축적할 수 있는 벽으로 설치한다.

ⓒ 2중 창이나 축열벽으로 가열된 60~70℃ 공기를 실내로 유입하여 순환시킬 수 있도록 설계한다.

ⓓ 부착온실, 선룸과 같은 부속공간으로부터 열을 획득하는 방식은 분리획득형 시스템이다.

② 능동적 방식(설비형 태양열시스템)

ⓐ 기계적인 설비를 필요로 하는 방식이다.

ⓑ 집열기 : 열을 모으는 장치이다.

ⓒ 축열조 : 액체식과 공기식 등으로 모아진 열을 축적하는 장치이다.

ⓓ 배열기 : 난방 등에 필요한 개소로 공급하는 장치이다.

③ 태양열에너지

ⓐ 무공해 에너지이며, 양에 제한이 없다.

ⓑ 일조량에 영향을 받으며, 에너지 확보 밀도가 낮다.

ⓒ 투자비용과 발전 단가가 높아 비경제적이다.

④ 태양광에너지

ⓐ 발전기가 필요 없고, 간단히 설치할 수 있으며 소형으로도 제작할 수 있다.

ⓑ 소음과 진동이 적고, 수명이 길며 유지 비용이 거의 들지 않는다.

ⓒ 에너지 밀도가 낮아 태양전지를 많이 필요로 하며, 초기 설치비용이 비싸다.

(3) 풍력 및 수력에너지의 이용

① 풍력에너지

ⓐ 무제한으로 지속 가능한 발전이다.

ⓑ 공해 배출을 하지 않는 청정에너지이며, 설치 비용 및 기간이 절감된다.

ⓒ 발전 단가가 낮고, 관광단지로도 활용할 수 있다.

ⓓ 연중 바람이 부는 곳을 찾기 어렵다.

ⓔ 전력 수요가 있는 곳과의 접근성이 떨어질 수 있다.

ⓕ 소음이 있다.

② 수력발전에너지

  ㉠ 에너지 밀도가 높아 타 에너지원에 비해 지속적인 발전 공급이 가능하다.

  ㉡ 이산화탄소 배출량이 적고, 한 번 건설되면 직접적인 폐기물을 방출하지 않는다.

  ㉢ 국내 부존 잠재량이 많아 보급 효과가 크다.

  ㉣ 초기에 댐 건설 비용이 많이 들고 저수지 건설 시 생태계를 파괴할 수 있다.

(4) 기타 신재생에너지의 이용

① 수소에너지

  ㉠ 공해물질이 발생하지 않는다.

  ㉡ 전기에너지 전환이 쉽고, 에너지 밀도가 높으며 사용이 간편하다.

  ㉢ 가스, 액체로서 쉽게 수송할 수 있지만, 에너지 공급을 위한 설비와 유지관리 비용이 비싸다.

② 바이오에너지

  ㉠ 에너지 활용도가 높고, 공해물질이 적으며, 재생성을 가지고 있다.

  ㉡ 산림이 고갈될 우려가 있다.

  ㉢ 바이오에너지 원료 확보를 위해 넓은 면적의 토지가 필요하다.

③ 지열에너지

  ㉠ 보급 잠재력이 높으며 발전 비용이 저렴하고, 깨끗하다.

  ㉡ 채산성이 떨어지며 환경적 제약이 있다.

④ 해양에너지

  ㉠ 무공해 청정 에너지이며, 고갈될 염려가 적다.

  ㉡ 에너지 밀도가 작지만, 해양생태계를 파괴할 수 있다.

  ㉢ 시설비가 비싸며, 전력 수요지와의 거리가 멀 수 있으므로 공급에의 문제가 발생할 수 있다.

1 자연채광

(1) 주광 및 주광률

① 주광(Day Light, 晝光) : 태양직사광과 천공광의 합계이다.

② 주광률(Day Light Factor) : 실외 주광 조도에 대한 실내의 일정 점의 조도 비율(%)이다.

㉠ 직사 일광을 제외한 옥외의 청천공 수평 조도(E_s)에 대한 옥내의 어느 점에 있어서의 주광의 수평 조도(E)의 비를 말한다.

$$주광률 = \frac{E}{E_s} \times 100(\%)$$

㉡ 채광 계산의 지표로 사용되며, 실내의 밝기 정도를 표시한다.

㉢ 야외가 밝으면 실내도 밝으며, 주광률이 높을수록 실내는 밝다.

(2) 태양의 방사에너지

① 가시광선(380~770nm 파장) : 밝기의 근원이 되며, 눈에 느껴지는 빛이다.

② 적외선(열선, 780nm~1mm 파장) : 열작용이 강한 열선이며, 난방 및 습기 제거 역할을 한다.

③ 자외선(화학선, 10~397nm 파장)

㉠ 살균 등의 보건위생 효과가 있지만, 피부암, DNA 손상 등 부작용을 초래할 수 있다.

㉡ 도르노선(300~320nm) : 건강선으로 체내 칼슘을 만들기 위해 필요로 한다.

2 자연채광 방식

(1) 측광 채광

① 편측 채광

㉠ 측창 채광 중 벽의 한 면에만 채광하는 방식으로 설계상 무리가 없다.

㉡ 방구석의 조도 부족, 조도분포의 불균등, 방구석의 주광선 방향이 저각도가 된다.

② 양측 채광 : 마주보는 두 벽면에서 채광으로 채광량이 많다.

③ 고창 채광 : 측창 중 높은 곳에 창을 설치하여 채광하며, 방구석 빛 공급에 유리하다.

(2) 정광 채광

① 천창 채광

　　㉠ 천장면을 이용한 채광으로 방구석의 저조도, 조도분포의 불균등, 주광선 방향의 저각도가 해소된다.

　　㉡ 시선의 차단과 폐쇄된 공간의 분위기가 우려된다.

　　㉢ 상하층으로 구성될 때 평면계획이 어렵고, 구조와 시공 및 빗물처리가 곤란하다.

② 광정(Light Well, 光井)

　　㉠ 천장면에 원통형(우물 형태)의 창을 설치하고, 그 내면을 반사율이 높게 마무리한 천창 형식이다.

　　㉡ 천창이 있는 방에서 천장 하부로 확산재료를 사용하면 밑에서 볼 때 빛의 우물처럼 보인다.

　　㉢ 빛의 확산성이 좋으며, 실내를 조도(照度)의 변동 없이 균일하게 채광할 수 있다.

③ 정측창 채광(Top Side Window, 頂側窓)

　　㉠ 지붕면 또는 천장 부근에 있는 수직에 가까운 창으로 채광하는 방식이다.

　　㉡ 전시장에서 벽의 광량을 바닥면보다 크게 하기에는 정측창이 천창보다 유리하다.

3 인공조명

(1) 인공조명 기초

① 광속(Luminous Flux, 단위 : lm(루멘))

　　㉠ 광원으로부터 발산되는 빛의 양(방사되는 광의 시감량)을 말한다.

　　㉡ 1lm : 균일한 1cd의 점광원이 단위입체각에 방사하는 빛의 양이다.

② 광도(Luminous Intensity, 단위 : cd(칸델라))

　　㉠ 점광원에 의한 어떤 방향의 발산광속의 입체각 밀도를 그 방향의 광도라 하며, 광원의 세기를 말한다.

　　㉡ 빛의 진행방향에 수직한 면을 통과하는 빛의 양이다.

　　㉢ 점광원 : 광원 크기의 5배 이상 되는 거리에서의 광원을 말한다.

③ 조도(Luminous, 단위 : $lx = lm/m^2$, $phot = ph = lm/cm^2$)

　　㉠ 어떤 면의 입사광속의 면적당 밀도(일반적으로는 실의 밝기)로서, 일반적으로는 실의 밝기를 말한다.

　　㉡ 거리의 역제곱의 법칙 : 점광원으로부터의 거리가 n배가 되면 그 값은 $\dfrac{1}{n^2}$배가 된다.

④ 휘도(Brightness, 단위 : $nit = cd/m^2$, $stilb = cd/cm^2$, asb(Apostilb))

　　㉠ 일정한 범위를 가진 광원의 광도를 그 광원의 면적으로 나눈 양을 말한다.

　　㉡ 표면 밝기의 척도로서, 휘도가 높으면 눈부심이 크다.

(2) 광원의 종류

① 백열등
  ㉠ 일반적으로 휘도가 높고, 열방사가 많다.
  ㉡ 광색에는 적색 부분이 많고 배광제어가 용이하다.
  ㉢ 스위치를 넣고 점등에 이르는 순응성이 크다.
  ㉣ 온도가 높을수록 주광색에 가깝다.

② 형광등
  ㉠ 저휘도이고 광색의 조절은 비교적 용이하다.
  ㉡ 수명이 길며, 열방사가 적다.
  ㉢ 점등까지 시간이 걸린다.
  ㉣ 주위 온도의 영향을 받는다(−10℃ 이하는 점등 불가).

③ 수은등
  ㉠ 백색광의 고휘도이고, 배광제어가 용이하다.
  ㉡ 초고압 수은등은 영화촬영, 영사에 사용된다.
  ㉢ 완전 점등까지 약 10분 정도가 걸린다.

④ 나트륨등
  ㉠ 황색의 단일광으로 명시효과가 크다.
  ㉡ 연색성이 매우 나쁘며, 차량용 도로에 사용한다.

(3) 연색성

① 연색성 : 스펙트럼에 모든 색이 고루 나타나는 성질을 말한다.
② 연색평가수(Color Rendering Index, 연색지수) : 광원에 의해 조명되는 물체 색의 지각이, 규정 조건하에서 기준광원으로 조명했을 때의 지각과 합치되는 정도를 표시하는 수치이다.

4 조명 방식

(1) 기구배치에 의한 분류

① 전반조명 : 실 전체에 균등하게 조명을 설치하는 방식으로 실 전체 균일한 조도분포를 갖는다.
② 국부조명 : 필요한 곳을 집중적으로 조명하는 방식으로 원하는 정도의 밝기 유지와 이동성이 용이하다.
③ 전반국부 혼용조명(경제적 조명방법) : 약한 전반조명(1/10 이상)과 국부조명을 혼용한 방법이다.

(2) 배광에 의한 분류

구분	설치 방식	상향 광속	하향 광속	특성
직접조명		0~10%	90~100%	• 적은 전력으로 높은 조도를 얻을 수 있다. • 방 전체의 균일한 조도를 얻기 어렵고, 음영 때문에 눈이 피로하다.
반직접조명		10~40%	60~90%	
전반확산조명		40~60%	40~60%	• 직접조명과 간접조명의 장점을 혼용한 방식이다.
반간접조명		60~90%	10~40%	• 조명능률은 떨어지지만 음영이 부드럽다. • 균일한 조도 및 안정된 분위기를 유지할 수 있다.
간접조명		90~100%	0~10%	

(3) TAL조명 방식

① TAL조명 방식(Task & Ambient Lighting) : 작업구역(Task)에는 전용의 국부조명 방식으로 조명하고, 기타 주변(Ambient) 환경에 대하여는 간접조명과 같은 낮은 조도의 레벨로 조명하는 방식을 말한다.

② 작업의 집중력을 높이고, 주변의 간접조명으로 안정감을 줄 수 있다.

(4) 건축화 조명의 특징

① 건축물 구조체(찬장, 벽, 기둥 등)의 일부분에 광원을 일체화로 만들어 실내를 조명하는 방식이다.

② 눈부심이 적으며, 명랑한 느낌을 주어 현대적인 감각을 느끼게 한다.

③ 비용이 많이 들고, 조명 효율이 떨어진다.

구분	종류	설치 방식
천장 매입형 조명	• 다운라이트 • 라인라이트 • 코퍼라이트	[다운라이트] [라인라이트] [코퍼라이트]
천장면 활용 조명	• 광천장 조명 • 루버 조명 • 코브 조명 : 간접조명 방식	[광천장 조명] [루버 조명] [코브 조명]
벽면 활용 조명	• 코니스 조명 : 벽 모서리 이용 • 밸런스 조명 • 라이트 윈도	[코니스(코너) 조명] [밸런스 조명] [광창 조명]

5 조명설계 순서

(1) 좋은 조명의 조건

① 적당한 조도 및 조명 효율이 좋을 것

② 눈부시지 않도록 적당한 휘도 대비를 유지할 것

③ 빛의 확산을 적절히 하며, 의장적으로 건축과 조화될 것

(2) 조명설계 순서

조명설계는 소요조도 결정 → 광원 선택 → 조명 방식 결정 → 조명기구 결정 → 광속계산 → 조명기구 배치결정 → 광속발산도(실지수) 계산 순서로 설계한다.

① 소요조도 결정 : 바닥에서 85cm 높이에서 측정

② 광원 선택 : 용도, 연색성, 효율 등을 고려하여 광원 결정

③ 조명 방식 결정 : 실내 벽체마감(반사율) 고려

④ 조명기구 결정

⑤ 광속의 계산 : 광속법에 의한 조명설계식 계산

$$F(\text{lm}) = \frac{A \cdot E \cdot D}{N \cdot U} = \frac{A \cdot E}{N \cdot U \cdot M}$$

여기서, F : 사용광원 1개의 광속(lm),

A : 방의 면적(m^2),

E : 작업면의 평균조도(lx),

N : 전등 수

D : 감광보상률(직접조명 1.3~2.0, 간접조명 1.5~2.0),

M : 보수율(유지율, 감광보상률의 역수)

U : 조명률(발광 빛의 작업면에 도달 비율, 0~1의 값)

⑥ 조명기구 배치결정(광원 간격 S, 벽과 광원 간격 S_W)

㉠ $S \leq 1.5H$

㉡ $S_W \leq H/2$(벽 가까이에서 작업하지 않을 경우)

㉢ $S_W \leq H/3$(벽 가까이에서 작업할 경우)

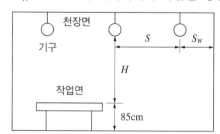

⑦ 광속발산도(실지수) 계산

　　㉠ 조명률(U) = 작업면의 광속/광원의 광속

　　　　• 램프에서 나오는 광속 중, 작업면 도달 광속 비율

　　　　• 영향 요소 : 조명기구의 배광 형태, 천장·벽·바닥의 반사율, 방의 형태 및 크기, 조명기구의 높이 등

　　㉡ 실지수(K)

　　　　• 조명률 영향요소 중 위치에 관한 요소를 지수화한 것이다.

　　　　• 실 형태에 따라 흡수율, 광속이용률이 달라진다.

　　　　• 바닥면적, 천장면적, 실 길이와 폭 등을 실지수 K로 정의하여, 조명률 계산을 쉽게 한다.

$$K = \frac{(천장면적 + 바닥면적)}{작업면에서\ 광원까지\ 벽면적}$$

　　　　• 실의 천장이 낮을수록 흡수율 감소 → 실지수 증가

　　　　• 실의 형태가 정사각형에 가까울수록 흡수율 감소 → 실지수 증가

1 음환경 기초

(1) 음의 전파 속도

① 대기 중의 음의 속도는 0℃에서 331m/s, 상온에서 340m/s이다.

② 실용적으로 t(℃) = 15℃일 때, v = 374m/s를 사용한다.

③ 공기 중에 전파되는 음의 속도(v) = 331.5 + 0.61t(m/s)이다.

④ 음의 속도는 매질의 밀도와 관계되며, 기온에 따라 달라진다.

(2) 음의 단위

① 음의 높이 : 주파수, 사이클, cycle/s

② 음의 세기와 음의 세기 레벨

ㄱ 음의 세기(I, Sound Intensity) : W/m^2

ㄴ 음의 세기 레벨(IL, Sound Intensity Level) : dB

(3) 음의 특성

① 울림(Echo) : 진동수가 조금 다른 두 음의 간섭에 의해 생기는 현상이다.

② 간섭(Interference) : 양쪽에서 나온 음이 서로를 강하게 또는 약하게 하는 현상이다.

③ 회절(Sound Diffraction) : 음이 진행되는 중에 장애물을 만나면 직진하지 않고 그 뒤쪽으로 돌아가는 현상이다.

④ 공명(Resonance) : 발음체의 진동수와 같은 음파를 받게 되면 자기도 진동하여 음을 내는 현상을 말한다.

⑤ 굴절 : 밀도가 다른 면에 평면파가 부딪힐 때 일부는 반사되고 일부는 굴절하여 다른 매질로 들어가는 것을 말한다.

⑥ 반사 : 입사각 = 반사각

⑦ 영구난청

ㄱ 소음 레벨 60~70dB 정도의 음의 세기에 장시간(다년간) 노출될 경우 영구 난청의 원인이 되기도 한다.

ㄴ 100dB 이상이 되면 단시간 노출에도 회복이 어려운 청각 손실을 줄 수 있다.

(4) 명료도와 요해도

① 명료도(단위 : %)

ㄱ 대화에서 음절을 어느 정도 정확하게 알아들을 수 있는가를 평가하기 위한 지표이다.

ㄴ 통상 75% 이상의 범위, 60~70dB(대화 수준)의 세기일 때 높다.

ㄷ 명료도는 잔향시간이 길면 저하되고, 소음이 많아도 저하된다.

② 요해도 : 음절 하나하나가 불명확해도 문장 전체의 의미를 파악하여 알아들을 수 있는 정도의 백분율이다.

2 음향설계

(1) 잔향시간

① 잔향시간은 음원에서 소리가 끝난 후 음의 에너지가 60dB로 감소하기는 데 걸리는 시간이다.

② 실내(사무실, 공동주택) 소음계획은 30~40dB 이하로 계획한다.

③ 100dB 이상은 소리를 지르는 정도로 매우 시끄러운 소리이다.

(2) Sabine의 잔향 이론

① 잔향시간(T) : $T = \dfrac{KV}{A}$

여기서, K : 비례상수(0.162)

V : 실용적

A : 흡음력[평균 흡음률(α) × 실내 표면적]

② 이때, $\alpha = 1$(완전한 흡음)의 경우 T가 0이 되지 않는다는 모순이 있고, 비교적 α가 작을 경우 Eyring과 식과의 오차가 적어진다.

③ 실의 용적에는 비례하고, 흡음력에는 반비례한다.

④ 음원의 위치, 측정 위치, 흡음재료의 설치 위치와는 무관하다.

⑤ 일반적으로는 실의 형태와는 무관하다고 본다.

⑥ 잔향식의 결점 : 흡음력이 작은 방에서는 실측과 맞지만, 흡음력이 큰 방은 실측보다 잔향시간이 길다.

(3) 실내의 음향설계 요구 조건

① 실내 전체에서 적당한 음의 레벨을 유지할 것

② 방해가 되는 소음이 없을 것

③ 반사음은 충분히 확산시킬 것

④ 잔향시간 및 주파수의 특성을 적당히 할 것

(4) 음향적 결점과 방지

① 에코(반향, Echo) : 직접음과 반사음의 경로차가 17m 이상 시 발생하게 된다.

② 음의 초점(Sound Focus)

㉠ 실 단면이 원형이나 타원형일 때 객석에 부딪히는 초점에 음이 집중하는 현상을 말한다.

㉡ 음이 확산되도록 실의 형태로 계획하며, 원형 또는 타원형 평면은 음의 확산 구조로 설치한다.

③ 데드 스폿(Dead Spot, 들리지 않는 곳) : 반사음이 전혀 오지 않는 부분으로 이를 방지하기 위해서는 제1차 반사음을 살리기 위한 단면형의 설계에서 반사음이 객석에 균등하게 퍼지도록 고려한다.

④ 위스퍼링 갤러리(Whispering Gallery)

　　㉠ 돔 천장이나 원형 평면 등이 굳고 매끈한 재료로 만들어졌을 경우 속삭임과 같은 작은 음성도 내표면을 따라 멀리까지 들리는 현상이다.

　　㉡ 파장이 짧은 음일수록 생기기 쉬우며, 음원은 좁은 통로나 틈, 빈 공간으로도 이동이 가능하다.

　　㉢ 방지방법은 음원이 퍼져나가는 도중에 장애물을 설치하여 음의 이동을 차단한다.

(5) 음향 재료별 특성

① 다공성 흡음재

　　㉠ 모직류는 화재 등으로 인한 위험요인이 있다.

　　㉡ 도장, 피복형은 표면손상 시에 고주파수에 대한 흡음성능이 저하된다.

② 판상형 흡음재

　　㉠ 저주파수의 음을 흡수하기 위해 설치한다.

　　㉡ 다공성 흡음재와 함께 필요한 장소에 적절히 배분하여 사용한다.

③ 공명기형 흡음재

　　㉠ 다공의 유공판 흡음재료, 슬리트 흡음구조 등이 있다.

　　㉡ 흡음뿐만 아니라 전체적인 미관이나 내구성 등을 고려하여 배치한다.

CHAPTER 03

PART 01 핵심이론
건축설비

제**1**절 **급수설비**

1 기초 사항

(1) 수원

① 지표수 급수과정 : 채수 → 송수 → 정수 → 배수 → 급수

② 중수 : 1차 사용한 물을 모아 수처리 후 화장실, 세차, 청소, 화단용으로 재사용하며, 수자원 부족 해결

(2) 베르누이의 법칙

① 유체가 흐르는 속도, 압력, 높이의 관계를 수량적으로 나타낸 법칙으로, '유체의 위치에너지와 운동에너지가 항상 일정하다'는 법칙이다.

② 유체의 속력이 증가하면 압력은 감소한다.

(3) 급수량 산정 및 급수 단위

① 급수량 산정방법

    ㉠ 건물 사용인원에 의한 방법

    ㉡ 건물면적에 의한 방법

    ㉢ 사용기구에 의한 방법

② 급수 단위

    ㉠ 1FU 단위로 세면기를 기준으로 각 기구의 단위를 산출하여 급수량을 정하는 방법

    ㉡ 1FU = 30L/min

2 급수 방식

(1) 수도직결 방식

① 수도 본관에서 인입관을 이끌어 건물 내의 급수 개소에 직접 급수하는 방식이다.

② 장점

　　㉠ 급수오염 가능성이 가장 작다.

　　㉡ 설비비가 저렴하고, 소규모 건물에 적합하다.

　　㉢ 정전 시에도 급수가 가능하다.

③ 단점

　　㉠ 단수 시에는 급수가 불가능하다.

　　㉡ 규모가 크면 수압이 떨어진다.

　　㉢ 사용개소에서 수압의 변화가 크다.

　　㉣ 높은 곳은 급수가 곤란하다.

(2) 고가(옥상)탱크 방식

① 상수를 펌프로 고가수조에 양수시켜 저유한 물을 필요 기구에 중력식으로 하향 급수하는 방식이다.

② 장점

　　㉠ 항상 일정한 수압으로 급수한다.

　　㉡ 대규모 건물에 적합하다.

　　㉢ 단수 시에도 일정시간 급수가 가능하다.

③ 단점

　　㉠ 급수오염 가능성이 가장 크다.

　　㉡ 물탱크 하중 때문에 구조에 유의해야 한다.

　　㉢ 설비비가 증가한다.

(3) 압력탱크 방식

① 지하수 수조의 물을 펌프로 압력수조 내부에 압입하고, 압축공기로 압력을 가하여 급수하는 방식이다.

② 장점

　　㉠ 고가수조가 없어 미관상 좋다.

　　㉡ 국부적 고압이 필요할 때 적합하다.

　　㉢ 탱크가 없어 구조 강화가 필요 없다.

③ 단점

　　㉠ 공기압축기가 필요하며, 사용개소에서의 수압차가 크다.

　　㉡ 저수량이 적고 정전, 펌프 고장 시 급수가 불가능하다.

　　㉢ 탱크는 압력용기이므로 제작비가 비싸다.

　　㉣ 펌프의 양정이 길어야 하므로 전력소비가 커진다.

(4) 펌프직송 방식(탱크리스 부스터 방식)

① 저수탱크에 물을 받은 후, 여러 대의 자동 펌프(가압 펌프, 부스터 펌프)를 이용하여 급수하는 방식이다.

② 장점

    ㉠ 사용개소의 수압이 일정하다.

    ㉡ 탱크가 필요 없으므로 구조상 유리하다.

    ㉢ 단수 시에도 일정량 급수가 가능하다.

③ 단점

    ㉠ 정전, 펌프 고장 시 급수가 불가능하다.

    ㉡ 저수량이 적고, 설비비가 고가이다.

    ㉢ 자동제어시스템이어서 고장 시 수리가 어렵다.

    ㉣ 펌프가 계속 가동되므로 전력소비가 커진다.

3 급수 펌프

(1) 펌프의 종류

① 원심(와권) 펌프(Centrifugal Pump, 터보형 펌프)

    ㉠ 임펠러 회전으로 발생한 원심력을 이용해 액체를 이송한다.

    ㉡ 고속도 운전에 적합하며, 운전상의 성능이 우수하다.

    ㉢ 진동이 적고, 장치가 간단하다.

    ㉣ 양수량의 조절이 용이하고 송수압의 변동이 적다.

    ㉤ 안내깃(Vane)의 유무에 따른 분류

        • 볼류트 펌프(Volute Pump) : 안내깃 없음

        • 터빈 펌프(Turbine Pump) : 안내깃 있음

    ㉥ 보어홀 펌프 : 100m 이상 심정층(깊은 우물) 양수

② 왕복 펌프(용적형 펌프)

    ㉠ 펌프 내부의 용적 변화를 이용하여 액체를 흡입·토출한다.

    ㉡ 송수압 변동이 심하며, 토출구 근처에 공기실을 두어야 한다.

    ㉢ 양수량이 적고 양정이 클 때 적합하다.

    ㉣ 종류 : 피스톤 펌프, 플런저 펌프, 다이아프램 펌프, 워싱톤 펌프

(2) 펌프의 축동력

$$축동력 = \frac{W \times Q \times H}{102 \times 60 \times E} = \frac{W \times Q \times H}{6,120 \times E}(kW)$$

여기서, $1kW = 102kg \cdot m/s = 6,120kg \cdot m/min$

W : 비중량(kg/m^3), 물의 비중량 = $1,000kg/m^3$

Q : 양수량(m^3/min)

H : 전양정(m)

E : 효율(%), 여유율 : 1.1~1.2

(3) 펌프 설치 시 주의사항

① 펌프는 되도록 흡입양정을 낮추어 설치한다.

② 펌프와 전동기는 일직선상에 배치한다.

③ 흡입구는 수위면에서 관경의 2배 이상 잠기게 한다.

(4) 공동현상(Cavitation)

① 흡입양정이 높거나 포화증기압 이하 부분의 압력이 상승하면서 기포 소멸과 함께 소음, 진동이 유발되는 현상이다.

② 현상 : 소음과 진동 발생, 관 부식, 펌프 및 모터가 손상된다.

③ 방지 : 흡입양정과 유속을 낮추며, 공기유입 및 수온 상승을 방지한다.

4 급수설비 오염, 시공

(1) 오염의 원인

① 저수탱크에 유해물질 침입으로 발생 → 음료수 탱크 내에는 다른 목적의 배관을 하지 않는다.

② 배수의 급수설비 역류 → 진공방지기 및 역류 방지기를 설치한다.

③ 크로스 커넥션(Cross Connection) : 급수계통(상수)과 이외의 배관이 교차·접속되어, 상수 수돗물과 상수 이외 물질이 혼입되는 오염 현상을 말한다.

④ 배관의 부식 : 금속관의 경우 방청하며, 물이 닿지 않도록 한다.

(2) 배관의 구배

① 표준구배(물매) : 최소 1/250 이상

② 수평주관 : 앞내림(선하향) 구배

③ 각층 수평주관 : 앞올림(선상향) 구배

(4) 배관 밸브 및 슬리브 배관

① 공기빼기 밸브(Air Vent Valve) : 굴곡배관의 공기가 차는 부분에 설치한다.

② 배니(찌꺼기) 밸브 : 배관의 말단 부분인 청소구에 설치하여 침전 물질 등 부유물을 제거한다.

③ 지수 밸브(체크 밸브) : 한쪽 방향으로 급수하기 위해 설치한다.

④ 슬리브(Sleeve) 배관 : 관의 신축 및 팽창에 대비하고, 수리 및 교체가 용이하도록 설치한다.

(5) 수격작용(Water Hammering)의 원인 빛 방지

① 밸브 급조작, 유속 급정지 시 발생 → 밸브 작동을 서서히 한다.

② 관경이 작을 때 발생 → 관경을 크게 한다.

③ 수압 과대, 유속이 클 때 발생 → 적정 수압과 유속을 작게 한다.

④ 곡선 배관에서 주로 발생 → 가능한 직선 배관으로 한다.

⑤ 이상 압력 발생 → 공기실(Air Chamber)을 설치한다.

1 급탕 방식

(1) 급탕 방식 분류

① 개별식(구조에 따라, 국소식)

ㄱ 순간식 : 소규모 건물에 필요 개소별로 설치하며, 에너지 이용에 경제이다.

ㄴ 저탕식 : 대규모 건물의 급탕설비에 주로 사용한다.

ㄷ 기수혼합식 : 증기를 열원으로 한다.

② 중앙식(열원에 따라)

ㄱ 직접가열장치 : 급탕수를 가스, 기름, 전기 등으로써 직접가열하여 공급한다.

ㄴ 간접가열장치 : 급탕수를 고온수, 증기 등으로써 간접가열하여 공급한다.

(2) 직접가열식 중앙식 급탕

① 보일러 가열 온수를 지관으로써 기구에 급탕수를 공급한다.

② 보일러 내부에 스케일(물때)이 생겨서 수명이 단축된다.

③ 열효율에 있어 경제적이다.

④ 높이에 따른 강한 압력이 필요하므로 고압보일러를 설치해야 한다.

⑤ 주택 등의 소규모 건축물에 사용한다.

(3) 간접가열식 중앙식 급탕

① 저탕조 내 가열 코일을 설치하고, 증기나 열탕을 이용한 간접가열 후 기구에 급탕수를 공급한다.

② 보일러 내부에 스케일이 없다.

③ 고압보일러가 필요 없다.

④ 대규모 건축물에 사용한다.

2 급탕 배관 시공

(1) 관경 결정 및 배관 구배

① 관경 결정

ㄱ 급탕관 및 반탕관은 최소 20mm(A) 이상이어야 한다.

ㄴ 급탕관 : 열에 의한 관 팽창을 고려하며, 급수관보다 커야 한다.

ㄷ 반탕관(순환관, 복귀관, 환탕관, 리턴관) : 급탕관보다 한 치수 작은 관경을 선택한다.

② 배관 경사

    ㉠ 온수의 순환을 원활하게 하기 위해 급경사로 시공한다.

    ㉡ 중력순환식은 1/150, 강제순환식은 1/200 정도이다.

(2) 배관 신축 이음

① 배관 신축 이음 설치

    ㉠ 온수의 흐름으로 관경이나, 길이의 신축이 가능하다.

    ㉡ 강관 30m, 동관 20m, PVC 10m마다 1개씩 설치한다.

② 배관 신축 이음 종류

    ㉠ 스위블 이음(Swivel Joint)

        • 엘보를 이용한 신축을 흡수하며, 누수가 우려된다.

        • 저압 배관에 사용한다.

    ㉡ 신축 곡관(Expansion Loop)

        • 고압 배관에 적합하고 점유면적이 크다.

        • 누수와 고장이 적으며, 옥외배관, 공장 등에 사용한다.

    ㉢ 슬리브형 이음 : 슬리브 미끄럼에 의해 흡수한다.

    ㉣ 밸로스형 이음 : 온도에 따라 주름관 형태로 접어지면서 흡수한다.

(3) 팽창관(도피관)

① 온수순환배관에 이상압력이 생겼을 때 그 압력을 흡수하는 도피관을 말한다.

② 급탕 수직관을 연장하여 팽창관으로 하고, 팽창 탱크에 자유로이 공기 중에 개방하여 증기나 공기를 배출한다.

③ 팽창관에는 증기나 물의 흐름을 방해하는 밸브를 설치하지 않는다.

(4) 팽창탱크(중력탱크)

① 온수의 부피팽창으로 인한 압력을 흡수하기 위해 설치한다.

② 밀폐형 탱크 : 설치 위치에 제한이 없다.

③ 개방형 탱크 : 순환펌프의 흡입측에 팽창관을 접속시키며, 탱크의 설치높이는 배관계의 가장 높은 곳보다 1.2m 이상으로 한다.

1 배수의 종류

(1) 사용 목적에 의한 분류

① 오수배수
  ㉠ 인체 배설물에 관련된 모든 배수로써 정화처리를 한다.
  ㉡ 대변기, 소변기, 오물싱크, 비데, 변기소독 등
② 잡배수
  ㉠ 일반 구정물 배수로 합류처리 또는 하수도에 방류한다.
  ㉡ 세면기, 싱크류, 욕조 등
③ 빗물배수(우수배수) : 그대로 방류하거나 중수로 활용한다.
④ 특수배수
  ㉠ 그대로 방류할 수 없고 유해성 확인 후 처리한다.
  ㉡ 공장폐수 등과 같이 유독·유해한 물질을 함유, 방사능을 함유한 배수이다.

(2) 배수 방식에 의한 분류

① 직접배수 : 위생기구와 배수관이 연결된 일반 위생기구에서 직접배수한다.
② 간접배수
  ㉠ 일반 배수계통에 연결하기 전에 물받이 기구에 배수한 후 일반 배수계통에 연결하어 배수한다.
  ㉡ 냉장고, 주방용기기, 탈수기, 음료용기기, 의료용기기, 수영장, 식품 창고, 각종 오버플로관 등

(3) 배수 방식에 의한 분류

① 분류배수
  ㉠ 오수와 잡배수 및 빗물배수를 분리 배수한다.
  ㉡ 오수는 정화조에서 처리한 후 하천으로 방류한다.
② 합류배수
  ㉠ 오수와 잡배수를 한데 모아서 처리 후 하천에 방류한다.
  ㉡ 합류배수관이 있는 지역의 오수, 잡배수를 합류처리한다.

2 트랩(Trap)

(1) 트랩 설치 목적

① 트랩(Trap) : 봉수를 고이게 하는 기구이다.

② 목적 : 배수관 속 악취, 유독가스 및 벌레의 침투를 방지한다.

(2) 트랩 설치 조건

① 구조가 간단하며, 평활한 내면으로 제작한다.

② 자체 유수로 배수로를 세정하며, 오수가 정체되지 않아야 한다.

③ 봉수가 없어지지 않고 항상 유지되어야 한다.

④ 내식성·내구성 있는 재료를 사용한다.

(3) 트랩 내의 봉수(Seal Water)

① 봉수의 역할 : 트랩 안에 봉수를 유지하여 하수 가스, 벌레 등의 실내 침입을 방지한다.

② 봉수의 깊이 : 5~10cm 정도가 적당하다.

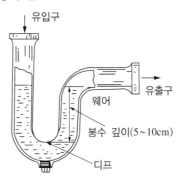

(4) 트랩의 분류

① 관형 트랩

㉠ 소형으로 자체 세정하지만, 봉수가 파괴되기 쉽다.

㉡ 사이펀식 관형 트랩 : S트랩, P트랩, U트랩

㉢ 비사이펀식 관형 트랩 : 드럼 트랩, 벨(Bell) 트랩, 격벽 트랩, 보틀 트랩

② Box형 트랩(저집기형 트랩)

㉠ 트랩이 수조로 되어 있어, 봉수파괴의 염려가 없다.

㉡ 자체세정 작용이 없어 침전물이 정체되기 쉽다.

㉢ 종류 : 그리스 트랩, 가솔린 트랩, 샌드 트랩, 헤어 트랩, 플라스터 트랩, 론드리 트랩

(5) 트랩의 종류

① S트랩, 3/4S트랩 : 봉수가 잘 파괴되며, 세면기나 소변기 등에 가장 많이 사용한다.

② P트랩 : 봉수가 S트랩보다 안전하며 세면기, 소변기 등의 고압 배관에 사용한다.

③ U트랩(가옥 트랩, 메인 트랩) : 수평배관 도중이나 말단에 설치하며, 유수의 흐름을 저해하는 단점이 있다.

④ 드럼 트랩 : 다량의 봉수가 있어 잘 파괴되지 않으며, 침전물의 청소가 가능하여 주방용 싱크에 적합하다.

⑤ 벨(Bell) 트랩(플로어 트랩) : 벨이나 종 모양의 기구를 씌운 형태이며, 욕실 등의 바닥 배수에 사용한다.

[S트랩]   [P트랩]   [U트랩]   [드럼 트랩]   [벨(Bell) 트랩]

⑥ 격벽 트랩, 보틀 트랩 : 사용을 권장하지 않는다.

⑦ 그리스 트랩 : 기름기를 응결 및 분리 제거(호텔 주방 등)

⑧ 가솔린 트랩(오일 트랩) : 휘발 희석(차고, 주유소 등)

⑨ 샌드 트랩 : 진흙, 모래 등 침전물 제거

⑩ 헤어 트랩 : 머리카락 제거(이발소, 미용실 등)

⑪ 플라스터 트랩 : 플라스터(석고) 제거(치과, 깁스실 등)

⑫ 론드리 트랩 : 단추, 실 등 불순물 제거(세탁소에서 사용)

(6) 봉수의 파괴 원인

① 자기사이펀 작용

ㄱ 액체가 일시로 위에서 아래로 흘러 봉수가 파괴되며, 가장 큰 봉수파괴 요인이 된다.

ㄴ 방지법 : 통기관을 설치한다.

② 흡출 작용(감압 흡인 작용)

ㄱ 순간적 물의 흐름으로 진공이 생기고 봉수가 파괴되며, 주로 상층부에서 발생된다.

ㄴ 방지법 : 통기관을 설치한다.

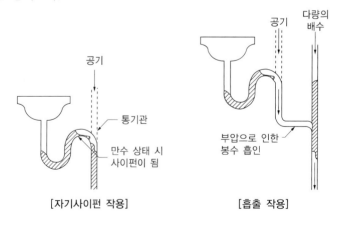

[자기사이펀 작용]   [흡출 작용]

③ 토출 작용(역압 분출 작용)

    ㉠ 다량의 물로 공기압력에 의해 역으로 실내로 역류하면서 파괴되며, 주로 하층부에서 발생된다.

    ㉡ 방지법 : 통기관을 설치한다.

④ 모세관현상

    ㉠ 머리카락, 걸레 등이 걸린 부분을 타고 물이 흘러내리면서 봉수가 파괴되는 현상이다.

    ㉡ 방지법 : 내면을 미끄러운 재료로 하고, 거름망 설치로 이물질 투입을 방지한다.

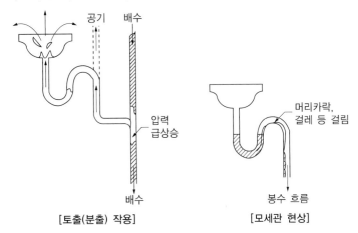

[토출(분출) 작용]   [모세관 현상]

⑤ 증발현상

    ㉠ 오래도록 사용하지 않아서 봉수가 증발된다.

    ㉡ 방지법 : 기름을 소량 흘려보내서 유막을 형성하거나, 자주 사용한다.

⑥ 관성에 의한 배출

    ㉠ 강풍 등으로 운동에 의한 관성이 발생하면서 트랩 내의 봉수가 없어진다.

    ㉡ 방지법 : 격자 석쇠를 설치한다.

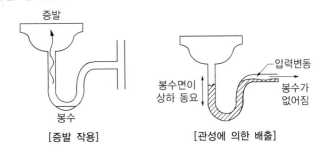

[증발 작용]   [관성에 의한 배출]

3 통기관

(1) 통기관 설치 목적

① 관 내의 기압을 일정하게 유지하고, 트랩의 봉수를 보호한다.

② 배수관 내의 물의 흐름을 원활하게 한다.

③ 배수관 내 신선한 공기 유통으로 환기 및 청결을 유지한다.

(2) 통기관의 종류

① 각개 통기관

㉠ 각각의 위생기구에 통기관을 개별 설치하므로 이상적인 통기 형태이다.

㉡ 시설비가 많이 든다.

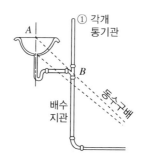

② 회로 통기관(환상, 루프 통기관)

㉠ 최상류 바로 아래에서 수직통기관으로 연결하여 설치한다.

㉡ 1개 통기관 최고 8개까지 감당하며, 관경은 32mm 이상으로 한다.

③ 도피 통기관 : 루프 통기관의 능률 촉진을 위해 기구 수가 8개 이상일 경우 추가로 설치하는 통기관이다.

④ 습식 통기관 : 배수 수평지관 최상류 기구에 설치하는 통기관으로 배수와 통기의 효과를 동시에 볼 수 있다.

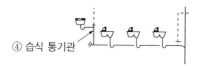

⑤ 신정 통기관

㉠ 배수 수직관 상단을 연장하여 대기 중에 개방하여 옥상에 돌출시킨 통기관이다.

㉡ 배관 길이에 비해 성능이 우수하다.

⑥ 결합 통기관

     ⊙ 고층 건물에서 5개 층마다 통기 수직관과 배수 수직관을 연결하는 통기관이다.

     ⓛ 관경은 50mm 이상이며, 통기관 중 관경이 가장 굵다.

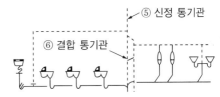

⑦ 통기 수직관, 수평관

     ⊙ 통기수직주관 : 원활한 환기를 위해 설치한 수직관이다.

     ⓛ 통기수평지관 : 수평지관 1개 이상의 각개 통기관을 합하여 통기 수직관, 신정 통기관으로 접속하는 수평지
관이다.

4 배수 및 통기설비의 시공

(1) 옥내 배관 시 주의사항

① 2중 트랩이 안 되도록 한다.

② 곡관부에 다른 배수지관의 접속을 금지한다.

③ 주방의 냉장, 음류 등의 배수는 역류에 의한 오염방지를 위하여 간접 배수로 한다.

④ 배수 배관에는 트랩의 봉수파괴 방지를 위해서 반드시 통기관을 설치해야 한다.

(2) 통기관 배관 시 주의사항

① 배수 수직관의 상단을 위생기구의 넘침관 이상까지 세운 후 신정 통기관으로 하여 대기 중에 개방한다.

② 통기 수직주관 상단은 최상층 기구의 넘침관보다 150A 이상 높은 곳에서 신정 통기관과 접속한다.

③ 통기관의 설치 위치는 트랩의 하류에 연결하며, 통기관이 바닥 아래에서 배관되어서는 안 된다.

④ 오수정화조와 일반 배수의 통기관과는 분리한다.

⑤ 통기관은 실내환기용 덕트에 연결하지 않는다.

⑥ 통기 수직관은 우수 수직관에 연결하지 않는다.

(3) 청소구 설치 위치

① 굴곡부, 분기점에 설치한다.

② 가옥 배수관과 대지 배수관이 접속하는 곳에 설치한다.

③ 배수 수직주관의 최하단부에 설치한다.

④ 수평 지관의 기점부에 설치한다.

⑤ 배관이 45°로 휘는 곳에 설치한다.

5 배관 재료, 배관 이음, 밸브

(1) 배관 재료

① 주철관

    ㉠ 내식성, 내구성, 내압성이 우수하다.

    ㉡ 충격에 약하고 인장강도가 작다.

② 강관

    ㉠ 가볍고 인장강도가 우수하여 가장 많이 사용한다.

    ㉡ 부식하기 쉬워 내구연한이 짧다.

    ㉢ 충격에 강하고 굴곡성이 좋다.

③ 연관

    ㉠ 굴곡성이 크고 유연하여 시공하기 용이하다.

    ㉡ 산에는 강하나 알칼리에 약하여 콘크리트에 매입 시 주의해야 한다.

④ 동관

    ㉠ 열전도율이 크고 내식성이 강하여 난방이나 급탕에 사용된다.

    ㉡ 저온취성에 강하여 냉동관 등에도 이용된다.

⑤ 경질 염화비닐관(PVC관)

    ㉠ 마찰손실이 적고, 내화학적(내산, 내알칼리)이다.

    ㉡ 열에 약하며, 소화관 등에 부적합하다.

⑥ 콘크리트관, 도관 : 옥외배수, 상하수도 배관에 이용된다.

(2) 배관 이음

① 배관을 휠 때 : 엘보(Elbow), 벤드(Bend)

② 분기관을 낼 때 : T(Tee), 크로스(Cross), Y

③ 배관의 직선 연결 : 소켓(Socket), 유니온(Union), 플랜지(Flange), 니플, 커플링

④ 서로 다른 구경의 관을 접합할 때 : 이경 소켓, 이경 엘보, 이경 T, 부싱(Bushing), 리듀서(Reducer)

⑤ 배관의 말단부 : 플러그(Plug), 캡(Cap)

⑥ 유니온, 플랜지 : 관의 교체나 펌프의 고장 수리 시 사용

    ㉠ 유니온(Union) : 50mm 이하의 관에 사용

    ㉡ 플랜지 : 50mm 이상의 관에 사용

(3) 밸브의 종류 및 특성

① 슬루스 밸브(Sluice Valve, 게이트 밸브)

　㉠ 개폐 기능에 적합하며, 마찰저항 손실이 적다.

　㉡ 배관 도중에 설치하며, 증기배관에 주로 사용한다.

　㉢ 버터플라이 밸브로써 유량 조절 및 개폐 기능을 한다.

② 글로브 밸브(Glove Valve, 스톱 밸브, 구형 밸브)

　㉠ 유로 폐쇄, 유량 조절에 적합하며, 마찰저항 손실이 크다.

　㉡ 배관 말단에 설치한다.

③ 앵글 밸브(Angle Valve) : 글로브 밸브의 일종으로 유체 흐름을 직각으로 바꾸는 역할을 한다.

④ 체크 밸브(Check Valve)

　㉠ 유체의 흐름이 한쪽 방향으로만 흐르게 한다.

　㉡ 역류를 방지하지만, 유량 조절이 불가능하다.

　㉢ 종류 : 스윙형(수직, 수평 배관), 리프트형(수평 배관)

⑤ 콕 밸브(Cock Valve), 볼 밸브(Ball Valve) : 90° 회전으로 유로를 급속히 개폐하는 밸브이다.

⑥ 플러시 밸브(Flush Valve)

　㉠ 한 번 누르면 $0.7kg/cm^2$의 수압으로 일정량의 물이 나온 다음 자동으로 잠긴다.

　㉡ 대변기, 소변기의 세정에 주로 사용된다.

⑦ 스트레이너(Strainer) : 밸브류 앞에 설치하여 먼지, 흙 등의 오물을 제거하는 부속품이다.

⑧ 감압 밸브(Reduction Valve)

　㉠ 고압 배관과 저압 배관 사이에 설치하여, 압력을 낮춰 일정한 압력으로 유지할 때 사용한다.

　㉡ 초고층 건물 급수압 조절과 고압증기 배관 등에 사용된다.

⑨ 안전밸브(Safety Valve)

　㉠ 일정량 이상의 과잉압력 발생 시 자동적으로 압력을 방출하는 밸브이다.

　㉡ 증기보일러, 압축공기탱크, 압력탱크 등에 설치한다.

1   기초 사항

(1) BOD(Biochernical Oxygen Demand, 생물학적 산소요구량)

   ① BOD는 오수 중 유기물이 미생물에 의해 분해되어 안정화하는 과정에서 소비되는 수중에 녹아 있는 산소의 감소를 나타내는 값이다.

   ② 수중에 녹아 있는 산소의 감소를 20℃, 5일간 시료를 방치해 측정한 값이며, 수중 물질의 지표이다.

   ③ 생활하수에 의한 물의 오염 정도를 측정한다.

(2) COD(Chernical Oxygen Demand, 화학적 산소요구량)

   ① COD는 용존유기물을 화학적으로 산화시키는 데 필요한 산소량이다.

   ② 공장폐수에 의한 물의 오염 정도를 측정한다.

(3) DO(Dissolved Oxygen, 용존산소량)

   ① 수중에 용해되어 있는 산소의 양을 ppm으로 나타낸 것으로, DO가 클수록 정화능력이 높은 수질이다.

   ② 오염도가 높은 물은 산소가 용존되어 있지 않다.

(4) SS(Suspended Solids, 부유물질량)

   ① 탁도의 정도로 입경 2mm 이하의 불용성(不溶性)의 뜨는 물질을 ppm으로 표시한 것이다.

   ② 장마철에 그 양이 급격히 늘어난다.

(5) BOD 제거율

   ① BOD 제거 : 활성 오니법 등의 하수처리를 하여 하수의 BOD 값을 감소시키는 것(BOD 제거율을 높이는 것)을 말하며, 간접적으로는 유기물에 의한 오염량을 제거하는 것을 말한다.

   ② BOD 제거율

      ⊙ 정화조 성능을 나타내는 지표이다.

      ⊙ BOD 제거율이 높을수록, 방류수의 BOD가 낮을수록 고성능 정화조이다.

$$\text{BOD 제거율} = \frac{\text{유입수 BOD} - \text{유출수 BOD}}{\text{유입수 BOD}} \times 100$$

2 정화조

(1) 정화 순서

부패조 → 여과조 → 산화조 → 소독조

(2) 부패조

① 혐기성균에 의해 분해시키며, 최소 2개 이상의 부패조와 예비여과조로 구성된다.

② 제1부패조 : 제2부패조 : 여과조의 체적비는 4 : 2 : 1 또는 4 : 2 : 2 정도이다.

(3) 여과조

① 오수를 하부에서 위로 보내어 부유물을 쇄석층에서 제거한다.

② 쇄석층의 윗면은 오수면보다 10cm 정도 아래에 둔다.

③ 여과층은 수심의 1/3, 쇄석 크기는 5~7.5cm 정도이다.

(4) 산화조

① 살수에 의해 공기 중에 노출시켜 호기성균에 의해 분해(산화)시킨다.

② 쇄석층의 깊이는 0.9~2.0m 정도이며, 살수홈통과 쇄석층 상부는 10cm 이상 간격을 둔다.

③ 산화조 용량(V_1) : 부패조 용량(V)의 1/2 배

(5) 소독조

① 차아염소산 소다[NaClO]와 차아염소산 칼슘[Ca(ClO)] 등의 소독제를 이용하여 세균을 소독한다.

② 처리 대상인원 500명 초과 시 소독조는 반드시 설치한다.

1 난방 방식

(1) 증기난방(Steam Heating)

① 장점

ㄱ 증발잠열을 이용하므로 열의 운반능력이 크다.

ㄴ 예열시간이 짧고, 증기순환이 빠르다.

ㄷ 설비비, 유지비가 싸다.

ㄹ 방열기의 방열면적을 작게 할 수 있다.

ㅁ 방열면적과 관경이 작아도 된다.

ㅂ 한랭지에서 동결의 우려가 적다.

② 단점

ㄱ 부하변동에 따른 방열량 제어가 어렵다.

ㄴ 난방개시 때 소음(Steam Hammering)이 많이 난다.

ㄷ 쾌감도가 나쁘며, 열손실이 크다.

ㄹ 화상의 우려(102℃의 증기 사용)가 있다.

ㅁ 배관 내 부식 우려가 크다.

③ 증기 압력에 의한 분류

ㄱ 저압 : 0.1MPa 이하(중력순환식, 소규모에 적합)

ㄴ 고압 : 0.1MPa 이상(진공순환식, 대규모에 적합)

④ 증기난방 기기설비

ㄱ 방열기 밸브(Radiator Valve) : 유량을 수동으로 조절하는 밸브이며, 방열기 입구측에 설치한다.

ㄴ 방열기 트랩(Radiator Trap, 증기 트랩) : 수증기 유출을 방지하고 배관 내 잡물을 제거하며, 보일러 내에서 응축수를 환수시키기 위해 설치하는 밸브이다.

ㄷ 감압 밸브 : 고압을 저압으로 감압시키고 저압측 압력을 항상 일정하게 유지시키는 밸브이다.

(2) 온수난방

① 장점

ㄱ 열용량이 커서 난방을 정지하여도 여열이 오래 간다.

ㄴ 방열량 조절이 용이하고, 연속난방에 유리하다.

ㄷ 증기난방에 비해 쾌감도가 좋다.

ㄹ 수격작용(Water Hammering)이 없어 소음이 없다.

② 단점

　　㉠ 방열면적과 관경이 커서 설비비가 비싸다.

　　㉡ 예열시간이 길며, 온수 순환시간이 길다.

　　㉢ 한랭지에서는 난방 정지 시 동결의 염려가 있다.

③ 온도에 의한 분류

　　㉠ 보통온수난방 : 100℃ 미만(80~90℃)의 온수를 사용한다(건물 난방용으로 가장 널리 사용).

　　㉡ 고온수난방 : 100℃ 이상의 온수를 사용한다(지역난방에 적합).

(3) 복사난방(Panel Heating)

① 장점

　　㉠ 실내온도 분포가 균등하여 쾌감도가 좋다.

　　㉡ 방을 개방하여도 난방효과가 좋다.

　　㉢ 바닥 이용도가 높고, 높은 천장의 실도 난방효과가 좋다.

　　㉣ 실온이 낮기 때문에 열손실이 적다.

② 단점

　　㉠ 예열시간이 길며, 신속한 방열량 조절이 곤란하다.

　　㉡ 시공이 어렵고 수리비, 설비비가 고가이다.

　　㉢ 누수 등의 고장 발견이 어렵고, 수리가 곤란하다.

③ 복사난방 시공 및 용어

　　㉠ 코일은 열손실이 많은 개구부 쪽부터 배관하는 것이 좋다.

　　㉡ 코일 매설 깊이 : 코일 직경의 1.5~2.0배로 한다.

　　㉢ 코일 간격 : 관경 25A는 30cm, 20A는 25cm 정도이며, 길이가 10m를 넘으면 분기 헤드를 둔다.

④ 평균복사온도(MRT ; Mean Radiant Temperature) : 실내표면의 평균복사온도로 인체에 대한 쾌감 상태를 나타내는 기준이며, 기온(DBT)보다 2℃ 정도 높은 상태가 가장 쾌적한 상태이다.

(4) 온풍난방

① 예열시간이 짧고, 온습도 조정이 쉽다.

② 누수·동결의 우려가 적으며, 설비비가 저렴하다.

③ 온풍로를 이용하여 가열된 공기를 실내로 직접 공급하므로 쾌감도가 나쁘며, 소음이 많다.

(5) 지역난방

① 열병합발전소(전기와 열을 함께 생산하는 시설)에서 생산된 열(고온수, 고압증기)을 이용하여 지역 내의 아파트, 상가 등 건물에 공급하여 급탕, 난방하는 방식이다.

② 장단점

    ㉠ 중앙공급식, 개별난방 방식보다 저렴하고 쾌적한 환경 조성이 가능하다.

    ㉡ 에너지 절약, 환경공해 방지, 도시 매연을 경감한다.

    ㉢ 열효율이 좋고 연료비가 적게 들며, 인건비가 싸다.

    ㉣ 초기 시설비가 비싸며, 배관 도중 열손실이 크다.

2 난방설비 기기 - 보일러

(1) 사용하는 재료에 따른 보일러의 종류

① 강철제 보일러 : 강철로 만든 보일러

② 주철제 보일러 : 주철로 만든 보일러

    ㉠ 내식성이 우수하고 수명이 길다.

    ㉡ 니플, 볼트에 의한 조립식으로 분할 반입과 용량의 증감이 용이하다.

    ㉢ 내압, 충격에 약하고 구조가 복잡하다.

    ㉣ 대용량, 고압에 부적당하다.

    ㉤ 사용압력 : 증기용 1kg/cm^2 이하, 온수용 수두 50m 이하로 한다.

    ㉥ 용도 : 주택이나 소규모 건물 등

(2) 본체의 구조에 따른 보일러의 종류

① 원통식 보일러

    ㉠ 지름이 큰 몸체로써 내부에 노통, 화실, 연관 등을 설치한 보일러이다.

    ㉡ 구조상 고압용으로 하는 것은 곤란하다.

    ㉢ 몸체 크기에 따라 전열면적이 제한되어 용량이 큰 것은 적당하지 않다.

    ㉣ 노통식 보일러 종류 : 횡형(수평구조의 원통형 동체), 직립형(수직구조의 입형 동체)

    ㉤ 연관식 보일러 : 연소가스의 통로가 되는 다수의 연관을 설치하여 전열면을 증가시킨 보일러이다.

    ㉥ 노통연관 보일러 : 노통 주위에 연관을 배치한 보일러이다.

② 수관식 보일러

    ㉠ 종류 : 자연순환식, 강제순환식, 관류보일러

    ㉡ 드럼 속의 관 내에 물을 흐르게 하여 가열한다.

    ㉢ 보유 수량이 적어 증기 발생이 빠르고 대용량이다.

    ㉣ 열효율이 좋으나 수명이 짧고 압력 변화가 심하다.

    ㉤ 고도의 수처리가 필요하다.

    ㉥ 용도 : 대규모 건물, 산업용 등

③ 특수형 보일러 : 폐열 보일러, 특수구조 보일러

(3) 보일러의 용량 및 보일러실의 조건

① 보일러의 용량

　㉠ 정격출력 = 상용출력 + 예열부하

　㉡ 상용출력 = 난방부하 + 급탕부하 + 배관부하 + 가습부하

② 보일러실의 조건

　㉠ 내화구조로 하고 천장높이는 보일러 상부에서 1.2m 이상 되게 하며, 보일러실 외벽에서 벽까지의 거리는 0.45m 이상으로 한다.

　㉡ 난방부하의 중심에 둔다.

　㉢ 2개 이상의 출입구를 두되 그 중 1개는 보일러의 반출입이 용이한 크기로 한다.

1 냉동기

(1) 압축식 냉동기

① 순환 원리 : 압축 → 응축 → 팽창 → 증발(냉동, 냉각)

② 압축식 냉동기의 구성

㉠ 압축기(Compressor) : 저온·저압의 냉매가스를 응축 액화하기 위해 압축하여 응축기로 보낸다.

㉡ 응축기(Condenser) : 고온·고압의 냉매가스를 공기나 물을 접촉시켜 응축 액화시킨다.

㉢ 팽창 밸브(Expansion Valve) : 고온·고압 냉매액을 저온·저압액으로 팽창시킨다.

㉣ 증발기(Evaporator) : 저온·저압의 액체냉매가 피냉각 물질로부터 열을 흡수하여 증발시킨다.

(2) 흡수식 냉동기

① 순환 원리 : 증발 → 흡수 → 재생 → 응축

② 흡수식 냉동기의 구성

㉠ 증발기 : 냉각관 내를 흐르는 냉수로부터 열을 빼앗아 냉매(물)를 증발시킨다.

㉡ 흡수기 : 수분을 흡수하여 온도를 떨어뜨리는 작용을 한다.

㉢ 재생기 : 묽은 용액을 온도를 높여 증발시키면 용액은 농축되고 물은 증발되어 리튬브로마이드(LiBr, 브롬화 리튬)를 재생하는 장치이다.

㉣ 응축기 : 냉매증기(수증기)를 냉각관 내(냉각수)로 통하여 냉각 응축시킨다.

2 냉각탑, 냉동축열 시스템

(1) 냉각탑(冷却塔)

① 냉각탑의 역할 : 응축기용 냉각수 재사용을 위해 대기와 접촉시켜서 물을 냉각하는 장치이다.

② 냉각탑 설치 위치

㉠ 소음이 적고, 바람이 잘 통하는 옥상

㉡ 부식성 가스나 먼지의 유입이 안 되는 곳

㉢ 급·배수관과 가까운 장소

(2) 냉동축열 시스템

① 심야전력(야간 22:00~08:00)을 이용하여 얼음 또는 찬물의 형태로 저장했다가 주간에 건물의 냉방에 활용하는 시스템이다.

② 심야의 값싼 전력을 이용할 수 있고, 주·야간의 전력 불균형을 해소할 수 있다.

③ 종류

㉠ 빙축열 시스템 : 얼음 형태로 축열하는 잠열 축열시스템이다.

㉡ 수축열 시스템 : 물의 온도변화를 이용한 현열 축열시스템이다.

1 공기조화 조닝

(1) 공조의 조닝(Zoning)

① 공조설비에 있어서 건물의 사용목적 또는 요구조건에 따라 건물을 몇 개의 구역으로 나누어 각각의 계통별로 구분하여 설치하는 것을 말한다.

② 초기 설비비는 상승하나 유지관리 차원에서의 에너지는 절약된다.

(2) 조닝의 효과

① 에너지 절약에 유리하다.

② 부하변동에 쉽게 대응할 수 있다.

③ 효율적인 운전관리를 할 수 있다.

④ 실내 열환경 조절에 유리하다.

(3) 전열교환기(폐열회수형 환기장치)

① 실내에서 배기하는 열(온열·냉열)에 의하여 외기에서 들어오는 공기를 따뜻하거나 차갑게 해주기 위한 열교환기로서, 현열과 잠열 양방의 열교환이 가능하다.

② 외기가 들어와서 급기되는 부분과 환기가 배기되는 부분으로 나누어진다.

③ 공기조화설비의 에너지 절약 : 전열교환기(폐열회수형 환기장치)를 통해 실내 열에너지를 회수하여 도입 외기 공기에 공급함으로써 실내온도와 가까운 온도의 바깥공기가 도입됨에 따라 에너지 손실을 크게 절감할 수 있다.

2 공기조화 방식의 열매에 따른 분류

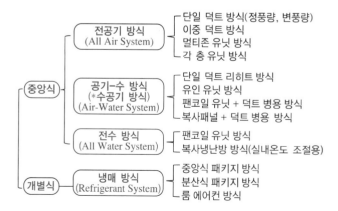

(1) 전공기 방식(All Air System)

① 실내유효면적이 증가되며, 운전 보수 및 관리가 용이하다.

② 실내공기오염이 적고, 외기냉방이 가능하며, 겨울철 가습이 용이하다.

③ 덕트가 크므로 설치공간이 커진다.

④ 송풍동력이 크므로 반송동력이 커진다.

(2) 공기-수 방식(Air-water System, 수공기 방식)

① 덕트 스페이스(면적)이 적고, 외기냉방이 가능하다.

② 유닛별로 제어하면 개별 제어가 가능하다(온도제어와 존 구성이 쉽다).

③ 반송동력이 적다(전공기식에 비해 동력비 절감).

④ 필터 보수, 기기 점검 등으로 관리비가 증대된다.

⑤ 송풍량이 적어 고성능 필터 사용이 불가능하다.

⑥ 유닛이 실내공간을 차지하며, 소음이 발생한다.

⑦ 누수의 우려가 있으며, 배관과 덕트가 복잡하다.

(3) 전수 방식(Air-water System)

① 덕트가 불필요하며, 개별 제어가 용이하다.

② 외기를 도입하기 어려우며, 공기오염이 많다.

(4) 냉매 방식(Refrigerant System, 개별식 공조)

① 부분운전이 가능하며, 온도조절기 내장으로 개별 제어가 용이하다.

② 장래의 부하변동에 대응하기 쉽다.

3 공기조화 방식의 세부 분류

(1) 단일 덕트 방식(Single Duct System)

① 정풍량 방식(Constant Air Volume System)

㉠ 냉·온풍을 각 실로 보낼 때 송풍량은 항상 일정하며, 송풍 온·습도만을 변화시켜 실내의 온·습도를 소설하는 가상 기본적인 공조 방식이다.

㉡ 장점

- 송풍량이 가장 많아 외기의 취입이나 중간기의 외기환기에 적합하다.
- 운전관리가 용이하며, 효율 좋은 필터를 설치하여 쾌적한 실내환경을 조성한다.

ⓒ 단점
  - 큰 덕트가 필요하므로 천장 속에 충분한 덕트공간이 요구된다.
  - 각 실별로 온도 조절(개별 제어)이 곤란하다.
ⓔ 용도 : 중·소 건물, 극장, 공장 등 바닥면적이 크고 천장이 높은 곳에 적합하다.
② **가변풍량 방식(Variable Air Volume System)**
  ㉠ 덕트의 관 말에 VAV 유닛을 설치하여 송풍온도를 일정하게 하고, 송풍량을 실내부하변동에 따라 변화시키는 에너지 절약형 방식이다.
  ㉡ 장점
    - 부하변동을 정확히 파악하여 실온을 유지하기 때문에 에너지 손실이 적다.
    - 저부하 시 풍량이 감소되어 동력을 절약할 수 있다.
    - 전폐형 유닛을 사용함으로써 사용하지 않는 실의 송풍 정지가 가능하다(개별 제어가 가능).
  ㉢ 단점
    - 환기량 확보 문제로 실내공기가 오염될 수 있다.
    - 가변풍량 유닛의 설비비가 고가이다.
  ㉣ 용도 : OA 사무소 건물 등에 적합하다.
    - 발열량 변화가 심한 내부존 : 급기온도가 일정한 방식이다.
    - 일사량 변화가 심한 외부존 : 급기온도가 가변적인 방식이다.

(2) 이중 덕트 방식(Double Duct System)
  ① 냉풍과 온풍의 2개 덕트를 사용하여 송풍하고, 각 실의 혼합상자에서 적절한 공기를 만들어서 실내로 송풍하는 방식이다.
  ② 장점
    ㉠ 부하변동에 따른 온도 조절이 우수하다.
    ㉡ 개별 제어가 용이하다.
    ㉢ 계절마다 냉·난방의 전환이 불필요하다.
  ③ 단점
    ㉠ 덕트 스페이스가 크다.
    ㉡ 혼합손실이 발생되는 에너지의 소비가 많은 형이다.
    ㉢ 여름철에도 보일러 운전이 요구된다.
    ㉣ 혼합상자를 설치해야 하며, 고속 덕트 도입으로 설비비와 운전비가 많이 든다.
  ④ 용도 : 고급 사무소 건물, 냉난방 부하 분포가 복잡한 건물에 적합하다.

(3) 멀티존 유닛 방식(Multi Zone Unit System)

① 공조기 1대로 냉풍과 온풍을 적정비로 혼합(댐퍼모터)하여 각 존마다 공급하는 방식으로 공조기에서 각실 또는 존으로 별개의 단일 덕트로, 송풍온도가 다른 공기를 공급하는 2중 덕트의 변형된 방식이다.

② 장점

㉠ 이중 덕트 방식보다 덕트공간을 적게 차지하며, 개별 제어가 가능하다.

㉡ 이중 덕트 방식과 비교할 때 초기 설비비가 저렴하다.

③ 단점

㉠ 이중 덕트 방식과 마찬가지로 혼합손실이 있어 에너지 소비가 많다.

㉡ 동일 존에서 내주부와 외주부의 부하변동이 거의 균일해야 한다.

㉢ 정풍량 장치가 없으며, 각 실의 부하변동이 달라지면 각 실에 대한 송풍량의 불균형이 발생된다.

④ 용도 : 중간 규모 이하의 건물에 적합하다.

(4) 각 층 유닛 방식

① 외기용 공조기의 1차 처리 공기를 각 층 유닛에서 공기를 냉각 또는 가열하여 실내로 송풍하는 방식이다.

② 특징

㉠ 덕트를 사용하지 않거나 덕트가 작다.

㉡ 덕트가 슬래브를 통과하지 않아 화재가 발생 시에 유리하다.

㉢ 각 층마다 시간차 운전이 용이하다.

㉣ 각 층, 각 실을 구획하여 온도조절이 용이하다.

③ 용도 : 각 층마다 열부하 특성이 크게 다른 건물(대규모 사무소, 백화점 등)에 적합하다.

(5) 유인 유닛 방식(Induction Unit System)

① 외기의 1차 공기를 실내 유닛에 공급하고, 1차 공기에 유인된 2차 공기가 혼합되어 송풍되는 방식이다.

② 특징

㉠ 1차 공기가 고속이어서 소음이 크다.

㉡ 개별 제어가 용이하며, 부하변동에 대응하기가 쉽다.

㉢ 유닛에 동력장치가 불필요하다.

③ 용도 : 사무실, 호텔, 병원, 방이 많은 건물의 외부존 등에 적합하다.

(6) 팬코일 유닛 방식(Fancoil Unit System)

① 기계실에서 보낸 냉·온수를 냉각, 가열코일, 송풍팬이 내장된 유닛(FCU)을 이용해 공조하는 방식이다.

② 장점

㉠ 공기의 공급을 할 수 없어서 덕트가 불필요하다.

   ⓛ 실내 각 유닛마다 개별 조절이 용이하다.

   ⓒ 장래 부하변동 대응이 쉽고, 동력비가 적게 든다.

③ 단점

   ㉠ 송풍량 적어 고성능 필터(HEPA) 사용이 어렵다.

   ⓛ 유닛은 개구부 아래에 설치하므로 실 이용률이 적다.

   ⓒ 설비비와 보수관리비가 고가이다.

   ⓔ 고도의 공기 처리를 할 수 없다.

④ 용도 : 호텔의 객실, 아파트, 주택, 사무실에 적합하지만, 극장, 방송국의 스튜디오에는 부적합하다.

(7) 복사패널 + 덕트 방식(Panel Air System)

① 천장, 바닥, 벽체 등에 코일을 매설하고 냉·온수를 공급하며 냉·난방을 하고, 공조기의 덕트로써 공조하는 방식이다.

② 장점

   ㉠ 먼지의 이동이 적고, 쾌감도가 높다.

   ⓛ 바닥의 이용도가 높으며, 천장고가 높은 경우에도 적용이 가능하다.

   ⓒ 현열부하가 많은 경우에 적당하다.

③ 단점

   ㉠ 설비비, 시공비가 많이 든다.

   ⓛ 누수의 위험이 있다.

④ 용도 : 고급 사무실(덕트를 병용하는 경우가 많다) 등에 적합하다.

4 공기조화용 설비 기기

(1) 공기조화기(Air Handling Unit) 구성요소

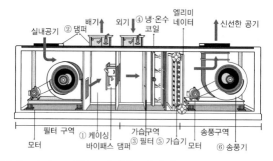

① 케이싱(Casing) : 내부 부품을 감싸고 있는 판넬을 말한다.

② 댐퍼(Damper)

　　㉠ 설계된 풍량을 모으고 통과될 수 있도록 하는 장치이다.

　　㉡ 바이패스 댐퍼 : 균일한 기류 및 온도 분포를 만들며, 냉·난방코일 효율을 향상시킨다.

③ 필터(Filter) : 회수공기와 외기의 먼지를 걸러주는 역할을 한다.

④ 열교환기(DX Coil) : 실외기에서 공급된 냉매를 증발과 응축을 통해 냉난방 작용을 한다.

⑤ 가습(Humidifier) 장치 : 겨울철 실내습도를 유지한다.

　　㉠ 공기세정기(Air Washer, 수분무기) : 노즐로 분무수를 뿜어 공기에 접촉시켜서 물과 공기 사이에 열교환과
　　　함께 수분교환이 일어나면서 가습과 먼지, 냄새를 제거한다.

　　㉡ 엘리미네이터(Eliminator) : 수분무기(Air Washer)의 수분(응축수) 비산을 방지하며, 수분이 급기덕트
　　　내에 침입하는 것을 방지한다.

⑥ 송풍기(Fan & Motor) : 냉방 또는 난방된 공기를 실내로 이송시켜주는 장비이다.

(2) 덕트(Duct)의 형상과 구조

① 덕트용 재료 : 두께 1mm 내외의 아연 도금철판, 알루미늄판, 동판 등

② 덕트의 형상과 구조

　　㉠ 장방형 덕트 : 저속(풍속 10~15m/s)에 사용되며, 천장 내 스페이스가 적은 곳에 적합하다.

　　㉡ 원형 덕트 : 고속(풍속 20~25m/s)에 사용되며, 천장 내 스페이스가 많이 필요하고, 마찰손실이 적어 공기
　　　흐름이 원활하고 기밀성이 높아 에너지가 절감된다.

　　㉢ 스파이럴형 덕트 : 나선형으로 제작되며 기밀성, 강도, 내구성 좋고, 시공이 용이하다.

(3) 댐퍼(Damper)

① 풍량조절 댐퍼(Volume Damper)

　　㉠ 단익 댐퍼(버터플라이 댐퍼) : 소형 덕트에 사용되며, 기류가 불안정하다.

　　㉡ 다익 댐퍼(루버 댐퍼) : 대형 덕트에 사용되며, 기류가 안정된다.

　　㉢ 스플릿 댐퍼(Split Damper) : 분기점의 댐퍼이며, 풍량을 조절한다.

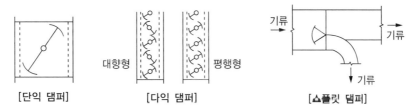

② 방화 댐퍼(Fire Damper)

　　㉠ 가용편(퓨즈)을 설치하여 덕트 내 온도가 72℃ 이상 올라갈 경우 자동으로 잠긴다.

　　㉡ 공조기, 송풍기, 방화구역 통과 덕트에 사용된다.

③ 방연 댐퍼(Smoke Damper)

    ㉠ 연기감지기로써 연기를 감지하면 자동적으로 폐쇄된다.

    ㉡ 전동기에 의해 작동하므로 가격이 비싸다.

④ 가이드 베인(Guide Vane) : 덕트 내 기류의 안정을 위해 콕부의 내측에 설치하는 안내날개이다.

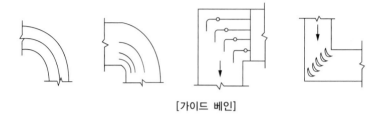

[가이드 베인]

1　기초 사항

(1) 전기설비의 분류

① 강전설비 : 조명, 동력, 전원 등에 이용되는 전기설비

② 약전설비 : 전화, 인터폰, 전기시계, 안테나, 방송설비 등에 이용되는 전기설비

③ 방재설비 : 피뢰침 설비, 항공장애등 설비, 비상콘센트 설비, 소방전기설비 등에 이용되는 전기설비

(2) 전압, 전류, 저항

① 전압(V) : 전기량이 이동하여 일을 할 수 있는 전위 에너지 차(단위 : V, Volt)

구분	교류(AC)	직류(DC)
저압	1,000V 이하	1,500V 이하
고압	1,000V 초과~7,000V 이하	1,500V 초과~7,000V 이하
특고압	7,000V 초과	

② 전류(I) : 전기 도체의 단면을 단위시간에 이동한 전기량(단위 : A, Ampare)

③ 저항(R) : 도체의 전기흐름을 방해하는 성질(단위 : Ω, Ohm)

　㉠ 저항이 일정한 전기회로에서 전기는 전압에 비례한다.

$$저항(R) = 비저항(\rho) \times \frac{길이(L)}{단면적(S)}$$

　※ 비저항(ρ) : 단위단면적 또는 단위길이당 저항

　㉡ 전압이 일정한 경우 저항 적을수록 큰 전류가 흐른다.

　㉢ 저항은 길이에 비례하고 단면적에 반비례한다.

　㉣ 전선의 전압 강하가 클 때, 전열기에 낮은 전압을 가하게 비정상이 된다.

(3) 직류, 교류

① 직류 전류(DC ; Direct Current)

　㉠ 전류는 항상 일정한 방향과 일정량으로 흐른다.

　㉡ 전화, 전기시계 등 통신설비나 고급 엘리베이터의 전원에 사용된다.

② 교류 전류(AC ; Alternating Current)

　㉠ 전류가 순간순간 흐르는 방향과 흐르는 양이 변화된다.

　㉡ 전등, 전열, 동력 등 대부분의 전기설비에 사용된다.

③ 교류 주파수(Frequency)

　㉠ 상용주파수 : 전력회사로부터 공급되는 교류 주파수이며, 우리나라는 60(Hz)를 상용주파수로 사용한다.

　㉡ 교류는 끊임없이 극성과 전압이 변화하며, 전압이 '0'이 되거나 에너지는 '0'이 되는 순간도 있다.

(4) 전력(단위 : W, kW)

① 단위시간 동안 다른 형태의 에너지로 공급 또는 변환되는 전기에너지이다.

 ㉠ 전력량 : 전기가 하는 단위시간당 일의 양(kW/h)

 ㉡ 1kW의 전력량은 860kcal/h이다.

② 전력의 계산

 ㉠ 직류 : $W = VI = I^2 R = \dfrac{V^2}{R}$

 ㉡ 단상 교류 : $W = VI \times$ 역률(Power Factor)

 ㉢ 3상 교류 : $W = VI \times \sqrt{3} \times$ 역률(Power Factor)

2 수 · 변전설비

(1) 수 · 변전설비 개념

① 수전설비 : 발전소에서 보내진 전기를 여러 단계의 변전소를 거쳐 고압으로 건축물에 인입하는 장치이다.

② 변전설비 : 인입된 전기를 수전반에서 수전하여 건물 내에서 사용하기 적당한 전압으로 낮추는 장치이다.

③ 수 · 변전설비 설치 장소 : 전기실 또는 변전실, 수변전실

(2) 수 · 변전설비 용량 산정

① 수 · 변전설비 용량 산출 : 부하설비 용량(VA) = 부하밀도(VA/m^2) × 연면적(m^2)

② 수용률(수요율) : 일반건물은 보통 60~70% 정도

$$수용률 = \frac{최대수용전력}{부하설비용량} \times 100(\%)$$

③ 부등률 : 1보다 크며, 1.1~1.5 정도

$$부등률 = \frac{각 \; 부하 \; 최대수용전력 \; 합계}{최대수용전력} \times 100(\%)$$

④ 부하율 : 1보다 작으며, 0.25~0.6 정도

$$부하율 = \frac{각 \; 평균수용전력}{최대수용전력} \times 100(\%)$$

(3) 변전실 설계

① 변전실 설치 위치

 ㉠ 건물 전체의 부하 중심에 가까운 곳

 ㉡ 통풍 및 채광이 양호하며 습기가 적은 곳

 ㉢ 기기의 반출입과 전원 인입이 용이한 곳

② 변전실 바닥면적(m^2) : $3.3\sqrt{\text{전기설비 용량(kW)}}$

③ 변전실 구조

   ㉠ 내화구조로 하고 출입문은 방화문으로 한다.

   ㉡ 천장높이(보 아래에서)는 고압은 3.0m 이상, 특고압은 4.5m 이상으로 한다.

④ 변전실 면적에 영향을 주는 요소

   ㉠ 수전전압 및 수전 방식

   ㉡ 변전설비 강압 방식, 변압 용량, 수량 및 형식

   ㉢ 설치 기기와 큐비클의 종류

   ㉣ 건물 구조적 여건, 기기 배치, 유지·보수 면적 고려

(4) 수·변전 설비용 기기

① 변압기

   ㉠ 전자유도 작용을 이용하여 전압을 변환한다.

   ㉡ 높은 전압을 낮은 전압으로 또는 낮은 전압을 높은 전압으로 바꾸어 주는 기기이다.

② 차단기

   ㉠ 자동으로 회로 이상 시 전로를 차단하여 기기를 보호한다.

   ㉡ 종류 : 유입차단기(OCB ; Oil Circuit Breaker), 공기차단기(ACB ; Air Circuit Breaker)

③ 콘덴서(축전기) : 동력 역률 개선에 사용되는 전압저장장치이다.

④ 단로기(DS ; Disconnecting Switch)

   ㉠ 차단기로 차단된 전로를 확실히 개방(Off)하기 위해 사용하는 개폐기(부하전류 제거 후 회로를 격리하는 장치)이다.

   ㉡ 점검·수리 등에 편리하고 차단기와는 달리 극히 적은 전류만 통제하므로 구조가 간단하다.

⑤ 보호장치

   ㉠ 보호계전기 : 전기회로 이상 시 차단기의 작동 및 경보를 발생시키고 이상을 억제하는 장치이다.

   ㉡ 검루기 : 송·배전용 전선의 누전을 측정(회로 지락 검출)하는 장치이다.

   ㉢ 피뢰기 : 낙뢰로부터 전기기기를 보호하는 장치이다.

3 예비전원, 전동기, 감시제어반

(1) 예비전원의 조건

① 축전지는 정전 후 30분 이상 방전할 수 있어야 한다.

② 자가발전설비는 정전 후 10초 이내에 가동하여 규정전압을 30분 이상 유지하여야 한다.

③ 축전지와 자가발전설비를 병용할 경우, 축전지는 충전 없이 20분 이상 방전이 가능해야 하고, 자가발전설비는 정전 후 45초 이내에 가동하여 30분 이상 공급이 가능해야 한다.

(2) 발전기실의 구조

① 내화구조, 방음・방진구조이어야 한다.

② 바닥은 절연재료로 하여야 한다.

③ 주위온도가 5℃ 이내로 내려가지 않아야 한다.

④ 기기의 반출입과 배기가 용이해야 한다.

⑤ 변전실에 가까워야 하며, 연료공급이 용이해야 한다.

(3) 전동기(Moter)

① 전동기는 전기에너지를 기계에너지로 변환시키는 회전동력 기계로서, 대부분 회전운동 동력을 만들지만, 직선 운동 형식도 있다.

② 직류 전동기와 교류 전동기의 종류

구분	종류	세부 종류	
직류		직권전동기, 복권전동기, 분권전동기	
교류	단상 교류형	분상기동형, 반발기동형, 콘덴서형	
	3상 교류형	유도전동기	농형, 권선형
		동기전동기	
		정류자전동기	

③ 직류 전동기

㉠ 속도 조절이 간단하고 시동 토크가 크며, 속도제어가 요구되는 장소에 적합하다.

㉡ 가격이 비싸며, 큰 시동 토크가 요구되는 엘리베이터, 선차 등에 사용된다.

④ 교류 전동기 : 가격이 저렴하고, 구조가 간단하여 일반적으로 사용된다.

4 배전 및 배선설비

(1) 전기 방식

① 단상 2선식 : 110V와 220V 중 한 종류를 사용하며, 소형주택 등에 많이 사용된다.

② 단상 3선식 : 중심선(N)을 연결하여 110V와 220V를 동시에 사용하며, 대규모 전등용이나 아파트, 사무실, 학교 등에서 많이 사용된다.

③ 3상 3선식 : R, S, T 전원 위상을 사용하며, 동력용으로 공장 등에서 많이 사용된다.

④ 3상 4선식 : R, S, T + N 전원 위상을 사용하며, 동력과 전등 부하를 동시에 공급 가능하여 대형 건물에 적합하다.

(2) 간선의 설계 순서

① 간선의 부하용량 산출

② 전기 방식과 배선 방식 결정

③ 배선방법 결정

④ 전선의 굵기 결정

(3) 간선 배선 방식(배전반에서 분전반까지 배선)

① **평행식(개별 방식)** : 각 분전반에 단독으로 배선하는 방식으로 대규모 건물에 적합하다.

ⓐ 전압이 일정하고 전압 강하가 적으며, 화재 등 사고발생 시 영향이 적다.

ⓑ 설비비가 많이 소요된다.

② **나뭇가지식(수지상식)** : 한 개의 간선이 각 분전반을 거쳐가며 공급하는 방식으로, 넓게 분산된 구역의 소규모 건물에 적합하다.

③ **병용식** : 평행식과 수지상식을 병용한 방식으로 일반적으로 가장 많이 사용된다.

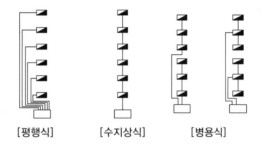

[평행식]　　　　[수지상식]　　　　[병용식]

(4) 분전반

① 말단부하에 배전하는 배전반의 일종이며, 1개 층에 분전반 1개 이상씩 설치한다.

② 가능한 한 부하의 중심에 두어야 한다.

③ 분전반 한 개의 분기회로는 20회선, 예비회로 포함 시 40회선으로 한다.

④ 분전반 설치간격은 분기회로 길이를 30m 이내로 한다.

(5) 배선 기구

① 개폐기

ⓐ 나이프 스위치 : 분전반의 주개폐기용으로 사용하며 충전부가 노출되어 감전의 우려가 있다.

ⓑ 커버 나이프 스위치 : 충전부를 덮은 것으로 감전의 우려가 없다.

ⓒ 컷아웃 스위치 : 스위치와 보안장치를 겸한 것으로 충전부를 덮고 있어 감전의 우려가 없다.

② **과전류 보호기** : 과전류(정격전류의 120% 이상)가 흐르면 전로를 차단하는 장치이다.

ⓐ 퓨즈 : 과부하와 단락 시에 가용체를 이용하여 회로를 차단하는 것으로 회복이 불가능하다.

ⓑ 서킷 브레이커(Circuit Breaker) : 과전류가 흐를 때 자동적으로 회로를 차단하고 원인 제거 시 다시 원상태로 복귀하여 재사용하는 것으로 자동차단기, 노퓨즈 브레이커(Nofuse Breaker) 등이 있다.

5 방재설비

(1) 항공장애 표시등

① 설치 기준 : 항공장애 표시등과 항공장애 주간표지의 설치 및 관리기준 제7조(장애물제한구역 밖에 있는 물체)에 따라 표시등과 표지를 설치하여야 한다.

    ㉠ 높이가 지표 또는 수면으로부터 150m 이상인 물체나 구조물

    ㉡ 높이가 지표 또는 수면으로부터 60m 이상인 다음의 물체나 구조물

        • 철탑, 건설크레인 등 뼈대로 이루어진 구조물

        • 건축물이나 구조물 위에 추가로 설치한 철탑, 송전탑, 공중선 등

        • 가공선이나 케이블・현수선, 이를 지지하는 탑

        • 풍력터빈

② 종류 : 저광도 표시등, 중광도 표시등, 고광도 표시등

(2) 피뢰설비

① 설치규정(건축물의 설비기준 등에 관한 규칙 제20조)

    ㉠ 대상 : 낙뢰 우려가 있는 건축물, 높이 20m 이상 건축물 또는 공작물

    ㉡ 피뢰설비는 한국산업표준이 정하는 피뢰레벨 등급(Ⅰ~Ⅳ까지 4등급)에 적합해야 한다.

    ㉢ 위험물저장 및 처리시설의 피뢰설비는 한국산업표준이 정하는 피뢰시스템레벨 Ⅱ 이상이어야 한다.

    ㉣ 돌침 : 건축물의 맨 윗부분으로부터 25cm 이상 돌출시켜 설치해야 한다.

    ㉤ 피뢰설비 재료 최소단면적 : 피복이 없는 동선 기준으로 수뢰부, 인하도선 및 접지극은 50m^2 이상 갖추어야 한다.

② 측면 낙뢰 방지를 위한 수뢰부 설치

    ㉠ 높이 60m 초과하는 건축물 등 : 높이의 4/5 지점부터 최상단 사이에 설치한다.

    ㉡ 높이 150m 초과하는 건축물 : 120m 지점부터 최상단 사이 측면에 설치한다.

(3) 자동화 경보설비

① 열감지기

    ㉠ 정온식 열감지기 : 국부적인 온도가 일정한 온도를 넘으면 작동하며, 화기 및 열원기기를 취급하는 보일러실, 주방 등에 이용된다.

    ㉡ 차동식 열감지기 : 주위 온도가 일정 온도 상승률 이상일 때 작동하며, 일반 사무실 등에 많이 사용된다.

    ㉢ 보상식 열감지기 : 정온식과 차동식을 복합한 것이며, 온도가 일정한 값 이상으로 오르거나 온도 상승률이 일정한 값을 초과할 경우 작동한다.

② 연기감지기 : 천장이 높은 장소로서 강당, 복도, 계단 등에 적당하다.

    ㉠ 광전식 연기감지기 : 연기 입자로 광전 소자에 대한 입사광량이 변화하는 것을 이용한다.

    ㉡ 이온식 연기감지기 : 연기 입자 때문에 이온 전류가 변화하는 것을 이용한다.

1 운송설비

(1) 엘리베이터 구조

① 엘리베이터 출입문은 리타이어링 캠(Retiring Cam, 닫힘 및 잠금장치)에 의하여 개폐한다.

② 안전장치

㉠ 완충기(Buffer) : 승강로 하부에서 바닥면과의 충돌을 방지한다.

㉡ 조속기 : 정격속도가 120%를 초과할 때 과속 스위치를 작동시키고 권상기의 전자브레이크 동력전원을 끊음으로써 정지시키는 장치이다.

㉢ 비상정지장치 : 카의 속도가 계속 증대하여 정격속도의 130%를 초과할 때 조속기 로프를 잡아 카를 비상 정지시키는 장치이다.

㉣ 종점 스위치(Terminal Switch) : 종단층에서 카 정지 스위치를 잊은 경우 자동 정지시키는 장치이다.

㉤ 리밋 스위치(Limit Switch) : 위치 이동의 한계 스위치이다.

(2) 엘리베이터 조작 방식

① 승합 전자동 방식 : 승객 스스로 운전하는 전자동 엘리베이터로 카 버튼이나 승강장의 호출신호로 기동하고 정지하는 방식이다.

② 카 스위치 방식 : 운전원이 조작반의 핸들로 시동을 조작하는 방식이다.

③ 시그널 컨트롤(신호운전) 방식 : 기동은 운전원의 버튼 조작으로 하며, 정지는 목적층 단추를 누르는 것과 승강장의 호출 신호로 순서대로 자동 정지하는 방식이다.

④ 기록운전 방식 : 운전원이 승객의 목적층과 승강장의 호출 신호를 보고 조작반의 단추를 누르면 목적층 순서대로 자동 정지하는 방식이다.

(3) 에스컬레이터 구조 및 수송능력

① 경사도

㉠ 원칙 : 30° 이하

㉡ 예외 : 높이가 6m 이하, 공칭속도가 0.5m/s 이하인 경우 경사도를 35° 이하까지 증가시킬 수 있다.

② 디딤바닥 정격속도 : 30m/min 이하

③ 수송능력 : 엘리베이터의 10배 이상이며, 연속 운행으로써 짧은 거리의 대량수송용으로 적당하다.

2 가스설비

(1) LPG(액화석유가스, Liquefied Petroleum Gas)

① 무색·무취, 중독성이 있으며, 연소범위가 좁다.

② 발열량이 높으며, 압축 및 냉각하여 액화하면 체적이 1/250로 된다.

③ 공기보다 무거우므로 경보기는 바닥에서 30cm 이내 설치한다.

④ 금속에 대해 부식성이 적다.

⑤ 단위 : kg/h(용기, 즉 봄베로 이동)

⑥ 주성분 : 프로판(C_4H_{10}), 부탄(C_3H_8)

(2) LNG(액화천연가스, Liquefied Natural Gas)

① 공기보다 가볍고, 공기 중에 흡수되어 안정성이 높아서 경보기는 천장에서 30cm 이내에 설치한다.

② 발열량이 낮으며, 1기압하 $-162℃$에서 액화하면 체적이 1/580로 감소한다.

③ 건물 내에 배관은 매립과 은폐 배관을 겸해서 설치한다.

④ 단위 : m^3/h(도시가스 중앙공급원에서 배관을 따라 수요자에게 공급)

⑤ 주성분 : 메탄(CH_4)

(3) 도시가스 공급 압력(도시가스 사업자 기준)

① 저압 : 0.1MPa 미만

② 중압 : 0.1MPa 이상~1MPa 미만

③ 고압 : 1MPa 이상

(4) 배관설비 배치기준(도시가스사업법 시행규칙 별표 7)

① 가스계량기 설치 기준

　㉠ 가스계량기와 화기 사이의 유지 거리 : 2m 이상

　㉡ 설치금지 장소 : 공동주택 대피공간, 방, 거실, 주방

　㉢ 설치높이 : 바닥으로부터 1.6m 이상 2m 이내

② 가스계량기와 전기기기 이격거리

　㉠ 전기 계량기, 전기 개폐기 : 60cm 이상

　㉡ 굴뚝, 전기콘센트(접속기, 점멸기) : 30cm 이상

　㉢ 절연조치를 하지 아니한 전선과의 거리 : 15cm 이상

　㉣ 입상관과 화기 사이 : 우회거리 2m 이상

3 소화설비

(1) 화재의 분류

① 일반화재(A급 화재, 백색) : 목재, 종이, 직물 등 일반 가연물 화재로 물의 냉각 작용으로 소화되는 화재이다.

② 유류, 가스화재(B급 화재, 황색) : 석유, 가연성 액체 등 화재로 공기 차단으로 소화효과를 가져오는 화재이다.

③ 전기화재(C급 화재, 청색) : 전기시설 등 감전의 우려가 있는 화재이다.

(2) 소화활동설비

① 화재 시 소방대원이 직접 사용하는 소화설비

② 종류 : 제연설비, 연결살수설비, 연결송수관설비, 비상콘센트설비, 무선통신보조설비, 연소방지설비

(3) 특정소방대상물 규모 등에 따른 소방시설(소방시설법 시행령 별표 5)

① 화재안전기준에 따른 소화기구 설치 특정소방대상물

  ㉠ 연면적 $33m^2$ 이상인 것

  ㉡ 위에 해당하지 않는 시설로 지정문화재 및 가스시설

  ㉢ 터널

② 주거용 주방의 자동소화설비 설치 : 아파트, 30층 이상 오피스텔의 모든 층

(4) 옥내소화전(화재안전기준)

① 수원의 수량 : $2.6m^3 \times$ 소화전 최다설치층 설치 개수(2개 이상 설치된 경우에는 2개)

② 방수 압력 : 0.17MPa 이상

③ 방수량 : 130L/min 이상(1개당, 20분 이상 방수)

④ 설치 간격 : 수평거리 25m 이내

⑤ 소화전 높이(개폐밸브) : 바닥에서 1.5m 이하

⑥ 호스구경 : 40mm 이상, 노즐구경 13mm

(5) 옥외소화전(화재안전기준)

① 수원의 수량 : $7.0m^3 \times$ 소화전 개수(최대 2개)

② 방수 압력 : 0.25~0.7MPa

③ 방수량 : 350L/min 이상(1개당, 20분 이상 방수)

④ 설치 간격 : 수평거리는 40m 이내

⑤ 소화전 높이 : 호스집결구는 지면에서 0.5~1m 이하

⑥ 호스구경 : 65mm

(6) 스프링클러(Sprinkler) 설비

① 초기 화재의 소화율이 높고, 경보의 기능을 가지며, 소화 후 복구가 용이하다.

② 가용편의 용융온도는 72℃ 이상이다.

③ 헤드구성 : 프레임, 가용편, 디플렉터(Deflector, 물 세분)

④ 수원의 수량 : 스프링클러 헤드에 따라 구분

   ㉠ 폐쇄형 : $1.6m^3 \times$ 최다설치층 설치 개수

   ㉡ 개방형 : $1.6m^3 \times$ 스프링클러 설치 개수(30개 이하)

⑤ 헤드 방수 압력 : 1개 헤드에 0.1MPa 이상 1.2MPa 이하

⑥ 표준방수량 : 0.1MPa 방수압력 기준으로 80L/min 이상

⑦ 헤드 1개의 소화면적 : $10m^2$

⑧ 한쪽(1개)의 가지배관에 설치되는 헤드 개수 : 8개 이하

⑨ 가지배열의 배관은 토너먼트 방식이 아닐 것

⑩ 폐쇄형 헤드의 송수구역에 설치하는 기준 개수

   ㉠ 아파트 : 10개 이하

   ㉡ 판매시설, 복합상가, 11층 이상 대상물 : 30개 이하

⑪ 개방형 헤드 송수구역에 설치하는 기준 개수 : 10개 이하

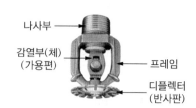

[스프링클러 헤드 구조]

(7) 연결송수관설비(Siamese Connection)

① 화재 시 소화 활동을 하는 소방대 전용 소화전이다.

② 설치 위치 : 소방차가 쉽게 접근할 수 있는 노출된 장소로서 지면에서 0.5m 이상 1.0m 이하 위치에 설치한다.

③ 방수구 방수 압력 : 노즐 끝에서 0.35MPa 이상

④ 표준방수량 : 450L/min

(8) 연결살수설비

① 화재 발생 시 소방대의 진입이 어려운 지하층, 지하가 등에 설치하며 송수구를 통해 물을 공급하여 살수 헤드로 물을 방사하여 화재를 진화하는 소화활동설비이다.

② 송수구, 배관, 살수헤드 등으로 구성된다.

(9) 드렌처(Drencher) 설비

① 인접 건물 화재 시 방수로 인해 수막을 형성하여 화재를 방지하는 방화설비이다.

② 건물의 창, 외벽, 지붕 등에 설치한다.

CHAPTER 04 건축관계법규

제**1**절 / 건축법

1 총칙

(1) 건축법의 목적

건축법은 건축물의 대지·구조·설비기준 및 용도 등을 정하여 건축물의 안전·기능·환경 및 미관을 향상시킴으로써 공공복리의 증진에 이바지하는 것을 목적으로 한다.

(2) 용어의 정의 - 건축물

토지에 정착하는 공작물 중 다음에 해당하면 건축물이다.

① 지붕과 기둥 또는 벽이 있는 것

② 위에 부수되는 시설물(건축물에 부수되는 대문, 담장 등)

③ 지하나 고가(高架)의 공작물에 설치하는 사무소·공연장·점포·차고·창고 등

(3) 용어의 정의 - 건축 행위

① 신축

ㄱ 건축물이 없는 대지에 건축물을 축조하는 것을 말한다.

ㄴ 기존 건축물 전부를 해체(멸실)한 후 종전 규모보다 크게 건축물을 축조하는 것을 포함한다.

ㄷ 부속건물만 있는 대지에 새로이 주된 건축물을 축조하는 것을 포함한다(개축, 재축은 제외).

② 증축

ㄱ 기존 건축물이 있는 대지에서 건축물의 건축면적, 연면적, 층수 또는 높이를 늘리는 것을 말한다.

ㄴ 주된 건축물이 있는 대지에 새로이 부속건물을 축조하는 것을 포함한다.

③ 개축

ㄱ 기존 건축물의 신부 또는 일부를 해체하고 그 대지에 송전과 같은 규모의 범위에서 건축물을 다시 축조하는 것을 말한다.

ㄴ 일부 철거의 범위

• 내력벽·기둥·보·지붕틀 중 셋 이상이 포함되는 경우를 말한다.

• 한옥의 경우에는 지붕틀의 범위에서 서까래는 제외한다.

④ **재축** : 건축물이 천재지변이나 그 밖의 재해(災害)로 멸실된 경우, 그 대지에 다음의 요건을 모두 갖추어 다시 축조하는 것을 말한다.

⊙ 연면적 합계는 종전 규모 이하로 할 것

ⓒ 동(棟)수, 층수 및 높이는 다음의 어느 하나에 해당할 것

- 동수, 층수 및 높이가 모두 종전 규모 이하일 것
- 동수, 층수 또는 높이의 어느 하나가 종전 규모를 초과하는 경우, 해당 동수, 층수 및 높이가 건축법, 건축법 시행령 또는 건축조례에 모두 적합할 것

⑤ **이전** : 건축물의 주요구조부를 해체하지 아니하고 같은 대지의 다른 위치로 옮기는 것을 말한다.

(4) 용어의 정의 – 대수선

건축물의 기둥, 보, 내력벽, 주계단 등의 구조나 외부 형태를 수선·변경하거나 증설하는 것으로, 다음 어느 하나에 해당하는 것으로서 증축·개축 또는 재축에 해당하지 아니하는 것을 말한다.

① 내력벽 증설 또는 해체하거나 그 벽면적을 $30m^2$ 이상 수선 또는 변경하는 것

② 기둥을 증설 또는 해체하거나 세 개 이상 수선 또는 변경하는 것

③ 보를 증설 또는 해체하거나 세 개 이상 수선 또는 변경하는 것

④ 지붕틀(한옥의 경우에는 지붕틀의 범위에서 서까래는 제외)을 증설 또는 해체하거나 세 개 이상 수선 또는 변경하는 것

⑤ 방화벽 또는 방화구획을 위한 바닥 또는 벽을 증설 또는 해체하거나 수선 또는 변경하는 것

⑥ 주계단 피난계단 또는 특별피난계단을 증설 또는 해체하거나 수선 또는 변경하는 것

⑦ 다가구주택의 가구 간 경계벽 또는 다세대주택의 세대 간 경계벽을 증설 또는 해체하거나 수선 또는 변경하는 것

⑧ 건축물의 외벽에 사용하는 마감재료(건축법 제52조 제2항에 따른 마감재료를 말한다)를 증설 또는 해체하거나 벽면적 $30m^2$ 이상 수선 또는 변경하는 것

(5) 용어의 정의 – 거실

① **거실** : 건축물 안에서 거주, 집무, 작업, 집회, 오락, 그 밖에 이와 유사한 목적을 위하여 사용되는 방을 말한다.

② **거실이 아닌 경우** : 현관, 복도, 계단실, 변소, 욕실, 창고, 기계실 등과 같이 일시적인 공간은 제외한다.

(6) 용어의 정의 – 주요구조부

① 내력벽(耐力壁), 기둥, 바닥, 보, 지붕틀 및 주계단을 말한다.

② 사잇기둥, 최하층 바닥, 작은 보, 차양, 옥외계단, 기타 이와 유사한 것으로 건축물의 구조상 중요하지 아니한 부분은 제외한다.

(7) 용어의 정의 - 지하층

① **지하층** : 건축물의 바닥이 지표면 아래에 있는 층으로서 바닥에서 지표면까지 평균높이가 해당 층 높이의 1/2 이상인 것을 말한다.

② **지표면의 산정** : 지하층의 지표면은 각 층의 주위가 접하는 각 지표면 부분 높이를 당해 지표면 부분의 수평거리에 따라 가중평균한 높이의 수평면을 지표면으로 한다.

(8) 용어의 정의 - 내화구조, 방화구조

① **내화구조** : 화재에 견딜 수 있는 성능을 가진 구조를 말한다.

② **방화구조** : 화염의 확산을 막을 수 있는 성능을 가진 구조를 말한다.

구조 부분	방화구조의 기준
1. 철망 모르타르 바르기	바름 두께 2cm 이상
2. 석고판 위에 시멘트 모르타르 또는 회반죽을 바른 것	두께 합계 2.5cm 이상
3. 시멘트 모르타르 위에 타일을 붙인 것	
4. 심벽에 흙으로 맞벽치기를 한 것	두께에 관계없이 인정
5. 산업표준화법에 따른 한국산업표준이 정하는 바에 따라 시험한 결과	방화 2급 이상인 것

(9) 용어의 정의 - 발코니

① 건축물의 내부와 외부를 연결하는 완충공간으로서 전망이나 휴식 등의 목적으로 건축물 외벽에 접하여 부가적(附加的)으로 설치되는 공간을 말한다.

② 주택에 설치되는 발코니로서 국토교통부장관이 정하는 기준에 적합한 발코니는 필요에 따라 거실·침실·창고 등의 용도로 사용할 수 있다.

③ 발코니 대피공간의 설치 기준

공동주택 중 아파트로서 4층 이상인 층의 각 세대가 2개 이상의 직통계단을 사용할 수 없는 경우에는 발코니에 다음 요건을 모두 갖춘 대피공간을 하나 이상 설치해야 한다.

㉠ 대피공간은 바깥의 공기와 접할 것

㉡ 대피공간은 실내의 다른 부분과 방화구획으로 구획될 것

㉢ 대피공간 바닥면적

- 인접 세대와 공동 설치하는 경우 : $3m^2$ 이상
- 각 세대별로 설치하는 경우 : $2m^2$ 이상

(10) 용어의 정의 도로

① 보행과 자동차 통행이 가능한 너비 4m 이상의 다음의 도로를 말한다.

㉠ 국토계획법, 도로법, 사도법, 그 밖의 관계 법령에 따라 신설 또는 변경에 관한 고시가 된 도로

㉡ 건축허가 또는 신고 시에 특별시장·광역시장·특별자치시장·도지사·특별자치도지사 또는 시장·군수·구청장(자치구의 구청장을 말한다)이 위치를 지정하여 공고한 도로

② 지형적 조건에 따른 도로의 구조와 너비

　　㉠ 도로 설치가 곤란하다고 인정하여 지정·공고한 구간의 너비 3m 이상 도로

　　㉡ 위 도로 이외의 막다른 도로

막다른 도로의 길이	도로의 너비
10m 미만	2m
10m 이상 35m 미만	3m
35m 이상	6m(도시지역이 아닌 읍·면지역 : 4m)

(11) 용어의 정의 – 리모델링

건축물 노후화를 억제하거나 기능 향상 등을 위하여 대수선하거나 건축물의 일부를 증축 또는 개축하는 행위를 말한다.

(12) 용어의 정의 – 건축물의 층수별 분류

① 고층 건축물 : 층수 30층 이상이거나 높이 120m 이상인 건축물

② 준초고층 건축물 : 고층 건축물 중 초고층 건축물이 아닌 것

③ 초고층 건축물 : 층수 50층 이상이거나 높이 200m 이상인 건축물

(13) 용어의 정의 – 다중이용 건축물

① 바닥면적 합계가 5,000m² 이상인 다음의 어느 하나에 해당하는 용도로 쓰이는 건축물

　　㉠ 문화 및 집회시설(동물원 및 식물원 제외)

　　㉡ 종교시설

　　㉢ 판매시설

　　㉣ 운수시설 중 여객용 시설

　　㉤ 의료시설 중 종합병원

　　㉥ 숙박시설 중 관광숙박시설

② 16층 이상인 건축물

(14) 용어의 정의 – 특수구조 건축물

① 한쪽 끝은 고정되고 다른 끝은 지지(支持)되지 아니한 구조로 된 보·차양 등이 외벽의 중심선으로부터 3m 이상 돌출된 건축물

② 기둥과 기둥 사이의 거리(기둥 중심선, 기둥이 없는 경우 내력벽의 중심선 사이의 거리)가 20m 이상인 건축물

③ 특수한 설계·시공·공법 등이 필요한 건축물로서 국토교통부장관이 정하여 고시하는 구조로 된 건축물

(15) 신고대상 공작물

① 높이 6m를 넘는 굴뚝

② 높이 4m를 넘는 장식탑, 기념탑, 첨탑, 광고탑, 광고판, 그 밖에 이와 비슷한 것

③ 높이 8m를 넘는 고가수조나 그 밖에 이와 비슷한 것

④ 높이 2m를 넘는 옹벽 또는 담장

⑤ 바닥면적 30m²를 넘는 지하대피호

⑥ 높이 6m를 넘는 골프연습장 등의 운동시설을 위한 철탑, 주거지역·상업지역에 설치하는 통신용 철탑, 그 밖에 이와 비슷한 것

⑦ 높이 8m(위험을 방지하기 위한 난간의 높이는 제외) 이하의 기계식 주차장 및 철골 조립식 주차장(바닥면이 조립식이 아닌 것을 포함한다)으로서 외벽이 없는 것

(16) 건축물의 용도

① 단독주택

  ㉠ 단독주택

  ㉡ 다중주택 : 다음의 요건을 모두 갖춘 주택을 말한다.

   • 학생 또는 직장인 등 여러 사람이 장기간 거주할 수 있는 구조로 되어 있는 것

   • 독립된 주거의 형태를 갖추지 아니한 것(각 실별로 욕실은 설치할 수 있으나, 취사시설은 설치하지 아니한 것을 말함)

   • 1개 동의 주택으로 쓰이는 바닥면적(부설주차장 면적은 제외)의 합계가 660m² 이하이고, 주택으로 쓰는 층수(지하층은 제외)가 3개 층 이하일 것

   • 적정한 주거환경을 조성하기 위하여 건축조례로 정하는 실별 최소면적, 창문의 설치 및 크기 등의 기준에 적합할 것

  ㉢ 다가구주택 : 다음의 요건을 모두 갖춘 주택으로서 공동주택에 해당하지 아니하는 것을 말한다.

   • 주택으로 쓰는 층수(지하층은 제외)가 3개 층 이하일 것(1층 전부 또는 일부를 필로티 구조로, 주차장으로 사용하고 나머지 부분을 주택 외의 용도로 쓰는 경우 해당 층을 주택 층수에서 제외)

   • 1개 동의 주택으로 쓰이는 바닥면적의 합계가 660m² 이하일 것

   • 19세대 이하가 거주할 수 있을 것(대지 내 동별 세대수를 합한 세대)

  ㉣ 공관

② 공동주택

  ㉠ 아파트 : 주택으로 쓰는 층수가 5개 층 이상인 주택

  ㉡ 연립주택 : 주택으로 쓰는 1개 동의 바닥면적(2개 이상의 동을 지하주차장으로 연결하는 경우에는 각각의 동으로 본다) 합계가 660m²를 초과하고, 층수가 4개 층 이하인 주택

  ㉢ 다세대주택 : 주택으로 쓰는 1개 동의 바닥면적 합계가 660m² 이하이고, 층수가 4개 층 이하인 주택(2개 이상의 동을 지하주차장으로 연결하는 경우에는 각각의 동으로 본다)

ⓔ 기숙사 : 다음의 어느하나에 해당하는 건축물로서 공간의 구성과 규모 등에 관하여 국토교통부장관이 정하여 고시하는 기준에 적합한 것(다만, 구분소유된 개별실(室)은 제외)

- 일반기숙사 : 학교 또는 공장 등의 학생 또는 종업원 등을 위하여 사용하는 것으로서 해당 기숙사의 공동취사시설 이용 세대수가 전체 세대수(건축물의 일부를 기숙사로 사용하는 경우에는 기숙사로 사용하는 세대수로 함)의 50% 이상인 것(교육기본법 제27조 제2항에 따른 학생복지주택을 포함)
- 임대형 기숙사 : 공공주택 특별법 제4조에 따른 공공주택사업자 또는 민간임대주택에 관한 특별법 제2조 제7호에 따른 임대사업자가 임대사업에 사용하는 것으로서 임대 목적으로 제공하는 실이 20실 이상이고 해당 기숙사의 공동취사시설 이용 세대수가 전체 세대수의 50% 이상인 것

③ 제1종 근린생활시설

  ⓖ 30m^2 미만 : 금융업소, 사무소, 부동산중개사무소, 결혼상담소 등 소개업소, 출판사 등 일반업무시설

  ⓛ 300m^2 미만 : 휴게음식점, 제과점, 동물병원, 동물미용실

  ⓒ 500m^2 미만 : 탁구장, 체육도장

  ⓔ 1,000m^2 미만 : 식품·의류·서적 등 일용품을 판매하는 소매점, 지역자치센터, 파출소, 지구대, 소방서, 우체국, 방송국, 보건소, 공공도서관, 건강보험공단 사무소 등 공공업무시설, 통신용 시설, 전기자동차 충전소

  ⓜ 면적 제한 없음 : 이용원, 목욕장, 세탁소, 의원, 마을회관, 공중화장실 등

  ⓗ 전기자동차 충전소(해당 용도의 바닥면적 합계가 1,000m^2 미만인 것)

④ 제2종 근린생활시설

  ⓖ 150m^2 미만 : 단란주점

  ⓛ 300m^2 이상 : 휴게음식점, 제과점

  ⓒ 500m^2 미만 : 공연장, 종교집회장, 청소년게임 제공업소, 학원, 교습소(자동차학원, 무도학원 제외), 직업훈련소(운전 정비 관련 제외), 테니스장, 체력단련장, 실내낚시터, 골프연습장, 금융업소, 사무소 등 일반업무시설, 다중생활시설, 제조업소, 수리점 등

  ⓔ 1,000m^2 미만 : 자동차영업소

  ⓜ 면적 제한 없음 : 서점(제1종 근생 제외), 총포판매소, 사진관, 표구점, 장의사, 동물병원(제1종 근린생활시설 제외), 일반음식점, 독서실, 기원, 안마시술소, 노래연습장 등

(17) 건축법 적용 제외

조건	건축법 적용 제외대상 건축물
문화유산법, 자연유산법 관련	• 지정문화유산 • 임시지정문화유산 • 천연기념물 • 임시지정천연기념물 • 임시지정명승 • 임시지정시·도자연유산 • 임시자연유산자료
철도, 궤도의 선로 부지 안에 있는 다음의 건축물	• 운전보안시설 • 철도 또는 궤도 사업용 급수·급탄·급유시설 • 철도 선로의 위나 아래를 가로지르는 보행시설 • 플랫폼
기타 대통령령이 정하는 다음의 건축물	• 고속도로 통행료 징수시설 • 컨테이너를 이용한 간이창고(공장의 용도로만 사용되는 건축물의 대지 안에 설치하는 것으로서 이동이 용이한 것에 한함) • 하천법에 따른 수문조작실

2 건축물의 건축

(1) 건축허가의 신청

건축물의 건축허가(가설건축물의 경우를 포함)를 받고자 하는 자는 다음의 건축허가 신청 시 관계서류를 허가권자에게 제출해야만 한다.

① 허가신청서

② 건축할 대지의 범위, 대지 소유 또는 사용에 관한 권리 증명 서류

③ 기본설계도서

ㄱ 제출도서 : 건축계획서, 배치도, 평·입·단면도, 구조도, 구조계산서, 소방설비도

ㄴ 표준설계도서는 건축계획서 배치도에 한하여 제출한다.

④ 허가 등을 받거나 신고를 위한 신청서 및 구비서류(해당 사항에 한함)

⑤ 사전결정서(건축에 관한 입지 및 규모의 사전결정서를 받은 경우만 해당)

(2) 특별시장, 광역시장 건축허가 대상

① 21층 이상 건축물의 건축

② 연면적 합계가 100,000m² 이상인 건축물(공장·창고 제외)의 건축

③ 연면적 3/10 이상의 증축으로 인하여 층수가 21층 이상이 되거나, 연면적 100,000m² 이상이 되는 경우(공장·창고 제외)

(3) 건축허가의 취소

① 허가를 받은 날부터 2년 이내에 공사에 착수하지 아니한 경우

② 공사에 착수하였으나 공사의 완료가 불가능하다고 인정한 경우

③ 착공신고 전에 경매 또는 공매 등으로 건축주가 대지의 소유권을 상실한 때부터 6개월이 경과한 이후 공사의 착수가 불가능하다고 판단되는 경우

④ 허가권자는 정당한 이유가 있다고 인정하는 경우에는 1년의 범위 안에서 그 공사의 착수기간을 연장할 수 있다.

(4) 건축허가의 제한

① 제한 목적을 상세히 할 것

② 제한기간을 2년 이내로 하되, 제한기간 연장은 1회에 한하여 1년 이내로 할 것(착공을 제한하는 경우, 착공을 제한한 날로부터 2년)

③ 대상구역 위치, 면적, 구역경계 등 필요한 사항을 상세하게 할 것

④ 대상 건축물의 용도를 상세하게 할 것

(5) 건축신고

허가 대상 건축물이라도 다음의 어느 하나에 해당하는 경우에는 미리 특별자치시장·특별자치도지사 또는 시장·군수·구청장에게 신고를 하면 건축허가를 받은 것으로 본다.

① 바닥면적의 합계가 $85m^2$ 이내의 증축·개축 또는 재축

② 관리지역, 농림지역, 자연환경보전지역에서 연면적이 $200m^2$ 미만이고 3층 미만인 건축물의 건축(다만, 다음의 어느 하나에 해당하는 구역에서의 건축은 제외)

　　㉠ 지구단위계획구역

　　㉡ 재해취약지역으로서 방재지구(防災地區), 붕괴위험지역

③ 연면적 $200m^2$ 미만이고 3층 미만인 건축물의 대수선

④ 주요구조부의 해체가 없는 등의 대수선

⑤ 그 밖에 소규모 건축물로서 다음의 건축물의 건축

　　㉠ 연면적의 합계가 $100m^2$ 이하인 건축물

　　㉡ 건축물의 높이를 3m 이하의 범위에서 증축하는 건축물

　　㉢ 표준설계도서에 따라 건축하는 건축물로서 그 용도 및 규모가 주위환경이나 미관에 지장이 없다고 인정하여 건축조례로 정하는 건축물

　　㉣ 공업지역, 지구단위계획구역(산업·유통형만 해당) 및 산업단지에서 건축하는 2층 이하인 건축물로서 연면적 합계 $500m^2$ 이하인 공장

ⓜ 농업이나 수산업을 경영하기 위하여 읍·면지역에서 건축하는 연면적 200m² 이하의 창고 및 연면적 400m² 이하의 축사, 작물재배사(作物栽培舍), 종묘배양시설, 화초 및 분재 등의 온실

(6) 건축시공

① 상세시공도면의 작성 : 공사시공자는 다음 경우 상세시공도면을 작성하여 공사를 해야 한다. 이 경우 공사감리자의 확인을 받아야 한다.

㉠ 공사시공자가 당해 공사를 함에 있어 필요하다고 인정하는 경우

㉡ 공사감리자(연면적 합계가 5,000m² 이상인 건축공사)로부터 상세시공도면의 요청을 받은 경우

② 건설공사 시공자의 제한 : 다음의 어느 하나에 해당하는 건축물의 건축 또는 대수선에 관한 건설공사는 건설사업자가 하여야 한다. 다만, 다음 외의 건설공사와 농업용, 축산업용 건축물 등 대통령령으로 정하는 건축물의 건설공사는 건축주가 직접 시공하거나 건설사업자에게 도급하여야 한다.

㉠ 연면적이 200m²를 초과하는 건축물

㉡ 연면적이 200m² 이하인 건축물로서 다음의 어느 하나에 해당하는 경우

• 건축법에 따른 공동주택
• 건축법에 따른 단독주택 중 다중주택, 다가구주택, 공관 등
• 주거용 외의 건축물로서 많은 사람이 이용하는 건축물 중 학교, 병원 등

(7) 공사감리

① 공사감리자의 지정 : 공사감리자를 지정하여 공사감리를 하게 하는 경우에는 다음의 구분에 따라 공사감리자로 지정하여야 한다.

㉠ 다음의 어느 하나에 해당하는 경우 : 건축사

• 건축허가를 받아야 하는 건축물(건축신고 대상 제외)을 건축하는 경우
• 사용승인을 받은 후 15년 이상이 되어 리모델링이 필요한 건축물

㉡ 다중이용 건축물을 건축하는 경우 : 건설엔지니어링사업자 또는 건축사

② 감리중간보고

건축물의 구조	공정에 따른 제출시기
철근콘크리트조, 철골철근콘크리트조, 조적조, 보강콘크리트블록조	• 기초공사 시 철근배치를 완료한 때 • 지붕 슬래브 배근을 완료한 때 • 지상 5개 층마다 상부 슬래브 배근을 완료한 때
철골조	• 기초공사 시 철근배치를 완료한 때 • 지붕 철골 조립을 완료한 때 • 지상 3개 층마다 또는 높이 20m마다 주요구조부 조립을 완료한 때
기타 구조	• 기초공사 시, 거푸집 또는 주춧돌 설치를 완료한 때

위의 건축물이 3층 이상의
필로티 형식의 건축물인 경우
	• 위의 어느 하나에 해당하는 경우
	• 상층부 하중이 상층부와 다른 구조 형식의 하층부로 전달되는 다음의 어느 하나에 해당하는 부재의 철근배치를 완료한 경우
	  – 기둥 또는 벽체 중 하나
	  – 보 또는 슬래브 중 하나

(8) 허용오차

① 대지 관련 건축기준의 허용오차

항목	허용되는 오차의 범위
건축선의 후퇴거리	3% 이내
인접 대지 경계선과의 거리	3% 이내
인접 건축물과의 거리	3% 이내
건폐율	0.5% 이내(건축면적 5m^{2}를 초과할 수 없다)
용적률	1% 이내(연면적 30m^{2}를 초과할 수 없다)

② 건축물 관련 건축기준의 허용오차

항목	허용되는 오차의 범위
건축물 높이	2% 이내(1m를 초과할 수 없다)
평면 길이	2% 이내(건축물 전체 길이는 1m를 초과할 수 없고, 벽으로 구획된 각 실의 경우에는 10cm를 초과할 수 없다)
출구 너비	2% 이내
반자 높이	2% 이내
벽체 및 바닥판 두께	3% 이내

(9) 용도변경

① 허가 대상 : 상위군(오름차순)에 해당하는 용도로 변경하는 행위

② 신고 대상 : 하위군(내림차순)에 해당하는 용도로 변경하는 행위

③ 건축물대장상의 기재변경신청 : 동일 시설군 내에서 용도 변경하는 행위

시설군	세부용도	구분
자동차 관련 시설군	자동차 관련 시설	건축허가
산업 등의 시설군	⊙ 운수시설 ⓒ 창고시설 ⓒ 공장 ⓔ 위험물저장 및 처리시설 ⑩ 자원순환 관련 시설 ⑪ 묘지 관련 시설 ⊗ 장례시설	↑
전기통신시설군	⊙ 방송통신시설 ⓒ 발전시설	
문화 및 집회시설군	⊙ 문화 및 집회시설 ⓒ 종교시설 ⓒ 위락시설 ⓔ 관광휴게시설	
영업시설군	⊙ 판매시설 ⓒ 운동시설 ⓒ 숙박시설 ⓔ 제2종 근린생활시설 중 다중생활시설	
교육 및 복지시설군	⊙ 의료시설 ⓒ 교육연구시설 ⓒ 노유자시설 ⓔ 수련시설 ⑩ 야영장 시설	
근린생활시설군	⊙ 제1종 근린생활시설 ⓒ 제2종 근린생활시설(다중생활시설은 제외)	↓
주거업무시설군	⊙ 단독주택 ⓒ 공동주택 ⓒ 업무시설 ⓔ 교정시설, ⑩ 국방·군사시설	
그 밖의 시설군	동물 및 식물 관련 시설	건축신고

3 대지 및 도로

(1) 대지의 안전

① 대지의 안전 등을 위한 조치

　　㉠ 대지는 이와 인접하는 도로면보다 낮아서는 안 된다.

　　㉡ 예외 : 대지 안 배수에 지장이 없거나 용도상 방습이 필요 없는 경우

② 손궤의 우려가 있는 대지조성 시 안전 조치

　　㉠ 옹벽을 설치하거나 그 밖에 필요한 조치를 하여야 한다.

　　㉡ 예외 : 건축사 또는 기술사법에 따라 등록한 건축구조기술사에 의하여 당해 토지의 구조안전이 확인된 경우 제외

(2) 대지의 조경

① 조경 대상

조경 대상	대지면적 200m² 이상에 건축을 하는 경우
조경 대상 예외 (건축법 시행령 기준)	• 녹지지역에 건축하는 건축물 • 면적 5,000m² 미만인 대지에 건축하는 공장 • 연면적 합계가 1,500m² 미만인 공장 • 산업단지 안의 공장, 염분이 함유되어 있는 대지 • 축사, 가설건축물 • 연면적 합계가 1,500m² 미만인 물류시설(주거지역 또는 상업지역에 건축하는 것은 제외) • 자연환경보전지역·농림지역, 관리지역의 건축물(지구단위계획구역 지정 지역은 제외)
조경 대상 예외 (건축조례 기준)	• 관광단지 내 관광시설, 휴양업의 시설 • 관광·휴양형 지구단위계획구역 내 관광시설 • 골프장

② 옥상조경 인정 기준

구분	옥상조경 인정 기준
건축물의 옥상에 조경을 한 경우	옥상조경 면적의 2/3를 대지 안의 조경면적으로 산정한다.
대지 안의 조경면적으로 산정하는 옥상조경면적	전체 조경면적의 50/100을 초과할 수 없다.

(3) 공개공지 등의 확보

① 다음에 해당하는 지역의 환경을 쾌적하게 조성하기 위하여 법률이 정하는 바에 따라 소규모 휴식시설 등의 공개공지 또는 공개공간을 설치해야 한다.

대상지역	면적기준	대상 건축물
• 일반주거지역 • 준주거지역 • 상업지역 • 준공업지역 • 허가권자가 도시화의 가능성이 크다고 인정하여 지정·공고하는 지역	바닥면적 합계 5,000m² 이상	• 문화 및 집회시설 • 종교시설 • 판매시설(농수산물 유통시설 제외) • 운수시설(여객용 시설) • 업무시설 • 숙박시설

② 공개공지 설치 시 건축규제 완화

완화 규정	완화 범위
건축물의 용적률(건축법 제56조)	용적률은 해당 지역에 적용하는 용적률의 1.2배 이하
건축물의 높이 제한(건축법 제60조)	높이 제한은 해당 건축물에 적용하는 높이기준의 1.2배 이하

③ 공개공지 등에서의 행위 : 연간 60일 이내의 기간 동안 건축조례로 정하는 바에 따라 주민들을 위한 문화행사를 열거나 판촉활동을 할 수 있다. 다만, 울타리를 설치하는 등 공중이 해당 공개공지 등을 이용하는 데 지장을 주는 행위를 해서는 안 된다.

(4) 대지가 도로에 접해야 하는 길이

① 건축물의 대지는 2m 이상이 도로에 접하여야 한다(자동차만의 통행에 사용되는 도로는 제외). 다만, 다음의 어느 하나에 해당하면 그러하지 아니하다.
ㄱ 해당 건축물의 출입에 지장이 없다고 인정되는 경우
ㄴ 건축물의 주변에 광장, 공원, 유원지 등 건축이 금지되고 공중의 통행에 지장이 없는 공지가 있는 경우
ㄷ 농지법에 따른 농막을 건축하는 경우

② 연면적 합계가 2,000m²(공장은 3,000m²) 이상인 건축물의 대지는 너비 6m 이상의 도로에 4m 이상 접하여야 한다(축사, 작물 재배사 등으로서 건축조례로 정하는 규모의 건축물은 제외).

(5) 건축선의 지정

① 소요 너비에 미달되는 도로의 건축선

	대지의 조건	건축선의 기준
원칙	도로 양쪽에 대지가 있을 때	미달되는 도로의 중심선에서 소요 너비의 1/2 수평거리를 후퇴한 선
예외	도로의 반대쪽에 경사지, 하천, 철도, 선로 부지 등이 있을 때	경사지 등이 있는 쪽의 도로 경계선에서 소요 너비에 상당하는 수평거리의 선

② 도로 모퉁이에서의 건축선 : 너비 8m 미만인 도로의 모퉁이에 위치한 대지의 도로 모퉁이 부분의 건축선은 그 대지에 접한 도로경계선의 교차점으로부터 도로 경계선에 따라 다음에 따른 거리를 각각 후퇴한 두 점을 연결한 선으로 한다.

도로의 교차각	당해 도로의 너비		교차되는 도로의 너비
	6m 이상~8m 미만	4m 이상~6m 미만	
90° 미만	4m	3m	6m 이상~8m 미만
	3m	2m	4m 이상~6m 미만
90° 이상~120° 미만	3m	2m	6m 이상~8m 미만
	2m	2m	4m 이상~6m 미만

③ 건축선의 별도 지정 : 도시지역에서 건축물의 위치나 환경을 정비하기 위하여 필요하다고 인정하는 경우 4m 이내의 범위 안에서 건축선을 따로 지정할 수 있다.

④ 건축선에 따른 건축제한

    ㉠ 건축물 및 담장은 건축선의 수직면을 넘어서는 아니 된다. 다만, 지표 아래 부분은 그러하지 아니하다.

    ㉡ 도로면으로부터 높이 4.5m 이하에 있는 출입구·창문 등의 구조물은 열고 닫을 때 건축선의 수직면을 넘지 아니하는 구조로 하여야 한다.

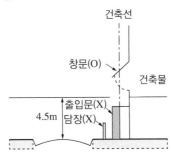

▣4 구조 및 재료

(1) 구조 안전의 확인 및 서류 제출, 내진능력 공개

다음의 어느 하나에 해당하는 경우, 착공신고 시 확인 서류를 제출한다(표준설계도서 건축물은 제외).

① 층수

    ㉠ 2층 이상인 건축물

    ㉡ 주요구조부인 기둥과 보를 설치하는 건축물로서 그 기둥과 보가 목재인 목구조 건축물의 경우에는 3층 이상인 건축물

② 연면적

    ㉠ 200m² 이상인 건축물(창고, 축사, 작물재배사는 제외)

    ㉡ 목구조인 경우 500m² 이상

③ 높이 : 13m 이상인 건축물

④ 처마높이 : 9m 이상인 건축물

⑤ 기둥과 기둥 사이의 거리(경간) : 10m 이상인 건축물

⑥ 건축물의 용도 및 규모 : 중요도 특 또는 중요도 1에 해당하는 건축물

⑦ 국가적 문화유산 : 보존할 가치가 있는 박물관·기념관 등 연면적 합계 5,000m² 이상

⑧ 특수구조 건축물 중에서 한쪽 끝은 고정되고 다른 끝은 지지(支持)되지 아니한 구조로 된 보·차양 등이 외벽(외벽이 없는 경우에는 외곽 기둥을 말한다)의 중심선으로부터 3m 이상 돌출된 건축물

⑨ 특수구조 건축물 중에서 특수한 설계·시공·공법 등이 필요한 건축물로서 국토교통부장관이 정하여 고시하는 구조로 된 건축물

⑩ 단독주택 및 공동주택

(2) 직통계단의 설치

① 피난층 외의 층에서의 보행거리

구분	보행거리
적용 원칙	30m 이하
주요구조부가 내화구조 또는 불연재료인 건축물	• 50m 이하(지하층 바닥면적 합계가 300m² 이상인 공연장, 집회장, 관람장, 전시장 제외) • 16층 이상 공동주택의 16층 이상인 층 : 40m 이하
자동식 소화설비를 설치한 공장	• 스프링클러를 설치한 반도체, 디스플레이 패널 제조공장 : 75m 이하 • 무인화 공장 : 100m 이하

② 피난층에서 보행거리

구분	원칙	주요구조부가 내화구조, 불연재료일 경우
계단으로부터 옥외로의 출구까지	30m 이하	50m 이하(16층 이상 공동주택의 16층 이상인 층 : 40m)
거실로부터 옥외로의 출구까지	60m 이하	100m 이하(16층 이상 공동주택의 16층 이상인 층 : 80m)

(3) 피난안전구역의 설치

① 피난안전구역 설치 대상

구분	조건	설치 기준
초고층 건축물(50층 이상)	피난층 또는 지상으로 통하는 직통 계단과 직접 연결	지상층으로부터 최대 30개 층마다 1개소 이상 설치
준초고층 건축물(31층 이상)		해당 건축물 전체 층수의 1/2에 해당하는 층으로부터 상하 5개 층 이내에 1개소 이상 설치

② 피난안전구역 설치 기준

㉠ 해당 건축물의 1개 층을 대피공간으로 하며, 대피에 장애가 되지 아니하는 범위에서 기계실, 보일러실, 전기실 등 건축설비를 설치하기 위한 공간과 같은 층에 설치할 수 있다.

㉡ 피난안전구역은 건축설비가 설치되는 공간과 내화구조로 구획하여야 한다.

㉢ 피난안전구역에 연결되는 특별피난계단은 피난안전구역을 거쳐서 상하층으로 갈 수 있는 구조로 설치하여야 한다.

③ 피난안전구역 구조 및 설비 기준

㉠ 피난안전구역의 내부 마감재료는 불연재료로 설치할 것

㉡ 내부에서 피난안전구역으로 통하는 계단은 특별피난계단으로 설치할 것

㉢ 비상용승강기는 피난안전구역에서 승하차할 수 있는 구조로 설치할 것

㉣ 식수 공급을 위한 급수전을 1개소 이상 설치하고 예비전원에 의한 조명설비를 설치할 것

㉤ 피난안전구역의 높이는 2.1m 이상일 것

㉥ 배연설비를 설치할 것

(4) 피난계단 및 특별피난계단의 설치

① 피난층 또는 지상으로 통하는 직통계단을 피난계단 또는 특별피난계단으로 설치하는 대상

원칙(해당 층)	예외
• 5층 이상 • 지하 2층 이하(지하 1층인 건축물로서 5층 이상의 직통계단과 직접 연결된 지하 1층 계단포함)	주요구조부가 내화구조 또는 불연재료로 된 5층 이상의 다음의 층 • 바닥면적 합계가 200m² 이하의 경우 • 200m² 이내마다 방화구획이 된 경우 판매시설 용도로 쓰이는 층으로부터의 직통계단은 그중 1개소 이상을 특별피난계단으로 설치

② 피난층 또는 지상으로 통하는 직통계단을 특별피난계단으로 설치하는 대상

원칙(해당 층)	예외
• 11층 이상(공동주택은 16층 이상) • 지하 3층 이하	• 갓복도식 공동주택은 제외 • 바닥면적 400m² 미만인 층은 제외

(5) 피난계단 및 특별피난계단의 구조

① 건축물 내부 설치 피난계단(옥내피난계단)

㉠ 계단실 : 내화구조의 벽으로 구획

㉡ 내부마감 : 불연재료

㉢ 옥외개구부 : 외벽 개구부와 2m 이상의 거리를 두고 설치

㉣ 옥내개구부 : 철재 망입유리 붙박이창으로서 그 면적이 각각 1m² 이하

㉤ 출입구 유효폭 : 0.9m 이상

㉥ 출입문 : 60+방화문 또는 60분 방화문 설치

㉦ 계단구조 : 피난층, 지상까지 직접 연결(돌음계단 불가)

② 건축물 외부 설치 피난계단(옥외피난계단)

㉠ 옥외개구부 : 계단으로 통하는 출입구 외의 개구부 등으로부터 2m 이상의 거리를 두고 설치

㉡ 출입구 : 60+방화문 또는 60분 방화문 설치

㉢ 계단 유효폭 : 0.9m 이상

㉣ 계단구조 : 내화구조로 지상까지 직접 연결되도록 할 것(돌음계단 불가)

③ 특별피난계단

㉠ 옥내와 계단실 연결 : 건축물의 내부와 계단실은 노대를 통하여 연결하거나 외부를 향하여 열 수 있는 면적 1m² 이상인 창문 또는 배연설비가 있는 면적 3m² 이상인 부속실을 통하여 연결할 것

㉡ 계단실, 노대 및 부속실의 경계 : 내화구조의 벽으로 구획

㉢ 내부마감 : 불연재료

㉣ 계단실 조명 : 예비전원에 의한 소명설비

㉤ 계단실, 노대, 부속실의 옥외개구부 : 다른 외벽 개구부와 2m 이상 이격할 것

㉥ 계단실의 옥내개구부 : 노대 및 부속실 외의 옥내에 면하는 개구부 등을 설치하지 않을 것

㉦ 계단실의 노대 또는 부속실 개구부 : 망입유리의 붙박이창으로써 그 면적이 각각 1m² 이하일 것

◎ 노대 및 부속실의 옥내개구부 : 계단실 외의 옥내에 면하는 개구부를 설치하지 않을 것

ⓩ 노대 및 부속실의 옥내 및 계단실 출입구

• 옥내 출입구 : 60+방화문 또는 60분 방화문

• 계단실 출입구 : 60+방화문, 60분 방화문 또는 30분 방화문 설치

ⓒ 계단의 구조 : 내화구조로 하고, 피난층 또는 지상까지 직접 연결할 것(돌음계단 불가)

ⓚ 출입구 유효폭 : 0.9m 이상

(6) 방화문의 구분

① 60분+방화문 : 연기 및 불꽃을 차단할 수 있는 시간이 60분 이상이고, 열을 차단할 수 있는 시간이 30분 이상인 방화문

② 60분 방화문 : 연기 및 불꽃을 차단할 수 있는 시간이 60분 이상인 방화문

③ 30분 방화문 : 연기 및 불꽃을 차단할 수 있는 시간이 30분 이상 60분 미만인 방화문

(7) 지하층과 피난층 사이의 개방공간 설치

① 개방공간 설치 대상 : 바닥면적의 합계가 3,000m^2 이상인 공연장, 집회장, 관람장 또는 전시장을 지하층에 설치하는 경우

② 설치 목적 : 각 실에 있는 자가 지하층 각 층에서 건축물 밖으로 피난하여 옥외계단 또는 경사로 등을 이용하여 피난층으로 대피할 수 있도록 천장이 개방된 외부공간을 설치하여야 한다.

(8) 공연장 개별 관람실의 출구 설치

대상	출구 설치 기준
문화 및 집회시설 중 공연장 (바닥면적 300m^2 이상인 것에 한함)	• 관람실별로 2개소 이상 설치한다. • 각 출구의 유효너비는 1.5m 이상으로 한다. • 개별 관람실 출구 유효너비 합계는 관람실 바닥면적 100m^{2}마다 0.6m 비율의 산정 너비 이상으로 한다.

(9) 건축물 바깥쪽으로의 출구 설치 기준

① 보조출구 또는 비상구의 설치

대상	출구 설치 기준
관람실 바닥면적 합계가 300m^2 이상인 집회장 또는 공연장	주된 출구 외에 보조출구 또는 비상구를 2개소 이상 설치해야 한다.

② 판매 및 영업시설의 피난층에 설치하는 건축물 바깥쪽으로의 출구의 유효폭

대상	출구 설치 기준
도매시장, 소매시장, 상점	당해 용도에 쓰이는 바닥면적이 최대인 층의 바닥면적 100m^{2}마다 0.6m의 비율로 산정한 너비 이상으로 설치한다.

(10) 옥상난간 및 대피공간의 설치

① 옥상난간의 설치 : 옥상광장 또는 2층 이상 층에 있는 노대 등의 주위에는 높이 1.2m 이상 난간을 설치해야 한다(다만, 노대 등의 출입할 수 없는 구조는 제외).

② 옥상대피공간의 설치

    ㉠ 층수가 11층 이상인 건축물로서 11층 이상인 층의 바닥면적의 합계가 10,000m² 이상인 건축물의 옥상에는 헬리포트를 설치하거나 헬리콥터를 통하여 인명 등을 구조할 수 있는 공간, 경사지붕 아래에 설치하는 대피공간을 설치해야 한다.

    ㉡ 건축물의 경사지붕 아래에 설치하는 대피공간 설치 기준

- 대피공간의 면적은 지붕 수평투영면적의 1/10 이상일 것
- 특별피난계단 또는 피난계단과 연결되도록 할 것
- 출입구·창문을 제외한 부분은 해당 건축물의 다른 부분과 내화구조의 바닥 및 벽으로 구획할 것
- 출입구는 유효너비 0.9m 이상으로 하고, 그 출입구에는 60+방화문 또는 60분 방화문을 설치할 것
- 위에 따른 방화문에 비상문자동개폐장치를 설치할 것
- 내부 마감재료는 불연재료로 할 것
- 예비전원으로 작동하는 조명설비를 설치할 것
- 관리사무소 등과 긴급 연락이 가능한 통신시설을 설치할 것

(11) 방화구획

① 방화구획의 설치 대상

    ㉠ 설치 대상 : 주요구조부가 내화구조 또는 불연재료로 된 건축물로서 연면적이 1,000m²를 넘는 것은 설치 기준에 따라 방화구획을 하여야 한다.

    ㉡ 방화구획의 구조

- 내화구조로 된 바닥 및 벽
- 60+방화문, 60분 방화문 또는 자동방화셔터

② 방화구획의 설치 기준

대상	출구 설치 기준
각각의 층	매 층마다 구획할 것(지하 1층에서 지상으로 직접 연결하는 경사로는 제외)
10층 이하 층	바닥면적 1,000m²(*3,000m²) 이내마다 구획
11층 이상 층	• 실내마감재가 불연재료인 경우 : 바닥면적 500m²(*1,500m²) 이내마다 구획 • 실내마감재가 불연재료가 아닌 경우 : 200m²(*600m²) 이내마다 구획

※ (*)의 면적은 스프링클러 등 자동식 소화설비를 설치한 경우

(12) 계단의 설치

① 계단의 설치 기준

설치	대상	설치 기준
계단참	높이 3m를 넘는 계단	높이 3m 이내마다 유효너비 120cm 이상
난간	높이 1m를 넘는 계단	양엮에 난간(벽 등을 포함)을 설치
중간난간	너비 3m를 넘는 계단	계단 중간에 너비 3m 이내마다 설치(단높이 15cm 이하, 단너비 30cm 이상인 경우는 제외)
유효높이	2.1m 이상(바닥 마감면부터 상부 구조체의 하부 마감면까지 연직 방향 높이)	

② 계단 및 계단참, 단높이, 단너비의 치수

계단의 용도	계단 및 계단참 유효너비	단높이	단너비
초등학교 계단	150cm 이상	16cm 이하	26cm 이상
중, 고등학교 계단	150cm 이상	18cm 이하	26cm 이상
• 문화 및 집회시설(공연장, 집회장, 관람장) • 판매시설 • 그 외의 건축물의 계단으로서 계단을 설치하려는 층이 지상층인 경우 해당 층의 바로 위층부터 최상층까지의 거실 바닥면적의 합계가 200m² 이상이거나, 계단을 설치하려는 층이 지하층이면서 거실 바닥면적의 합계가 100m² 이상인 경우	120cm 이상	–	–
기타의 계단	60cm 이상	–	–

(13) 거실 등의 기준

① 반자높이의 설치 기준

거실의 용도	반자높이	제외대상
모든 건축물	2.1m 이상	공장, 창고시설, 위험물저장 및 처리시설, 동물 및 식물 관련 시설, 자원순환 관련 시설, 묘지 관련 시설
해당 바닥면적이 200m² 이상인 다음의 용도 • 문화 및 집회시설(전시장, 동·식물원 제외) • 장례식장 • 위락시설 중 유흥주점 용도	• 4.0m 이상 • 노대 아랫부분 2.7m 이상	기계환기장치를 설치하는 경우

② 거실의 채광 및 환기 기준

구분	건축물 용도	창문 등의 면적	예외
채광	• 단독주택의 거실 • 공동주택의 거실 • 학교의 교실 • 의료시설의 병실 • 숙박시설의 객실	거실 바닥면적의 1/10 이상	기준조도([별표 1의3]) 이상의 조명장치를 설치한 경우
환기		거실 바닥면적의 1/20 이상	기계환기장치 및 중앙관리방식의 공기조화설비를 설치하는 경우

※ 이 규정을 적용함에 있어서 수시로 개방할 수 있는 미닫이로 구획된 2개의 거실은 이를 1개로 본다.

(14) 방화벽

① 방화구획 대상 : 주요구조부가 내화구조 또는 불연재료가 아닌 연면적 1,000m² 이상인 건축물은 방화벽 등으로 방화구획을 하여야 한다.

② 방화구획 기준

    ㉠ 바닥면적 1,000m² 미만마다 방화벽으로 구획한다.

    ㉡ 외벽 및 처마 밑의 연소 우려가 있는 부분은 방화구조로 한다.

    ㉢ 지붕은 불연재료로 한다.

③ 방화벽의 구조

    ㉠ 내화구조로서 홀로 설 수 있는 구조일 것(자립구조)

    ㉡ 양쪽 끝과 위쪽 끝을 건축물의 외벽면 및 지붕면으로부터 0.5m 이상 튀어나오게 할 것

    ㉢ 출입문의 너비 및 높이는 각각 2.5m 이하로 하고 60+방화문 또는 60분 방화문을 설치할 것

5 지역 및 지구의 건축물

(1) 대지면적의 산정

① 원칙 : 대지의 수평투영면적으로 한다.

② 면적 제외 : 그 건축선과 도로 사이의 대지면적

    ㉠ 예정도로의 부분

    ㉡ 소요너비에 미달되는 도로에서 건축선과 도로경계선 사이 부분

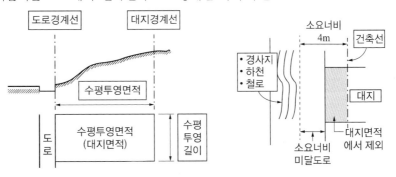

(2) 건축면적의 산정

① 원칙

    ㉠ 건축물의 외벽(외벽이 없는 경우 외곽 부분의 기둥) 중심선으로 둘러싸인 부분의 수평투영면적으로 한다.

    ㉡ 태양열을 주된 에너지원으로 이용하는 주택의 건축면적과 단열재를 구조체의 외기측에 설치하는 단열공법으로 건축된 건축물의 건축면적은 건축물의 외벽 중 내측 내력벽의 중심선을 기준으로 한다.

② 예외 : 건축면적에 포함되지 않는 경우

    ㉠ 지표면으로부터 1m 이하에 있는 부분(창고 중 물품을 입출고 하기 위하여 차량을 접안시키는 부분은 1.5m 이하)

    ㉡ 건축물 지상층에 통행할 수 있도록 설치한 보행통로나 차량통로

    ㉢ 지하주차장의 경사로

(3) 바닥면적의 산정

① 원칙 : 건축물의 각 층 또는 그 일부로서 벽·기둥 등의 구획의 중심선으로 둘러싸인 부분의 수평투영면적으로 한다.

② 바닥면적 산정의 예

　ㄱ 벽·기둥 구획이 없는 건축물은 그 지붕 끝부분으로부터 수평거리 1m를 후퇴한 선으로 둘러싸인 수평투영 면적으로 한다.

　ㄴ 건축물의 노대 등의 바닥은 난간 등의 설치 여부에 관계없이 노대 등의 면적에서 노대 등이 접한 가장 긴 길이에 1.5m를 곱한 값을 뺀 면적을 바닥면적에 산입한다.

　ㄷ 단열재를 구조체의 외기측에 설치하는 단열공법으로 건축된 건축물의 경우에는 단열재가 설치된 외벽 중 내측 내력벽의 중심선을 기준으로 산정한 면적을 바닥면적으로 한다.

③ 예외 : 바닥면적에 산입되지 않는 부분

　ㄱ 필로티 등 구조 부분의 바닥면적이 다음과 같은 용도에 전용되는 경우

　　• 공중의 통행에 전용되는 경우

　　• 차량의 통행·주차에 전용되는 경우

　　• 공동주택의 경우

　ㄴ 승강기탑, 계단탑, 장식탑, 층고 1.5m 이하인 다락(경사형태의 지붕인 다락의 경우에는 1.8m)

　ㄷ 건축물 외부 또는 내부에 설치하는 굴뚝, 더스트 슈트, 설비 덕트

　ㄹ 옥상·옥외 또는 지하에 설치하는 물탱크, 기름탱크, 냉각탑 등

　ㅁ 공동주택으로서 지상층에 설치한 기계실, 전기실, 어린이 놀이터, 조경시설, 생활폐기물 보관시설

(4) 연면적의 산정

① 원칙

　ㄱ 하나의 건축물의 각 층 바닥면적의 합계

　ㄴ 동일 대지 안에 2동 이상의 건축물이 있는 경우에는 그 연면적의 합계로 한다.

② 예외 : 용적률 산정 시 제외되는 부분

　ㄱ 지하층 면적

　ㄴ 지상층의 주차용으로 사용되는 면적(단, 해당 건축물의 부속 용도에 한함)

　ㄷ 초고층, 준초고층 건축물에 설치하는 피난안전구역 면적

　ㄹ 건축물의 경사지붕 아래에 설치하는 대피공간의 면적

(5) 건폐율 및 용적률

① 건폐율

　ㄱ 정의 : 대지면적에 대한 건축면적(대지에 둘 이상의 건축물이 있는 경우에는 이들 건축면적의 합계)의 비율

ⓛ 건폐율의 최대한도

구분	용도지역	지역 최대한도	지역의 세분	건폐율 한도
도시지역	주거지역	70% 이하	제1종 전용주거지역	50% 이하
			제2종 전용주거지역	
			제1종 일반주거지역	60% 이하
			제2종 일반주거지역	
			제3종 일반주거지역	50% 이하
			준주거지역	70% 이하
	상업지역	90% 이하	근린상업지역	70% 이하
			일반상업지역	80% 이하
			유통상업지역	80% 이하
			중심상업지역	90% 이하
	공업지역	70% 이하	전용공업지역	70% 이하
			일반공업지역	
			준공업지역	
	녹지지역	20% 이하	보전녹지지역	20% 이하
			생산녹지지역	
			자연녹지지역	
관리지역		40% 이하	보전관리지역	20% 이하
			생산관리지역	
			계획관리지역	40% 이하
농림지역		20% 이하	–	20% 이하
자연환경보전지역		20% 이하	–	20% 이하

② 용적률

ⓗ 정의 : 대지면적에 대한 건축물의 지상층 연면적(대지에 둘 이상의 건축물이 있는 경우에는 지상층 연면적의 합계)의 비율

ⓛ 용적률의 최대한도

구분	용도지역	용적률 최대한도
도시지역	주거지역	500% 이하(준주거지역)
	상업지역	1,500% 이하(중심상업지역)
	공업지역	400% 이하(준공업지역)
	녹지지역	100% 이하(생산녹지, 자연녹지지역)
관리지역	보전관리지역	80% 이하
	생산관리지역	80% 이하
	계획관리지역	100% 이하
농림지역		80% 이하
자연환경보전지역		80% 이하

(6) 대지분할 제한

건축물이 있는 대지는 다음에 정하는 범위에서 해당 지방자치단체의 조례가 정하는 면적에 못미치게 분할할 수 없다.

용도지역	분할규모	대지의 분할 제한 기준
주거지역	60m² 이상	• 대지와 도로와의 관계 • 건폐율, 용적률 • 대지 안의 공지 • 건축물의 높이 제한 • 일조 등의 확보를 위한 건축물의 높이 제한
상업지역	150m² 이상	
공업지역		
녹지지역	200m² 이상	
기타 지역	60m² 이상	

(7) 건축물의 부위별 높이 산정

① 처마 높이 : 지표면으로부터 건축물의 지붕틀 또는 이와 유사한 수평재를 지지하는 벽·깔도리 또는 기둥의 상단까지 높이로 한다.

② 반자 높이

　㉠ 방의 바닥면으로부터 반자까지의 높이로 한다.

　㉡ 높이가 다른 경우 그 각 부분의 높이에 따른 면적에 따라 가중평균한 높이로 한다.

③ 층고

　㉠ 방 바닥구조체 윗면으로부터 위층 바닥구조체 윗면까지의 높이로 한다.

　㉡ 동일한 방에서 층의 높이가 다른 부분이 있는 경우에는 그 각 부분의 높이에 따른 면적에 따라 가중평균한 높이로 한다.

④ 층수

　㉠ 승강기탑, 계단탑, 망루, 장식탑, 옥탑 등 건축물의 옥상 부분으로서 그 수평투영면적의 합계가 당해 건축물의 건축면적의 1/8 이하인 것과 지하층은 건축물의 층수에 산입하지 않는다.

　㉡ 층의 구분이 명확하지 않은 건축물에 있어서는 당해 건축물의 높이 4m마다 하나의 층으로 산정한다.

　㉢ 건축물의 부분에 따라 그 층수를 달리한 경우에는 그 중 가장 많은 층수를 그 건축물의 층수로 본다.

(8) 일조 등의 확보를 위한 건축물의 높이 제한

전용주거지역과 일반주거지역 안에서 건축하는 경우, 정북방향으로의 인접 대지경계선으로부터 다음의 범위에서 건축조례로 정하는 거리 이상을 띄어 건축하여야 한다.

높이	이격거리	예시
10m 이하인 부분	1.5m 이상	
10m 초과인 부분	당해 건축물 각 부분의 높이의 1/2 이상	

예시 그림 내 표기:
- 정북(정남)방향
- 건축물
- H
- GL, 도로 등
- D_2, D_1
- $H \leq 10m : D \geq 1.5m$
- $H > 10m : D \geq 1/2H$
- 일반건축물 : D_1
- 공동주택 : D_2

---

6 건축설비

(1) 승강기의 설치

① 원칙 : 6층 이상으로 연면적 $2,000m^2$ 이상인 건축물에 설치

② 설치 제외 대상 : 층수가 6층인 건축물로서 각 층 거실의 바닥면적 $300m^2$ 이내마다 1개소 이상의 직통계단을 설치한 건축물

③ 승강기의 설치 대수 산정

건축물의 용도	$3,000m^2$ 이하	$3,000m^2$ 초과
• 문화 및 집회시설 중 공연장, 집회장, 관람장 • 판매시설 • 의료시설	2대	$2대 + \dfrac{A - 3,000m^2}{2,000m^2}대$
• 문화 및 집회시설 중 전시장, 동물원 및 식물원 • 업무시설 • 숙박시설 • 위락시설	1대	$1대 + \dfrac{A - 3,000m^2}{2,000m^2}대$
• 공동주택 • 교육연구시설 • 노유자복지시설 • 기타 시설	1대	$1대 + \dfrac{A - 3,000m^2}{3,000m^2}대$

※ A : 6층 이상의 거실면적의 합계
　8~15인승 이하는 1대의 승강기, 16인승 이상은 2대의 승강기로 본다.

(2) 비상용승강기의 설치

① 원칙 : 높이 31m를 초과하는 건축물에는 승강기뿐만 아니라 비상용승강기를 추가로 설치하여야 한다.

② 2대 이상의 비상용승강기를 설치하는 경우에는 화재가 났을 때 소화에 지장이 없도록 일정한 간격을 두고 설치하여야 한다.

③ 비상용승강기의 설치 대수 산정(높이 31m를 초과하는 각 층의 바닥면적 중 최대바닥면적 기준)

    ㉠ $1,500m^2$ 이하 : 1대 이상

    ㉡ $1,500m^2$ 초과 : 1대에 $1,500m^2$를 넘는 $3,000m^2$ 이내마다 1대씩 더한 대수 이상

(3) 공동주택 및 다중이용시설의 환기설비 기준

① 신축 또는 리모델링하는 다음의 어느 하나에 해당하는 주택 또는 건축물은 시간당 0.5회 이상의 환기가 이루어질 수 있도록 자연환기설비 또는 기계환기설비를 설치하여야 한다.

    ㉠ 30세대 이상의 공동주택

    ㉡ 주택을 주택 외의 시설과 동일건축물로 건축하는 경우로서 주택이 30세대 이상인 건축물

② 환기구의 안전 기준 : 환기구는 보행자, 건축물 이용자의 안전이 확보되도록 바닥으로부터 2m 이상의 높이에 설치하여야 한다.

1 총칙

(1) 주차장법의 목적

주차장의 설치·정비 및 관리에 필요한 사항을 규정함으로써 자동차 교통을 원활하게 하여 공중의 편의와 안전을 도모함을 목적으로 한다.

(2) 주차장의 종류

① 주차장

종류	설치장소	이용제 구분
노상주차장	도로의 노면 또는 교통광장 중 교차점 광장의 일정한 구역에 설치된 주차장	일반 이용에 제공
노외주차장	도로 노면 또는 교통광장 중 교차점 광장 외의 장소에 설치된 주차장	
부설주차장	건축물, 골프연습장, 그 밖에 수요를 유발하는 시설에 부대하여 설치되는 주차장	해당 건축물·시설 이용자 또는 일반의 이용에 제공

② 주차전용 건축물

　㉠ 건축물의 연면적 중 일정비율 이상 주차장으로 제공되는 건축물을 말한다.

　㉡ 주차장 사용비율 및 용도

주차장 사용비율	건축물의 용도
95% 이상	모든 용도에 해당
70% 이상	• 단독주택, 공동주택, 제1종 및 제2종 근린생활시설, 문화 및 집회시설, 종교시설 • 판매시설, 운수시설, 운동시설, 업무시설, 창고시설, 자동차 관련 시설

(3) 주차장의 형태 및 구획

① 주차장 형태

구분	형식	종류
자주식 주차장	운전자가 직접 운전하여 주차장으로 들어가는 형식	지하식, 지평식, 건축물식
기계식 주차장	기계식 주차장치를 설치한 노외주차장 및 부설주차장	지하식, 건축물식

② 주차장의 주차구획 크기 등

주차 형식 구분	주차구획 구분	너비 × 길이
평행주차 형식의 경우	경형(1,000cc 미만, 파란색 실선)	1.7m × 4.5m 이상
	일반형	2.0m × 6.0m 이상
	주거지역의 보도, 차도 구분이 없는 평행주차	2.0m × 5.0m 이상
	이륜자동차 전용	1.0m × 2.3m 이상

주차 형식 구분	주차구획 구분	너비 × 길이
평행주차 형식 외의 경우	경형(파란색 실선)	2.0m × 3.6m 이상
	일반형	2.5m × 5.0m 이상
	확장형	2.6m × 5.2m 이상
	장애인 전용	3.3m × 5.0m 이상
	이륜자동차 전용	1.0m × 2.3m 이상

2 주차장 종류별 설치 기준

(1) 노상주차장

① 노상주차장의 설치 금지 장소

설치 금지 장소	예외
주간선도로	분리대 기타 도로의 부분으로서 도로교통에 지장을 초래하지 않는 부분은 설치 가능
너비 6m 미만 도로	보행자 통행, 연도의 이용에 지장이 없는 경우로 지방자치단체 조례로 정한 경우
종단 경사도 4% 초과 도로	• 종단 경사도 6% 이하로서 보도와 차도 구별이 있고, 차도 너비가 13m 이상인 경우 • 종단 경사도 6% 이하로서 시장·군수, 구청장이 안전에 지장이 없다고 인정한 경우
고속도로, 자동차전용도로, 고가도로	

② 노상주차장의 장애인 전용주차구획 설치

㉠ 주차대수 규모가 20대 이상 50대 미만인 경우 : 한 면 이상

㉡ 주차대수 규모가 50대 이상인 경우 : 주차대수의 2~4%까지의 범위에서 장애인의 주차수요를 고려하여 해당 지방자치단체의 조례로 정하는 비율 이상

(2) 노외주차장

① 노외주차장인 주차전용 건축물에 대한 건축 제한 완화

㉠ 건폐율 : 90/100 이하

㉡ 용적률 : 1,500% 이하

㉢ 대지면적의 최소한도 : 45m^2 이상

② 경형자동차 및 환경친화적 자동차 전용주차구획의 설치 : 단지조성사업 등으로 설치되는 노외주차장에는 다음의 비율이 모두 충족되도록 설치해야 한다.

㉠ 경형자동차를 위한 전용주차구획과 환경친화적 자동차를 위한 전용주차구획을 합한 주차구획 : 총 주차대수의 10/100 이상

㉡ 환경친화적 자동차를 위한 전용주차구획 : 총 주차대수의 5/100 이상

③ 노외주차장 출입구의 설치 금지 장소

㉠ 도로교통법에 의하여 정차, 주차가 금지되는 도로의 부분

• 교차로·횡단보도·건널목, 보도와 차도가 구분된 도로의 보도

• 교차로의 가장자리나 도로의 모퉁이로부터 5m 이내인 곳

- 안전지대가 설치된 도로에서는 그 안전지대의 사방으로부터 각각 10m 이내인 곳
- 버스여객자동차의 정류지(停留地)임을 표시하는 기둥이나 표지판 또는 선이 설치된 곳으로부터 10m 이내인 곳
  - ⓛ 횡단보도(육교, 지하 횡단보도 포함)에서 5m 이내의 도로 부분
  - ⓒ 너비 4m 미만의 도로(주차대수 200대 이상인 경우에는 너비 6m 미만의 도로에는 설치할 수 없다)
  - ⓔ 종단 기울기가 10%를 초과하는 도로
  - ⓜ 유아원, 유치원, 초등학교, 특수학교, 노인복지시설, 장애인복지시설 및 아동전용시설 등의 출입구로부터 20m 이내의 도로 부분

④ 노외주차장의 설치 기준
  - ㉠ 출구 및 입구의 설치 위치 : 노외주차장과 연결되는 도로가 둘 이상인 경우에는 자동차 교통에 미치는 지장이 적은 도로에 노외주차장의 출구와 입구를 설치하여야 한다.
  - ㉡ 출구와 입구의 분리 설치 : 주차대수 400대를 초과하는 규모의 노외주차장 출구와 입구를 각각 따로 설치하여야 한다.
  - ㉢ 출입구의 너비의 합이 5.5m 이상으로서 출구와 입구가 차선 등으로 분리되는 경우에는 출구와 입구를 함께 설치할 수 있다.

⑤ 노외주차장 출입구의 구조
  - ㉠ 출입구 너비 : 출입구 너비는 3.5m 이상으로 하여야 한다.
  - ㉡ 출입구 분리 : 주차대수 규모가 50대 이상인 경우에는 출구와 입구를 분리하거나 너비 5.5m 이상의 출입구를 설치하여야 한다.

⑥ 주차 부분의 기준
  - ㉠ 주차부 높이 : 주차 바닥면으로부터 2.1m 이상으로 하여야 한다.
  - ㉡ 내부공간 환기 : 내부 공간의 일산화탄소(CO)의 농도는 차량이 가장 빈번한 시각의 앞뒤 8시간의 평균치가 50ppm 이하로 유지한다(실내주차장은 25ppm 이하).

⑦ 차로의 구조
  - ㉠ 차로의 높이 : 주차 바닥면으로부터 2.3m 이상으로 하여야 한다.
  - ㉡ 경사로의 곡선 부분 : 자동차가 6m(주차대수 50대 이하는 5m, 이륜자동차전용 노외주차장은 3m) 이상의 내변반경으로 회전할 수 있도록 한다.
  - ㉢ 경사로의 차로 너비(폭)
    - 직선형 3.3m 이상(2차로의 경우 : 6.0m 이상)
    - 곡선형 3.6m 이상(2차로의 경우 : 6.5m 이상)
  - ㉣ 경사도 : 직선 부분 17% 이하, 곡선 부분 14% 이하
  - ㉤ 주차대수 규모가 50대 이상인 경우의 경사로는 너비 6m 이상인 2차로를 확보하거나 진입차로와 진출차로를 분리하여야 한다.

⑧ **방범설비** : 주차대수 30대를 초과하는 규모의 자주식 주차장으로서 지하식 또는 건축물식 노외주차장에는 관리사무소에서 주차장 내부 전체를 볼 수 있는 폐쇄회로 텔레비전(녹화장치를 포함) 또는 네트워크 카메라를 포함하는 방범설비를 설치·관리하여야 한다.

(3) 부설주차장

① 부설주차장 설치 대상 용도별 설치 기준

용도 구분	설치 기준
위락시설	시설면적 100m²당 1대
문화 및 집회시설, 종교시설, 판매시설, 업무시설(오피스텔 제외), 의료시설(정신병원, 요양소, 격리병원 제외), 방송국, 장례식장, 운동시설(골프장, 골프연습장, 옥외수영장 제외)	시설면적 150m²당 1대
제1종 및 제2종 근린생활시설(공중화장실, 지역아동센터 등 제외), 숙박시설	시설면적 200m²당 1대
골프장	1홀당 10대
골프연습장	타석당 1대
옥외수영장	정원 15인당 1대
관람장	정원 100인당 1대
공장(아파트형 제외), 발전시설, 수련시설	시설면적 350m²당 1대
창고시설, 학생용 기숙사, 방송통신시설 중 데이터센터	시설면적 400m²당 1대

② 부설주차장의 인근 설치

구분	설치 기준
원칙	주차대수 300대 이하의 규모인 경우, 시설부지 인근에 단독 또는 공동으로 설치할 수 있다.
부지 인근의 범위	• 부지 경계선으로부터 부설주차장 경계선까지 직선거리 300m 이내 또는 도보거리 600m 이내 • 해당 시설물이 있는 동·리(행정 동·리를 말함) • 해당 시설물과의 통행 여건이 편리하다고 인정되는 인접 동·리

1 총칙

(1) 용어의 정의

① **광역도시계획** : 광역계획권의 장기발전 방향을 제시하는 계획을 말한다.

② **도시·군계획**

ⓐ 도시·군계획 : 특별시·광역시·특별자치시·특별자치도·시 또는 군(광역시 관할 구역에 있는 군은 제외)의 관할 구역에 대하여 수립하는 공간 구조와 발전 방향에 대한 계획을 말한다.

ⓑ 도시·군기본계획 : 도시·군관리계획 수립의 지침이 되는 계획으로서 기본적인 공간 구조와 장기발전 방향을 제시하는 종합계획을 말한다.

ⓒ 도시·군관리계획 : 개발·정비 및 보전을 위하여 수립하는 토지 이용, 교통, 환경, 경관, 안전, 산업, 정보통신, 보건, 복지, 안보, 문화 등에 관한 계획을 말한다.

③ **지구단위계획** : 도시·군계획수립 대상 지역의 일부에 대하여 토지이용을 합리화하고 그 기능을 증진시키며 미관을 개선하고 양호한 환경을 확보하며, 그 지역을 체계적·계획적으로 관리하기 위하여 수립하는 도시·군관리계획이다.

④ **기반시설**(도시관리계획으로 결정하여 설치할 수 있는 시설)

기반시설	도시관리계획시설 종류
교통시설	도로·철도·항만·공항·주차장·자동차정류장·궤도·차량검사 및 면허시설
공간시설	광장·공원·녹지·유원지·공공공지
유통·공급시설	유통업무설비, 수도·전기·가스공급설비, 방송통신시설, 공동구·시장, 유류저장 및 송유설비
공공·문화체육시설	학교·공공청사·문화시설·공공필요성이 인정되는 체육시설·연구시설· 사회복지시설·공공직업훈련시설·청소년수련시설
방재시설	하천·유수지·저수지·방화설비·방풍설비·방수설비·사방설비·방조설비
보건위생시설	장사시설·도축장·종합의료시설
환경기초시설	하수도·폐기물처리 및 재활용시설·수질오염방지시설·폐차장

⑤ **공동구** : 전기·가스·수도 등의 공급설비, 통신시설, 하수도시설 등 지하매설물을 공동 수용함으로써 미관의 개선, 도로구조의 보전 및 교통의 원활한 소통을 위하여 지하에 설치하는 시설물을 말한다.

⑥ **공공시설**(도로, 공원, 철도, 수도 등의 공공용 시설 등)

기반시설	도시관리계획시설
공공용 시설	항만·공항·광장·녹지·공공공지·공동구·하천·유수지·방화설비·방풍설비·방수설비·사방설비·방조설비·하수도·구거
행정청이 설치하는 시설	행정청이 설치하는 시설로서 주차장, 저수지
스마트도시의 관리·운영에 관한 시설	스마트도시 서비스의 제공 등을 위한 스마트도시 통합운영센터 등

⑦ **용도지역, 지구, 구역**(도시·군관리계획으로 결정)

ⓐ 용도지역 : 토지의 이용 및 건축물의 용도, 건폐율, 용적률, 높이 등을 제한함으로써 토지를 경제적·효율적으로 이용하고 공공복리의 증진을 도모하기 위하여 서로 중복되지 아니하게 결정하는 지역을 말한다.

ⓛ 용도지구 : 토지의 이용 및 건축물의 용도·건폐율·용적률·높이 등에 대한 용도지역의 제한을 강화하거나 완화하여 적용함으로써 용도지역의 기능을 증진시키고 경관·안전 등을 도모하기 위하여 결정하는 지역을 말한다.

ⓒ 용도구역 : 토지의 이용 및 건축물의 용도·건폐율·용적률·높이 등에 대한 용도지역 및 용도지구의 제한을 강화하거나 완화하여 따로 정함으로써 시가지의 무질서한 확산방지, 계획적이고 단계적인 토지이용의 도모, 토지이용의 종합적 조정·관리 등을 위하여 결정하는 지역을 말한다.

⑧ 개발밀도관리구역 : 개발로 인하여 기반시설이 부족할 것으로 예상되나 기반시설을 설치하기 곤란한 지역을 대상으로 건폐율이나 용적률을 강화하여 적용하기 위하여 지정하는 구역을 말한다.

⑨ 기반시설부담구역 : 개발밀도관리구역 외의 지역으로서 개발로 인하여 도로, 공원, 녹지 등 대통령령으로 정하는 기반시설의 설치가 필요한 지역을 대상으로 기반시설을 설치하거나 그에 필요한 용지를 확보하게 하기 위하여 지정·고시하는 구역을 말한다.

(2) 광역도시계획의 내용

① 광역계획권의 공간 구조와 기능 분담에 관한 사항

② 광역계획권의 녹지 관리 체계와 환경 보전에 관한 사항

③ 광역시설의 배치·규모·설치에 관한 사항

④ 경관계획에 관한 사항

⑤ 그 밖에 광역계획권에 속하는 특별시·광역시·특별자치시·특별자치도·시 또는 군 상호 간의 기능 연계에 관한 사항으로서 다음에 정하는 사항

ⓖ 광역계획권의 교통 및 물류유통 체계에 관한 사항

ⓛ 광역계획권의 문화·여가공간 및 방재에 관한 사항

(3) 도시·군기본계획의 내용

① 지역적 특성 및 계획의 방향·목표에 관한 사항

② 공간 구조, 생활권의 설정 및 인구의 배분에 관한 사항

③ 토지의 이용 및 개발에 관한 사항

④ 토지의 용도별 수요 및 공급에 관한 사항

⑤ 환경의 보전 및 관리에 관한 사항

⑥ 기반시설에 관한 사항

⑦ 공원·녹지에 관한 사항

⑧ 경관에 관한 사항

⑨ 기후변화 대응 및 에너지절약에 관한 사항

⑩ 방재·방범 등 안전에 관한 사항

(4) 도시·군관리계획의 내용(5년마다 타당성을 재검토하여 정비)

① 용도지역·용도지구의 지정 또는 변경에 관한 계획

② 개발제한구역·도시자연공원구역, 시가화조정구역, 수산자원보호구역의 지정 또는 변경에 관한 계획

③ 기반시설의 설치·정비 또는 개량에 관한 계획

④ 도시개발사업이나 정비사업에 관한 계획

⑤ 지구단위계획구역의 지정 또는 변경에 관한 계획과 지구단위계획

⑥ 입지규제최소구역의 지정 또는 변경에 관한 계획과 입지규제최소구역계획

(5) 지구단위계획 수립

① 지구단위계획 수립 시 고려할 사항

　ㄱ 도시의 정비·관리·보전·개발 등 지구단위계획구역의 지정 목적

　ㄴ 주거·산업·유통·관광휴양·복합 등 지구단위계획구역의 중심적 기능

　ㄷ 해당 용도지역의 특성

　ㄹ 지역 공동체의 활성화

　ㅁ 안전하고 지속 가능한 생활권의 조성

　ㅂ 해당 지역 및 인근 지역의 토지 이용을 고려한 토지이용계획과 건축계획의 조화

② 지구단위계획 수립 시 포함할 내용 : 다음의 사항 중 ㄷ과 ㅁ의 사항을 포함한 둘 이상 사항이 포함되어야 한다.

　ㄱ 용도지역이나 용도지구를 세분하거나 변경하는 사항

　ㄴ 기존의 용도지구를 폐지하고 그 용도지구에서의 건축물이나 그 밖의 시설의 용도·종류 및 규모 등의 제한을 대체하는 사항

　ㄷ 대통령령으로 정하는 기반시설의 배치와 규모

　ㄹ 도로로 둘러싸인 일단의 지역 또는 계획적인 개발·정비를 위하여 구획된 일단의 토지의 규모와 조성계획

　ㅁ 건축물의 용도제한, 건축물의 건폐율 또는 용적률, 건축물 높이의 최고한도 또는 최저한도

　ㅂ 건축물의 배치·형태·색채 또는 건축선에 관한 계획

　ㅅ 환경관리계획 또는 경관계획

　ㅇ 보행안전 등을 고려한 교통처리계획 등

2 용도지역, 용도지구, 용도구역

(1) 용도지역

① 도시지역 : 주거지역, 상업지역, 공업지역, 녹지지역

　⑦ 주거지역 : 거주의 안녕과 건전한 생활환경의 보호를 위하여 필요한 지역

지역		지정목적
전용주거지역	제1종	단독주택 중심의 양호한 주거환경을 보호하기 위하여 필요한 지역
	제2종	공동주택 중심의 양호한 주거환경을 보호하기 위하여 필요한 지역
일반주거지역	제1종	저층 주택 중심의 편리한 주거환경을 조성하기 위하여 필요한 지역
	제2종	중층 주택 중심의 편리한 주거환경을 조성하기 위하여 필요한 지역
	제3종	중고층 주택 중심의 편리한 주거환경을 조성하기 위하여 필요한 지역
준주거지역		주거기능을 위주로 이를 지원하는 일부 상업기능 및 업무기능을 보완하기 위한 지역

　ⓛ 상업지역 : 상업, 그 밖의 업무의 편익을 증진하기 위하여 필요한 지역

지역	지정목적
중심상업지역	도심·부도심의 상업기능 및 업무기능의 확충을 위하여 필요한 지역
일반상업지역	일반적인 상업기능 및 업무기능을 담당하게 하기 위하여 필요한 지역
근린상업지역	근린지역에서의 일용품 및 서비스의 공급을 위하여 필요한 지역
유통상업지역	도시 내 및 지역 간 유통기능 증진을 위하여 필요한 지역

　ⓒ 공업지역 : 공업의 편익을 증진하기 위하여 필요한 지역

지역	지정목적
전용공업지역	주로 중화학공업, 공해성 공업 등을 수용하기 위하여 필요한 지역
일반공업지역	환경을 저해하지 아니하는 공업의 배치를 위하여 필요한 지역
준공업지역	경공업 그 밖의 공업을 수용하되, 주거기능·상업기능 및 업무기능의 보완이 필요한 지역

　ⓒ 녹지지역 : 자연환경·농지 및 산림의 보호, 보건위생, 보안과 도시의 무질서한 확산을 방지하기 위하여 녹지의 보전이 필요한 지역

지역	지정목적
보전녹지지역	도시의 자연환경·경관·산림 및 녹지공간을 보전할 필요가 있는 지역
생산녹지지역	주로 농업적 생산을 위하여 개발을 유보할 필요가 있는 지역
자연녹지지역	도시 녹지공간 확보, 도시확산 방지, 장래 도시용지의 공급 등을 위하여 보전할 필요가 있는 지역으로서 불가피한 경우에 한하여 제한적인 개발이 허용되는 지역

② 관리지역 : 도시지역 인구와 산업을 수용하기 위해 도시지역에 준하여 체계적으로 관리하거나 농림업 진흥, 자연환경 또는 산림 보전을 위하여 농림지역 또는 자연환경보전지역에 준하여 관리가 필요한 지역

지역	지정목적
보전관리지역	자연환경보호, 산림보호, 수질오염 방지, 녹지공간 확보 및 생태계 보전 등을 위하여 보전이 필요하나, 자연환경보전지역으로 지정 및 관리하기가 곤란한 지역
생산관리지역	농업·임업·어업 생산 등을 위하여 관리가 필요하나, 농림지역으로 지정하여 관리하기가 곤란한 지역
계획관리지역	도시지역으로의 편입이 예상되는 지역 또는 자연환경을 고려하여 제한적인 이용·개발을 하려는 지역으로서 계획적·체계적인 관리가 필요한 지역

③ **농림지역** : 도시지역에 속하지 아니하는 농지법에 의한 농업진흥지역 또는 산지관리법에 따른 보전산지 등으로서 농림업을 진흥시키고 산림을 보전하기 위하여 필요한 지역

④ **자연환경보전지역** : 자연환경·수자원·해안·생태계·상수원 및 문화재의 보전과 수자원의 보호·육성 등을 위하여 필요한 지역

(2) 용도지구

① 국토교통부장관, 시·도지사 또는 대도시 시장은 다음의 어느 하나에 해당하는 용도지구의 지정 또는 변경을 도시·군관리계획으로 결정한다.

㉠ 경관지구 : 경관의 보전·관리 및 형성을 위하여 필요한 지구

㉡ 고도지구 : 쾌적한 환경 조성 및 토지의 효율적 이용을 위하여 건축물 높이의 최고한도를 규제할 필요가 있는 지구

㉢ 방화지구 : 화재의 위험을 예방하기 위하여 필요한 지구

㉣ 방재지구 : 풍수해, 산사태, 지반의 붕괴, 그 밖의 재해를 예방하기 위하여 필요한 지구

㉤ 보호지구 : 문화재, 중요 시설물(항만, 공항 등 대통령으로 정하는 시설물) 및 문화적·생태적으로 보존가치가 큰 지역의 보호와 보존을 위하여 필요한 지구

㉥ 취락지구 : 녹지지역·관리지역·농림지역·자연환경보전지역·개발제한구역 또는 도시자연공원구역의 취락을 정비하기 위한 지구

㉦ 개발진흥지구 : 주거기능·상업기능·공업기능·유통물류기능·관광기능·휴양기능 등을 집중적으로 개발·정비할 필요가 있는 지구

㉧ 특정용도제한지구 : 주거 및 교육 환경 보호나 청소년 보호 등의 목적으로 오염물질 배출시설, 청소년 유해시설 등 특정시설의 입지를 제한할 필요가 있는 지구

㉨ 복합용도지구 : 지역의 토지이용 상황, 개발 수요 및 주변 여건 등을 고려하여 효율적이고 복합적인 토지이용을 도모하기 위하여 특정시설의 입지를 완화할 필요가 있는 지구

② 경관·방재·보호·취락지구 및 개발진흥지구의 세분

지구	지구의 세분	지정목적
경관지구	자연경관지구	산지·구릉지 등 자연경관의 보호하거나 유지하기 위하여 필요한 지구
	시가지경관지구	지역 내 주거지, 중심지 등 시가지 경관을 보호 또는 유지, 형성하기 위하여 필요한 지구
	특화경관지구	주요 수계의 수변, 문화적 보존가치가 큰 건축물 주변의 경관 등 특별한 경관을 보호 또는 유지·형성하기 위하여 필요한 지구
방재지구	시가지방재지구	건축물·인구가 밀집되어 있는 지역으로 시설 개선 등을 통한 재해 예방이 필요한 지구
	자연방재지구	토지 이용도가 낮은 해안변, 하천변, 급경사지 주변 등의 지역으로서 건축 제한 등을 통하여 재해 예방이 필요한 지구
보호지구	역사문화환경보호지구	문화재·전통사찰 등 역사·문화적으로 보존가치가 큰 시설 및 지역의 보호와 보존을 위하여 필요한 지구
	중요시설물보호지구	중요시설물 보호와 기능의 유지 및 증진 등을 위하여 필요한 지구
	생태계보호지구	야생동식물 서식처 등 생태적으로 보존가치가 큰 지역의 보호와 보존을 위하여 필요한 지구
취락지구	자연취락지구	녹지지역·관리지역·농림지역 또는 자연환경보전지역 안의 취락을 정비하기 위하여 필요한 지구

지구	지구의 세분	지정목적
보전관리지역	집단취락지구	개발제한구역 안의 취락을 정비하기 위하여 필요한 지구
개발진흥지구	주거개발진흥지구	주거기능 중심으로 개발·정비할 필요가 있는 지구
	산업·유통개발진흥지구	공업기능 및 유통·물류기능을 중심으로 개발·정비할 필요가 있는 지구
	관광·휴양개발진흥지구	관광·휴양기능을 중심으로 개발·정비할 필요가 있는 지구
	복합개발진흥지구	주거기능, 공업기능, 유통·물류기능 및 관광·휴양기능 중 2 이상의 기능을 중심으로 개발·정비할 필요가 있는 지구
	특정개발진흥지구	주거기능, 공업기능, 유통·물류기능 및 관광·휴양기능 외의 기능 중심으로 특정한 목적을 위해 개발·정비할 필요가 있는 지구

(2) 용도구역

① **개발제한구역** : 도시의 무질서한 확산을 방지하고 도시 주변의 자연환경을 보전하여 도시민의 건전한 생활환경을 확보하기 위하여 도시의 개발을 제한할 필요가 있거나 국방부장관의 요청이 있어 보안상 도시의 개발을 제한할 필요가 있다고 인정되면 도시·군관리계획으로 결정한다.

② **도시자연공원구역** : 시·도지사 또는 대도시 시장은 도시의 자연환경 및 경관을 보호하고 도시민에게 건전한 여가·휴식공간을 제공하기 위하여 도시지역 안에서 식생(植生)이 양호한 산지(山地)의 개발을 제한할 필요가 있다고 인정되면 도시·군관리계획으로 결정한다.

③ **시가화조정구역** : 도시지역과 그 주변지역의 무질서한 시가화를 방지하고 계획적·단계적인 개발을 도모하기 위하여 5년 이상 20년 이내 기간 동안 시가화를 유보할 필요가 있다고 인정되면 도시·군관리계획으로 결정한다.

④ **수산자원보호구역** : 해양수산부장관은 직접 또는 관계 행정기관의 장의 요청을 받아 수산자원을 보호·육성하기 위하여 필요한 공유수면이나 그에 인접한 토지에 대해 도시·군관리계획으로 결정한다.

⑤ **입지규제최소구역** : 도시지역에서 복합적인 토지이용을 증진시켜 도시 정비를 촉진하고 지역 거점을 육성할 필요가 있다고 인정되는 지역이다.

1 통행로, 출입구, 복도 등의 설치 기준

(1) 장애인 등의 통행이 가능한 접근로

① 유효폭 및 활동공간

　㉠ 휠체어사용자가 통행할 수 있도록 접근로의 유효폭은 1.2m 이상으로 하여야 한다.

　㉡ 휠체어사용자가 다른 휠체어 또는 유모차 등과 교행할 수 있도록 50m마다 1.5m×1.5m 이상의 교행구역을 설치할 수 있다.

　㉢ 경사진 접근로가 연속될 경우에는 휠체어사용자가 휴식할 수 있도록 30m마다 1.5m×1.5m 이상의 수평면으로 된 참을 설치할 수 있다.

② 기울기 등

　㉠ 접근로의 기울기는 1/18 이하로 하여야 한다. 다만, 지형상 곤란한 경우에는 1/12까지 완화할 수 있다.

　㉡ 대지 내를 연결하는 주접근로에 단차가 있을 경우 그 높이 차이는 2cm 이하로 하여야 한다.

(2) 장애인전용주차구역

① 장애인이 통행할 수 있는 통로

　㉠ 건축물의 출입구 또는 장애인용 승강설비에 이르는 통로는 장애인이 통행할 수 있도록 높이 차이를 없애고, 유효폭은 1.2m 이상으로 하여 자동차가 다니는 길과 분리하여 설치하여야 한다.

　㉡ 통로와 자동차가 다니는 길이 교차하는 부분의 색상과 질감은 바닥재와 다르게 하여야 한다.

② 장애인전용주차구역의 크기

　㉠ 평행주차 형식 외의 경우는 주차대수 1대에 대하여 폭 3.3m 이상, 길이 5m 이상으로 하여야 한다.

　㉡ 평행주차 형식인 경우는 주차대수 1대에 대하여 폭 2m 이상, 길이 6m 이상으로 하여야 한다.

(3) 장애인 등의 출입이 가능한 출입구(문)

① 유효폭 및 활동공간

　㉠ 출입구(문)은 그 통과 유효폭을 0.9m 이상으로 하여야 하며, 전면 유효거리는 1.2m 이상으로 하여야 한다.

　㉡ 자동문이 아닌 경우에는 출입문 옆에 0.6m 이상의 활동공간을 확보하여야 한다.

　㉢ 출입구의 바닥면에는 문턱이나 높이의 차이를 두어서는 아니된다.

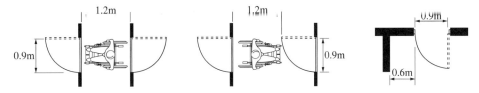

② 문의 형태

    ㉠ 출입문은 회전문을 제외한 다른 형태의 문을 설치한다.

    ㉡ 여닫이문에 도어체크를 설치하는 경우에는 문이 닫히는 시간이 3초 이상 충분하게 확보되도록 하여야 한다.

    ㉢ 자동문은 휠체어사용자의 통행을 고려하여 문의 개방시간이 충분하게 확보되도록 설치하여야 하며, 개폐기의 작동 장치는 가급적 감지범위를 넓게 하여야 한다.

③ 손잡이 및 점자표지판

    ㉠ 출입문의 손잡이는 중앙지점이 바닥면으로부터 0.8~0.9m 사이에 위치하도록 설치하여야 하며, 그 형태는 레버형이나 수평 또는 수직막대형으로 할 수 있다.

    ㉡ 건축물 안의 공중의 이용을 주목적으로 하는 사무실 등의 출입문 옆 벽면의 1.5m 높이에는 방 이름을 표기한 점자표지판을 부착하여야 한다.

(4) 장애인 등의 통행이 가능한 복도 및 통로

① 복도의 유효폭 : 복도는 1.2m 이상이어야 하며, 양옆에 거실이 있는 경우 1.5m 이상으로 할 수 있다.

② 바닥

    ㉠ 복도 바닥면에는 높이 차이를 두지 않는다. 부득이하게 높이 차이를 두는 경우에는 경사로를 설치하여야 한다.

    ㉡ 바닥표면은 미끄러지지 아니하는 재질로 평탄하게 마감하며, 넘어졌을 경우 가급적 충격이 적은 재료를 사용한다.

③ 손잡이

    ㉠ 손잡이 높이는 바닥면으로부터 0.8m 이상, 0.9m 이하로 한다.

    ㉡ 2중으로 설치하는 경우에는 윗쪽 손잡이는 0.85m 내외, 아랫쪽 손잡이는 0.65m 내외로 한다.

    ㉢ 손잡이의 지름은 3.2cm 이상, 3.8cm 이하로 하여야 한다.

    ㉣ 손잡이를 벽에 설치할 경우 벽과 손잡이 간격은 5cm 내외로 한다.

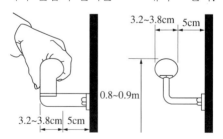

④ 보행장애물

    ㉠ 통로의 바닥면으로부터 높이 0.6m에서 2.1m 이내의 벽면으로부터 돌출된 물체의 돌출폭은 0.1m 이하로 할 수 있다.

    ㉡ 위 범위 이내의 독립기둥이나 받침대에 부착된 설치물의 돌출폭은 0.3m 이하로 할 수 있다.

ⓒ 통로의 상부는 바닥면으로부터 2.1m 이상의 유효높이를 확보하여야 한다.

ⓔ 유효높이 2.1m 이내에 장애물이 있는 경우에는 바닥면으로부터 높이 0.6m 이하에 접근방지용 난간 또는 보호벽을 설치하여야 한다.

⑤ 안전성 확보

ⓐ 복도 벽면에는 바닥면으로부터 0.15m에서 0.35m까지 킥플레이트를 설치할 수 있다.

ⓑ 복도의 모서리 부분은 둥글게 마감할 수 있다.

2 계단, 승강기 등의 설치 기준

(1) 장애인 등의 통행이 가능한 계단

① 계단의 형태

ⓐ 계단은 직선 또는 꺾임형태로 설치할 수 있다.

ⓑ 바닥면으로부터 높이 1.8m 이내마다 휴식을 할 수 있도록 수평면으로 된 참을 설치할 수 있다.

② 유효폭

ⓐ 계단 및 참의 유효폭은 1.2m 이상으로 하여야 한다.

ⓑ 건축물의 옥외피난계단은 0.9m 이상으로 할 수 있다.

③ 디딤판과 챌면

ⓐ 계단에는 챌면을 반드시 설치하여야 한다.

ⓑ 디딤판 너비는 0.28m 이상, 챌면 높이는 0.18m 이하로 하여야 한다.

ⓒ 챌면 기울기는 디딤판 수평면으로부터 60° 이상으로 한다.

ⓓ 계단코는 3cm 이상 돌출하여서는 아니 된다.

(2) 장애인용 승강기

① 설치장소 및 활동공간

ⓐ 장애인용승강기는 장애인 등의 접근이 가능한 통로에 연결하여 설치하되, 가급적 건축물 출입구와 가까운 위치에 설치하여야 한다.

ⓑ 승강기 전면에는 1.4m×1.4m 이상 활동공간을 확보하여야 한다.

ⓒ 승강장바닥과 승강기바닥의 틈은 3cm 이하로 하여야 한다.

② 크기

ⓐ 승강기 내부 유효바닥면적은 폭 1.1m 이상, 깊이 1.35m 이상으로 한다(신축 건물은 폭 1.6m 이상).

ⓑ 출입문 통과유효폭은 0.8m 이상으로 하되, 신축한 건물의 경우에는 출입문의 통과유효폭을 0.9m 이상으로 할 수 있다.

(3) 장애인용 에스컬레이터

① 유효폭 및 속도

ㄱ 에스컬레이터의 유효폭은 0.8m 이상으로 하여야 한다.

ㄴ 속도는 분당 30m 이내로 하여야 한다.

② 손잡이

ㄱ 에스컬레이터의 양측면에는 디딤판과 같은 속도로 움직이는 이동손잡이를 설치하여야 한다.

ㄴ 에스컬레이터의 양끝부분에는 수평이동손잡이를 1.2m 이상 설치하여야 한다.

ㄷ 수평이동손잡이 전면에는 1m 이상의 수평고정손잡이를 설치할 수 있으며, 수평고정손잡이에는 층수·위치 등을 나타내는 점자표지판을 부착하여야 한다.

(4) 휠체어 리프트

① 일반사항 : 계단 상부 및 하부 각 1개소에 탑승자 스스로 휠체어 리프트를 사용할 수 있는 설비를 1.4m × 1.4m 이상의 승강장을 갖추어야 한다.

② 경사형 휠체어 리프트

ㄱ 경사형 휠체어 리프트는 휠체어받침판의 유효면적을 폭 0.76m 이상, 길이 1.05m 이상으로 하여야 하며, 휠체어사용자가 탑승이 가능한 구조로 하여야 한다.

ㄴ 운행 중 휠체어가 구르거나 장애물과 접촉하는 경우 자동정지가 가능하도록 감지장치를 설치하여야 한다.

③ 수직형 휠체어 리프트 : 수직형 휠체어리프트는 내부의 유효바닥면적을 폭 0.9m 이상, 깊이 1.2m 이상으로 하여야 한다.

(5) 경사로

① 유효폭 및 활동공간

ㄱ 경사로의 유효폭은 1.2m 이상으로 하여야 한다. 다만, 건축물을 증축·개축·재축·이전·대수선 또는 용도변경하는 경우로서 1.2m 이상의 유효폭을 확보하기 곤란한 때에는 0.9m까지 완화할 수 있다.

ㄴ 바닥면으로부터 높이 0.75m 이내마다 휴식을 할 수 있도록 수평면으로 된 참을 설치하여야 한다.

ㄷ 경사로의 시작과 끝, 굴절 부분 및 참에는 1.5m × 1.5m 이상의 활동공간을 확보하여야 한다. 다만, 경사로가 직선인 경우에 참의 활동공간의 폭은 ㄱ에 따른 경사로의 유효폭과 같게 할 수 있다.

② 기울기

ㄱ 경사로의 기울기는 1/12 이하로 하여야 한다.

ㄴ 다음 요건을 모두 충족할 경우, 1/8까지 완화할 수 있다.

• 신축이 아닌 기존시설에 설치되는 경사로일 것

• 높이가 1m 이하인 경사로로서 시설의 구조 등의 이유로 기울기를 1/12 이하로 설치하기가 어려울 것

• 시설관리자 등으로부터 상시보조서비스가 제공될 것

3 화장실, 욕실 설치 기준

(1) 화장실

① **일반사항** : 화장실의 출입구(문) 옆 벽면의 1.5m 높이에는 남자용과 여자용을 구별할 수 있는 점자표지판을 부착하여야 한다.

② **대변기** : 활동공간

　ⓐ 건물을 신축하는 경우에는 대변기의 유효바닥면적이 폭 1.6m 이상, 깊이 2.0m 이상이 되도록 설치하여야 한다.

　ⓑ 대변기의 좌측 또는 우측에는 휠체어의 측면접근을 위하여 유효폭 0.75m 이상의 활동공간을 확보하여야 한다. 이 경우 대변기의 전면에는 휠체어가 회전할 수 있도록 1.4m×1.4m 이상의 활동공간을 확보하여야 한다.

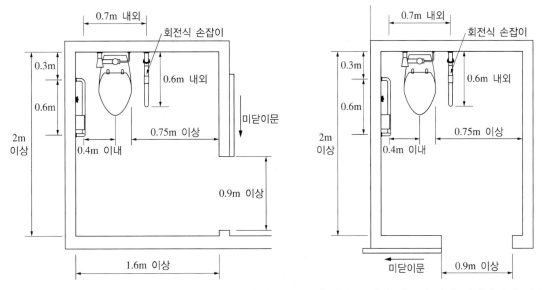

　ⓒ 신축이 아닌 기존시설에 설치하는 경우로서 시설의 구조 등의 이유로 위의 기준에 따라 설치하기가 어려운 경우에 한하여 유효바닥면적이 폭 1.0m 이상, 깊이 1.8m 이상이 되도록 설치하여야 한다.

　ⓓ 출입문의 통과유효폭은 0.9m 이상으로 하여야 한다.

③ **소변기**

　ⓐ 구조 : 소변기는 바닥부착형으로 할 수 있다.

　ⓑ 소변기의 양옆에는 수평 및 수직손잡이를 설치하여야 한다.

　ⓒ 수평손잡이의 높이는 바닥면으로부터 0.8m 이상, 0.9m 이하로 하며, 길이는 벽면으로부터 0.55m 내외, 좌우 손잡이의 간격은 0.6m 내외로 하여야 한다.

　ⓓ 수직손잡이 높이는 바닥면으로부터 1.1m 이상, 1.2m 이하, 돌출폭은 벽면으로부터 0.25m 내외로 하며, 하단부가 휠체어의 이동에 방해가 되지 아니하도록 하여야 한다.

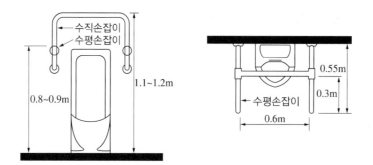

④ 세면대

    ⊙ 휠체어사용자용 세면대의 상단 높이는 바닥면으로부터 0.85m, 하단 높이는 0.65m 이상으로 하여야 한다.

    ⓒ 세면대의 하부는 무릎 및 휠체어의 발판이 들어가도록 한다.

    ⓒ 거울은 세로길이 0.65m 이상, 하단 높이는 바닥면으로부터 0.9m 내외로 설치한다.

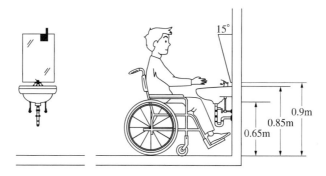

(2) 욕실

① 욕실

    ⊙ 출입문의 형태는 미닫이문 또는 접이문으로 할 수 있다.

    ⓒ 욕조 높이는 바닥면으로부터 0.4m 이상, 0.45m 이하로 한다.

    ⓒ 바닥 : 바닥면의 기울기는 1/30 이하로 하여야 한다.

② 샤워실 및 탈의실

    ⊙ 출입문의 형태는 미닫이문 또는 접이문으로 할 수 있다.

    ⓒ 샤워실의 유효바닥면적은 0.9m × 0.9m 또는 0.75m × 1.3m 이상으로 하여야 한다(샤워부스 포함).

    ⓒ 바닥 : 바닥면의 기울기는 1/30 이하로 한다.

    ⓔ 샤워실에는 샤워용 접이식 의자를 바닥면으로부터 0.4m 이상, 0.45m 이하의 높이로 설치하여야 한다.

4 **객실(침실), 관람석(열람석) 등의 설치 기준**

(1) 객실 또는 침실

　① 구조

　　㉠ 휠체어사용자를 위한 객실 등은 온돌방보다 침대방으로 할 수 있다.

　　㉡ 침대 높이는 바닥면으로부터 0.4m 이상, 0.45m 이하로 하며, 측면에는 1.2m 이상의 활동공간을 확보하여야 한다.

　② 바닥

　　㉠ 바닥면은 높이 차이를 두어서는 아니 된다.

　　㉡ 표면은 미끄러지지 않는 재질로 평탄하게 마감한다.

(2) 관람석 또는 열람석

　① 관람석의 구조 : 휠체어사용자를 위한 관람석은 1석당 폭 0.9m 이상, 깊이 1.3m 이상으로 하여야 한다.

　② 열람석의 구조

　　㉠ 열람석 상단까지 높이는 0.7m 이상, 0.9m 이하로 한다.

　　㉡ 열람석의 하부에는 무릎 및 휠체어의 발판이 들어갈 수 있도록 높이 0.65m 이상, 깊이 0.45m 이상의 공간을 확보한다.

5 **접수대, 작업대, 점자블록 등의 설치 기준**

(1) 접수대, 작업대 등

　① 활동공간 : 전면에는 휠체어를 탄 채 접근이 가능한 활동공간을 확보하여야 한다.

　② 바닥 구조

　　㉠ 접수대 또는 작업대 상단까지의 높이는 0.7m 이상, 0.9m 이하로 하여야 한다.

　　㉡ 접수대 또는 작업대의 하부에는 무릎 및 휠체어의 발판이 들어갈 수 있도록 높이 0.65m 이상, 깊이 0.45m 이상의 공간을 확보한다.

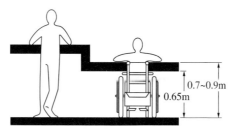

(2) 점자블록

① 규격 및 색상

ⓐ 시각장애인 보행편의를 위하여 감지용 점형블록과 유도용 선형블록을 사용하여야 한다.

ⓑ 점자블록의 크기는 0.3m×0.3m인 것을 표준형으로 하며, 그 높이는 바닥재의 높이와 동일하게 하여야 한다.

ⓒ 점형블록 표준형 : 블록당 36개의 돌출점을 가진 것

ⓓ 색상 : 원칙적으로 황색 사용

② 구조

ⓐ 점형블록 : 공간의 이동지점 알림

• 계단, 장애인용승강기, 화장실, 승강장 등 시각장애인을 유도하거나 시각장애인에게 위험한 장소의 0.3m 전면에 설치한다.

• 선형블록이 시작, 교차, 굴절되는 지점에 설치하여야 한다.

ⓑ 선형블록 : 시각장애인 유도

• 주출입구와 연결된 접근로에 설치한다.

• 유도방향에 따라 평행하게 연속해서 설치하여야 한다.

(1) 용어의 정의

① **거실** : 건축물 안에서 거주(단위 세대 내 욕실·화장실·현관을 포함한다)·집무·작업·집회·오락 기타 이와 유사한 목적을 위하여 사용되는 방을 말하나, 특별히 이 기준에서는 거실이 아닌 냉·난방공간 또한 거실에 포함한다.

② **외피** : 거실 또는 거실 외 공간을 둘러싸고 있는 벽·지붕·바닥·창 및 문 등으로서 외기에 직접 면하는 부위를 말한다.

③ **거실의 외벽** : 거실의 벽 중 외기에 직접 또는 간접 면하는 부위를 말한다. 다만, 복합용도의 건축물인 경우에는 해당 용도로 사용하는 공간이 다른 용도로 사용하는 공간과 접하는 부위를 외벽으로 볼 수 있다.

④ **최하층에 있는 거실의 바닥**

㉠ 최하층(지하층을 포함)으로서 거실인 경우의 바닥과 기타 층으로서 거실의 바닥 부위가 외기에 직접 또는 간접적으로 면한 부위를 말한다.

㉡ 복합용도의 건축물인 경우에는 해당 용도로 사용하는 공간이 다른 용도로 사용하는 공간과 접하는 부위를 최하층에 있는 거실의 바닥으로 볼 수 있다.

⑤ **최상층에 있는 거실의 반자 또는 지붕** : 최상층으로서 거실인 경우의 반자 또는 지붕을 말하며, 기타 층으로서 거실의 반자 또는 지붕 부위가 외기에 직접 또는 간접적으로 면한 부위를 포함한다.

⑥ **외기에 직접 면하는 부위** : 바깥쪽이 외기이거나 외기가 직접 통하는 공간에 면한 부위를 말한다.

⑦ **외기에 간접 면하는 부위** : 외기가 직접 통하지 아니하는 비난방 공간(지붕 또는 반자, 벽체, 바닥 구조의 일부로 구성되는 내부 공기층은 제외)에 접한 부위, 외기가 직접 통하는 구조나 실내공기의 배기를 목적으로 설치하는 샤프트 등에 면한 부위, 지면 또는 토양에 면한 부위를 말한다.

⑧ **방풍구조** : 출입구에서 실내외 공기 교환에 의한 열출입을 방지할 목적으로 설치하는 방풍실 또는 회전문 등을 설치한 방식을 말한다.

⑨ **기밀성 창, 기밀성 문** : 창 및 문으로서 한국산업규격(KS) F 2292 규정에 의하여 기밀성 등급에 따른 기밀성이 1~5등급(통기량 $5m^3/h \cdot m^2$ 미만)인 것을 말한다.

⑩ **외단열** : 건축물 각 부위의 단열에서 단열재를 구조체의 외기측에 설치하는 단열방법으로서 모서리 부위를 포함하여 시공하는 등 열교를 차단한 경우를 말한다.

(2) 설계기준 의무사항

① 난별소지 일반사항

㉠ 외기에 직접 또는 간접 면하는 거실의 각 부위에는 건축물의 열손실 방지조치를 하여야 한다. 다만, 다음 부위에 대해서는 제외한다.

• 지표면 아래 2m를 초과하여 위치한 지하 부위(공동주택의 거실 부위는 제외)로서 이중벽의 설치 등 하계 표면결로 방지조치를 한 경우

- 지면 및 토양에 접한 바닥 부위로서 난방공간의 외벽 내표면까지의 모든 수평거리가 10m를 초과하는 바닥 부위
- 외기에 간접 면하는 부위로서 당해 부위가 면한 비난방 공간의 외기에 직접 또는 간접 면하는 부위를 별표 1에 준하여 단열조치하는 경우
- 공동주택의 층간바닥(최하층 제외) 중 바닥난방을 하지 않는 현관 및 욕실의 바닥 부위
- 방풍구조(외벽 제외) 또는 바닥면적 150m^2 이하의 개별 점포의 출입문
  - ⓛ 단열조치를 하여야 하는 부위의 열관류율이 위치 또는 구조상의 특성에 의하여 일정하지 않는 경우에는 해당 부위의 평균 열관류율 값을 면적가중 계산에 의하여 구한다.
② 에너지성능지표 배점 기준
  에너지절약계획서 및 설계 검토서 제출대상 건축물은 별지 제1호 서식 에너지절약계획 설계 검토서 중 에너지성능지표 건축부문 1번 항목 배점을 0.6점 이상 획득하여야 한다.
③ 바닥난방에서 단열재의 설치
  바닥난방 부위에 설치되는 단열재는 바닥난방의 열이 슬래브 하부로 손실되는 것을 막을 수 있도록 온수배관 하부와 슬래브 사이에 설치하고, 온수배관 하부와 슬래브 사이에 설치되는 구성재료의 열저항의 합계는 해당 바닥에 요구되는 총열관류저항의 60% 이상이 되어야 한다.
④ 기밀 및 결로방지 등을 위한 조치
  - ㉠ 벽체 내표면 및 내부에서의 결로를 방지하고 단열재의 성능 저하를 방지하기 위해 단열조치를 하여야 하는 부위(창, 문, 난방공간 사이의 층간바닥 제외)에는 방습층을 단열재의 실내측에 설치하여야 한다.
  - ㉡ 방습층 및 단열재가 이어지는 부위 및 단부는 이음 및 단부를 통한 투습을 방지할 수 있도록 다음과 같이 조치하여야 한다.
    - 단열재의 이음부는 최대한 밀착하여 시공하거나, 2장을 엇갈리게 시공하여 이음부를 통한 단열성능 저하가 최소화될 수 있도록 조치할 것
    - 방습층으로 알루미늄박 또는 플라스틱계 필름 등을 사용할 경우의 이음부는 100mm 이상 중첩하고 내습성 테이프, 접착제 등으로 마감할 것
    - 단열 부위가 만나는 모서리 부위는 방습층 및 단열재가 이어짐이 없이 시공하거나 이어질 경우 이음부를 통한 단열성능 저하가 최소화되도록 할 것
  - ㉢ 건축물 외피 단열 부위의 접합부, 틈 등은 밀폐될 수 있도록 코킹과 개스킷 등을 사용하여 기밀하게 처리하여야 한다.
  - ㉣ 외기에 직접 면하고 1층 또는 지상으로 연결된 출입문은 방풍구조로 하여야 한다. 다만, 다음에 해당하는 경우에는 그러하지 않을 수 있다.
    - 바닥면적 300m^2 이하의 개별 점포의 출입문
    - 주택의 출입문(단, 기숙사는 제외)
    - 사람의 통행을 주목적으로 하지 않는 출입문
    - 너비 1.2m 이하의 출입문

ⓜ 방풍구조를 설치하여야 하는 출입문에서 회전문과 일반문이 같이 설치된 경우, 일반문 부위는 방풍실구조의 이중문을 설치하여야 한다.

ⓗ 건축물의 거실의 창이 외기에 직접 면하는 부위는 기밀성 창을 설치하여야 한다.

(3) 설계기준 권장사항

① 배치계획

ㄱ 건축물은 대지의 향, 일조 및 주풍향 등을 고려하여 배치하며, 남향 또는 남동향 배치를 한다.

ㄴ 공동주택은 인동간격을 넓게 하여 저층부의 태양열 취득을 증대시킨다.

② 평면계획

ㄱ 거실의 층고 및 반자 높이는 실의 용도와 기능에 지장을 주지 않는 범위 내에서 가능한 낮게 한다.

ㄴ 건축물의 체적에 대한 외피면적의 비 또는 연면적에 대한 외피면적의 비는 가능한 작게 한다.

ㄷ 실의 냉난방 설정온도, 사용스케줄 등을 고려하여 에너지절약적 조닝계획을 한다.

③ 단열계획

ㄱ 건축물 용도 및 규모를 고려하여 건축물 외벽, 천장 및 바닥으로의 열손실이 최소화되도록 설계한다.

ㄴ 외벽 부위는 외단열로 시공한다.

ㄷ 외피 모서리 부분은 열교가 발생하지 않도록 단열재를 연속적으로 설치한다.

ㄹ 건물의 창 및 문은 가능한 작게 설계하고, 특히 열손실이 많은 북측 거실의 창 및 문의 면적은 최소화한다.

ㅁ 발코니 확장을 하는 공동주택이나 창 및 문의 면적이 큰 건물에는 단열성이 우수한 로이(Low-E) 복층창이나 삼중창 이상의 창을 설치한다.

ㅂ 태양열 유입에 의한 냉·난방부하를 저감할 수 있도록 일사조절장치, 태양열취득률(SHGC), 창 및 문의 면적비 등을 고려한 설계를 한다.

④ 기밀계획

ㄱ 틈새바람에 의한 열손실을 방지하기 위하여 외기에 직접 또는 간접으로 면하는 거실 부위에는 기밀성 창 및 문을 사용한다.

ㄴ 공동주택의 외기에 접하는 주동의 출입구와 각 세대의 현관은 방풍구조로 한다.

ㄷ 기밀성을 높이기 위하여 외기에 직접 면한 거실의 창 및 문 등 개구부 둘레를 기밀테이프 등을 활용하여 외기가 침입하지 못하도록 기밀하게 처리한다.

⑤ 자연채광계획

자연채광을 적극적으로 이용할 수 있도록 계획한다. 특히 학교의 교실, 문화 및 집회시설의 공용 부분(복도, 화장실, 휴게실, 로비 등)은 1면 이상 자연채광이 가능하도록 한다.

(1) 용어의 정의

① **자연적 감시** : 도로 등 공공공간에 대하여 시각적인 접근과 노출이 최대화되도록 건축물의 배치, 조경, 조명 등을 통하여 감시를 강화하는 것을 말한다.

② **접근통제** : 출입문, 담장, 울타리, 조경, 안내판, 방범시설 등(접근통제시설)을 설치하여 외부인의 진 · 출입을 통제하는 것을 말한다.

③ **영역성 확보** : 공간배치와 시설물 설치를 통해 공적 공간과 사적 공간의 소유권 및 관리와 책임 범위를 명확히 하는 것을 말한다.

④ **활동의 활성화** : 일정한 지역에 대한 자연적 감시를 강화하기 위하여 대상 공간 이용을 활성화시킬 수 있는 시설물 및 공간계획을 하는 것을 말한다.

(2) 적용대상(건축법 시행령 제63조의6(건축물의 범죄예방) 관련)

① 공동주택 중 다세대주택, 연립주택, 아파트

② 제1종 근린생활시설 중 일용품 판매점

③ 제2종 근린생활시설 중 다중생활시설

④ 문화 및 집회시설(동 · 식물원 제외)

⑤ 교육연구시설(연구소, 도서관 제외)

⑥ 노유자시설

⑦ 수련시설

⑧ 업무시설 중 오피스텔

⑨ 숙박시설 중 다중생활시설

⑩ 단독주택 중 다가구주택

(3) 범죄예방 공통기준

① 접근통제의 기준

    ㉠ 보행로는 자연적 감시가 강화되도록 계획되어야 한다. 다만, 구역적 특성상 자연적 감시 기준을 적용하기 어려운 경우에는 영상정보처리기기, 반사경 등 자연적 감시를 대체할 수 있는 시설을 설치하여야 한다.

    ㉡ 대지 및 건축물의 출입구는 접근통제시설을 설치하여 자연적으로 통제하고, 경계 부분을 인지할 수 있도록 하여야 한다.

    ㉢ 건축물의 외벽에 범죄자의 침입을 용이하게 하는 시설은 설치하지 않아야 한다.

② 영역성 확보의 기준

    ㉠ 공적(公的) 공간과 사적(私的) 공간의 위계(位階)를 명확하게 인지할 수 있도록 설계하여야 한다.

ⓛ 공간의 경계 부분은 바닥에 단(段)을 두거나 바닥의 재료나 색채를 달리하거나 공간 구분을 명확하게 인지할 수 있도록 안내판, 보도, 담장 등을 설치하여야 한다.

③ 활동의 활성화 기준

㉠ 외부공간에 설치하는 운동시설, 휴게시설, 놀이터 등의 시설(외부시설)은 상호 연계하여 이용할 수 있도록 계획하여야 한다.

ⓛ 지역 공동체(커뮤니티)가 증진되도록 지역 특성에 맞는 적정한 외부시설을 선정하여 배치하여야 한다.

(4) 100세대 이상 아파트에 대한 범죄예방 기준

① 대지의 출입구

㉠ 출입구는 영역의 위계(位階)가 명확하도록 계획하여야 한다.

ⓛ 출입구는 자연적 감시가 쉬운 곳에 설치하며, 출입구 수는 효율적인 관리가 가능한 범위에서 적정하게 계획하여야 한다.

ⓒ 조명은 출입구와 출입구 주변에 연속적으로 설치하여야 한다.

② 담장

㉠ 사각지대 또는 고립지대가 생기지 않도록 계획하여야 한다.

ⓛ 자연적 감시를 위하여 투시형으로 계획하여야 한다.

ⓒ 울타리용 조경수를 설치하는 경우에는 수고 1m에서 1.5m 이내인 밀생수종을 일정한 간격으로 식재하여야 한다.

③ 부대시설 및 복리시설

㉠ 주민활동을 고려하여 접근과 자연적 감시가 용이한 곳에 설치한다.

ⓛ 어린이 놀이터는 사람의 통행이 많은 곳이나 건축물의 출입구 주변 또는 각 세대에서 조망할 수 있는 곳에 배치하고, 주변에 경비실을 설치하거나 영상정보처리기기를 설치하여야 한다.

교육은 우리 자신의 무지를 점차 발견해 가는 과정이다.

– 윌 듀란트 –

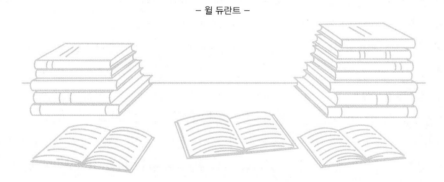

PART 02

기출문제

기술직 건축계획

TECH BIBLE

PART 02 기출문제
2015년 기출문제

01 주심포식 건축물에 대한 설명으로 옳은 것은?

① 영주 부석사 조사당과 안동 봉정사 고금당이 주요 예이다.

② 주로 향교, 서원에 사용되었다.

③ 범어사 대웅전과 석왕사 응진전은 조선시대 주심포식 건축물이다.

④ 창방 위에 평방을 두고 주간포작을 갖고 있다.

해설

① 영주 부석사 조사당은 고려시대 후기 주심포식으로 정면 3칸, 측면 1칸으로 구성한 건축물이며, 안동 봉정사 고금당은 조선시대 전기 주심포식으로 정면 3칸, 측면 1칸의 소규모 건축물이다.

② 향교, 서원 등의 소규모 건축물에는 주로 익공식을 사용하였다.

③ 범어사 대웅전과 석왕사 응진전은 고려시대 다포식 건축물이다.

④ 주심포식은 공포를 기둥 위에만 배열한 것으로 창방만으로 구성된다. 다포식은 창방 위에 평방을 두고 주간포작을 구성하는 건축물이다.

02 다음 중 건축의 3대 필수요소에 해당하지 않는 것은?

① 형태(Form)

② 구조(Structure)

③ 기능(Function)

④ 공간(Space)

해설

건축의 3대 필수요소 : 기능(Function), 구조(Structure), 형태(Form)로서 이탈리아 건축가인 피에르 네르비(Pier Luigi Nervi)에 의해 정의되었다.

03 건축법 시행령에서 정한 건축물의 규모 산정에 관한 설명 중 옳은 것은?

① 건축물의 옥상에 설치되는 승강기탑, 계단탑, 옥탑 등으로서 그 수평투영면적의 합계가 해당 건축물 건축면적의 1/8 이하인 경우에는 15m까지 건축물의 높이 산정에서 제외한다.

② 층의 구분이 명확하지 아니한 건축물은 그 건축물의 높이 3m마다 하나의 층으로 본다.

③ 지붕마루장식·굴뚝 그 밖에 이와 비슷한 옥상돌출물과 난간벽(그 벽면적의 1/2 이상이 공간으로 되어 있는 것만 해당한다)은 그 건축물의 높이에 산입하지 아니한다.

④ 승강기탑, 계단탑, 망루, 장식탑, 옥탑 그 밖에 이와 비슷한 건축물의 옥상 부분으로서 그 수평투영면적의 합계가 해당 건축물 건축면적의 1/4 이하인 것은 건축물의 층수에 산입하지 아니한다.

해설
① 건축물의 옥상에 설치되는 승강기탑, 계단탑, 옥탑 등으로서 그 수평투영면적의 합계가 해당 건축물 건축면적의 1/8 이하인 경우에는 12m까지 건축물의 높이 산정에서 제외한다.
② 층의 구분이 명확하지 아니한 건축물은 그 건축물의 높이 4m마다 하나의 층으로 본다.
④ 승강기탑, 계단탑, 망루, 장식탑, 옥탑 그 밖에 이와 비슷한 건축물의 옥상 부분으로서 그 수평투영면적의 합계가 해당 건축물 건축면적의 1/8 이하인 것은 건축물의 층수에 산입하지 아니한다.

04 일반상업지역에서 대지분석을 통한 건축물의 규모를 검토할 때 고려하지 않아도 될 사항은?

① 건축선의 지정에 따른 도로와의 이격거리
② 부설주차장의 규모
③ 일조권 제한에 따른 이격거리
④ 허용건폐율과 용적률

해설
일조권 제한에 따른 이격거리, 즉 일조 등의 확보를 위한 건축물의 높이 제한은 전용주거지역, 일반주거지역 안에서 건축하는 건축물에 대해 적용한다. 따라서, 일조권 제한에 따른 이격거리에 대해서는 일반상업지역에 건축하는 건축물은 적용되지 않는다.

05 사무소 건축에서 경제적인 기준층 설계에 대한 설명으로 옳은 것은?

① 임대사무실을 중심으로 계단, 화장실, 탕비실 등을 가능한 근접하게 배치한다.

② 복도는 편복도가 중복도에 비해 능률적이나 설계 시 채광 및 통풍을 충분히 고려해야 한다.

③ 임대사무실의 개방식 배치방법은 경제적이며 능률적인 방법이다.

④ 기준층의 임대면적은 80~85%가 이상적이며 90% 이상은 공용부분이 너무 작거나 임대면적이 커서 사용상 불편하다.

해설

① 대형 사무소의 경우, 코어공간인 교통공간(홀, 복도, 계단, 엘리베이터 등)과 서비스공간(화장실, 급탕실, 잡용실 등)을 중심으로 집무공간인 임대사무실을 배치한다.

② 복도는 중복도 형식이 편복도 형식에 비해 능률적이나 설계 시 채광 및 통풍을 충분히 고려해야 한다.

④ 임대사무소의 경우 임대비(연면적에 대한 임대면적의 비율)는 일반적으로 65~75%의 범위가 표준이며, 기계실 등의 부대시설이 거의 없는 기준층의 임대비는 75~85%가 적정 비율이다.

06 학교운영 방식의 장단점에 대한 설명으로 옳지 않은 것은?

① U형(종합교실형) – 학생의 이동이 없고 각 학급마다 가정적인 분위기가 조성된다.

② V형(교과교실형) – 각 교과에 순수율이 낮은 교실이 주어지며 따라서 시설의 이용률이 낮아진다.

③ P형(플라톤형) – 교사 수가 적거나 적당한 시설이 없으면 실시하기 어렵다.

④ D형(달톤형) – 하나의 교과에 출석하는 학생 수가 일정하지 않으므로 크고 작은 여러 가지의 교실이 요구된다.

해설

V형(교과교실형)은 각 교과에 순수율이 높은 교실이 주어지며, 따라서 시설의 질이 높아진다.

교과교실형(V형) 운영 방식

• 모든 교실이 특정한 교과를 위해 만들어지므로 일반교실은 없다.

• 각 교과 전문의 교실이 주어지므로 순수율이 높아지며, 시설의 질이 높아진다.

• 학생의 이동이 많으며, 전문교실을 100%로 하지 않으면 이용률이 낮아질 수 있다.

• 교실 간의 이동 시 동선처리에 유의해야 하며, 소지품을 보관할 수 있는 공간이 필요하다.

07 다음 건축설계 프로세스 중 시방서와 공사비 내역서 등이 작성되는 단계는?

① POE 단계

② 기본설계 단계

③ 계획설계 단계

④ 실시설계 단계

해설

실시설계 단계는 견적, 입찰, 시공 등 설계 이후의 후속작업과 시공을 위한 제반도서를 제작하는 과정이며, 각종 시공을 위한 다음의 내용을 수행한다.

• 배치도, 평면도, 입단면도, 창호도, 천장도 및 상세도 등 작성
• 가구도면의 배치 및 제작도 작성
• 전기 및 설비에 관한 기구배치 및 타입 결정
• 각종 재료, 가구, 하드웨어, 조명 등의 사양 수집 정리
• 시방서 작성 및 공사비 명세서 작성

설계(Designing) 단계의 구성

• 기획 및 계획설계 : 계획 및 설계 방향 설정(사용자의 요구사항, 제약점 등 조건 파악, 타당성 검토, 프로그래밍 등의 기획과정 업무, 성과물 작성)
• 기본설계 : 설계자료, 프로그램 자료, 기본적인 설계원칙을 결정하며, 디자인 발전 및 클라이언트와의 협의를 통해 구체적 설계안 결정
• 실시설계 : 견적, 입찰, 시공 등 설계 이후의 후속작업과 시공을 위한 제반도서를 제작하는 과정
• 현장설계 : 현장 상황과 설계납품 이후 발생하는 변경내용 해결을 위해 설계하는 과정(감리, 감독자의 승인을 얻어 현장시공자 시행)

08 다음 중 각 시설별 세부계획에 대한 내용으로 옳지 않은 것은?

① 주거건축의 거실면적 구성비는 연면적의 25~30% 정도이고 1인당 소요 바닥면적은 4~6m² 가 적정하다.

② 주거건축에서 엘리베이터(Elevator) 계획 시 한 층에서 승객을 기다리는 시간은 평균 10초로 한다.

③ 은행의 경우, 은행 행정업무가 이루어지는 영업장의 면적은 은행원 1인당 10m² 정도가 바람직하며 천장높이도 5~7m 정도로 하여 고객에 대한 개방감과 신뢰감을 높이는 것이 좋다.

④ 극장이나 영화관 등의 관람시설의 경우, 배우의 표정이나 동작을 감상할 수 있는 거리(1차 허용한도)는 무대의 중심으로부터 35m 이내이며, 배우의 일반적인 동작만 보임으로써 감상하기에 큰 문제가 없는 거리(2차 허용한도)는 50m 이내이다.

해설

• 배우의 표정이나 동작을 감상할 수 있는 거리(생리적 한도)는 무대중심에서 15m 이내이다.
• 극장이나 영화관 등의 관람시설의 경우, 배우의 표정이나 동작을 감상할 수 있는 거리(1차 허용한도)는 무대의 중심으로부터 22m 이내이다.
• 배우의 일반적인 동작만 보임으로써 감상하기에 큰 문제가 없는 거리(2차 허용한도)는 35m 이내이다.

7 ④ 8 ④ **정답**

09 근린생활권의 위계적 구성 가운데 다음 항목에 해당하는 생활권 체계는?

> • 가구 수는 400~500호
> • 인구는 2,000~2,500명 정도
> • 단지 내 중심시설은 주로 유치원, 근린상점, 노인정, 독서실, 파출소 등
> • 주민 간 교류가 가능한 최소생활권

① 인보구
② 근린분구
③ 근린주구
④ 근린지구

해설

근린분구(近隣分區, Branch Unit of Neighborhood)
• 규모 : 400~500호, 인구 2,000~2,500명
• 주민 간에 면식이 가능한 최소단위의 생활권으로서 일상 소비 생활에 필요한 공동시설이 운영 가능한 단위이다.
• 소비시설을 갖추며, 후생시설(목욕탕, 약국 등), 보육시설(유치원, 탁아소)을 설치하며, 특히 2,000㎡ 이상의 어린이 공원을 설치한다.
• 진입로, 오픈 스페이스 등을 공유하고 보행권 설정의 기준 단위이다.

10 환기량에 의한 실의 면적을 구할 경우, 성인 2인용 침실의 천장높이가 2.5m일 때, 소요되는 실의 면적은?(단, 자연환기 횟수는 시간당 2회(2회/1h)이다)

① 10m^2
② 15m^2
③ 20m^2
④ 25m^2

해설

• 소요 기적 산정 : 성인은 1인당 $50\text{m}^3/\text{h}$의 신선한 공기가 필요하며, 성인 2인용 침실이므로 $100\text{m}^3/\text{h}$의 환기량이 요구된다. 환기량을 환기 횟수로 나누게 되면 소요 기적이 된다.

$$\text{소요 기적(m}^3) = \frac{\text{1인당 소요 공기량} \times \text{인원수}}{\text{환기 횟수}} = \frac{50\text{m}^3\text{회/h} \times 2}{2\text{회/h}} = 50\text{m}^3$$

• 소요실 면적 산정 : 소요 기적을 천장높이로 나누게 되면 침실의 바닥면적을 산정할 수 있다.

$$\text{소요실 면적(m}^2) = \frac{\text{소요 기적}}{\text{천장높이}} = \frac{50\text{m}^3}{2.5\text{m}} = 20\text{m}^2$$

11 전시공간을 계획할 때 다음의 특징을 갖는 특수전시기법은?

> • 전시 벽이나 천장을 직접 이용하지 않고 전시물 또는 전시장치를 배치하는 방식이다.
> • 관람자의 시거리를 짧게 할 수 있다.
> • 전시물의 크기에 관계없이 배치할 수 있다.
> • 관람자의 동선을 자유롭게 변화시킬 수 있어 전시공간을 다양하게 활용할 수 있다.

① 하모니카(Harmonica) 전시
② 파노라마(Panorama) 전시
③ 디오라마(Diorama) 전시
④ 아일랜드(Island) 전시

해설

④ 아일랜드(Island) 전시
  • 벽이나 천장을 직접 이용하지 않고 전시물 또는 전시장치를 배치함으로써 전시공간을 만들어 내는 전시방법이다.
  • 관람 동선이 전시물 사이를 통과할 수 있도록 하며, 모든 방향에서 관람이 가능한 전시방법이다.
① 하모니카(Harmonica) 전시
  • 전시 평면이 하모니카 흡입구처럼 동일한 공간으로 연속배치하는 전시방법이다.
  • 동일 종류의 전시물을 반복하여 전시할 때 유리하다.
② 파노라마(Panorama) 전시
  • 연속적인 주제를 선적으로 연계성을 표현하기 위한 전시방법이다.
  • 벽면 전시와 입체물이 병행하며, 넓은 시야의 전경을 보는 듯한 감각을 주는 전시방법이다.
③ 디오라마(Diorama) 전시
  • 전시물 뒤에 그림이나 사진이 비추어서, 현장에 임한 듯한 느낌으로 관찰할 수 있는 전시방법이다.
  • '하나의 사실' 또는 '주제의 시간 상황을 고정'시켜 연출하는 방법이다.

12 병원 건축에서의 간호단위(Nurse Unit)에 대한 설명 중 옳지 않은 것은?

① 간호단위에서 담당하는 병상 수는 소아과가 정신과보다 많게 계획한다.
② 간호사의 보행거리는 24m 이내로 환자를 돌보기 쉽게 병실군의 중앙에 위치시킨다.
③ 1조(8~10명)의 간호사들이 간호하기에 적절한 병상 수는 25병상이 이상적이며 보통 30~40병상 정도이다.
④ 간호사 대기실은 각 간호단위 또는 층별, 동별로 설치하며 간호작업에 편리한 수직통로에 가까운 곳으로 외부의 출입도 감시할 수 있도록 한다.

해설

간호단위에서 담당하는 병상 수는 소아병동(소아과)을 정신병동(정신과)보다 적게 계획함으로써 소아환자의 간호를 원활히 하여야 한다.

13 사무소 건축의 규모는 사무원 수에 따라 결정된다. 그렇다면 건축 연면적 1,500m²인 임대사무소에 수용할 수 있는 적정 인원은 대략 몇 명인가?

① 약 100명

② 약 150명

③ 약 250명

④ 약 300명

해설

사무소의 인원(직원 수)은 연면적을 기준으로 1인당 8~11m² 정도이며, 1인당 10m²를 기준으로 적정 인원을 산정하면 1,500m² ÷ 10m² = 150명 정도이다.

14 다음 중 건축법 시행령에서 정한 대수선의 범위에 해당하는 것은?

① 보를 해체하거나 두 개 이상 수선 또는 변경하는 것

② 내력벽의 일부분(가로 9m × 높이 3m)을 변경하는 것

③ 미관지구에서 건축물의 외부형태를 변경하는 것

④ 건축물의 외벽에 사용하는 마감재료를 증설 또는 해체하거나 벽면적 20m² 이상 수선 또는 변경하는 것

해설

※ 출제 시 정답은 '③ 미관지구에서 건축물의 외부형태를 변경하는 것'이었으나 법 개정(2019.10.22.)으로 삭제되어 정답 없음

대수선

건축물의 기둥, 보, 내력벽, 주계단 등의 구조나 외부형태를 수선·변경거나 증설하는 것으로, 다음 어느 하나에 해당하는 것으로서 증축·개축 또는 재축에 해당하지 아니하는 것을 말한다.

• 내력벽 증설 또는 해체하거나 그 벽면적을 30m² 이상 수선 또는 변경하는 것
• 기둥을 증설 또는 해체하거나 세 개 이상 수선 또는 변경하는 것
• 보를 증설 또는 해체하거나 세 개 이상 수선 또는 변경하는 것
• 지붕틀(한옥의 경우에는 지붕틀의 범위에서 서까래는 제외한다)을 증설 또는 해체하거나 세 개 이상 수선 또는 변경하는 것
• 방화벽 또는 방화구획을 위한 바닥 또는 벽을 증설 또는 해체하거나 수선 또는 변경하는 것
• 주계단·피난계단 또는 특별피난계단을 증설 또는 해체하거나 수선 또는 변경하는 것
• 다가구주택의 가구 간 경계벽 또는 다세대주택의 세대 간 경계벽을 증설 또는 해체하거나 수선 또는 변경하는 것
• 건축물의 외벽에 사용하는 마감재료를 증설 또는 해체하거나 벽면적 30m² 이상 수선 또는 변경하는 것

15 난방도일에 대한 설명 중 옳지 않은 것은?

① 지역별로 추운 정도를 나타내기 위한 지표이다.

② 실내의 평균기온과 외기의 평균기온과의 차이에 일수를 곱한 것이다.

③ 난방도일은 지역별로 다르지만 매년 일정한 값을 갖는다.

④ 난방도일이 클수록 난방에 소비되는 에너지량이 커진다.

해설

난방도일은 연료의 소비량을 추정하기 위한 단위로서 겨울에 추운 정도를 나타내는 것으로 지역별로 다르며 매년 그 값은 변한다.

16 배수트랩에 관한 설명 중 옳지 않은 것은?

① 오물이 트랩에 체류하지 않도록 구조는 간단하고 내표면은 평활한 것이 좋다.

② 재질은 내식성이 있고 청소가 간편한 구조여야 한다.

③ 트랩의 봉수를 보호하기 위해 봉수의 깊이는 최소 150mm 이상이어야 한다.

④ 유수에 의해 트랩 내부를 세정할 수 있는 자기세정 작용이 있어야 한다.

해설

트랩(Trap)은 봉수를 고이게 하는 기구이다. 배수관 속 악취, 유독가스 및 벌레의 침투를 방지하기 위하여 설치하며, 봉수를 보호하기 위해 봉수의 깊이는 5~10cm 정도가 적당하다.

트랩 설치 조건

• 구조가 간단하며, 평활한 내면으로 제작한다.

• 자체의 유수로 배수로를 세정하며, 오수가 정체되지 않아야 한다.

• 봉수가 없어지지 않아야 하며, 항상 유지되어야 한다.

• 내식성 · 내구성 있는 재료를 사용한다.

17 호텔 기준층의 평면형과 구조계획에 대한 설명으로 옳지 않은 것은?

① 교차형 – 구조계가 다소 단순하며 고층 건물에 적합하다.

② 병렬형 – 코어를 끼고 방을 배치함으로써 건물의 속길이 치수가 커지며 구조적으로 유리하다.

③ 폐쇄형 – 건물 평면의 폭 길이비, 폭 높이비가 구조적으로 유리하다.

④ 리니어형 – 직사각형으로 구성되는 구조로서 단순 명쾌한 타입이다.

해설

호텔 기준층 블록플랜의 형태

교차형		• 교차형에는 +자, T자 또는 Y자형으로서 객층의 동선상으로는 바람직하지만 저층부에서는 시메트리(대칭적 요소)가 발생된다. • 일반적으로 구조체는 복잡하며, 고층 건축물에는 적당하지 않다.
병렬형		코어를 끼고 각 실을 배치함으로써 건물의 안깊이(속길이) 치수가 커지면 선형에 비해 평면적인 폭과 길이의 비, 입면적인 폭과 높이의 비가 구조적으로 유리하다.
폐쇄형		건물 평면의 폭과 길이의 비, 폭과 높이의 비가 구조적으로 유리하다.
리니어형 (선형)		단순한 선형이나 변형된 선형으로 계획할 수 있으며, 직사각형으로 구성되는 구조로서 단순 명쾌한 타입이다.

16 ③ 17 ① **정답**

18 공기조화 방식에서 가변풍량(VAV) 방식에 대한 설명 중 옳지 않은 것은?

① 부분 부하변동에 따른 대처가 용이하여 실내온도 조절이 쉽다.

② 부하가 적은 공간에서 최소필요환기량을 쉽게 확보할 수 있다.

③ 에너지 절약 측면에서 효율적이다.

④ 변풍량 유닛으로 인해 설비비가 증가된다.

해설

가변풍량 방식(Variable Air Volume System)

• 덕트의 관 말에 VAV 유닛을 설치하여 송풍온도를 일정하게 하고, 송풍량을 실내부하변동에 따라 변화시키는 에너지 절약형 방식이다.

• 장점

　– 부하변동을 정확히 파악하여 실온을 유지하기 때문에 에너지 손실이 적다.

　– 부하가 적을 경우 풍량이 감소되어 동력을 절약할 수 있다.

　– 전폐형 유닛을 사용하여 사용하지 않는 실의 송풍 정지가 가능하다(개별 제어가 가능).

• 단점

　– 환기량 확보 문제로 실내공기가 오염될 수 있다.

　– 부하가 적을 경우 풍량이 감소되어 최소환기량 확보가 어렵다.

　– 가변풍량 유닛의 설비비가 고가이다.

19 건축법령에 규정된 용어의 정의 중 옳지 않은 것은?

① 초고층 건축물은 층수가 50층 이상이면서 높이가 200m 이상인 건축물이다.

② 리모델링은 건축물을 대수선하거나 일부 증축하는 행위를 말한다.

③ 주요구조부는 내력벽, 기둥, 바닥, 보, 지붕틀 및 주계단을 말한다.

④ 지하층은 건축물의 바닥이 지표면 아래에 있는 층으로서 바닥에서 지표면까지 평균높이가 해당 층 높이의 1/2 이상인 것을 말한다.

해설

• 고층 건축물 : 층수 30층 이상이거나 높이 120m 이상인 건축물

• 초고층 건축물 : 층수 50층 이상이거나 높이 200m 이상인 건축물

• 준초고층 건축물 : 고층 건축물 중 초고층 건축물이 아닌 것

20 다음 중 건축가와 주요작품이 올바르게 연결된 것은?

① Norman Foster – Pompidou Center, Paris, France

② Jørn Utzon – Sydney Opera House, Sydney, Australia

③ Ando Tadao – Sendai Mediatheque, Miyagi, Japan

④ Herzog & de Meuron – Thermal Bath, Vals, Switzerland

해설
① 노만 포스터(Norman Foster) – 홍콩의 HSBC빌딩, 런던 밀레니엄 타워, 뉴욕의 허스트 타워(Hearst Tower), 애플의 신사옥
   ※ 퐁피두 센터(Pompidou Center, Paris, France) : 렌초 피아노(Renzo Piano), 리처드 로저스(Richard Rogers) 설계
③ 안도 다다오(Ando Tadao) – 스미요시 주택(Azuma House), 물의 교회(Church on the Water), 빛의 교회(Church of the Light), 원주의 뮤지엄 산, 서귀포의 본태 박물관
   ※ 센다이 미디어테크(Sendai Mediatheque, Miyagi, Japan) : 이토 도요(Ito Toyo) 설계
④ 헤르조그 & 드뫼롱(Herzog & de Meuron) – 엘베 필하모닉 홀(함부르크, 독일), 베이징 국립 경기장(베이징, 중국)
   ※ 테르메 발스 온천(Thermal Baths, Vals, Switzerland) : 페터 춤토르(Peter Zumthor) 설계

01 **학교운영 방식에 대한 설명으로 옳지 않은 것은?**

① 교과교실형은 학생의 이동이 심하기 때문에 학생의 이동에 대한 동선처리에 주의해야 한다.

② 종합교실형은 각 교과에 순수율이 높은 교실이 주어져 시설의 활용도가 높게 된다.

③ 플래툰형은 교사의 수가 부족하거나 적당한 시설이 없으면 적용하기 어렵다.

④ 달톤형은 학급, 학생의 구분을 없앤 것으로 학생들은 각자의 능력에 맞게 교과를 선택할 수 있고 일정한 교과가 끝나면 졸업한다.

해설
• 종합교실형은 교실 수는 학급 수와 일치하며, 각 학급은 자기 교실에서 모든 학습을 하므로 교실의 이용률이 높지만 순수율은 낮아진다.
• 교과교실형은 각 교과에 순수율이 높은 교실이 주어져 시설의 활용도가 높게 된다.

02 **공연장의 평면계획에 대한 설명으로 옳지 않은 것은?**

① 프로시니엄(Proscenium)형은 전체적인 통일 효과를 얻는 데 좋은 형태이다.

② 오픈 스테이지(Open Stage)형은 연기자가 통일된 효과를 내는 것이 어렵다.

③ 아레나(Arena)형은 가까운 거리에서 관람이 가능하나 적은 수의 관객을 수용한다.

④ 가변(Adaptable Stage)형은 최소한의 비용으로 공연장 표현에 대한 최대한의 선택가능성을 부여한다.

해설
아레나(Arena)형은 가까운 거리에서 관람이 가능하며 가장 많은 관객을 수용할 수 있다.

03 먼셀(A. H. Munsell)의 색분류체계에 대한 설명으로 옳지 않은 것은?

① 색상환은 10가지 색상을 10단계로 구분하고 있으며, 더 세분할 때는 십진법으로 등분한다.

② 색상환은 명도, 채도, 색상의 다양한 조합을 체계화한 것이다.

③ 색상환에서 명도단계는 순수한 흰색을 0으로, 순수한 검정을 10으로 본다.

④ 도형으로 나타낸 색상 계통도는 채도의 상한이 색상과 명도에 따라 달라 완전한 원통이 되지 않고 불규칙한 곡면체가 된다.

해설

색상환에서 명도단계는 순수한 검정을 0으로, 순수한 흰색을 10으로 보며, 총 11단계로 구성한다.

04 건축법 시행령상 건축물 착공신고 때 구조안전확인서를 허가권자에게 제출해야 하는 것은?

① 처마높이가 6m인 건축물

② 연면적 400m²인 건축물

③ 높이가 13m인 건축물

④ 기둥과 기둥 사이의 거리가 9m인 건축물

해설

높이가 13m 이상인 건축물은 구조안전확인서를 허가권자에게 제출해야 한다(표준설계도서 건축물 제외).

착공신고 시 구조안전확인서 제출 대상 건축물

- 층수 : 2층 이상인 건축물(주요구조부인 기둥과 보를 설치하는 건축물로서 그 기둥과 보가 목재인 목구조 건축물의 경우에는 3층 이상인 건축물)
- 연면적 : 200m² 이상인 건축물(창고, 축사, 작물재배사, 목구조인 경우 500m² 이상인 건축물)
- 높이 : 13m 이상인 건축물
- 처마높이 : 9m 이상인 건축물
- 기둥과 기둥 사이의 거리(경간) : 10m 이상인 건축물

05 차양계획에 대한 설명으로 옳지 않은 것은?

① 고정차양장치의 깊이와 위치는 태양광이 연중 미리 정해 놓은 시기에만 통과할 수 있도록 설계한다.

② 낙엽성 초목은 여름철 차양 형성에 유용하지만 잎이 떨어진 후에는 겨울철의 일사 획득을 감소시킬 수 있다.

③ 이동이 가능한 차양은 계절에 따라 펼치고 걷어 미적인 면과 기능적인 면을 모두 만족시킬 수 있는 대응책이다.

④ 동쪽과 서쪽 창에 비늘살의 고정 차양을 이용하면 햇빛을 차단하면서도 넓은 시야를 얻을 수 있으므로 적극 활용한다.

해설
동쪽과 서쪽 창에 비늘(FIN)살의 고정 차양을 이용하면 소량의 햇빛을 차단하는 역할을 하며, 의장적인 요소로도 사용된다. 다만, 수직이나 수평루버로서 비늘(FIN) 창을 입면에 적용할 경우 넓은 시야를 확보하기가 어려울 수 있다.

[비늘(FIN)살 루버]

06 다음 건축물의 배치계획에 대한 설명으로 옳지 않은 것은?

① 병원 – 넓은 대지에 최적의 병실 환경을 제공하기 위해서는 집중식보다 분관식이 적당하다.

② 공장 – 생산, 관리, 연구, 후생 등의 각 부분별 시설들을 나누고 유기적으로 결합시킨다.

③ 학교 – 각 실들의 일조 및 통풍 등의 환경조건이 양호하고 편복도로 계획 시 건축물의 유기적 구성이 가능한 배치는 분산병렬형 배치이다.

④ 도서관 – 대지가 두 방향 이상의 도로에 접할 경우 주도로 측을 이용자의 접근로로 하고 다른 도로를 관리자의 접근로로 한다.

해설
각 실들의 일조 및 통풍 등의 환경조건이 양호한 형식은 분산병렬형 배치이며, 편복도로 계획 시 건축물의 유기적 구성이 가능한 배치는 폐쇄형 배치이다.

07 공기조화 방식 중 전공기 방식에 대한 설명으로 옳지 않은 것은?

① 이중 덕트 방식은 냉난방을 동시에 할 수 있으나 설비비가 많이 든다.

② 단일 덕트 정풍량 방식은 외기의 엔탈피가 실내의 엔탈피보다 낮은 경우 냉방 시, 외기의 도입량을 증가시켜 공조부하를 감소시킬 수 있다.

③ 단일 덕트 변풍량 방식은 저부하 시 송풍량이 감소되어 기류 분포가 나빠지며 환기성능이 떨어지는 경우가 있다.

④ 단일 덕트 정풍량 방식은 높은 열용량을 갖는 공기를 활용하여 냉난방을 함으로 인해 반송동력비가 감소한다.

해설
- 단일 덕트 정풍량 방식은 열용량이 크지 않은 공기를 활용하여 냉난방을 함으로 인해 반송동력비가 증가한다.
- 전공기 방식은 송풍동력 및 온수순환동력이 필요하므로 운전비가 많이 든다. 반송동력비가 가장 적게 소요되는 방식은 수(水) 방식인 팬코일 유닛 방식이다.

정풍량 단일 덕트 방식(Constant Air Volume System)
- 냉풍과 온풍을 각 실로 보낼 때 송풍량은 항상 일정하며, 송풍 온습도만을 변화시켜 실내의 온습도를 조절하는 공조 방식이다.
- 송풍량이 많아 중간기의 외기 환기에 적합하고, 운전 및 관리가 용이하다.
- 효율 좋은 필터를 설치하여 쾌적한 실내환경을 조성한다.
- 천장 속에 충분한 덕트 공간이 요구된다.
- 각 실에서의 온도 조절이 곤란하다(개별 제어 곤란).
- 바닥면적이 크고, 천장이 높은 곳에 적합하다.
- 공장, 스튜디오, 클린 룸 등에 적합하다.

08 승강기 계획에 대한 설명으로 옳지 않은 것은?

① 승강기의 일주시간이란 승강기 문개폐에 소요된 시간을 제외한 주행시간과 승객출입시간을 합산한 것을 말한다.

② 6층 이상으로서 연면적이 2,000m² 이상인 건축물은 승강기를 설치하여야 한다. 다만, 층수가 6층인 건축물로서 각 층 거실의 바닥면적 300m² 이내마다 1개소 이상의 직통계단을 설치한 건축물은 제외한다.

③ 높이 31m를 넘는 각 층의 바닥면적 중 최대바닥면적이 1,500m² 이하인 건축물로서 비상용승강기의 구조로 한 승강기가 없는 경우에는 1대 이상의 비상용승강기를 설치하여야 한다.

④ 승강기의 5분간 수송능력비율은 하루 중 승강기 교통량이 피크를 이룰 때 5분간 전체대수의 승강기가 수송할 수 있는 인원수를 승강기 총 이용대상자로 나눈 것이다.

해설
승강기의 일주시간은 승강기가 출발 층에 되돌아온 시점부터 출발 층에서 승객을 태우고 상부 층을 운행하고 다시 출발 층에 되돌아오기까지의 시간을 말한다.
※ 일주시간 = 주행시간 + 도어개폐시간 + 승객출입시간 + 손실시간

09 음향효과에 대한 설명으로 옳지 않은 것은?

① 마스킹 효과(Masking Effect) – 큰 소리와 작은 소리를 동시에 들을 때 큰 소리 위주로만 들리는 현상

② 바이노럴 효과(Binaural Effect) – 여러 음이 존재할 때 자신이 원하는 음을 선별하여 듣는 현상

③ 하스 효과(Haas Effect) – 음의 발생이 두 곳에서 이루어져도 두 곳 중 먼저 귀에 닿는 쪽의 음 위주로만 들리는 현상

④ 도플러 효과(Doppler Effect) – 소리를 내는 음원이 이동하면 그 이동방향과 속도에 따라 음의 주파수가 변화되는 현상

해설

바이노럴 효과(Binaural Effect)
음원이 각각 도달하는 위상차로 인해 청취자가 마치 실제 소리를 듣고 있는 듯한 착각을 일으키는 현상을 말한다.

10 고려시대 불교건축물에 대한 설명으로 옳지 않은 것은?

① 수덕사 대웅전의 공포는 헛첨차를 생략한 대신 실내부의 출목을 충실히 구성한 것이 특징이다.
② 부석사 무량수전의 내부 불단은 실내의 서쪽 측면에 놓여 있고 그 위의 불상은 동쪽 측면을 바라 본다.
③ 봉정사 극락전은 부석사 무량수전과 달리 하부쪽 배흘림이 뚜렷하지 못하다.
④ 고려시대 불전에서는 내부공간 활용을 위하여 일부 기둥을 생략하는 감주법을 볼 수 있다.

해설

수덕사 대웅전의 공포는 기둥 상부에 헛첨차와 내첨차를 결구하고 그 위에 주두를 올렸으며, 외부의 출목을 충실히 구성한 것이 특징이다.
수덕사 대웅전
• 정면 3칸, 측면 4칸의 단층 맞배집으로 주심포 양식이다.
• 축대를 겸한 기단 위에 초석을 놓고 배흘림기둥을 세워 창방으로 기둥 윗몸을 결구하고 공포를 기둥 위에만 짜 놓았다.
• 공포는 외2출목 공포로 기둥 윗몸에서 헛첨차가 나와 외1출목을 구성하고, 1출목 소로 위에 끝이 앙서로 된 살미와 첨차를 놓았다. 이 첨차의 기둥 안쪽은 보아지를 이루고 있으며, 주두와 소로는 굽받침이 있고, 굽면이 곡면이다.

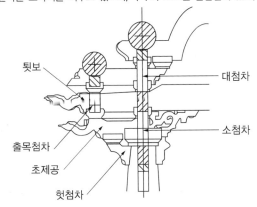

11 은행의 건축계획에 대한 설명으로 옳지 않은 것은?

① 은행의 일반적인 시설규모는 은행원 수×16~26m² 또는 은행실 면적×1.5~3배로 하는 것이 적정하다.

② 객장은 기입이나 대기를 위한 여유공간이 필요하며, 최소폭 3.2m 정도를 확보하는 것이 적정하다.

③ 영업장의 면적은 은행원 1인당 10m²로 하며, 조도는 책상 위에서 150~200lx 정도가 적정하다.

④ 금고실의 구조는 철근콘크리트 구조로 벽두께는 30~45cm가 표준이지만 60cm 이상으로도 하며, 철근은 지름 16~19mm, 간격 15cm의 이중 배근하는 것이 보통이다.

해설
영업장의 면적은 은행원 1인당 10m²로 하며, 조도는 책상 위에서 300~400lx 정도가 적정하다.

12 근린생활권에 대한 설명으로 옳지 않은 것은?

① 인보구는 이웃 간의 친분이 유지되는 공간적 범위로서 어린이 놀이터가 중심이 되는 단위이다.

② 근린분구는 초등학교를 중심으로 하는 단위이며, 어린이 공원, 운동장, 우체국 등을 설치한다.

③ 근린주구는 도시계획의 종합계획에 따른 최소단위가 된다.

④ 페리(C. A. Perry)는 일조문제와 인동간격의 이론적 고찰을 통해 근린주구 이론을 정리하였다.

해설
근린주구는 초등학교를 중심으로 하는 단위이며, 어린이 공원, 운동장, 우체국 등을 설치한다.

13 건축물의 피난·방화구조 등의 기준에 관한 규칙상 건축물의 내부에 설치하는 피난계단의 구조로 옳지 않은 것은?

① 계단실은 예비전원에 의한 조명설비를 한다.

② 계단실은 창문·출입구 기타 개구부를 제외한 당해 건축물의 다른 부분과 내화구조의 벽으로 구획한다.

③ 건축물 내부와 접하는 계단실 창문 등(출입구를 제외한다)은 망이 들어있는 유리의 붙박이창으로서 그 면적은 각각 1m² 이하로 한다.

④ 건축물 내부에서 계단실로 통하는 출입구의 유효너비는 80cm 이상으로 하고 그 출입구에는 피난 방향으로 열 수 있는 구조로 한다.

해설
건축물 내부에서 계단실로 통하는 출입구의 유효너비는 90cm 이상으로 하고 그 출입구는 피난 방향으로 열 수 있는 구조로 한다.

11 ③ 12 ② 13 ④ **정답**

14 공장건축 바닥의 특징에 대한 설명으로 옳지 않은 것은?

① 나무바닥 – 내화성은 없으나, 보행 시 소음이 적고 먼지가 없다는 장점이 있다.

② 흙바닥 – 위생상 그다지 좋지는 않으나 주물공장과 같은 곳에서는 사용되기도 한다.

③ 벽돌바닥 – 미끄러지지 않는다는 장점이 있고 파손된 경우 쉽게 교체할 수 있으나 마모로 인해 먼지가 발생될 우려가 있다.

④ 콘크리트 바닥 – 먼지가 많고 한랭하며, 파손되기 쉬운 물품을 생산하는 공장에서는 적당하지 못하다.

> **해설**
> 나무바닥은 내화성이 없고 보행 시 소음과 먼지가 많은 단점이 있다.

15 도서관의 건축계획에 대한 설명으로 옳지 않은 것은?

① 폐가식은 책을 안전하게 보관하고 관리자의 작업량을 줄이는 데에 효과적이다.

② 서고 내부는 습도 63% 이하의 어두운 공간으로 만드는 것이 좋다.

③ 절충식 서가의 서고는 코어플랜(Core Plan)과 같이 서고 구조체의 일부에 계획하는 경우 적합하다.

④ 도서관은 처음 신축할 때부터 증축을 염두에 두어야 하기 때문에 모듈러 시스템을 적용할 필요가 있다.

> **해설**
> 폐가식은 책을 안전하게 보관할 수 있는 장점이 있지만, 관리자의 작업량이 많아지는 단점이 있다.

16 바로크(Baroque) 건축에 대한 설명으로 옳지 않은 것은?

① 전체나 부분 취급이 감각적이고 조각적이어서 강렬한 인상을 준다.

② 소재의 취급방법이 매우 자유롭고 대담하며, 뚜렷한 요철에서 생기는 빛과 그림자의 음영대비에 의한 동적인 효과를 주었다.

③ 개인의 사적 생활을 위주로 한 소규모 공간에 주로 전개되었으며, 실내를 곡선과 곡면을 이용하여 우아하고 화려하게 장식하였다.

④ 바로크적 요소가 부분적 또는 전체적으로 적용된 프랑스 건축물은 루브르 궁전, 베르사유 궁전 등이 있다.

> **해설**
> 로코코(Rococo) 건축은 개인의 사적 생활을 위주로 한 소규모 공간에 주로 전개되었으며, 실내를 곡선과 곡면을 이용하여 우아하고 화려하게 장식하였다.

17 건축법 시행령상 용도별 건축물의 종류가 옳지 않은 것은?

① 자동차영업소로서 같은 건축물의 해당 용도로 쓰는 바닥면적의 합계가 1,000m² 미만인 것 – 제1종 근린생활시설

② 장의사, 동물병원, 동물미용실, 그 밖에 이와 유사한 것 – 제2종 근린생활시설

③ 동물원, 식물원, 수족관, 그 밖에 이와 비슷한 것 – 문화 및 집회시설

④ 오피스텔(업무를 주로 하며, 분양하거나 임대하는 구획 중 일부 구획에서 숙식을 할 수 있도록 한 건축물로서 국토교통부장관이 고시하는 기준에 적합한 것) – 업무시설

해설

자동차영업소로서 같은 건축물의 해당용도로 쓰는 바닥면적의 합계가 1,000m² 미만인 것 : 제2종 근린생활시설

18 종합병원의 건축계획에 대한 설명으로 옳지 않은 것은?

① 기능에 따라 병동부, 외래진료부, 중앙진료부, 관리 및 서비스부 등으로 구성하는 것이 일반적이다.

② 수술실은 멸균재료부(CSSD)에 수직적, 수평적으로 거리가 멀리 떨어져 있도록 배치하는 것이 좋다.

③ PPC(Progressive Patient Care)란 환자의 증상과 소요 간호량에 따른 단계적인 간호구성 방식으로 이 기본개념에 의한 중환자실의 배치형태는 개방형을 주로 한다.

④ 치료방사선부의 출입구, 벽면 등은 소요두께의 납판 또는 동등 이상의 성능을 가지는 두께의 콘크리트 벽을 설치하여야 하며, 유리는 납유리를 사용하여야 한다.

해설

수술실은 멸균재료부(CSSD)에서 수직·수평적으로 거리가 멀지 않고 접근이 쉬운 장소이어야 한다.

멸균재료부(CSSD ; Central Sterile Supply Distribution)

• 중앙멸균소독실로서 각 진료과 및 간호단위에서 환자의 진료에 필요한 일체의 멸균물품과 기구, 위생재료, 린넨 등을 원활히 공급하는 실이다.

• 환자에게 적정 의료서비스를 제공하도록 지원하고 병원물품의 효율적인 관리를 도모한다.

• 병원감염을 최소화하도록 기구 및 세탁물을 관리하여야 하며, 감염예방을 위한 작업환경을 조성해야 한다.

19 단독주택용지의 획지(lot)분할기법에 대한 설명으로 옳지 않은 것은?

① 획지규모가 작은 경우, 토지이용의 효율성을 위해 세장비를 가능한 한 작게 하는 것이 바람직하다.

② 가구(Block)의 굴곡된 부분의 획지분할은 도로와 수직선이 되도록 하는 것이 토지이용에 유리하다.

③ 간선도로변에 획지가 직접 도로에 면하게 되는 경우, 세장비가 큰 대형의 획지를 1켜로 배치하는 것이 도로변으로부터 소음 등의 피해를 줄이고 가로미관을 증진시키는 데 유리하다.

④ 가구(Block)의 단변부분의 획지분할은 단변도로에 면한 부분을 앞길이로 설정하여 세장비를 크게 하는 것이 주거환경보호를 위해 바람직하다.

해설

획지규모가 작은 경우, 토지이용의 효율성을 위해 세장비를 가능한 한 크게 하는 것이 바람직하다.

단독주택용지 획지분할기법

• 단독주택지 획지규모 결정요인
  – 다양한 수요계층의 요구를 만족시킬 수 있도록 한다.
  – 건전한 사회구조의 구성을 위해 요구되는 주택규모로 한다.
  – 가구원 수와 가구유형에 따른 쾌적한 주택규모로 한다.
  – 법적 규제사항(건폐율, 용적률, 대지면적의 최소한도 등)을 충분히 검토한다.
• 단독주택지 획지분할
  – 가구 장변에 접하는 획지의 수는 10~12개 정도가 적당하며, 120~150m 정도의 길이로 한다.
  – 가구 장변의 길이가 150m 이상인 경우 보행자 통로를 설치하는 것이 좋다.
  – 불규칙한 형태의 가구라도 분할선은 가구 단변의 중심선으로 하고 도로면에 수직선으로 분할하는 것이 바람직하다.
  – 간선도로에 면한 획지의 전면에는 완충녹지를 설치하고 규모는 가급적 크게 하되, 획지를 1켜로 설치하여 후면에서 진입토록 하여 주거환경을 보호한다.
• 세장비
  – 앞길이에 대한 안길이의 비이다.
  – 동서축 가구획지는 세장비를 크게 하고, 남북축 가구의 획지는 세장비를 작게 하는 것이 일조권 확보에 유리하다.
  – 획지규모가 180~240m^{2}일 경우 세장비는 1.2~1.5 정도가 적당하다.
  – 획지규모가 작을 경우 토지이용의 효율성을 위해 세장비는 가능한 한 크게 하는 것이 좋다.

20 어떤 저수조에서 양수능력 900L/min의 펌프로 양정 60m인 고가수조에 물을 양수하고자 한다. 펌프의 효율이 70%라면 이 펌프의 축동력은?(단, 물의 비중량은 1,000kg/m^{3}이고, 계산 결과의 소수점 이하는 반올림한다)

① 13kW ② 15kW

③ 17kW ④ 19kW

해설

• 축동력 $= \dfrac{수동력}{펌프효율}$

• 수동력 $= \dfrac{1,000\text{kg/m}^3}{60\text{min} \times 102\text{kgf} \cdot \text{m/s}} \times Q \times H$

  $= 0.163 \times Q \times H(\text{kW}) = 0.163 \times 0.9 \times 60\text{kW} = 8.802\text{kW}$

  여기서, 1kW = 1kJ/s = 1kN · m/s = 1,000N · m/s $= \dfrac{1,000}{9.8}$ kgf · m/s = 102kgf · m/s

• 축동력 $= \dfrac{8.802\text{kW}}{0.7} ≒ 12.57\text{kW}$이다.

따라서, 펌프의 축동력은 13kW가 된다.

01 건축설계 과정 시 3차원 모델링의 표현 방식으로 가장 부적합한 것은?

① 면처리 방식
② 구체처리 방식
③ 스케치처리 방식
④ 선처리 방식

해설

3차원 모델링의 표현 방식
• 선처리 방식 : 와이어프레임 모델링(Wire Frame Modeling)으로서 직선, 점, 원, 호 등의 기본적인 기하학적인 요소로써 모델링하는 방법이다.
• 면처리 방식 : 서페이스 모델링(Surface Modeling)으로서 면을 이용해서 물체를 모델링하는 방법이다.
• 구체처리 방식 : 솔리드 모델링(Solid Modeling)으로서 3차원으로 형상화된 물체의 내부를 공학적으로 분석하고 부피, 무게 등의 정보를 포함하여 모델링하는 방법이다.

02 다음 중 건축시공 과정에서 부득이하게 발생하는 대지 관련 오차의 허용기준으로 가장 옳지 않은 것은?

① 용적률 – 1% 이내(연면적 $20m^2$를 초과할 수 없다)
② 건폐율 – 0.5% 이내(건축면적 $5m^2$를 초과할 수 없다)
③ 인접 대지경계선과의 거리 – 3% 이내
④ 건축선의 후퇴거리 – 3% 이내

해설

용적률 : 1% 이내(연면적 $30m^2$를 초과할 수 없다)

03 다음 중 척도조정(Modular Coordination)에 대한 설명으로 가장 옳지 않은 것은?

① 설계의 치수조정을 통하여 부품화를 이루고 합리적인 건축생산을 하는 것을 건축척도조정이라고 한다.
② 건물의 라이프 사이클(Life Cycle)에 의한 자재의 호환성을 얻을 수 있다.
③ 표준화된 재료를 기준으로 설계·시공되어 지나친 통일성에 따른 시각적 단조로움이 생길 수 있다.
④ 현장에서의 정교한 작업이 건축품질을 좌우하므로 상세도면의 수가 증가한다.

해설

설계과정으로부터 건축품질을 향상시킬 수 있으며, 현장에서의 상세도면의 수가 감소한다.

04 다음 중 거주 후 평가(Post Occupancy Evaluation)에 대한 설명으로 옳지 않은 것은?

① 완공된 건축물이 계획 단계에서 수립한 개념(Concept)과 계획의 의도, 사용 실태 등이 부합되고 있는지를 평가하는 것이다.

② POE는 건축물의 사후 평가 제도이며 건축계획에 직접적으로 영향을 주지는 않는다.

③ 거주 후 평가(POE)의 평가 방법에는 건물의 외벽 또는 지붕 등의 열적, 구조적 성능 요소에 대한 기술적 평가 방법도 있다.

④ 거주 후 평가(POE)의 평가 과정에서는 환경장치, 사용자, 주변환경, 디자인 실무 등의 4가지 요소가 고려되어야 한다.

해설

POE(Post Occupancy Evaluation)는 건축물의 사후 평가 제도이며, 건축계획 및 설계의 초기과정에서 정보화된 설계 자료를 활용함으로써 직접적으로 영향을 준다.

05 '환경 디자인을 통한 건축계획이 범죄를 예방할 수 있다.'는 이론에 관한 설명 중 옳은 것은?

① 뉴먼의 CPTED 이론에서 안전한 환경의 창조를 위하여 영역성, 감시, 이미지, 환경과 같은 4개의 물리적 디자인 요소를 제시하였다.

② 환경 디자인에서 범죄 예방을 위한 감시기능을 강화하는 방법으로 주거단지 내의 시각을 차폐할 수 있는 폐쇄형 공간을 제안하고 있다.

③ 뉴먼은 범죄 예방을 할 수 있는 환경 디자인 방법 중 범죄자가 거주자의 주택에 접근하지 못하도록 통제하는 방법으로 보안업체의 보안설비 강화를 제시하고 있나.

④ 환경 디자인을 통한 범죄 예방 이론은 1972년 뉴먼(O. Newman)의 Defensible Space 이론에서 출발하여 다양한 연구로 발전하였다.

해설

환경 디자인을 통한 범죄 예방 이론은 1972년 오스카 뉴먼(O. Newman)의 방어적 공간(Defensible Space) 이론에서 출발하여 다양한 연구로 발전하였으며, 건축과 환경설계가 범죄성을 증가시키거나 감소시키는 데 결정적인 역할을 한다고 주장하였다.

06 다음 노인복지시설 배치유형 중 옥외공간을 활용하는 데 불리한 배치유형으로 옳은 것은?

① 통합배치형

② 각부 분산형

③ 주거부 분산형

④ 주거부 독립형

노인을 위한 다양한 활동이 요구되므로 통합배치형은 불리하다.
노인복지시설의 옥외공간 활용
노인을 위한 외부공간은 커뮤니티 공간, 정원 및 소공원 등의 자연친화 공간, 건강·체력단련을 위한 운동 공간, 조망용 공간 등 다양한 활동이
가능하도록 계획해야 하며 각부 분산형, 주거부 분산형, 주거부 독립형으로 계획하는 것이 유리하다.

07 오피스의 평면 레이아웃에 대한 설명 중 옳은 것은?

① 개실형 오피스는 실내 커뮤니케이션이 원활하고 장래의 변화에 신축적으로 대응할 수 있다.

② 오피스 랜드스케이핑은 프라이버시 침해로 인해 사무실 내 양호한 인간관계 형성이 힘들며 사무공간의
낭비가 있다.

③ 오피스 랜드스케이핑은 의사전달이 용이하며 작업 패턴에 따라 작업공간을 경제적으로 대처할 수 있다.

④ 개실형 오피스는 주위의 환경 조절이 용이하며, 사무실 내에 균일한 환경과 채광을 확보할 수 있다.

① 개방형이나 오피스 랜드스케이핑은 실내 커뮤니케이션이 원활하고 장래의 변화에 신축적으로 대응할 수 있다.
② 개방형이나 오피스 랜드스케이핑은 프라이버시 침해로 인해 사무실 내 양호한 인간관계 형성이 힘들지만, 사무공간의 낭비를 줄일 수 있다.
④ 개방형이나 오피스 랜드스케이핑은 주위의 환경 조절이 용이하며, 사무실 내에 균일한 환경과 채광을 확보할 수 있다.

08 다음 중 도서관의 도서출납 형식에 따른 특성으로 가장 옳지 않은 것은?

① 자유개가식은 서적의 유지·관리가 용이하다.

② 반개가식은 신간서적 안내에 주로 적용되며, 다량의 도서에는 부적당하다.

③ 안전개가식은 출납시스템이 필요치 않아 혼잡하지 않다.

④ 폐가식은 대출 절차가 복잡하고 관리자의 작업량이 많다.

• 자유개가식은 이용자가 직접 서고에 출입하여 책을 고르기 때문에 서적의 유지·관리가 불리하다.
• 폐가식은 서적의 유지·관리가 용이하다.

09 다음 중 병원의 외래진료부 계획에 대한 설명으로 가장 옳은 것은?

① 외래진료, 간단한 처치, 소검사를 위한 설비 이외에 특수 시설을 요하는 의료시설과 검사시설도 포함한다.

② 대기공간은 통로공간과 분리하며, 대기실은 독립적으로 배치하여 프라이버시를 확보한다.

③ 동반자를 포함해 환자 수가 많은 과(내과나 소아과)는 출입구에서 가급적 멀리 배치한다.

④ 진료과를 한 장소에 집중시키기보다는 종류별로 분산배치하며, 환자에게는 친근감을 주도록 한다.

> **해설**
> ① 외래진료부에는 외래진료, 간단한 처치, 소검사를 위한 설비를 갖추어야 하며, 특수 시설을 요하는 의료시설과 검사시설은 중앙진료부 또는 부속진료부에 포함한다.
> ③ 동반자를 포함해 환자 수가 많은 과(내과나 소아과)는 출입구에서 가급적 가까이 배치한다.
> ④ 진료과는 종류별로 집중배치하며, 환자에게는 친근감을 주도록 한다.

10 유치원 건축의 평면계획에 대한 설명으로 가장 옳지 않은 것은?

① 학부모가 유희실과 학습실을 직접 관찰할 수 있는 관찰실이 제공되어야 한다.

② 아동이 주로 생활하는 보육실(교실)은 남쪽이나 동쪽으로 배치하고 아동의 발달수준이나 흥미·요구 등을 고려하여 공간구성과 교구의 배치가 이루어져야 한다.

③ 유희실을 중심에 둔 평면계획을 할 경우, 각 실 간의 연계성이 좋으며 보육교사의 동선을 최소화할 수 있다.

④ 교사실은 교사들의 교재 개발과 연구, 회의, 편안한 휴식 및 대화를 위하여 방문자가 쉽게 찾을 수 없는 현관에서 떨어진 개별적인 영역을 구성해 주는 것이 바람직하다.

> **해설**
> 교사실은 교사들의 교재 개발과 연구, 회의, 편안한 휴식 및 대화를 위한 공간이며, 현관에서 가깝고 외래자도 가장 찾기 쉬우며 실외의 운동장이나 통원 상태를 볼 수 있는 위치를 선택할 필요가 있다.

11 미술관의 전시방법 계획에 관한 설명으로 옳지 않은 것은?

① 천장전시 - 전시실의 천장을 이용한 전시기법이다. 전시물 위치 방향으로 올려다보면 피로를 더 느끼는 단점이 있다.

② 바닥전시 - 전시실의 바닥면을 이용한 전시기법이다. 전시물 상부의 관찰이 요구될 때 효과적이며 사방으로부터 균질한 시각을 형성할 수 있다.

③ 벽면전시 - 벽을 이용한 가장 보편적인 전시기법이다. 정면성의 시각이 요구되며, 바닥, 천장과의 연속전시가 가능한 장점이 있다.

④ 알코브 진열장 전시 - 소극적인 입체전시에 적합하다. 전시물에 시각적 집중성이 낮아 벽면의 연속성을 구성할 수 없는 단점이 있다.

해설

알코브 진열장 전시 : 적극적인 입체전시에 적합하다. 전시물에 시각적 집중성이 높고 벽면의 연속성을 구성할 수 있다.

12 공연시설 계획과 관련된 용어의 설명으로 옳지 않은 것은?

① 프로시니엄(Proscenium)은 관객의 시선에서 연기부분 무대나 무대배경을 제외한 다른 부분 등을 가리는 역할을 한다.

② 플로어 트랩(Floor Trap)은 무대 바닥의 대부분을 움직이는 장치로 무대장치의 입체적인 구성 등에 이용되는 장치이다.

③ 사이클로라마(Cyclorama)는 무대의 제일 뒤에 설치되는 무대배경용 벽을 말한다.

④ 플라이 갤러리(Fly Gallery)는 그리드아이언에 올라가는 계단과 연결되게 무대 후면의 벽에 6~9m 높이로 설치되는 좁은 통로이다.

해설

승강 무대(Stage Lift)는 무대 바닥의 대부분을 움직이는 장치로 무대장치의 입체적인 구성 등에 이용되는 장치이다.
플로어 트랩(Floor Trap) : 배우나 소규모 장치가 무대 밑에서 나오거나 들어갈 수 있도록 하기 위해 무대 바닥을 여러 개로 분할하고 개별적으로 여닫을 수 있도록 제작한 전환장치로서, 무대와 트랩 룸 사이를 계단이나 사다리로 오르내릴 수 있도록 구성한다.

13 공장건축의 작업장을 배치할 때 고려사항으로 가장 부적합한 것은?

① 동력의 종류에 따라 배치하는 계통을 합리화시킨다.

② 원료 및 제품을 운반하는 방법 및 작업 동선을 고려한다.

③ 견학자의 동선을 고려한다.

④ 건물의 배치는 대지의 현황을 우선 검토한다.

해설

건물의 배치는 제품이 생산되는 작업공정과 기계장치, 작업자의 동선을 우선 검토한다.

14 다음 중 전통건축의 기둥에 적용된 의장기법에 대한 설명으로 옳은 것은?

① 배흘림은 평행한 수직선의 중앙부가 두꺼워 보이는 착시현상을 교정하기 위한 기법이다.

② 민흘림은 기둥 하단에서 상단으로 올라갈수록 기둥의 지름을 약간 크게 해서 착시를 교정하는 기법이다.

③ 귀솟음은 중앙의 기둥으로부터 모서리 기둥 방향으로 갈수록 기둥 높이를 약간씩 높게 하는 기법이다.

④ 오금법은 모서리 기둥이 건물 안쪽으로 기울어져 보이는 착시현상을 교정하기 위한 기법이다.

해설

① 배흘림은 평행한 수직선의 중앙부가 가늘어 보이는 착시현상을 교정하기 위한 기법이다.

② 민흘림은 기둥 하단에서 상단으로 올라갈수록 기둥의 지름을 약간 작게 해서 착시를 교정하는 기법이다.

④ 오금법은 모서리 기둥이 건물 바깥쪽으로 기울어져 보이는 착시현상을 교정하기 위한 기법이다.

15 다음 중 중세 건축에 대한 설명으로 가장 옳지 않은 것은?

① 초기 기독교 건축에서는 로마시대의 신전이나 바실리카(Basilica)를 교회건물로 사용했다.

② 비잔틴(Byzantine) 건축은 정사각형의 평면 위에 펜덴티브 돔(Pendentive Dome)으로 구성되어 있다.

③ 로마네스크(Romanesque) 건축은 로마에서 사용되었던 교차볼트를 사용함으로써 구조적, 공간적 불합리성과 채광상의 문제점을 해결했다.

④ 고딕(Gothic) 건축은 첨두아치(Pointed Arch), 리브 볼트(Rib Vault), 돔(Dome), 플라잉 버트레스(Flying Butress) 등으로 구성되어 있다.

해설

• 돔(Dome)은 비잔틴 건축의 특성이며, 대형 돔 하부공간을 중심으로 소형 돔 하부의 공간을 유기적으로 통합하고자 하였다.

• 고딕(Gothic) 건축은 첨두아치(Pointed Arch), 리브 볼트(Rib Vault), 플라잉 버트레스(Flying Butress) 등으로 구성되어 있다.

16 현대 건축의 주요 경향 중 다음 내용에 해당하는 건축사조는?

- 텐텐짜(La Tendenza)라고도 불리며, 구조와 미학의 기능적 진부성과 일상적 경험에 대하여 반기를 들고 건물형태를 위한 새로운 의미를 되찾으려고 노력했다.
- 기억, 역사의 단편, 실상과 허상 및 이미지와 현실세계 등에서 유추된 형태들을 유형학에 의해 건축물이 세워지는 곳의 물리적인 주변 환경뿐만 아니라 문화적 맥락 속에서 독자적인 형태언어의 창조보다 형태언어 간의 조합이라는 형식적 질서를 추구하였다.
- 이탈리아 건축가 Aldo Rossi에 의해 시작되었으며, 대표적인 건축가로는 Oswald Mathias Ungers, Mario Botta, Richard Meier 등이 있다.

① 대중주의
② 지역주의
③ 신합리주의
④ 구조주의

해설

신합리주의 건축
- 1960년대에 도시를 중심으로 한 이탈리아의 건축운동으로 텐텐짜(La Tendenza)라고도 불리며, 도시와 역사적 자율성을 강조하였다.
- 구조와 미학의 기능적 진부성과 일상적 경험에 대하여 반기를 들고 건물형태를 위한 새로운 의미를 되찾으려 하였다.
- 은유, 유추, 기억, 연상 등을 통하여 건축을 상징화하였다.
- 대표적인 건축가로 알도 로시(Aldo Rossi), 마티아스 웅거스(Oswald Mathias Ungers), 마리오 보타(Mario Botta), 리처드 마이어(Richard Meier) 등이 있다.

17 건축기본법에 포함된 다음 내용 중 가장 옳지 않은 것은?

① 국토교통부장관은 건축정책기본계획을 5년마다 수립·시행해야 한다.
② 시장·군수·구청장은 필요한 경우 광역건축기본계획을 5년마다 수립·시행할 수 있다.
③ 건축정책기본계획의 내용에는 건축의 품격 및 품질 향상에 관한 사항을 포함해야 한다.
④ 건축행정 개선에 관한 사항은 국가건축정책위원회의 심의 대상이다.

해설
- 시·도지사는 지역의 현황 및 사회·경제·문화적 실정에 부합하는 건축정책을 위하여 건축정책기본계획에 따라 특별시·광역시·도 또는 특별자치도의 건축정책에 관한 기본계획(광역건축기본계획)을 5년마다 수립·시행하여야 한다.
- 시장·군수·구청장은 필요한 경우 건축정책기본계획 및 광역건축기본계획에 따라 시·군·구의 건축정책에 관한 기본계획(기초건축기본계획)을 5년마다 수립·시행할 수 있다.

18 다음 중 각 시설별로 설치해야 할 부설주차장의 주차대수가 가장 적은 시설은?

① 연면적 15,000m²의 사무소 건물

② 연면적 15,000m²의 시티 호텔

③ 연면적 15,000m²의 국립도서관

④ 연면적 15,000m²의 일반 병원

해설
③ 연면적 15,000m²의 국립도서관 : 50대
① 연면적 15,000m²의 사무소 건물 : 100대
② 연면적 15,000m²의 시티 호텔 : 75대
④ 연면적 15,000m²의 일반 병원 : 100대
부설주차장의 설치대상 시설물 종류 및 설치기준(주차장법 시행령 별표 1)

시설물	설치기준
위락시설	시설면적 100m²당 1대
문화 및 집회시설(관람장 제외), 종교시설, 판매시설, 운수시설, 의료시설(정신병원·요양병원 및 격리병원 제외), 운동시설(골프장·골프연습장 및 옥외수영장 제외), 업무시설(외국공관 및 오피스텔 제외), 방송통신시설 중 방송국, 장례식장	시설면적 150m²당 1대
제1종 근린생활시설, 제2종 근린생활시설, 숙박시설	시설면적 200m²당 1대
골프장, 골프연습장, 옥외수영장, 관람장 등	• 골프장 : 1홀당 10대 • 골프연습장 : 타석당 1대 • 옥외수영장 : 정원/15명 • 관람장 : 정원/100명
수련시설, 공장(아파트형은 제외한다), 발전시설	시설면적 350m²당 1대
창고시설	시설면적 400m²당 1대
학생용 기숙사	시설면적 400m²당 1대
방송통신시설 중 데이터센터	시설면적 400m²당 1대
그 밖의 건축물	시설면적 300m²당 1대

19 다음 중 단열에 대한 설명으로 옳은 것은?

① 열교는 벽, 바닥, 지붕 등의 건물 부위에 단열이 연속되지 않는 부분이 있을 때 생기기 쉽다.

② 외단열은 내단열보다 내부결로가 발생하기 쉽다.

③ 단열재가 가장 두꺼워야 하는 곳은 바닥이다.

④ 내단열은 외단열보다 실온변동이 적어 냉방부하를 줄일 수 있다.

해설
② 외단열은 내단열보다 내부결로가 발생하기 어렵다.
③ 단열재가 가장 두꺼워야 하는 곳은 벽체이다.
④ 내단열은 외단열보다 실온변동이 많아서 냉방부하가 증가될 수 있다.

20 다음 중 난방설비에 대한 설명으로 가장 옳은 것은?

① 증기난방은 난방의 쾌감도가 높지만 설비비와 유지비가 비싸다.

② 온수난방은 보일러 취급이 쉽고 안전하지만 예열시간이 길다.

③ 복사난방은 시공이나 수리가 쉽고 설비비가 싸지만 실내의 온도분포가 균등하지 못해 쾌감도가 낮다.

④ 온풍난방은 정밀한 온도제어는 가능하지만 예열시간이 길고 실온 상승이 느린 편이다.

해설

① 증기난방은 난방의 쾌감도가 낮지만, 설비비와 유지비가 저렴하다.

③ 복사난방은 시공이나 수리가 어렵고 설비비가 고가이지만, 실내의 온도분포가 균등하고 쾌감도가 높다.

④ 온풍난방은 정밀한 온도제어가 어렵지만, 예열시간이 짧고 실온 상승이 빠른 편이다.

01 공연장에 대한 설명으로 옳지 않은 것은?

① 박스오피스(Box Office)는 휴대품 보관소를 의미하며 위치는 현관을 중심으로 정면 중앙이나 로비의 좌우 측이 바람직하다.

② 프로시니엄(Proscenium)은 무대와 객석의 경계가 되며 관객의 시선을 무대로 집중시키는 역할도 하게 된다.

③ 오케스트라 피트(Orchestra Pit)의 바닥은 일반적으로 객석 바닥보다 낮게 설치한다.

④ 아레나(Arena)형은 객석과 무대가 하나의 공간을 이루게 되는 공연장의 평면 형식이다.

해설
• 박스오피스(Box Office) 또는 매표소(賣票所)는 영화나 공연을 관람할 수 있는 입장권을 판매하는 장소이다.
• 클로크 룸(Cloak Room)은 호텔, 극장 등의 외투류 또는 휴대품 보관소를 의미하며 위치는 현관을 중심으로 정면 중앙이나 로비의 좌우측이 바람직하다.

02 공장건축에서 자연채광에 대한 설명으로 옳은 것은?

① 기계류를 취급하므로 창을 크게 낼 필요가 없다.

② 오염된 실내환경의 소독을 위해 톱날형의 천창을 남향으로 하여 많은 양의 직사광선이 들어오도록 해야 한다.

③ 실내의 벽 마감과 색채는 빛의 반사를 고려하여 결정해야 한다.

④ 실내로 입사하는 광선의 손실이 없도록 유리는 투명해야 한다.

해설
① 가능한 창을 크게 설치하는 것이 좋다.
② 톱날형의 천창은 북향으로 하여 직사광선이 들어오지 않도록 한다.
④ 자연채광을 위한 창은 부드러운 광선을 위해 젖빛 유리 또는 프리즘 유리를 사용한다.

03 도서관 건축계획에서 도서의 열람 방식에 대한 설명으로 옳은 것은?

① 반개가식은 이용자가 자유롭게 자료를 찾고, 서가에서 자유롭게 열람하는 방식이다.

② 안전개가식은 이용자가 자유롭게 자료를 찾고, 서가에서 책을 꺼내고 넣을 수 있으나, 열람에 있어서는 직원의 검열을 필요로 하는 방식이다.

③ 폐가식은 이용자가 직접 자료를 찾아볼 수는 없으나, 서가에 와서 책의 표제를 볼 수 있으며, 직원에게 열람을 요청해야 하는 방식이다.

④ 자유개가식은 목록카드에 의해서 자료를 찾고, 직원의 검열을 받은 다음 책을 열람하는 방식이다.

> **해설**
> ① 반개가식은 이용자가 직접 자료를 찾아볼 수는 없으나, 서가에 와서 책의 표제를 볼 수 있으며, 직원에게 열람을 요청해야 하는 방식이다.
> ③ 폐가식은 목록카드에 의해서 자료를 찾고, 직원의 검열을 받은 다음 책을 열람하는 방식이다.
> ④ 자유개가식은 이용자가 자유롭게 자료를 찾고, 서가에서 자유롭게 열람하는 방식이다.

04 자연형 테라스 하우스에 대한 설명으로 옳지 않은 것은?

① 각 세대의 깊이는 7.5m 이상으로 해야 한다.

② 테라스 하우스의 밀도는 대지의 경사도에 따라 좌우되며, 경사가 심할수록 밀도가 높아진다.

③ 하향식 테라스 하우스는 상층에 주생활공간을 두고, 하층에 휴식 및 수면공간을 두는 것이 일반적이다.

④ 각 세대별로 전용의 뜰을 갖는 것이 가능하다.

> **해설**
> 각 세대의 깊이는 일조 및 채광 등을 위해서 6~7.5m 이하로 한다.

05 호텔의 건축계획에 대한 설명으로 옳지 않은 것은?

① 숙박고객과 연회고객의 출입구를 분리하는 것이 바람직하다.

② 숙박고객이 프런트를 통하지 않고 직접 주차장으로 갈 수 있는 동선은 관리상 피하도록 한다.

③ 연면적에 대한 숙박부분의 면적비는 커머셜 호텔이 아파트먼트 호텔보다 크다.

④ 관리부분에는 라운지, 프런트 데스크, 클로크 룸(Cloak Room) 등이 포함되며, 면적비는 호텔 유형에 관계없이 일정하다.

> **해설**
> • 라운지, 프런트 데스크 등은 공용부분(퍼블릭 스페이스)에 속한다.
> • 관리부분에는 프런트 오피스, 클로크 룸(Cloak Room), 지배인실, 사무실, 종업원 관계제실 등이 포함되며, 면적비는 호텔 유형에 따라 달라질 수 있다.

06 건물의 척도조정(Modular Coordination)에 대한 설명으로 옳은 것은?

① 건물의 척도조정은 설계만을 위한 것이며 시공 시에는 다시 검토해야 한다.

② 모듈상의 치수는 일반적으로 제품치수에 줄눈두께를 더한 공칭치수를 의미한다.

③ 척도조정의 가장 큰 목적은 건축물의 전체적인 비례를 맞추는 것이다.

④ 모듈상의 가로 및 세로 치수는 황금비를 이루도록 해야 한다.

해설
① 건축물의 재료나 부품 등에 대해 설계로부터 시공에 이르기까지 건축생산 전반에 걸쳐 치수의 유기적인 연계성을 만들어 내는 것이다.
③ 척도조정의 가장 큰 목적은 치수의 합리성, 연계성, 미적 질서를 갖게 하는 것이다.
④ 모듈상의 가로 및 세로 치수는 기본모듈(1M)의 배수가 되도록 해야 한다.

07 국토의 계획 및 이용에 관한 법령상 경관지구에 속하지 않는 것은?

① 자연경관지구   ② 특화경관지구

③ 역사경관지구   ④ 시가지경관지구

해설
경관지구의 종류 : 자연경관지구, 시가지경관지구, 특화경관지구

08 다음과 같은 특징을 가지는 근대건축 및 예술의 사조는?

> 곡선화된 물결문양, 비대칭적 형태의 곡선과 같은 장식적 가치에 치중하였다. 또한 자연형태를 디자인의 원천으로 삼아 철이라는 재료의 휘어지는 특성을 이용하여 식물문양, 자유곡선 등을 장식적으로 사용하였다.

① 독일공작연맹(Deutscher Werkbund)   ② 아르누보(Art Nouveau)

③ 데 스틸(De Stijl)   ④ 바우하우스(Bauhaus)

해설
아르누보(Art Nouveau)
철의 유연성을 이용하여 곡선화된 물결문양, 비대칭적 형태의 곡선과 같은 장식적 가치에 치중하였으며, 영국 예술공예운동의 영향을 받아 브뤼셀에서 시작하여 전 유럽에 확산되었다.

09 에스컬레이터에 대한 설명으로 옳지 않은 것은?

① 건물 내 교통수단 중의 하나로 40° 이하의 기울기를 가진 계단식 컨베이어다.

② 디딤바닥의 정격속도는 30m/min 이하로 한다.

③ 엘리베이터에 비해 점유면적당 수송능력이 크다.

④ 직렬식, 병렬식, 교차식 배치 중 점유면적이 가장 작은 것은 교차식이다.

해설
• 에스컬레이터(Escalator) : 사람이나 화물을 위아래층으로 운반하는 건물 내 교통수단 중의 하나로 30° 이하의 기울기를 가진다.
• 컨베이어(Conveyor) : 재료·반제품·화물 등을 동력에 의하여 단속 또는 연속 운반하는 기계장치를 말한다.

10 1929년 프랑크푸르트 암마인(Frankfurt am Main)의 국제주거회의에서 제시한 기준을 따를 때 5인 가족을 위한 최소평균주거면적은?

① 50m^2

② 60m^2

③ 75m^2

④ 80m^2

해설
프랑크푸르트 암마인(Frankfurt am Main)의 국제주거회의에서 제시한 기준은 1인당 15m^{2}이며, 5인 가족 기준으로는 75m^{2}를 최소평균주거면적으로 한다.

11 편측(광)창(Unilateral Light Window)과 비교할 때 천창(Top Light)의 특징으로 옳지 않은 것은?

① 더 많은 채광량을 확보할 수 있다.

② 조망 및 통풍·차열의 측면에서 우수하다.

③ 방수에 대한 계획 및 시공이 비교적 어렵다.

④ 실내의 조도를 균일하게 할 수 있다.

해설
편측(광)창 채광 방식이 천창(Top Light) 방식에 비해 조망 및 통풍·차열의 측면에서 우수하다.

12 종합병원의 건축계획에 대한 설명으로 옳지 않은 것은?

① 병동은 환자를 병류, 성별, 과별, 연령별 등으로 구분하여 구성할 수 있으나 과별로 구분하여 운영하는 것이 일반적이다.

② 중앙진료부는 외래부와 병동부 사이 중간에 설치하는 것이 바람직하다.

③ 외래진료부의 대기실은 통로공간에 설치하는 것보다 각 과별로 소규모의 대기실을 계획하는 것이 바람직하다.

④ 병원에서 면적배분이 가장 큰 부문은 중앙진료부이다.

해설
병원에서 면적배분이 가장 큰 부문은 병동부이다.

13 건축가와 그가 설계한 건축물을 연결한 것으로 옳지 않은 것은?

① 르 코르뷔지에(Le Corbusier) – 사보아 주택(Villa Savoye)

② 렌조 피아노(Renzo Piano) – 퐁피두 센터(Pompidou Center)

③ 프랭크 게리(Frank Gehry) – 동대문 디자인 플라자(Dongdaemun Design Plaza)

④ 프랭크 로이드 라이트(Frank Lloyd Wright) – 낙수장(Falling Water)

해설
자하 하디드(Zaha Hadid) – 동대문 디자인 플라자(Dongdaemun Design Plaza)

14 건축물의 주출입구 계획 시 내·외부 간의 공기흐름을 조절하여 냉난방 효율을 높일 수 있는 계획기법과 직접 관련이 없는 것은?

① 방풍실 설치   ② 회전문 설치

③ 캐노피 설치   ④ 에어커튼 설치

해설
캐노피(Canopy) : 천장이나 금속 덮개가 부착된 구조물로서 일조 및 일사로부터 그늘이나 차양을 제공하며, 눈 또는 비 등을 가리는 덮개이다.

15 고층 건축물의 스모크 타워(Smoke Tower) 계획에 대한 설명으로 옳지 않은 것은?

① 스모크 타워는 비상계단 내 전실에 설치한다.
② 스모크 타워의 배기구는 복도 쪽에, 급기구는 계단실 쪽에 가깝도록 설치한다.
③ 전실의 천장은 가급적 높게 한다.
④ 전실에 창이 설치된 경우에는 스모크 타워를 설치하지 않아도 된다.

전실에 창이 설치된 경우에도 스모크 타워를 설치한다.

16 업무시설 리모델링을 용이하게 하기 위한 건축설계 시 고려사항으로 옳지 않은 것은?

① 외부 확장가능성을 고려하여 서비스 코어를 가능한 한 편심코어나 양측코어로 계획하는 것이 바람직하다.
② 장래의 규모 확장을 고려하여 외부공간을 건축물에 의해 나누어지지 않도록 일정규모 이상의 단일공간으로 확보하는 것이 바람직하다.
③ 서비스 코어에서는 설비 샤프트를 하나로 원룸화하여 공간 내에서의 가변성을 유도하는 것이 바람직하다.
④ 구조체의 확장을 고려하여 충분한 강성이 확보될 수 있도록 완결된 형태로 구조체를 계획하는 것이 바람직하다.

구조체의 확장을 고려하여 충분한 강성이 확보될 수 있도록 하며, 융통성을 갖는 형태로 구조체를 계획하는 것이 바람직하다.

17 한국 전통건축의 기둥에 대한 설명으로 옳지 않은 것은?

① 동자주는 대들보나 중보 위에 올라가는 짧은 기둥을 말한다.
② 흘림기둥은 모양에 따라 배흘림기둥과 민흘림기둥으로 나뉘는데 강릉의 객사문은 민흘림 정도가 가장 강하다.
③ 활주는 추녀 밑을 받쳐주는 보조기둥으로 추녀 끝에서 기단 끝으로 연결되기 때문에 경사져 있는 것이 일반적이다.
④ 동바리는 마루 밑을 받치는 짧은 기둥이며, 외관상 보이지 않기 때문에 정밀하게 가공하지 않는다.

강릉의 객사문 : 전후면의 기둥은 배흘림이 뚜렷한 원주의 배흘림기둥이며, 판문이 달린 가운데 기둥은 민흘림의 사각기둥이다. 기둥은 자연석 주초 위에 세워져 있고, 정면 3칸, 측면 2칸 규모로 맞배지붕 형식이다.

18 건축법 시행령상 건축물의 높이에 산입되는 것은?

① 벽면적의 1/2 미만이 공간으로 되어 있는 난간벽
② 방화벽의 옥상돌출부
③ 지붕마루장식
④ 굴뚝

해설

지붕마루장식, 굴뚝, 방화벽의 옥상돌출부나 그 밖의 이와 비슷한 옥상돌출물과 난간벽(그 벽면적의 1/2 이상이 공간으로 되어 있는 것만 해당한다)은 해당 건축물의 높이에 산입하지 않는다.

19 초등학교의 건축계획에 대한 설명으로 옳지 않은 것은?

① 학교 부지의 형태는 정형에 가까운 직사각형으로 장변과 단변의 비가 4 : 3 정도가 좋다.
② 교사(校舍)의 위치는 운동장을 남쪽에 두고 운동장보다 약간 높은 곳에 위치하는 것이 바람직하다.
③ 강당과 체육관의 기능을 겸용할 경우 강당 기능을 위주로 계획하는 것이 바람직하다.
④ 학년별로 신체적·정신적 발달의 차이가 크기 때문에 교실배치 시 고학년과 저학년의 구분이 필요하다.

해설

강당과 체육관의 기능을 겸용할 경우 체육관 기능을 위주로 계획하는 것이 바람직하다.

20 주택법령상 도시형 생활주택에 대한 설명으로 옳은 것은?

① 도시형 생활주택이란 도시지역에 건설하는 400세대 이하의 국민주택규모에 해당하는 주택을 말한다.
② 단지형 연립주택, 단지형 다세대주택, 소형 주택으로 구분된다.
③ 소형 주택은 경우에 따라 세대별로 독립된 욕실을 설치하지 않고 단지의 공용공간에 공동욕실을 설치할 수 있다.
④ 필요성이 낮은 부대·복리시설은 의무설치대상에서 제외하고 분양가 상한제를 적용한다.

해설

① 도시형 생활주택이란 도시지역에 건설하는 300세대 미만의 국민주택규모에 해당하는 주택을 말한다.
③ 소형 주택은 세대별 주거전용면적은 60m² 이하이며, 세대별로 독립된 주거가 가능하도록 욕실 및 부엌을 설치하여야 한다.
④ 150세대 이상인 단지형 연립주택, 단지형 다세대주택은 복리시설 중 주민공동시설을 설치해야 한다. 도시형 생활주택은 분양가 상한제를 적용하지 않는다.

01 복합용도개발(Mixed-use Development)의 특성으로 옳지 않은 것은?

① 20세기 초 아테네헌장에서 주장된 용도순화나 기능분리의 원칙과는 다른 개념이다.

② 다양한 기능공간을 복합하므로 구조, 설비계획이 용이한 장점이 있다.

③ 기능이 복합되므로 사용자를 고려한 프로그래밍이 필요하고, 물리적·기능적 연계를 고려하여야 한다.

④ 이론적으로는 도심공동화, 출퇴근 교통문제 등의 문제를 해결할 수 있는 주상복합건축물도 이 개발의 한 형식이다.

해설

고층화할 경우 다양한 기능공간을 복합하므로 구조, 설비계획이 어려운 단점이 있다.

복합용도개발(Mixed-use Development)
- 정의 : 혼합적 토지이용의 개념에 근거하여 주거와 업무, 상업, 문화 등 상호보완이 가능한 용도를 서로 밀접한 관계를 가질 수 있도록 연계·개발하는 것을 말한다.
- 기본요건 : 미국의 ULI(Urban Land Institute, 1976)에서 규정한 복합용도건축물을 특징짓는 기본요건 3가지는 다음과 같다.
  - 독립적인 수익성을 지니는 3가지 이상의 용도를 수용하여야 한다.
  - 혼란스럽지 않은 보행동선체계로 모든 기능을 서로 연결하여 물리적·기능적으로 통합되어야 한다.
  - 하나의 마스터플랜에 의하여 일관성 있는 계획하에 건설 및 임대가 진행되어 단일건축물과 유사한 모습을 나타내야 한다.
- 장점
  - 복합기능에 따라 도시 내 상업기능의 급격한 증가현상을 억제하여 균형잡힌 발전을 도모한다.
  - 도시 내 거주를 원하는 사람들에게 양질의 주택 공급이 가능하며, 도심공동화 현상을 방지한다.
  - 도심지 주변에 건설할 경우 지역이 도소매업, 광고업, 인쇄업 등 서비스기능 위주의 전이지역으로 변화하는 것을 방지한다.
  - 근린생활시설 및 각종 생활편익시설의 설치가 가능하며 생동감이 넘치고 다양한 삶의 장소로 전환될 수 있다.
  - 주상복합건물을 건설할 경우 기존 시가지 내 공공시설을 활용함으로써 신시가지 또는 신도시의 도시기반시설과 공공서비스시설 등에 소요되는 공공재정이나 민간자본이 절감된다.
  - 직장과 주거지와의 거리가 단축되어 출퇴근 시 교통비용 및 시간의 절약이라는 이점이 있으며 교통혼잡도 완화된다.
  - 차량통행량 증가가 완화됨에 따라 대기오염요인 감소와 에너지 절감 효과가 있다.
  - 주차장 이용에 있어서 주거, 상업, 업무 등 기능별로 주차자의 집중이용시간대가 분산되므로 한정된 주차공간을 효율적으로 이용할 수 있다.
  - 기능면에서 보행자 동선과 차도를 분리시켜 수송문제를 입체적으로 해결할 수 있다.
  - 경제적인 측면에서 도심지 내 토지의 고층·고밀화를 통하여 해결할 수 있고 아울러 쾌적한 녹지공간의 확보와 기존의 도시시설을 편리하게 이용할 수 있다.
- 단점
  - 사업계획이 복잡하고 사업기간이 길며, 다양한 기능 혼합으로 이용자 동선의 혼란과 불필요한 동선이 발생할 우려가 있다.
  - 이용시간대가 다른 복합용도건물의 경우에는 건물의 유지 관리가 어렵고, 주거시설과 혼합 혹은 복합 개발할 경우 주거환경의 침해가 우려된다.
  - 고층화할 경우 구조, 설비계획이 복잡해질 수 있다.

1 ② **정답**

02 다음 중 주택단지가 기간도로와 접하는 폭 또는 주택단지 진입도로의 폭을 결정하는 근거로 가장 옳은 것은?

① 주동 높이와 주호조합 형식

② 주택의 규모와 분양가

③ 주택단지 출입구의 개수

④ 주택단지 총 세대수

해설

주택단지의 총 세대수에 따라 기간도로와 접하는 폭, 진입도로의 폭이 결정된다.

주택단지 도로폭

주택단지의 총 세대수	기간도로와 접하는 폭, 진입도로의 폭
300세대 미만	6m 이상
300세대 이상~500세대 미만	8m 이상
500세대 이상~1,000세대 미만	12m 이상
1,000세대 이상~2,000세대 미만	15m 이상
2,000세대 이상	20m 이상

03 건축공간·형태의 비례와 스케일을 계획할 때 모듈계획의 필요성에 관한 설명으로 가장 옳지 않은 것은?

① 건축의 규모, 종류, 기능에 관계없이 모듈을 정한다.

② 건물 전체에 대한 비례, 균형 및 통일감을 얻을 수 있다.

③ 융통성이 있는 공간계획을 위해서는 구조모듈과 계획모듈의 조절작업이 필요하다.

④ 모듈이란 그리스에서 열주(Order)의 지름을 1m이라 했을 때 높이, 간격, 실폭, 길이 등 다른 부분들을 비례적으로 지칭하는 기본단위이다.

해설

모듈러 디자인은 건축공간 및 구성재의 치수관계를 건축모듈에 의해서 조정하는 것으로, 건축의 규모, 종류, 기능에 따라 적절한 모듈을 설정하여 적용한다.

04 다음 중 건축계획 용어와 단위가 바르게 연결된 것은?

① 광속 – 럭스(lx)

② 열관류율 – $kcal/m^2 \cdot h \cdot ℃$

③ 단위중량 – $kg \cdot m^2$

④ 휘도 – $lumen/m^2$

해설

① 광속 – lm(루멘)

③ 단위중량 – N/m^3

④ 휘도 – cd/m^2

- 열관류율($kcal/m^2 \cdot h \cdot ℃$)
  - 고체벽 양쪽의 기체나 액체의 온도가 다를 때, 고체벽을 통해서 고온측에서 저온측으로 열이 흐르는 현상
  - 열전달과 열전도의 종합된 열류 상황(벽 등의 두께, 면적에 관계됨)
  - 열관류율의 단위 : $W/m^2 \cdot ℃$ 혹은 $kcal/m^2 \cdot h \cdot ℃$
- 광속(Luminous Flux)
  - 광원으로부터 발산되는 빛의 양(방사되는 광의 시감량)
  - 1lm : 균일한 1cd의 점광원이 단위입체각에 방사하는 빛의 양
  - 단위 : lm(루멘)
- 단위중량(N/m^3)
  - 일정 부피에서 비교 대상 물체의 중량(무게)을 말하며, 무게 ÷ 체적으로써 물질의 비중량이 된다. 단위부피당 무게로서 단위는 일반적으로 N/m^3가 쓰인다.
  - 비중량(Specific Weight)은 일반적으로 γ(그리스 문자 감마)로 나타낸다. 5℃의 지표면에서 물의 비중량은 보통 $9.807kN/m^3$이다.
- 휘도(Brightness)
  - 일정한 범위를 가진 광원의 광도를, 그 광원의 면적으로 나눈 양
  - 표면 밝기의 척도로서, 휘도가 높으면 눈부심이 크다.
  - 단위 : $nit = cd/m^2$, $stilb = cd/cm^2$, asb(Apostilb)

05 경로당은 다음 노인복지시설 중 어느 구분에 속하는가?

① 노인주거복지시설

② 노인의료복지시설

③ 노인여가복지시설

④ 재가노인복지시설

해설

경로당은 노인여가복지시설에 속한다.

노인복지시설의 종류(노인복지법 제31조)

- 노인주거복지시설
  - 양로시설 : 노인을 입소시켜 급식과 그 밖에 일상생활에 필요한 편의를 제공함을 목적으로 하는 시설
  - 노인공동생활가정 : 노인들에게 가정과 같은 주거여건과 급식, 그 밖에 일상생활에 필요한 편의를 제공함을 목적으로 하는 시설
  - 노인복지주택 : 노인에게 주거시설을 임대하여 주거의 편의·생활지도·상담 및 안전관리 등 일상생활에 필요한 편의를 제공함을 목적으로 하는 시설
- 노인의료복지시설
  - 노인요양시설 : 치매·중풍 등 노인성 질환 등으로 심신에 상당한 장애가 발생하여 도움을 필요로 하는 노인을 입소시켜 급식·요양과 그 밖에 일상생활에 필요한 편의를 제공함을 목적으로 하는 시설
  - 노인요양공동생활가정 : 치매·중풍 등 노인성 질환 등으로 심신에 상당한 장애가 발생하여 도움을 필요로 하는 노인에게 가정과 같은 주거여건과 급식·요양, 그 밖에 일상생활에 필요한 편의를 제공함을 목적으로 하는 시설
- 노인여가복지시설
  - 노인복지관 : 노인의 교양·취미생활 및 사회참여활동 등에 대한 각종 정보와 서비스를 제공하고, 건강증진 및 질병예방과 소득보장·재가복지, 그 밖에 노인의 복지증진에 필요한 서비스를 제공함을 목적으로 하는 시설
  - 경로당 : 지역노인들이 자율적으로 친목 도모·취미활동·공동작업장 운영 및 각종 정보교환과 기타 여가활동을 할 수 있도록 하는 장소를 제공함을 목적으로 하는 시설
  - 노인교실 : 노인들에 대하여 사회활동 참여욕구를 충족시키기 위하여 건전한 취미생활·노인건강유지·소득보장 및 기타 일상생활과 관련한 학습프로그램을 제공함을 목적으로 하는 시설
- 재가노인복지시설
  방문요양서비스, 주·야간보호서비스, 단기보호서비스 중 하나의 서비스를 제공함을 목적으로 하는 시설
- 노인보호전문기관
  지역 간의 연계체계를 구축하고 노인학대를 예방하거나, 학대받는 노인의 발견·보호·치료 등을 신속히 처리하고 노인학대를 예방하기 위하여 설치하는 전문기관
- 노인일자리지원기관
- 학대피해노인 전용쉼터

06 다음 중 프랑스의 세계적인 근대 건축가 르 코르뷔지에(Le Corbusier)의 작품이 아닌 것은?

① 사보아 주택(Villa Savoy)

② 롱샹 성당(Notre-Dame du Haut, Ronchamp)

③ 유니테 다비타시옹(Unité d'Habitation)

④ 퐁피두 센터(Centre Pompidou)

해설

퐁피두 센터(Centre Pompidou)는 렌조 피아노, 리처드 로저스 등이 설계하였다.

퐁피두 센터(Centre Pompidou)

• 조르주 퐁피두 센터(Centre Georges-Pompidou)는 1971~1977년에 걸쳐 준공된 복합문화시설이며, 프랑스 대통령을 지낸 조르주 퐁피두의 이름을 딴 건축물로서 1977년 12월 31일에 개관하였다.

• 퐁피두 센터는 렌조 피아노, 리처드 로저스, 잔프랑코 프란키니 등이 설계하였으며, 프랑스 파리 4구의 레 알(Les Halles)과 르 마레(Le Marais) 지역 인근의 보부르(Beaubourg) 지역에 위치해 있다.

르 코르뷔지에(Le Corbusier)의 주요 작품

• 시트로앙 주택(Maison Citrohan)

• 사보이 주택(Villa Savoye) : 건축 5원칙 적용

• 마르세유 아파트 : 메조네트 구조

• 롱샹 성당(Notre-Dame du Haut, Ronchamp)

• 인도의 찬디가르 도시계획

07 다음 중 오피스에서 코어의 역할을 설명한 것으로 옳지 않은 것은?

① 공용부분을 집약시켜 유효임대면적을 증가시키는 역할
② 각 층의 층고를 최소화할 수 있게 도와주는 역할
③ 내력적 구조체로서의 역할
④ 파이프, 덕트 등 설비요소를 집약하여 설치하는 공간의 역할

해설

각 층의 층고를 최소화할 수 있게 도와주는 역할과는 관계가 없다.
- 코어(Core)의 개념
  - 건물 내의 수직 교통과 설비시설 등이 한곳에 집결되어 있는 부분이다.
  - 코어 내의 공간은 동선 부분(복도, 계단, 엘리베이터 홀 등), 설비 부분(기계실, 샤프트 등), 서비스 부분(화장실, 탕비실, 창고 등)으로 구성된다.
  - 사무실 이외의 공용공간으로 대화, 휴식의 장으로 이용될 수 있다.
  - 자연채광, 조망, 여유공간 등으로 질적인 공간을 구성한다.
  - 코어는 생산성, 수익성이 낮은 부분이기 때문에 최소한의 규모로 계획하는 경우가 많다.
- 코어(Core)의 역할
  - 평면적 역할
    ⓐ 서비스 부분을 집약하므로 유효면을 높일 수 있다.
    ⓑ 각 층에서의 계단거리가 최단거리가 된다.
    ⓒ 사무실 공간은 융통성 있는 균일공간으로 계획된다.
  - 구조적 역할
    ⓐ 주내력 구조체로 외곽이 내진벽 역할을 한다.
    ⓑ 코어가 하중을 부담하므로 긴 스팬(Span)구조 계획이 가능하다.
  - 설비적 역할
    ⓐ 신경 계통의 집중화가 가능하고, 각 층의 계통거리가 최단이 된다.
    ⓑ 설비 계통의 순환이 원활하여 설비비가 절약된다.
    ⓒ 수평·수직 교통시설, 각종 설비 계통의 관리가 용이하다.

08 호텔의 입지 선정과 배치계획에 대한 설명으로 가장 옳지 않은 것은?

① 커머셜 호텔(Commercial Hotel)은 경관과 체육시설을 우선으로 부지를 선정하여야 한다.
② 레지덴셜 호텔(Residential Hotel)은 편의성과 거주환경을 동시에 만족시키는 입지 선정이 필요하다.
③ 리조트 호텔(Resort Hotel)은 조망, 쾌적성을 고려하고 장래 증축을 고려하여 숙속물을 배치하여야 한다.
④ 시티 호텔(City Hotel)은 보통 좁은 부지에 건립되므로 주현관과 주차장의 연계성을 충분히 고려하여야 한다.

해설

- 커머셜 호텔(Commercial Hotel)은 각종 비즈니스 여행자를 위한 호텔로서 교통이 편리한 도시의 중심지에 위치한다.
- 클럽 하우스(Club House), 스포츠 호텔(Sports Hotel) 등은 경관과 체육시설을 우선으로 부지를 선정하여야 한다.

09 유치원 계획 시 고려할 사항으로 가장 옳지 않은 것은?

① 입지를 결정하기 위해서는 주변의 사회문화적 환경과 물리적 환경을 모두 고려하여야 한다.

② 통원거리는 이용자 수뿐만 아니라, 통학로와 스쿨버스 노선의 위험성을 분석하여 결정하여야 한다.

③ 유치원의 대지면적은 원아의 연령 비율, 교사 수, 식당의 유무에 의해 결정된다.

④ 유아의 신체적·정신적 발달을 위해 실내공간과 외부공간이 상호 연계되도록 계획한다.

해설

유치원의 대지면적은 원생 및 학급 수에 따른 교사면적, 행정실 및 식당 등의 기타 공간, 유원장 및 옥외공간의 면적 등에 의해 결정된다.
• 유치원 계획의 주안점
  - 유치원은 유아 생활에 속하는 것이기 때문에 유아 본위로 생각해서 안치수 등에 주의한다.
  - 유아의 풍부한 상상력을 자극할 수 있도록 평면계획에서 단조로운 것을 피해 여러 가지 알코브를 고려한다.
  - 유아의 생활 범위를 확대하기 위해 옥내와 옥외의 일체화를 도모하며, 교실의 연장 부분으로서 옥외공간을 계획한다.
• 유치원 규모계획
  - 최적규모 : 학급 수가 적을수록 좋지만, 현실적으로는 3~4학급 정도가 적당하다.
  - 학급당 인원수 : 15~20명 정도가 좋지만, 여건상 20~30명 정도를 기준단위로 계획한다.
  - 교육공간 : 교육공간의 점유면적은 1인당 3~5m² 정도로 하며, 관리부분을 제외한 순수 교실면적은 1.5~2.0m² 정도로 한다.
  - 옥외공간 : 옥외공간의 면적은 1인당 교육공간 면적의 약 2배 크기 정도로 한다.

10 다음 중 구립 공공도서관을 계획하기 위한 고려사항으로 옳지 않은 것은?

① 열람실은 성인 1인당 2.0~2.5m²로 환산하여 대규모로 한 곳에 집중배치한다.

② 공공도서관은 지역사회의 중심으로서, 교통이 편리하고 소음이 없으며 주변환경이 깨끗한 곳을 부지로 선정한다.

③ 캐럴(Carrel)은 열람자의 도서접근성을 고려하여 서고 내부에 두어도 좋다.

④ 최근에는 도서관이 시민 갤러리, 시청각정보서비스, 영상미디어센터 등으로 그 용도가 복합화되고 있다.

해설

일반 열람실은 성인 1인당 2.0~2.5m²의 바닥면적이 필요하다. 일반 열람실과 학생 열람실, 정기간행물 및 주제별 열람실, 기타의 열람실 등은 분리하여 이용자가 불편하지 않도록 서고와의 관계를 고려하여 분산 배치한다.

11 다음 실내체육관 건축계획 관련 사항 중 잘못 기술된 것은?

① 경기장의 규모는 배구코트를 기준으로 결정한다.

② 체육관의 부문별 구성은 경기부분, 관람부분, 관리부분으로 나누어진다.

③ 실내체육관의 벽면은 목질계, 유공계를 사용하는 경우가 많다.

④ 천장높이는 볼이 높이 솟아오를 경우를 대비하여야 하며, 배구경기의 경우 12.5m가 필요하다.

해설

경기장의 규모는 농구코트를 기준으로 결정한다.

- 체육관의 규모
  - 면적은 경기 종목과 코트의 필요 정도에 따라 결정된다.
  - 농구코트를 몇 개의 면으로 하는가에 따라 개략적 크기를 결정한다.
  - 농구코트의 규격은(26±2)m × (14±1)m이며, 코트와 관중까지의 이격거리는 최소한 2m 이상으로 한다.
  - 일반적인 체육관은 농구 1면, 배구 2면을 기준으로 하며, 이 경우 경기장 면적은 올림픽 규격인 28m × 15m의 농구코트 규격에 3m의 안전영역을 두어야 한다.
- 체육관의 부분별 공간 구성
  - 경기부분 : 경기장, 임원실, 휴식실, 대기실, 운동기구 보관창고, 라커, 샤워·세면 및 화장실 등 경기자의 이용시설
  - 관람부분 : 현관 출입구, 홀, 관람석, 화장실, 매점 등 이용시설
  - 관리·운영부분 : 관장실, 운영 및 관리관계실, 전기 및 기계실 등 서비스관계시설
- 체육관 천장높이와 단면
  - 천장높이는 공이 높이 솟아오를 경우를 대비하여 경기에 장애가 되지 않도록 특별한 고려가 있어야 한다.
  - 탁구경기장의 천장높이는 최저 4m, 농구경기장은 7m, 배구 및 배드민턴 경기장은 12.5m의 천장높이가 필요하다.
- 체육관 벽면
  - 경기자가 충돌하거나 경기용 공이 부딪쳐도 파손되지 않는 강도와 탄성이 요구되는 벽면의 계획을 고려하여야 하며, 목질계 또는 유공계를 사용하는 경우가 많다.
  - 바닥면으로부터 2.4m 높이까지는 돌기물을 피해야 한다.

12 다음은 구민회관으로 이용 가능한 극장의 기본계획을 관리하는 과정에서 고려해야 할 사항에 관한 기술이다. 옳은 것은?

① 극장계획에서 그린 룸(Green Room)은 일반인들이 편안하게 이용할 수 있는 시설로서, 주출입구 전면 로비 근처에 배치한다.

② 원형이나 타원형 평면은 공간의 상징성 측면이나 음향 측면에서 매우 바람직한 평면형상이다.

③ 플라이 갤러리(Fly Gallery)는 관람객이 전시물을 즐길 수 있도록 배려한 극장 내 전시시설이다.

④ 극장 내부의 음향을 고려하여 전면 무대 측에는 반사재를 후면 객석 이부에는 흡음재를 계획한다.

해설

① 극장계획에서 그린 룸(Green Room)은 출연자 대기실로서 무대에 가까운 곳에 위치하며, 규모는 30m² 이상으로서 계획한다.

② 원형이나 타원형 평면은 공간의 상징성 측면에서는 유리할 수 있지만, 음향적 측면에서 음이 한곳으로 집중될 수 있으므로 바람직하지 않은 평면형상이다.

③ 플라이 갤러리(Fly Gallery)는 그리드아이언에 올라가는 계단과 연결되게 설치하는 좁은 통로이며, 무대 주위 벽에 6~9m 높이로 설치(폭 1.2~2m 정도)한다.

13 건축에서 공간, 형태구성 원리로 가장 적합하지 않은 것은?

① 대칭과 균형
② 비례와 스케일
③ 통일성과 획일성
④ 조화와 대비

해설

통일성(Unity)은 구성체의 각 요소들 간에 이질감이 느껴지지 않고 전체로서 하나의 이미지를 주는 형태구성 원리로, 지나친 통일성을 강조하게 되면 변화나 창조적 구성이 상실되고 획일적으로 구성되므로 공간이나 형태구성 원리로 적합하지 않다.

14 결로와 관련된 설명으로 가장 옳은 것은?

① 벽체의 열관류율이 작고, 틈 사이가 큰 건물에서 발생하기 쉽다.
② 환기가 잘되어 외기와 자주 만나는 곳에 발생하기 쉽다.
③ 구조상 일부 벽이 얇아지거나, 열관류저항이 작은 부분이 생기면 결로하기 쉽다.
④ 목조주택이 콘크리트주택보다 결로가 발생하기 쉽다.

해설

① 벽체의 열관류율이 크고, 틈 사이가 작은 건물에서는 환기부족으로 인해 결로가 발생하기 쉽다.
② 환기가 잘되어 외기와 자주 만나는 곳에서는 결로가 발생하지 않는다.
④ 목조주택은 벽체 온도가 낮은 콘크리트주택에 비해서 결로가 발생하지 않는다.
- 결로의 원인
  - 내부의 습한 공기와 외부의 차가운 공기와 접하여 노점온도(결로점, Dew Point)에 달하면 수증기는 물방울이 되고 이후 결로된다.
  - 실내공간의 습한 공기의 과다
  - 흡습 : 재료가 공기 중의 수증기를 흡수(내부결로의 원인)
  - 흡착 : 건축 재료의 표면에만 흡습하는 현상(표면결로의 원인)
- 결로하기 쉬운 곳
  - 틈 사이 작은 건물(환기 부족으로 결로 발생)
  - 현관 주위 칸막이, 벽 등의 내부에 발생
  - 외벽에 면한 붙박이장 속(낮은 온도와 습기로 인해 발생)
  - 실내의 구석, 구조상 일부 벽이 얇아진 곳
  - 재료가 다른 접합부나 열교 현상이 심한 곳
  - 충분히 건조되지 않은 건물, 북향 벽이나 실내 구석진 곳
- 내부결로의 방지대책
  - 벽체 내부로 수증기의 침입을 억제한다.
  - 단열공법은 외단열로 한다.
  - 벽체 내부 단열재 실외측에 공기층을 두어 통기시킨다(단, 단열성능의 저하를 방지하기 위해 단열재 외기측 표면에 방풍층을 설치한다).
  - 내부결로를 방지하기 위해 방습층은 온도가 높은 단열재의 실내측에 위치한다.
  - 벽체 내부온도가 노점온도 이상 되도록 단열을 강화한다(열관류율을 적게 하여 열관류저항을 높인다).

15 〈보기〉에 나열된 시스템은 다음 중 어떤 설비에 속하는가?

> **보기**
>
> 가. 수도직결 방식
> 다. 압력수조 방식
>
> 나. 고가수조 방식
> 라. 가압직송 방식

① 급탕설비

② 급수설비

③ 소화설비

④ 난방설비

해설

수도직결 방식, 고가수조 방식, 압력수조 방식, 가압(펌프)직송 방식은 급수설비에 해당한다.

급수설비
- 수도직결 방식
  - 수도 본관에서 수도 인입관에 의해 직접 접속 분기하여 건물 내의 소요 급수 개소에 급수하는 방식이다.
  - 급수오염 가능성이 가장 작고, 설비비가 저렴하며, 소규모 건물에 적합하다.
  - 단수 시에는 급수가 불가능하다.
- 고가(옥상)탱크 방식
  - 수도 본관으로부터 상수를 지하 물받이 탱크에 받아서 양수 펌프로 건물옥상 등에 설치한 탱크로 양수하고, 고가(옥상) 탱크로부터 필요 기구에 중력에 의해 하향으로 급수하는 방식이다.
  - 항상 일정한 수압으로 급수가 가능하며, 대규모 건물에 적합하다.
  - 급수오염 가능성이 가장 크다.
- 압력탱크 방식
  - 수도 본관으로부터 상수를 지하 물받이 탱크에 받아 놓고, 압력탱크를 설치하여 에어컴프레서로 공기를 공급해 그 압력으로 급수하는 방식으로, 펌프로 압력수조 내부에 압입된 물을 압축공기로써 급수한다.
  - 고가수조가 없어 미관상 좋으며, 국부적 고압이 필요할 때 적합하다.
  - 공기압축기가 필요하며, 저수량이 적고 사용개소에서의 수압차가 크다.
- 펌프직송 방식
  - 수도 본관으로부터 저수탱크에 물을 받은 후, 여러 대의 자동 펌프(가압 펌프, 부스터 펌프)를 이용하여 필요 기구에 급수하는 방식이다.
  - 사용 개소의 수압이 일정하고, 탱크가 필요 없으므로 구조상 유리하다.
  - 정전, 펌프 고장 시 급수가 불가능하고, 저수량이 적으며, 자동제어시스템이어서 고장 시 수리가 어렵고 설비비가 고가이다.

16 다음 중 건축계획과 설계에 대한 설명으로 가장 옳지 않은 것은?

① 건축프로그래밍은 건축설계에 앞서 프로젝트와 관련된 다양한 문제점들을 찾는 작업이다.

② 건축프로그래밍에서 정보수집의 방법에는 선험연구, 인터뷰, 설문, 관찰, 실험 등이 있다.

③ 건축계획 단계에서는 설계에 적용될 수 있는 실제지침이나 설계기준을 정리한다.

④ 건축프로그래밍은 추출된 문제점을 해결하는 종합적인 결정과정이다.

해설
- 추출된 문제점을 해결하는 종합적인 결정과정은 건축계획(Planning) 단계에서 수행한다.
- 건축프로그래밍은 건축주 및 사용자의 현재 요구와 필요를 파악하여 건물의 결과를 예측하고 이에 관련된 요소들을 발견해 내고 체계화하며, 이것을 설계자로 하여금 쉽게 이해하고 사용할 수 있는 방법으로 제시해 주어 설계의 지침이 되게 하는 일련의 작업과정을 말한다.

17 장애인·노인·임산부 등의 편의증진 보장에 관한 법률에 의한 편의시설의 세부기준에 관한 내용 중 옳지 않은 것은?

① 접근로의 기울기는 1/18 이하로 하여야 한다. 다만, 지형상 곤란한 경우에는 1/12까지 완화할 수 있다.

② 휠체어 사용자가 통행할 수 있도록 접근로의 유효폭은 1.2m 이상으로 하여야 한다.

③ 장애인전용주차구역의 크기는 주차대수 1대에 대하여 폭 3.3m 이상, 길이 5.0m 이상으로 하여야 한다.

④ 출입구(문)는 통과유효폭을 0.9m 이상으로 하여야 하며, 출입구(문)의 전면 유효거리는 1.0m 이상으로 하여야 한다.

해설

출입구(문)는 통과유효폭을 0.9m 이상으로 하여야 하며, 출입구(문)의 전면 유효거리는 1.2m 이상으로 하여야 한다.

장애인 등의 출입이 가능한 출입구(문)

• 출입구(문)은 그 통과 유효폭을 0.9m 이상으로 하여야 하며, 전면 유효거리는 1.2m 이상으로 하여야 한다.

• 자동문이 아닌 경우에는 출입문 옆에 0.6m 이상의 활동공간을 확보하여야 한다.

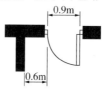

• 출입구의 바닥면에는 문턱이나 높이의 차이를 두어서는 아니 된다.
• 건축물 주출입구의 0.3m 전면에는 점형블록을 설치하거나 시각장애인이 감지할 수 있도록 바닥재의 질감 등을 달리하여야 한다.
• 건축물 안의 공중의 이용을 주목적으로 하는 사무실 등의 출입문 옆 벽면의 1.5m 높이에는 방이름을 표기한 점자표지판을 부착하여야 한다.
• 출입문은 회전문을 제외한 다른 형태의 문을 설치한다.

18 다음 건축가와 그 작품의 연결이 옳지 않은 것은?

① 김중업 – 프랑스 대사관　　　　　　② 김수근 – 구 공간 사옥
③ 승효상 – 서울 시청 신청사　　　　　④ 이희태 – 절두산 성당

해설

③ 서울 시청 신청사 – 유걸

• 김중업
　– 명보극장(서울, 1957)　　　　　– 프랑스 대사관(서울, 1960)　　　　– 서강대학교 본관(서울, 1960)
　– 제주대학교 본관(제주, 1964)　　– 서산부인과(서울, 1965)　　　　　– 삼일빌딩(서울, 1969)
• 김수근
　– 자유센터(서울, 1964)　　　　　– 세운상가(서울, 1967)　　　　　　– 국립부여박물관(부여, 1970)
• 타 건축물
　– 박동진 : 영락교회(서울, 1950), 석조건물　– 이천승 : 국제극장(서울, 1957)　　– 이희태 : 절두산 복자기념 성당(서울, 1967)
　– 엄덕문 : 세종문화회관　　　　　– 이광노 : 어린이 회관, 중국 대사관　　– 이해성 : 남산도서관

19 대지의 측량이나 건축물의 건축과정에서 부득이하게 오차가 발생할 수 있다. 다음 건축물 및 대지 관련 허용오차 중 국토교통부령으로 정하는 범위 내의 허용오차로 적절한 것은?

① 인접 대지경계선과의 거리 : 3% 이내

② 건폐율 : 1% 이내(건축면적 5m²를 초과할 수 없다)

③ 용적률 : 2% 이내(연면적 30m²를 초과할 수 없다)

④ 건축물 높이 : 3% 이내(1m를 초과할 수 없다)

해설

② 건폐율 : 0.5% 이내(건축면적 5m²를 초과할 수 없다)

③ 용적률 : 1% 이내(연면적 30m²를 초과할 수 없다)

④ 건축물 높이 : 2% 이내(1m를 초과할 수 없다)

허용오차(건축법 제26조)

• 대지 관련 건축기준 허용오차

항목	허용되는 오차의 범위
건축선의 후퇴거리	3% 이내
인접 대지경계선과의 거리	3% 이내
인접 건축물과의 거리	3% 이내
건폐율	0.5% 이내(건축면적 5m²를 초과할 수 없다)
용적률	1% 이내(연면적 30m²를 초과할 수 없다)

• 건축물 관련 건축기준 허용오차

항목	허용되는 오차의 범위
건축물 높이	2% 이내(1m를 초과할 수 없다)
평면 길이	2% 이내(건축물 전체 길이는 1m를 초과할 수 없고, 벽으로 구획된 각 실의 경우에는 10cm를 초과할 수 없다)
출구 너비	2% 이내
반자 높이	2% 이내
벽체 두께	3% 이내
바닥판 두께	3% 이내

20 건축물의 피난계획에 관한 설명으로 가장 옳지 않은 것은?

① 용도별 기준면적 이상의 다중이용시설을 지하층에 계획할 경우, 피난을 위해 천장이 개방된 외부공간을 설치한다.

② 대지 안의 통로와 공지는 피난과 소화를 위한 것으로, 건축물의 용도에 따라 확보 기준이 다르다.

③ 건축물의 피난층으로 이르는 직통계단의 개수와 보행거리는 그 층의 용도와 바닥면적에 따라 달리 계획한다.

④ 관람실과 집회실로부터 출구 문을 안여닫이로 하는 것은 재난 시 관객과 이용자의 대피가 용이하도록 한 것이다.

해설

관람실과 집회실로부터 출구 문은 재난 시 관객과 이용자의 대피가 용이하도록 하며 안여닫이로 하지 않는다.

관람실 등으로부터의 출구 설치기준(건축물의 피난·방화구조 등의 기준에 관한 규칙 제11조)

대상건축물	출구 설치기준
• 제2종 근린생활시설 중 공연장·종교집회장(해당 용도로 쓰는 바닥면적 합계가 각각 300m² 이상인 경우만 해당) • 문화 및 집회시설(전시장 및 동식물원 제외) • 종교시설 • 위락시설 • 장례식장	건축물의 관람실 또는 집회실로부터 밖으로의 출구에 쓰이는 문은 안여닫이로 하여서는 안 된다.

01 서양 건축 양식의 변천과정을 시기 순으로 바르게 나열한 것은?

① 비잔틴 → 고딕 → 로마네스크 → 르네상스 → 바로크

② 비잔틴 → 로마네스크 → 고딕 → 르네상스 → 바로크

③ 로마네스크 → 비잔틴 → 고딕 → 바로크 → 르네상스

④ 로마네스크 → 비잔틴 → 고딕 → 르네상스 → 바로크

해설
서양 건축 양식의 변천과정
1. 원시시대 건축
2. 고대 건축(이집트, 서아시아)
3. 고전 건축(그리스, 로마)
4. 중세 건축(초기 기독교 → 비잔틴 → 사라센 → 로마네스크 → 고딕)
5. 근세 건축(르네상스 → 바로크 → 로코코)
6. 과도기 건축(신고전주의 → 낭만주의)
7. 근대 건축(수공예 운동 → 아르누보 → 시카고파 → 빈 세제션 → 독일공작연맹 → 미래파 → 독일 표현주의 → 구성주의 → 바우하우스 → CIAM
8. 현대 건축(Team X → GEAM → 아키그램 → 메타볼리즘 → 형태주의 → 브루탈리즘 → 레이트 모더니즘, 포스트 모더니즘 → 해체주의)

02 학교건축의 실별 세부계획에 대한 설명으로 옳지 않은 것은?

① 음악실은 강당과 근접한 위치가 좋으며, 외부의 잡음 및 타 교실의 소음 방지를 위한 방음처리 계획이 중요하다.

② 과학실험실은 바닥재료를 화공약품에 견디는 재료로 사용하고, 환기에 유의하여 계획한다.

③ 미술실은 학생들의 미술활동 지도에 있어 쾌적한 환경이 되도록 남향으로 배치하는 것이 좋다.

④ 도서실은 학교의 모든 곳에서 접근이 용이한 곳으로 지역주민들의 접근성도 고려하여야 한다.

해설
미술실은 직사광선이 들지 않는 북향으로 배치하는 것이 좋다.

03 다음과 같은 현상을 무엇이라고 하는가?

> 부엌, 욕실 및 화장실 등의 수직 파이프나 덕트에 의해 환기가 이루어지는 곳에서는 환기 경로의 유효높이가 몇 개 층을 관통하여 길어지므로 온도차에 의한 자연환기가 발생한다.

① 윈드스쿠프(Windscoop)
② 굴뚝효과(Stack Effect)
③ 맞통풍(Cross Ventilation)
④ 전반환기(General Ventilation)

해설
굴뚝효과(Stack Effect) : 수직 파이프나 덕트에 의해 환기가 이루어지는 곳에서는 환기경로의 유효높이가 몇 개 층을 관통하여 길어지므로 온도차에 의한 자연환기가 발생하는 현상이다.

04 주거건축의 연결공간에 대한 설명으로 옳은 것은?

① 현관은 프라이버시를 보호하기 위해 눈에 잘 띄지 않는 곳에 위치하여야 한다.
② 중복도형은 통풍에 유리하다.
③ 계단은 현관이나 거실에 근접시켜 식당, 욕실, 화장실과 가깝게 설치한다.
④ 높이가 3m를 넘는 계단에는 높이 3m 이내마다 90cm 이상의 계단참을 설치하여야 한다.

해설
① 현관은 진출입이 편리하도록 눈에 잘 띄는 곳에 위치하여야 한다.
② 중복도형은 통풍에 불리하다.
④ 높이가 3m를 넘는 계단에는 높이 3m 이내마다 120cm 이상의 계단참을 설치하여야 한다.

05 1929년 페리(Perry)의 근린주구이론에서 주거단지 구성을 위한 계획 원리에 대한 설명으로 옳지 않은 것은?

① 경계(Boundary) – 통과교통이 단지 내부를 관통하고 차량이 우회할 수 있는 충분한 폭의 광역도로로 둘러싸여야 한다.

② 오픈스페이스(Open Space) – 개개의 근린주구 요구에 부합하는 소공원과 레크리에이션 공간이 계획되어야 한다.

③ 규모(Size) – 인구 규모는 초등학교 하나를 필요로 하는 인구에 대응하는 규모를 가져야 한다.

④ 근린점포(Local Shops) – 근린주구 내 주민에게 적절한 서비스를 제공할 수 있는 상점가 한 개소 이상을 주요도로 결절점(코너)에 배치한다.

해설
경계(Boundary)는 주구 내 통과교통을 방지하고 차량을 우회시킬 수 있는 충분한 폭의 간선도로로 계획한다.
페리(Perry)의 주거단지 구성을 위한 계획 원리
• 규모 : 인구 규모는 초등학교 하나를 필요로 하는 인구에 대응하는 규모를 가져야 한다.
• 경계 : 주구 내 통과교통을 방지하고 차량을 우회시킬 수 있는 충분한 폭의 간선도로로 계획한다.
• 오픈스페이스 : 개개의 근린주구 요구에 부합하는 소공원과 레크리에이션 공간이 계획되어야 한다.
• 공공시설 : 학교와 공공시설은 주구 중심부에 적절히 통합 배치한다.
• 내부 도로체계 : 순환교통을 촉진하고 통과교통을 배제하도록 일체적인 가로망으로 계획한다.
• 근린점포 : 근린주구 내 주민에게 적절한 서비스를 제공할 수 있는 상점가 한 개소 이상을 주요도로 결절점(코너)에 배치한다.

06 건축물의 에너지 절약 설계에 대한 설명으로 옳은 것은?

① 동일한 형상의 건물이라면 방위에 따른 열부하는 동일하다.

② 건물의 외표면적비(외피면적비)가 작을수록 에너지 절약에 불리하다.

③ 건물의 평면 형태는 복잡한 형태가 에너지 절약에 유리하다.

④ 건물의 코어공간을 건물 외벽 쪽에 배치하면 열부하를 작게 할 수 있다.

해설
① 동일한 형상의 건물이라도 방위에 따른 열부하는 달라진다.
② 건물의 외표면적비(외피면적비)가 작을수록 에너지 절약에 유리하다.
③ 건물의 평면 형태는 복잡한 형태가 에너지 절약에 불리하다.

07 기본색을 혼합해 이루어지는 2차색에 해당하지 않는 것은?

① 황색(Yellow)
② 오렌지색(Orange)
③ 녹색(Green)
④ 자주색(Violet)

해설
- 1차색 : 빨강(Red), 노랑(Yellow), 파랑(Blue)
- 2차색 : 오렌지색(Orange, Red + Yellow), 녹색(Green, Yellow + Blue) 자주색(Violet, Red + Blue)

08 열환경에 대한 단위로 옳지 않은 것은?

┌ 참고 ┐
- W : 와트
- N : 뉴튼
- s : 초
- h : 시
- μg : 마이크로그램

① 열관류율 – W/m^2·℃
② 투습계수 – μg/Ns
③ 열전도율 – W/m·h·℃
④ 열전도저항 – m^2·h·℃/kcal

해설
열전도율 : W/m·K, W/m·℃ 또는 kcal/m·h·℃

09 사회심리적 환경요인 중 개인공간, 대인 간의 거리, 자기영역에 대한 설명으로 옳지 않은 것은?

① 애드워드 홀(Edward T. Hall)은 인간관계의 거리를 '친밀한 거리(Intimacy Distance)', '개인적 거리(Personal Distance)', '사회적 거리(Social Distance)', '공적 거리(Public Distance)'의 4가지 유형으로 분류하였다.
② 개인공간은 실질적이고 명확한 경계를 가지며 침해되면 마음속에 저항이 생기고 스트레스를 유발한다.
③ 자기영역은 공간적 넓이를 가지며 움직이지 않는 정착된 것이다.
④ 자기영역은 구체적이거나 상징적인 방법으로 표시가 가능하다.

해설
개인공간은 타인이 통과할 수 없는 자신을 둘러싸고 있는 보이지 않는 경계이며, 명확한 경계를 가지지 않지만 침해되면 마음속에 저항이 생기고 스트레스를 유발한다.

10 미술관 또는 박물관의 특수전시기법 중 '하나의 사실' 또는 '주제의 시간 상황'을 고정시켜 연출함으로써 현장감을 느낄 수 있도록 표현하는 것은?

① 디오라마 전시   ② 파노라마 전시

③ 아일랜드 전시   ④ 하모니카 전시

해설

② 파노라마(Panorama) 전시 : 연속적인 주제를 선적으로 연계성을 표현하기 위한 전시로 벽면 전시와 입체물이 병행할 수 있으며, 넓은 시야의 전경을 보는 듯한 감각을 주는 전시 기법이다.

③ 아일랜드(Island) 전시 : 벽이나 천장을 직접 이용하지 않고 전시물 또는 전시장치를 배치함으로써 전시공간을 만들어 내는 전시 기법이다.

④ 하모니카(Harmonica) 전시 : 전시 평면이 하모니카 흡입구처럼 동일한 공간으로 연속 배치되어 전시하며, 동일 종류의 전시물을 반복하여 전시할 때 유리하다.

11 서양 중세 건축 양식별 특징과 그와 관련된 건축물에 대한 설명으로 옳지 않은 것은?

① 고딕 건축 양식은 플라잉 버트레스(Flying Buttress), 첨두아치(Pointed Arch)를 사용하였으며, 대표적인 건축물로 성 소피아(St. Sophia) 성당이 있다.

② 로마네스크 건축 양식은 반원 아치(Arch), 교차볼트(Intersecting Vault)를 사용하였으며, 대표적인 건축물로 성 미니아토(St. Miniato) 성당이 있다.

③ 비잔틴 건축 양식은 돔(Dome), 펜던티브(Pendentive)를 사용하였고, 대표적인 건축물로 성 비탈레(St. Vitale) 성당이 있다.

④ 사라센 건축의 모스크(Mosque)는 미나렛(Minaret)이 특징이며, 대표적인 건축물로 코르도바(Cordoba) 사원이 있다.

해설

• 고딕 건축 양식은 플라잉 버트레스(Flying Buttress), 첨두아치(Pointed Arch)를 사용하였으며, 대표적인 건축물로는 노트르담 성당, 웨스트민스터 사원 등이 있다.

• 성 소피아(St. Sophia) 성당은 비잔틴 건축 양식의 대표적 건축물이다.

12 주택 건축계획에 대한 설명으로 옳지 않은 것은?

① 숑바르 드 로브(Chombard de Lawve)는 심리적 압박이나 폭력 등의 병리적 현상이 일어날 수 있는 규모를 '16m²/인'으로 규정하였다.

② 동선계획에 있어서 개인, 사회, 가사노동권의 3개 동선은 서로 분리되어 간섭이 없는 것이 좋다.

③ 식당의 위치는 기본적으로 부엌과 근접 배치시키고 부엌이 직접 보이지 않도록 시선을 차단시키는 것이 좋다.

④ 주방계획은 '재료준비 → 세척 → 조리 → 가열 → 배선 → 식사'의 작업 순서를 고려해야 한다.

해설

숑바르 드 로브(Chombard de Lawve)는 심리적 압박이나 폭력 등의 병리적 현상이 일어날 수 있는 규모를 '8m²/인'으로 규정하였다.

주거생활 기준

• 숑바르 드 로브 기준
  - 병리기준 : 8m²/인(병리기준 이하일 경우, 거주자의 신체 및 건강에 나쁜 영향을 끼친다)
  - 한계(유효)기준 : 14m²/인 이상(개인, 가족적인 거주의 융통성 보장)
• 세계가족단체협회(UIOP)의 콜로뉴(Cologne) 기준 : 16m²/인 이상
• Frank Am Mein의 국제주거회의 평균주거면적 : 최소 15m²/인

13 공연장 건축계획과 관련한 용어에 대한 설명으로 옳지 않은 것은?

① 그리드아이언(Gridiron) - 무대의 천장 바로 밑에 철골을 촘촘히 깔아 바닥을 이루게 한 것으로, 배경이나 조명기구, 연기자 또는 음향 반사판 등이 매달릴 수 있도록 장치된다.

② 사이클로라마(Cyclorama) - 그림의 액자와 같이 관객의 눈을 무대에 쏠리게 하는 시각적 효과를 가지게 하며 관객의 시선에서 공연무대나 무대 배경을 제외한 다른 부분들을 가리는 역할을 한다.

③ 플로어 트랩(Floor Trap) - 무대의 임의 장소에서 연기자의 등장과 퇴장이 이루어질 수 있도록 무대와 트랩룸 사이를 계단이나 사다리로 오르내릴 수 있는 장치이다.

④ 플라이 갤러리(Fly Gallery) - 그리드아이언에 올라가는 계단과 연결된 무대 주위의 벽에 설치되는 좁은 통로이다.

해설

• 사이클로라마(Cyclorama) : 극장 뒤에 설치된 배경막을 말하며, 무대 뒤쪽의 구조물을 가려주는 역할을 한다.
• 프로시니엄(Proscenium) : 그림의 액자와 같이 관객의 눈을 무대에 쏠리게 하는 시각적 효과를 가지게 하며 관객의 시선에서 공연무대나 무대 배경을 제외한 다른 부분들을 가리는 역할을 한다.

14 병원 건축의 수술부 계획에 대한 설명으로 옳지 않은 것은?

① 수술 중에 검사를 요하는 조직병리부, 진단방사선부와 협조가 잘될 수 있는 장소이어야 한다.

② 멸균재료부(CSSD)에 수직 및 수평적으로 근접이 쉬운 장소이어야 한다.

③ 타 부분의 통과교통이 없는 장소이어야 한다.

④ 수술실의 공기조화설비를 할 때는 오염 방지를 위해 독립된 설비 계통으로 하여 수술실의 공기를 재순환시킨다.

해설

수술실의 공기조화설비를 할 때는 오염 방지를 위해 독립된 설비 계통으로 하여 수술실의 공기를 재순환시키지 않는다.

15 호텔의 기능적 부분과 소요실을 연결한 것으로 옳지 않은 것은?

① 숙박부분 – 린넨실(리넨실)

② 관리부분 – 프런트 오피스

③ 공용부분 – 보이실

④ 요리관계 부분 – 배선

해설

보이실은 숙박부분에 위치한다.
호텔의 기능적 부분의 분류
• 숙박부분 : 객실, 린넨실, 보이실, 트렁크룸 등
• 관리부분 : 프런트 오피스
• 요리부분 : 요리실, 배선실(Pantry) 등
• 공용부분 : 로비, 홀, 라운지, 식당, 연회장 등
• 설비관계부분 : 설비관계실 등

16 한식 목조건축의 특징에 대한 설명으로 옳지 않은 것은?

① 후림 – 처마선을 안쪽으로 굽게 하여 날렵하게 보이도록 하는 것
② 조로 – 처마 양쪽 끝을 올려 지붕선을 아름답고 우아하게 하는 것
③ 귀솟음 – 평주를 우주보다 약간 길게 하여 처마 끝쪽이 다소 올라가게 하는 것
④ 안쏠림 – 우주를 수직선보다 약간 안쪽으로 기울임으로써 안정감이 느껴지도록 하는 것

해설
귀솟음 : 우주를 평주보다 약간 길게 하여 처마 끝쪽이 다소 올라가게 하는 것

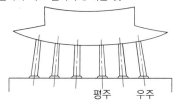

평주   우주

17 건축공간과 치수(Scale) 및 치수 조정(MC ; Modular Coordination)에 대한 설명으로 옳지 않은 것은?

① 건축공간의 치수는 물리적, 생리적, 심리적 치수 등을 고려해야 한다.
② 실내의 필요환기량을 반영하여 창문 크기를 결정하는 것은 생리적 치수를 고려한 것이다.
③ 치수 조정을 하면 설계작업이 단순해지고, 건축물 구성재의 대량생산이 용이해진다.
④ 치수 조정을 하면 건축물 형태에서 창조성과 인간성 확보가 쉬워진다.

해설
모듈(Module)에 의한 계획이나 치수 조정(MC ; Modular Coordination)을 하면, 설계의 자유도가 떨어지며 건축물 형태에서 창조성과 인간성 확보가 어려워진다.

18 팬코일 유닛(FCU) 방식에 대한 설명으로 옳지 않은 것은?

① 각 유닛마다 조절할 수 있다.
② 전공기 방식에 비해 덕트면적이 작다.
③ 전공기 방식에 비해 중간기 외기냉방 적용이 용이하다.
④ 장래의 부하 증가 시 팬코일 유닛의 증설로 용이하게 대응할 수 있다.

해설
전공기 방식에 비해 중간기 외기냉방 적용이 용이하지 못하다.

19 단열공법에 대한 설명으로 옳은 것은?

① 내단열은 외단열에 비해 일시적 난방에 적합하다.
② 내단열은 외단열에 비해 열교부분의 단열 처리가 유리하다.
③ 외단열은 적은 열용량을 갖고 있으므로 실온 변동이 크다.
④ 내단열 설계에서 방습층은 실외 저온 측면에 설치하여야 한다.

해설
② 내단열은 외단열에 비해 열교부분의 단열 처리가 어렵다.
③ 외단열은 많은 열용량을 갖고 있으므로 실온 변동이 적다.
④ 내단열 설계에서 방습층은 실내의 고온 측면에 설치하여야 한다.

20 그리스 기둥 양식 중 도리아 주범(Doric Order)에 대한 설명으로 옳지 않은 것은?

① 장중하고 남성적인 느낌이 난다.
② 그리스 기둥 양식 중 가장 오래된 기둥 양식이다.
③ 파르테논 신전 설계자 익티누스가 창안하였다.
④ 초반(Base)이 없이 주두(Capital)와 주신(Shaft)으로 구성되어 있다.

해설
파르테논 신전은 익티누스가 설계하였으나, 도리아 주범(Doric Order)을 창안한 것은 아니다. 그리스의 도리아 주범은 이집트 베이핫산의 제3암굴 분묘의 16각 석주에서 그 원형을 모방했다고 전해진다.

01 주택의 규모로 프랑스 사회학자 숑바르 드 로브(Chombart de Lauwe)가 제시한 개인적 혹은 가족적인 거주 융통성을 보장할 수 없는 한계기준(m²/인)은?

① 8   ② 10

③ 14   ④ 16

해설

한계기준 : 14m²/인

주거생활 수준의 기준

- 숑바르 드 로브(Chombard de Lawve) 기준
  - 병리기준 : 8m²/인(병리기준 이하일 경우, 거주자의 신체 및 건강에 나쁜 영향을 끼치게 된다)
  - 한계(유효)기준 : 14m²/인(한계기준 이하일 경우 개인, 가족적인 거주의 융통성을 보장할 수 없다)
- 세계가족단체협회(UIOP)의 콜로뉴(Cologne) 기준 : 16m²/인 이상
- Frank Am Mein의 국제주거회의 평균주거면적 : 최소 15m²/인

02 다음 글에서 설명하는 내용에 해당하는 것은?

> 배수 설비에서 트랩의 봉수를 보호하고, 배수관 내의 흐름을 원활하게 하며, 신선한 공기를 유통시켜 배수관 계통의 환기를 도모하는 역할을 한다.

① 통기관   ② 정화조

③ 배수 피트   ④ 하이 탱크

해설

통기관은 배수 설비에서 트랩의 봉수를 보호하고, 배수관 내의 흐름을 원활하게 하며, 신선한 공기를 유통시켜 배수관 계통의 환기를 도모하는 역할을 한다.

통기관의 사용 목적

- 트랩의 봉수 보호
- 배수관 내의 물의 흐름을 원활
- 배수관 내 신선한 공기 유통으로 환기, 청결 유지
- 관 내의 기압을 일정하게 유지

03 다음은 건축물에 적용된 디자인 원리 일부를 설명한 것이다. 이에 해당하는 것은?

> 좌우 또는 상하에 하나의 중심축이 있는 구성으로 질서를 잡고 통일감을 얻기 쉽고, 표정이 단정하여 견고한 느낌을 주기도 한다. 이 디자인 원리가 적용된 건축물 중에는 '인도의 타지마할'이 있다.

① 대칭   ② 변화
③ 리듬   ④ 조화

해설

대칭은 좌우 또는 상하에 하나의 중심축이 있는 구성으로 질서를 잡고 통일감을 얻기 쉬운 균형이 원리이다.

균형(Balance)

• 인간의 지각 중 심리적, 물리적으로 가장 중요한 영향을 미치는 것이 균형에 대한 욕구이다.

• 옛날 건축물은 대부분 좌우 대칭인 정적 균형을 이루고 있지만, 이는 구성상 무리가 오는 경우가 많으며, 현대 건축에서는 동적 균형을 추구하는 경향이 많다.

• 균형을 얻는 가장 손쉬운 방법은 대칭을 통한 것이지만, 시각 구성에서는 대칭보다 많은 비대칭의 기법을 통하여 균형의 상태를 만드는 것이 구성적으로 더 역동적인 경우가 많다.

04 자주식 주차장 배치 및 설치계획에 대한 설명으로 옳지 않은 것은?

① 장애인전용주차공간 크기는 평행주차 형식 외의 경우에는 3.3m × 5m 이상이 필요하다.
② 동일 면적에서 가장 많이 주차할 수 있는 주차 형식은 30° 주차 형식이다.
③ 출입구의 위치는 횡단보도로부터 5m 이내에 있는 도로의 부분에는 부적당하다.
④ 경사로의 종단 경사도는 직선부분에서 17%를 초과하여서는 안 된다.

해설

동일 면적에서 가장 많이 주차할 수 있는 주차 형식은 직각주차 형식이며, ①, ③, ④는 주차장법상 기준에 적합한 내용이다.

장애인전용 주차공간 크기

• 평행주차 형식의 경우 : 너비 2.0m 이상, 길이 6.0m 이상
• 평행주차 형식 외의 경우 : 너비 3.3m 이상, 길이 5.0m 이상

노외주차장 출입구의 설치금지 장소

• 도로교통법에 의하여 정차·주차가 금지되는 도로의 부분
• 횡단보도(육교 및 지하 횡단보도를 포함)에서 5m 이내의 도로 부분
• 너비 4m 미만의 도로(주차대수 200대 이상인 경우 너비 6m 미만의 도로에는 설치할 수 없다)
• 종단구배 10%를 초과하는 도로
• 유아원, 유치원, 초등학교, 특수학교, 노인복지시설, 장애인복지시설 및 아동전용시설 등의 출입구로부터 20m 이내의 도로 부분

노외주차장의 경사로의 종단 경사도

• 직선부분 : 17%를 초과하여서는 아니 된다.
• 곡선부분 : 14%를 초과하여서는 아니 된다.

05 서양 건축 양식의 건축물과 특징을 바르게 연결한 것은?

① 비잔틴 건축 – 터키 성 소피아 성당 – 펜덴티브 돔(Pendentive Dome)

② 사라센 건축 – 독일 베를린 왕립극장 – 플라잉 버트레스(Flying Buttress)

③ 고딕 건축 – 프랑스 노트르담 대성당 – 미너렛(Minaret)

④ 로마네스크 건축 – 이탈리아 피렌체 대성당 – 첨두아치(Pointed Arch)

> **해설**
>
> ② 독일 베를린 왕립극장 – 신고전주의 건축(Neo-Classicism)
>
> ※ 플라잉 버트레스(Flying Buttress) – 고딕 건축으로서 신랑(Nave) 상부의 리브 볼트와 리브에 작용하는 횡압력을 수직력으로 변환시켜 측량의 부축벽을 통하여 지상으로 전달하는 역할을 하였다.
>
> ③ 고딕 건축 – 프랑스 노트르담 대성당
>
> ※ 미너렛(Minaret) – 사라센 건축으로서 모스크의 부수 건물로 신도에게 기도의 시각을 알리는 예배시간 공지(아잔)를 할 때 사용되는 탑이다.
>
> ④ 고딕 건축 – 이탈리아 피렌체 대성당 – 첨두아치(Pointed Arch)

06 복사난방에 대한 설명으로 옳지 않은 것은?

① 실내의 온도 분포가 균등하다.

② 바닥면의 이용도가 높다.

③ 예열시간이 짧고 부하변동에 따른 실내온도 조절이 쉽다.

④ 실이 개방된 상태에서도 난방효과가 있다.

> **해설**
>
> 복사난방은 예열시간이 길고 부하변동에 따른 실내온도 조절이 어렵다.
>
> 복사난방(Panel Heating)
>
> • 실내온도 분포가 균등하여 쾌감도가 좋다.
> • 방을 개방하여도 난방효과가 좋다.
> • 바닥의 이용도가 높다.
> • 실온이 낮기 때문에 열손실이 적다.
> • 천장이 높은 실에도 난방효과가 좋다.
> • 외기의 급변에 따른 방열량 조절이 곤란하다.
> • 예열시간이 길다.
> • 시공이 어렵고 수리비, 설비비가 고가이다.
> • 고장발견이 어렵고, 수리가 곤란하다.

07 다음 글에서 설명하는 백화점 진열장(판매대)의 배치방법에 해당하는 것은?

> 통로를 상품의 성격, 고객의 통행량에 따라 유기적으로 계획하여 전시에 변화를 주고 판매장의 특수성을 살릴 수 있지만, 동선이 혼란스럽고 매장의 변경이 어렵다.

① 직각(직교) 배치법
② 대각선(사행) 배치법
③ 방사 배치법
④ 자유형(유선형) 배치법

해설

자유형(유선형) 배치법은 통로를 상품의 성격, 고객의 통행량에 따라 유기적으로 계획하여 전시에 변화를 주고 판매장의 특수성을 살릴 수 있지만, 동선이 혼란스럽고 매장의 변경이 어렵다.

백화점 진열장(판매대)의 배치방법

• 직각 배치(직교법)
 - 가구와 가구 사이를 직교하여 배치함으로 직각의 통로가 나오게 하는 배치방법이다.
 - 경제적이고 판매장 면적을 최대한 이용할 수 있으므로 가장 많이 사용되는 형식이다.
 - 배치가 단조롭고, 통로폭의 변화가 어려우며, 국부적인 혼란을 가져오기 쉽다.

• 사행 배치(사교법)
 - 주통로를 직각으로 배치하고, 부통로를 주통로에 45° 경사지게 배치하는 방법이다.
 - 국부적인 혼란을 줄여주고, 주통로에서 부통로의 상품이 잘 보인다.
 - 수직 동선에의 접근이 쉽고, 매장의 구석까지 가기 쉽다.
 - 이형의 판매대가 많이 필요하다.

• 방사형 배치(방사법)
 - 엘리베이터, 에스컬레이터 등 주요 수직 동선을 중심으로 판매장의 통로를 방사형이 되도록 배치하는 방법이다.
 - 고객 동선이 명확하고 매장에 대한 인지도가 비교적 높다.
 - 진열장에 의한 고객과 종업원 간의 거리감 감소가 가능하다.
 - 일반적으로 적용이 곤란 특수한 형식이다.

• 자유유선형 배치(자유유동법)
 - 고객의 유동 방향에 따라 자유로운 곡선으로 통로를 배치하는 방법이다.
 - 전시에 변화를 주고 판매장의 특수성을 살릴 수 있다.
 - 매장의 변경 및 이동이 곤란하다.
 - 쇼케이스나 판매대 등이 특수한 형을 필요로 하므로 시설비가 많이 든다.

08 음악당 음향설계 시 고려할 잔향시간에 대한 설명으로 옳지 않은 것은?

① 실의 형태와는 관계가 없다.

② 실의 용적에 비례하고 흡음력에 반비례한다.

③ 잔향시간을 짧게 하여 명료하게 음을 잘 들을 수 있도록 한다.

④ 일정한 세기의 음을 음원으로부터 음의 발생을 중지시킨 후 실내의 평균 에너지 밀도가 최초값부터 60dB 감소하는 데 걸리는 시간이다.

해설

음악당은 잔향시간을 길게 하여 음악감상을 잘 할 수 있도록 하며, 강연을 위한 강당은 잔향시간을 짧게 하여 명료하게 음을 잘 들을 수 있도록 한다.

Sabine의 잔향 이론

잔향시간은 음원에서 소리가 끝난 후 음의 에너지가 60dB로 감소하기까지의 시간이다.

• 잔향시간(T) : $T = KV/A$

　여기서, K(비례상수) : 0.162

　　　　　V : 실용적

　　　　　A : 흡음력(평균 흡음률(α) × 실내 표면적)

• 실의 용적에는 비례하고, 흡음력에는 반비례한다.

• 음원의 위치, 측정 위치, 흡음재료의 설치 위치와는 무관하다.

• 일반적으로는 실의 형태와는 무관하다고 본다.

• Sabine 잔향식의 결점 : 흡음력이 작은 방에서는 실측과 맞지만, 흡음력이 큰 방에서는 실측보다 긴 잔향시간을 갖는다.

• 음악당은 잔향시간을 길게 하여 음악감상을 잘 할 수 있도록 한다.

• 강연을 위한 강당은 잔향시간을 짧게 하여 명료하게 음을 잘 들을 수 있도록 한다.

09 수격작용(Water Hammering)의 발생 원인으로 옳은 것만을 모두 고른 것은?

> ㄱ. 유속의 급정지 시에 충격압에 의해 발생　　ㄴ. 관경이 클 때 발생
> ㄷ. 수압이 과대하고 유속이 클 때 발생　　　　ㄹ. 밸브를 서서히 조작 시에 발생
> ㅁ. 굴곡 배관 시에 발생

① ㄱ, ㄴ, ㄷ　　　　　　　　　　　　② ㄱ, ㄷ, ㅁ

③ ㄴ, ㄷ, ㄹ　　　　　　　　　　　　④ ㄷ, ㄹ, ㅁ

해설

ㄴ. 관경이 작을 때 발생

ㄹ. 밸브를 급격히 조작 시에 발생

수격작용(Water Hammering)

• 수격작용의 원인

　– 유속의 급정지 시 충격에 의해 발생한다.　　　　– 관경이 작을 때 발생한다.

　– 수압이 과대하고, 유속이 클 때 발생한다.　　　– 밸브를 급조작할 때 발생한다.

• 수격작용의 방지법

　– 밸브 작동을 서서히 한다.　　　　　　　　　　– 관경을 크게 하고, 직선 배관으로 한다.

　– 유속을 작게 한다.　　　　　　　　　　　　　– 공기실(Air Chamber)을 설치한다.

10 다음 그림과 같은 계획대지에서 건폐율 50%, 용적률 400%를 적용할 때 건축물의 최고 층수는?

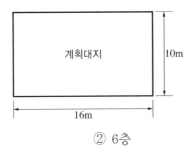

① 5층   ② 6층

③ 7층   ④ 8층

해설

대지면적은 16m × 10m = 160m²이다.

건폐율 50%를 적용할 때, 각 층의 바닥면적이 동일하다는 가정으로 건축면적은 160m² × 0.5 = 80m²이다.

용적률 400%를 적용할 때, 지상층의 연면적은 160m² × 4 = 640m²이며, 따라서, 640m² ÷ 80m² = 8이 되므로 계획대지는 8층까지 가능하다.

건폐율, 용적률

• 건폐율 = $\dfrac{건축면적}{대지면적}$ × 100

• 용적률 = $\dfrac{지상층\ 연면적}{대지면적}$ × 100

11 다음 글에서 설명하는 주거 형태는?

> 경사지의 자연 지형 훼손을 최소화하기 위하여 많이 활용되며, 한 세대의 지붕 상부가 다른 세대와 경사면의 정도에 따라 겹쳐지면서 다른 세대의 마당으로 활용되는 형태이다.

① 테라스 하우스   ② 타운 하우스

③ 아파트   ④ 중정형 주택

해설

테라스 하우스(Terrace House)

• 경사면의 특성을 보존시키면서 기존의 자연 지형을 최대한 살려 조성되어 토공사비를 절감할 수 있다.

• 산림, 연못, 호수 등 자연환경과 조화된 개발을 할 수 있다.

• 경사지에 조성되는 경우 양호한 일조, 조망, 방향을 확보할 수 있다.

• 테라스 하우스의 분류

  – 자연형 테라스 하우스 : 경사지를 이용하여 지형에 따라 건물을 테라스형으로 축조하는 형식이다.

  – 인공형 테라스 하우스 : 테라스형의 여러 가지 장점들을 이용하여 평지에 테라스형으로 건립하는 형식이다.

12 주택의 실내 색채계획에 대한 설명으로 옳지 않은 것은?

① 어린이 방은 밝은 색으로 벽면을 장식한다.

② 거실은 강렬한 색의 과다사용보다는 구성원들이 모두 좋아할 수 있는 색을 사용한다.

③ 각 실의 위치, 밝기, 조명 등은 고려하지 않고 배색계획을 세운다.

④ 북향의 방에는 다소 따뜻한 느낌의 색을 사용한다.

해설

각 실의 위치, 밝기, 조명 등을 고려하여 배색계획을 세운다.

거실 및 침실의 색채

• 가족 취향을 고려하여 싫증이 나지 않는 보편성 있는 색을 선택한다.

• 안정감 있는 색으로 편안하고 차분한 분위기가 되도록 배색하는 것이 좋다.

• 거실의 색채는 엷은 무채색이나 중간색의 밝은 계통을 사용하여 실내 구성재료의 배색과 시각적 균형감을 준다.

• 거실 규모가 클 경우는 한색보다 난색을 사용하여 아득한 공간으로 연출하는 것이 효과적이다.

• 어린이 방은 밝은 색으로 벽면을 장식한다.

13 다음 글에서 설명하는 건축가는?

> • 인체치수의 황금분할을 바탕으로 모듈러라고 하는 척도를 설계에 적용하였다.
> • 필로티, 자유 평면, 자유 입면, 연속 창, 옥상 정원으로 정리된 현대 건축의 5원칙을 발표하였다.
> • 롱샹 교회, 마르세유 집합주거 등의 작품이 있다.

① 알바 알토(Alvar Aalto)

② 르 코르뷔지에(Le Corbusier)

③ 미스 반데어로에(Mies van der Rohe)

④ 프랭크 로이드 라이트(Frank Lloyd Wright)

해설

르 코르뷔지에(Le Corbusier)는 인체치수의 황금분할을 바탕으로 모듈러라고 하는 척도를 설계에 적용하였으며, 모듈러를 적용한 대표적 사례로는 롱샹 교회, 마르세유 집합주거 등의 작품이 있다.

14 복층형(Maisonette Type) 공동주택에 대한 설명으로 옳지 않은 것은?

① 엘리베이터의 정지층을 줄일 수 있다.

② 일조, 채광 등에는 불리하나 배관계획 및 피난계획에는 유리하다.

③ 공공통로의 면적을 줄일 수 있다.

④ 평면계획에 다양한 변화를 줄 수 있다.

해설

복층형(Maisonette Type) 공동주택은 일조, 채광 등에는 유리하지만, 배관계획 및 피난계획에는 불리하다.

복층형(메조네트형, Maisonnette System)의 장단점

· 소규모 주거(50m² 이하)에는 면적상으로 불리하고 비경제적이다.

· 엘리베이터 정지 층수를 적게 할 수 있다.

· 복도가 없는 층에서는 좋은 평면을 구성할 수 있다.

· 통로면적이 감소되고, 임대면적이 증가된다.

· 구조 및 설비계획과 방 배치의 대응이 어렵다.

15 학교운영 방식에 대한 설명으로 옳지 않은 것은?

① 종합교실형 - 교실 수아 학급 수가 일치하며 가 학급은 자기교실 안에서 모드 교과를 학습한다.

② 플래툰형 - 학생 개인 간의 능력에 따라 교과를 선택하고 일정 교과가 끝나면 졸업한다.

③ 교과교실형 - 모든 교실이 특정 교과를 위하여 만들어지며 일반교실은 없다.

④ 일반교실 + 특별교실형 - 일반교실은 각 학급에 하나씩 할당되고, 그 외에 특별교실을 갖는다.

해설

· 달톤형 : 학생 개인 간의 능력에 따라 교과를 선택하고 일정 교과가 끝나면 졸업한다.

· 플래툰형 : 각 학급을 2분단으로 나누어 한쪽이 일반교실을 사용할 때, 다른 한쪽은 특별교실을 사용한다.

16 한국 건축의 지붕 조형 의장기법 중 평면상에서 처마선을 안쪽으로 굽게 하여 날렵하게 보이도록 하는 것은?

① 귀솟음   ② 안쏠림

③ 조로   ④ 후림

해설

후림은 평면상에서 처마선을 안쪽으로 굽게 하여 날렵하게 보이도록 하는 착시보정 기법을 말한다.

한국 전통건축에서의 착시보정 기법

• 기둥에 배흘림(Entasis)을 두었다.
  - 기둥의 중앙부가 가늘어 보이는 것을 교정하기 위해 기둥 중앙부의 직경을 기둥 상하부의 직경보다 약간 크게 하는 기법이다.
• 기둥에 안쏠림과 우주(隅柱)의 솟음을 두었다.
  - 안쏠림 : 기둥 상단을 안쪽으로 쏠리게 세우는 것으로 시각적으로 건물 전체에 안정감을 준다.
  - 귀솟음 : 우주를 중간에 있는 평주보다 약간 길게 하여 솟아오르게 한 것으로 처마 곡선과 조화를 이루도록 한다.
• 지붕 처마 곡선의 후림과 조로 수법
  - 후림 : 평면에서 처마선을 날렵하게 보이도록 하기 위해서 처마의 안쪽으로 휘어서 들어오게 하는 기법이다.
  - 조로 : 입면에서 처마선을 날렵하게 보이도록 하기 위해서 처마의 양 끝이 들려 올라가게 하는 기법이다.

17 건축법 시행규칙상 대지와 관련한 건축기준의 허용오차 중 항목과 허용오차범위가 옳지 않은 것은?

① 건축선의 후퇴거리 – 3% 이내

② 인접 대지경계선과의 거리 – 3% 이내

③ 인접 건축물과의 거리 – 3% 이내

④ 용적률 – 2% 이내(연면적 30m²를 초과할 수 없음)

해설

용적률은 1% 이내(연면적 30m²를 초과할 수 없음)이다.

대지 관련 건축기준 허용오차

항목	허용되는 오차의 범위
건축선의 후퇴거리	3% 이내
인접 대지경계선과의 거리	3% 이내
인접 건축물과의 거리	3% 이내
건폐율	0.5% 이내(건축면적 5m²를 초과할 수 없다)
용적률	1% 이내(연면적 30m²를 초과할 수 없다)

18 열환경 중 일사에 대한 설명으로 옳지 않은 것은?

① 하루의 일사량을 합한 것을 전일 일사량이라고 한다.

② 일사량의 단위는 단위면적과 단위시간당 받는 열량으로 표시한다.

③ 지표도달 일사량은 태양 고도가 높을수록 흡수율이 많으므로 감소한다.

④ 주택의 배치는 난방기간 중 수직면 일사량이 가장 큰 남향이 유리하다.

해설
지표도달 일사량은 태양 고도가 높을수록 흡수율이 많으므로 증가한다.

19 건구온도가 20℃, 습구온도가 17℃인 경우의 불쾌지수(DI)는?

① 61.9

② 62.2

③ 66.94

④ 67.24

해설
$DI = 0.72(t_a + t_w) + 40.6$

$\quad = 0.72(20 + 17) + 40.6$

$\quad = 67.24$

불쾌지수(DI ; Discomfort Index)
- 불쾌지수는 기온과 습도에 따른 불쾌감을 나타낸 수치이다.
- 불쾌지수(DI)는 건구온도는 t_a, 습구온도는 t_w일 경우, $DI = 0.72(t_a + t_w) + 40.6$으로 구한다.
- DI 수치가 68 미만일 때는 전원 쾌적함을 느끼고 75 미만은 불쾌감을 나타내기 시작한다. 80 미만은 반 정도의 사람이 불쾌감을 느끼며 80 이상은 전원 불쾌감을 느낀다.
- 불쾌지수는 기온과 습도만을 고려한 여름철 무더위의 기준으로써, 기상청에서는 4~9월까지 불쾌지수 자료를 제공한다.
- 피부에서의 열손실의 차이는 고려되지 않았기 때문에 사람이 불쾌감을 느끼는 명확한 기준보다는 불쾌감을 느낄 수 있는 참고로 이용된다.

20 다음 그림과 같은 계획대지에서 건축선을 확정하고자 한다. 모퉁이에서 후퇴하는 A의 거리[m]는?

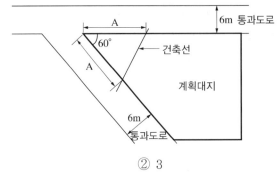

① 2
② 3
③ 4
④ 5

해설

도로의 교차각이 60°이므로 90° 미만에 해당되며, 당해 도로의 너비가 6m일 경우에 교차되는 도로의 너비는 6m이므로, 4m가 된다.

도로 모퉁이에서의 건축선

도로의 교차각	당해 도로의 너비		교차되는 도로의 너비
	6m 이상~8m 미만	4m 이상~6m 미만	
90° 미만	4m	3m	6m 이상~8m 미만
	3m	2m	4m 이상~6m 미만
90° 이상~120° 미만	3m	2m	6m 이상~8m 미만
	2m	2m	4m 이상~6m 미만

01 국토의 계획 및 이용에 관한 법률 시행령상 제1종 전용주거지역 안에서 건축할 수 있는 건축물은?

① 다세대주택 ② 기숙사

③ 아파트 ④ 공관

해설

공관은 단독주택으로 분류되며, 제1종 전용주거지역 안 건축이 가능하다.
제1종 전용주거지역 : 단독주택 중심의 양호한 주거환경을 보호하기 위하여 필요한 지역

02 상점건축물의 파사드(Facade)를 구성하기 위한 5가지 광고요소(AIDMA 법칙)에 해당하지 않는 것은?

① 동선(Movement) ② 주의(Attention)

③ 흥미(Interest) ④ 욕망(Desire)

해설

동선(Movement)은 관계없다.
5가지 광고요소(AIDMA 법칙)
• Attention(주의)
• Interest(흥미, 주목)
• Desire(욕망, 공감, 욕구)
• Memory(기억, 인상)
• Action(행동, 출입)

정답 1 ④ 2 ①

03 대칭(Symmetry)에 대한 설명으로 옳지 않은 것은?

① 완전대칭은 권력과 질서를 상징하는 권위적인 건축물이나 기념적인 건축물에 나타난다.

② 좌우대칭은 하나의 공동축을 중심으로 똑같은 요소를 균형있게 배치하는 것이다.

③ 완전대칭이 정적인 느낌인데 비해 비대칭적 균형은 동적 느낌과 다양성을 부여한다.

④ 20세기 전반 근대 건축에서는 대칭의 개념이 중요한 조형수단으로 사용되었다.

> **해설**
> 대칭의 개념은 근대 건축 이전에 중요한 조형수단으로 사용되었으며, 특히 고대로부터 중세까지 신전이나 교회 등의 대규모 건축물에서 대칭적 공간을 구성하였다.

04 독일공작연맹에 대한 설명으로 옳지 않은 것은?

① 1907년 결성되었으며, 기계를 이용한 규격화와 표준화를 디자인에 도입할 것을 주장하였다.

② 무테지우스(Hermann Muthesius)와 피터 베렌스(Peter Behrens) 등이 연맹을 주도하였다.

③ 벨데(Henry van de Velde)는 AEG 터빈 공장을 설계하여 근대공업문제에 대한 합리적 문제해결을 보여 주었다.

④ 즉물성에 조형원리를 두었으며, 아르누보의 장식성에 반대하였다.

> **해설**
> AEG 터빈 공장은 피터 베렌스(Peter Behrens)가 설계하였다.
> AEG 터빈 공장 : 1907년 독일의 베를린에 건립하였으며, 근대건축의 새로운 철의 시기를 기념하는 기념비적 존재 중의 하나이다.

05 호텔 건축의 세부계획에 대한 설명으로 옳은 것은?

① 객실에 부속된 욕실의 최소크기는 $1.5 \sim 3.0m^2$가 적당하다.

② 보이실과 서비스실은 각 층의 엘리베이터와 계단에서 멀리 떨어진 곳에 두어 동선의 혼잡을 피해야 한다.

③ 퍼블릭 스페이스(Public Space) 층에는 30m 이내의 거리마다 공동화장실을 두어야 한다.

④ 식당에서 부속실을 포함한 주방의 면적은 식당면적의 15~20%이다.

> **해설**
> ② 보이실과 서비스실은 각 층의 엘리베이터와 계단에 가까이 두어 서비스를 제공한다.
> ③ 퍼블릭 스페이스 층에서는 60m 이내마다 공동화장실을 두어야 한다.
> ④ 식당에서 부속실을 포함한 주방의 면적은 식당면적의 44~75% 정도이다.

3 ④ 4 ③ 5 ① **정답**

06 건축물 화재 시 침입한 연기를 배기하기 위해 비상계단의 전실에 설치하는 스모크 타워(Smoke Tower)에 가장 적합한 실내공기 환기 방식은?

① 제1종 환기 ② 제2종 환기
③ 제3종 환기 ④ 자연환기

해설
스모크 타워(Smoke Tower)는 밀폐된 공간이므로 제1종 환기가 적합하다.
제1종 환기 방식 : 급기와 배기를 기계장치에 의해 기계송풍과 기계배기하므로 공기조정설비를 포함하는 경우가 많다.

07 건축물의 에너지절약설계기준상 건축부문 용어에 대한 설명으로 옳지 않은 것은?

① 외피는 거실 또는 거실 외 공간을 둘러싸고 있는 벽, 지붕, 바닥, 창 및 문 등으로 외기에 직접 면하는 부위를 말한다.
② 방습층은 습한 공기가 구조체에 침투하여 결로 발생의 위험이 높아지는 것을 방지하기 위해 설치하는 투습도가 24시간당 $30g/m^2$ 이하 또는 투습계수 $0.28g/m^2 \cdot h \cdot mmHg$ 이하의 투습저항을 가진 층을 말한다.
③ 투광부는 창, 문면적의 60% 이상이 투과체로 구성된 문, 유리블럭, 플라스틱 패널 등과 같이 투과재료로 구성되며, 외기에 접하여 채광이 가능한 부위를 말한다.
④ 창 및 문의 열관류율 값은 유리와 창틀(또는 문틀)을 포함한 평균 열관류율을 말한다.

해설
투광부는 창, 문면적의 50% 이상이 투과체로 구성된 문, 유리블럭, 플라스틱 패널 등과 같이 투과재료로 구성되며, 외기에 접하여 채광이 가능한 부위를 말한다.

08 범죄예방환경설계(CPTED)에 대한 설명으로 옳지 않은 것은?

① 제인 제이콥스(Jane Jacobs)는 북미 대도시를 대상으로 한 조사결과를 토대로 거리의 눈(Eyes on the Street) 개념을 제안하여 CPTED의 아이디어를 구체화했다.
② 자연적 감시(Natural Surveillance), 영역성 강화(Territorial Reinforcement), 접근통제(Access Control) 등이 CPTED의 기본원리이다.
③ 레이 제프리(Ray Jeffery)는 건물 디자인과 배치를 통해 도시환경에서 범죄의 기회를 낮일 수 있다는 주장을 펴면서, 최초로 CPTED라는 용어를 사용했다.
④ CPTED의 실행 시 CCTV 설치라는 기계적 해결 이전에 공간의 배치와 설계가 중요하며, 주거단지를 계획할 때 자연적 감시 강화를 위해 쿨데삭(Cul-de-sac)의 배치는 피해야 한다.

해설
주거단지를 계획할 때 자연적 감시 강화를 위해 과도하게 길지 않도록 쿨데삭(Cul-de-sac)을 배치하는 것이 좋다.

09 상업시설에 대한 설명으로 옳지 않은 것은?

① 백화점에서 에스컬레이터는 엘리베이터를 4대 이상 설치해야 하는 경우 또는 2,000인/h 이상의 수송력이 필요한 경우에 설치한다.

② 쇼핑센터의 분류 중 도심형 쇼핑센터는 불특정 다수의 사람을 구매층으로 한다.

③ 실용적 성격의 음식점은 모든 계층의 고객을 대상으로 하기 때문에 교통기관이 교차하거나 교통로에 면한 대지에 위치하는 것이 좋다.

④ 상점 건축의 분류 중 도매점은 고객의 셀프서비스에 의한 대량할인 등으로 물건을 판매하는 점포를 말한다.

> **해설**
> 실용적 성격의 음식점은 학생, 회사원, 독신자 등 고정 고객을 주대상으로 하며 학교, 사무소, 공장, 주택가 등의 부지에 위치하는 것이 좋다.

10 건축물의 피난·방화구조 등의 기준에 관한 규칙상 피난안전구역의 설치기준에 대한 설명으로 옳은 것만을 모두 고른 것은?

> ㄱ. 피난안전구역의 내부 마감재료는 불연재료로 설치할 것
> ㄴ. 건축물의 내부에서 피난안전구역으로 통하는 계단은 직통계단의 구조로 설치할 것
> ㄷ. 비상용승강기는 피난안전구역에서 승하차할 수 있는 구조로 설치할 것
> ㄹ. 피난안전구역의 높이는 2.3m 이상일 것

① ㄱ, ㄷ   ② ㄴ, ㄷ

③ ㄷ, ㄹ   ④ ㄱ, ㄴ, ㄹ

> **해설**
> ㄴ. 건축물의 내부에서 피난안전구역으로 통하는 계단은 특별피난계단의 구조로 설치할 것
> ㄹ. 피난안전구역의 높이는 2.1m 이상일 것

11 공장의 작업장 레이아웃(Layout)에 대한 설명으로 옳지 않은 것은?

① 작업장 내의 기계설비, 작업자의 작업구역, 자재나 제품을 두는 곳 등 상호의 위치관계를 가리키는 것이다.

② 제품중심의 레이아웃은 생산에 필요한 모든 공정, 기계종류를 제품의 흐름에 따라서 배치하는 방식이다.

③ 공정중심의 레이아웃은 대량생산이 가능하고 생산성이 높은 방식이다.

④ 고정식 레이아웃은 제품이 크고, 수량이 적은 경우에 적합한 방식이다.

> **해설**
> • 공정중심 레이아웃 : 주문생산과 같이 생산성이 낮은 방식으로 대량생산이 어렵다.
> • 제품중심 레이아웃 : 대량생산이 가능하고 생산성이 높은 방식이다.

12 병원의 건축계획에 대한 설명으로 옳지 않은 것은?

① 분관식(Pavilion Type)은 저층 건물로 구성되며 일조 및 통풍에 유리하나 설비가 분산되고 보행거리가 길어지는 약점이 있다.

② 일반적으로 종합병원이 정신병원보다 병원 전체면적 대비 병동부의 비중이 크다.

③ 간호단위(Nurse Unit)를 계획할 때 간호사의 보행거리를 24m 이내가 되도록 간호사대기실(Nurse Station)을 배치한다.

④ 중앙진료부의 수술부는 중앙소독공급부와 수직, 수평적으로 근접 배치한다.

> **해설**
> 일반적으로 종합병원은 중앙진료부, 외래부 등이 차지하는 면적이 크므로, 징신병원보다 병원 전체면적 대비 병동부의 비중이 작다.

13 공연장의 객석 공간계획에 대한 설명으로 옳지 않은 것은?

① 객석의 외부출입문은 바깥여닫이로 설치하여 피난 동선을 고려하여야 한다.

② 가시거리의 1차 허용한도는 22m이고, 2차 허용한도는 35m를 기준으로 한다.

③ 객석의 중심선상 세로 통로는 중앙의 위치를 피하는 것이 좋다.

④ 2층 발코니 객석은 경사를 고려하여 높이 60cm 이하, 폭 90cm 이상으로 한다.

> **해설**
> 2층에 발코니(Balcony)를 설치할 경우에는 단면의 경사가 급하면 위험하므로, 객석 높이 50cm 이내, 폭 80cm 이상이 되어야 한다.

14 유치원의 평면계획에 대한 설명으로 옳지 않은 것은?

① 화장실의 변기 수는 활동실 하나당 1개씩 설치하고, 화장실과 교실과의 단차는 없어야 한다.

② 교사(校舍)는 원칙적으로 단층 건물로 하되 특별한 사정이 있어 2층으로 일 때에는 교실, 유희실, 화장실 등은 1층에 두도록 한다.

③ 유원장은 놀이의 성격을 고려할 때 정적, 중간적, 동적인 놀이공간으로 나눌 수 있다.

④ 학급 수는 3~4학급 정도, 한 학급당 인원수는 15~20명 정도가 적당하다.

> **해설**
> 화장실과 교실과의 단차를 두어 화장실의 물이 넘치지 않도록 한다.

15 공동주택의 공용시설계획에 대한 설명으로 옳지 않은 것은?

① 기준층의 복도폭은 일반적으로 1.8~2.1m 정도로 한다.

② 계단참은 높이가 3m를 넘는 계단에는 높이 3m 이내마다 너비 1.2m 이상으로 설치한다.

③ 건축물의 내부에 설치하는 피난계단의 경우, 계단실의 바닥 및 반자 등 실내에 면하는 부분의 마감은 불연재로 한다.

④ 건축물의 외부에 설치하는 피난계단의 경우, 계단의 유효너비는 0.9m 이하로 한다.

해설

• 건축물의 외부에 설치하는 피난계단의 경우, 계단의 유효너비는 0.9m 이상으로 한다.

• 건축물의 피난·방화구조 등의 기준에 관한 규칙 제9조(피난계단 및 특별피난계단의 구조) 기준에는 옥내에 설치하는 피난계단의 경우의 계단 유효너비는 규정에 없다.

16 건축물의 수직 동선계획에 대한 설명으로 옳지 않은 것은?

① 백화점에서 엘리베이터는 연면적 2,000~3,000m² 에 대해서 15~20인승 1대 정도를 설치한다.

② 공동주택에서 일반적으로 1대의 엘리베이터가 감당하는 범위는 50~100호가 적당하다.

③ 사무소에서 기본 엘리베이터 대수는 아침 출근시간 5분간 이용자를 기준으로 산정한다.

④ 초등학교의 계단너비는 최소 1.5m 이상, 단높이는 18cm 이하, 단너비는 26cm 이상으로 한다.

해설

초등학교의 계단너비는 최소 1.5m 이상, 단높이는 16cm 이하, 단너비는 26cm 이상으로 한다.

17 건물구조체의 내부결로 방지대책에 대한 설명으로 옳지 않은 것은?

① 단열재는 방습층보다 외부에 두는 것이 바람직하다.

② 외부와 면하는 구조체는 각 재료층의 투습저항값이 외부로 가까워질수록 점차 커지게 한다.

③ 낮은 온도로 장시간 난방을 하는 것이 유리하다.

④ 벽체 내부온도가 노점온도 이상이 되도록 열관류율을 적게 하여 열관류저항을 높인다.

해설

• 외부와 면하는 구조체는 각 재료층의 투습저항값이 내부로 가까워질수록 점차 커지게 한다.

• 방습층은 실내 고온·고습압 측으로 설치하고, 벽체 온도를 높게 한다.

18 신재생에너지에 대한 설명으로 옳지 않은 것은?

① 풍력발전기 중에서 수평축 발전기는 간단한 구조로 이루어져 있어 설치하기 편리하나 바람의 방향에 영향을 받는다.

② 수력발전은 다른 자연에너지를 사용하는 발전방법에 비하여 발전기 출력의 안정성이 높다.

③ 바이오매스(Biomass)발전이란 목재나 식물 부스러기 등의 재생 가능한 생물자원을 원료로 발전(發電)하는 기술이다.

④ 지구에 내리쬐는 하루분의 태양에너지의 양은 세계 연간에너지소비량에 필적한다.

> **해설**
> • 태양에서 1년 동안 지구로 오는 에너지는 인류가 1년간 사용하는 에너지의 7,000배에 달한다.
> • 사하라 사막에는 1년에 1m²당 약 2,100kWh의 태양에너지가 들어오는데, 전 세계 인류가 1년 동안 사용하는 에너지는 사하라 사막 700km²의 면적에 비치는 햇빛에 담겨 있는 에너지와 같은 양이다.

19 건축기본법상 '건축정책기본계획'에 대한 설명으로 옳지 않은 것은?

① 시·도지사가 수립권자가 된다.

② 5년마다 수립·시행한다.

③ 대통령 소속인 국가건축정책위원회가 수립 및 조정에 대해 심의한다.

④ 건축분야 전문인력의 육성·지원 및 관리에 관한 사항을 포함한다.

> **해설**
> 국토교통부장관은 건축정책에 관한 기본계획(건축정책기본계획)을 5년마다 수립 및 시행하여야 한다.

20 우리나라 근대 건축물 가운데 르네상스 양식으로만 짝지어진 것은?

① 성공회 서울성당, 경성 부민관

② 경성역사, 조선은행

③ 조선은행, 경성 부민관

④ 명동성당, 성공회 서울성당

> **해설**
> 경성역사, 조선은행은 르네상스 양식이다.
> • 성공회 서울성당 : 로마네스크 양식
> • 경성 부민관 : 절충주의 양식
> • 경성역사, 조선은행 : 르네상스 양식
> • 명동성당 : 고딕 양식(평면 형식은 라틴 십자형)

01 건축공간계획 시 치수계획에 대한 설명 중 가장 옳은 것은?

① 건축공간을 인간생활의 장소로 생각한다면 건축계획 및 설계에서 치수는 이러한 모든 것을 포함하는 종합적인 스케일이 적용되어야 한다.

② 물리적 치수는 실내의 창문 크기가 인간의 필요환기량에 의해 결정되는 것을 의미한다.

③ 심리적 치수는 물리적, 생리적으로 반드시 필요하며 심리적으로 압박감을 느끼지 않을 정도에서 벽 높이가 결정되는 것을 의미한다.

④ 생리적 치수는 출입구의 크기, 계단의 높이 등 인간이나 물체의 크기에 의해 결정되는 것을 의미한다.

해설

② 물리적 치수는 출입구의 크기, 계단의 높이 등 인간이나 물체의 크기에 의해 결정되는 것을 의미한다.

③ 심리적 치수는 심리적으로 압박감을 느끼지 않을 정도에서 벽 높이가 결정되는 것을 의미하며 물리적, 생리적으로 반드시 필요한 것은 아니다.

④ 생리적 치수는 실내의 창문 크기가 인간의 필요환기량에 의해 결정되는 것을 의미한다.

02 현대 도시의 성장과 발달에 가장 큰 영향을 미치는 것은 하워드(E. Howard)의 전원도시계획이다. 이에 대한 설명 중 가장 옳지 않은 것은?

① 하워드는 인구 32,000명의 소규모의 전원도시를 제시하였고, 이를 초과할 경우 별도의 전원도시를 조성하는 방식을 제안하였다.

② 하워드의 견해를 받아들여 르 코르뷔지에는 프랑스 파리에 보아잔 계획을 적용하였다.

③ 하워드가 도시계획에 참여한 대표적인 전원도시로는 영국의 레취워스와 웰윈이 있다.

④ 고밀도심 형태와 교외지역에 분산된 전원도시계획은 오늘날 세계 각국에서 볼 수 있는 대도시권역의 모습이다.

해설

르 코르뷔지에는 하워드가 주장한 영국의 전원도시에 대하여 도시 확장으로 말미암아 생기는 토지와 도시 개발의 시간적 낭비를 초래한다고 비판하였으며, 현대 대도시의 도시 구조에 큰 영향을 미친 이상 도시를 제창했던 프랑스의 건축가이다. 그는 1925년 파리 중심부를 개조하는 '보아잔 계획'을 통해 1933년 '빛나는 도시'를 제안하였다.

03 건축법상 주요구조부에 해당되는 것은?

① 기초
② 지붕틀
③ 비내력벽
④ 최하층 바닥

주요구조부 : 내력벽(耐力壁), 기둥, 바닥, 보, 지붕틀 및 주계단(主階段)을 말한다. 다만, 사이 기둥, 최하층 바닥, 작은 보, 차양, 옥외계단, 그 밖에 이와 유사한 것으로 건축물의 구조상 중요하지 아니한 부분은 제외한다.

04 생태 건축의 기본계획에 대한 설명 중 가장 옳은 것은?

① 생태 건축은 자연생태계와 상호 의존하는 관계로 건축물의 계획 단계부터 시공 단계까지 자연 속에 순환하는 시스템으로 접근한다.
② 배치계획 시 지역의 기후 특성을 고려한 자연적 입지를 고려한다.
③ 건축물의 외피는 일사유입, 열손실 및 열획득 등 에너지 보존의 측면에서 중요한 역할을 하지만 외관형태를 결정하지는 못한다.
④ 아트리움은 건축물 중앙홀 등을 상부층까지 관통시켜 내부에 채광을 유입하지만 실내 기후 기능을 조절하지는 못한다.

① 생태 건축은 자연생태계의 일부로 건축물의 계획 단계부터 시공 단계 및 유지관리 단계에 이르는 생애주기 동안 자연 속에 순환하는 시스템으로 접근한다.
③ 건축물의 외피는 일사유입, 열손실 및 열획득 등 에너지 보존의 측면에서 중요한 역할하며 외관형태를 결정짓기도 한다.
④ 아트리움은 건축물 중앙홀 등을 상부층까지 관통시켜 내부에 채광을 유입하여 실내 기후 기능을 조절하는 역할을 한다.

05 사무소 건축의 엘리베이터 조닝 방식에 대한 설명 중 가장 옳은 것은?

① 컨벤셔널 조닝 방식은 2층식 엘리베이터를 사용하여 수송력을 높이는 방식이다.
② 더블데크 방식은 각 로컬존의 로비층까지 고속 및 대용량의 셔틀 엘리베이터로 직통서비스를 하는 방식이다.
③ 스카이로비 방식은 2개 층의 엘리베이터를 서비스하여 2대분의 수송력을 갖춘 형태이다
④ 슈퍼더블데크 방식은 더블데크 방식의 설점인 층고 통일의 제약을 벗어난 형식으로 층고 조정 기능이 있는 형식이다.

① 컨벤셔널(Conventional) 방식은 여러 층으로 구성된 1존(Zone)을 1뱅크(Bank)의 승강기가 서비스하는 방식이다.
② 더블데크(Double Deck) 방식은 2개 층의 엘리베이터를 서비스하여 2대분의 수송력을 갖춘 형태이다.
③ 스카이로비(Sky Lobby) 방식은 각 로컬존의 로비층까지 고속 및 대용량의 셔틀 엘리베이터로 직통서비스를 하는 방식이다.

06 한국 전통건축의 특성 중 가장 옳지 않은 것은?

① 풍수지리 사상과 음양 사상이 건축원리를 지배한다.
② 내외공간 형성 인자는 둘러싸임이다.
③ 목조가구식 구조가 주를 이룬다.
④ 자연을 압도하는 거대한 스케일이다.

해설
자연에 순응하는 인간적인 스케일이다.

07 다음 중 학교 교사 배치계획에 대한 설명 중 가장 옳지 않은 것은?

① 폐쇄형은 협소한 부지를 효율적으로 활용할 수 있어 화재 및 비상시에 유리하다.
② 분산병렬형은 구조계획이 간단하고 이용이 편리하며 각 건물 사이에 놀이터와 정원이 생겨 생활환경이 좋아진다는 장점이 있으나 상당히 넓은 부지를 필요로 한다.
③ 집합형은 동선이 짧아 학생들의 이동이 유리하며 물리적 환경이 좋다.
④ 클러스터형은 팀티칭 시스템에 유리한 배치 형식이며 중앙에 학생들이 중심적으로 사용하는 부분을 집약시키고 외곽에 특별교실을 두어 원활한 동선을 취할 수 있다.

해설
폐쇄형은 협소한 부지를 효율적으로 활용할 수 있지만, 화재 및 비상시에 불리하다.

08 체육관 건축에 대한 설명 중 가장 옳지 않은 것은?

① 기능상 경기영역, 관람영역, 관리영역으로 구성된다.
② 채광상 건물의 장축을 동서로 배치하여 창의 장변으로부터 남북 채광이 되도록 하는 것이 좋다.
③ 경기장의 크기는 탁구코트 규격으로 10m × 25m(올림픽 규격)가 되며 코트 바깥쪽에 2m 이하의 안전영역을 확보해야 한다.
④ 경기장 바닥은 진동과 충격음의 흡수를 위해 목조바닥 또는 탄성고무계 바닥구조로 한다.

해설
경기장의 크기는 농구코트 규격으로 28m × 15m(국제농구연맹(FIBA) 주관의 공식대회 규격)이며, 코트와 관중까지의 이격거리는 최소한 2m 이상으로 한다.

09 다음 중 트랩의 봉수가 파괴되는 원인이 아닌 것은?

① 그리스 인터셉터   ② 자기사이펀 작용

③ 모세관 작용   ④ 물의 운동량에 의한 관성

> **해설**
> 트랩의 봉수파괴 원인
> • 자기사이펀 작용
> • 흡출 작용(감압 흡인, 흡출 작용)
> • 토출 작용(역압 분출 작용)
> • 모세관현상
> • 증발현상
> • 물의 운동량에 의한 관성

10 노인복지시설 건축에 대한 설명 중 가장 옳지 않은 것은?

① 입소자의 1인당 거실면적은 $5.0m^2$ 이상이어야 한다.

② 거실 바닥면적의 1/7 이상의 면적을 창으로 하여 직접 바깥공기에 접하도록 하며, 개폐가 가능해야 한다.

③ 복도의 폭은 2.4m 이상이 바람직하며 양쪽에는 바닥에서 85cm의 높이로 손잡이 레일을 설치해 거주자의 이동을 돕고 휠체어가 벽에 부딪치는 것을 방지한다.

④ 노인들의 안전을 위하여 거주공간 내 발코니는 설치하지 않는다. 꼭 필요시에는 가능한 한 일반집합주거보다도 작은 최소면적으로 계획한다.

> **해설**
> 거주공간 내 발코니를 설치함으로써 휴식이나 취미활동을 위한 공간으로 제공할 수 있다.

11 은행 건축에 대한 설명 중 가장 옳은 것은?

① 고객이 지나는 동선은 길어야 한다.

② 큰 건물의 경우 고객출입구는 되도록 1개소로 하고 밖으로 열리도록 한다.

③ 직원 및 내객의 출입구는 따로 설치하고 영업시간 이외에는 잠가둔다.

④ 고객의 공간과 업무공간 사이에는 원칙적으로 구분이 없어야 한다.

> **해설**
> ① 고객이 지나는 동선은 짧게 한다.
> ② 큰 건물의 경우 고객출입구는 되도록 1개소로 하고 안으로 열리도록 한다.
> ③ 직원 및 내객의 출입구는 따로 설치하고 영업시간 내에서 항상 열어둔다.

12 건축설계 진행 시 단계별 내용으로 가장 옳지 않은 것은?

① 기획설계는 건축주와 계약을 결정하고 건축주의 건물에 대한 요구를 파악하는 데서 시작한다.

② 기본설계는 설계의 큰 줄기를 결정하는 것으로 기본설계도, 설계설명서, 시방서 등이 있다.

③ 실시설계는 적산이나 시공에 필요한 도면이 많으며, 각 부재의 양과 재질, 손질방법 등을 자세하고 정확하게 표기한다.

④ 시공감리는 실시설계도를 기초로 시공도의 체크, 공사현장과 공정의 관리 등 단계별 문제에 대한 적절한 판단을 한다.

해설

시방서는 실시설계 단계에서 작성한다.

13 건축법 시행령상 건축물의 면적에 관한 설명 중 가장 옳지 않은 것은?

① 대지면적은 대지의 수평투영면적으로 한다.

② 건축면적은 건축물의 외벽의 중심선으로 둘러싸인 부분의 수평투영면적으로 한다.

③ 연면적은 하나의 건축물 각 층의 바닥면적의 합계로 하되, 용적률을 산정할 때에는 지하층의 면적을 포함하여 산정한다.

④ 벽·기둥의 구획이 없는 건축물의 바닥면적은 그 지붕 끝부분으로부터 수평거리 1m를 후퇴한 선으로 둘러싸인 수평투영면적으로 한다.

해설

연면적은 하나의 건축물 각 층의 바닥면적의 합계로 하되, 용적률을 산정할 때에는 지하층의 면적을 제외하여 산정한다.

14 다음 중 건축 규모계획에 대한 내용으로 가장 옳지 않은 것은?

① 시설의 수용인원을 결정할 경우 이용자의 충족도와 시설의 이용률 등을 고려한다.

② 주택의 침대식 침실, 학교의 전용교실과 같이 동시 사용자의 최댓값이 거의 일정하고 이를 초과하는 일이 거의 없는 경우에는 시설의 예상 수량을 최댓값으로 설정한다.

③ 영화관의 화장실과 같이 다수의 사람들이 일시에 사용하는 경우도 있으나 전혀 사용되지 않을 때도 있는 경우, 시설의 예상 수량을 중간값으로 설정하여 혼잡한 경우에 약간의 불편함을 감수하도록 한다.

④ 혼잡의 정도가 심하고, 큰 피크가 없으며 시간의 경과와 더불어 동시 사용자의 수가 평균값에서 비교적 작은 편차 범위 내에서 변동하는 경우에는 시설의 예상 수량을 평균값보다 약간 부족한 값으로 설정한다.

해설

혼잡의 정도가 심하고, 큰 피크가 없으며 시간의 경과와 더불어 동시 사용자의 수가 평균값에서 비교적 작은 편차 범위 내에서 변동하는 경우에는 시설의 예상 수량을 평균값보다 약간 상회하는 값으로 설정한다.

15 호텔 건축에 대한 설명 중 가장 옳은 것은?

① 현관은 호텔의 외부 접객장소로 로비와 라운지는 통합해서 같이 사용한다.

② 벨보이나 서비스실은 현관과 인접하여 감시하기 편리한 곳에 서로 분리시켜 배치한다.

③ 프런트 오피스의 사무는 안내계, 객실계, 회계계로 집약된다.

④ 주방의 위치는 식품저장실 및 식당과 다른 층에 위치하는 것이 좋으며 일반적으로 1, 2층 또는 지하 1층에 위치하는 경우가 많다.

해설
① 현관은 호텔의 외부 접객장소로 로비와 라운지는 분리해서 사용한다.
② 벨보이나 서비스실은 숙박부분의 각 층에 배치하며, 엘리베이터와 계단을 중심으로 감시하기 편리한 곳에 위치시킨다.
④ 주방의 위치는 식품저장실 및 식당과 동일한 층에 두는 것이 좋으며, 일반적으로 1, 2층 또는 지하 1층에 위치하는 경우가 많다.

16 건축법 시행령상 공개공지에 대한 설명 중 가장 옳지 않은 것은?

① 문화 및 집회시설, 종교시설, 판매시설, 운수시설, 업무시설 및 숙박시설로서 해당 용도로 쓰는 바닥면적의 합계가 5,000m² 이상인 건축물 및 그 밖에 다중이 이용하는 시설로서 건축조례로 정하는 건축물은 공개공지를 확보하여야 한다.

② 공개공지 내에는 물건을 쌓아 놓거나 출입을 차단하는 시설을 설치하지 아니해야 한다. 또한 공개공지 내에는 긴 의자 또는 파고라 등 어떠한 시설물도 설치할 수 없다.

③ 공개공지 등에는 연간 60일 이내의 기간 동안 건축조례로 정하는 바에 따라 주민들을 위한 문화행사를 열거나 판촉활동을 할 수 있다.

④ 공개공지 등의 면적은 대지면적의 10/100 이하의 범위에서 건축조례로 정한다.

해설
• 누구든지 공개공지 등에 물건을 쌓아놓거나 출입을 차단하는 시설을 설치하는 등 공개공지 등의 활용을 저해하는 행위를 하여서는 아니 된다(건축법 제43조 제4항).
• 공개공지 등을 설치할 때에는 모든 사람이 환경친화적으로 편리하게 이용할 수 있도록 긴 의자 또는 조경시설 등 건축조례로 정하는 시설을 설치해야 한다(건축법 시행령 제27조의2 제3항).

17 다음 중 고딕(Gothic) 건축의 특징이 아닌 것은?

① 돔(Dome)

② 리브 볼트(Rib Vault)

③ 플라잉 버트레스(Flying Buttress)

④ 첨두아치(Pointed Arch)

해설

돔(Dome)은 비잔틴 건축의 특성이며, 대형 돔 하부공간을 중심으로 소형 돔 하부의 공간을 유기적으로 통합하고자 하였다.

18 의료시설 건축에 대한 설명 중 가장 옳지 않은 것은?

① 내부 동선계획에 있어서 복도는 들 것, 휠체어 등 2대가 서로 교차하여 지나갈 수 있는 폭을 확보하며, 경사로의 기울기는 1/12 이하로 하는 것이 좋다.

② 엘리베이터는 환자가 눕고 주위에 의사, 간호사가 설 수 있는 넓이가 필요하다.

③ 병실의 면적은 일반적으로 $10\sim13m^2$/베드(bed)로 계획한다.

④ 수술실의 규모는 $4.5m \times 4.5m$ 이상으로 하며 실내의 벽체는 녹색 계통으로 마감한다.

해설

내부 동선계획에 있어서 복도는 들 것, 휠체어 등 2대가 서로 교차하여 지나갈 수 있는 폭을 확보하며, 경사로의 기울기는 1/20 이하로 하는 것이 좋다.

19 전시공간 건축에 대한 설명 중 가장 옳은 것은?

① 전시물은 온도에 의한 피해를 가장 많이 받으므로 환경조건에 대한 세심한 고려가 필요하다.

② 자연채광 방식 중 관람자의 상부에 있는 천창을 불투명하게 하여 측벽에 가깝게 채광창을 설치하는 방법은 측광창 형식이다.

③ 연면적에 대한 전시공간의 면적 비율은 대체로 박물관이 미술관보다 낮다.

④ 전시실의 주동선 방향이 연속적인 일방통행일 경우, 전체 전시가 단조로워질 수 있으므로 부분적 교차 동선에 있어 역순 설정이 필요하다.

해설
① 전시물은 습도에 의한 피해를 가장 많이 받으므로 환경조건에 대한 세심한 고려가 필요하다.
② 자연채광 방식 중, 관람자의 상부에 있는 천창을 불투명하게 하여 측벽에 가깝게 채광창을 설치하는 방법은 정측광창 형식이다.
④ 전시실의 주동선 방향은 연속적인 일방통행으로 계획하며, 교차 동선이나 역순은 피한다.

20 노외주차장의 설치기준에 관한 내용 중 가장 옳은 것은?

① 육교 및 지하 횡단보도를 포함한 횡단보도에서 10m 이내의 도로부분에는 노외주차장의 입구와 출구를 설치할 수 없다.

② 노외주차장의 주차부분의 높이는 주차 바닥면으로부터 1.8m 이상으로 해야 한다.

③ 노외주차장의 주차대수 규모가 50대 이상인 경우 출구와 입구를 분리하거나 폭 5.5m 이상의 출입구를 설치하여 소통이 원활하도록 해야 한다.

④ 자주식 주차장으로서 지하식 또는 건축물식 노외주차장의 경사로(진입로)의 차로폭은 직선인 경우 3m 이상으로 해야 한다.

해설
① 육교 및 지하 횡단보도를 포함한 횡단보도에서 5m 이내의 도로부분에는 노외주차장의 입구와 출구를 설치할 수 없다.
② 노외주차장의 주차부분의 높이는 주차 바닥면으로부터 2.1m 이상으로 해야 한다.
④ 자주식 주차장으로서 지하식 또는 건축물식 노외주차장의 경사로(진입로)의 차로폭은 직선형인 경우에는 3.3m 이상(2차로의 경우에는 6m 이상)으로 하고, 곡선형인 경우에는 3.6m 이상(2차로의 경우에는 6.5m 이상)으로 한다.

01 건축물의 색채계획에 대한 내용으로 옳지 않은 것은?

① 건물의 형태, 재료, 용도 등에 따라 배색계획을 수립한다.

② 식당의 벽면에는 식욕을 돋우는 한색 계통을 사용한다.

③ 교실의 색채는 교실 종류와 학생의 연령에 따라 달라야 한다.

④ 저학년 교실의 벽면은 난색 계통이 좋다.

해설
• 식당의 벽면에는 식욕을 돋우는 오렌지색, 노랑색 등의 난색 계통을 사용한다.
• 침실은 하루에 피로를 푸는 곳이므로 차분한 한색 계통이 좋으며, 노랑, 연두, 파랑도 피로를 푸는 데 도움이 된다.
• 공부방은 눈의 피로에 좋은 녹색이나 남색 계통이 좋고 사춘기에는 자극적인 색채나 빨강색 계통은 좋지 않다.

02 다음 설명에 해당하는 미술관 채광 방식은?

• 관람자가 서 있는 위치 상부에 천장을 불투명하게 하고 측벽에 가깝게 채광창을 설치하는 방식이다.
• 관람자가 서 있는 위치와 중앙부는 어둡게 하고 전시벽면은 조도를 충분히 확보할 수 있는 이상적 채광법이다.

① 측광창 형식   ② 고측광창 형식

③ 정측광창 형식   ④ 정광창 형식

해설
정측광창 형식(Top Light)은 천장의 중앙에 천창을 설치하는 방식으로 전시실 중앙부를 밝게 비추어 전시벽면의 조도를 균일하게 하는 장점이 있다.

03 다음 설명에 해당하는 급수 방식은?

• 소규모 건물에 적합하다.   • 급수오염 가능성이 가장 작다.
• 정전 시에도 급수가 가능하다.   • 단수 시에는 급수가 불가능하다.

① 수도직결 방식   ② 고가탱크 방식

③ 압력탱크 방식   ④ 펌프직송 방식

해설
수도직결 방식은 도로에 매설된 상수도 본관에 수도관을 연결시켜 본관의 압력으로 직접 건물 내로 급수하는 방식이며, 급수오염 가능성이 낮고 정전 시에도 급수가 가능하다. 그러나 단수 시에는 급수가 불가능하며 급수높이에 제한이 있다.

1 ② 2 ③ 3 ① **정답**

04 병원 건축계획에 대한 설명으로 옳지 않은 것은?

① PPC(Progressive Patient Care)는 환자의 증세에 따른 간호단위 분류 방식이다.

② 간호사 대기소는 환자의 사생활 보호를 위하여 병실군 외곽에 둔다.

③ 정형외과 외래진료부는 보행이 불편한 환자를 위하여 될 수 있는 한 저층부인 1~2층에 둔다.

④ 정신병동의 회복기 환자를 위한 개방성 병실은 일반병실에 준해서 계획해도 된다.

해설
간호사 대기소는 환자에 대한 효율적인 간호를 위하여 병실군 중앙에 둔다.

05 각 기후 조건에서의 건물계획 특성으로 옳지 않은 것은?

① 한랭기후 – 외피면적의 최소화

② 온난기후 – 여름에 차양 설치

③ 고온건조 – 얇은 벽을 통한 야간 기후 조절

④ 고온다습 – 개구부에 의한 주야간 통풍

해설
고온건조 기후는 일사량이 많고, 일교차와 연교차가 매우 크므로 열을 반사하고 주간에 열을 축적하여 야간에 실내를 보온할 수 있는 흰색의 중량 구조물이 유리하다.

06 장애인·노인·임산부 등의 편의증진 보장에 관한 법률 시행규칙상 편의시설의 구조·재질 등에 관한 세부기준에 대한 설명으로 옳지 않은 것은?

① 장애인전용시설 복도 측면에 2중 손잡이를 설치할 때, 아래쪽 손잡이의 높이는 바닥면으로부터 0.65m 내외로 하여야 한다.

② 계단 경사면에 설치된 손잡이의 끝부분에는 0.3m 이상의 수직손잡이를 설치하여야 한다.

③ 장애인용 승강기 전면에는 1.4m×1.4m 이상의 활동공간을 확보하여야 한다.

④ 장애인용 에스컬레이터 속도는 분당 30m 이내로 하여야 한다.

해설
계단 경사면에 설치된 손잡이의 끝부분에는 0.3m 이상의 수평손잡이를 설치하여야 한다.

07 체육관의 공간 구성에 대한 설명으로 옳지 않은 것은?

① 체육관 공간은 경기영역, 관람영역, 관리영역으로 구분할 수 있다.

② 경기장과 운동기구 창고는 경기영역에 포함된다.

③ 관람석과 임원실은 관람영역에 포함된다.

④ 관장실과 기계실은 관리영역에 포함된다.

해설

임원실은 경기영역에 포함된다.

체육관의 영역(부분)별 소요실

- 경기영역 : 경기장, 임원실, 휴식실, 대기실 등 경기자 이용시설
- 관람영역 : 현관 출입구, 홀, 관람석, 화장실, 매점 등 이용시설
- 관리 및 운영영역 : 관장실, 운영실, 기계실 등 서비스관계시설

08 공동주택의 주동계획에 대한 내용으로 옳지 않은 것은?

① 탑상형은 단지의 랜드마크 역할을 할 수 있다.

② 탑상형은 각 세대의 거주 환경이 불균등하다.

③ 판상형은 탑상형에 비해 다른 주동에 미치는 일조 영향이 크다.

④ 판상형은 탑상형에 비해 각 세대의 조망권 확보가 유리하다.

해설

넓고 긴 평면의 판상형은 탑상형에 비해 각 세대의 조망권 확보에 불리하며, 마주보는 주동 사이의 시야확보가 어렵다.

09 고딕 건축에 대한 설명으로 옳지 않은 것은?

① 12세기 초 독일에서 발생하여 15세기까지 전개된 건축 양식이다.

② 리브 볼트, 첨두아치, 플라잉 버트레스는 고딕 건축의 특징이다.

③ 독일 쾰른 대성당, 프랑스 파리 노트르담 대성당, 영국 솔즈베리 대성당은 고딕 양식 건축물이다.

④ 중세 교회 건축을 완성한 건축 양식이다.

해설

- 고딕 건축은 12세기 초 프랑스에서 발생되어 르네상스 건축이 발생된 15세기까지 프랑스, 독일, 영국 등 중북부 유럽에서 전개된 중세의 건축 양식이다.
- 고딕 건축은 초기 기독교 시대, 로마네스크 시대에 걸쳐 형성된 중세 교회 건축을 완성함으로써 역사상 종교 건축의 최고 절정기를 이루었다.

10 주차장법 시행규칙상 노외주차장 설치에 대한 계획기준과 구조·설비기준에 대한 설명으로 옳지 않은 것은?

① 특별한 이유가 없으면, 노외주차장과 연결되는 도로가 둘 이상인 경우에는 자동차 교통에 미치는 지장이 적은 도로에 출구와 입구를 설치하여야 한다.

② 지하식 노외주차장의 경사로의 종단 경사도는 직선부분에서는 17%를 초과하여서는 아니 된다.

③ 노외주차장의 출구 및 입구는 너비 6m 미만의 도로와 종단 기울기가 8%를 초과하는 도로에 설치하여서는 아니 된다.

④ 노외주차장의 출구 및 입구는 교차로의 가장자리나 도로의 모퉁이로부터 5m 이내에 해당하는 도로의 부분에 설치하여서는 아니 된다.

> **해설**
> 노외주차장의 출구 및 입구는 너비 4m 미만의 도로(주차대수 200대 이상인 경우에는 너비 6m 미만의 도로)와 종단 기울기가 10%를 초과하는 도로에는 설치하여서는 아니 된다.

11 노인복지시설 부지계획에 대한 설명으로 옳지 않은 것은?

① 원예 등의 취미생활을 즐길 수 있는 경사가 있는 대지가 좋다.

② 편리한 대중교통 시설이 근접해 있어야 한다.

③ 시설의 진입로는 완만하고 평탄하게 하여 접근과 출입이 쉽도록 한다.

④ 도시형의 경우 주변에서 쾌적한 환경을 얻기 힘든 만큼 내부적으로 특별한 계획이 필요하다.

> **해설**
> 노인복지시설 부지는 안전성과 이용의 편의를 위해 경사가 없는 대지가 좋다.

12 다음 설명에 해당하는 건축형태의 구성 원리는?

> 미적 대상을 구성하는 부분과 부분 사이에 질적으로나 양적으로 모순되는 일이 없이 질서가 잡혀 있는 것

① 질감　　　　　　　　　　② 조화

③ 리듬　　　　　　　　　　④ 비례

> **해설**
> 조화는 미적 대상을 구성하는 부분과 부분 사이에 질적으로나 양적으로 모순되는 일이 없이 질서가 잡혀 있는 구성 원리이다.

13 업무시설의 오피스 랜드스케이핑(Office Landscaping) 방식에 대한 설명으로 옳지 않은 것은?

① 불경기 시 개실형에 비해 임대가 유리하다.

② 커뮤니케이션과 작업흐름에 따라 융통성 있는 평면구성이 가능하다.

③ 작업장의 집단을 자유롭게 그루핑하여 불규칙한 평면을 유도한다.

④ 소음발생으로 프라이버시가 침해되기 쉽다.

해설

오피스 랜드스케이핑(Office Landscaping)은 개방형 사무실의 일종으로 불경기 시에는 소단위로 임대가 가능한 개실형에 비해 불리하다.

14 건물 정보 모델링(Building Information Modeling)에 대한 설명으로 옳지 않은 것은?

① 설계 의도를 시각화하기 어렵다.

② 설계자들과 시공자들 간의 협업이 강화된다.

③ 설계도서 간의 상호 관련성이 높아진다.

④ 설계 및 시공상 문제들에 대한 빠른 대응이 가능하다.

해설

건물 정보 모델링(Building Information Modeling) : 컴퓨터상에서 모든 정보를 3차원 모델로 구현한 것으로 3D View에 의해 시각적으로 표현함으로써 공간의 구성이나 설계 의도를 파악하기 쉽게 한다.

15 위생기구에 설치되는 통기관에 대한 설명으로 옳지 않은 것은?

① 신정 통기관은 배수 수직관의 상단을 축소하지 않고 그대로 연장하여 대기 중에 개방한 통기관이다.

② 각개 통기관은 위생기구마다 통기관이 하나씩 설치되는 것으로 통기 방식 중에서 가장 이상적이다.

③ 도피 통기관은 루프통기식 배관에서 통기 능률을 촉진하기 위해 설치하는 통기관이다.

④ 결합 통기관은 통기와 배수를 겸한 통기관이다.

해설

• 결합 통기관 : 고층 건물에서 배수입관의 길이가 긴 경우 5개 층 정도마다 배수입관과 통기입관을 연결하는 관을 말하며, 통기능률을 향상시키는 효과가 있다.

• 습식(습윤) 통기관 : 배수 수평지관 최상류 위생기기 바로 아래 연결하여 설치하는 통기 및 배수의 기능을 겸하는 통기관이다.

16 단지계획에서 교통 및 동선계획에 대한 설명으로 옳지 않은 것은?

① 단지 내의 주동 접근로는 환경적으로 가장 좋은 지역에 둔다.
② 근린주구단위 내부로 자동차 통과 진입을 극소화한다.
③ 단지 내의 통과교통량을 줄이기 위해 고밀도지역은 진입구 주변에 배치한다.
④ 보행로의 교차부분은 단차를 적게 하고 미끄럼방지시설도 고려한다.

해설
차량교통에 대해 고려할 내용으로서, 주동(柱棟) 접근로(接近路) 계획 시에는 단지로의 접근로는 환경적으로 가장 나쁜 지역에 둔다.

17 생태건축기술에 대한 설명으로 옳지 않은 것은?

① 태양에너지, 지열 등을 활용하여 건물에서 필요한 에너지를 생산 및 이용한다.
② 건물 외부의 생태적 순환기능 확보를 통해 건물의 에너지 부하를 절감한다.
③ 토양에 대한 포장을 최대화하여 대지 주변에 동식물의 서식 환경을 최소화한다.
④ 천창 등 자연채광 이용 및 자연채광 장치를 도입한다.

해설
생태면적률을 높일 수 있도록 하기 위하여, 토양에 대한 포장을 최소화하고 대지 주변에 동식물의 서식 환경을 최대화한다.

18 시카고 학파에 대한 설명으로 옳지 않은 것은?

① 현대 건축에서 고층 건물에 대한 가능성을 예시하였다.
② 경골목구조를 이용하여 1871년 시카고 대화재로 인한 도시의 전소를 막았다.
③ 루이스 설리번은 "형태는 기능을 따른다"는 기능주의 이론을 전개한 건축가이다.
④ 전기 엘리베이터 등의 기술발전은 시카고에 본격적인 마천루를 출현시켰다.

해설
1871년 시카고 대화재 이후, 도시 재건계획이 진행되면서 도시와 건축을 변모시키는 움직임 속에 새로운 건축조류인 시카고 학파의 태동이 시작되었다.

19 건축물의 피난 · 방화구조 등의 기준에 관한 규칙상 특별피난계단의 구조에 대한 설명으로 옳지 않은 것은?

① 계단실 · 노대 및 부속실은 창문 등을 제외하고는 내화구조의 벽으로 각각 구획하여야 한다.

② 계단실에는 노대 또는 부속실에 접하는 부분 외에는 건축물의 내부와 접하는 창문 등을 설치하여서는 아니 된다.

③ 계단실 및 부속실의 실내에 접하는 부분의 마감은 난연재료로 하여야 한다.

④ 계단실에는 예비전원에 의한 조명설비를 하여야 한다.

해설

계단실 및 부속실의 실내에 접하는 부분의 마감은 불연재료로 하여야 한다.

20 오스카 뉴먼의 방어적 공간(Defensible Space)에 대한 설명으로 옳지 않은 것은?

① 제2차 세계대전 이후 미국의 급격한 도시변화와 밀접한 관계가 있다.

② 물리적 환경을 변경해 범죄를 예방하고자 하는 설계사상이다.

③ 범죄를 억제하는 공간요소로 영역성, 자연적 감시, 이미지, 환경 등을 제안하였다.

④ 사회 특성과 개인 특성에 중점을 두는 개념이다.

해설

인류학자 에드워드 홀(Hall)이 소개한 '개인공간(Personal Space)'으로서 사회 특성과 개인 특성에 중점을 두는 개념이다. 사람은 누구나 자기 주변의 일정한 공간을 자기의 것이라고 생각하는 경향이 있음을 연구하였으며 친밀한 거리, 개인적 거리, 사회적 거리, 공적인 거리를 제시하였다.

방어적 공간(Defensible Space)

• 오스카 뉴먼(Oscar Newman)은 환경설계와 범죄와의 상관관계를 연구하였으며, 방어적 환경을 조성함으로써 범죄예방 효과를 거둘 수 있다는 방어 공간 개념을 제안하였다.

• 방어 공간으로서 '영역성', '자연적 감시', '이미지', '환경' 등 4가지 물리적 요소를 통해 범죄를 예방할 수 있다는 이론이다.

19 ③　20 ④　**정답**

01 다음 중 건축법 시행령에서 정한 대수선의 범위에 해당하는 것은?

① 보를 해체하거나 두 개를 수선 또는 변경하는 것

② 건축물의 외벽에 사용하는 마감재료를 증설 또는 해체하거나 벽면적 $25m^2$를 수선 또는 변경하는 것

③ 다가구주택의 가구 간 경계벽을 증설 또는 해체하거나 수선 또는 변경하는 것

④ 내력벽의 일부분(가로 8m × 높이 3m)을 변경하는 것

해설

① 보를 해체하거나 두 개를 수선 또는 변경하는 것 → 세 개 이상 수선 또는 변경

② 건축물의 외벽에 사용하는 마감재료를 증설 또는 해체하거나 벽면적 $25m^2$를 수선 또는 변경하는 것 → $30m^2$ 이상 수선 또는 변경

④ 내력벽의 일부분(가로 8m × 높이 3m)을 변경하는 것 → $30m^2$ 이상 수선 또는 변경하는 것

대수선의 범위(건축법 시행령 제3조의2)

다음 각 호의 어느 하나에 해당하는 것으로서 증축·개축 또는 재축에 해당하지 아니하는 것을 말한다.

• 내력벽을 증설 또는 해체하거나 그 벽면적을 $30m^2$ 이상 수선 또는 변경하는 것

• 기둥을 증설 또는 해체하거나 세 개 이상 수선 또는 변경하는 것

• 보를 증설 또는 해체하거나 세 개 이상 수선 또는 변경하는 것

• 지붕틀(한옥의 경우에는 지붕틀의 범위에서 서까래는 제외한다)을 증설 또는 해체하거나 세 개 이상 수선 또는 변경하는 것

• 방화벽 또는 방화구획을 위한 바닥 또는 벽을 증설 또는 해체하거나 수선 또는 변경하는 것

• 주계단·피난계단 또는 특별피난계단을 증설 또는 해체하거나 수선 또는 변경하는 것

• 다가구주택의 가구 간 경계벽 또는 다세대주택의 세대 간 경계벽을 증설 또는 해체하거나 수선 또는 변경하는 것

• 건축물의 외벽에 사용하는 마감재료를 증설 또는 해체하거나 벽면적 $30m^2$ 이상 수선 또는 변경하는 것

02 페리(C. A. Perry)의 근린주구 이론으로 옳지 않은 것은?

① 초등학교 하나를 필요로 하는 인구가 적당하다.

② 중학교와 소공원은 반드시 갖추어야 한다.

③ 주구 내 경계는 간선도로로 한다.

④ 내부에는 통과교통을 두지 않는다.

해설

초등학교와 소공원은 반드시 갖추어야 하지만, 중학교는 해당되지 않는다.

03 미술관의 전시실 계획에 관한 설명 중 옳지 않은 것은?

① 중앙홀 순회 형식은 중앙홀이 크면 동선의 혼란이 없으나 장래의 확장이 어렵다.

② 대규모 미술관 평면계획은 중앙홀이나 갤러리 및 복도 형식이 적합하다.

③ 전시조명은 부드럽고, 광색의 변화가 없으며, 적당한 조도로 균등한 것이 좋다.

④ 자연채광 시 벽면의 진열은 정측창 형식, 책상 위 진열은 고측창 형식, 독립된 물체의 전시는 정광창 형식을 취한다.

해설

자연채광 시 벽면의 진열은 전시벽면에 조도를 균등하게 하는 정광창, 책상 위 진열은 진열품 주위의 조도를 유지하는 측창, 독립된 물체는 깊은 곳까지 조도를 유지하는 고측창 방식을 취한다.

04 다음 중 상점 건축에서 동선에 대한 설명 중 가장 옳지 않은 것은?

① 고객의 동선과 종업원의 동선은 교차시켜 매출을 증대한다.

② 고객의 동선은 가능한 한 길게 하고 고객이 편안하게 상품을 선택하도록 한다.

③ 종업원의 동선은 짧게 하여 보행거리를 단축한다.

④ 상품의 이동 동선은 고객의 동선과 교차되지 않게 한다.

해설

고객의 동선과 종업원의 동선은 교차시키지 않는다.

3 ④ 4 ① **정답**

05 서울특별시 건축 조례에 따른 대지안의 조경 관련 기준으로 옳지 않은 것은?

① 대지면적이 200m² 이상이고, 연면적의 합계가 2,000m² 이상인 건축물은 대지면적의 15% 이상을 조경면적으로 한다.

② 면적 200m² 이상 300m² 미만인 대지에 건축하는 연면적의 합계가 1,000m² 미만인 건축물의 조경면적은 대지면적의 10% 이상으로 한다.

③ 조경면적은 공지 또는 지표면으로부터 높이 2m 미만인 옥외부분의 조경면적을 모두 산입한다.

④ 지방자치단체가 설치하는 시내버스 공영차고 및 관련 시설에는 조경을 설치하지 않을 수 있다.

해설

면적 200m² 이상 300m² 미만인 대지에 건축하는 건축물의 조경면적은 대지면적의 5% 이상으로 한다.

대지안의 조경(서울특별시 건축 조례 제24조)

① 면적 200m² 이상인 대지에 건축물을 건축하고자 하는 자는 법 제42조 제1항에 따라 다음 각 호의 기준에 따른 식수 등 조경에 필요한 면적(조경면적)을 확보하여야 한다.
  1. 연면적의 합계가 2,000m² 이상인 건축물 : 대지면적의 15% 이상
  2. 연면적의 합계가 1,000m² 이상 2,000m² 미만인 건축물 : 대지면적의 10% 이상
  3. 연면적의 합계가 1,000m² 미만인 건축물 : 대지면적의 5% 이상
  4. 학교이적지 안의 건축물 : 대지면적의 30% 이상

② 제1항에 따른 조경면적은 다음 각 호의 기준에 따라 산정한다.
  1. 공지(空地, 공터) 또는 지표면으로부터 높이 2m 미만인 옥외부분의 조경면적을 모두 산입한다.
  2. 온실로 전용되는 부분의 조경면적(채광을 하는 수평투영면적으로 한다) 및 필로티 그 밖에 이와 유사한 구조의 부분으로서 공중의 통행에 전용되는 부분의 조경면적은 1/2을 조경면적으로 산정하되, 해당 대지의 조경면적 기준의 1/3에 해당하는 면적까지 산입한다.

③ 제1항에도 불구하고 면적 200m² 이상 300m² 미만인 대지에 건축하는 건축물의 조경면적은 대지면적의 5% 이상으로 한다.

06 프랑크푸르트 암마인(Frankfurt am Main)의 국제주거회의에서 제시한 1인당 주거면적 기준은?

① 13m²/인

② 15m²/인

③ 17m²/인

④ 19m²/인

해설

프랑크푸르트 암마인의 국제주거회의의 평균주거면적은 최소 15m²/인이다.

주거생활 수준의 기준
• 숑바르 드 로브(Chombard de Lawve) 기준
  - 병리기준 : 8m²/인(기준 이하일 경우, 거주자의 신체 및 건강에 나쁜 영향을 끼치게 된다)
  - 한계(유효)기준 : 14m²/인(기준 이하일 경우 거주의 융통성을 보장할 수 없다)
• 세계가족단체협회(UIOP)의 콜로뉴(Cologne) 기준 : 16m²/인 이상
• 프랑크푸르트 암마인(Frankfurt Am Mein)의 국제주거회의의 평균주거면적 : 최소 15m²/인

07 정보화 빌딩(Intelligent Building)의 기능과 특성에 대해 기술한 것 중 가장 옳지 않은 것은?

① 정보통신에 의한 업무효율의 극대화

② 사무공간의 쾌적성 향상

③ 실내환경 관리의 자동화

④ 렌터블비(Rentable Ratio)의 증대

> **해설**
> 렌터블비(Rentable Ratio)의 증대와는 직접적인 관계가 없다.
> **정보화 빌딩(Intelligent Building)**
> • '건축', '통신', '오피스 자동화', '빌딩 자동화' 등의 4가지 시스템을 유기적으로 통합하여 첨단 서비스 기능을 제공함으로써 경제성, 효율성, 쾌적성, 기능성, 신뢰성, 안전성 등을 추구함에 적합한 빌딩을 말한다.
> • IB의 기능
>   - 통신기능(TC ; Tele Communication)
>   - 사무자동화 기능(OA ; Office Automation)
>   - 빌딩자동화 기능(BA ; Building Automation)
>   - 실내환경(Environment) 조절
> • IB의 장점
>   - 정보통신에 의한 업무효율의 극대화
>   - 사무공간의 쾌적성 향상
>   - 실내환경 관리의 자동화

08 다음 중 중학교 다목적 강당의 계획 방향으로 가장 옳지 않은 것은?

① 실내체육관과 강당을 겸할 경우에는 체육관이 중심이 된다.

② 일반적으로 농구코트를 기준으로 규모를 결정한다.

③ 다목적 강당의 출입구는 한 곳에 두어 단순화한다.

④ 통풍에 의한 자연환기를 고려한다.

> **해설**
> 다목적 강당의 출입구는 이용의 편의성과 피난을 고려하여 2개소로 계획할 수 있다.

09 주거단지 내 보행자 동선계획으로 가장 적절하지 않은 것은?

① 보행자 도로의 폭은 샛길은 2m, 통학로는 3m 이상으로 한다.

② 보행자 도로의 최소폭 기준은 2.4m이다.

③ 도로폭 10m 이상 시 보도가 필요하다.

④ 보행로 폭은 충분히 넓게 고려한다.

해설
보도의 폭은 세로(샛길)에서는 2m, 통학로에서는 4m 이상으로 한다.
보행자 도로
• 보행자 전용도로의 폭은 충분히 넓게 확보하는 것이 좋다.
• 규모가 큰 건축물의 입구가 직접 면하지 않도록 한다.
• 최소폭은 3인이 부딪치지 않고 통과할 수 있도록 2.4m 이상 확보한다.
• 도로폭 10m 이상 시 보도가 필요하다.
• 보도의 폭은 세로(샛길)에서는 2m, 통학로에서는 4m 이상으로 한다.
• 보도는 단지 내에서 단절되지 않도록 하며, 다른 시설들로부터 방해를 받지 말아야 한다.
• 자전거도로는 보도와의 사이에 가드레일을 설치하거나 단차가 많이 나도록 설치한다.

10 다음 중 도서관 서고의 수장능력으로 가장 적합한 것은?

① 서고 면적 1m^{2}당 평균 200권

② 서고 공간 1m^{3}당 평균 100권

③ 선반 1m당 평균 50권

④ 서고 면적 1m^{2}당 마이크로카드 평균 3만 개

해설
② 서고 공간 1m^{3}당 평균 66권
③ 선반 1m당 평균 25권
④ 서고 면적 1m^{2}당 마이크로카드 평균 2만 개

11 공기조화 방식에서 변풍량(VAV) 방식에 대한 설명 중 옳지 않은 것은?

① 변풍량 유닛을 적용하여 각 실 제어가 가능하다.

② 정풍량 방식에 비해 설비 용량이 작아지고 운전비가 절약된다.

③ 저부하 시 송풍량이 감소되어 기류분포가 나빠지고 환기성능이 떨어진다.

④ 고도의 공조환경을 필요로 하는 클린 룸, 수술실 등에 적합하다.

해설
고도의 공조환경을 필요로 하는 클린 룸, 수술실 등에는 정풍량 덕트 방식(CAV)이 적합하다.

12 사무소 건축의 평면계획에서 독립성과 쾌적성이라는 장점을 가지는 데 반해, 조직원 사이의 협동을 요구하는 업무에는 상당히 부적절한 단점을 갖는 것은?

① 개방 콤비 컨셉형 계획(Combi Concept Office)

② 개방형 계획(Open Plan Type Office)

③ 개실형 계획(Cellular Type Office)

④ 린 컨셉형 계획(Lean Concept Office)

해설
개실형 계획(Cellular Type Office)은 조직 간에 커뮤니케이션이 불리하므로 협동을 요구하는 업무에는 부적절하다.

13 다음 에스컬레이터 배치 형식 중 점유면적이 크지만 승객의 시야가 가장 좋은 것은?

① 교차식 배치　　　　　　　② 병렬 단층식 배치

③ 병렬 연층식 배치　　　　　④ 직렬식 배치

해설
직렬식 배치는 점유면적이 크지만 승객의 시야가 가장 좋은 배치 형식이다.

14 다음 중 오늘날 고층 아파트로 이루어지는 주거지 계획의 이론적 배경이 된, 녹지 위의 고층(Tower In The Park)의 개념인 300만 인을 위한 도시를 제안한 건축가는?

① 프랭크 로이드 라이트(Frank Lloyd Wright)

② 르 코르뷔지에(Le Corbusier)

③ 월터 그로피우스(Walter Gropius)

④ 안토니오 가우디(Antonio Gaudi)

해설
르 코르뷔지에(Le Corbusier)는 업무 구역과 거주 구역을 핵심 요소로 보고 '300만 거주자를 위한 도시 계획'을 파리에 적용시키는 설계를 제안하였다.

15 다음 중 집합 형식에 의한 주거의 분류 방식에 해당되지 않는 것은?

① 독립주택

② 병용주택

③ 연립주택

④ 아파트

해설
병용주택이나 전용주택은 사용목적에 따른 분류 방식이다.

16 연면적이 500m²인 오피스텔에 설치하는 복도(양옆에 거실이 있는 복도)의 유효너비는 최소 얼마 이상으로 해야 하는가?

① 1.2m

② 1.5m

③ 1.8m

④ 2.1m

해설
오피스텔은 양옆에 거실이 있는 복도의 유효너비를 1.8m 이상으로 설치해야 한다.
복도의 너비 및 설치기준(건축물의 피난·방화구조 등의 기준에 관한 규칙 제15조의2)

대상	양옆에 거실이 있는 복도	기타의 복도
유치원, 초등학교, 중학교, 고등학교	2.4m 이상	1.8m 이상
공동주택, 오피스텔	1.8m 이상	1.2m 이상
당해 층 거실 바닥면적 합계가 200m² 이상인 경우	1.5m 이상(의료시설은 1.8m 이상)	1.2m 이상

17 호텔계획에 관해 기술한 것 중 옳지 않은 것은?

① 호텔의 공용부분의 면적비가 가장 큰 것은 커머셜 호텔(Commercial Hotel)이다.

② 시티 호텔(City Hotel)의 공용부분 또는 사교부분은 전체 연면적의 30%를 넘지 않는 것이 좋다.

③ 아파트먼트 호텔(Apartment Hotel)의 유닛에 주방이 부속되어 있어도 자체 식당과 주방은 둔다.

④ 호텔에서 가장 중요한 부분은 숙박부분으로 이에 따라 호텔형이 결정된다.

해설
커머셜 호텔(Commercial Hotel)은 객실로 사용하는 전용부분의 면적비가 가장 높고, 공용부분의 면적비가 가장 작다.

18 국토교통부의 주택건설기준 등에 관한 규정에 따른 바닥충격음의 차단성능 기준으로 옳은 것은?(단, 경량충격음은 $L'_{nT,W}$(가중 표준화 바닥충격음 레벨)로 평가, 중량충격음은 $L'_{iA,F_{max}}$(A-가중 최대바닥충격음 레벨)로 평가한다)

① 경량충격음 30dB 이하, 중량충격음 37dB 이하

② 경량충격음 37dB 이하, 중량충격음 45dB 이하

③ 경량충격음 49dB 이하, 중량충격음 49dB 이하

④ 경량충격음 50dB 이하, 중량충격음 60dB 이하

해설
경량충격음 가장 낮은 4등급의 49dB 이하, 중량충격음은 가장 낮은 4등급의 49dB 이하로 한다.
바닥충격음 차단성능의 등급기준(공동주택 바닥충격음 차단구조 인정 및 검사기준 [별표 1])

• 경량충격음 (단위 : dB)

등급	가중 표준화 바닥충격음 레벨
1급	$L'_{nT,W} \leq 37$
2급	$37 < L'_{nT,W} \leq 41$
3급	$41 < L'_{nT,W} \leq 45$
4급	$45 < L'_{nT,W} \leq 49$

• 중량충격음 (단위 : dB)

등급	A-가중 최대바닥충격음 레벨
1급	$L'_{iA,F_{max}} \leq 37$
2급	$37 < L'_{iA,F_{max}} \leq 41$
3급	$41 < L'_{iA,F_{max}} \leq 45$
4급	$45 < L'_{iA,F_{max}} \leq 49$

19 2차 세계대전 이후 전개된 건축 양상에 대한 설명으로 가장 옳지 않은 것은?

① 공업기술의 탁월성을 인식하고 재료, 구조, 역학적인 가능성을 철저히 탐구하기 시작

② 브루탈리즘(Brutalism) 등 새로운 건축방향을 모색함

③ 건축의 표현적, 조형적 특성을 강조하는 건축이 시도됨

④ CIAM의 형성으로 기능주의, 합리주의 건축을 보급하기 시작

해설
CIAM은 제2차 세계대전보다 이전에 전개된 근대 건축 국제회의이다.
• 제2차 세계대전은 1939년 9월 1일부터 1945년 9월 2일까지 약 6년 동안 많은 인명피해와 재산피해를 남긴 전쟁이다.
• CIAM(근대 건축 국제회의)은 1928년 스위스에서 열린 근대 건축 국제회의(CIAM)의 결성으로 나타나게 되었으며 기능주의, 합리주의 건축을 보급하기 시작하였다.

20 주당 평균 50시간을 수업하는 어느 학교에서 과학실에서의 수업이 총 20시간이며, 이 중 4시간을 학급회의에 사용하고 1시간은 학부모 회의에 사용하며, 나머지는 과학수업에 사용한다. 이 교실의 이용률과 순수율은?

① 이용률 10%, 순수율 25%

② 이용률 25%, 순수율 40%

③ 이용률 30%, 순수율 75%

④ 이용률 40%, 순수율 75%

해설

• 이용률 = $\dfrac{\text{실제 이용시간}}{\text{평균 수업시간}} \times 100(\%) = \dfrac{20\text{시간}}{50\text{시간}} \times 100(\%) = 40\%$

• 순수율 = $\dfrac{\text{해당 교과목 수업시간}}{\text{실제 교실 이용시간}} \times 100(\%) = \dfrac{20\text{시간} - 5\text{시간}}{20\text{시간}} \times 100(\%) = 75\%$

01 다음 중 주심포 양식의 건축물이 아닌 것은?

① 수덕사 대웅전

② 봉정사 극락전

③ 부석사 무량수전

④ 심원사 보광전

④ 심원사 보광전(황해도 해주) : 고려시대, 다포식, 팔작지붕, 정면 3칸, 측면 3칸으로 구성
① 수덕사 대웅전(충남 예산) : 고려시대, 주심포식, 단층 맞배지붕, 정면 3칸 측면 4칸으로 구성
② 봉정사 극락전(경북 안동) : 고려시대, 주심포식, 단층 맞배지붕, 정면 3칸 측면 4칸으로 구성
③ 부석사 무량수전(경북 영주) : 고려시대, 주심포식, 단층 팔작지붕, 정면 5칸, 측면 3칸으로 구성
심원사 보광전 : 황해북도 황주군 심원사에 있는 고려후기에 창건된 사찰건물로서 정면 3칸, 측면 3칸의 다포계(多包系) 팔작지붕 건물이다.

02 오피스 랜드스케이프 계획의 장점으로 가장 옳지 않은 것은?

① 의사전달의 융통성이 있고, 장애요인이 거의 없다.

② 개실형 배치 형식보다는 공간을 절약할 수 있다.

③ 변화하는 작업의 패턴에 따라 조절이 가능하며 신속하고 경제적으로 대처할 수 있다.

④ 소음 발생이 적고 사생활 보호가 쉽다.

해설
오피스 랜드스케이프 계획은 개방된 사무실 내부이므로 소음 발생이 많고 사생활 보호가 어렵다.
오피스 랜드스케이핑(Office Landscaping)
• 사무공간의 작업 패턴(흐름) 관계를 고려하여 획일성을 없애고 업무의 융통성과 능률을 높이고자 하는 방식이다.
• 개방식 배치의 변형된 방식으로, 낮은 칸막이나 화분 등으로 자유롭게 구성한다.
• 장점
  − 사무실 내에서 인간관계의 질적 향상과 작업 능률이 향상된다.
  − 작업 패턴의 변화에 따른 조정이 가능하며 융통성이 있으므로 새로운 요구사항에 맞도록 신속한 변경이 가능하다.
  − 사무공간 및 공사비(칸막이 벽, 공조, 소화, 조명설비 등)가 절약되어 경제적이다.
  − 시각적 차단과 부드러운 분위기를 조성할 수 있다.
  − 창이나 기둥의 방향에 관계없이 사무실 배치가 가능하다.
• 단점
  − 소음이 발생하기 쉽다.
  − 프라이버시가 결여될 우려가 있다.
  − 사무실을 모듈에 의해 설계할 때 배치방법에 제약을 받는다.
  − 대형가구 등 소리를 반향시키는 기재의 사용이 어렵다.

03 공장 건축에서 지붕의 종류에 대한 설명으로 가장 옳은 것은?

① 솟음지붕은 채광 및 환기에 적합한 형태로 채광창의 경사에 따라 채광이 조절된다.

② 뾰족지붕은 직사광선을 완전히 차단하는 형태이다.

③ 톱날지붕은 채광과 환기 등은 연구의 여지가 있지만 기둥이 적게 소요되어 공간이용이 효율적인 형태이다.

④ 샤렌구조에 의한 지붕은 기둥이 많이 필요하게 되어 기계배치의 융통성 및 작업 능력의 감소를 초래한다.

해설
② 뾰족지붕은 천장면의 창을 통해서 직사광선이 유입되는 형태이다.
③ 톱날지붕은 기둥이 많이 필요하게 되어 기계배치의 융통성 및 작업 능력의 감소를 초래한다.
④ 샤렌구조에 의한 지붕은 기둥이 적게 소요되어 공간이용이 효율적인 형태로서 톱날지붕을 보완한 지붕 구조이다.

04 교과교실제(V형)에 대한 설명으로 가장 옳지 않은 것은?

① 모든 교실을 교과전용의 특별교실로 구성한다.

② 홈베이스는 학습준비를 위한 미디어 공간을 말한다.

③ 교과블록은 각 교과교실, 교사연구실, 미디어 공간, 세미나실이 하나의 공간에 집합되어 구성된다.

④ 각 교과마다 전문적인 시설을 갖출 수 있으며 높은 실이용률로 공간의 효율성을 높이는 형태이다.

해설
교과교실제를 시행하는 학교들의 경우 교실에 있는 사물함을 상소를 마련해서 한 군데에 모아놓는 홈베이스존을 마련하기도 한다. 또한 홈베이스는 학생들의 이동의 중심에서 휴식, 교류, 보관, 식사, 모임, 그룹수업 등의 기능을 하는 다목적 공간으로써 공간적 특성상 전체 평면에서의 위치가 매우 중요하다.
교과교실형(V형) 운영 방식
• 모든 교실이 특정한 교과를 위해 만들어지므로 일반교실은 없다.
• 각 교과 전문의 교실이 주어지므로 순수율이 높아지며, 시설의 질이 높아진다.
• 학생의 이동이 많으며, 전문교실을 100%로 하지 않으면 이용률이 낮아질 수 있다.
• 교실 간의 이동 시 동선처리에 유의해야 하며, 소지품을 보관할 수 있는 공간이 필요하다.

05 도서관 건축에 대한 설명으로 가장 옳지 않은 것은?

① 큰 규모의 도서관일 경우 이용자의 계층을 구분하여 출입구를 별도로 설정한다.

② 도서와 가까운 위치에 연구를 할 수 있는 개인연구용 열람실을 제공한다.

③ 서고는 모듈러 시스템에 의하며 위치를 고정하지 않는다.

④ 필요한 전체 바닥면적에 대한 층수를 많게 하여 1층당 면적을 작게 하는 것이 좋다.

해설

공공건축은 주층을 넓게 계획하고 가능한 저층으로 각 층의 바닥면적을 크게 하여 이용상 편의성을 제공하는 것이 좋으며, 따라서 도서관의 경우에도 필요한 전체 바닥면적에 대한 층수를 적게 하고 1층당 면적을 크게 하는 것이 좋다.

06 모듈(Module) 계획에 관한 설명으로 가장 옳지 않은 것은?

① 현장조립가공이 주업무가 되므로 시공기술에 따른 공사의 질적 저하와 격차가 커진다.

② 건축구성재의 대량생산이 용이해지고, 생산비용이 낮아질 수 있다.

③ 설계작업과 현장작업이 단순화되어 공사기간이 단축될 수 있다.

④ 동일 형태가 집단으로 이루어지므로 시각적 단조로움이 생길 수 있다.

해설

공장생산 및 현장조립이 주업무가 되므로 시공기술에 따른 공사의 질적 향상을 가져올 수 있다.

모듈 설계의 장단점

• 장점
 − 설계작업이 단순하고 간편하다.
 − 건축재의 수송취급이 용이하다.
 − 현장작업이 단순하고 공사 기간이 단축된다.
 − 대량생산으로 질적 향상을 가져오며 생산단가를 낮출 수 있다.
 − 국제적 척도조정(MC)을 사용하면 국제교역이 용이하다.
• 단점
 − 건축형태의 창조성과 인간성이 상실될 수 있다.
 − 건축물의 획일적 배치와 외관의 단순함 발생의 우려가 있기 때문에 배색에 신중을 기해야 한다.

07 병원 건축에 대한 설명으로 가장 옳지 않은 것은?

① 병동부문은 환자가 주·야로 생활하며, 입원생활을 하면서 진찰 및 간호를 받는다.

② 외래부문은 환자들이 찾기 쉽고 접근하기 쉬운 곳에 위치해야 하며 환자가 통원하면서 진찰과 진료를 받는다.

③ 중앙진료부문은 외래환자와 병동환자의 접근이 용이해야 하며, 변화와 확장에 대응할 수 있는 구조와 설비를 고려해야 한다.

④ 중앙진료부문은 병원의 가장 중요한 부분으로 병원면적 중 가장 큰 면적을 차지한다.

해설
병동부는 병원의 가장 중요한 부분으로 병원면적 중 가장 큰 면적을 차지한다.
병원의 각 부별 면적 배분
• 병동부 : 30~40%
• 외래부 : 8~10%
• 중앙진료부 : 15~17%
• 관리부 : 8~10%
• 서비스부 : 20~25%

08 다음 중 호텔 건축에서 관리부분에 속하는 실로 옳은 것은?

① 클로크 룸　　　　　　　　　② 린넨실
③ 보이실　　　　　　　　　　　④ 배선실

해설
프런트 오피스, 클로크 룸, 지배인실, 사무실, 종업원관계제실 등은 관리부분에 속한다.
호텔의 부분별 공간 구성

부분별	주요 각 실의 명칭
숙박부분	객실 및 부수되는 공동 화장실, 메이드실, 보이실, 린넨실, 트렁크실, 복도, 계단 등
퍼블릭 스페이스	현관, 홀, 로비, 라운지, 식당, 연회실, 매점, 바, 커피숍, 프런트 데스크, 정원 등
관리부분	프런트 오피스, 클로크 룸, 지배인실, 사무실, 종업원관계제실 등
요리관계부분	배선실, 주방, 식기실, 식료품창고 등
설비관계부분	보일러실, 각종 기계실 등
대여실	상점, 창고, 임대사무실, 클럽 등

09 장애인·노인·임산부 등의 편의증진 보장에 관한 법률 시행규칙상 편의시설의 구조·재질 등에 관한 세부기준으로 가장 옳지 않은 것은?

① 장애인전용주차구역은 직각주차의 경우 3.3m × 5.0m 이상으로 한다.

② 출입구의 통과유효폭은 0.9m 이상으로 한다.

③ 장애인전용화장실의 대변기 전면 활동공간은 1.2m × 1.2m 이상으로 한다.

④ 휠체어 사용자용 세면대의 경우 상단 높이는 바닥면으로부터 0.85m, 하단 높이는 0.65m 이상으로 한다.

> **해설**
>
> 장애인전용화장실의 대변기 전면 활동공간은 휠체어가 회전할 수 있도록 1.4m × 1.4m 이상으로 한다.
>
> 장애인 등이 이용하는 화장실, 욕실 설치기준
>
> • 대변기
>   – 건물을 신축하는 경우에는 대변기의 유효바닥면적이 폭 1.6m 이상, 깊이 2.0m 이상이 되도록 설치하여야 한다.
>   – 대변기의 좌측 또는 우측에는 휠체어의 측면접근을 위하여 유효폭 0.75m 이상의 활동공간을 확보하여야 한다. 이 경우 대변기의 전면에는 휠체어가 회전할 수 있도록 1.4m × 1.4m 이상의 활동공간을 확보하여야 한다.
>   – 신축이 아닌 기존시설에 설치하는 경우로서 시설의 구조 등의 이유로 위의 기준에 따라 설치하기가 어려운 경우에 한하여 유효바닥면적이 폭 1.0m 이상, 깊이 1.8m 이상이 되도록 설치하여야 한다.
>   – 출입문의 통과유효폭은 0.9m 이상으로 하여야 한다.
>
> • 소변기
>   – 구조 : 소변기는 바닥부착형으로 할 수 있다.
>   – 소변기의 양옆에는 수평 및 수직손잡이를 설치하여야 한다.
>   – 수평손잡이의 높이는 바닥면으로부터 0.8m 이상, 0.9m 이하로 하며, 길이는 벽면으로부터 0.55m 내외, 좌우손잡이의 간격은 0.6m 내외로 하여야 한다.
>   – 수직손잡이 높이는 바닥면으로부터 1.1m 이상, 1.2m 이하, 돌출폭은 벽면으로부터 0.25m 내외로 하며, 하단부가 휠체어의 이동에 방해가 되지 아니하도록 하여야 한다.
>
> • 세면대
>   – 휠체어 사용자용 세면대의 상단 높이는 바닥면으로부터 0.85m, 하단 높이는 0.65m 이상으로 하여야 한다.
>   – 세면대의 하부는 무릎 및 휠체어의 발판이 들어가도록 한다.
>   – 거울은 세로길이 0.65m 이상, 하단 높이는 바닥면으로부터 0.9m 내외로 설치
>
> 장애인 등의 출입이 가능한 출입구(문)의 유효폭 및 활동공간
>
> • 출입구(문)은 그 통과 유효폭을 0.9m 이상으로 하여야 하며, 전면 유효거리는 1.2m 이상으로 하여야 한다.
> • 자동문이 아닌 경우에는 출입문 옆에 0.6m 이상의 활동공간을 확보하여야 한다.
> • 출입구의 바닥면에는 문턱이나 높이의 차이를 두어서는 아니 된다.

10 다음 중 간접난방 방식에 해당하는 것은?

① 온풍난방

② 온수난방

③ 증기난방

④ 복사난방

해설

간접난방은 온풍난방과 같이 열원장치에서 가열한 열전달물질을 공기조화기, 배관, 덕트 등을 통해 실내로 공급하는 난방을 말한다.

난방 방식의 분류

• 개별난방 : 열발생원을 실내의 난방이 필요한 개소에 두고 열의 대류 및 복사에 의해 난방하는 방식이다.

• 중앙난방

‒ 직접난방 : 증기난방이나 온수난방(습도조절 불가능)과 같이 증기나 온수를 이용하여 실내를 난방하는 방식이다.

‒ 간접난방 : 온풍난방과 같이 열발생원에서 가열된 공기열을 만들어 일정한 장소에 덕트를 통해 공급하는 방식이다.

‒ 복사난방 : 바닥이나 벽 등에 온수코일 등을 설치하여 바닥면이나 벽면에서 나오는 복사열을 이용하여 난방하는 방식으로 쾌감도가 좋고 방을 개방하여도 난방효과가 우수하다.

• 지역난방 : 난방을 공급해야 하는 지역의 한 장소(열병합발전소 등)에서 다량의 고압증기($1{\sim}15kg/cm^2$) 또는 고온수(100℃)를 만들어서 일정 범위의 지역에 공급하는 방식이다.

11 건축법 시행령상 공개공지에 대한 설명으로 가장 옳은 것은?

① 건축물에 공개공지를 설치하는 경우 공개공지의 면적은 대지면적의 15% 이하의 범위에서 건축조례로 정한다.

② 문화 및 집회시설이나 업무 및 숙박시설은 바닥면적의 합계가 3,000m² 이상인 경우 공개공지를 확보해야 한다.

③ 건축물에 공개공지를 설치하는 경우 용적률은 해당 지역에 적용하는 용적률의 1.2배 이하의 범위 안에서 건축조례로 완화할 수 있다.

④ 공개공지에서는 주민을 위한 문화행사나 판촉행사를 할 수 없다.

해설

① 건축물에 공개공지를 설치하는 경우 공개공지의 면적은 대지면적의 10% 이하의 범위에서 건축조례로 정한다.

② 문화 및 집회시설이나 업무 및 숙박시설은 바닥면적의 합계가 5,000m² 이상인 경우 공개공지를 확보해야 한다.

④ 공개공지에서는 주민을 위한 문화행사나 판촉행사를 할 수 있다.

공개공지 등의 확보 대상

• 다음에 해당하는 지역의 환경을 쾌적하게 조성하기 위하여 법률이 정하는 바에 따라 소규모 휴식시설 등의 공개공지 또는 공개공간을 설치해야 한다.

대상지역	대상 건축물
• 일반주거지역 • 준주거지역 • 상업지역 • 준공업지역 • 허가권자가 도시화의 가능성이 크다고 인정하여 지정·공고하는 지역	• 바닥면적 합계 5,000m² 이상의 다음의 건축물 – 문화 및 집회시설 – 종교시설 – 판매시설(농수산물 유통시설 제외) – 운수시설(여객용 시설) – 업무시설 – 숙박시설 • 기타 다중이용시설로 조례가 정하는 건축물

• 공개공지 확보면적
 – 대지면적의 10%의 범위 안에서 건축조례로 정한다.
 – 이 경우 조경면적을 공개공지 또는 공개공간의 면적으로 할 수 있다.
 – 공개공지는 공중(公衆)이 이용할 수 있도록 다음 사항을 준수하여야 한다. 공개공지는 필로티의 구조로 설치할 수 있다.
  ⓐ 물건을 쌓아 놓거나 출입차단시설을 설치하지 아니할 것
  ⓑ 긴 의자 또는 파고라 등 건축조례로 정하는 시설을 설치할 것
 – 공개공지 등에는 연간 60일 이내의 기간 동안 건축조례로 정하는 바에 따라 주민들을 위한 문화행사를 열거나 판촉활동을 할 수 있다. 다만, 울타리를 설치하는 등 공중이 해당 공개공지 등을 이용하는 데 지장을 주는 행위를 해서는 아니 된다.

• 공개공지 설치 시 건축규제 완화

완화 대상 규정	완화범위
건축물의 용적률	용적률은 해당 지역에 적용하는 용적률의 1.2배 이하
건축물의 높이 제한	높이 제한은 해당 건축물에 적용하는 높이 기준의 1.2배 이하

12 테라스 하우스에 대한 설명으로 가장 옳지 않은 것은?

① 상향식 테라스 하우스는 가장 낮은 곳에는 차고를 두고 가장 높은 곳에는 정원을 둔다.

② 하향식 테라스 하우스는 상층에 거실 등 주생활공간을 둔다.

③ 일반적으로 각 세대의 깊이가 6~7.5m 이상 되어서는 안 된다.

④ 지형의 경사도가 클수록 밀도는 낮아진다.

해설

지형의 경사도가 클수록 밀도는 높아진다.

테라스 하우스(Terrace House)

• 경사도와 밀도
  – 지형의 경사도에 따라 그 밀도가 크게 좌우된다.
  – 경사도가 클수록 인동간격을 줄일 수 있으므로 밀도는 높아지지만, 경사도가 작을수록 인동간격을 넓게 해야 하므로 밀도는 낮아진다.
• 테라스 하우스는 경사도 18° 이상일 경우 주거동이 계단 모양으로 후퇴하면서 상하로 주호가 겹치는 형식을 말한다.
• 아래층 세대의 지붕은 위층 세대의 개인정원이 될 수 있다. 2.7m의 높이 차이가 적당하다.
• 테라스 하우스에서는 후문에 창문이 없기 때문에 각 세대의 깊이가 6~7.5m 이상 되어서는 안 된다. 경사가 급하지 않는 곳에서는 완전히 중복되게 하지 않으며 옥상정원을 0.5m 높게 한다.
• 진입 방식에 의한 분류
  – 상향식 : 상향 경사지에 세워진 주택들은 아래층에 주생활공간을 두어 도로로부터의 진입을 짧게 하며, 차고는 가장 낮은 곳에 주고 정원은 가장 높은 곳에 둔다.
  – 하향식 : 하향 경사지 주택들은 상층에 거실 등의 주생활공간을 두고, 하층에 침실 등의 휴식, 수면 등의 공간을 둔다.

[상향식 테라스 하우스]　　　　　　　　[하향식 테라스 하우스]

• 테라스 하우스의 장점
  – 경사면의 특성을 보존시키면서 기존의 자연 지형을 최대한 살려 조성하므로 토공사비를 절감할 수 있다.
  – 산림, 연못, 호수 등 자연환경과의 조화된 개발이 가능하다.
  – 넓은 사적 외부공간의 창출할 수 있다.
  – 경사지에 조성되는 테라스 하우스는 양호한 일조, 조망, 향을 확보할 수 있다.

13 공연장 건축에 대한 설명으로 가장 옳은 것은?

① 프로시니엄(Proscenium)형은 객석 수용능력에 탄력적으로 대응이 가능하다.

② 최전열 단부에 앉은 관객이 무대를 볼 때 수평시각의 허용한도는 보통 60°로 한다.

③ 명낭현상(Fluttering Echo)을 방지하기 위해 천장에 V형 경사면을 계획한다.

④ 이상적인 무대 상부 공간의 높이는 프로시니엄 높이의 3배 이상이 되는 것이 좋다.

해설

② 최전열 단부에 앉은 관객이 무대를 볼 때 수평시각의 허용한도는 보통 60°로 하며, 최전열 중앙부에 앉은 관객이 무대를 볼 때 수평시각의
  허용한도는 보통 90°로 한다.

① 프로시니엄(Proscenium)형은 객석 수용능력에 탄력적으로 대응하기가 어려우며, 관객석의 수를 증가시키게 되면 무대와의 거리가 멀어질 수
  있다.

③ 명낭현상(Fluttering Echo)을 방지하기 위해서는 벽면이 서로 마주보고 있는 형태를 피해야 하며 벽면을 V형으로 계획하거나, 평행한 벽면으로
  계획할 경우 플러터 에코가 발생하는 한쪽 또는 양쪽 반사면에 흡음재나 확산재를 설치한다.

④ 이상적인 무대 상부 공간의 높이는 프로시니엄 높이의 4배 이상이 되는 것이 좋다.

공연장에서의 음향 이상현상

실의 형태에 따라 에코(Echo), 명낭현상(Flutter Echo), 음의 초점, 속삭이는 회랑(Whispering Galleries) 등의 이상현상이 발생할 수 있다.

• 에코(Echo)
  – 음의 계속되는 시간이 대단히 짧은 직접음과 1차 반사음과의 시간차가 약 50m/s(음의 경로차는 17m) 이상일 경우 발생하는 반향현상이다.

• 명낭현상(Flutter Echo)
  – 평행인 벽면 사이의 음원에서 발생된 소리 중의 특정 주파수의 파동이 오랜 시간 동안 사라지지 않고 양 벽면으로 메아리(Echo) 치면서 왕복
    반사되는 반향음(Reverberation Sound)을 말한다.
  – 중고역대의 특정 주파수(200Hz~9KHz)의 파동(Wave)이 사라지지 않고 "윙윙" 또는 "징징" 소리가 나는 반사음이 발생하며, 룸의 형태가 사각형에
    가깝거나 벽을 마주보고 있는 형태인 경우 플러터 에코가 발생한다.
  – 플러터 에코를 제어하기 위해서는 벽면이 서로 마주보고 있는 형태의 룸을 피해야 하며, 플러터 에코가 발생하는 한쪽 또는 양쪽 반사면에
    흡음재나 확산재를 설치함으로써 반복되는 반사음을 제어하여야 한다.

• 음의 초점
  – 실내 벽면의 일부 또는 전체가 오목한 면(凹자형)으로 형성되어 있는 경우 실내에 불균형한 음장이 발생하면서 음의 모임효과로 인해 특정한
    점으로 음이 집중되는 현상이다.

• 속삭이는 회랑(Whispering Galleries)
  – 실내가 반사면이 큰 오목한 면(凹자형)을 이루고 있으면 음은 그 면의 주위를 진행하면서 반사하게 되고 속삭이듯이 소리가 멀리까지 명료하게
    전달되어 들리게 되는 현상이다.
  – 대표적으로 런던 성 바오르 대성당의 속삭이는 회랑(Whispering Galleries)이 유명하다.

14 우리나라 전통 한식주택과 양식주택의 차이점으로 가장 옳은 것은?

① 한식주택은 개방형이며 실의 분화로 되어 있고 양식주택은 은폐적이며 실의 조합으로 되어 있다.

② 양식주택은 한식주택과 비교해 바닥이 높고 개구부가 작고 적다.

③ 한식주택은 안방, 건넌방, 사랑방 등으로 구분되어 있으나 각 실이 다목적이어서 실의 사용용도가 확실히 구분되어 있지 않다.

④ 양식주택은 한식주택에 비해 개인의 생활공간이 보호되는 유리한 점이 있고 상대적으로 작은 주거면적이 소요된다.

해설
① 한식주택은 은폐적이며 실의 조합으로 구성되어 있으며, 양식주택은 개방형이며 실의 분화로 구성되어 있다.
② 한식주택은 양식주택과 비교해 바닥이 높고 개구부가 작고 적다.
④ 한식주택은 양식주택에 비해 개인의 생활공간이 보호되는 유리한 점이 있고 상대적으로 작은 주거면적이 소요된다.

15 흡음에 대한 설명으로 가장 옳지 않은 것은?

① 흡음률이 1이 되는 경우에는 벽면에 있는 창과 문 등의 개구부를 완전히 열어놓았을 때이다.

② 흡음률이 0.2 미만이면 고도의 흡음재로 분류한다.

③ 흡음은 재료 표면에 입사하는 음에너지가 마찰저항, 진동 등에 의하여 열에너지로 변하는 현상을 말한다.

④ 흡음률 측정을 위한 잔향실은 부정형이고 반사성이 큰 벽과 경사진 천장면으로 둘러싸인 양호한 확산음장의 조건을 갖춘 실이다.

해설

흡음률(NRC)이 0.52~0.90 정도면 우수한 고도 흡음재로 분류하고, 흡음률은 완전반사는 0, 완전흡음은 1이며, 벽면의 창과 문 등 개구부를 완전히 열어놓았을 때 흡음률이 1이 된다.

- **흡음(Sound Absorption)**
  - 흡음이란 입사된 소리가 물질의 특성에 따라 부딪히고 반사되는 사이에 소리의 에너지 대부분이 열에너지로 바뀌면서 감쇠되는 것을 말한다.
  - 흡음의 정도는 입사된 음에너지와 흡수(손실)된 음에너지의 비인 흡음률로 나타내게 된다.
- **흡음률**
  - 재료에 음이 입사하면 그 전후에서 반사, 흡수, 투과현상이 생긴다. 단위시간에 단위면적을 통과하는 에너지이며, 아래와 같은 식으로 구할 수 있다.

$$흡음률(\alpha) = \frac{I_i - I_r}{I_i} = 1 - \frac{I_r}{I_i} = \frac{I_d - I_t}{I_i}$$

여기서, I_i : 입사음의 세기

I_r : 반사음의 세기

I_d : 흡수음의 세기

I_t : 투과음의 세기

  - 흡음률은 백분율이므로 완전반사는 0이 되고, 완전흡음이면 1이 되며, 그 사이를 100으로 분할하여 주파수의 관계로 나타내며, 일반적으로 흡음재료 성능은 잔향실법으로 한다.
  - 흡음률은 같은 재료에 대해서도 입사음의 주파수, 재료면 음의 입사조건, 재료의 배후 및 지지조건, 면적 등에 따라 다른 값을 나타낸다.
  - 유리, 금속, 석고 등의 재료는 단단한 표면으로써 흡음률은 0.05 이하이다.
  - 흡음률은 실내의 흡음력, 평균흡음률과 잔향시간을 결정하는 데 필수적인 인자이다.
- **흡음력**
  - 실내 음향에서 흡음력이란 면적과 재료의 흡음률의 곱을 의미한다. 어떠한 재료의 면적이 S이고 흡음률이 α라 하면, 흡음력$(A) = \alpha \times S$ (m^2)이다.
  - 예로써, 벽면적이 100m^{2}이고 벽에 부착한 재료의 흡음률이 0.5라면 흡음력$(A) = 100 \times 0.5 = 20$m^{2}가 된다. 이 경우 실내 흡음력을 모두 합한 값이 실내 전체 흡음력이 되고, 이 값을 전체면적으로 나눈 값이 단위면적당 흡음률, 즉 평균흡음률이 된다.
- **흡음률 측정방법**
  - 관내법 : 무향실에 사용되는 흡음재에 적용한다.
  - 잔향실법 : 글라스울 등의 흡음재에 적용한다. 글라스울은 다공질 흡음재로서 두꺼울수록 흡음률이 증가하며, 벽면에 밀착시켜 시공할 경우 주파수가 높아질수록 흡음률이 증가한다.

16 주차시설 건축에 대한 설명으로 가장 옳지 않은 것은?

① 평행주차 방식의 대당 소요면적이 가장 크다.

② 기계식 주차의 경우 경사로를 절약할 수 있어 대규모 주차장에 유리하다.

③ 자주식 주차 방식의 경우 기준층 모듈계획에 의해 평면계획을 하기 어렵다.

④ 주차를 위한 차량 동선의 원활함이 주차시설의 가장 중요한 요소이다.

해설
- 기계식 주차의 경우, 경사로를 두지 않을 수 있어서 공간을 절약할 수 있고 소규모 주차장에 유리하지만, 차량의 진출입 시에 시간이 소요될 수 있다.
- 대규모 주차장에는 자주식 주차 방식으로써 경사로를 통해 연속적인 차량의 진출입을 원활하게 하여야 한다.

17 주택건설기준 등에 관한 규정상 공동주택의 세대 내의 층간바닥 콘크리트 슬래브 두께 기준으로 가장 옳은 것은?(단, 라멘구조는 제외한다)

① 15cm 이상

② 18cm 이상

③ 21cm 이상

④ 25cm 이상

해설
공동주택의 세대 내의 층간바닥의 경우, 콘크리트 슬래브 두께는 21cm 이상으로 하여야 한다. 다만, 라멘구조의 공동주택은 15cm 이상으로 한다.
바닥구조(주택건설기준 등에 관한 규정 제14조의2)
공동주택의 세대 내의 층간바닥(화장실의 바닥은 제외한다)은 다음 각 호의 기준을 모두 충족하여야 한다.
1. 콘크리트 슬래브 두께는 21cm[라멘구조(보와 기둥을 통해서 내력이 전달되는 구조를 말한다)의 공동주택은 15cm] 이상으로 할 것. 다만, 인정받은 공업화주택의 층간바닥은 예외로 한다.
2. 각 층간바닥의 경량충격음(비교적 가볍고 딱딱한 충격에 의한 바닥충격음을 말한다) 및 중량충격음(무겁고 부드러운 충격에 의한 바닥충격음을 말한다)이 각각 49dB 이하인 구조일 것. 다음 각 목의 층간바닥은 그렇지 않다.
   가. 라멘구조의 공동주택(공업화주택은 제외한다)의 층간바닥
   나. 위 공동주택 외의 공동주택 중 발코니, 현관 등 국토교통부령으로 정하는 부분의 층간바닥
세대 간의 경계벽 등(주택건설기준 등에 관한 규정 제14조)
① 공동주택 각 세대 간의 경계벽 및 공동주택과 주택 외의 시설 간의 경계벽은 내화구조로서 다음 각 호의 어느 하나에 해당하는 구조로 해야 한다.
   1. 철근콘크리트조 또는 철골·철근콘크리트조로서 그 두께(시멘트모르타르, 회반죽, 석고플라스터, 그 밖에 이와 유사한 재료를 바른 후의 두께를 포함한다)가 15cm 이상인 것
   2. 무근콘크리트조·콘크리트블록조·벽돌조 또는 석조로서 그 두께(시멘트모르타르, 회반죽, 석고플라스터, 그 밖에 이와 유사한 재료를 바른 후의 두께를 포함한다)가 20cm 이상인 것
   3. 조립식 주택부재인 콘크리트판으로서 그 두께가 12cm 이상인 것
   4. 제1호 내지 제3호의 것 외에 국토교통부장관이 정하여 고시하는 기준에 따라 한국건설기술연구원장이 차음성능을 인정하여 지정하는 구조인 것
② 제1항에 따른 경계벽은 이를 지붕밑 또는 바로 윗층 바닥판까지 닿게 하여야 하며, 소리를 차단하는 데 장애가 되는 부분이 없도록 설치하여야 한다. 이 경우 경계벽의 구조가 벽돌조인 경우에는 줄눈 부위에 빈틈이 생기지 아니하도록 시공하여야 한다.

18 노인복지시설의 주거부 거실동 배치계획에 대한 설명으로 가장 옳지 않은 것은?

① 단복도형 – 전체면적과 실면적의 비율에 있어서 다른 유형보다 상대적으로 효율적이다.

② 이중복도형 – 복도공간을 이용한 순환적 걷기 유형이 가능하다.

③ 삼각복도형 – 유닛확장이 어려우나 감시가 상대적으로 용이하다.

④ POD형 – 유사 필요성이 있는 거주자실들 간 친밀도를 높여준다.

해설

유닛확장이 어려우며 감시가 용이하지 못하다.

노인복지시설 및 노인요양시설 평면 유형

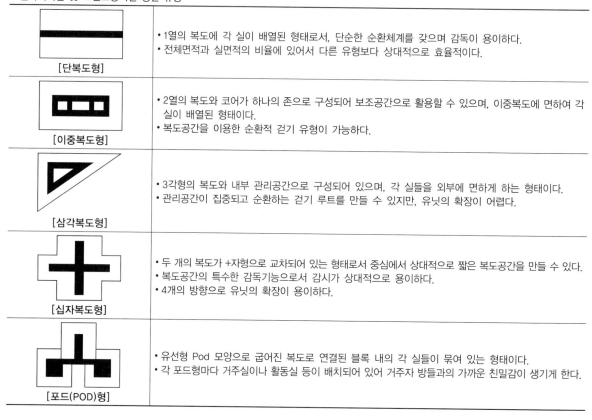

[단복도형]	• 1열의 복도에 각 실이 배열된 형태로서, 단순한 순환체계를 갖으며 감독이 용이하다. • 전체면적과 실면적의 비율에 있어서 다른 유형보다 상대적으로 효율적이다.
[이중복도형]	• 2열의 복도와 코어가 하나의 존으로 구성되어 보조공간으로 활용할 수 있으며, 이중복도에 면하여 각 실이 배열된 형태이다. • 복도공간을 이용한 순환적 걷기 유형이 가능하다.
[삼각복도형]	• 3각형의 복도와 내부 관리공간으로 구성되어 있으며, 각 실들을 외부에 면하게 하는 형태이다. • 관리공간이 집중되고 순환하는 걷기 루트를 만들 수 있지만, 유닛의 확장이 어렵다.
[십자복도형]	• 두 개의 복도가 +자형으로 교차되어 있는 형태로서 중심에서 상대적으로 짧은 복도공간을 만들 수 있다. • 복도공간의 특수한 감독기능으로서 감시가 상대적으로 용이하다. • 4개의 방향으로 유닛의 확장이 용이하다.
[포드(POD)형]	• 유선형 Pod 모양으로 굽어진 복도로 연결된 블록 내의 각 실들이 묶여 있는 형태이다. • 각 포드형마다 거주실이나 활동실 등이 배치되어 있어 거주자 방들과의 가까운 친밀감이 생기게 한다.

18 ③ **정답**

19 실내환경에 영향을 미치는 단열 방식에 대한 설명으로 가장 옳지 않은 것은?

① 내단열은 내부측의 열관성(Thermal Inertia)이 높아 연속난방에 유리하다.

② 외단열은 전체구조물의 보온에 유리하며 내부결로의 위험도를 감소시킬 수 있다.

③ 내단열은 외단열에 비해 빠른 시간에 더워지므로 간헐난방에 유리하다.

④ 외단열은 외부환경의 변화에 충분히 견딜 수 있어야 한다.

해설

내단열은 내부측의 열관성(Thermal Inertia)이 낮아 연속난방에 불리하며, 간헐적 난방에 유리하다.

열관성(Thermal Inertia = 밀도 × 열전도도 × 비열)

• 열관성은 표면온도 상승을 결정하는 물질의 특성으로서 소재의 밀도(ρ), 열전도도(k), 비열(c)의 곱을 말한다.

• 일반적으로 고체에서는 ρ(밀도)가 증가함에 따라 k(열전도도)가 증가한다.

• 열관성이 낮은 물질의 표면온도는 열의 축적이 용이하여 가열될 때 급히 상승된다. 즉, 열관성이 큰 물체는 쉽게 연소되지 않고 열에 견디는 저항성이 크다는 것을 의미한다.

• 야간 시의 지표면 온도변화는 지반의 물성에 의존하는데 이를 평가할 수 있는 지수이며, 열관성은 외부 열 변화에 대한 반응의 척도로서 열관성이 높을수록 낮과 밤 동안의 지표면 온도변화가 적어진다.

20 다음 중 미스 반데어로에(Mies van der Rohe)의 건축 개념과 거리가 가장 먼 것은?

① 적을수록 더 풍요롭다(Less is More)   ② 건축적 산책(Architectural Promenade)

③ 보편적 공간(Universal Space)   ④ 신은 디테일 안에 있다(God is in the details)

해설

건축적 산책(Architectural Promenade) : 르 코르뷔지에(Le Corbusier)가 처음으로 제안한 개념이다. 건축적 공간에서 체험자의 움직임에 따라 인지되는 건축환경과 다양한 지각이 얽혀 만들어진 장면들의 연속적인 경험을 뜻하며, 빌라 라 로슈(Villas La Roche)와 빌라 사보아(Villas Savoye)에서 그 의도를 찾아 볼 수 있다.

미스 반데어로에(Mies van der Rohe)

• 건축 개념

　– 적을수록 더 풍요롭다(Less is More)

　　ⓐ 공간은 '비울수록 채워지고 부족한 것이 더 많은 것이다'라는 의미로 볼 수 있다.

　　ⓑ 화려한 장식적 요소는 배제하며 정교한 비례미로 공간을 구성하고자 하였으며, 바르셀로나 파빌리온(Barcelona Pavilion)에서 그 의도를 볼 수 있다.

　– 보편적 공간(Universal Space)

　　ⓐ 기능은 시간이 경과함에 따라 변화될 수 있기 때문에 영원히 지속되는 것은 오직 융통성과 가변성이며, 보편적 공간은 어떠한 기능도 다 수용할 수 있으며 또한 모든 기능을 만들 수 있는 그런 공간을 의미한다.

　　ⓑ 내부공간 구획을 파티션으로 자유롭게 구획하여 사용함으로써 사용자에 의한 공간의 활용과 다목적 공간의 가능성을 주고자 하였다.

　– 신은 디테일 안에 있다(God is in the Details)

　　ⓐ 아무리 거대한 규모의 아름다운 건축물이라도 사소한 부분까지 최고의 품격을 지니지 않으면 결코 명작이 될 수 없다는 의미이다.

　　ⓑ 볼트와 너트 하나까지 꼼꼼히 챙기는 건축가로서 사소한 부분까지 최고의 건축물로 만들기 위한 작가의 신념을 나타내기도 한다.

　– 유기적 건축(Origanic Space)

　　ⓐ 자연과 인간의 관계를 일찍부터 자각하면서 자연이 없는 인간의 삶은 생각할 수 없다는 건축적 관념이다.

　　ⓑ 폐쇄공간이 아닌 공간의 상호 관입의 전이를 이룰 수 있으며 흐르는 공간(Flow Space)을 의미한다.

• 작품

　– 바르셀로나 파빌리온(Barcelona Pavilion)　　　– 투겐하트 주택(Tugenhadt House)

　– IIT 대학 마스터플랜 및 IIT 크라운 홀(Crown Hall)　– 판스워스 하우스(Farnsworth House)

　– 시그램 빌딩(Seagram Building)　　　　– 베를린 국립박물관(National Gallery)

01 공동주택의 평면 형식에 대한 설명으로 옳지 않은 것은?

① 계단실(홀)형은 프라이버시와 거주성은 양호하나 엘리베이터의 이용률이 낮다.

② 편복도형은 프라이버시가 불리하나 복도가 개방형인 경우 각 호의 통풍 및 채광은 양호하다.

③ 중복도형은 대지의 이용률이 높고 주거환경이 좋아 고층·고밀형 공동주택에 적합하다.

④ 집중형은 통풍, 채광, 환기 등이 불리하여 이를 해결하기 위한 고도의 설비시설이 필요하다.

해설

중복도형은 대지의 이용률이 높아서 고층·고밀형 공동주택에 적합하지만, 주거환경이 좋지 않다.

02 결로를 방지하기 위한 방법으로 옳지 않은 것은?

① 벽체의 열관류율을 낮춘다.

② 환기를 시켜 습한 공기를 제거한다.

③ 단열재를 설치하여 열의 이동을 줄인다.

④ 냉방을 통하여 벽체의 표면온도를 낮춘다.

해설

벽체의 표면온도가 낮으면 습기가 결로하게 되므로, 벽체의 온도를 높여서 습기가 침투해도 결로되지 않도록 한다.

03 공연장의 건축계획에 대한 설명으로 옳지 않은 것은?

① 배우의 표정이나 동작을 상세히 감상할 수 있는 시선 거리의 생리적 한계는 15m 정도이다.

② 객석의 평면형태가 타원형인 경우에는 음향적으로 유리하다.

③ 무대에서 막을 기준으로 객석 쪽으로 나온 앞쪽 무대를 에이프런 스테이지(Apron Stage)라 한다.

④ 그린 룸(Green Room)은 출연자 대기실을 말하며, 무대와 인접해 배치한다.

해설

객석의 평면형태가 타원형인 경우에는 음이 집중될 수 있으므로 음향적으로 불리하다.

04 호텔건축 분류상 시티 호텔(City Hotel)에 대한 설명으로 옳지 않은 것은?

① 커머셜 호텔은 주로 상업상, 사무상의 여행자를 위한 호텔로서 교통이 편리한 도시 중심지에 위치한다.

② 레지던셜 호텔은 커머셜 호텔보다 규모는 작고 시설은 고급이며, 주로 도심을 벗어나 안정된 곳에 위치한다.

③ 아파트먼트 호텔은 손님이 장기간 체재하는 데 적합한 호텔로서 각 실에 주방과 셀프서비스 설비를 갖추고 있어 호텔 전체에는 식당과 주방설비가 필요 없다.

④ 터미널 호텔은 교통기관의 발착지점이나 근처에 위치한 호텔로서 이용자의 교통편의를 도모한다.

해설

아파트먼트 호텔은 각 실에 주방과 셀프서비스 설비를 갖추고 있지만, 다양한 이용객을 위하여 호텔 전체에도 식당과 주방설비가 필요하다.

05 게슈탈트(Gestalt) 이론에 대한 설명으로 옳지 않은 것은?

① 시각적 부분 요소들이 이루고 있는 세력의 관계에서 떠오르는 부분을 형상(Figure)이라 하고, 후퇴한 부분을 배경(Ground)이라 한다.

② 연속성은 유사한 배열이 하나의 묶음으로 시각적 이미지의 연속장면으로 보이는 착시현상이다.

③ 유사성은 접근성보다 지각의 그루핑(Grouping)에 있어 약하게 나타난다.

④ 폐쇄성은 시각의 요소들이 어떤 것을 형성하는 것을 허용하는 것으로 폐쇄된 원형이 묶여지는 성질이다.

해설

유사한 형태의 요소로 그룹화되는 유사성은 접근성보다 지각의 그루핑(Grouping)에 있어 강하게 나타난다.

06 반자높이에 대한 설명으로 옳은 것은?

① 방의 바닥구조체 윗면으로부터 위층 바닥구조체의 윗면까지의 높이로 정한다.

② 한 방에서 반자높이가 다른 부분이 있는 경우에는 반자가 가장 높은 부분의 높이로 정한다.

③ 한 방에서 반자높이가 다른 부분이 있는 경우에는 반자면적이 가장 넓은 부분의 높이로 정한다.

④ 한 방에서 반자높이가 다른 부분이 있는 경우에는 그 각 부분의 반자면적에 따라 가중 평균한 높이로 정한다.

해설

① 층고는 방의 바닥구조체 윗면으로부터 위층 바닥구조체의 윗면까지의 높이로 정한다.

②·③ 한 방에서 반자높이가 다른 부분이 있는 경우에는 그 각 부분의 반자면적에 따라 가중 평균한 높이로 정한다.

07 다음은 기계환기설비에 대한 설명이다. 이에 해당하는 ㉠ 환기방법, ㉡ 많이 사용되는 공간, ㉢ 실내압 상태를 바르게 연결한 것은?

> 배풍기만을 사용하여 실내의 공기를 배기하는 방식으로, 공기가 나가는 위치에 배풍기를 설치한다.

	㉠	㉡	㉢
①	제2종 환기법	수술실	부압
②	제2종 환기법	주방	정압
③	제3종 환기법	정밀공장	정압
④	제3종 환기법	주차장	부압

해설

제3종 환기법
• 배풍기만을 사용하여 실내의 공기를 배기하는 방식으로 공기가 나가는 위치에 배풍기를 설치한다.
• 실내공간의 공기를 기계로 배출하면서 실내부는 압력이 낮아지는 부압이 형성된다.
• 오염된 공기를 빨리 제거해야 하는 부엌이나 화장실, 주차장 등에 적합하다.

08 한국 전통 목조건축에 대한 설명으로 옳지 않은 것은?

① 보와 직각 방향의 횡가구재인 도리에는 단면이 방형인 굴도리와 단면이 원형인 납도리가 있다.

② 주심포식은 주두, 소첨차, 대첨차와 소로들로 짠 공포를 기둥 위에만 올려놓아 지붕틀을 떠받치는 구조이다.

③ 다포식은 평방이라는 수평부재를 놓고 주두와 소첨차, 대첨차 등으로 짠 공포를 놓아 주심도리와 출목도리를 받치는 구조이다.

④ 처마는 있으나 추녀를 구성하지 않는 맞배지붕의 예로는 봉정사 극락전, 강릉 객사문 등을 들 수 있다.

해설

단면 형상에 따라 굴도리(원형), 납도리(각형, 방형)가 있다.

09 사무소 건축의 코어 내 각 공간의 위치관계에 대한 설명으로 옳지 않은 것은?

① 계단과 엘리베이터 및 화장실은 가능한 한 근접시킨다.

② 화장실은 엘리베이터가 운행되지 않는 층에서는 양 샤프트 사이에 배치가 가능하도록 고려한다.

③ 신속한 동선처리를 위해 엘리베이터 홀은 출입구에 면하여 최대한 근접하게 배치한다.

④ 샤프트나 공조실은 계단, 엘리베이터 또는 설비실 사이에 갇혀 있지 않도록 계획하고, 필요한 경우 면적 변경이 가능하게 한다.

> **해설**
> 엘리베이터 홀은 동선의 혼란을 피하기 위해 출입구에 면하여 근접하지 않도록 배치한다.

10 전시공간의 전시실 순회 형식에 대한 설명으로 옳지 않은 것은?

① 연속순로(순회) 형식은 공간 활용의 측면에서 효율적이며, 입체적인 계획이 가능하다.

② 중앙홀 형식은 동선이 복잡한 반면 장래의 확장 측면에서는 유리하다.

③ 연속순로(순회) 형식은 소규모 전시실에 적합하며, 중앙홀 형식은 대지의 이용률이 높은 장소에 건립할 수 있다.

④ 갤러리(Gallery) 및 코리더(Corridor) 형식은 복도가 중정을 감싸고 순로를 구성하는 경우가 많다.

> **해설**
> 중앙홀 형식은 적정한 크기의 홀에서는 동선을 원활하게 할 수 있지만, 장래의 확장 측면에서는 홀의 크기가 달라져야 하므로 전면적인 계획이 필요하기 때문에 불리하다.

11 태양광발전시스템에 대한 설명으로 옳지 않은 것은?

① 태양전지로 구성된 모듈과 축전지 및 전력변환장치로 구성된다.

② 건물일체형 태양광발전(BIPV)은 건물 지붕이나 외벽, 유리창 등에 태양광발전모듈을 설치하는 시스템이다.

③ 에너지 밀도가 높아 설치면적을 많이 필요로 하지 않는다.

④ 유지보수가 용이하고 무인화가 가능하다.

> **해설**
> 에너지 밀도가 낮아 태양전지를 많이 필요로 하며, 초기 설치비용이 비싸다.

12 학교의 운영 방식 중 교과교실형에 대한 설명으로 옳지 않은 것은?

① 모든 교실이 특정교과 때문에 만들어지며, 일반교실은 없다.

② 전문교실을 100%로 하기 때문에 순수율은 낮아지고, 이용률은 높아진다.

③ 이동 시 소지품을 보관할 장소 및 동선처리에 대한 고려가 요구된다.

④ 각 교과의 특징에 맞는 교실이 계획되므로 시설의 수준이 높다.

해설

전문(교과)교실을 100%로 하기 때문에 순수율은 높아지지만, 교과교실을 확보하여 순수율을 100%로 하는 경우에는 교과목 별로 수업시간 배정이 달라질 수 있으며 이용률은 낮아질 수 있다.

13 노인복지시설의 발코니 건축계획에 대한 설명으로 옳지 않은 것은?

① 노인들이 외부환경과 접촉할 수 있는 공간이다.

② 바닥면은 미끄럼 방지 재료로 계획한다.

③ 단조로울 수 있는 주거공간에서 입면 디자인 요소가 될 수 있다.

④ 비상시 안전한 곳으로 대피할 수 있는 통로의 역할을 하므로 취미생활을 위한 공간으로는 부적합하다.

해설

발코니는 비상시 안전한 곳으로 대피할 수 있는 통로의 역할을 하며, 평상시에는 취미생활을 위한 공간으로 사용될 수 있다.

14 개인공간(Personal Space)에서 대인 간의 거리에 대한 설명으로 옳지 않은 것은?

① 친근거리(Intimacy Distance)는 약 90cm 이내에서 편안함과 보호받는 느낌을 가질 수 있으며 의사전달이 가장 쉽게 이루어질 수 있다.

② 개인거리(Personal Distance)는 약 45~120cm 정도로 손을 뻗었을 때 상대방의 얼굴표정이나 시선의 움직임을 어느 정도 파악할 수 있다.

③ 사회적 거리(Social Distance)는 약 120~360cm 정도로 시각적인 접촉보다는 목소리의 높낮이나 크기에 의해 의사 전달이 이루어진다.

④ 공적 거리(Public Distance)는 약 360~750cm 정도로 목소리는 커지고 신체의 자세한 부분을 볼 수 없으므로 비언어적인 의사전달방법이 단순해진다.

해설

친근거리(Intimacy Distance)는 약 15~45cm 정도이다.

15 조립식(Prefabrication) 구조에 대한 설명으로 옳지 않은 것은?

① 공기를 단축할 수 있어 공사비가 절감된다.

② 품질의 균일성을 유지하기가 쉬워 감독 및 관리가 용이하다.

③ 표준화된 부재로 인해 건축계획에 제약을 받을 수 있다.

④ 현장타설 공법보다 접합부 설계가 쉬워 해체 및 증·개축이 편리하다.

해설
조립식(Prefabrication) 구조는 현장타설 공법보다 접합부 설계가 어렵다.

16 도서관 건축계획에 대한 설명으로 옳지 않은 것은?

① 서고의 계획은 모듈러 시스템을 적용하며, 위치를 고정하지 않는다.

② 열람실에서 책상 위의 조도는 600lx 정도로 한다.

③ 참고실은 일반 열람실 내부에 설치하며, 목록실과 출납실에 인접시켜 접근이 용이하도록 한다.

④ 이용도가 낮은 도서나 귀중서는 폐가식으로 계획한다.

해설
참고실은 열람실과 별도로 서가에 참고도서를 배열하고 목록실과 출납실에 인접시켜 접근이 용이한 장소에 배치한다.

17 건축법령상 건축선에 대한 설명으로 옳지 않은 것은?

① 건축선은 일반적으로 대지와 접하고 있는 도로의 경계선으로 건축물을 건축할 수 있는 한계선을 말한다.

② 도로 모퉁이의 가각전제된 부분의 대지는 대지면적과 건폐율 산정에는 포함되지만 용적률 산정에서는 제외된다.

③ **도로** 양쪽에 내시가 있고 법령에서 정한 소요너비에 미달되는 도로인 경우 도로 중심선에서 각 소요너비의 1/2의 수평거리만큼 물러난 선을 건축선으로 한다.

④ 시가지 안에서 건축물의 위치나 환경을 정비하기 위하여 건축선을 별도로 지정하고자 할 경우에는 주민의 의견을 들을 수 있다.

해설
도로 모퉁이의 가각전제된 부분의 대지는 대지면적과 건폐율, 용적률 산정에서 제외된다.

18 다음에 해당하는 현대 건축가는?

- 평면과 입체적 구성 측면에서는 기존의 상식적인 방법에서 탈피하여 추상적인 경향을 보인다.
- 요소의 재결집과 축으로의 수렴, 추상적 조각물의 조합 등을 통해 '모호함(Ambiguity)'을 극명하게 드러내는 경향을 보인다.
- 대표 작품으로는 로젠탈 현대미술센터(Rosenthal Center for Contemporary Art), 베르기셀 스키점프대(Bergisel Ski Jump), 파에노 과학센터(Phaeno Science Center) 등이 있다.

① 자하 하디드(Zaha Hadid)
② 다니엘 리베스킨트(Daniel Libeskind)
③ 쿠프 힘멜브라우(Coop Himmelbrau)
④ 피터 아이젠만(Peter Eisenman)

해설

자하 하디드(Zaha Hadid)는 평면과 입체적 구성 측면에서는 기존의 상식적인 방법에서 탈피하여 추상적인 경향을 보이는 해체주의 건축물을 다수 설계하였다.

19 친환경 건물의 에너지절약을 위한 빛의 분산 전략으로 옳지 않은 것은?

① 창문높이와 위도(태양고도)를 기초로 지붕이나 발코니 등의 돌출부를 최적화한다.
② 창문에 광선반을 통합시킨다.
③ 천장의 조명시스템과 자연채광을 통합한다.
④ 천장면은 경사지거나 구부러지지 않게 계획한다.

해설

천장면은 태양을 향한 법선에 가깝게 경사지거나 구부러지게 함으로써 수열량을 극대화하면 난방에너지를 절약할 수 있다.

20 종합병원 건축계획에 대한 설명으로 옳지 않은 것은?

① 수술실은 타 부분의 통과교통이 없는 건물의 익단부로 격리된 곳에 위치시킨다.
② 중앙소독 및 공급실(Central Supply Facilities)을 수술부와 관리부의 중간에 두어 소독, 멸균, 재료보급 등이 원활할 수 있도록 중앙화시킨다.
③ 병실에는 환자가 직사광선을 피할 수 있도록 실 중앙에는 전등을 달지 않도록 한다.
④ 외과 계통의 각 과는 1실에서 여러 환자를 볼 수 있도록 대실로 계획한다.

해설

중앙진료부 내의 중앙소독 및 공급실(Central Supply Facilities), 부속소독실 등은 수술실들 사이에 두어 소독, 멸균, 재료보급 등이 원활할 수 있도록 중앙화시켜야 하며, 병동부에도 소독, 멸균, 재료보급 등의 공급을 원활하게 하여야 한다.

01 그림과 같은 공동주택의 평면 형식이 갖는 특징으로 옳은 것은?

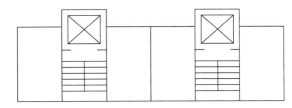

① 엘리베이터 1대당 이용단위주거 수를 늘릴 수 있고 긴 주동계획에 유용하다.

② 단위주거의 독립성이 좋지 못하며, 화재 시 방연도 문제가 된다.

③ 채광 및 통풍에 유리하고 출입이 편리하며 계단이나 홀에 대한 독립성을 확보할 수 있다.

④ 다른 평면 형식에 비해 주호별 일조 조건이 불균등한 방식이다.

해설

③ 계단실 및 홀형으로서 채광 및 통풍에 유리하고 출입이 편리하며 계단이나 홀에 대한 독립성을 확보할 수 있다.

①, ②, ④는 중복도형식의 특성이다.

계단실 및 홀형

• 계단 또는 엘리베이터 홀로부터 직접 주거단위로 들어가는 형식이다.

• 프라이버시가 양호하다.

• 통행부 면적이 작아서 건물의 이용도가 높다.

• 다른 주택과 혼합할 수 있는 가능성이 있다.

• 좁은 대지에서 집약형 주거 등이 가능하다.

• 통행이 양호하지만 통풍이 불리하다.

02 신재생에너지 건축화 방식에 대한 설명으로 옳지 않은 것은?

① 대상핑은 대양광 패널의 광전 효과를 이용하여 생성된 전기를 이용한다.

② 태양열은 태양에너지를 직접 전기로 변환하여 온수나 보조적 난방으로 이용한다.

③ 풍력은 바람의 운동에너지를 회전에너지로 변환하여 발생된 전기를 이용한다.

④ 지열은 대기온도와 무관하게 지하에서 일정 온도로 유지되는 열 혹은 냉기를 끌어다 이용한다.

해설

태양열은 태양에너지를 열에너지로 변환하여 온수나 보조적 난방으로 이용한다.

03 학교 건축계획에 대한 설명으로 옳지 않은 것은?

① 식당의 학생 1인당 면적은 일반적으로 0.7~1.0m^2로 산정한다.

② 복도에 알코브를 계획하면 활력 있는 내부공간으로 활용할 수 있다.

③ 분산병렬형 배치는 폐쇄형에 비해 일조, 통풍 등 환경조건이 불균등하다.

④ 관리부분 배치는 학생들의 동선을 피하고 중앙에 가까운 위치가 좋다.

해설

분산병렬형 배치는 폐쇄형에 비해 일조, 통풍 등 환경조건을 균등하게 할 수 있다.

- 분산병렬형
  - 일종의 핑거플랜 형태이며, 교사동을 남면으로 향하게 나란히 배치한다.
  - 일조, 통풍 등과 교실의 환경조건이 균등하다.
  - 구조계획이 간단하며 규격형의 이용도 편리하다.
  - 각 건물 사이에 놀이터와 정원이 생겨 생활환경이 좋아진다.
  - 넓은 부지가 필요하다.
  - 편복도는 복도면적이 크고 단조로운 형태이며, 유기적인 구성을 취하기가 어렵다.
- 폐쇄형
  - 운동장을 남쪽에 확보하고 부지 북쪽에서부터 건축하기 시작해서 L형에서 ㅁ형으로 완결되어가는 형태이다.
  - 부지를 효율적으로 활용하나 화재 및 비상시에 불리하다.
  - 일조, 통풍 등 환경조건이 불균등하다.
  - 운동장으로부터 교실로의 소음이 크다.
  - 교사 주변에 활용되지 않는 부분이 많다는 결점이 있다.

04 백화점 건축계획에 대한 설명으로 옳지 않은 것은?

① 통행량이 많은 저층부에 충동적인 구매를 하는 액세서리 상품이나 선택시간이 짧은 소형 상품을 주로 배치한다.

② 판매장은 필요에 따라 새롭게 바뀔 수 있도록 유연성 있는 계획이 요구된다.

③ 주요도로에서 방문하는 고객의 교통로와 상품의 반입을 위한 교통로는 일치시킨다.

④ 기둥의 간격은 지하주차장의 주차 방식과 주차 너비에 영향을 받는다.

해설

주요도로에서 방문하는 고객의 교통로와 상품의 반입을 위한 교통로는 분리시킨다.

3 ③ 4 ③ 정답

05 건축법령에 따른 연면적 1,000m² 이상인 대규모 건축물의 방화구획 및 방화벽에 대한 내용으로 옳지 않은 것은?

① 주요구조부가 내화구조이거나 불연재료인 건축물의 경우, 각 방화구획의 바닥면적 합이 1,000m²를 넘을 수 있다.

② 방화벽은 내화구조로서 홀로 설 수 있는 구조이어야 한다.

③ 방화벽의 양끝 및 위끝은 건축물의 외벽면 및 지붕면으로부터 0.5m 이상 튀어나오게 한다.

④ 방화벽에 설치하는 출입문의 너비 및 높이는 각각 2.7m 이하로 한다.

해설

방화벽에 설치하는 출입문의 너비 및 높이는 각각 2.5m 이하로 한다.

대규모 건축물의 방화벽 등(건축법 시행령 제57조)

• 연면적 1,000m² 이상인 건축물은 방화벽으로 구획하되, 각 구획된 바닥면적의 합계는 1,000m² 미만이어야 한다.

• 다만, 주요구조부가 내화구조이거나 불연재료인 건축물과 3층 이상인 건축물 및 지하층이 있는 건축물[단독주택(다중주택 및 다가구주택 제외), 동물 및 식물 관련 시설, 발전시설(발전소의 부속용도로 쓰는 시설 제외), 교도소 · 소년원 또는 묘지 관련 시설(화장시설 및 동물화장시설은 제외) 또는 내부설비의 구조상 방화벽으로 구획할 수 없는 창고시설의 경우에는 그러하지 아니하다.

• 방화벽의 구조(건축물방화구조규칙 제21조)

– 내화구조로서 홀로 설 수 있는 구조이어야 한다.

– 방화벽의 양쪽 끝과 및 위쪽 끝은 건축물의 외벽면 및 지붕면으로부터 0.5m 이상 튀어나오게 한다.

– 방화벽에 설치하는 출입문의 너비 및 높이는 각각 2.5m 이하로 하고 60+방화문 또는 60분 방화문을 설치한다.

06 엘리베이터 정지층을 감소시킬 수 있고 프라이버시 보호가 유리하며 전망이 좋은 아파트 주호 배치 유형은?

① 복층형

② 독립형

③ 판상형

④ 집중형

해설

복층형은 하나의 주거단위를 2개 이상의 복으로 구성하는 주호의 단면 형식에 따른 분류이며, 엘리베이터 정지층을 감소시킬 수 있고 프라이버시 보호가 유리하며 전망이 좋은 아파트 주호 배치 유형을 이룬다.

단위평면구성(단위주거 단면형태)에 따른 분류

• 단층형(플랫형, Flat System, Simplex Type)
 – 주거단위가 동일한 층에만 구성되는 형식이다.
 – 단위 주거의 규모가 클 경우 평면상 동선이 길어지는 단점이 있다.
 – 우리나라 대부분 아파트의 단면 형식으로써 주로 쓰인다.

• 복층형(메조네트형, Maisonnette System)
 – 하나의 주거단위가 복층의 형식을 이룬다.
 – 듀플렉스 형태(Duplex Type) : 1개의 단위 세대가 2개 층을 사용한다.
  ⓐ 각 실이 1, 2층으로 나누어져 프라이버시가 양호하고, 전용면적비가 크다.
  ⓑ 소규모 주거(50m^2 이하)에는 면적상으로 불리하다.
  ⓒ 엘리베이터 정지 층수를 적게 할 수 있다.
  ⓓ 복도가 없는 층에서는 좋은 평면을 구성할 수 있다.
  ⓔ 통로면적이 감소되고, 임대면적이 증가된다.
  ⓕ 채광에 유리하다.
  ⓖ 구조 및 설비계획과 방 배치의 대응이 어렵다.
 – 트리플렉스 형태(Triplex Type) : 1개의 단위 세대가 3개 층을 사용한다.
  ⓐ 주거단위면적의 규모가 커야 하므로, 대규모의 단위주거계획 시 적합한 형태이다.
  ⓑ 피난에 가장 불리하므로, 피난계획에 유의하여야 한다.
  ⓒ 프라이버시 확보와 통로면적의 절약은 듀플렉스 형태보다 유리하다.

• 스킵플로어형(Skip Floor Type)
 – 주거단위의 단면을 단층형과 복층형에서 동일층으로 하지 않고 반층씩 어긋나게 하는 형식이다.
 – 경사지 주택에 적합한 형식이다.

07 건축화 조명 중 광원을 천장 또는 벽면에 달고 광원이 보이지 않도록 한 후 빛을 반사시켜 부드러운 반사광으로 간접조명하는 방식은?

① 루버 조명

② 전반확산 조명

③ 코브 조명

④ 반직접 조명

해설

코브 조명은 광원을 천장 또는 벽면에 달고 광원이 보이지 않도록 한 후 빛을 반사시켜 부드러운 반사광으로 간접조명하는 방식이다.

건축화 조명

- 개념
  - 건축설계과정에서 구조체와 조명을 일체로 하여 조합시키는 형식이다.
  - 천장, 벽, 기둥 등의 건축부분에 광원을 만들어 실내계획을 하는 조명 방식이다.
- 특징
  - 발광면이 넓고, 조명기구가 보이지 않아 눈부심이 적다.
  - 명랑한 느낌을 주고, 현대적인 감각을 느끼게 한다.
  - 비용이 많이 든다.
  - 조명 효율이 떨어진다.
- 천장 매입형
  - 다운 라이트(Down Light) : 천장에 작은 구멍을 뚫어서 기구를 매입하는 조명 방식
  - 라인 라이트(Line Light) : 선의 형태로 반 매입한 광량 조명 방식
  - 코퍼 라이트(Coffer Light) : 천장면에 반원 구멍을 뚫어서 기구를 매입하는 조명 방식
  - 핀홀 라이트(Pinhole Light) : 다운 라이트의 일종으로 개구부가 극히 적은 것
- 천장면 광원
  - 광천장 : 천장의 전체면에 등기구를 매입한 조명 방식
  - 루버 조명 : 천장에 루버(Louver)를 설치하고 광원을 배치한 조명 방식
  - 코브 조명(Cove Lighting) : 간접조명 형식으로 천장부에서 몰딩이나 선반 혹은 수평면이 우묵하게 들어간 곳에 숨겨진 광원으로부터 나오는 조명 방식
- 벽면 광원
  - 코니스 조명 : 벽모서리(코니스) 뒷면이나 윗면에 조명을 감추고 상부로 빛이 나오게 설치하는 조명 방식
  - 밸런스 조명 : 박스나 패널에 조명을 설치해서 벽체를 간접으로 비추는 조명 방식
  - 라이트 윈도우(Light Window) : 벽면 전체에 광창을 두고 등기구를 매입하는 빛의 벽(Wall Washing Lighting)을 구성하는 조명 방식

08 주거 건축계획에 대한 설명으로 옳지 않은 것은?

① 테라스하우스는 경사지 활용에 적절한 주거형식이다.

② 5층 이상의 아파트에는 승강기를 필수적으로 설치해야 한다.

③ 다세대주택의 1개동 바닥면적 합계는 660m² 이하, 층수는 4층 이하이다.

④ 침실은 가급적 소음원이 있는 쪽을 피하여 배치하는 것이 좋다.

해설

6층 이상으로서 연면적이 2,000m² 이상인 경우에 승강기를 설치해야 한다.

승강기의 설치
• 원칙 : 6층 이상으로서 연면적이 2,000m² 이상인 건축물을 건축하려면 승강기를 설치하여야 한다.
• 설치 제외 대상 : 층수가 6층인 건축물로서 각 층 거실의 바닥면적 300m² 이내마다 1개소 이상의 직통계단을 설치한 건축물
• 공동주택의 승강기 설치대수 산정
  – 6층 이상의 거실면적의 합계가 3,000m² 이하 : 1대
  – 6층 이상의 거실면적의 합계가 3,000m² 초과 : 1대에 3,000m²를 초과하는 3,000m² 이내마다 1대의 비율로 가산한 대수 이상

09 한국 목조건축 의장기법에 대한 설명으로 옳지 않은 것은?

① 귀솟음 – 우주를 평주보다 약간 길게 하여 처마 끝쪽이 다소 올라가게 하는 것

② 후림 – 평면에서 처마선을 안쪽으로 굽게 하여 날렵하게 보이도록 하는 것

③ 안쏠림 – 평주를 수직선보다 약간 안쪽으로 기울임으로써 안정감이 느껴지도록 하는 것

④ 조로 – 입면에서 처마 양쪽 끝을 올려 지붕선을 아름답고 우아하게 하는 것

해설

안쏠림은 우주를 수직선보다 약간 안쪽으로 기울임으로써 안정감이 느껴지도록 하는 것이다.

한국 목조건축의 착시 보정기법
• 기둥에 배흘림(Entasis)을 두었다.
  – 기둥의 중앙부가 가늘어 보이는 것을 교정하기 위해 기둥 중앙부의 직경을 기둥 상하부의 직경보다 약간 크게 하는 기법이다.
• 기둥에 안쏠림과 우주(隅柱)의 솟음을 두었다.
  – 안쏠림 : 기둥(우주) 상단을 안쪽으로 쏠리게 세우는 것으로 시각적으로 건물 전체에 안정감을 준다.
  – 귀솟음 : 우주를 중간에 있는 평주보다 약간 길게 하여 솟아 오르게 한 것으로 처마 곡선과 조화를 이루도록 한다.
• 지붕 처마 곡선의 후림과 조로 수법
  – 후림 : 평면에서 처마선을 날렵하게 보이도록 하기 위해서 처마의 안쪽으로 휘어 들어오게 하는 기법이다.
  – 조로 : 입면에서 처마선을 날렵하게 보이도록 하기 위해서 처마의 양 끝이 들려 올라가게 하는 기법이다.

10 건축 난방설비 방식에 대한 설명으로 옳지 않은 것은?

① 증기난방 - 실이 개방된 상태에서도 난방효과가 있으며, 평균온도가 낮기 때문에 동일 방열량에 비하여 손실열량이 비교적 적다.

② 간접난방 - 열원장치에서 가열된 열매가 공기조화기, 배관, 덕트 등을 지나 공급되는 난방 방식이다.

③ 온수난방 - 난방부하의 변동에 따라 온수 온도와 순환 수량을 쉽게 조절할 수 있으며, 현열을 이용하므로 증기난방보다 쾌감도가 높다.

④ 복사난방 - 실내온도 분포가 균등하고 쾌감도가 높으며, 방열기가 필요하지 않고 바닥면의 이용도가 높다.

해설

실이 개방된 상태에서도 난방효과가 있으며, 평균온도가 낮기 때문에 동일 방열량에 비하여 손실열량이 비교적 적은 난방 방식은 복사난방 방식이다.

증기난방
- 장점
  - 증발잠열을 이용하므로 열의 운반 능력이 크다.
  - 예열시간이 짧고 증기순환이 빠르다.
  - 설비비, 유지비가 싸다.
  - 방열면적과 관경이 작아도 된다.
- 단점
  - 방열량 제어가 어렵다.
  - 쾌감도가 나쁘다.
  - 난방개시 때 소음(Steam Hammering)이 많이 발생한다.
  - 방열량 조절이 어렵고, 화상의 우려(102℃의 증기 사용)가 있다.
  - 배관 내 부식 우려가 크다.
  - 열손실이 크다.

복사난방(Panel Heating)
- 장점
  - 실내온도 분포가 균등하여 쾌감도가 좋다.
  - 방을 개방하여도 난방효과가 좋다.
  - 바닥의 이용도가 높다.
  - 실온이 낮기 때문에 열손실이 적다.
  - 천장이 높은 실에도 난방효과가 좋다.
- 단점
  - 외기의 급변에 따른 방열량 조절이 곤란하다.
  - 예열시간이 길다.
  - 시공이 어렵고 수리비, 설비비가 고가이다.
  - 고장발견이 어렵고, 수리가 곤란하다.

11 배수설비에 대한 내용으로 옳지 않은 것은?

① 배수 대상은 우수, 생활폐수, 유독물질 등이다.

② 배수 방식에 따라 일반적으로 중력식과 기계식 배수로 구분된다.

③ 우수 관로와 생활폐수 관로는 하나로 모아 처리한다.

④ 통기관은 트랩의 봉수를 보호하고 배수관 내 흐름을 원활하게 한다.

해설

오수와 잡배수 및 빗물배수 등은 분리 배수해야 하므로, 우수관로와 생활폐수 관로는 분리해서 처리한다.

사용 목적에 의한 배수의 분류

• 오수배수
  – 인체 배설물에 관련된 모든 배수로써 정화처리를 한다.
  – 대변기, 소변기, 오물싱크, 비데, 변기, 소독기 등의 배수

• 잡배수
  – 일반 구정물 배수로 합류처리 또는 하수도에 방류한다.
  – 세면기, 싱크류, 욕조 등

• 빗물배수(우수배수) : 그대로 방류하거나 중수로 활용한다.

• 특수배수
  – 유독물질 등의 배수로서 그대로 방류할 수 없고 유해성 확인 후 처리한다.
  – 공장폐수 등과 같이 유독 · 유해한 물질, 방사능을 함유한 배수이다.

12 건축물의 건축과정을 순서대로 바르게 나열한 것은?

① 건축물 사용승인 신청 → 계획 및 설계 → 시공 → 감리보고 → 허가신청

② 계획 및 설계 → 시공 → 감리보고 → 건축물 사용승인 신청 → 허가신청

③ 허가신청 → 계획 및 설계 → 감리보고 → 시공 → 건축물 사용승인 신청

④ 계획 및 설계 → 허가신청 → 시공 → 감리보고 → 건축물 사용승인 신청

해설

건축물의 건축과정 : 계획 및 설계 → 허가신청 → 시공 → 감리보고 → 건축물 사용승인 신청

13 "적을수록 풍부하다(Less is More)"라는 주장을 하였으며, 바르셀로나 박람회 독일 전시관을 설계한 건축가는?

① 미스 반데어로에(Mies van der Rohe)

② 르 코르뷔지에(Le Corbusier)

③ 알바 알토(Alvar Aalto)

④ 프랭크 로이드 라이트(Frank Lloyd Wright)

미스 반데어로에는 "적을수록 풍부하다(Less is More)"라는 건축 개념을 주장하였다.
미스 반데어로에(Mies van der Rohe)
• 건축 개념
  - 적을수록 더 풍요롭다(Less is More)
    ⓐ 공간은 '비울수록 채워지고 부족한 것이 더 많은 것이다'라는 의미로 볼 수 있다.
    ⓑ 화려한 장식적 요소는 배제하며 정교한 비례로 공간을 구성하고자 하였으며, 바르셀로나 파빌리온(Barcelona Pavilion)에서 그 의도를 볼 수 있다.
  - 보편적 공간(Universal Space)
    ⓐ 기능은 시간이 경과함에 따라 변화될 수 있기 때문에 영원히 지속되는 것은 오직 융통성과 가변성이며, 보편적 공간은 어떠한 기능도 다 수용할 수 있으며 또한 모든 기능을 만들 수 있는 그런 공간을 의미한다.
    ⓑ 내부공간 구획을 파티션으로 자유롭게 구획하여 사용함으로써 사용자에 의한 공간의 활용과 다목적 공간의 가능성을 주고자 하였다.
  - 신은 디테일 안에 있다(God is in the details)
    ⓐ 아무리 거대한 규모의 아름다운 건축물이라도 사소한 부분까지 최고의 품격을 지니지 않으면 결코 명작이 될 수 없다는 의미이다.
    ⓑ 볼트와 너트 하나까지 꼼꼼히 챙기는 건축가로서 사소한 부분까지 최고의 건축물로 만들기 위한 작가의 신념을 나타내기도 한다.
  - 유기적 건축(Origanic Space)
    ⓐ 자연과 인간의 관계를 일찍부터 자각하면서 자연이 없는 인간의 삶은 생각할 수 없다는 건축적 관념이다.
    ⓑ 폐쇄공간이 아닌 공간의 상호 관입의 전이를 이룰 수 있으며 흐르는 공간(Flow Space)을 의미한다.
• 작품
  - 바르셀로나 파빌리온(Barcelona Pavilion)
  - 투겐하트 주택(Tugenhadt House)
  - IIT 대학 마스터플랜 및 IIT 크라운 홀(Crown Hall)
  - 판스워스 하우스(Farnsworth House)
  - 시그램 빌딩(Seagram building)
  - 베를린 국립박물관(National Gallery)

14 건축물의 실내환경에 대한 설명으로 가장 옳은 것은?

① 잔향시간이 길수록 소리가 명료하고 알아듣기 쉽다.

② 천창은 인접건물에 대한 프라이버시 확보가 어려운 반면 채광량이 많다.

③ 공기이 온도, 습도, 기류, 수위 벽의 복사열을 열 환경의 4요소라고 한다.

④ 기계환기는 실내·외의 온도차나 풍력에 의해 자연적으로 발생하는 환기 방식이다.

① 잔향시간이 길수록 소리가 명료하지 않아 알아듣기 어렵다.
② 천창은 천장면에 설치된 창으로부터 채광되므로 인접건물에 대한 프라이버시 확보가 쉽고, 채광량도 많다.
④ 자연환기는 실내·외의 온도차나 풍력에 의해 자연적으로 발생하는 환기 방식이다.

15 일사량의 단위로 옳은 것은?

① kcal/m$^2 \cdot$ h

② cd/cm^2

③ kcal/L

④ lm/m^2

16 국토의 계획 및 이용에 관한 법률 시행령상 일반상업지역으로 지정된 300m^{2}의 대지에 건축 가능한 최대건축면적은?(단, 단위는 m^{2}이고, 건폐율 완화 등 예외규정, 자치단체 조례, 허용오차는 고려하지 않는다)

① 210

② 240

③ 270

④ 285

17 서양 건축의 시대별 건축특징으로 옳지 않은 것은?

① 고딕 건축은 리브볼트(Rib Vault)와 부축벽(Flying Buttress) 사용으로 높은 공간, 가는 기둥, 개방적인 벽면과 크고 밝은 고창을 구현하였다.

② 비잔틴 건축에서는 사각형 평면에 외접하는 반구형 돔을 구성하였고, 서방 문화를 융합하여 화려한 색채와 표면장식을 애용하는 서구적인 경향을 가미하였다.

③ 르네상스 건축의 외관은 수평적 의장을 주요소로 하여 정적 표현과 휴머니티 이념을 표시하였고, 전체적인 평면 및 외관 구성에 비례, 질서, 조화 등을 추구하였다.

④ 바로크 건축은 고전적 법칙을 무시하고 화려한 장식, 감각적 · 역동적 효과를 추구하였다.

18 주택의 평면계획에 대한 설명으로 옳지 않은 것은?

① 침대는 외벽에 면하여 위치시키는 것이 겨울철에 유리하다.

② 욕실의 환기를 위하여 창문을 이용한 자연환기나 송풍기 등에 의한 기계환기를 하여야 한다.

③ 여름철 온도 변화가 심한 서향에는 열기를 막아줄 수 있는 실을 배치하는 것이 좋다.

④ 겨울철 바람이 있으나 빛의 밝기가 일정한 북향에는 냉장고, 저장실 등을 배치하는 것이 좋다.

해설

침대는 외벽에 면하게 되면 낮은 벽 표면온도로 인해 거주성이 떨어지므로 겨울철에 불리하다. 따라서 침대는 외벽에 면하지 않도록 위치시킨다.

침실의 침대 배치방법
- 침대 상부 머리 쪽은 외벽에 면할 것
- 누운 채로 출입문이 직접 보이도록 할 것
- 침대의 측면은 벽면에 닿게 하지 말 것
- 침실의 주요 통로 폭은 90cm 이상 되게 할 것
- 침대의 하부인 발치 하단은 90cm 이상 되게 할 것
- 침대의 양쪽에 통로를 두고 한쪽을 75cm 이상 되게 할 것

19 다음에서 설명하는 공기조화설비 방식은?

- 중간 규모 이하의 건물에서는 중앙식으로 사용되고 있으며, 냉풍과 온풍을 각 지역별로 혼합한 후 각각의 덕트에 보낸다.
- 하나의 유닛만으로 여러 지역을 조절할 수 있기 때문에 배관이나 조절장치 등을 집중시킬 수 있다.

① 단일 덕트 방식 ② 이중 덕트 방식

③ 팬코일 유닛 방식 ④ 멀티존 유닛 방식

해설

멀티존 유닛 방식(Multi Zone Unit System)
- 공조기 1대로 냉풍과 온풍을 적정비로 혼합(댐퍼모터)하여 각 존마다 공급하는 방식으로 2중 덕트의 변형된 방식이다.
- 2중 덕트 방식 공조기에 수 개의 혼합댐퍼를 설치히여, 공조기에서 각 실 또는 존으로 별개의 단일 덕트로서 송풍온도가 다른 공기를 공급한다.
- 장점
  - 2중 덕트 방식보다 덕트공간을 적게 차지하며, 개별제어가 가능하다.
  - 2중 덕트 방식과 비교할 때 초기 설비비가 저렴하다.
- 단점
  - 2중 덕트 방식과 마찬가지로 혼합손실이 있어 에너지 소비가 많다.
  - 동일 존에서 내주부와 외주부의 부하변동이 거의 균일해야 한다.
  - 정풍량 장치가 없으므로 각 실의 부하변동이 심하게 달라지면 각 실에 대한 송풍량의 불균형을 가져온다.

20 국토의 계획 및 이용에 관한 법률 시행령상 다음에서 설명하는 용도 지역은?

> 주거기능을 위주로 이를 지원하는 일부 상업기능 및 업무기능을 보완하기 위하여 필요한 지역

① 준주거지역   ② 제1종 일반주거지역

③ 제2종 전용주거지역   ④ 근린상업지역

해설

주거기능을 위주로 이를 지원하는 일부 상업기능 및 업무기능을 보완하기 위하여 필요한 지역은 준주거지역이다.

주거지역

지역	지정목적 및 세부 종류	
전용주거지역	양호한 주거환경을 보호하기 위하여 필요한 지역	
	제1종 전용주거지역	단독주택 중심의 양호한 주거환경을 보호하기 위하여 필요한 지역
	제2종 전용주거지역	공동주택 중심의 양호한 주거환경을 보호하기 위하여 필요한 지역
일반주거지역	편리한 주거환경을 조성하기 위하여 필요한 지역	
	제1종 일반주거지역	저층 주택을 중심으로 편리한 주거환경을 조성하기 위하여 필요한 지역
	제2종 일반주거지역	중층 주택을 중심으로 편리한 주거환경을 조성하기 위하여 필요한 지역
	제3종 일반주거지역	중고층 주택을 중심으로 편리한 주거환경을 조성하기 위하여 필요한 지역
준주거지역	주거기능을 위주로 이를 지원하는 일부 상업기능 및 업무기능을 보완하기 위하여 필요한 지역	

상업지역

지역	지정목적
중심상업지역	도심·부도심의 상업기능 및 업무기능의 확충을 위하여 필요한 지역
일반상업지역	일반적인 상업기능 및 업무기능을 담당하게 하기 위하여 필요한 지역
근린상업지역	근린지역에서의 일용품 및 서비스의 공급을 위하여 필요한 지역
유통상업지역	도시 내 및 지역 간 유통기능의 증진을 위하여 필요한 지역

01 주차장 계획에 대한 설명으로 옳지 않은 것은?

① 주차장 출입구는 도로의 교차점이나 모퉁이, 횡단보도에서 5m 이상 떨어진 곳에 배치한다.

② 주차장의 위치를 선정할 때 우측통행으로 교차 없이 출입이 가능한 대지를 선택하는 것이 유리하다.

③ 차로의 천장높이는 2.3m 이상으로 하고, 주차부분의 천장높이는 2.1m 이상으로 한다.

④ 수용 주차대수가 많을 경우에는 입구와 출구를 분리하고, 주차층 통로는 양방통행으로 계획한다.

해설

수용 주차대수가 많을 경우에는 입구와 출구를 분리하고, 주차층의 통로는 일방향 통행으로 계획하여 차량 순환 동선을 원활하게 해야 한다.
노외주차장의 출입구 설치기준
• 출구 및 입구의 설치 위치 : 노외주차장과 연결되는 도로가 둘 이상인 경우에는 자동차 교통에 미치는 지장이 적은 도로에 노외주차장의 출구와 입구를 설치하여야 한다(단, 보행자의 교통에 지장을 가져올 우려가 있거나 기타 특별한 이유가 있는 경우 제외한다).
• 출구와 입구의 분리설치 : 주차대수 400대를 초과하는 규모의 노외주차장의 경우 노외주차장 출구와 입구를 각각 따로 설치하여야 한다.

02 단지계획 중 교통계획에 대한 설명으로 옳지 않은 것은?

① 단지 내 통과교통량을 죽이기 위해 고밀도 지역은 진입구에서 멀리 배치시킨다.

② 근린주구단위 내부로의 자동차 통과 진입을 극소화한다.

③ 2차 도로체계(Sub-system)는 주도로와 연결되어 쿨데삭(Cul-de-sac)을 이루게 한다.

④ 통행량이 많은 고속도로는 근린주구단위를 분리시킨다.

해설

단지 내로의 차량진입을 제한하고 통과교통량을 줄이기 위해서 고밀도 지역은 진입구에서 가까운 곳에 배치시킨다.

03 병원계획에 대한 설명으로 옳지 않은 것은?

① 병원의 조직은 시설계획상 병동부, 중앙진료부, 외래부, 공급부, 관리부 등으로 구분하며, 각 부는 동선이 교차되지 않도록 계획한다.

② 외부를 조망할 수 있도록 침대 방향을 환자의 눈이 창과 직면하도록 계획한다.

③ 전염병동, 정신병동은 종합병원에 포함하지 않는 것을 원칙으로 하며, 부득이 포함할 경우에는 별동으로 계획한다.

④ 2인 이상의 병실은 개개 병상 주위를 커튼으로 차폐할 수 있도록 하여 침대에서 의료간호조치가 쉽도록 한다.

해설

외부를 조망할 수 있도록 침대 방향을 창과 평행하게 배치하여 환자의 눈이 창의 측면을 보도록 하며, 창대의 높이는 90cm 이하가 되도록 계획한다.

04 사무소 건축계획 시 기준층 층고를 낮게 할 경우의 장점만을 모두 고른 것은?

> ㄱ. 건축비를 절감할 수 있다.
> ㄴ. 같은 건물높이에 더 많은 층수를 확보할 수 있다.
> ㄷ. 실내의 온·습도 조절을 위한 공조 효과가 향상된다.

① ㄱ, ㄴ   ② ㄱ, ㄷ

③ ㄴ, ㄷ   ④ ㄱ, ㄴ, ㄷ

해설

사무소 건축계획 시 기준층 층고를 낮게 할 경우

• 동일한 층수로 계획할 경우 건물의 전체 높이가 줄어들므로 건축비를 절감할 수 있다.

• 같은 건물높이에 더 많은 층수를 확보할 수 있다.

• 실내공간의 용적을 줄일 수 있으므로, 온·습도 조절을 위한 공조 효과가 향상된다.

05 고대 로마 건축에 대한 설명으로 옳은 것은?

① 인슐라는 안뜰과 회랑으로 둘러싸인 도시 부유층 주택을 말한다.

② 바실리카는 시장, 재판소 등 법률과 상업의 기능을 수행하였다.

③ 아고라는 정치, 행정, 상업시설이 집적된 광장과 시장의 역할을 하였다.

④ 도무스는 집이라는 뜻의 라틴어로, 인구 증가와 지가 폭등으로 나타난 도시형 집합주택이다.

해설

① 인슐라는 평민, 노예들을 위한 공동집합주택이며, 인구 증가와 지가 폭등으로 나타난 도시형 집합주택이다.

③ 로마에서 정치, 행정, 상업시설이 집적된 광장과 시장의 역할을 한 곳은 포럼(Forum)이다.

④ 도무스는 안뜰과 회랑으로 둘러싸인 도시 부유층 주택을 말한다.

로마의 주택

• 도무스(Domus) : 개인주택
 – 로마 도시에서의 일반적인 단독주택으로서 중상류층 이상의 시민이 살았다.
 – 대문을 들어서면 지붕이 없는 아트리움(Atrium, 안뜰)이 있고 중앙에는 타블리움(Tablinum)이라 불리는 서재가 있었으며, 기둥으로 둘러 쌓여진 포치인 페리스타일(Peristyle)이라는 정원이 있었고 그 주변으로 식당, 부엌, 목욕탕, 방들이 놓였다.

• 빌라(Villa) : 별장 또는 전원주택
 – 빌라는 전원형 독립주택을 말한다.
 – 로마 주변 시골과 제국 전역의 상류층 로마 시민들은 시골 농장을 위한 숙소인 빌라 단지에서 살았다.

• 인슐라(Insulla) : 평민, 노예들을 위한 공동집합주택
 – 로마의 중산층, 서민층은 주로 인슐라에서 살았으며, 로마의 번성과 함께 수도의 인구가 점차 성장하면서 주거문제가 심각해 지기도 하였다.
 – 인슐라는 작은 방들이 벌집처럼 늘어선 구조이며, 대부분 난방시설이나 상하수도시설을 갖추지 못했으며, 외부의 공중수도와 공중화장실, 공중목욕탕을 사용하였다.

06 조선왕조의 정궁인 경복궁에 대한 설명으로 옳지 않은 것은?

① 경복궁 궁성 남쪽 중앙에 정문인 광화문을 내고, 남쪽 궁성 양 끝에 높은 대를 쌓고 누각을 올린 십자각을 세웠다.

② 경복궁에는 정전인 근정전과 편전인 사정전이 있다.

③ 경복궁의 내전으로는 왕과 왕비의 거처인 강녕전과 인정전이 있다.

④ 경복궁은 삼중의 문을 두고 정전과 침전이 놓인 전조후침(前朝後寢)의 구성을 하고 있다.

해설

경복궁의 내전으로는 왕과 왕비의 거처인 강녕전(康寧殿), 교태전(交泰殿)이 있다.

경복궁

• 1395년(태조 4년)에 창건하였으며, 1592년에 임진왜란으로 인해 불탄 이후 1865년(고종 2년)에 흥선대원군의 명으로 중건되었다. 1990년대부터 조선총독부 설치 이후 복원되었다.

• 동서남북으로 4개의 대문들을 두고 남쪽으로 정전, 편전, 침전과 후원을, 그리고 동쪽으로 동궁과 자전, 서쪽으로 궐내각사와 경회루를 각각 배치하였다.

• 궁성의 문 : 광화문, 건춘문, 영추문, 신무문

• 정전 권역 : 근정전, 기별청

• 편전 권역 : 사정전, 천추전, 만춘전, 수정전

• 내전 권역 : 강녕전, 교태전, 자경전

07 온수 방열기의 전체 방열량이 2,925kcal/h일 때, 상당방열면적(EDR)은?

① 4.5m² 　　　　　　　　　　　　② 5.4m²

③ 6.5m² 　　　　　　　　　　　　④ 7.0m²

해설

$$EDR = \frac{2,925\text{kcal/h}}{450\text{kcal/m}^2 \cdot \text{h}} = 6.5\text{m}^2$$

상당방열면적(EDR)
- 표준방열 상태에서 방열기의 단위면적당 방사열량(kcal/m² · h)
- 증기 : 1EDR = 650kcal/m² · h
- 온수 : 1EDR = 450kcal/m² · h

08 다음은 도심지 건물 화재 사고를 재구성한 내용이다. 사고 내용 중 B, C 건물의 화재를 막을 수 있는 가장 적절한 설비는?

> 〈 △△시 A 건물 화재 사건 〉
>
> ○○○○년 ○○월 ○○일 A 건물 화재 사건은 1차 화재로 끝나지 않고 인접한 B 건물로 2차 화재, C 건물로 3차 화재로 번져 피해가 매우 컸다. 화재의 가장 큰 원인은 A, B, C 건물 모두 인동 간격이 각각 1.5m 이내로 촘촘히 붙어 있어 화재가 번지기 쉬웠다.

① 스프링클러(Sprinkler) 설비

② 물 분무 소화설비

③ 연결살수설비

④ 드렌처(Drencher) 설비

해설

인접한 건물들 사이의 인동 간격이 작을 경우 드렌처(Drencher) 설비를 설치하여 인접한 건물에 화재가 번지는 것을 방지할 수 있다.

드렌처(Drencher) 설비(방화설비)

건축물의 창, 외벽, 지붕 등에 설치하여 인접 건물의 화재 시 방수로 인해 수막을 형성하여 화재를 방지하는 설비

드렌처설비의 설치기준
- 헤드 : 개구부 위 측에 2.5m 이내마다 1개 설치
- 제어밸브 : 0.8m 이상 1.5m 이하에 설치
- 수원 : 헤드 수 × 1.6m³
- 방수압력 : 0.1MPa 이상
- 방수량 : 80L/min

09 휠체어 사용 장애인을 위한 건축계획에 대한 설명으로 옳지 않은 것은?(단, 휠체어의 폭은 65cm 이하이다)

① 휠체어의 직진 이동 시에는 최소 80cm 이상의 공간 폭이 필요하다.

② 휠체어가 한쪽 바퀴를 중심으로 180° 회전하기 위해서는 180cm × 160cm 규모 이상의 공간이 필요하다.

③ 휠체어에 앉아 수직 방향으로 손을 뻗었을 경우 그 방향의 도달범위는 바닥면에서 45cm 이상 160cm 이하로 설정한다.

④ 휠체어의 이동 통로에는 단이 있어서는 안 되지만, 만일 단차를 설치해야 할 경우에는 4cm 이내로 한다.

해설

② 휠체어의 회전에 필요한 공간은 180° 회전을 할 경우 약 1.4m × 1.7m의 공간이 필요하다.

③ 휠체어에 앉아 수직 방향으로 손을 뻗었을 경우 그 방향의 도달범위는 바닥면에서 40cm 이상 160cm 이하로 설정한다.

④ 휠체어의 이동 통로에는 단이 없어야 하며, 단차를 설치해야 할 경우에는 2cm 이내로 한다.

휠체어를 사용에 관련 장애인 편의시설 매뉴얼 기준

• 휠체어를 사용하는 지체장애인의 통과에 필요한 폭

  – 휠체어 통과에 필요한 폭은 최소한 0.8m 이상으로 쉽게 통과할 수 있는 유효폭은 0.9m이다.

  – 휠체어를 사용하는 지체장애인과 비장애인의 통과에 필요한 폭은 비장애인이 옆으로 비켜 섰을 때에는 1.2m, 휠체어 사용자와 비장애인이 동시에 통과할 수 있는 유효폭은 1.5m이다.

• 휠체어를 사용하는 지체장애인의 정지 및 회전에 필요한 공간

  – 휠체어를 사용하는 지체장애인의 정지에 필요한 공간은 약 0.7m × 1.2m이다.

  – 휠체어를 사용하는 지체장애인의 회전에 필요한 공간은 90° 회전할 경우 최소한 약 1.4m × 1.4m가 필요하며, 180° 회전을 할 경우 약 1.4m × 1.7m의 공간이 필요하다.

• 휠체어를 사용하는 지체장애인의 상체 도달범위

  – 휠체어를 사용하는 지체장애인의 상체 도달범위는 개개인의 차이가 있으나 남・여의 계측값의 차이를 고려하여 모두가 사용 가능한 여성의 계측값의 최소치를 적용한다.

  – 상부 도달범위의 최댓값은 1.4m 내외이며, 앞쪽으로 팔을 뻗을수록 도달범위는 점점 낮아진다. 앞쪽의 위쪽에 손이 도달하기 위해서는 1.35m 내외의 높이가 최대 높이이다.

  – 하부 도달범위의 최솟값은 0.35m 내외이다.

  – 휠체어를 사용자의 동작범위는 일반적으로 휠체어에 앉아 수직 방향으로 손을 뻗었을 경우 그 방향의 도달범위는 바닥면에서 하부 0.4m~상부 1.6m 이하로 설정한다.

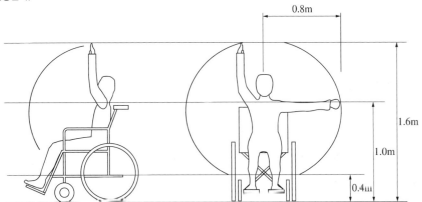

10 육상 경기장에 대한 설명으로 옳지 않은 것은?

① 관람석 좌석의 높이는 발 밑에서 최고 45cm로 하고 좌석의 너비는 45~50cm로 한다.

② 트랙 코스의 레인 폭은 1.22m 이상으로 코스의 안쪽(필드와의 경계선)은 높이 5cm, 너비 5cm의 시멘트, 기타 적당한 재료로 경계를 한다.

③ 좌석의 통로 및 출입구는 관객의 입장시간을 기준으로 계획하고, 통로폭은 1.2m 이상, 간격은 9~15m 정도로 한다.

④ 운동장은 대개 장축을 남북방향으로 배치하고, 오후의 서향 일광을 고려하여 경기장의 본부석을 서편에 둔다.

해설

좌석의 통로 및 출입구는 관객의 퇴장시간을 기준으로 계획한다.
• 관람석의 통로
　- 좌석의 통로 및 출입구는 관객의 퇴장시간을 기준으로 계획한다.
　- 대규모 경기장의 경우라도 퇴장시간은 10~15분 내에 이루어져야 한다.
　- 통로폭은 1.2m 이상, 간격은 9~15m 정도이어야 한다.
• 관람석의 단면계획
　- 관람석 단면경사는 가시선에 의해 산출되며, 작도에 의해 간단하게 구하는 방법도 있다.
　- 좌석 높이는 발 밑에서 최고 45cm, 좌석 너비는 45~50cm로 한다.
　- 최전열 관람석 바닥은 경기장 레벨보다 1.0m 정도 높게 하여 트랙으로부터 최소 4m 정도의 거리를 둔다.
　- 관람석 가시선 초점은 트랙 안쪽 50cm, 높이 50cm 위치에 설정한다.

11 업무시설의 코어계획에 대한 설명으로 옳은 것은?

① 엘리베이터 홀이 건물 출입구에 근접해 있지 않도록 배치한다.

② 가능한 비내력 구조체로 축조하나, 지진이나 풍압 등에 대한 안전성을 적절히 고려한다.

③ 코어는 사무실과는 달리 생산성, 수익성이 낮은 부분이기 때문에 코어면적을 높이기 위해 최대한의 규모로 계획하는 것이 일반적이다.

④ 사무소 건물 내에 다소의 용도 변경이 있을 때 가변적으로 활용될 수 있도록 전기배선 공간은 코어에서 분리한다.

해설

② 가능한 내력 구조체로 축조하며, 지진이나 풍압 등에 대한 안전성을 적절히 고려한다.
③ 코어는 사무실과는 달리 생산성, 수익성이 낮은 부분이기 때문에 코어면적을 줄이고, 가능한 최소규모로 계획하는 것이 일반적이다.
④ 코어 내에는 각종 설비 관련 실들을 배치하여 설비 계통의 순환이 원활하도록 하며, 전기배선 등의 공간은 코어 내에 위치시킨다.

12 건축법이 적용되는 건축물에 해당하는 것은?

① 교정(矯正) 및 군사 시설

② 고속도로 통행료 징수시설

③ 문화재보호법에 따른 지정문화재나 임시지정문화재

④ 하천법에 따른 하천구역 내의 수문조작실

해설

※ 법 개정으로 '문화재보호법 → 문화유산법'으로, '지정문화재, 임시지정문화재 → 지정문화유산, 임시지정문화유산'으로 변경되었다.

※ 법 개정으로 '교정(矯正) 및 군사 시설 → 교정(矯正)시설, 국방·군사시설'로 변경되었다.

교정(矯正)시설, 국방·군사시설은 건축법이 적용되는 건축물이다.

건축법을 적용하지 않는 건축물

조건	대상 건축물
문화유산법, 자연유산법 관련	• 지정문화유산 • 임시지정문화유산 • 천연기념물 • 임시지정천연기념물 • 임시지정명승 • 임시지정시·도자연유산 • 임시자연유산자료
철도, 궤도의 선로 부지 안에 있는 다음의 건축물	• 운전보안시설 • 철도 또는 궤도 사업용 급수·급탄·급유시설 • 철도 선로의 위나 아래를 가로지르는 보행시설 • 플랫폼
기타 대통령령이 정하는 다음의 건축물	• 고속도로 통행료 징수시설 • 컨테이너를 이용한 간이창고(공장의 용도로만 사용되는 건축물의 대지 안에 설치하는 것으로서 이동이 용이한 것에 한함), 하천법에 따른 수문조작실

13 수용인원 결정을 위한 건축물 규모 산정에 대한 설명으로 옳지 않은 것은?

① 일반적으로 영리를 목적으로 하는 시설과 공공시설은 각기 다른 기준으로 적정 규모를 설정한다.

② 주택의 침대식 침실과 학교의 전용교실 등과 같이 최댓값이 일정하고 이를 초과하는 경우가 없을 때는 시설의 수량을 최댓값으로 설정한다.

③ 다수의 사람들이 일시에 사용하기도 하고 전혀 사용되지 않는 경우도 있는 영화관의 화장실과 같은 시설은 수량을 최솟값으로 설정하여 혼잡한 경우에 어느 정도의 불편을 감수하도록 한다

④ 혼잡의 정도가 심하고, 변하기 킄으나 평균값의 수변에 비교적 작은 편차로 변동하는 경우에는 시설의 수량을 평균값보다 약간 상회하는 값으로 설정한다.

해설

다수의 사람들이 일시에 사용하기도 하고 전혀 사용되지 않는 경우도 있는 영화관의 화장실과 같은 시설은 충족도를 만족시키려면 수량을 최댓값으로 하고, 반면에 이용률을 높이려면 수량을 최솟값으로 설정하여야 한다. 다만, 이 경우에는 중간값의 수량을 선택함으로써 혼잡한 이용시간대의 불편함을 감수하도록 하는 것이 좋다.

14 계획설계, 실시설계, 기본설계 등으로 구분되는 건축계획설계 업무에 대한 설명으로 옳지 않은 것은?

① 계획설계 → 기본설계 → 실시설계 순으로 이루어진다.

② 기본설계는 건축 인허가를 위한 설계도서 작성을 포함한다.

③ 실시설계는 공사비 내역서 및 산출내역 등을 포함한다.

④ 시방서는 계획설계 단계에서 작성된다.

해설

시방서는 실시설계 단계에서 작성된다.

실시설계 과정

• 배치도, 평면도, 입단면도, 창호도, 천장도 및 상세도 등 작성

• 가구도면의 배치 및 제작도 작성

• 전기 및 설비에 관한 기구배치 및 타입결정

• 각종 재료, 가구, 하드웨어, 조명 등의 사양 수집 정리

• 시방서 작성 및 공사비 명세서 작성

15 자연환기에 대한 설명으로 옳지 않은 것은?

① 중력환기의 경우 개구부의 면적이 클수록 환기량은 많아진다.

② 중력환기의 경우 실내·외의 온도차가 클수록 환기량은 많아진다.

③ 중력환기의 경우 공기 유입구와 유출구 높이의 차이가 작을수록 환기량은 많아진다.

④ 풍력환기의 경우 실외의 풍속이 클수록 환기량은 많아진다.

해설

중력환기의 경우 공기 유입구와 유출구 높이의 차이가 클수록 환기량은 많아진다.

자연환기의 특성

• 실외의 풍속이 클수록 환기량은 크다.

• 실내외의 온도차가 클수록 환기량은 크다.

• 2개의 창을 나란히 두는 것보다 상하로 두는 것이 좋다.

• 같은 면적의 개구부일 때는 큰 것 하나보다는 2개로 나누어 설치한다.

• 마주보는 벽에 유입구와 유출구는 상호 어긋나게 한다.

• 개구부에 돌출장치(Baffle)를 하면 바람이 경사지게 불 경우 실내유속이 약 3배로 증가한다.

16 주택법상 용어의 정의에 대한 설명으로 옳지 않은 것은?

① '부대시설'이란 주택단지의 입주자 등의 생활복리를 위한 주민운동시설 및 경로당, 어린이 놀이터 등을 말한다.

② '기간시설'이란 도로·상하수도·전기시설·가스시설·통신시설·지역난방시설 등을 말한다.

③ '도시형 생활주택'이란 300세대 미만의 국민주택규모에 해당하는 주택으로서 대통령령으로 정하는 주택을 말한다.

④ '에너지절약형 친환경주택'이란 저에너지 건물 조성기술 등 대통령령으로 정하는 기술을 이용하여 에너지 사용량을 절감하거나 이산화탄소 배출량을 저감할 수 있도록 건설된 주택을 말한다.

해설

주택단지의 입주자 등의 생활복리를 위한 주민운동시설 및 경로당, 어린이 놀이터 등은 복리시설에 해당된다.

주택법상 용어의 정의

• 도시형 생활주택 : 300세대 미만의 국민주택규모에 해당하는 주택으로서 대통령령으로 정하는 주택을 말한다.

• 건강친환형 주택 : 건강하고 쾌적한 실내환경의 조성을 위하여 실내공기의 오염물질 등을 최소화할 수 있도록 대통령령으로 정하는 기준에 따라 건설된 주택을 말한다.

• 장수명 주택 : 구조적으로 오랫동안 유지·관리될 수 있는 내구성을 갖추고, 입주자의 필요에 따라 내부구조를 쉽게 변경할 수 있는 가변성과 수리 용이성 등이 우수한 주택을 말한다.

• 부대시설 : 주택에 딸린 주차장, 관리사무소, 담장 및 주택단지 안의 도로, 건축설비, 조경시설, 옹벽 및 축대, 안내표지판 및 공중화장실 등의 시설 또는 설비를 말한다.

• 복리시설 : 주택단지의 입주자 등의 생활복리를 위한 어린이 놀이터, 근린생활시설, 유치원, 주민운동시설 및 경로당 등을 말한다.

17 건축법 시행령상 다가구주택이 갖추어야 할 요건만을 모두 고른 것은?

ㄱ. 주택으로 쓰는 층수(지하층은 제외한다)가 3개 층 이하일 것. 다만 1층 전부 또는 일부를 필로티 구조로 하여 주차장으로 사용하고 나머지 부분을 주택 외의 용도로 쓰는 경우에는 해당 층을 주택의 층수에서 제외한다.

ㄴ. 여러 사람이 장기간 거주할 수 있는 구조로 되어 있는 것

ㄷ. 19세대(대지 내 동별 세대수를 합한 세대) 이하가 거주할 수 있을 것

ㄹ. 1개 동의 주택으로 쓰이는 바닥면적(부설주차장 면적은 제외한다)의 합계가 660m² 이하일 것

① ㄱ, ㄴ, ㄷ   ② ㄱ, ㄴ, ㄹ

③ ㄱ, ㄷ, ㄹ   ④ ㄴ, ㄷ, ㄹ

해설

여러 사람이 장기간 거주할 수 있는 구조로 되어 있는 것은 다중주택에 해당된다.

18 다음은 ○○학교 시간표 작성을 위한 기본자료이다. 음악실 사용시간 중 순수 음악수업에 사용한 시간은?

음악실 순수율	음악실 이용률	평균수업시간(1주일)
80%	60%	25시간

① 10시간
② 12시간
③ 15시간
④ 20시간

해설

이용률과 순수율 산정방법에 따라 순수 음악수업을 위해 사용되는 시간을 구할 수 있다.

$60\% = \dfrac{음악교실이 \ 사용되는 \ 시간}{25} \times 100$이며, 음악교실이 사용되는 시간은 15시간이다.

$80(\%) = \dfrac{순수 \ 음악수업을 \ 위해 \ 사용되는 \ 시간}{15} \times 100$이므로, 순수 음악수업을 위해 사용되는 시간은 12시간이다.

19 건축 바닥면적 산정 시 바닥면적에 포함되는 것은?

① 옥상에 설치하는 물탱크 면적
② 평지붕일 때 층 높이가 1.8m인 다락면적
③ 정화조 면적
④ 공동주택 지상층 기계실 면적

해설

평지붕일 때 층 높이가 1.5m 이하인 다락은 바닥면적에 산입되지 않는다. 따라서 평지붕일 때 층 높이가 1.8m인 다락면적 부분은 건축 바닥면적 산정 시 바닥면적에 포함된다.

바닥면적 산정에 포함되지 않는 부분
• 필로티, 기타 이와 유사한 구조 부분의 바닥면적이 다음과 같은 용도에 전용되는 경우
  – 공중의 통행에 전용되는 경우
  – 차량의 통행·주차에 전용되는 경우
  – 공동주택의 경우
• 승강기탑, 계단탑, 장식탑, 층고 1.5m 이하인 다락(경사진 형태의 지붕인 경우에는 1.8m)
• 건축물의 외부 또는 내부에 설치하는 굴뚝, 더스트 슈트, 설비 덕트 등
• 옥상·옥외 또는 지하에 설치하는 물탱크, 기름탱크, 냉각탑, 정화조, 도시가스 정압기 등
• 공동주택으로서 지상층에 설치한 기계실, 어린이 놀이터, 조경시설, 생활폐기물 보관시설

20 미술관의 출입구 및 동선계획에 대한 설명으로 옳지 않은 것은?

① 각 출입구는 방재시설로 셔터나 그릴 셔터를 설치한다.

② 전시실 전체의 주동선 방향이 정해지면 개개의 전시실은 입구에서 출구에 이르기까지 연속적인 일방통행 동선으로 교차의 역순을 피해야 한다.

③ 전시공간의 전체 동선체계는 관람자 동선, 관리자 동선, 자료의 동선으로 나뉘며, 이들 수평상 동선의 대부분의 체계는 복도 형식으로 이루어진다.

④ 일반적으로 상설전시장과 특별전시장은 전시장 입구를 같이 사용한다.

해설

일반적으로 상설전시장과 특별전시장은 전시장 입구를 분리하여 사용한다.

미술관 배치계획

• 입구 및 출구
  – 일반 관람객과 서비스용으로 분리한다.
  – 상설전시장과 특별전시장은 입구를 별도로 한다.
• 주층
  – 전시실과 연결하며, 바닥은 연속적인 평면으로 계획한다.
  – 경사로의 전시 동선을 유도하며, 사무실, 학예원실 등을 둔다.
• 2층 이상의 층
  – 1층 전시공간 부족 시 2층 전시공간을 둘 수 있다.
  – 3층 이상인 층은 긴 동선으로 인해 전시공간을 두기가 불리하다.

01 종합병원의 건축계획에 대한 설명으로 옳지 않은 것은?

① 외래진료부는 부속진료시설과의 연계성을 위하여 중앙진료부와 병동부 중간에 두는 것이 바람직하다.

② 종합병원에서 일반적으로 면적배분이 가장 큰 부분은 병동부이다.

③ 치료방사선부는 병실과 인접하게 설치하지 않는 것이 바람직하다.

④ 응급부는 수술실, X선부와 같은 중앙진료부와의 연계가 중요하다.

해설
중앙진료부는 외래진료부와 병동부 중간에 두는 것이 바람직하다.

02 기계식 주차장에 대한 설명으로 옳지 않은 것은?

① 자주식에 비해 초기 비용이 많이 드나 운영비는 낮다.

② 연속적인 차량의 승강이 어려워 차량의 입·출고 속도가 느리다.

③ 입체적인 주차가 가능하므로 지가가 높은 건물에 유리하다.

④ 비상시 피난 문제나 기계의 고장이 발생할 수 있다.

해설
기계식 주차장은 자주식 주차장에 비해 운영비가 많이 든다.

03 초고층 아파트에서 고층부의 장점으로 옳지 않은 것은?

① 중·저층 아파트와 비교했을 때 탁월한 조망을 가질 수 있다.

② 지상에서 발생하는 각종 공해 및 소음에서 벗어날 수 있다.

③ 수직 교통수단인 엘리베이터에 대한 의존도가 높아진다.

④ 초고층으로 인한 상징적인 스카이라인이 형성된다.

해설
초고층 아파트는 걸어서 올라가는 것이 어려우므로 수직 교통수단인 엘리베이터에 대한 의존도가 높아지는 장점이 아닌 단점이 있다.

04 조선시대 건축의 주요 특징으로 옳은 것은?

① 조선 초기 한양의 도시계획은 새로운 질서를 추구하기 위해 격자형 도로망을 사용한 전정형(田井形) 가로구성 체계를 엄격하게 사용하였다.

② 조선시대에는 신분제도에 따라 집터의 크기와 집의 규모, 장식 등을 규제하는 제한이 있었다.

③ 유교사상에 따라 주택의 공간은 사랑채, 안채, 별당 등으로 위계적으로 분화되고 전형적인 대칭형 배치를 이룬다.

④ 풍수사상이나 음양오행설이 건축원리에 영향을 주기 시작한 것은 조선 건국 이후이다.

> **해설**
> ① 조선 초기 한양의 도시계획은 중심부의 일부 가로망은 격자형이었으나 전체 시가지는 지형지세에 따라 불규칙한 곡선도로와 막다른 골목길들이 많이 사용되었다(도시 공간구조는 입지조건에 순응하는 형태로 결정된다).
> ③ 자연에 순응하면서 자연스러운 비대칭형 배치를 이룬다.
> ④ 풍수사상이나 음양오행설은 조선 건국에도 영향을 주었다(태조는 조선의 개국과 함께 새 도읍의 건설을 강력히 추진하였으며 천도의 후보지를 결정하는 기준도 풍수지리(風水地理)였다).

05 노인복지법 시행규칙상 노인주거복지시설에 대한 설명으로 옳지 않은 것은?

① 양로시설은 입소정원 1명당 연면적 15.9m^2 이상의 공간을 확보하여야 한다.

② 노인공동생활가정은 입소정원이 5명 이상 9명 이하의 인원이 입소할 수 있는 시설을 갖추어야 한다.

③ 양로시설의 침실은 독신용·합숙용·동거용 침실을 둘 수 있으며, 합숙용 침실 1실의 정원은 4명 이하이어야 한다.

④ 노인복지주택은 20세대 이상 입소할 수 있는 시설을 갖추어야 한다.

> **해설**
> 노인복지주택은 30세대 이상 입소할 수 있는 시설을 갖추어야 한다.

06 건축가와 그에 대한 설명으로 옳지 않은 것은?

① 로버트 벤투리(Robert Venturi)는 건축의 복합성과 대립성(Complexity and Contradiction in Architecture)에서 모던 건축을 비판하였다.

② 렘 콜하스(Rem Koolhaas)는 정신착란증의 뉴욕(Delirious New York)에서 대도시의 문화가 건축에 미치는 영향을 분석하였다.

③ 알도 로시(Aldo Rossi)는 도시의 건축(L'Architettura Della Citta)에서 기능주의를 비판하였다.

④ 피터 아이젠만(Peter Eisenman)은 새로운 정신(L'Esprit Nouveau)에서 신고전주의 건축을 재해석할 것을 주장했다.

> **해설**
> 르 코르뷔지에는 오장팡(Amédée Ozenfant)과 함께 순수주의(Purisme) 운동을 전개하면서, 순수파를 창시하게 되었다. 새로운 예술운동을 표방하면서 그들의 기관지 「L'Esprit Nouveau(새로운 정신)」을 간행하면서 건축, 회화, 문화 등 폭넓은 영역에 걸쳐 르 코르뷔지에의 미학이론을 확립해갔다.

07 사무소 내부의 공간구획 유형 중 복도형에 의한 분류에 대한 설명으로 옳지 않은 것은?

① 단일 지역배치(Single Zone Layout)는 자연채광과 통풍에 유리해 업무환경이 쾌적하다.

② 2중 지역배치(Double Zone Layout)는 경제적으로 유리하며, 수직 교통시설과 구조 및 설비계획 측면에서 간섭이 적다.

③ 2중 지역배치(Double Zone Layout)는 남북방향으로 복도를 두고 사무실을 동서측에 면하도록 하는 것이 채광의 측면에서 바람직하다.

④ 3중 지역배치(Triple Zone Layout)는 고층 사무소 건물의 복잡한 내부 기능을 효과적으로 배치하기에 적합한 방식이다.

해설
평면계획 시 수직 교통시설과 구조 및 설비계획 측면에서 간섭이 많다. 코어의 위치에 따라 평면의 길이 및 설비가 계통이 길어진다.
2중 지역배치(중복도식)
• 남북방향으로 장축의 복도를 중앙에 두고 양쪽에 사무실을 둔 형식이다.
• 동서방향으로 사무실을 면하게 하는 것이 유리하다.
• 중규모의 사무소 건물에 적당하다.

08 옥외피난계단의 구조기준 적용이 옳지 않은 것은?

① 옥외피난계단을 그 계단으로 통하는 출입구 외의 창문과 2.2m 이격하여 설치하였다.

② 건축물 내부에서 옥외피난계단으로 통하는 출입구를 60+방화문 또는 60분 방화문으로 설치하였다.

③ 옥외피난계단의 유효너비를 0.8m 확보하였다.

④ 옥외피난계단을 내화구조로 하였다.

해설
건축물의 바깥쪽에 설치하는 피난계단의 구조(건축물의 피난·방화구조 등의 기준에 관한 규칙 제9조 제2항 제2호)
• 계단은 그 계단으로 통하는 출입구 외의 창문 등(망이 들어 있는 유리의 붙박이창으로서 그 면적이 각각 $1m^2$ 이하인 것을 제외한다)으로부터 2m 이상의 거리를 두고 설치할 것
• 건축물의 내부에서 계단으로 통하는 출입구에는 60+방화문 또는 60분 방화문을 설치할 것
• 계단의 유효너비는 0.9m 이상으로 할 것
• 계단은 내화구조로 하고 지상까지 직접 연결되도록 할 것

7 ② 8 ③ **정답**

09 실내 음향계획 시 고려해야 할 내용으로 적절하지 않은 것은?

① 실내에 반사성의 평행 벽면이 있어 양 벽면 사이를 음이 반복하여 반사되는 경우를 다중반향(Flutter Echo) 이라고 하며 이는 음의 명료도를 떨어 뜨린다.

② 회화, 강연, 연극 등에서는 언어의 명료도가 높아야 하기 때문에 잔향시간(Reverberation Time)을 비교적 짧게 한다.

③ 잔향시간 계산에 영향을 주는 요소에는 실의 용적, 실의 전체표면적, 실내평균흡음률 등이 있다.

④ 직방체의 작은 실의 경우 세 변의 비는 진동을 고려하여 1 : 2 : 4와 같은 정수비를 적용하는 것이 바람직하다.

> **해설**
> 홀의 세 변의 비가 1 : 1 : 1, 1 : 2 : 4 등과 같은 정수비가 되는 것은 피해야 한다.
> • 홀의 형태가 작고 직방체인 것은 고유 주파수의 분포에 균일성이 없고 축퇴(Degenerate)되는 현상이 발생된다.
> • 홀의 형태 계획
>   – 황금비율로 $(\sqrt{5-1}) : 2 : (\sqrt{5+1})$, 2 : 3 : 5 정도의 비율이 좋다.
>   – 일반적으로 $1 : 3\sqrt{5} : 3\sqrt{25} = 1 : 1.7 : 2.9$ 등도 사용된다.

10 다음에 해당하는 건축가는?

> • 혁신적인 기하학적 투시도법을 창안함
> • 전통적 축조 방식이 아닌 2중 쉘구조를 활용하여 돔을 설계한 르네상스 시기의 건축가임
> • 성 스피리토 성당, 파치 예배당, 오스프델레 데글리 인노첸티(보육원) 등의 작품이 있음

① 레온 바티스타 알베르티(Leon Batista Alberti)

② 레오나르도 다빈치(Leonardo da Vinci)

③ 도나토 브라만테(Donato Bramante)

④ 필리포 브루넬레스키(Fillipo Brunelleschi)

> **해설**
> 필리포 브루넬레스키(Fillipo Brunelleschi)는 르네상스 시기의 건축가이며, 기하학적 투시도법을 창안하였다. 작품으로는 성 스피리토 성당, 파치 예배당, 오스프델레 데글리 인노첸티(보육원) 등이 있다.

11 체육관 건축계획에 대한 설명 중 옳지 않은 것은?

① 체육관은 남북측 채광을 고려해 체육관의 장축을 동서로 배치하는 것이 좋다.

② 체육관의 바닥재는 진동과 충격음을 흡수하기 위해 목조 또는 탄성고무계 등의 재료를 사용하는 것이 좋다.

③ 관람석과 경기장을 직접적인 동선으로 연결하는 것이 좋다.

④ 운동기구 창고(기구고)는 경기장에 면한 길이방향으로 설치하는 것이 좋다.

해설
관람석 및 경기장과의 동선 연결을 배제시키는 것이 바람직하다(연결시키지 않는다).

12 건축법 시행규칙상 건축물의 건축과정에서 부득이하게 발생하는 오차에 대한 허용범위가 옳지 않은 것은?

① 바닥판 두께 – 3% 이내

② 건축물의 높이 – 3% 이내

③ 벽체 두께 – 3% 이내

④ 출구 너비 – 2% 이내

해설
건축물의 높이 : 2% 이내

13 친환경 건축을 위한 디자인 방법 및 기술에 대한 설명으로 옳지 않은 것은?

① 일사조절을 위한 고정차양장치는 남쪽창은 수직차양, 동쪽과 서쪽창은 수평차양으로 설치하는 것이 빛의 차단에 효과적이다.

② 자연채광 중 천창채광은 편측채광보다 채광량 확보, 조도분포 균일화에 유리하다.

③ 남측 벽체에 주간의 태양열을 모아 야간에 이용하는 자연형 태양열시스템을 축열벽시스템이라 하며, 콘크리트, 벽돌, 블록, 물벽 등이 벽체 재료로 사용된다.

④ 옥상녹화는 지붕면에 가해지는 일사량을 줄이는 것뿐만 아니라 건물의 단열에도 유리하다.

해설
일사조절을 위한 고정차양장치는 태양고도가 높은 남쪽의 창은 수평차양, 고도가 낮은 동쪽과 서쪽창은 수평차양으로 설치하는 것이 빛의 차단에 효과적이다.

14 국토의 계획 및 이용에 관한 법률 시행령상 용도지역 안에서의 건축제한에 대한 설명으로 옳지 않은 것은?

① 제1종 일반주거지역에 아파트를 건축할 수 없다.

② 준주거지역에 단란주점을 건축할 수 없다.

③ 근린상업지역에 장례식장을 건축할 수 없다.

④ 보존녹지지역에 수련시설을 건축할 수 없다.

> **해설**
> 근린상업지역에는 장례식장을 건축할 수 있다(의료시설 중 격리병원, 묘지 관련 시설 등은 건축할 수 없다).
> 지역의 지정 목적
> • 제1종 일반주거지역 : 저층 주택을 중심으로 편리한 주거환경을 조성하기 위해 필요한 지역
> • 준주거지역 : 주거기능을 위주로 이를 지원하는 일부 상업 및 업무기능을 보완하기 위해 필요한 지역
> • 근린상업지역 : 일용품 등과 같이 일상생활 서비스 공급을 위해 필요한 지역

15 장애인·노인·임산부 등의 편의증진 보장에 관한 법률 시행규칙상 편의시설의 구조·재질 등에 관한 세부기준의 설명으로 옳지 않은 것은?

① 장애인전용주차구역에서 건축물의 출입구 또는 장애인용 승강설비에 이르는 통로는 장애인이 통행할 수 있도록 높이 차이를 없애고, 유효폭은 1.2m 이상으로 하여 차로와 분리하여 설치하여야 한다.

② 점형블록은 계단·장애인용 승강기·화장실 등 시각장애인을 유도할 필요가 있거나 시각장애인에게 위험한 장소의 0.3m 전면, 선형블록이 시작·교차·굴절되는 지점에 이를 설치하여야 한다.

③ 수직형 휠체어리프트 설치 시 내부의 유효바닥면적을 폭 0.9m 이상, 깊이 1.2m 이상으로 하여야 한다.

④ 화장실에 남자용과 여자용을 구별할 수 있는 점자표지판을 부착할 경우 출입구 옆 벽면 0.9m 높이에 설치하여야 한다.

> **해설**
> 화장실의 출입구(문) 옆 벽면의 1.5m 높이에 남자용과 여자용을 구별할 수 있는 점자표지판을 부착하여야 한다.

16 고등학교 이하 각급 학교 설립·운영 규정상 교지 및 시설 기준에 대한 설명으로 옳지 않은 것은?

① 교사용 대지의 기준면적은 건축 관련 법령의 건폐율 및 용적률에 관한 규정에 따라 산출한 면적으로 한다.

② 교내에 수영장, 체육관, 강당, 무용실 등 실내체육시설이 있는 경우, 체육장 기준면적에서 실내체육시설 바닥면적의 2배의 면적을 제외할 수 있다.

③ 국·공립학교에는 문화 및 복지시설, 평생교육시설 등의 복합시설을 둘 수 없다.

④ 각급 학교의 교지는 교사의 안전·방음·환기·채광·소방·배수 및 학생의 통학에 지장이 없는 곳에 위치하여야 한다.

해설

국·공립학교에는 문화 및 복지시설, 평생교육시설 등의 복합시설을 둘 수 있다.

복합시설(고등학교 이하 각급 학교 설립·운영 규정 제3조의2)

교육부장관 또는 시·도교육감은 국·공립학교에 교육상 지장이 없는 범위 안에서 문화 및 복지시설, 생활체육시설, 평생교육시설 등의 복합시설을 둘 수 있다.

17 건물의 기계환기 방식 중 제1종 환기에 대한 설명으로 옳은 것은?

① 급기팬에 의해 기계급기하고 환기구를 통해 자연배기하는 방식

② 급기팬에 의해 기계급기하고 배기팬에 의해 기계배기하는 방식

③ 환기구를 통해 자연급기하고 배기팬에 의해 기계배기하는 방식

④ 환기구를 통해 자연급기하고 환기구를 통해 자연배기하는 방식

해설

제1종 환기 방식은 급기팬에 의해 기계급기하고 배기팬에 의해 기계배기하는 방식이다.

기계환기 방식 분류

구분	급기	배기
제1종	기계	기계
제2종	기계	자연
제3종	자연	기계

18 르 코르뷔지에(Le Corbusier)에 대한 설명으로 옳지 않은 것은?

① '옥상정원, 자유로운 평면, 필로티, 자유로운 입면, 자유로운 단면'이라는 근대건축의 5원칙을 제시하였다.

② 철근콘크리트 구조방식의 바닥, 기둥 및 계단으로 이루어진 '도미노 시스템(Dom-ino System)'을 제시하였다.

③ 아메데 오장팡(Amédée Ozenfant)과 같이 '순수주의(Purism)'를 주창하였다.

④ 대량생산 시대에 보편적으로 적용 가능한 표준화된 모듈과 전통적인 황금분할의 개념을 접목하여 인간 신체치수를 바탕으로 한 치수시스템인 '모듈러(Le Modulor)'를 제시하였다.

해설
자유로운 단면은 해당하지 않는다.
근대건축 5원칙(1926)
• 필로티
• 옥상정원
• 자유로운 평면
• 수평 띠창
• 자유로운 입면

19 건축법령상 건축허가를 받기 위해 허가권자에게 제출하여야 할 설계도서 중 건축계획서에 표시해야 할 사항이 아닌 것은?

① 대지에 접한 도로의 길이 및 너비

② 주차장 규모

③ 건축물 규모

④ 지역, 지구 및 도시계획사항

해설
대지에 접한 도로의 길이 및 너비는 배치도에 표시하여 할 사항이며, 그림으로 표시되는 것은 도면에 표시한다.

20 지속 가능한 디자인과 관련된 각국의 인증제도 및 방법에 대한 설명으로 옳은 것은?

① CASBEE(Comprehensive Assessment System Building Environment Efficiency)는 2010년에 중국에서 개발된 건축물의 친환경 인증제도이다.

② LEED(Leadership in Energy & Environmental Design)는 미국의 녹색건축물 인증제도로 세계 최초로 친환경 성능을 평가한 도구이다.

③ BREEAM(Building Research Establishment Environmental Assessment Method)은 영국에서 만들어진 친환경 인증제도이다.

④ GBCS(Green Building Certification System)는 2005년에 시작된 한국의 친환경 건축물 인증제도로 주거 건축과 오피스에 한하여 적용된다.

해설

③ BREEAM은 영국(1990)에서 만들어진 친환경 인증제도이다.

① CASBEE는 일본에서 '주택국산하산학관 공동프로젝트 개발(2001)'로 시작된 친환경 인증제도이다.

② LEED는 1998년 제정한 미국의 녹색건축물 인증제도이다.

④ GBCC(Green Building Certification Criteria)는 한국에서 2010년 5월 친환경 건축물 인증제도 개정 고시(2010.7 시행)한 친환경 건축물 인증기준이다.

01 공간과 치수 및 모듈에 대한 설명으로 가장 옳지 않은 것은?

① 인간공학은 인간과 기계의 연결을 능숙하게 하고 작업공간을 인간의 생리와 심리적인 특성에 적합하도록 하는 과학적 학문이다.

② 건축공간 치수계획의 기준은 인간중심이어야 하며, 인간중심의 치수계획 시 고려할 사항은 크게 생리적·심리적·물리적 스케일로 구분할 수 있다.

③ 르 코르뷔지에의 모듈러는 인체의 치수와 실질적 관련이 없다.

④ 모듈상의 치수는 공칭치수를 말하기 때문에 제품치수는 공칭치수에서 줄눈 두께를 빼야 한다.

해설
르 코르뷔지에의 모듈러는 인체의 치수와 실질적 관련이 있다.
르 코르뷔지에(Le Corbusier)의 모듈러
• 건축재료의 크기에 의해 정해지던 모듈 개념에 새롭게 접근하였다.
• 모듈 본래의 사고방식인 비례의 개념에 황금비의 중요성을 찾아내고 자신의 모듈에 '모듈러(Modulor)'라는 새로운 단어를 붙였다.
• 모듈러 디자인 시스템은 아름다움의 근원인 인간 신체의 척도와 비율을 기초로 황금분할을 찾아 무한한 수학적 비례 시리즈를 만들었다.

02 건축법령상 건축물의 외벽에 불연재료 또는 준불연재료를 마감재료(단열재, 도장 등 코팅재료 및 그 밖에 마감재료를 구성하는 모든 재료를 포함)로 사용해야 하는 건축물로 가장 옳은 것은?

① 문화 및 집회시설 용도로 쓰는 바닥면적의 합계가 $1,000m^2$ 이상인 건축물

② 숙박시설 용도로 쓰는 바닥면적의 합계가 $2,000m^2$ 이상인 건축물

③ 공장 용도로 쓰이는 건축물로부터 10m 이내에 위치한 건축물

④ 6층 이상 또는 높이 22m 이상인 건축물

해설
3층 이상 또는 높이 9m 이상인 건축물에 해당된다.
건축물의 마감재료(건축법 시행령 제61조)
다음 건축물의 외벽에는 불연재료 또는 준불연재료를 마감재료(단열재, 도장 등 코팅재료 및 그 밖에 마감재료를 구성하는 모든 재료를 포함)로 사용해야 한다.
1. 상업지역(근린상업지역은 제외한다)의 건축물로서 다음 각 목의 어느 하나에 해당하는 것
   가. 제1종 근린생활시설, 제2종 근린생활시설, 문화 및 집회시설, 종교시설, 판매시설, 운동시설 및 위락시설의 용도로 쓰는 건축물로서 그 용도로 쓰는 바닥면적의 합계가 $2,000m^2$ 이상인 건축물
   나. 공장의 용도로 쓰는 건축물로부터 6m 이내에 위치한 건축물
2. 의료시설, 교육연구시설, 노유자시설 및 수련시설의 용도로 쓰는 건축물
3. 3층 이상 또는 높이 9m 이상인 건축물

03 종합병원을 계획할 때 고려할 사항으로 가장 옳지 않은 것은?

① 외래부 중 환자가 많은 내과 등은 현관에서 가까운 곳에 배치한다.

② 병동계획 시 간호단위의 크기는 1조의 간호사가 담당하는 병상 수로 결정된다.

③ 중앙재료실(Supply Center)은 수술부에 인접하거나 리프트 등으로 직결되는 위치에 배치한다.

④ 수술실의 실내 벽은 환자의 심리적 안정을 위하여 온난한 계열의 색으로 도색한다.

> **해설**
>
> 수술실의 실내 벽 재료는 피의 보색인 녹색 계통으로 마감을 하여 심리적인 안정감을 갖도록 한다.

04 도시재생을 위한 도시유산 보전방법에 대한 설명으로 가장 옳은 것은?

① 도시유산은 원래의 기능을 보존하는 것보다 현대에 맞게 재창조하여 활용하는 것이 바람직하다.

② 제도적으로 보호대상이 아닌 비문화재는 현 세대에서 가치를 인정받지 못하는 것이기 때문에 지역 낙후의 요인이 되기 전 해체하는 것이 바람직하다.

③ 현대 도시에서의 도시유산 보전은 컬처노믹스(Culture-nomics)를 이루어 가는 핵심적인 실천 개념이다.

④ 도시유산으로 지정되면 제도적으로 보호대상이 되며, 이를 통해 보전 혹은 활용대상으로 구분된다.

> **해설**
>
> ① 도시유산은 원래의 기능을 보존하면서 현대에 맞게 활용하는 것이 바람직하다.
> ② 제도적으로 보호대상이 아닌 비문화재도 지역문화유산으로서 보호되어야 한다.
> ④ 도시유산으로 지정되어도 제도적으로 보호대상이 되는 것은 아니며, 문화재로 등록되면 제도적으로 보호대상이 된다.
> 도시유산(Urban Heritage, 都市遺産)
> • 역사적으로 가치 있는 문화재나 유물 등의 문화유산과 근현대사의 건축물과 올림픽, 월드컵 등의 기념물, 도시개발시대의 산물 등을 포함할 수 있다. 또한 과거와 현대에 이르기까지 또는 근현대사적으로 의미 있는 건축물, 거리, 생활양식이나 풍습, 문화, 예술 등의 시대별 생활유산을 포함한 포괄적 개념이다.
> • 문화재로 등록이나 지정되지 않아도 근현대를 살아오면서 만들어온 공통의 기억이나 감성을 담고 있는 유·무형의 문화 자산이다.

05 도서관의 서고계획 시 고려할 사항을 설명한 것으로 가장 옳지 않은 것은?

① 서고의 내부는 자연채광에 의하지 않고 인공조명을 사용하여 조도를 유지한다.

② 폐가식의 통로 폭은 통상적으로 개가식에 비해 넓다.

③ 규모가 작은 도서관의 경우 개가식이 유리하다.

④ 서고는 모듈러 플래닝이 가능하다.

> **해설**
>
> • 폐가식의 통로 폭은 통상적으로 개가식에 비해 좁다.
> • 개가식은 열람자가 직접 서고에 들어가서 책을 고르는 과정이 필요하므로 통로가 폐가식에 비해 넓다.

06 건축물 설계 시 건축법 제61조(일조 등의 확보를 위한 건축물의 높이 제한)를 해석하여 적용한 것으로 가장 옳은 것은?

① 일반상업지구 안에서 건축하는 건축물의 높이에 적용하여 계획

② 건축물의 각 부분을 정남 방향으로의 인접 대지경계선으로부터 건축물 높이의 1.5배만큼 이격하여 계획

③ 높이 9m 이하인 부분은 정북 방향으로의 인접 대지경계선으로부터 1.5m 이상 이격하여 계획

④ 공동주택의 경우 각 부분의 높이를 그 부분으로부터 채광을 위한 창문 등이 있는 벽면에서 직각 방향으로 인접 대지경계선까지의 수평거리의 3배 이하로 계획

> **해설**
> ※ 출제 시 정답은 ③이었으나 법 개정으로 '높이 9m 이하인 부분 → 높이 10m 이하인 부분'으로 변경되어 정답 없음
> ① 전용주거지역이나 일반주거지역에서 건축물을 건축하는 경우에 적용한다.
> ④ 공동주택의 경우 각 부분의 높이를 그 부분으로부터 채광을 위한 창문 등이 있는 벽면에서 직각 방향으로 인접 대지경계선까지의 수평거리의 2배 이하로 계획한다.
> **일조 등의 확보를 위한 건축물의 높이 제한**
> 건축물의 각 부분을 정북(正北) 방향으로의 인접 대지경계선으로부터 다음 각 호의 범위에서 건축조례로 정하는 거리 이상을 띄어 건축하여야 한다.
> • 높이 10m 이하인 부분 : 인접 대지경계선으로부터 1.5m 이상
> • 높이 10m를 초과하는 부분 : 인접 대지경계선으로부터 해당 건축물 각 부분 높이의 1/2 이상

07 호텔은 쇼핑, 회의실, 연회장 등 숙박 이외의 기능이 추가되기 때문에 설비계통 설계에 추가적으로 고려할 사항들이 있다. 이에 대한 사항으로 가장 적절하지 않은 것은?

① 호텔은 일반적으로 연중무휴이며 24시간 운영하기 때문에 시간적, 계절적 공조부하의 변동 폭이 크지 않다.

② 호텔의 열원설비 및 장비의 신뢰성이 중요하며 충분한 유지관리가 요구된다.

③ 호텔은 복합화 시설이라 할 수 있기 때문에 설비계통의 조닝에 있어 운영적인 측면을 고려해야 한다.

④ 설비계통 검토에 있어 건물형태의 변경, 개조 등의 가능성을 고려해야 한다.

> **해설**
> 호텔은 쇼핑, 회의실, 연회장 등 숙박 이외의 기능이 추가되기 때문에 시간적, 계절적 공조부하의 변동 폭이 크다.

08 근린생활시설 분류에 대한 설명으로 가장 옳지 않은 것은?(단, 하나의 대지에 있는 모든 건축물은 같은 건축물로 본다)

① 같은 건축물에 일반업무시설로서의 결혼상담소 바닥면적 합계가 30m² 미만이면 제1종 근린생활시설이다.

② 같은 건축물에 공공업무시설로서의 파출소 바닥면적 합계가 1,000m² 미만이면 제1종 근린생활시설이다.

③ 같은 건축물에 일용품을 판매하는 소매점의 바닥면적 합계가 1,000m² 미만이면 제2종 근린생활시설이다.

④ 같은 건축물에 단란주점의 바닥면적 합계가 150m² 미만이면 제2종 근린생활시설이다.

해설

같은 건축물에 일용품을 판매하는 소매점의 바닥면적 합계가 1,000m² 미만이면 제1종 근린생활시설이다.

09 학교 건축계획 시 블록플랜의 적용에 대한 설명으로 가장 옳지 않은 것은?

① 같은 기능을 가진 교실과 유사 교과교실, 특별교실을 그룹핑(Grouping)하여 배치한다.

② 특별교실은 자연환기 및 채광을 우선하여 건물 외주부에 배치하고, 보통교실은 접근성을 우선하여 건물 중앙부에 배치한다.

③ 학년단위로 계획하며 초등학교 저학년과 고학년은 분리한다.

④ 동일 학년의 학급은 균등한 조건으로 같은 층에 계획한다.

해설

보통교실은 자연환기 및 채광을 우선하여 건물 외주부에 배치하고, 특별교실은 접근성을 우선하여 건물 중앙부에 배치한다.

10 서양 건축 양식의 발달 순서가 옳게 정리된 것은?

① 그리스 → 로마 → 비잔틴 → 바로크 → 르네상스

② 이집트 → 그리스 → 로마 → 로마네스크 → 비잔틴 → 고딕

③ 그리스 → 로마 → 비잔틴 → 로마네스크 → 고딕 → 르네상스

④ 로마 → 비잔틴 → 고딕 → 로마네스크 → 르네상스 → 바로크

해설

그리스 → 로마 → 초기 기독교 → 비잔틴 → 로마네스크 → 고딕 → 르네상스 → 바로크 → 로코코 순으로 발달되었다.

11 범죄예방 환경설계(CPTED)의 기본원리에 대한 설명으로 가장 옳지 않은 것은?

① 자연적 감시 – 가능한 한 많은 CCTV를 설치하여 범죄 가능성을 감소시킨다.

② 자연적 접근 통제 – 도로, 보행로, 조경 등을 통해 허가받지 않은 사람들의 접근을 어렵게 만들고, 물리적 수단을 병행하여 이를 강화할 수 있다.

③ 영역성 – 어떤 지역을 지역 주민들이 자유롭게 사용하거나 점유함으로써 그들의 권리를 주장할 수 있는 가상의 영역을 말한다.

④ 활용성 증대 – 공공장소를 일반 시민들이 활발하게 사용하도록 하여 그들의 눈에 의한 자연스러운 감시를 강화한다.

> **해설**
> CCTV 설치는 접근 통제를 위한 방법이며, 출입구 및 범죄 우려가 있는 곳에 적절히 설치한다. CCTV를 많이 설치하면 프라이버시가 침해될 우려가 있다.
> 자연적 감시 : 건물 출입구나 내부 계단, 외부 창문 등은 개방형 구조로 디자인하고 건물 사이의 이격공간 등에서 시계의 사각지대가 생기지 않도록 한다.

12 전시공간 디자인에서 하나의 사실 또는 주제의 시간상황을 고정시켜 연출하는 것으로 현장에 있는 듯한 느낌을 가지고 관찰할 수 있도록 하는 전시설계기법은?

① 디오라마 전시설계기법
② 파노라마 전시설계기법
③ 아일랜드 전시설계기법
④ 하모니카 전시설계기법

> **해설**
> 디오라마 전시설계기법은 하나의 사실 또는 주제의 시간상황을 고정시켜 연출하는 것으로 현장에 있는 듯한 느낌을 가지고 관찰할 수 있도록 하는 전시설계기법이다.

13 노외주차장 계획에 대한 설명으로 가장 옳지 않은 것은?

① 출입구의 너비 합이 5.5m 이상으로 출구와 입구가 차선 따위로 분리되는 경우에는 출입구를 함께 설치할 수 있다.

② 공중화장실, 간이매점, 휴게소 등 부대시설의 총 면적은 주차장 총 시설면적의 20% 이상으로 계획하는 것이 바람직하다.

③ 지하식 노외주차장 차로의 높이는 주차바닥면으로부터 2.3m 이상이 되게 계획하여야 한다.

④ 주거지역에 설치된 노상주차장으로 인근 주민의 자동차를 위한 경우에는 전용주차구획을 노상주차장 일부에 설치할 수 있다.

해설

공중화장실, 간이매점, 휴게소 등 부대시설의 총 면적은 주차장 총 시설면적의 20%를 초과할 수 없다.

노외주차장에 설치할 수 있는 부대시설

노외주차장에 설치할 수 있는 부대시설은 다음과 같다. 다만, 전기자동차충전시설을 제외한 부대시설의 총 면적은 주차장 총 시설면적의 20%를 초과해서는 안 된다.

• 관리사무소, 휴게소 및 공중화장실
• 간이매점, 자동차 장식품 판매점 및 전기자동차충전시설, 태양광발전시설, 집배송시설
• 주유소(특별시장·광역시장, 시장·군수 또는 구청장이 설치한 노외주차장만 해당)
• 노외주차장의 관리·운영상 필요한 편의시설
• 특별자치도·시·군 또는 자치구의 조례로 정하는 이용자 편의시설

14 인텔리전트 빌딩(Intelligent Building)은 고도 정보사회의 업무에 적합하고 업무 개선이나 설비 변경에 대응할 수 있도록 유연성 있는 공간 제공이 요구된다. 인텔리전트 빌딩이 갖추어야 할 특성과 가장 거리가 먼 것은?

① 경제성   ② 쾌적성
③ 생산성   ④ 독립성

해설

독립성은 해당되지 않는다.

인텔리전트 빌딩의 특징

• 경제성(Economic)
• 생산성(Productivity)
• 유연성(Flexibility)
• 쾌적성(Amenity)
• 독창성(Originality)

인텔리전트 빌딩의 구성요소

• 빌딩자동화계획(BA ; Building Automation)
• 사무자동화계획(OA ; Office Automation)
• 정보통신계획(TC ; Telecommunication)
• 건축환경계획(AE ; Architectural Environment)

15 건축법에 따라 건축면적 산정에 포함되는 것으로 가장 옳은 것은?

① 지표면으로부터 2m 높이에 있는 부분
② 건축물 지상층에 일반인이나 차량이 통행할 수 있도록 설치한 보행통로나 차량통로
③ 지하주차장의 경사로
④ 음식물 쓰레기, 의류 등의 수거함

해설
지표면으로부터 1m 이상이므로 건축면적 산정에 포함된다.
건축면적에 산입하지 않는 대상
- 지표면으로부터 1m 이하에 있는 부분(창고 중 물품을 입출고하기 위하여 차량을 접안시키는 부분의 경우에는 지표면으로부터 1.5m 이하에 있는 부분)
- 기존의 다중이용업소(2004년 5월 29일 이전의 것만 해당)의 비상구에 연결하여 설치하는 폭 2m 이하의 옥외피난계단
- 건축물 지상층에 일반인이나 차량이 통행할 수 있도록 설치한 보행통로나 차량통로
- 지하주차장의 경사로
- 건축물 지하층의 출입구 상부
- 생활폐기물 보관시설
- 어린이집(2005년 1월 29일 이전에 설치된 것만 해당한다)의 비상구에 연결하여 설치하는 폭 2m 이하의 영유아용 대피용 미끄럼대 또는 비상계단
- 장애인용 승강기, 장애인용 에스컬레이터, 휠체어리프트 또는 경사로

16 개발로 인하여 기반시설이 부족할 것으로 예상되나 기반시설을 설치하기 곤란한 지역을 대상으로 건폐율이나 용적률을 강화하여 적용하기 위해 지정하는 구역은?

① 기반시설부담구역
② 개발밀도관리구역
③ 개발제한구역
④ 시가화조정구역

해설
개발밀도관리구역 : 개발로 인하여 기반시설이 부족할 것으로 예상되나 기반시설을 설치하기 곤란한 지역을 대상으로 건폐율이나 용적률을 강화하여 적용하기 위해 지정하는 구역을 말한다.

17 극장계획에 대한 설명으로 가장 옳은 것은?

① 출연자와 직원의 출입구는 서로 항시 소통과 조율이 가능하도록 공용으로 설치한다.
② 극장의 대지는 대로에서 벗어나 아늑한 공간에 위치하는 것이 바람직하다.
③ 극장의 화장실은 개막 전 또는 중간의 휴식시간 중 관객들 모두가 일시에 사용할 수 있도록 최대한 크게 설치한다.
④ 아레나 스테이지형은 무대에서 가까운 거리에 많은 관객을 수용할 수 있다.

해설
① 출연자와 직원의 출입구는 분리하여 설치한다.
② 극장의 대지는 대로에 접하며, 공지를 넓게 확보하는 것이 바람직하다.
③ 극장의 화장실은 사용시간을 고려하여 적절한 규모로 설치한다.

18 장애인 등이 이용 가능한 화장실에 관한 기준으로 가장 옳지 않은 것은?

① 대변기의 전면에는 휠체어가 회전할 수 있도록 1.0m×1.0m 이상의 활동공간을 확보하여야 한다.

② 건물을 신축하는 경우에는 대변기의 유효바닥면적이 폭 1.6m 이상, 깊이 2.0m 이상 되도록 설치하여야 한다.

③ 대변기의 좌측 또는 우측에는 휠체어의 측면 접근을 위하여 유효폭 0.75m 이상의 활동공간을 확보하여야 한다.

④ 출입문의 통과 유효폭은 0.9m 이상으로 하여야 한다.

해설
대변기의 전면에는 휠체어가 회전할 수 있도록 1.4m×1.4m 이상의 활동공간을 확보하여야 한다.

19 〈보기〉는 쇼핑센터의 구성요소를 설명한 것이다. ㄱ~ㄷ에 해당하지 않는 것은?

┤보기├
ㄱ. 단일품목을 취급하는 점포를 말하며 고객에게 쇼핑의 즐거움을 주고 쇼핑센터의 특색을 살리는 역할을 한다.
ㄴ. 점포와 점포를 연결하고 고객의 방향성과 동선을 유도하며 공간의 식별성을 부여한다.
ㄷ. 고객이 이동하는 중간중간에 머물 수 있는 공간을 말하며 휴식처인 동시에 연출장소이다.

① 코트(Court)
② 몰(Mall)
③ 전문점(Retail Store)
④ 핵점포(Magnet Store)

해설
ㄱ : 전문점(Retail Store)
ㄴ : 몰(Mall)
ㄷ : 코트(Court)

20 자동화재탐지설비 중 열감지기가 아닌 것은?

① 보상식 감지기
② 이온화식 감지기
③ 정온식 감지기
④ 차동식 감지기

해설
• 열감지기 : 정온식 감지기, 보상식 감지기, 차동식 감지기
• 연기감지기 : 이온화식 감지기, 광전식 감지기

01 장애인을 위한 무장애시설(Barrier-Free)에 대한 설명으로 가장 옳지 않은 것은?

① 장애인 휠체어의 360° 회전공간은 150cm × 150cm 이상 확보해야 한다.

② 점자블록의 표준형 크기는 45cm × 45cm, 계단의 2단 손잡이 높이는 각각 70cm와 90cm이다.

③ 일반 출입문의 통과 유효폭은 90cm 이상 확보해야 한다.

④ 경사로의 구배는 실내는 1/12 이하, 옥외는 가능한 1/18 이하로 확보하는 것이 안전하다.

해설

점자블록의 표준형 크기는 30cm × 30cm이며, 계단의 손잡이를 2중으로 설치하는 경우에는 위쪽과 아래쪽 손잡이의 높이는 각각 85cm와 65cm 내외로 한다.

02 리모델링 설계 시 고려사항에 대한 설명으로 가장 옳지 않은 것은?

① 구조시스템의 결합관계에 가변성 부여

② 서비스코어의 확장성 고려

③ 건물 외부공간의 확보

④ 설비영역의 개별화를 통한 가변성 최소화

해설

설비영역의 통합으로 가변성을 부여한다.

03 주차장법 시행규칙에 따른 직각주차 형식의 주차면 폭과 길이 값으로 가장 옳은 것은?

일반형	확장형
① 폭 2.5m 이상 길이 5.0m 이상	폭 2.5m 이상 길이 5.1m 이상
② 폭 2.4m 이상 길이 5.1m 이상	폭 2.5m 이상 길이 5.1m 이상
③ 폭 2.5m 이상 길이 5.1m 이상	폭 2.6m 이상 길이 5.2m 이상
④ 폭 2.5m 이상 길이 5.0m 이상	폭 2.6m 이상 길이 5.2m 이상

> **해설**
> 평행주차 형식 외의 경우 주차단위구획 크기

구분	너비	길이
경형	2.0m 이상	3.6m 이상
일반형	2.5m 이상	5.0m 이상
확장형	2.6m 이상	5.2m 이상
장애인전용	3.3m 이상	5.0m 이상
이륜자동차전용	1.0m 이상	2.3m 이상

04 유럽 중세 건축에 대한 설명으로 가장 옳은 것은?

① 바실리카 교회(Basilican Church)는 중세 서구 교회 건축의 원형으로 로마네스크 양식을 거쳐 고딕 양식에 이르러 완성되었으며, 주축은 항상 남북축으로 하였다.

② 사라센(Saracen) 건축은 비잔틴(Byzantine) 양식과 동아시아의 건축이 혼합된 것으로 서양 건축사에서 매우 중요한 양식이다.

③ 고딕(Gothic) 건축은 도시의 발달, 경제력의 증대 및 기독교의 융성에 따라 중세 교회 건축을 완성하여 역사상 종교건축의 절정기를 이룩한 양식이다.

④ 로마네스크(Romanesque) 건축은 로마 건축기법에 그리스적 요소를 많이 반영해 중세 문화에 적합하도록 로마 건축 양식과 병용하여 발전한 양식이다.

> **해설**
> ① 바실리카 교회(Basilican Church)는 중세 서구 교회 건축의 원형으로 로마네스크 양식을 거쳐 고딕 양식에 이르러 완성되었으며, 주축은 동서축으로 하였다.
> ② 비잔틴(Byzantine) 양식은 로마의 기독교 건축과 사라센(Saracen) 건축이 혼합된 것으로 서양 건축사에서 매우 중요한 양식이다.
> ④ 로마네스크(Romanesque) 건축은 로마의 기독교 건축 요소를 많이 반영해 중세 문화에 적합하도록 로마 건축 양식과 병용하여 발전한 양식이다.

05 결로에 대한 설명으로 가장 옳지 않은 것은?

① 외단열이 결로방지에 유리하다.

② 구조상 일부 벽이 얇아지거나 재료가 달라서 열관류 저항이 큰 부분이 생기면 결로하기 쉽다.

③ 현관 주위의 칸막이 벽 등 내벽에 일어나는 경우도 있고, 특히 북향 벽이나 북측 모서리 부분에서 일어나기 쉽다.

④ 내부결로는 수증기가 벽체 내부에서 결로하는 현상이다.

해설

구조상 일부 벽이 얇아지거나 재료가 달라서 열관류 저항이 작은 부분이 생기면 결로하기 쉽다.

06 건축물 건설과정 중 〈보기〉에 해당하는 단계로 가장 옳은 것은?

┤보기├

건축주가 건축의 목표와 시행의도를 명확히 하고 예산과 운영방안 등을 검토하여 건축 가능성을 구체화하는 단계이다. 건설목적에 맞는 방향 설정, 공사비 추정, 경영계획 등 건설의 모든 과정을 예견하는 가장 중요한 단계라 할 수 있다.

① 설계 단계
② 기획 단계
③ 시공 단계
④ 착상 단계

해설

기획 단계는 건축주가 건축의 목표와 시행의도를 명확히 하고 예산과 운영방안 등을 검토하여 건축 가능성을 구체화하는 단계로서 건설목적에 맞는 방향 설정, 공사비 추정, 경영계획 등 건설의 모든 과정을 예견하는 단계이다.

07 주택설계 시, 공간이나 실에 대한 계획 및 설명으로 가장 옳지 않은 것은?

① 거실의 1인당 소요 바닥면적은 일반적으로 4~6m^2 정도이다.

② 침실에는 시간당 최소 30m^3/h의 신선한 공기를 공급할 필요가 있다.

③ 식당·부엌의 유형 가운데 거실, 시사실, 부엌을 한 공간에 꾸며놓은 것을 리빙 키친(Living Kitchen) 또는 리빙 다이닝 키친(Living Dining Kitchen)이라 한다.

④ 설비적 코어 시스템이란 부엌, 식당, 화장실, 욕실 등 배관이 필요한 실을 한 곳에 집중배치해 설비비를 절약하는 시스템을 말하며 주로 큰 규모의 주택에 적합하다.

해설

침실에는 시간당 최소 50m^3/h의 신선한 공기를 공급할 필요가 있다.

08 극장계획에 대한 설명으로 가장 옳지 않은 것은?

① 무대 형식 가운데 아레나형은 가까운 거리에서 많은 관객을 수용할 수 있으며, 무대 배경을 만들지 않으므로 경제성이 높다는 장점이 있다.

② 단면계획상 복상형(Gallery Type)은 관객석이 2층석, 3층석 등의 발코니로 구성된 형식으로, 동일 수용인원을 지닌 극장일 경우 단층형에 비하여 맨 뒷좌석의 시거리가 짧아 연극을 주로 하는 극장에 유리한 형식이다.

③ 가시거리 22m는 배우의 표정과 동작을 자세하게 관람할 수 있는 생리적 한도로 인형극과 아동극 등이 이 범위로 정해진다.

④ 무대의 수평 편각허용도는 무대 중심선에서 60°의 범위로 한다.

> **해설**
> 가시거리 15m는 배우의 표정과 동작을 자세하게 관람할 수 있는 생리적 한도로 인형극과 아동극 등이 이 범위로 정해진다.

09 특수전시기법에 대한 설명으로 가장 옳은 것은?

① 디오라마(Diorama) 전시 - 하나의 사실 또는 주제의 시간 상황을 고정시켜 연출하는 것으로 현장에 있는 듯한 느낌으로 관찰할 수 있는 기법이다.

② 아일랜드(Island) 전시 - 전시 내용을 통일된 형식 속에서 규칙적·반복적으로 나타나게 하는 기법으로 동일 종류의 전시물을 반복 전시할 경우에 유리하다.

③ 파노라마(Panorama) 전시 - 전시 벽이나 천장을 직접 이용하지 않고 전시물 또는 전시장치를 배치해 전시공간을 만들어 내는 기법으로, 대형 전시물이나 아주 소형 전시물일 경우에 유리하며 관람자의 시거리를 짧게 할 수 있고 전시물 크기에 관계없이 배치할 수 있는 기법이다.

④ 하모니카(Harmonica) 전시 - 연속적인 주제를 선적으로 관계성 깊게 표현하기 위해 전경(全景)이 펼쳐지도록 연출하여 넓은 시야의 실경을 보는 듯한 느낌을 주는 기법으로, 맥락이 중요시될 때 사용한다.

> **해설**
> ② 아일랜드(Island) 전시 : 전시 벽이나 천장을 직접 이용하지 않고 전시물 또는 전시장치를 배치해 전시공간을 만들어 내는 기법으로, 대형 전시물이나 아주 소형 전시물일 경우에 유리하며 관람자의 시거리를 짧게 할 수 있고 전시물 크기에 관계없이 배치할 수 있는 기법이다.
> ③ 파노라마(Panorama) 전시 : 연속적인 주제를 선적으로 관계성 깊게 표현하기 위해 전경(全景)이 펼쳐지도록 연출하여 넓은 시야의 실경을 보는 듯한 느낌을 주는 기법으로, 맥락이 중요시될 때 사용한다.
> ④ 하모니카(Harmonica) 전시 : 전시 내용을 통일된 형식 속에서 규칙적·반복적으로 나타나게 하는 기법으로 동일 종류의 전시물을 반복 전시할 경우에 유리하다.

10 아파트 평면 형식상의 분류에 대한 설명으로 가장 옳지 않은 것은?

① 평면 형식상의 분류에는 계단실형, 복도형, 집중형 등이 있다.
② 편복도형은 계단실형에 비해 채광, 환기 및 독립성에 유리하다.
③ 계단실형은 복도형에 비해 엘리베이터 이용률이 낮다.
④ 집중형은 계단실과 엘리베이터를 중심으로 다수의 주호를 배치한 형식으로 채광 및 환기에 불리하다.

해설
편복도형은 계단실형에 비해 채광, 환기 및 독립성에 불리하다.

11 쇼핑센터의 몰(Mall)에 대한 설명으로 가장 옳지 않은 것은?

① 전문상점과 핵상점의 주출입구는 몰(Mall)에 면한다.
② 보행자(Pedestrian) 지대의 일부로서 각 상점에 이르는 보행자 동선과 고객의 휴게 기능을 포함한 곳이다.
③ 몰(Mall)의 폭은 6~12m로 하며, 길이는 150m를 초과하지 않도록 한다.
④ 자연광을 이용해 외부공간과 같은 환경을 조성하여 시간에 따른 공간감을 조성한다.

해설
몰(Mall)의 폭은 6~12m로 하며, 길이는 240m를 초과하지 않도록 한다.

12 학교운영 방식에 대한 설명으로 가장 옳지 않은 것은?

① 플래툰형(Platoon Type) – 학급을 둘로 나누어 한쪽을 일반교실로 사용하고 다른 한쪽은 특별교실로 사용한다.
② 개방 학교(Open School) – 개인의 능력과 자질에 따라 다양한 학습활동을 할 수 있도록 운영하는 방식으로 경우에 따라 무학년제로 운영한다.
③ E형 – 일반교실 수는 학급 수보다 적고 특별교실의 순수율은 100%이다.
④ 교과교실형(V형) – 모든 교실이 특정교과를 위해 쓰이며 일반교실은 없다.

해설
E형의 일반교실 수는 학급 수보다 적으며, 특별교실의 순수율은 반드시 100%가 되는 것은 아니다.
E형의 학교운영 방식
• 일반 및 특별교실형(U + V형)과 교과교실형(V형)의 중간형이다.
• 일반교실 수는 학급 수보다 적으며, 특별교실의 순수율은 반드시 100%가 되는 것은 아니다.
• 이용률을 상당히 높일 수 있으므로 경제적이다.
• 학생이 생활하는 장소가 안정되지 않고 학생의 이동이 상당히 많은 경우에는 혼란이 온다.

13 지구라트와 피라미드를 비교한 설명으로 가장 옳지 않은 것은?

① 지구라트는 면이 동서방향이며, 피라미드는 모서리가 동서방향이다.

② 지구라트는 주재료가 흙벽돌이며, 피라미드는 석재이다.

③ 지구라트는 주용도가 제단 및 천문관측소이며, 피라미드는 무덤이다.

④ 지구라트는 내부가 채워져 있으며, 피라미드는 묘실이 있다.

해설

지구라트는 모서리가 동서방향이며, 피라미드는 평면이 정사각형이며 면이 남북방향으로 배치되어 있다.

14 고속전철 역사 및 버스터미널의 보행 동선체계에 대한 설명으로 가장 옳지 않은 것은?

① 보행자의 안전 및 쾌적성을 위해 충분한 공간을 확보한다.

② 내부 보행공간은 밝은 공간의 확보를 위해 자연채광을 도입한다.

③ 역사 내 보행통로와 보행 몰은 가급적 다양한 보행 동선으로 계획한다.

④ 광장 내 승하차장은 신속한 승하차를 위해 여유 있게 계획한다.

해설

역사 내 보행통로와 보행 몰은 가급적 단순하고 명쾌한 보행 동선으로 계획한다.

15 전통 건축에 나타나는 공포 형식으로 가장 옳지 않은 것은?

① 강릉 객사문 – 주심포 양식

② 부석사 무량수전 – 주심포 양식

③ 화엄사 각황전 – 다포 양식

④ 전주 풍남문 – 다포 양식

해설

전주 풍남문은 주심포 양식이다.

전주 풍남문(豊南門)

• 2층 구조이며 1층이 앞면 3칸·옆면 3칸, 2층이 앞면 3칸·옆면 1칸이다.

• 지붕은 옆면에서 볼 때 여덟 팔(八)자 모양을 한 팔작지붕이다.

• 문루의 각 기둥 윗부분에는 창방만 돌려서 주심포(柱心包)식 공포(栱包)로 구성하였다.

16 쇼윈도(Show Window)의 단면유형 중 전시 상품으로 가장 옳지 않은 것은?

① 양품/양장

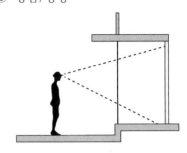

② 가구/자동차

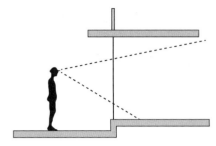

③ 모자

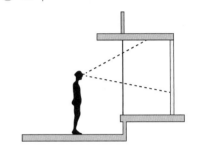

④ 구두

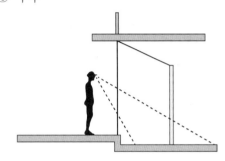

해설
구두는 발높이 정도에 전시되는 것이 좋다.

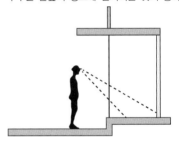

17 〈보기〉와 같은 특징을 지니는 건축물의 난방 방식으로 가장 옳은 것은?

┌─ 보기 ───┐
│ • 열용량은 크지만 예열에 가장 많은 시간이 소요된다.   │
│ • 실온의 상하차가 적고 실온의 분포가 비교적 균일하다.   │
│ • 실온의 조절이 어렵고 시공 및 수리가 곤란하며 설비비는 높은 편이다.   │
│ • 실내에 방열기를 설치하지 않으므로 별도의 공간이 필요 없다.   │
└──┘

① 증기난방   ② 복사난방

③ 온수난방   ④ 온풍난방

해설

복사난방
- 바닥, 천장, 벽 등에 온수나 증기를 통하는 관을 매설하여 방열면으로서 사용하며 복사열에 의해 난방하는 방식이다.
- 대류식은 70~90℃의 온수, 복사식에서는 35~50℃의 온수가 사용된다.
- 열용량은 크지만 예열에 가장 많은 시간이 소요된다.
- 실온의 상하차가 적고 실온의 분포가 비교적 균일하다.
- 실온의 조절이 어렵고 시공 및 수리가 곤란하며 설비비는 높은 편이다.
- 실내에 방열기를 설치하지 않으므로 별도의 공간이 필요 없다.

18 사무소 건축 등의 엘리베이터 계획에 대한 설명으로 가장 옳지 않은 것은?

① 엘리베이터를 직선 배치할 경우 최대 4대 이하로 계획한다.

② 엘리베이터 홀의 승객 1인당 점유면적은 0.5~0.8m²/인 이상으로 한다.

③ 건축계획적 측면에서 원활한 엘리베이터의 활용을 위한 대수 산정기준은 1일 평균이용자 수를 기준으로 한다.

④ 건축법 제64조에 따르면 6층 이상, 연면적이 2,000m² 이상인 건축물(대통령령으로 정하는 건축물은 제외)을 건축하려면 엘리베이터를 설치해야 한다.

해설

사무소 건축에서 엘리베이터 대수 산정기준은 출근시간 직전의 5분간에 엘리베이터에 출입하는 인원수로 결정한다.

19 주차공간계획에 대한 설명으로 가장 옳지 않은 것은?

① 경제적인 주차방법으로 가장 많이 사용되는 주차 형식은 직각주차 형식이다.

② 지하주차장 경사로의 종단 경사도는 직선 부분에서는 17%, 곡선 부분에서는 14%를 초과해서는 안 된다.

③ 자주식 주차 형식은 통로 점유면적이 크다는 단점이 있으나, 연속적으로 주차할 수 있고 차량의 주차시간 및 이동시간이 짧기 때문에 가장 보편적으로 활용하는 주차 형식이다.

④ 주차 대수가 50대 이상인 경우 경사로는 너비가 최소 8m 이상인 2차로를 확보하거나 진입차로 및 진출차로를 분리해야 한다.

해설
주차 대수가 50대 이상인 경우 경사로는 너비가 최소 6m 이상인 2차로를 확보하거나 진입차로 및 진출차로를 분리해야 한다.

20 주거단지계획 이론에 대한 설명으로 가장 옳은 것은?

① 페리의 근린주구 이론은 고등학교 한 곳이 필요로 하는 인구를 기준으로 한다.

② 하워드의 전원도시 이론은 중심에 400ha의 시가지와 주변에 농경지대를 설치한다.

③ 페더의 새로운 도시 이론은 인구 50,000명의 자급자족적인 소도시를 기준으로 한다.

④ 라이트와 스타인의 래드번 계획에서 슈퍼블록은 50ha로 구성한다.

해설
① 페리의 근린주구 이론은 초등학교 한 곳이 필요로 하는 인구를 기준으로 한다.
③ 페더의 새로운 도시 이론은 인구 20,000명의 자급자족적인 소도시를 기준으로 한다.
④ 라이트와 스타인의 래드번 계획에서 슈퍼블록은 12~20ha로 구성한다.

01 공장 건축의 계획 시 고려해야 할 사항으로 옳지 않은 것은?

① 건물의 배치는 공장의 작업내용을 충분히 검토하여 결정한다.

② 중층형 공장은 주로 제지·제분 등 경량의 원료나 재료를 취급하는 공장에 적합하다.

③ 증축 및 확장계획을 충분히 고려하여 배치계획을 수립한다.

④ 무창공장은 냉·난방 부하가 커져 운영비용이 많이 든다.

> **해설**
> 무창공장은 창을 통한 열손실이 최소화되므로 냉·난방 부하가 작아져서 운영비용이 적게 든다.

02 병원 건축계획에 대한 설명으로 옳지 않은 것은?

① 중앙진료부에 해당하는 수술실은 병동부와 외래부 중간에 위치시킨다.

② ICU(Intensive Care Unit)는 중증환자를 수용하여 집중적인 간호와 치료를 행하는 간호단위이다.

③ 종합병원의 병동부 면적비는 연면적의 1/3 정도이다.

④ 1개 간호단위의 적절한 병상 수는 종합병원의 경우 70~80bed가 이상적이다.

> **해설**
> • 1개 간호단위의 적절한 병상 수는 종합병원의 경우 20~30bed가 이상적이다(평균 25bed).
> • 간호사가 능률적으로 간호할 수 있는 일반적인 병상 수는 30~40bed 정도로 한다.

03 공공문화시설에 대한 설명으로 옳지 않은 것은?

① 전시장 계획 시 연속순로(순회) 형식은 동선이 단순하여 공간이 절약된다.

② 공연장 계획 시 객석의 형(形)이 원형 또는 타원형이 되도록 하는 것이 음향적으로 유리하다.

③ 도서관 계획 시 서고의 수장능력은 서고 공간 $1m^3$당 약 66권을 기준으로 한다.

④ 극장 계획 시 고려해야 할 가시한계(생리적 한도)는 약 15m이고, 1차 허용한계는 약 22m, 2차 허용한계는 약 35m이다.

> **해설**
> 공연장 계획 시 객석의 형(形)이 원형 또는 타원형일 경우 음의 집중현상이 발생할 수 있으므로 음향적으로 불리하다.

04 치수계획에 대한 설명으로 옳지 않은 것은?

① 건축공간의 치수는 인간을 기준으로 할 때 물리적, 생리적, 심리적 치수(Scale)로 구분할 수 있다.

② 국제 척도조정(MC)을 사용하면 건축구성재의 국제교역이 용이해진다.

③ 건축공간의 치수는 인체치수에 대한 여유치수를 배제하고 계획하는 것이 좋다.

④ 모듈의 예로 르 코르뷔지에(Le Corbusier)의 모듈러(Le Modular)가 있다.

해설
건축공간의 치수는 인체치수에 대한 여유치수를 두며, 활동을 위한 여유공간을 확보해야 한다.

05 건축법령상 비상용승강기에 대한 설명으로 옳지 않은 것은?

① 비상용승강기를 설치하는 경우 설치대수는 건축물 층수를 기준으로 한다.

② 피난층이 있는 승강장의 출입구로부터 도로 또는 공지에 이르는 거리는 30m 이하로 계획하여야 한다.

③ 2대 이상의 비상용승강기를 설치하는 경우에는 화재가 났을 때 소화에 지장이 없도록 일정한 간격을 두고 설치하여야 한다.

④ 승강장의 바닥면적은 옥외에 승강장을 설치하는 경우를 제외하고 비상용승강기 1대에 대하여 6m² 이상으로 한다.

해설
비상용승강기를 설치하는 경우 설치대수는 건축물의 바닥면적을 기준으로 한다.
비상용승강기의 설치(건축법 시행령 제90조)
높이 31m를 넘는 건축물에는 다음의 기준에 따른 대수 이상의 비상용승강기(비상용승강기의 승강장 및 승강로를 포함한다)를 설치하여야 한다.
• 높이 31m를 넘는 각 층의 바닥면적 중 최대바닥면적이 1,500m² 이하인 건축물 : 1대 이상
• 높이 31m를 넘는 각 층의 바닥면적 중 최대바닥면적이 1,500m²를 넘는 건축물 : 1대에 1,500m²를 넘는 3,000m² 이내마다 1대씩 더한 대수 이상

06 공동주택에 대한 설명으로 옳지 않은 것으로만 묶은 것은?

> ㄱ. 편복도형은 엘리베이터 1대당 단위주거를 많이 둘 수 있다.
> ㄴ. 집중형은 대지 이용률이 낮으나 모든 단위주거가 환기 및 일조에 유리하다.
> ㄷ. 중복도형은 사생활 보호에 불리하며 대지 이용률이 낮다.
> ㄹ. 계단실형은 사생활 보호에 유리하다.

① ㄱ, ㄷ   ② ㄱ, ㄹ

③ ㄴ, ㄷ   ④ ㄴ, ㄹ

해설
ㄴ. 집중형은 대지 이용률이 높지만, 단위주거가 환기 및 일조에 불리하다.
ㄷ. 중복도형은 사생활 보호에 불리하지만, 대지 이용률이 높다.

07 주거밀도에 대한 설명으로 옳지 않은 것은?

① 호수밀도는 단위 토지면적당 주호수로 주택의 규모와 중요한 관계가 있다.

② 건폐율은 건축밀도(건축물의 밀집도)를 산출하는 기초 지표로 대지면적에 대한 건축면적의 비율(%)이다.

③ 인구밀도는 거주인구를 토지면적으로 나눈 것이며, 단위 토지면적에 대한 거주인구수로 나타낸다.

④ 인구밀도는 호수밀도에 1호당 평균세대인원을 곱하여 구할 수 있다.

> **해설**
>
> 호수밀도는 단위 토지면적당 주호수로 건물의 양과 관계가 있으며, 주택의 규모는 단위 주호의 크기를 말한다.

08 우리나라 시대별 전통 건축의 특징에 대한 설명으로 옳지 않은 것은?

① 통일신라시대의 가람배치는 불사리를 안치한 탑을 중심으로 하였던 1탑식 가람배치 방식에서 불상을 안치한 금당을 중심으로 그 앞에 두 개의 탑을 시립(侍立)한 2탑식 가람배치로 변화하였다.

② 고려 초기에는 기둥 위에 공포를 배치하는 주심포식 구조 형식이 주류를 이루었고, 고려 말경에는 창방 위에 평방을 올려 구성하는 다포식 구조형식을 사용하였다.

③ 조선시대에는 다포식과 주심포식이 혼합된 절충식이 나타나기도 하였으며, 절충식 건축물로는 해인사 장경판고(대장경판전), 옥산서원 독락당, 서울 동묘, 서울 사직단 정문 등이 있다.

④ 20세기 초에 서양식으로 지어진 건물 중 조선은행(한국은행본관)은 르네상스식 건물이고, 경운궁의 석조전은 신고전주의 양식을 취한 건물이다.

> **해설**
>
> 해인사 장경판고(대장경판전), 옥산서원 독락당, 서울 동묘, 서울 사직단 정문 등은 익공 양식의 건축물이다.
>
> **익공 양식의 건축물**
>
> - 조선 초기 주심포 양식을 간략화하여 독자적으로 개발한 공포 양식이다.
> - 관아, 향교, 서원, 사당 등의 유교 건축물과 지방의 상류 주택에 주로 사용되었다.
> - 궁궐, 사찰의 침전, 누각, 회랑 등 부차적 건물에도 사용되었다.

09 빛 환경에 대한 설명으로 옳지 않은 것만을 모두 고른 것은?

> ㄱ. 조명의 목적은 빛을 인간생활에 유익하게 활용하는 데 있으며 좋은 조명은 조도가 높아야 한다.
> ㄴ. 국부조명은 조명이 필요한 부분에만 집중적으로 조명을 행하는 것으로 눈이 쉽게 피로해진다.
> ㄷ. 시야 내에 눈이 순응하고 있는 휘도보다 현저하게 높은 휘도 부분이 있으면 눈부심 현상이 일어나 불쾌감을 느끼게 된다.
> ㄹ. 간접조명은 조도 분포가 균일하여 적은 전력으로도 직접조명과 같은 조도를 얻을 수 있다.
> ㅁ. 실내상시보조인공조명(PSALI)은 주광과 인공광을 병용한 방식이다. 이때 조명설비는 주광의 변동에 대응해서 인공광 조도를 조절할 수 있는 시스템이다.

① ㄱ, ㄴ
③ ㄴ, ㄷ, ㄹ
② ㄱ, ㄹ
④ ㄷ, ㄹ, ㅁ

해설
ㄱ. 좋은 조명은 사용목적에 맞도록 조도가 적당해야 한다.
ㄹ. 간접조명은 조도 분포가 균일하지만, 많은 전력으로써 직접조명과 같은 조도를 얻을 수 있다.

10 먼셀 표색계(Munsell System)에 대한 설명으로 옳지 않은 것은?

① 빨강(R), 노랑(Y), 녹색(G), 파랑(B), 보라(P)의 5가지 주색상을 기본으로 총 100색상의 표색계를 구성하였다.

② 모든 색은 백색량, 흑색량, 순색량의 합을 100으로 하여 배합하였기 때문에 어떠한 색도 혼합량은 항상 100으로 일정하다.

③ 명도는 가장 어두운 단계인 순수한 검정색을 0으로 가장 밝은 단계인 순수인 흰색을 10으로 하였다.

④ 색새기호 5R7/8은 색상이 빨강(5R)이고, 명도는 7, 채도는 8을 의미한다.

해설
NCS 표색계는 모든 색은 백색량, 흑색량, 순색량의 합을 100으로 하여 배합하였기 때문에 어떠한 색도 혼합량은 항상 100으로 일정하다.
NCS(Natural Color System)
인간이 눈으로 지각할 때 느끼는 '색에 대한 감정의 자연적 시스템'을 뜻하며, 스웨덴 색채연구소에서 1972년에 개발되었고 헤링의 반대색설(대응색설, 4원색설)을 기초로 하였다.

11 교육시설의 건축계획에 대한 설명으로 옳은 것은?

① 초등학교의 복도 폭은 양 옆에 거실이 있는 복도일 경우 2.4m 이상으로 계획한다.

② 체육관 천장의 높이는 5m 이상으로 한다.

③ 교사의 배치에서 분산병렬형은 좁은 부지에 적합하지만 일조, 통풍 등 교실의 환경조건이 불균등하다.

④ 학교운영 방식 중 달톤형은 전 학급을 양분하여 한쪽이 일반교실을 사용할 때, 다른 한쪽은 특별교실을 사용한다.

해설

② 체육관 천장높이 : 6m 이상

③ 분산병렬형은 넓은 부지에 적합하며, 교실 환경조건을 균등하게 할 수 있다.

④ 학교운영 방식 중 플래툰형은 전 학급을 양분하여 한쪽이 일반교실을 사용할 때, 다른 한쪽은 특별교실을 사용한다.

12 동선계획에 대한 설명으로 옳지 않은 것은?

① 동선은 단순하고 명쾌해야 한다.

② 동선의 3요소는 속도, 빈도, 하중이다.

③ 사용 정도가 높은 동선은 짧게 계획하여야 한다.

④ 서로 다른 종류의 동선끼리는 결합과 교차를 통하여 동선의 효율성을 높여야 좋다.

해설

동선은 서로 다른 종류의 동선끼리는 결합이나 교차되지 않도록 하며, 동선의 혼란을 피하도록 계획해야 한다.

13 변전실의 위치에 대한 설명으로 옳지 않은 것은?

① 기기의 반출입이 용이할 것

② 습기와 먼지가 적은 곳일 것

③ 가능한 한 부하의 중심에서 먼 장소일 것

④ 외부로부터 전원의 인입이 쉬운 곳일 것

해설

변전실의 위치는 가능한 한 부하의 중심에서 가까운 장소일 것

14 주차장법 시행규칙상 주차장의 주차구획으로 옳지 않은 것은?

① 평행주차 형식의 이륜자동차전용 : 1.2m 이상(너비)×2.0m 이상(길이)

② 평행주차 형식의 경형 : 1.7m 이상(너비)×4.5m 이상(길이)

③ 평행주차 형식 외의 확장형 : 2.6m 이상(너비)×5.2m 이상(길이)

④ 평행주차 형식 외의 장애인전용 : 3.3m 이상(너비)×5.0m 이상(길이)

해설

평행주차 형식의 이륜자동차전용 : 1.0m 이상(너비)×2.3m 이상(길이)

15 건축물의 에너지절약설계기준 건축부문의 의무사항에 대한 설명으로 옳지 않은 것은?

① 바닥난방에서 단열재를 설치할 때 온수배관 하부와 슬래브 사이에 설치되는 구성재료의 열저항 합계는 층간바닥인 경우에는 해당 바닥에 요구되는 총 열관류저항의 60% 이상으로 하는 것이 원칙이다.

② 외기에 직접 면하고 1층 또는 지상으로 연결된 출입문 중 바닥면적 $200m^2$ 이상의 개별점포 출입문, 너비 1.0m 이상의 출입문은 방풍구조로 하여야 한다.

③ 단열재의 이음부는 최대한 밀착해서 시공하거나, 2장을 엇갈리게 시공하여 이음부를 통한 단열성능 저하가 최소화될 수 있도록 조치하여야 한다.

④ 방풍구조를 설치하여야 하는 출입문에서 회전문과 일반문이 같이 설치되어진 경우, 일반문 부위는 방풍실 구조의 이중문을 설치하여야 한다.

해설

외기에 직접 면하고 1층 또는 지상으로 연결된 출입문 중 바닥면적 $300m^2$ 이하의 개별점포 출입문, 너비 1.2m 이하의 출입문은 방풍구조 설치대상에서 제외된다.

건축부문의 의무사항(건축물의 에너지절약설계기준 제6조)

외기에 직접 면하고 1층 또는 지상으로 연결된 출입문은 방풍구조로 하여야 한다. 다만, 다음 각 호에 해당하는 경우에는 그러하지 않을 수 있다.

• 바닥면적 $300m^2$ 이하의 개별점포의 출입문

• 주택의 출입문(단, 기숙사는 제외)

• 사람의 통행을 주목적으로 하지 않는 출입문

• 너비 1.2m 이하의 출입문

16 건축물의 설비기준 등에 관한 규칙상 공동주택 및 다중이용시설의 환기설비기준에 대한 설명으로 옳지 않은 것은?

① 다중이용시설의 기계환기설비 용량기준은 시설이용인원당 환기량을 원칙으로 산정한다.

② 환기구를 안전펜스 또는 조경 등을 이용하여 보행자 및 건축물 이용자의 접근을 차단하는 구조로 하는 경우에는 환기구의 설치높이 기준을 완화해 적용할 수 있다.

③ 신축 또는 리모델링하는 30세대 이상의 공동주택은 시간당 0.5회 이상의 환기가 이루어질 수 있도록 자연환기설비 또는 기계환기설비를 설치하여야 한다.

④ 환기구는 보행자 및 건축물 이용자의 안전이 확보되도록 바닥으로부터 1.8m 이상의 높이에 설치하는 것이 원칙이다.

> **해설**
> 환기구는 보행자 및 건축물 이용자의 안전이 확보되도록 바닥으로부터 2m 이상의 높이에 설치하여야 한다.

17 소화설비 중 소화활동설비에 해당하지 않는 것은?

① 자동화재탐지설비
② 제연설비
③ 비상콘센트설비
④ 연결살수설비

> **해설**
> • 자동화재탐지설비 : 경보설비
> • 소화활동설비 : 연결송수관, 연결살수, 제연설비, 비상콘센트 등

18 근대 건축과 관련된 설명에서 ㉠에 들어갈 용어로 옳은 것은?

(㉠)은/는 1917년에 결성되어 화가, 조각가, 가구 디자이너 그리고 건축가들을 중심으로 추상과 직선을 강조하는 새로운 양식으로 전개되었다. 아울러 (㉠)은/는 신조형주의 이론을 조형적, 미학적 기본원리로 하여 회화, 조각, 건축 등 조형예술 전반에 걸쳐 전개하였으며 입체파의 영향을 받아 20세기 초 기하학적 추상 예술의 성립에 결정적 역할을 하였고, 근대 건축이 기능주의적인 디자인을 확립하는 데 커다란 역할을 하였다.

① 예술공예운동(Arts and Crafts Movement)

② 데 스틸(De Stijl)

③ 세제션(Sezession)

④ 아르누보(Art Nouveau)

> **해설**
> 데 스틸(De Stijl) : 1917년 네덜란드에서 결성된 기하학적 추상미술 그룹이다. 테오 반 되스버그가 창간한 미술잡지 『데 스틸』은 라이덴과 파리에서 1928년까지 계속 발행되었으며, 몬드리안의 신조형주의를 강력히 옹호하고 새로운 조형예술운동을 전개하였다.

19 건물의 단열에 대한 설명으로 옳지 않은 것은?

① 열교는 벽이나 바닥, 지붕 등에 단열이 연속되지 않는 부위가 있을 경우 발생하기 쉽다.

② 단열재의 열전도율은 재료의 종류와는 무관하며 물리적 성질인 밀도에 반비례한다.

③ 반사형 단열재는 복사의 형태로 열 이동이 이루어지는 공기층에 유효하다.

④ 벽체의 축열성능을 이용하여 단열을 유도하는 방법을 용량형 단열이라 한다.

해설
- 열전도율은 재료의 종류에 따라 다르며, 물리적 성질인 밀도에는 비례한다.
- 높은 열전도율을 가지는 물질은 열을 흡수하는 데 쓰이고, 낮은 열전도율을 가지는 물질은 절연(絕緣)에 쓰인다.
- 물질의 열전도율은 온도에 의존하며, 같은 물질이라도 온도에 따라 열전도율이 다르다. 열전도율의 역수는 열저항이라고 한다.

20 르네상스 시대의 건축가와 그의 작품의 연결이 옳지 않은 것은?

① 안드레아 팔라디오 - 빌라 로톤다(빌라 카프라)

② 필리포 브루넬레스키 - 일 레덴토레 성당

③ 미켈란젤로 부오나로티 - 라우렌시오 도서관

④ 레온 바티스타 알베르티 - 루첼라이 궁전

해설
일 레덴토레 성당(1577~1592년, 이탈리아 베네치아)은 안드레아 팔라디오의 작품이다.

일 레덴토레(Il Rendentore) : 1575~1576년에 맹위를 떨쳤던 페스트 유행이 치유되기를 기원하여 레덴토레(구세주)에게 봉헌하는 교회로서 주데카 운하의 남쪽에 계획된 것이다.

01 건축형태의 구성요소 및 원리에 대한 설명으로 가장 옳은 것은?

① 비례는 건물을 구성하는 각 요소들(지붕과 벽, 기둥, 창문 등)의 질적인 관계이다.

② 대칭은 형태의 비평형적 관계이다.

③ 리듬은 균형에 의해 형성된다.

④ 질감이란 물체를 만져보지 않고 시각적으로 표면 상태를 알 수 있는 것이다.

> **해설**
> ① 비례는 건물을 구성하는 각 요소들(지붕과 벽, 기둥, 창문 등)의 양적인 관계이다.
> ② 대칭은 형태의 평형적 관계이다.
> ③ 리듬은 강약과 변화에 의해 형성된다.

02 택지개발 및 주택단지 계획과 관련된 설명으로 가장 옳은 것은?

① 페리의 근린주구에서 규모는 하나의 중학교를 필요로 하는 인구에 대응하며, 그 물리적 크기는 인구밀도에 의해 결정된다.

② 국지도로 유형 중 하나인 쿨데삭(Cul-de-sac)은 교통량이 많으며, 도로의 최대길이는 30m 이하이어야 한다.

③ 블록형 단독주택 용지는 개별필지로 구분하지 않으며 적정 규모의 블록을 하나의 개발단위로 공급하는 용지를 말한다.

④ 탑상형 공동주택은 각 세대에 개방감을 주며 거주 조건이나 환경이 균등하다는 장점이 있다.

> **해설**
> ① 페리의 근린주구에서 규모는 하나의 초등학교를 필요로 하는 인구에 대응하며, 그 물리적 크기는 인구밀도에 의해 결정된다.
> ② 쿨데삭(Cul-de-sac)은 교통량이 적으며, 적정 길이는 120~300m 정도이다.
> ④ 탑상형 공동주택은 각 세대에 개방감을 주지만, 거주 조건이나 환경이 불균등하다는 단점이 있다.

03 건축물 건축설비 관련 설명 중 가장 옳지 않은 것은?

① 온수난방은 예열시간이 길지만 잘 식지 않아 난방을 정지하여도 난방 효과가 지속된다.

② 서로 상이한 실에서 냉난방을 동시에 해야 하는 경우 가장 적절한 공조 방식은 변풍량 단일 덕트 방식이다.

③ 복사난방은 방 높이에 의한 실온의 변화가 적고, 실내가 쾌적하다는 장점이 있다.

④ 건축화 조명은 천장, 벽, 기둥 등 건축물의 내부에 조명기구를 설치하여 건물의 내부 및 마감과 일체적으로 만들어 조명하는 방식이다.

> **해설**
> 서로 상이한 실에서 냉난방을 동시에 해야 하는 경우 가장 적절한 공조 방식은 멀티존 유닛(Multi Zone Unit) 방식이다.

1 ④ 2 ③ 3 ② **정답**

04 학교 교사계획의 배치유형에 따른 특징으로 가장 적합한 것은?

① 폐쇄형 - 화재 및 비상시에 유리하다.
② 분산병렬형 - 구조계획이 간단하고 규격형의 이용이 편리하다.
③ 집합형 - 시설물의 지역사회 이용과 같은 다목적 계획이 불리하다.
④ 클러스터형 - 건물 동 사이에 놀이공간을 구성하기 불리하다.

해설
① 폐쇄형 : 화재 및 비상시에 불리하다.
③ 집합형 : 시설물의 지역사회 이용과 같은 다목적 계획이 유리하다.
④ 클러스터형 : 건물 동 사이에 놀이공간을 구성하기에 유리하다.

05 쇼핑센터의 입지조건 및 배치 특성에 대한 설명으로 가장 옳은 것은?

① 보행자 몰(Pedestrian Mall)은 가능한 한 인공조명을 설치하여 내부공간의 분위기와 같은 느낌을 주는 계획이 필요하다.
② 시티센터(City Center)형은 뉴타운(Newtown)의 중심부에 조성하고 비교적 중·소규모의 형태로 계획한다.
③ 보행자 몰(Pedestrian Mall)은 코트(Court), 알코브(Alcove) 등을 평균 50m 길이마다 설치하여 변화를 주거나 다층화를 도모함으로써 비교적 단조롭게 조성하는 것이 좋다.
④ 교외형 쇼핑센터는 교외의 간선도로에 면하여 입지하는 비교적 대규모 시설로 단지차원의 계획이며 대규모 주차 시설의 계획이 필요하다.

해설
① 보행자 몰(Pedestrian Mall)은 가능한 한 자연채광으로써 외부공간의 분위기와 같은 느낌을 주는 계획이 필요하다.
② 시티센터(City Center)형은 뉴타운(Newtown)의 중심부에 조성하고 비교적 대규모의 형태로 계획한다.
③ 보행자 몰(Pedestrian Mall)은 코트(Court), 알코브(Alcove) 등을 평균 20~30m 길이마다 설치하여 변화를 주거나 다층화를 도모함으로써 비교적 다양하게 조성하는 것이 좋다.

06 종합병원의 병동부 계획에 대한 내용으로 가장 옳은 것은?

① 병실 출입구는 안목치수를 1m 이상으로 하여 침대가 통과할 수 있도록 하고 차음성은 고려할 필요가 없다.
② 일반병동부는 다른 부문과 공간적으로 분리하여 감염을 방지하도록 한다.
③ 중환자병동과 신생아병동은 다른 부분과 공간적으로 분리하고, 공기와 접촉을 통한 전염의 방지를 위해 설비 및 공간을 계획한다.
④ 정신병동의 문은 밖여닫이로 하고 실내를 감시할 수 있는 창문을 설치한다.

해설
① 병실 출입구는 안목치수를 1.15m 이상으로 하여 침대가 통과할 수 있도록 하고 차음성도 고려한다.
② 전염병동부는 다른 부문과 공간적으로 분리하여 감염을 방지하도록 한다.
④ 정신병동의 문은 안여닫이로 하고 실내를 감시할 수 있는 창문을 설치한다.

07 문화재시설 담당 공무원으로서 전통건축물 수리보수를 감독하고자 한다. 건축 문화재에 관한 용어 설명으로 가장 옳지 않은 것은?

① 평방(平枋)은 다포형식의 건물에서 주간포를 받기 위해 창방 위에 얹는 부재를 말한다.

② 부연(附椽)은 처마 서까래의 끝에 덧 얹어 처마를 위로 올린 모양이 나도록 만든 짤막한 서까래를 말한다.

③ 첨차(檐遮)는 건물 외부기둥의 윗몸 부분을 가로로 연결하고 그 위에 평방, 소로, 화반 등을 높이는 수평부재를 말한다.

④ 닫집은 궁궐의 용상, 사찰·사당 등의 불단이나 제단 위에 지붕모양으로 씌운 덮개를 말한다.

> **해설**
> • 첨차(檐遮) : 주두, 소로 및 살미와 함께 공포를 구성하는 기본 부재로 살미와 반턱맞춤에 의해 직교하여 결구되는 도리 방향의 부재를 말한다.
> • 창방(昌枋) : 건물 외부기둥의 윗몸 부분을 가로로 연결하고 그 위에 평방, 소로, 화반 등을 높이는 수평부재를 말한다.

08 도서관의 배치 및 기능에 대한 설명으로 가장 옳지 않은 것은?

① 별도의 아동실을 설치할 경우에는 이용이 빈번한 장소에 그 입구를 설치하여야 한다.

② 30~40년 후의 장래를 고려하여 충분한 여유공간이 있어야 한다.

③ 서고 내에 설치하는 캐럴(Carrel)은 창가나 벽면 쪽에 위치시켜 이용자가 타인으로부터 방해받는 일이 없도록 한다.

④ 도서관은 조사, 학습, 교양, 레크리에이션과 사회교육에 기여함을 목적으로 하는 시설을 말한다.

> **해설**
> 별도의 아동실을 설치할 경우에는 빈번한 장소를 피하여 한적한 곳에 입구를 설치하여야 한다.

09 사무소의 실배치 방법에 대한 설명으로 가장 옳은 것은?

① 개실배치(Individual Room System)는 임대에 불리하다.

② 개방식 배치(Open Room System)는 개실배치에 비해 공사비가 저렴하다.

③ 개방식 배치는 인공조명과 인공환기가 불필요하다.

④ 오피스 랜드스케이핑(Office Landscaping)은 개방된 사무공간에 관리자를 위한 독립실을 제공하여 업무능률 향상을 도모하는 방식이다.

> **해설**
> ① 개실배치(Individual Room System)는 임대에 유리하다.
> ③ 개방식 배치는 인공조명과 인공환기가 필요하다.
> ④ 오피스 랜드스케이핑(Office Landscaping)은 기존의 계급 서열에 의한 획일적인 배치를 탈피하고, 별도의 독립실 없이 개방된 사무공간을 제공하며, 사무의 흐름이나 작업의 성격에 따라 효율적인 사무 환경의 향상을 위해 배치하는 방법이다.

10 건물의 리모델링 중 성능개선의 원인으로 가장 적합하지 않은 것은?

① 건물이 물리적 내용 연수의 한계에 달하는 경우 준공시점 수준까지 건물의 기능을 회복하기 위하여 수리·수선이 필요하다.

② 건물의 노후화에 따라 발생할 수 있는 구조적 성능 저하를 개선하기 위하여 구조성능 개선이 필요하다.

③ 사회적 구조변화와 환경변화에 따라 건물의 기능적 성능을 새롭게 바꾸는 기능적 개선이 필요하다.

④ 시대적 성향의 변화에 따라 건물의 외관과 내부의 형태 및 마감 상태를 새롭게 하는 미관적 개선이 필요하다.

> 해설
>
> 건물이 물리적 내용 연수의 한계에 달하기 전에 물리적 성능을 유지하며, 준공시점 수준을 저하시키지 않고 건물의 기능을 회복하기 위하여 수리·수선이 필요하다.

11 경주 및 포항 지진 이후 내진설계에 대한 국민들의 관심이 증가하고 있다. 건축물을 건축하거나 대수선하는 경우 착공신고 시에 건축주가 설계자로부터 구조안전 확인서류를 받아 허가권자에게 제출해야 하는 대상 건축물이 아닌 것은?

① 층수가 2층(주요구조부인 기둥과 보를 설치하는 건축물로서 그 기둥과 보가 목재인 목구조 건축물의 경우에는 3층) 이상인 건축물

② 연면적이 $200m^2$(목구조 건축물의 경우에는 $500m^2$) 이상인 건축물

③ 높이가 13m 이상인 건축물

④ 기둥과 기둥 사이의 거리가 10m 이하인 건축물

> 해설
>
> 기둥과 기둥 사이의 거리가 10m 이상인 건축물을 건축하거나 대수선하는 경우 착공신고 시에 건축주가 설계자로부터 구조안전 확인서류를 받아 허가권자에게 제출해야하는 대상에 해당된다.
>
> 건축하거나 대수선하는 경우의 구조안전 확인 대상 건축물(건축법 시행령 제32조)
> • 층수가 2층(주요구조부인 기둥과 보를 설치하는 건축물로서 그 기둥과 보가 목재인 목구조 건축물의 경우에는 3층) 이상인 건축물
> • 연면적이 $200m^2$(목구조 건축물의 경우에는 $500m^2$) 이상인 건축물
> • 높이가 13m 이상인 건축물
> • 처마높이가 9m 이상인 건축물
> • 기둥과 기둥 사이의 거리가 10m 이상인 건축물
> • 건축물의 용도 및 규모를 고려한 중요도가 높은 건축물로서 국토교통부령으로 정하는 건축물
> • 국가적 문화유산으로 보존할 가치가 있는 건축물로서 국토교통부령으로 정하는 것
> • 한쪽 끝은 고정되고 다른 끝은 지지되지 아니한 구조로 된 보·차양 등이 외벽의 중심선으로부터 3m 이상 돌출된 건축물
> • 특수한 설계·시공·공법 등이 필요한 건축물로서 국토교통부장관이 정하여 고시하는 구조로 된 건축물
> • 단독주택 및 공동주택

12 집합주택의 단면 형식에 의한 분류 중 그 내용으로 가장 적합하지 않은 것은?

① 스킵플로어형(Skip Floor Type) : 주택 전용면적비가 높아지며 피난 시 불리하다.

② 트리플렉스형(Triplex Type) : 프라이버시 확보에 유리하며 공용면적이 적다.

③ 메조네트형(Maisonette Type) : 주호의 프라이버시와 독립성 확보에 불리하며 속복도일 경우 소음 처리도 불리하다.

④ 플랫형(Flat Type) : 프라이버시 확보에 불리하며 규모가 클 경우 복도가 길어져 공용면적이 증가한다.

해설
메조네트형(Maisonette Type) : 하나의 주거단위가 복층으로 구성된 형식으로 주호의 프라이버시와 독립성 확보에 유리하다.

13 범죄를 예방하고 안전한 생활환경을 조성하기 위하여 건축물, 건축설비 및 대지에 관한 범죄예방 기준에 따라 건축하여야 하는 건축물로 가장 옳지 않은 것은?

① 공동주택 중 세대수가 300세대 이상인 아파트

② 제1종 근린생활시설 중 일용품을 판매하는 소매점

③ 제2종 근린생활시설 중 다중생활시설

④ 노유자시설

해설
공동주택 중 세대수가 100세대 이상인 아파트는 범죄예방 기준에 따라 건축하여야 한다.
범죄예방 기준에 따라 건축하여야 하는 대상 건축물(건축법 시행령 제63조의6 기준)
다음의 건축물은 범죄를 예방하고 안전한 생활환경을 조성하기 위하여 건축물, 건축설비 및 대지에 관한 범죄예방 기준에 따라 건축하여야 한다.
• 다가구주택, 아파트, 연립주택 및 다세대주택
• 제1종 근린생활시설 중 일용품을 판매하는 소매점
• 제2종 근린생활시설 중 다중생활시설
• 문화 및 집회시설(동·식물원은 제외한다)
• 교육연구시설(연구소 및 도서관은 제외한다)
• 노유자시설
• 수련시설
• 업무시설 중 오피스텔
• 숙박시설 중 다중생활시설

14 공연장의 평면 형식에 대한 내용으로 가장 옳은 것은?

① 아레나(Arena)형은 객석과 무대가 하나의 공간에 있으므로 일체감을 주며 긴장감이 높은 연극공간을 형성한다.

② 오픈 스테이지(Open Stage)형은 무대와 객석의 크기, 모양, 배열 그리고 그 상호관계를 한정하지 않고 변경할 수 있다.

③ 프로시니엄(Proscenium)형은 관객이 연기자에게 근접하여 공연을 관람할 수 있다.

④ 가변형 무대는 배경이 한 폭의 그림과 같은 느낌을 주어 전체적인 통일감을 형성하는 데 가장 좋은 형태이다.

해설
② 가변형 무대(Adaptable Stage)는 무대와 객석의 크기, 모양, 배열 그리고 그 상호관계를 한정하지 않고 변경할 수 있다.
③ 프로시니엄(Proscenium)형은 관객과 연기자의 접촉면이 한정되고 많은 객석을 배치할 경우 근접하여 공연을 관람하기 어렵다.
④ 프로시니엄(Proscenium)형은 배경이 한 폭의 그림과 같은 느낌을 주어 전체적인 통일감을 형성하는 데 가장 좋은 형태이다.

15 주민자치센터 건축과정에서 장애인·노인·임산부 등의 편의증진 보장에 관한 법률의 기준에 의한 장애 없는 (Barrier Free) 공공업무시설을 구현할 때 편의시설의 설치기준으로 가장 옳지 않은 것은?

① 경사로의 시작과 끝, 굴길 부분 및 참에는 1.5m × 1.5m 이상의 활동공간을 확보하여야 한다.

② 휠체어 사용자용 세면대의 상단 높이는 바닥면으로부터 0.80m, 하단 높이는 0.55m 이상으로 하여야 한다.

③ 계단 및 참의 유효폭은 1.2m 이상으로 하여야 한다.

④ 장애인용출입구(문)의 0.3m 전면에 시각장애인을 위한 점형블록을 설치하여야 한다.

해설
휠체어 사용자용 세면대의 상단 높이는 바닥면으로부터 0.85m, 하단 높이는 0.65m 이상으로 하여야 한다.

16 1950년대 후반 지오데식 돔(Geodesic Dome) 건축기법을 개발하여 10층 높이의 축구 경기장으로 사용 가능한 규모의 구조물을 설계한 건축가는?

① 산티아고 칼라트라바(Santiago Calatrava)

② 루이스 바라간(Luis Barragán)

③ 리처드 버크민스터 풀러(Richard Buckminster Fuller)

④ 피에르 루이지 네르비(Pier Luigi Nervi)

해설

지오데식 돔은 리처드 버크민스터 풀러(Richard Buckminster Fuller)가 개발하였다.

지오데식 돔(Geodesic Dome)

지오데식 다면체(Geodesic Polyhedron)로 이루어진 반구형 또는 바닥이 일부 잘린 구형의 건축물이다. 표면은 삼각형의 구면 격자로 이루어져 있다. 삼각형 모서리와 면으로 응력을 분산시켜 얇은 껍질만으로 하중을 지탱할 수 있다.

17 지구단위계획에 대한 설명으로 가장 옳은 것은?

① 지구단위계획은 건축법에 근거한다.

② 지구단위계획은 토지이용의 합리화와 체계적인 관리를 목적으로 한다.

③ 지구단위계획은 모든 도시계획 수립 대상 지역에 대한 관리계획이다.

④ 지구단위계획구역은 도시관리계획으로 관리하기 어려운 지역을 대상으로 한다.

해설

① 지구단위계획은 국토의 계획 및 이용에 관한 법률에 근거한다.

③ 지구단위계획은 도시계획 수립 대상지역의 일부에 대하여 토지이용의 합리화와 체계적인 관리를 목적으로 하는 도시관리계획의 한 유형이다.

④ 지구단위계획구역은 도시관리계획으로 관리하기 용이한 지역을 대상으로 한다.

18 주택계획의 기본방향에 대한 설명으로 가장 옳은 것은?

① 개인의 사적 영역을 보장한다.

② 건강 증진을 위해 가급적 동선을 길게 한다.

③ 활동성 증대와 전통성 강화를 위해 좌식을 우선시한다.

④ 가족전체 영역보다는 구성원 개인의 영역을 우선시한다.

해설
② 가급적 동선을 짧게 한다.
③ 좌식을 우선하며, 활동성 증대와 전통성 강화를 위해 입식을 도입한다.
④ 구성원 개인의 영역보다는 가족전체 영역을 우선시한다.

19 친환경 건축계획 기법의 하나인 중수 이용에 관한 설명으로 가장 옳지 않은 것은?

① 일정 규모 이상의 시설물을 신축(증축·개축 또는 재축하는 경우를 포함)하는 경우 물 사용량의 10% 이상의 중수도를 설치·운영하여야 한다.

② 중수는 소화용수, 변기세정수, 조경용수로 사용할 수 있다.

③ 중수의 청결도는 상수와 하수의 중간 정도이다.

④ 환경오염의 우려가 있으므로 빗물을 모아서 중수로 사용해서는 안 된다.

해설
중수(中水)는 상수와 하수의 중간수이며 음료수와 같은 수준의 수질이 요구되지 않는 빗물이나 사용한 물을 회수하여 소화용수, 변기세정수, 조경용수로 사용한다.

20 최근 다양한 건축분쟁이 증가하고 있는데, 주거지역 안에서 일조 등의 확보를 위한 높이제한 내용 중 가장 옳지 않은 것은?

① 전용주거지역이나 일반주거지역에서 건축하는 경우 건축물의 각 부분을 정북방향으로의 인접 대지경계선 으로부터 높이 9m 이하인 부분은 1.5m 이상의 범위에서 건축조례로 정하는 거리 이상을 띄워 건축한다.

② 전용주거지역이나 일반주거지역에서 건축하는 경우 건축물의 각 부분을 정북방향으로의 인접 대지경계선 으로부터 높이 9m를 초과하는 부분은 해당 건축물 각 부분 높이의 1/2 이상 범위에서 건축조례로 정하는 거리 이상을 띄워 건축한다.

③ 공동주택의 경우 건축물 각 부분의 높이는 그 부분으로부터 채광을 위한 창문 등이 있는 벽면에서 직각 방향으로 인접 대지경계선까지의 수평거리의 2배(근린상업지역 또는 준주거지역의 건축물은 4배) 이하로 한다.

④ 같은 대지에서 두 동 이상의 건축물이 서로 마주보는 경우, 건축물 각 부분 사이의 거리는 그 대지의 모든 세대가 동지를 기준으로 9시에서 15시 사이에 1시간 이상 계속하여 일조를 확보할 수 있는 거리 이상 띄워서 건축해야 한다.

해설

※ 출제 시 정답은 ④였으나 법 개정으로 '높이 9m 이하인 부분 → 높이 10m 이하인 부분'으로 변경되어 정답 ①, ②, ④
같은 대지에서 두 동 이상의 건축물이 서로 마주보는 경우, 건축물 각 부분 사이의 거리는 그 대지의 모든 세대가 동지를 기준으로 9시에서 15시 사이에 2시간 이상 계속하여 일조를 확보할 수 있는 거리 이상 띄워서 건축해야 한다.

01 사무소 건축 코어(Core)별 장점 중 내진구조의 성능에 유리한 유형과 방재 · 피난에 유리한 유형이 바르게
짝지어진 것은?

① 편단코어형 – 중심코어형

② 중심코어형 – 양단코어형

③ 외코어형 – 양단코어형

④ 양단코어형 – 편단코어형

<u>해설</u>
• 내진구조의 성능에 유리한 유형 : 중심코어형
• 방재 · 피난에 유리한 유형 : 양단코어형

코어의 종류
• 편심(편단)코어형
  – 기준층 바닥면적이 작은 소규모 건물에 적합하다.
  – 규모가 커지면 피난 및 구조상 좋지 않다.
• 중심(중앙)코어형
  – 코어와 일체로 한 내진구조의 내력벽 구성이 유리하다.
  – 바닥면적이 클 경우에 유리하고, 고층 및 초고층에 적합하다.
• 독립(외부)코어
  – 독립된 자유로운 사무공간 제공이 가능하다.
  – 각종 덕트, 배관 등의 길이가 길어지며 제약이 많다.
  – 방재상 불리하고 바닥면적이 커지면 피난시설을 포함한 서브코어(Sub Core)가 필요하다.
  – 내진구조에는 불리하다.
• 양단코어형
  – 중앙부에 한 개의 대공간을 필요로 하는 전용 사무실에 적합하다.
  – 2방향 피난에 이상적이며, 방재 및 피난상 유리하다.

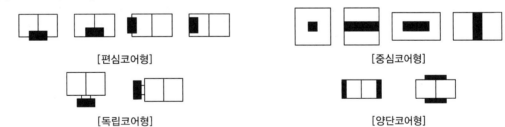

[편심코어형]   [중심코어형]

[독립코어형]   [양단코어형]

02 사무소 지하주차장 출입구 계획에 대한 설명으로 가장 옳은 것은?

① 전면도로가 2개 이상인 경우 교통연결이 쉬운 큰 도로에 설치한다.

② 도로의 교차점 또는 모퉁이에서 3m 이상 떨어진 곳에 설치한다.

③ 출구는 도로에서 2m 이상 후퇴한 곳으로 차로 중심선상 1.4m 높이에서 좌우 60° 이상 범위가 보이는 곳에 설치한다.

④ 공원, 초등학교, 유치원의 출입구에서 10m 이상 떨어진 곳에 설치한다.

해설

③ 노외주차장의 출구 및 입구는 도로에서 2m 이상 후퇴한 곳으로 차로 중심선상 1.4m 높이에서 좌우 60° 이상 범위가 보이는 곳에 설치한다.

① 노외주차장과 연결되는 도로가 2 이상인 경우에는 자동차 교통에 미치는 지장이 적은 도로에 노외주차장의 출구와 입구를 설치하여야 한다(단, 보행자의 교통에 지장을 가져올 우려가 있거나 기타 특별한 이유가 있는 경우 제외).

② 도로교통법 제32조 제2호에 따라서 교차로의 가장자리나 도로의 모퉁이로부터 5m 이내인 곳에는 정차 및 주차가 금지되며, 노외주차장의 출구 및 입구도 설치할 수 없다.

④ 유아원, 유치원, 초등학교, 특수학교, 노인복지시설, 장애인복지시설 및 아동전용시설 등의 출입구로부터 20m 이내에 있는 도로의 부분에는 노외주차장의 출구 및 입구도 설치할 수 없다.

노외주차장의 출구 및 입구 설치기준(주차장법 시행규칙 제5조)

• 노외주차장의 출구 및 입구(노외주차장의 차로의 노면이 도로의 노면에 접하는 부분을 말한다)는 다음 각 목의 어느 하나에 해당하는 장소에 설치하여서는 아니 된다.

  – 도로교통법 제32조 제1호부터 제4호까지, 제5호(건널목의 가장자리만 해당한다) 및 같은 법 제33조 제1호부터 제3호까지의 규정에 해당하는 도로의 부분

  – 횡단보도(육교 및 지하횡단보도를 포함한다)로부터 5m 이내에 있는 도로의 부분

  – 너비 4m 미만의 도로(주차대수 200대 이상인 경우에는 너비 6m 미만의 도로)와 종단 기울기가 10%를 초과하는 도로

  – 유아원, 유치원, 초등학교, 특수학교, 노인복지시설, 장애인복지시설 및 아동전용시설 등의 출입구로부터 20m 이내에 있는 도로의 부분

• 노외주차장과 연결되는 도로가 둘 이상인 경우에는 자동차교통에 미치는 지장이 적은 도로에 노외주차장의 출구와 입구를 설치하여야 한다. 다만, 보행자의 교통에 지장을 가져올 우려가 있거나 그 밖의 특별한 이유가 있는 경우에는 그러하지 아니하다.

• 주차대수 400대를 초과하는 규모의 노외주차장의 경우에는 노외주차장의 출구와 입구를 각각 따로 설치하여야 한다. 다만, 출입구의 너비의 합이 5.5m 이상으로서 출구와 입구가 차선 등으로 분리되는 경우에는 함께 설치할 수 있다.

• 특별시장·광역시장, 시장·군수 또는 구청장이 설치하는 노외주차장의 주차대수 규모가 50대 이상인 경우에는 주차대수의 2~4%까지의 범위에서 장애인의 주차수요를 고려하여 지방자치단체의 조례로 정하는 비율 이상의 장애인전용주차구획을 설치하여야 한다.

• 경사진 곳에 노외주차장을 설치하는 경우에는 미끄럼 방지시설 및 미끄럼 주의 안내표지 설치 등 안전대책을 마련해야 한다.

03 학교 건축계획 시 소요교실의 산정에 필요한 이용률과 순수율의 계산식이 〈보기〉와 같을 때 (가), (나)에 들어갈 내용으로 바르게 짝지어진 것은?

┌─ 보기 ┐

$$이용률(\%) = \frac{(가)}{1주\ 평균수업시간} \times 100$$

$$순수율(\%) = \frac{(나)}{교실에\ 사용되는\ 시간} \times 100$$

① (가) : 교실 사용시간

　(나) : 일정 교과에 사용되는 시간

② (가) : 일정 교과에 사용되는 시간

　(나) : 교실 사용시간

③ (가) : 1주일간 교실 사용평균시간

　(나) : 1주일간 해당 교실로 사용되는 평균시간

④ (가) : 1주일간 해당 교실로 사용되는 평균시간

　(나) : 1주일간 교실 사용평균시간

해설

• 이용률(%) = $\frac{실제\ 교실이\ 사용된\ 시간}{1주\ 평균수업시간} \times 100$

• 순수율(%) = $\frac{일정\ 교과에\ 사용되는\ 시간}{교실에\ 사용되는\ 시간} \times 100$

04 극장 건축 객석 단면계획에 대한 설명으로 가장 옳은 것은?

① 앞사람의 머리가 관객의 머리 끝과 무대 위의 점을 연결하는 가시선을 가리지 않도록 한다.

② 앞부분 2/3를 수평으로, 뒷부분 1/3을 구배 1/10의 경사진 바닥으로 한다.

③ 발코니 층을 두는 경우 단의 높이는 50cm 이하, 단의 폭은 80cm 이상으로 한다.

④ 시초선은 극장의 경우 무대 면에서 60cm 위 스크린 밑부분, 영화관의 경우 무대의 앞 끝을 기준으로 한다.

해설

① 앞사람의 머리가 관객의 눈과 무대 위의 점을 연결하는 가시선을 가리지 않도록 한다.

② 앞부분 1/3을 수평으로, 뒷부분 2/3를 1/10 정도의 경사진 바닥으로 한다.

④ 시초선은 극장의 경우 무대의 앞 끝을 기준으로 하며, 영화관의 경우에는 무대 면에서 60cm 위의 스크린 밑부분으로 한다.

객석의 단면 가시선(Sight Line)

• 전열 관객의 머리로 인해 무대나 스크린이 보이지 않으므로 뒤로 갈수록 바닥을 높이게 되는데 가시선은 이 바닥 기울기를 의미한다.

• 모든 관객이 앞줄 사람의 머리가 방해가 되지 않고 무대위나 스크린이 잘 보여야 하며, 관객의 눈과 무대 위의 점을 연결하는 가시선이 쾌적한 상태를 이루어야 한다.

• 바닥면은 위로 갈수록 높이가 높아지면서 곡선으로 그려지게 된다.

05 옥내소화전 개폐밸브는 바닥으로부터 (가)m 이하, 방화대상물의 층마다 그 층의 각부에서 호수 접속구까지의 수평거리는 (나)m 이하가 되어야 한다. (가)와 (나)에 들어갈 값으로 가장 옳은 것은?

	(가)	(나)
①	1.5	25
②	2	30
③	2.5	40
④	3	50

해설

옥내소화전 개폐밸브는 바닥으로부터 높이 1.5m 이하, 방화대상물의 층마다 그 층의 각부에서 호수 접속구까지의 수평거리는 25m 이하가 되어야 한다.

- 옥내소화전 설치기준
  - 수원의 수량 : $2.6m^3 ×$ 소화전 최다 설치 층의 설치개수(2개 이상 설치된 경우에는 2개)
  - 방수 압력 : 0.17MPa 이상(1개 사용 0.7MPa 초과 시 감압장치 설치)
  - 방수량 : 130L/min(1개당, 20분 이상 방수)
  - 설치 간격 : 각 층 각 부분에서 소화전까지 수평거리는 25m 이내(다만, 복층형 공동주택의 경우에는 세대의 출입구가 설치된 층에만 설치)
  - 소화전 높이(개폐밸브) : 바닥에서 1.5m 이하
  - 호스구경 : 40mm 이상, 노즐구경 13mm
- 옥외소화전 설치기준
  - 수원의 수량 : $7.0m^3 ×$ 소화전 개수(2개 이상 설치된 경우에는 2개)
  - 방수 압력 : 0.25~0.7MPa(1개 사용 0.7MPa 초과 시 감압장치 설치)
  - 방수량 : 350L/min 이상(1개당, 20분 이상 방수)
  - 설치 간격 : 각 층 각 부분에서 소화전까지 수평거리는 40m 이내
  - 소화전 높이 : 호스집결구는 지면에서 0.5m 이상 1m 이하
  - 호스구경 : 65mm

06 현대 생활을 위해 주택설계에서 해결해야 할 주생활내용과 관계된 계획의 기본목표로 가장 옳지 않은 것은?

① 양산화와 경제성
② 가사노동의 경감
③ 생활의 쾌적함 증대
④ 가족 위주의 주거

해설

주택설계에서 해결해야 할 계획의 기본목표

• 생활의 쾌적함 증대
　– 건강하고 쾌적한 인간 본래의 생활 요구
　– 정신적 안정과 생활 의욕 고양을 위한 분위기 조성
• 가사노동의 경감(주부의 동선 단축)
　– 필요 이상의 넓은 주거를 지양(노동의 절감)
　– 평면에서의 주부의 동선이 단축되도록 할 것
　– 능률이 좋은 부엌시설이나 가사실을 갖출 것
　– 설비를 좋게 하고 되도록 기계화할 것
• 가족본위의 주거(가장 중심 → 주부 중심)
　– 전체 구성원의 단란은 물론, 개인방을 확립할 것
　– 형식적이고 외적인 요인 제거
• 개인생활의 프라이버시(Privacy, 독립성) 확보
　– 개인생활권 완성(침실, 욕실, 수납 등)
　– 개인생활 확립은 인격 형성을 위해 필요
• 활동성의 증대를 위한 입식 생활 도입
　– 좌식＋입식(의자식)의 혼용 : 좌식 기본, 입식 도입
　– 가족 구성원의 생활습관 또는 경제적 수준과 가족 수에 대한 주택의 넓이에 따라 고려
　– 단계적으로 식당, 아동실, 거실과 같이 활동도가 큰 방부터 도입

07 주거단지 교통 및 동선계획에 대한 설명으로 가장 옳지 않은 것은?

① 근린주구단위 내부로의 자동차 통과 진입을 최소화한다.
② 목적 동선은 최단거리로 계획하며, 가급적 오르내림이 없도록 한다.
③ 보행도로의 너비는 충분히 넓게 하고 쾌적한 문화공간이 되도록 지향한다.
④ 단지 내 통과교통량을 줄이기 위해 고밀도지역은 진입구에서 가장 먼 위치에 배치시킨다.

해설

단지 내 통과교통량을 줄이기 위해 고밀도지역은 진입구 주변에 배치하여야 한다.

• 보행자 동선계획
　– 대지 주변부의 보행자전용도로와 연결한다.
　– 목적 동선은 최단거리로 요구하며 되도록 오르내림이 없게 한다.
　– 보행도로의 너비는 어린이 놀이터를 포함한 생활공간으로서 충분히 넓게 한다.
　– 어린이 놀이터나 공원 등은 보행자전용도로에 인접해서 설치하는 것이 좋다.
　– 생활 편의시설은 집중적으로 배치하며, 그 동선의 반대쪽으로 학교와 같은 보상시설을 배치한다.
　　최단거리 원칙에서 벗어나더라도 쾌적한 문화공간을 지향한다.
• 교통계획의 주요 착안사항
　– 통행량이 많은 고속도로는 근린주구단위를 분리한다.
　– 근린주구단위 내부로의 자동차 통과진입을 극소화한다.
　– 도로패턴은 조직적으로, 주요 차도와 보도의 입구는 명확히 해야 한다.
　– 2차 도로체계(Sub-system)는 주도로와 연결되어 Cul-de-sac(쿨데삭)을 이루게 한다.
　– 단지 내 통과교통량을 줄이기 위해 고밀도지역은 진입구 주변에 배치하여야 한다.
　– 통과도로는 다른 도로들보다 중요하게 취급되어 방문자들이 필요 없이 방황하거나 길을 잃지 않도록 하여야 한다.

08 은행 건축규모계획에 대한 설명으로 가장 옳지 않은 것은?

① 연면적은 행원수 $\times 16\sim26m^2$로 한다.

② 고객용 로비 면적은 1일 평균내점고객 수$\times 0.13\sim0.2m^2$로 한다.

③ 고객용 로비와 영업실 면적의 비율은 $1:0.1\sim0.2$로 한다.

④ 연면적은 은행실 면적$\times 1.5\sim3$으로 한다.

해설

고객용 로비와 영업실 면적의 비율은 $1:0.8\sim1.5$로 한다.
- 은행의 시설 규모
  - 연면적 = 행원 수$\times(16\sim26m^2)$
  - 연면적 = 은행실 면적$\times(1.5\sim3)$
- 은행실 면적의 산정
  - 영업실 면적 = 행원 수$\times(4\sim5m^2)$
  - 고객용 로비 면적 = 1일 평균고객 수$\times(0.13\sim0.2m^2)$

09 병원 건축 단위공간계획에 대한 설명으로 가장 옳은 것은?

① 간호사 대기실은 계단과 엘리베이터에 인접해 보행거리가 35m 이상이 되도록 하고, 병동부의 중앙에 위치시킨다.

② 병실의 출입구는 문턱이 없고 팔꿈치 조작이 가능한 밖여닫이로 하며 폭은 90cm로 한다.

③ 병실의 규모는 1인실의 경우 최소면적 $6.3m^2$ 이상, 2인실 이상의 경우는 1인당 최소면적 $4.3m^2$ 이상으로 한다.

④ 병실의 창면적은 바닥면적의 1/10 정도로 하며, 창문 높이는 1.2m 이상으로 하여 환자가 병상에서 외부를 전망할 수 있게 한다.

해설

① 간호사 대기실은 계단과 엘리베이터에 인접해 보행거리가 24m 이하가 되도록 하고, 병동부의 중앙에 위치시킨다.
② 병실 출입문은 안여닫이로 하고 문지방은 두지 않으며, 폭은 1.15m 이상으로 하여 침대가 통과할 수 있게 한다.
③ 병실의 규모는 1인실의 경우 최소면적 $10m^2$ 이상, 2인실 이상의 경우는 1인당 최소면적 $6.3m^2$ 이상으로 한다.
④ 병실의 창면적은 바닥면적의 1/3~1/4 정도로 하며, 창문(창대)높이는 0.9m 이하로 하여 환자가 병상에서 외부를 전망이 가능하도록 한다.

입원실(병실) 설치기준(의료법 시행규칙 [별표 4] 의료기관의 시설규격)
- 입원실은 3층 이상 또는 지하층에는 설치할 수 없다. 다만, 내화구조(耐火構造)인 경우에는 3층 이상에 설치할 수 있다.
- 입원실의 면적(벽·기둥 및 화장실의 면적을 제외한다)은 환자 1명을 수용하는 곳인 경우에는 $10m^2$ 이상이어야 하고, 환자 2명 이상을 수용하는 곳인 경우에는 환자 1명에 대하여 $6.3m^2$ 이상으로 하여야 한다.
- 입원실에 설치하는 병상 수는 최대 4병상(요양병원의 경우에는 6병상)으로 한다. 이 경우 각 병상 간 이격거리는 최소 1.5m 이상으로 한다.
- 입원실에는 손 씻기 시설 및 환기시설을 설치하여야 한다.
- 병상이 300개 이상인 종합병원에는 전실(前室) 및 음압시설(陰壓施設 : 방 안의 기압을 낮춰 내부 공기가 방 밖으로 나가지 못하게 만드는 설비) 등을 갖춘 1인 병실(음압격리병실)을 1개 이상 설치하되, 300병상을 기준으로 100병상 초과할 때마다 1개의 음압격리병실을 추가로 설치하여야 한다.
- 병상이 300개 이상인 요양병원에는 보건복지부장관이 정하는 기준에 따라 화장실 및 세면시설을 갖춘 격리병실을 1개 이상 설치하여야 한다.

중환자실 설치기준(의료법 시행규칙 [별표 4] 의료기관의 시설규격)
- 병상이 300개 이상인 종합병원은 입원실 병상 수의 5/100 이상을 중환자실 병상으로 만들어야 한다.
- 중환자실은 출입을 통제할 수 있는 별도의 단위로 독립되어야 하며, 무정전(無停電) 시스템을 갖추어야 한다.
- 병상 1개당 면적은 $15m^2$ 이상으로 하되, 신생아만을 전담하는 신생아중환자실의 병상 1개당 면적은 $5m^2$ 이상으로 한다.

10 공장 건축에서 제품중심 레이아웃 형식의 특징에 대한 설명으로 가장 옳지 않은 것은?

① 대량생산에 유리하고, 생산성이 높다.

② 건축, 선박 등과 같이 제품이 큰 경우에 적합하다.

③ 장치공업(석유, 시멘트), 가전제품 조립공장 등에 유리하다.

④ 공정 간의 시간적, 수량적 균형을 이룰 수 있고, 상품의 연속성이 유지된다.

해설

건축, 선박 등과 같이 제품이 큰 경우에는 고정식 레이아웃이 적합하다.

공장의 레이아웃 형식

• 제품중심 레이아웃

 – 생산에 필요한 모든 공정, 기계·기구를 제품의 흐름에 따라 배치하는 방식이다.

 – 대량생산에 유리하고, 생산성이 높다.

 – 장치 공업(석유, 시멘트), 가전제품 조립공장 등에 유리하다.

 – 공정 간의 시간적, 수량적 균형을 이룰 수 있고, 상품의 연속성이 유지된다.

• 공정중심 레이아웃

 – 동일한 종류의 공정, 동일한 기계, 기능이 유사한 것을 하나의 그룹으로 집합시키는 방식이다.

 – 다품종 소량생산으로써 생산성이 낮으나 주문생산 공장에 적합하다.

 – 예상 생산이 불가능한 경우나 표준화가 행해지기 어려운 경우에 채용된다.

• 고정식 레이아웃

 – 주가 되는 재료나 조립부품이 고정되고, 사람이나 기계가 이동해 가며 작업하는 방식이다.

 – 선박, 건축 등과 같이 제품이 크고 수량이 적은 경우에 적합하다.

11 한식주택과 양식주택의 특징에 대한 설명으로 가장 옳지 않은 것은?

① 한식주택은 실의 조합으로 되어 있고, 양식주택은 실의 분화로 되어 있다.

② 한식주택의 가구는 주요한 내용물이며, 양식주택의 가구는 부차적 존재이다.

③ 한식주택은 혼용도(混用途)이며, 양식주택은 단일용도(單一用途)이다.

④ 한식주택은 좌식생활이며, 양식주택은 입식(의자식)생활이다.

해설

한식주택의 가구는 부차적 존재이며, 양식주택의 가구는 주요한 내용물이다.

한식주택과 양식주택 비교

특성	한식주택	양식주택
형태	단층 구조	2층 구조
구조	목조 가구식	목구조, 벽돌조적식
평면	조합평면(은폐적이며 실의 조합)	분화평면(개방형이며 실의 분화)
습관	좌식생활(온돌)	입식(의자식)생활
난방	바닥의 복사난방	대류식 난방
용도	혼용도	단일용도
가구	부차적 존재	가구에 따라 실 결정

12 근린생활권 주택지 단위 중 근린주구에 대한 설명으로 가장 옳지 않은 것은?

① 1,600~2,000호의 가구 수를 기준으로 한다.

② 보육시설(유치원, 탁아소)을 중심으로 한 단위이며, 후생시설(공중목욕탕, 진료소, 약국 등)을 설치한다.

③ 1단지 주택계획 단위는 인보구 → 근린분구 → 근린주구로 구성된다.

④ 100ha의 면적을 기준으로 한다.

해설

보육시설(유치원, 탁아소)을 중심으로 한 단위이며, 후생시설(공중목욕탕, 진료소, 약국 등)을 설치하는 근린생활권 주택지 단위는 근린분구이다.

근린주구의 구성

구분	면적	중심시설	설치시설
인보구	0.5~2.5ha	철근콘크리트조건물 3~4층, 아파트 1~2동	• 유아 놀이터 • 공동세탁장, 쓰레기처리장 등
근린분구	15~25ha	일상 소비 생활에 필요한 공동시설을 운영할 수 있는 체계	• 소비시설 : 잡화, 음식점 • 보건위생시설 : 공중목욕탕, 약국, 이·미용실, 진료소, 공중화장실 • 보육시설 : 유치원, 어린이집, 어린이 공원
근린주구	100ha	초등학교를 중심으로 한 근린분구 수 개의 집합체	• 교육문화시설 : 초등학교, 도서관 • 행정시설 : 동사무소, 우체국, 소방서 • 의료시설 : 병원 • 공원시설 : 공원, 운동장
근린지구	400ha	지역 커뮤니티 시설	• 도시 생활의 대부분의 시설

*1ha = 100m × 100m = 10,000m²

13 호텔 동선계획 시 고려되어야 할 사항으로 가장 옳지 않은 것은?

① 최상층에 레스토랑을 설치하는 방안은 엘리베이터 계획에 영향을 미치므로 기본계획 시 결정해야 한다.

② 숙박고객이 프런트 데스크(Front Desk)를 통하지 않고 직접 주차장으로 갈 수 있도록 동선을 계획한다.

③ 고객 동선과 서비스 동선이 교차되지 않도록 출입구를 분리하는 편이 좋다.

④ 고객 동선은 방재계획상 고객이 혼동하지 않고 목적한 장소에 갈 수 있도록 명료하고 유연한 흐름이 되어야 한다.

해설

숙박고객이 프런트 데스크(Front Desk)를 통하여 주차장으로 갈 수 있도록 동선을 계획함으로써 체크아웃 등의 불편함이 없도록 한다.

14 르 코르뷔지에(Le Corbusier)의 건축작품으로 가장 옳지 않은 것은?

① 롱샹 교회(Notre-Dame du Haut, Ronchamp)

② 빌라 사보아(Villa Savoye)

③ 찬디가르 국회의사당(Legislative Assembly Building and Capital Complex, Chandigarh)

④ 크라운 홀(S. R. Crown Hall)

해설

크라운 홀(S. R. Crown Hall)은 미스 반데어로에(Mies van der Rohe)의 작품이다.

르 코르뷔지에(Le Corbusier)
• 합리적 기능주의, 오장팡과 순수주의(Purism) 전개(큐비즘 영향)
• 근대건축 5원칙(1926)
  - 필로티
  - 옥상정원
  - 자유로운 평면
  - 수평 띠창
  - 자유로운 입면
• 주요 작품
  - 시트로앙 주택(Maison Citrohan)
  - 사보이 주택(Villa Savoye) : 건축 5원칙 적용
  - 마르세유 아파트 : 메조네트 구조
  - 롱샹 성당(Notre-Dame du Haut, Ronchamp)
  - 인도의 찬디가르 도시계획

15 공연장 건축 후(後)무대 관련실에 대한 설명으로 가장 옳지 않은 것은?

① 의상실(Dressing Room)은 연기자가 분장을 하고 옷을 갈아입는 곳으로 가능하면 무대 근처가 좋다.

② 그린 룸(Green Room)은 연기자가 공연 중간에 휴식을 취할 수 있는 친환경적 온실을 말한다.

③ 리허설 룸(Rehearsal Room)은 실제로 연기를 행하는 무대와 같은 크기이면 좋으나, 규모에 따라 알맞게 설정한다.

④ 연주자실은 오케스트라 피트(Orchestra Pit)와 같은 층에 설치하는 것이 일반적이다.

해설

그린 룸(Green Room)은 연기자가 출연자 대기실을 말한다.

공연장 후면무대 관련실

• 의상실(Dressing Room)
  - 연기자의 의상을 보관하거나 의상을 갈아입는 곳이다.
  - 1인당 최소한 4~5m² 가 필요하다.
  - 위치는 가능한 무대 근처가 좋고 같은 층에 있는 것이 이상적이며, 그린 룸(Green Room) 등이 있으면 반드시 같은 층에 있을 필요는 없다.
• 그린 룸(Green Room, 출연 대기실)
  - 주로 무대 가까운 곳에 둔다.
  - 크기는 30m² 이상이 필요하다.
• 앤티 룸(Anti Room) : 무대와 그린 룸 사이에 두는 작은 방으로서 출연 바로 직전에 기다리는 공간이다.
• 연주자실
  - 오케스트라를 연주하는 사람들을 위한 대기실이며, 오케스트라 피트에 출입에 유리하도록 같은 층에 설치한다.
  - 크기는 30m² 이상이 필요하다.
• 리허설 룸(Rehearsal Room, 연습실)
  - 실제 연기를 행하는 넓이와 같은 크기가 필요하지만 규모에 따라 알맞게 설치한다.
  - 콘서트 홀인 경우는 악기보관고, 라커 룸 등이 필요하며, 휴게시설은 그린 룸이나 리허설 룸 근처에 둔다.

16 미술관 건축에서 자연채광법에 대한 설명으로 가장 옳지 않은 것은?

① 정광창(Top Light) 형식은 유리 전시대 내의 공예품 전시실 등 채광량이 적게 요구되는 곳에 적합한 방법이다.

② 측광창(Side Light) 형식은 소규모의 전시실에 적합한 방법이다.

③ 고측광창(Clerestory) 형식은 천장의 가까운 측면에서 채광하는 방법이다.

④ 정측광창(Top Side Light Monitor) 형식은 중앙부는 어둡고 전시벽면의 조도는 충분한 이상적 채광법이다.

해설

정광창(Top Light) 형식은 유리 전시대 내의 공예품 전시실 등 채광량이 적게 요구되는 곳에서는 부적합한 방법이다.

자연채광 형식

• 정광창 형식(Top Light)
  - 천장의 중앙에 천창을 계획하는 방법이다.
  - 전시실 중앙을 밝게 하여 전시벽면 조도를 균등하게 한다.
  - 직접 광선을 막기 위해 천창에 루버를 설치하거나 이중으로 한다.
  - 채광량이 많아 조각품 전시에 적합하고 유리창 내의 공예품 전시에는 부적합하다.
• 측광창 형식(Side Light)
  - 측면창에서 채광하는 방법이다.
  - 전시실 채광 방식 중 가장 불리하다.
  - 소규모 전시실 이외는 부적합하다.
  - 광선의 확산, 광량의 조절, 열전율 설비를 병용하는 것이 좋다.
• 고측광창 형식(Clerestory)
  - 천창에 가까운 측면에서 채광하는 방법이다.
  - 정광창식과 측광창식의 절충 방식이다.
• 정측광창 형식(Top Side Light Monitor)
  - 관람자가 서 있는 위치 상부에 천창을 불투명하게 하여 측벽에 가깝게 채광창을 설치하는 방법이다.
  - 관람자 위치(중앙부)는 어둡고 전시벽면의 조도가 밝은 이상적인 형식이다.
  - 천창이 높기 때문에 측광창의 광선이 약할 우려가 있다.

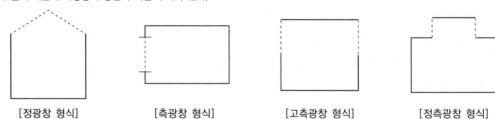

[정광창 형식]　　　[측광창 형식]　　　[고측광창 형식]　　　[정측광창 형식]

17 체육관 기본계획에 대한 설명으로 가장 옳지 않은 것은?

① 개구부를 통해 채광을 받을 경우 경기자의 눈부심 방지를 고려해야 한다.

② 통풍은 자연환기를 고려해 환풍되는 것이 좋다.

③ 체육관은 크게 경기부문, 관람부문, 관리부문으로 구성된다.

④ 체육관은 육상경기장과 마찬가지로 장축을 남북으로 배치해야 한다.

해설

체육관의 장축을 동서로 배치하여 창의 장변쪽으로부터 남북의 채광을 고려하는 것이 이상적이며, 단변의 개구부를 통해 채광을 받을 경우는 경기자의 눈부심에 대한 장애를 받지 않는 불투명창을 설치해야 한다.

18 도서관 서고 건축계획에 대한 설명으로 가장 옳지 않은 것은?

① 환기 및 채광을 위해 가급적 창문을 크게 두어야 한다.

② 자료의 수직이동을 위해 덤웨이터나 도서용 엘리베이터를 둘 수 있다.

③ 가변성, 확장성 및 융통성 등을 고려하여 계획한다.

④ 개가식 열람실일 경우 열람실 내부나 주위에도 배치 가능하다.

해설

서고는 가급적이면 장서의 손상으로 막기 위해서 기계환기 및 인공조명으로 계획하며, 환기 및 채광을 위한 창문을 둘 경우 가급적 작게 두어야 한다.
도서관 서고 건축계획
• 서고의 계획
 − 서가 1단 1m당 20~30권이며, 평균 25권
 − 서고 면적 1m²당 150~250권이며, 평균 200권 내외
 − 서고 공간 1m³당 평균 66권 정도
 − 서고는 모듈러 시스템(Modular System)을 도입한 서가를 배치한다.
• 장서의 보관방법
 − 서고는 온도 15℃, 습도 63% 이하가 좋다.
 − 도서 보존을 위해서는 서고 내부가 어두운 것이 좋다.
 − 서고는 개구부를 닫아 기계환기와 인공조명으로 온도, 습도를 유지하여 세균의 침입을 예방하여야 한다.
 − 세균 작용, 충해가 최고로 현저한 것은 온도 20℃, 습도 80%일 때이다.

19 노인복지법에 따라 노인복지시설을 크게 4가지로 분류할 때 해당하지 않는 것은?

① 재가노인복지시설

② 노인의료복지시설

③ 노인여가복지시설

④ 실버노인요양시설

해설

노인복지법에 따라 노인복지시설은 7가지 종류로 분류하여 운영할 수 있다.

• 노인주거복지시설
• 노인의료복지시설
• 노인여가복지시설
• 재가노인복지시설
• 노인보호전문기관
• 노인일자리지원기관
• 학대피해노인 전용쉼터

노인복지시설의 종류(노인복지법 제31조)

• 노인주거복지시설
　－ 양로시설 : 노인을 입소시켜 급식과 그 밖에 일상생활에 필요한 편의를 제공함을 목적으로 하는 시설
　－ 노인공동생활가정 : 노인들에게 가정과 같은 주거여건과 급식, 그 밖에 일상생활에 필요한 편의를 제공함을 목적으로 하는 시설
　－ 노인복지주택 : 노인에게 주거시설을 임대하여 주거의 편의·생활지도·상담 및 안전관리 등 일상생활에 필요한 편의를 제공함을 목적으로 하는 시설

• 노인의료복지시설
　－ 노인요양시설 : 치매·중풍 등 노인성 질환 등으로 심신에 상당한 장애가 발생하여 도움을 필요로 하는 노인을 입소시켜 급식·요양과 그 밖에 일상생활에 필요한 편의를 제공함을 목적으로 하는 시설
　－ 노인요양공동생활가정 : 치매·중풍 등 노인성 질환 등으로 심신에 상당한 장애가 발생하여 도움을 필요로 하는 노인에게 가정과 같은 주거여건과 급식·요양, 그 밖에 일상생활에 필요한 편의를 제공함을 목적으로 하는 시설

• 노인여가복지시설
　－ 노인복지관 : 노인의 교양·취미생활 및 사회참여활동 등에 대한 각종 정보와 서비스를 제공하고, 건강증진 및 질병예방과 소득보장·재가복지, 그 밖에 노인의 복지증진에 필요한 서비스를 제공함을 목적으로 하는 시설
　－ 경로당 : 지역노인들이 자율적으로 친목 도모·취미활동·공동작업장 운영 및 각종 정보교환과 기타 여가활동을 할 수 있도록 하는 장소를 제공함을 목적으로 하는 시설
　－ 노인교실 : 노인들에 대하여 사회활동 참여욕구를 충족시키기 위하여 건전한 취미생활·노인건강유지·소득보장 기타 일상생활과 관련한 학습프로그램을 제공함을 목적으로 하는 시설

• 재가노인복지시설
　방문요양서비스, 주·야간보호서비스, 단기보호서비스 중 하나의 서비스를 제공함을 목적으로 하는 시설을 말한다.

• 노인보호전문기관
　지역 간의 연계체계를 구축하고 노인학대를 예방하거나, 학대받는 노인의 발견·보호·치료 등을 신속히 처리하고 노인학대를 예방하기 위하여 설치하는 전문기관을 말한다.

• 노인일자리지원기관
• 학대피해노인 전용쉼터

20 상점 건축에서 대면판매와 측면판매에 대한 설명으로 가장 옳지 않은 것은?

① 대면판매는 판매원이 설명하기 편하고 정위치를 정하기도 용이하다.

② 대면판매는 판매원 통로면적이 필요하므로 진열면적이 감소한다.

③ 측면판매는 대면판매에 비해 충동적 구매가 어려운 편이다.

④ 측면판매는 양복, 서적, 전기기구, 운동용구점 등에서 주로 쓰인다.

해설

측면판매는 대면판매에 비해 충동적 구매가 쉬운 편이다.

상점판매 형식

• 대면판매
  - 고객과 종업원이 쇼케이스를 가운데 두고 상담하고 판매하는 형식이다.
  - 귀금속점, 카메라점, 안경점, 제과점, 약국 등이 있다.
  - 장점
    ⓐ 상품에 대한 설명과 포장이 편리하다.
    ⓑ 판매원이 위치를 정하기가 용이하나.
  - 단점
    ⓐ 쇼케이스(Showcase, 진열장) 내 상품 전시로써 진열면적이 감소한다.
    ⓑ 쇼케이스가 많아지면 상점의 분위기가 부드럽지 않다.
• 측면판매
  - 고객과 종업원이 진열 상품을 같은 방향으로 보며 판매하는 형식이다.
  - 의류 매장, 침구점, 서점, 양복점, 양장점 등이 있다.
  - 장점
    ⓐ 충동적 구매와 선택이 용이하다.
    ⓑ 진열면적이 커지며, 상품에 친근감이 있다.
  - 단점
    ⓐ 상품의 설명이나 포장들이 불편하다.
    ⓑ 판매원이 위치를 정하기가 어려우며 불안정하다.

20 ③ **정답**

01 병원 건축의 형태에서 집중식(Block Type)에 대한 설명으로 옳지 않은 것은?

① 대지를 효율적으로 이용할 수 있는 형태이다.

② 의료, 간호, 급식 등의 서비스 제공이 쉽다.

③ 환자는 주로 경사로를 이용하여 보행하거나 들것으로 이동된다.

④ 일조, 통풍 등의 조건이 불리해지며, 각 병실의 환경이 균일하지 못한 편이다.

해설
• 집중식(Block Type) : 환자를 엘리베이터로 운송한다.
• 분관식(Pavilion Type) : 환자는 주로 경사로를 이용하여 보행하거나 들것으로 이동된다.

02 사무소 건축에 대한 설명으로 옳은 것은?

① 엘리베이터 대수 산정 시 단시간에 이용자로 혼잡하게 되는 아침 출근시간대의 경우, 10분간에 전체 이용자의 1/3~1/10을 처리해야 하기 때문에 10분간의 출근자 수를 기준으로 산정한다.

② 엘리베이터는 되도록 한곳에 집중배치하며, 8대 이하는 직선배치한다.

③ 오피스 랜드스케이프는 사무공간을 절약할 수 있으나, 변화하는 작업의 패턴에 따라 조절이 불가능하다.

④ 개실형은 독립성과 쾌적감의 장점이 있지만 공사비가 비교적 많이 드는 단점이 있다.

해설
① 엘리베이터 대수 산정 시 5분간의 출근자 수를 기준으로 산정한다.
② 승강기를 직렬로 배치할 경우, 도착과 확인의 용이함과 보행거리를 고려하여 4대 정도를 한도로 한다.
③ 오피스 랜드스케이프는 사무공간을 절약할 수 있으며, 변화하는 작업의 패턴에 따라 조절이 가능하다.

03 오스카 뉴먼(O. Newman)이 제시한 공동주택의 안전한 환경창조를 위해 개별적으로 또는 결합해서 작용하는 4개의 유소가 아닌 것은?

① 영역성(Territoriality)

② 자연스러운 감시(Natural Surveillance)

③ 이미지(Image)

④ 통제수단(Restriction Method)

해설
• 오스카 뉴먼(Oscar Newman)은 방어적 환경을 조성함으로써 범죄예방 효과를 거둘 수 있다는 방어 공간(Defensible Space) 개념으로 4가지 물리적 요소를 통해 범죄를 예방할 수 있다는 이론을 제안하였다.
• 4개의 물리적 요소 : 영역성, 자연적 감시, 이미지, 환경

04 은행의 평면계획에 대한 설명으로 옳지 않은 것은?

① 은행실은 일반적으로 객장과 영업장으로 나누어진다.

② 전실이 없을 경우 주출입문은 화재 시 피난 등을 고려하여 밖여닫이로 계획하는 것이 일반적이다.

③ 객장 대기홀은 모든 은행의 중핵공간이며 조직상의 중심이 되는 공간이다.

④ 영업장은 소규모 은행의 경우 단일공간으로 이루어지는 것이 보통이다.

해설

전실이 없을 경우 주출입문은 도난방지 등을 고려하여 안여닫이로 계획하는 것이 일반적이다.

05 도서관 건축계획에 대한 설명으로 옳지 않은 것은?

① 이용자의 접근이 쉽고 친근한 장소로 선정하며, 서고의 증축 공간을 고려한다.

② 서고는 도서 보존을 위해 항온·항습장치를 필요로 하며 어두운 편이 좋다.

③ 이용자의 입장에서 신설 공공도서관은 가급적 기존 도서관 인근에 건립하여 시너지 효과를 내는 것이 바람직하다.

④ 이용자, 관리자, 자료의 출입구를 가능한 한 별도로 계획하는 것이 바람직하다.

해설

신설 공공도서관은 가급적 기존 도서관 인근에 건립하지 않으며 이용자의 입장에서 접근 및 이용의 편의성을 고려한다.

06 미술관 건축계획에 대한 설명으로 옳지 않은 것은?

① 전시실 순회 형식 중 중앙홀 형식은 홀이 클수록 동선 혼란이 적어지고 장래 확장에 유리하다.

② 전시실 순회 형식 중 갤러리 및 코리더 형식은 각 실에 직접 들어갈 수 있는 장점이 있다.

③ 특수전시기법 중 아일랜드전시는 벽이나 천장을 직접 이용하지 않고 전시물 또는 전시장치를 배치함으로써 전시공간을 만들어내는 기법이다.

④ 출입구는 관람객용과 서비스용으로 분리하고, 오디토리움이 있을 경우 별도의 전용 출입구를 마련하는 것이 좋다.

해설

중앙홀 형식은 홀이 클수록 동선 혼란이 적어지지만, 장래의 확장 측면에서는 불리하며 장래 확장 시에는 홀의 크기가 달라져야 하므로 전면적인 계획이 필요하다.

07 배수트랩(Trap)에 대한 설명으로 옳지 않은 것은?

① S트랩 – 사이펀 작용이 발생하기 쉬운 형상이기 때문에 봉수가 파괴될 염려가 많다.

② P트랩 – 각개 통기관을 설치하면 봉수의 파괴는 거의 일어나지 않는다.

③ U트랩 – 비사이펀계 트랩이어서 봉수가 쉽게 증발된다.

④ 드럼 트랩 – 봉수량이 많기 때문에 봉수가 파괴될 우려가 적다.

해설
U트랩은 비사이펀계 트랩이며, 봉수의 양이 많아서 쉽게 파괴(증발)되지 않는다.

08 건축물의 피난·방화구조 등의 기준에 관한 규칙상 공연장의 피난시설에 대한 설명으로 옳지 않은 것은?(단, 공연장 또는 개별 관람실의 바닥면적 합계는 $300m^2$ 이상이다)

① 관람실로부터 바깥쪽으로의 출구로 쓰이는 문은 안여닫이로 하여서는 안 된다.

② 개별 관람실의 각 출구의 유효너비는 1.5m 이상으로 해야 한다.

③ 개별 관람실 출구의 유효너비의 합계는 개별 관람실의 바닥면적 $100m^2$마다 0.6m의 비율로 산정한 너비 이상으로 하여야 한다.

④ 개별 관람실의 바깥쪽에는 앞쪽 및 뒤쪽에 각각 복도를 설치하여야 한다.

해설
복도의 너비 및 설치기준(건축물방화구조규칙 제15조의2 제3항)
문화 및 집회시설 중 공연장에 설치하는 복도는 다음의 기준에 적합해야 한다.
• 공연장의 개별 관람실(바닥면적이 $300m^2$ 이상인 경우)의 바깥쪽에는 그 양쪽 및 뒤쪽에 각각 복도를 설치할 것
• 하나의 층에 개별 관람실(바닥면적이 $300m^2$ 미만인 경우)을 2개소 이상 연속하여 설치하는 경우에는 그 관람실의 바깥쪽의 앞쪽과 뒤쪽에 각각 복도를 설치할 것

09 색(色)에 대한 설명으로 옳지 않은 것은?

① 색상대비는 보색관계에 있는 2개의 색이 인접한 경우 상하게 나타난다.

② 먼셀(Munsell) 색입체에서 수직축은 명도를 나타낸다.

③ 강조하고 싶은 요소가 있으면 그 요소의 배경색으로 채도가 높은 것을 선정한다.

④ 동일 명도와 채도일 경우, 난색은 거리가 가깝게 느껴지고 한색은 멀게 느껴진다.

해설
강조하고 싶은 요소가 있으면 그 요소의 배경색은 채도가 낮은 것을 선정하여 요소를 강조한다.

10 음(音)에 대한 설명으로 옳지 않은 것은?

① 음의 회절은 주파수가 낮을수록 쉽게 발생한다.

② 음악감상을 주로 하는 실에서는 회화 청취를 주로 하는 실에서보다 짧은 잔향시간이 요구된다.

③ 볼록하게 나온 면(凸)은 음을 확산시키고 오목하게 들어간 면(凹)은 반사에 의해 음을 집중시키는 경향이 있다.

④ 음의 효과적인 확산을 위해서는 각기 다른 흡음처리를 불규칙하게 분포시킨다.

해설

음악 감상을 주로 하는 실은 회화 청취를 주로 하는 실에서보다 잔향시간이 길어야 한다.

11 학교 건축의 교사배치계획에서 분산병렬형(Finger Plan)에 대한 설명으로 옳지 않은 것은?

① 편복도 사용 시 유기적인 구성을 취하기 쉽다.

② 대지에 여유가 있어야 한다.

③ 각 교사동 사이에 정원 등 오픈스페이스가 생겨 환경이 좋아진다.

④ 일조, 통풍 등 교실의 환경조건이 균등하다.

해설

분산병렬형은 분리된 교사동으로 계획함으로써 유기적인 구성을 취하기 어렵다.

12 급수 방식에서 수도직결 방식에 대한 설명으로 옳지 않은 것은?

① 수질오염이 적어서 위생상 바람직한 방식이다.

② 중력에 의하여 압력을 일정하게 얻는 방식이다.

③ 주택 또는 소규모 건물에 적용이 가능하고 설비비가 적게 든다.

④ 저수조가 없기에 경제적이지만 단수 시는 급수가 불가능하다.

해설

중력에 의하여 압력을 일정하게 얻는 방식은 고가(옥상)탱크 방식이다.

13 인체의 온열 감각에 영향을 주는 요소에서 주관적인 변수로 옳지 않은 것은?

① 착의 상태(Clothing Value)

② 기온(Air Temperature)

③ 활동 수준(Activity Level)

④ 연령(Age)

해설
기온(Air Temperature)은 측정 가능한 객관적 변수이다.

14 팀텐(Team X)과 가장 관계가 없는 건축가는?

① 조르주 칸딜리스(Georges Candilis)

② 알도 반 아이크(Aldo Van Eyck)

③ 피터 쿡(Peter Cook)

④ 야코프 바케마(Jacob Bakema)

해설
피터 쿡(Peter Cook)은 미래도시를 지향하는 아키그램과 관련이 있다.

15 공기조화 방식에서 변풍량 단일 덕트 방식(VAV)에 대한 설명으로 옳지 않은 것은?

① 고도의 공조환경이 필요한 클린 룸, 수술실 등에 적합하다.

② 가변풍량 유닛을 적용하여 개별 제어가 가능하다

③ 저부하 시 송풍량이 감소되어 기류 분포가 나빠지고 환기 성능이 떨어진다.

④ 정풍량 방식에 비해 설비용량이 작아지고 운전비가 절약된다.

해설
• 변풍량 단일 덕트 방식(VAV)은 환기량 확보 문제로 실내공기가 오염될 수 있으므로, 고도의 공조환경이 필요한 클린 룸, 수술실 등에 적합하지 않으며, 주로 OA 사무소 건물에 사용된다.
• 극장, 스튜디오, 클린 룸에는 정풍량 단일 덕트 방식(CAV)이 적합하다.

16 주차장법 시행규칙상 노외주차장의 출구 및 입구의 적합한 위치에 대한 설명으로 옳은 것만을 모두 고르면?

> ㄱ. 횡단보도, 육교 및 지하횡단보도로부터 10m에 있는 도로의 부분
> ㄴ. 교차로의 가장자리나 도로의 모퉁이로부터 10m에 있는 도로의 부분
> ㄷ. 유아원, 유치원, 초등학교, 특수학교, 노인복지시설, 장애인복지시설 및 아동전용시설 등의 출입구로부터 10m에 있는 도로의 부분
> ㄹ. 너비가 10m, 종단 기울기가 5%인 도로

① ㄱ, ㄷ
② ㄷ, ㄹ
③ ㄱ, ㄴ, ㄹ
④ ㄱ, ㄴ, ㄷ, ㄹ

해설
• ㄱ, ㄴ, ㄹ은 노외주차장 출구 및 입구를 설치할 수 없는 기준의 범위 밖에 있으므로 설치가 가능하다.
• 유아원, 유치원, 초등학교, 특수학교, 노인복지시설, 장애인복지시설 및 아동전용시설 등의 출입구로부터 20m 이내 도로의 부분에는 설치할 수 없다.

17 국토의 계획 및 이용에 관한 법률상 용도지역의 지정에 해당되지 않는 것은?

① 도시지역
② 자연환경보전지역
③ 관리지역
④ 산업지역

해설
산업지역은 기준에 없다.
용도지역 지정 구분
• 도시지역
• 관리지역
• 농림지역
• 자연환경보전지역

18 하수설비에서 부패탱크식 정화조의 오물 정화 순서가 옳은 것은?

① 오수 유입 → 1차 처리(혐기성균) → 소독실 → 2차 처리(호기성균) → 방류
② 오수 유입 → 1차 처리(혐기성균) → 2차 처리(호기성균) → 소독실 → 방류
③ 오수 유입 → 스크린(분쇄기) → 침전지 → 폭기탱크 → 소독탱크 → 방류
④ 오수 유입 → 스크린(분쇄기) → 폭기탱크 → 침전지 → 소독탱크 → 방류

해설
부패탱크식 정화조의 오물 정화 순서 : 오수 유입 → 1차 처리(혐기성균) → 2차 처리(호기성균) → 소독실 → 방류

19 부석사의 건축적 특징에 대한 설명으로 옳지 않은 것은?

① 부석사는 통일신라 때 창건되었다.

② 무량수전은 주심포식 건축이다.

③ 무량수전 앞마당에는 신라 양식의 5층 석탑이 있다.

④ 산지가람의 배치특성을 가진다.

해설
부석사의 무량수전 앞마당에는 석등 하나만 서 있을 뿐이며, 다른 아무런 구성이 없다.

20 노인복지법상 노인주거복지시설에 해당하는 것으로만 나열한 것은?

① 양로시설, 노인공동생활가정, 노인복지주택

② 노인요양시설, 경로당, 노인복지주택

③ 주야간보호시설, 단기보호시설, 노인공동생활가정

④ 노인공동생활가정, 노인복지주택, 단기보호시설

해설
노인주거복지시설 종류 : 양로시설, 노인공동생활가정, 노인복지주택

2019년 **국가직 7급**(2019.08.17.)

01 케빈 린치(Kevin Lynch)가 『도시이미지(The Image of the City)』에서 주장한 도시의 물리적 형태에 대한 이미지를 구성하는 다섯 가지 요소에 해당하지 않는 것은?

① 결절(Nodes)

② 지구(Districts)

③ 통로(Paths)

④ 색채(Colors)

해설

케빈 린치의 도시이미지 구성요소

- 통로(Paths)
- 경계(Edges, 가장자리)
- 결절점(Nodes)
- 지구(Districts, 구역)
- 랜드마크(Landmarks)

02 호텔계획에서 숙박부분에 해당하는 것은?

① 보이실

② 클로크 룸

③ 배선실

④ 프런트 오피스

해설

보이실은 숙박부분에 포함된다.

호텔의 부분별 공간 구성

구분	부분별 소요실
숙박부분	객실 및 이에 부수되는 공동 화장실, 공동욕실, 메이드실, 보이실, 린넨실, 트렁크실, 복도, 계단
퍼블릭 스페이스	현관, 홀, 로비, 라운지, 식당, 오락실, 연회실, 매점, 바, 커피숍, 프런트 데스크, 정원 등
관리부분	프런트 오피스, 클로크 룸, 지배인실, 사무실, 종업원관계제실 등
요리관계부분	배선실, 주방, 식기실, 식료품창고 등
설비관계부분	보일러실, 각종 기계실 등
대여실	상점, 창고, 임대사무실, 클럽 등

03 건축법 시행령상 다중주택이 되기 위한 요건에 해당하지 않는 것은?

① 학생 또는 직장인 등 여러 사람이 장기간 거주할 수 있는 구조로 되어 있는 것

② 19세대(대지 내 동별 세대수를 합한 세대를 말한다) 이하가 거주할 수 있을 것

③ 독립된 주거의 형태를 갖추지 아니한 것(각 실별로 욕실은 설치할 수 있으나, 취사시설은 설치하지 아니한 것을 말한다)

④ 1개 동의 주택으로 쓰이는 바닥면적의 합계가 660m² 이하이고 주택으로 쓰는 층수(지하층은 제외한다)가 3개 층 이하일 것

> **해설**
> 다중주택은 해당되지 않는다.
> 다가구주택 : 19세대(대지 내 동별 세대수를 합한 세대를 말한다) 이하가 거주할 수 있어야 한다.

04 건축법 시행령상 건축물의 지하층에 대한 설명으로 옳은 것은?

① 연면적 산정 시 지하층 면적은 제외한다.

② 용적률 산정 시 지하층 면적은 제외한다.

③ 층수 산정 시 포함한다.

④ 지하층의 일부분이 지표면으로부터 0.8m 이상에 있는 경우는 건축면적 산정 시 포함한다.

> **해설**
> ① 연면적 산정 시 지하층 면적은 포함한다.
> ③ 지하층은 건축물의 층수에 산입하지 않는다.
> ④ 지표면으로부터 1m 이하에 있는 부분(창고 중 물품을 입출고하기 위하여 차량을 접안시키는 부분의 경우에는 지표면으로부터 1.5m 이하에 있는 부분)은 건축면적 산정 시 산입하지 않는다.

05 주차장법 시행규칙상 업무시설에 부대하여 설치된 건축물식 노외주차장(자주식) 계획 시 옳지 않은 것은?(단, 평행주차 형식의 주차단위구획 수를 제외한 총 주차대수는 150대이며, 조례는 고려하지 않는다)

① 확장형 주차대수를 30대로 계획하였다.

② 지하주차장 출구 및 입구 바닥면의 조도를 300lx로 계획하였다.

③ 주차에 사용되는 부분의 높이는 주차 바닥면으로부터 2.1m로 계획하였다.

④ 2차로 직선형 경사로의 차로 너비는 6m로 계획하였다.

> **해설**
> 주차장법 시행규칙상 노외주차장에는 확장형 주차단위구획을 주차단위구획 총수(평행주차 형식의 주차단위구획 수는 제외한다)의 30% 이상 설치해야 하며, 환경친화적 자동차의 전용주차구획을 총 주차대수의 5/100 이상 설치해야 한다. 따라서, 확장형 주차대수는 150대의 30%를 설치하여야 하므로 45대 이상을 설치하여야 한다.

06 공연장계획에서 무대 및 관련 시설에 대한 설명으로 옳지 않은 것은?

① 프로시니엄 아치(Proscenium Arch)는 그림의 액자와 같이 관객의 시선을 무대로 집중시키는 시각적 역할을 하는 동시에 무대나 무대배경을 제외한 부분(조명기구, 후면무대 등)을 가리는 역할을 한다.

② 플래토 엘리베이터(Plateau Elevator)는 트랩 룸(Trap Room)에서 무대배경의 세트 전체를 올려놓고 한 번에 올라오거나 내려가게 할 수 있다.

③ 그린 룸(Green Room)은 출연자가 무대출연준비를 위해 분장을 하거나 의상을 갈아입거나 휴식을 취하는 곳으로 무대 가까이에 배치한다.

④ 사이클로라마(Cyclorama)는 무대의 제일 뒤에 설치되는 무대배경용 벽으로 무대고정식과 가동식이 있다.

해설
• 의상실(Dressing Room) : 출연자가 무대출연준비를 위해 분장을 하거나 의상을 갈아입거나 휴식을 취하는 곳으로 무대 가까이에 배치한다.
• 그린 룸(Green Room) : 출연 대기실을 말한다.

07 음 환경(音環境)에 대한 설명으로 옳은 것은?

① 벽면에 있는 개구부를 완전히 열어 놓았을 때, 흡음률은 0이다.

② 명료도는 사람이 말을 할 때 어느 정도 정확히 알아들을 수 있는가를 표시하는 기준을 음의 세기(dB)로 나타낸 것이다.

③ 잔향시간은 음원으로부터 음의 발생이 중지된 후 실내의 음압레벨이 최촛값에서 60dB 감쇠하는 데 소요되는 시간이다.

④ 음파 회절(Sound Diffraction) 현상은 저주파수 음보다는 고주파수 음에서 크게 나타난다.

해설
① 개구부가 완전개방된 형태이면 입사된 음에너지가 내부손실 없이 모두 투과되므로 흡음률은 1이 되는 완전흡음 상태가 된다.
② 명료도는 사람이 말을 할 때 어느 정도 정확히 알아들을 수 있는가를 표시하는 기준을 %로 나타낸 것이다.
④ 음파 회절(Sound Diffraction) 현상은 고주파수 음보다는 저주파수 음에서 크게 나타난다.

08 국토의 계획 및 이용에 관한 법률 시행령상 용도지구의 지정에서 경관지구에 해당하지 않는 것은?

① 특화경관지구　　　　　　　　　　　　② 자연경관지구

③ 시가지경관지구　　　　　　　　　　　④ 역사문화경관지구

해설

역사문화경관지구는 해당되지 않는다.

경관지구

• 자연경관지구 : 산지·구릉지 등 자연경관을 보호하거나 유지하기 위하여 필요한 지구

• 시가지경관지구 : 지역 내 주거지, 중심지 등 시가지의 경관을 보호 또는 유지하거나 형성하기 위하여 필요한 지구

• 특화경관지구 : 지역 내 주요 수계의 수변 또는 문화적 보존가치가 큰 건축물 주변의 경관 등 특별한 경관을 보호 또는 유지하거나 형성하기 위하여 필요한 지구

09 소방설비에 대한 설명으로 옳은 것은?

① 고층 건축물이나 지하층에는 스프링클러의 설치를 피하는 것이 좋다.

② 연결송수관설비, 연결살수설비, 제연설비는 소화활동설비에 해당한다.

③ 드렌처(Drencher)란 건축물의 외벽, 창, 지붕 등에 설치하여, 인접건물에 화재가 발생하였을 때 인접건물에 살수를 하여 화재를 진압하는 방화설비이다.

④ 분당 방수량(L/min)이 많은 것은 옥외소화전설비 > 옥내소화전설비 > 연결송수관설비 > 스프링클러 > 드렌처 순이다.

해설

① 고층 건축물이나 지하층에는 스프링클러의 설치한다.

③ 드렌처(Drencher)란 건축물의 외벽, 창, 지붕 등에 설치하여, 인접건물에 화재가 발생하였을 때 건축물 표면에 살수를 하여 수막을 형성함으로써 인접건물로부터 연소가 되지 않도록 하는 방화설비이다.

④ 분당 방수량(L/min)이 많은 것은 연결송수관설비(450L/min) > 옥외소화전설비(350L/min) > 옥내소화전설비(130L/min) > 스프링클러(80L/min), 드렌처(80L/min) 순이다.

10 지능형 건축물의 인증에 관한 규칙상 지능형 건축물의 인증에 대한 설명으로 옳지 않은 것은?

① 시공자는 건축주나 건축물 소유자가 인증 신청을 동의하는 경우에만 인증을 신청할 수 있다.

② 인증의 근거나 전제가 되는 주요한 사실이 변경된 경우 그 인증을 취소할 수 있다.

③ 인증심사 결과에 이의가 있더라도 건축주 등은 인증기관의 장에게 재심사를 요청할 수 없다.

④ 설계도면, 각 분야 설계설명서, 각 분야 시방서(일반 및 특기시방서), 설계 변경 확인서, 에너지절약계획서는 인증 신청서류에 포함된다.

해설

인증심사 결과나 인증취소 결정에 이의가 있는 건축주 등은 인증기관의 장에게 재심사를 요청할 수 있다. 이 경우 건축주 등은 재심사에 필요한 비용을 인증기관에 추가로 내야 한다.

지능형 건축물의 인증(지능형 건축물의 인증에 관한 규칙 제6조, 제7조, 제10조)
- 인증의 신청 : 인증을 받기 전에 사용승인 또는 사용검사를 받아야 한다.
- 인증 신청자 : 건축주, 건축물 소유자, 시공자(건축주나 건축물 소유자가 인증 신청을 동의하는 경우 해당)
- 지능형 건축물 인증 신청서 첨부 서류
  - 지능형 건축물 자체평가서 및 증명자료
  - 설계도면
  - 각 분야 설계설명서
  - 각 분야 시방서(일반 및 특기시방서)
  - 설계 변경 확인서
  - 에너지절약계획서
  - 예비인증서 사본
  - 위의 서류가 저장된 콤팩트디스크
- 인증심사 : 인증심사단을 구성하여 인증기준에 따라 서류심사와 현장실사를 하고, 심사 내용, 심사 점수, 인증 여부 및 인증 등급을 포함한 인증심사 결과서를 작성하여야 한다. 이 경우 인증 등급은 1등급부터 5등급까지로 하고, 그 세부기준은 국토교통부장관이 별도로 정하여 고시한다.
- 재심사 요청 : 인증심사 결과나 인증취소 결정에 이의가 있는 건축주 등은 인증기관의 장에게 재심사를 요청할 수 있다. 이 경우 건축주 등은 재심사에 필요한 비용을 인증기관에 추가로 내야 한다.

11 도서관 계획에 대한 설명으로 옳지 않은 것은?

① 비교적 규모가 큰 도서관일 경우, 아동 열람실은 성인 열람실과 구별하여 계획하며 별도의 출입구를 두는 것이 바람직하다.

② 단독서가식 서고는 평면계획상 유연성이 있고, 모듈러 컨스트럭션(Modular Construction) 적용이 가능하다.

③ 안전개가식 출납시스템은 이용자가 보안이 확보된 상태에서 직접 서고에 들어가 책을 선택하고 직원의 열람허가 없이 열람하는 방식이다.

④ 폐가식 출납시스템은 목록카드에 의해 자료를 찾고, 직원의 수속을 받은 다음 책을 받아 열람하는 방식이다.

해설

안전개가식 출납시스템은 이용자가 보안이 확보된 상태에서 직접 서고에 들어가 책을 선택하고 직원의 열람허가를 받은 후에 열람하는 방식이다.

12 건축법상 용어의 정의로 옳은 것은?

① '대지(垈地)'란 공간정보의 구축 및 관리 등에 관한 법률에 따라 각 필지(筆地)로 나눈 토지를 말한다. 다만, 대통령령으로 정하는 토지는 둘 이상의 필지를 하나의 대지로 하거나 하나 이상의 필지의 일부를 하나의 대지로 할 수 있다.

② '지하층'이란 건축물의 바닥이 지표면 아래에 있는 층으로서 바닥에서 지표면까지 평균높이가 해당 층 높이의 1/3 이상인 것을 말한다.

③ '리모델링'이란 건축물의 기둥, 보, 내력벽, 주계단 등의 구조나 외부 형태를 수선·변경하거나 증설하는 것으로서 대통령령으로 정하는 것을 말한다.

④ '건축'이란 건축물을 이전하는 것을 제외하고, 신축·증축·개축·재축(再築)하는 모든 행위를 말한다.

> **해설**
> ② 지하층 : 건축물의 바닥이 지표면 아래에 있는 층으로서 바닥에서 지표면까지 평균높이가 해당 층 높이의 1/2 이상인 것을 말한다.
> ③ 대수선 : 건축물의 기둥, 보, 내력벽, 주계단 등의 구조나 외부 형태를 수선·변경하거나 증설하는 것으로서 대통령령으로 정하는 것을 말한다.
> ④ 건축 : 건축물을 신축·증축·개축·재축(再築)하거나 건축물을 이전하는 것을 말한다.

13 배수관 트랩(Trap)의 봉수 파괴 원인에 대한 설명으로 옳지 않은 것은?

① 자기사이펀작용은 위생기구에 만수된 물이 일시에 흐를 경우, 트랩 내의 물이 모두 사이펀작용에 의해 배수관으로 흡인되어 배출되는 현상이다.

② 분출작용은 수직관 가까이 위생기구가 설치되어 있을 때 수직관 위로부터 일시에 다량의 물이 낙하할 경우, 수직관과 수평관의 연결부에 순간적으로 진공이 생기면서 트랩의 봉수가 흡인되어 배출되는 현상이다.

③ 모세관현상은 봉수부와 수직관 사이에 모발이나 실밥 등이 걸릴 경우, 서서히 봉수가 빠져나가는 현상이다.

④ 증발작용은 위생기구를 장시간 사용하지 않을 경우, 트랩부분의 물이 자연 증발하여 봉수가 파괴되는 현상이다.

> **해설**
> • 유인사이펀작용(흡입 또는 흡출작용) : 수직관 가까이 위생기구가 설치되어 있을 때 수직관 위로부터 일시에 다량의 물이 낙하할 경우, 수직관과 수평관의 연결부에 순간적으로 진공이 생기면서 트랩의 봉수가 흡인되어 배출되는 현상이다.
> • 분출작용 : 건물 상층부의 배수 수직관으로부터 일시에 많은 양의 물이 흐를 때, 이 물이 피스톤 작용을 일으켜 하류 또는 하층 기구의 트랩 봉수를 공기의 압축에 의해 실내 측으로 역류시키는 토출작용 현상이다.

14 색(色)의 성질에 대한 설명으로 옳지 않은 것은?

① 고명도 난색 계통은 가벼운 느낌을 주고, 저명도 한색 계통은 무거운 느낌을 준다.

② 난색 계통이 한색 계통보다 후퇴되어 보인다.

③ 난색에는 적색, 주황색, 노란색 등이 있고, 한색에는 남색, 청록색, 청색 등이 있다.

④ 저채도 고명도인 난색계가 저채도 저명도의 한색계보다 부드러운 느낌을 준다.

해설
난색 계통이 한색 계통보다 진출되어 보인다.

15 건축가와 그의 건축사상 및 작품을 바르게 나열한 것은?

① 르 코르뷔지에(Le Corbusier) – 신고전주의 – 라 투레트 수도원(Monastery of Sainte Marie de La Tourette)

② 로버트 벤츄리(Robert Venturi) – 포스트 모더니즘 – 시드니 오페라 하우스(Sydney Opera House)

③ 시저 펠리(Cesar Pelli) – 형태주의 – 비트라 소방서(Vitra Fire Station)

④ 프랭크 게리(Frank Gehry) – 해체주의 – 월트 디즈니 콘서트 홀(Walt Disney Concert Hall)

해설
① 르 코르뷔지에(Le Corbusier) – 모더니즘 – 라 투레트 수도원(Monastery of Sainte Marie de La Tourette)
② 요른 웃손(Jørn Utzon) – 지역주의 – 시드니 오페라 하우스(Sydney Opera House)
③ 자하 하디드(Zaha Hadid) – 해체주의 – 비트라 소방서(Vitra Fire Station)

16 형태구성 원리에 대한 설명으로 옳은 것만을 모두 고르면?

ㄱ. 황금비란 예를 들어, 한 선분을 두 부분으로 나눌 때 전체에 대한 큰 부분의 비와 큰 부분에 대한 작은 부분의 비가 같은 것을 말한다.
ㄴ. 리듬에는 반복(Repetition), 점증(Gradation), 억양(Accentuation) 등이 있다.
ㄷ. 대비란 전혀 다른 성격의 요소를 병치함으로써 서로가 가진 특성을 명확하게 강조하여 강렬한 인상을 주는 것이다.
ㄹ. 아그라의 타지마할은 균형과 대칭이 반영된 건축물이다.

① ㄱ, ㄴ   ② ㄷ, ㄹ

③ ㄱ, ㄷ, ㄹ   ④ ㄱ, ㄴ, ㄷ, ㄹ

해설
ㄱ, ㄴ, ㄷ, ㄹ 모두 올바른 설명이다.

17 고대 및 중세 건축물에 대한 설명으로 옳은 것만을 모두 고르면?

> ㄱ. 바실리카식 교회당은 아트리움(Atrium), 나르텍스(Narthex), 네이브(Nave), 트랜셉트(Transept), 앱스(Apse) 등으로 구성되어 있다.
> ㄴ. 아야 소피아(Hagia Sophia) 성당은 리브볼트(Rib Vault)와 펜던티브 돔(Pendentive Dome)을 적용한 비잔틴 건축물의 대표적 사례이다.
> ㄷ. 로마 판테온(Pantheon)의 격자천장은 장식적 역할을 할뿐만 아니라 돔의 중량을 경감시키는 구조적 효과를 내도록 고안되었다.
> ㄹ. 로마의 인술라(Insula)는 귀족용 아파트 주택으로서 화장실과 욕실이 층마다 설치되어 있어 로마의 수도기술을 보여주는 대표적 사례이다.

① ㄱ, ㄷ
② ㄱ, ㄹ
③ ㄴ, ㄷ
④ ㄴ, ㄹ

해설

ㄴ. 아야 소피아(Hagia Sophia) 성당은 펜던티브 돔(Pendentive Dome)을 적용한 비잔틴 건축물의 대표적 사례이다. 리브볼트(Rib Vault)로 구성된 형태는 아니다.

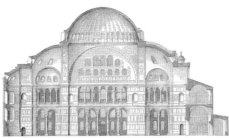

ㄹ. 로마의 인술라(Insula)는 로마의 중하층 주민을 위한 공동주택이다. 저층부에는 장인들의 공방이나 상업시설이 있으며, 상부층은 주거 공간으로 내부 공동계단으로 진입하게 하였고, 내부 중정을 통해 채광과 통풍이 이루어지도록 했다.

18 건축물의 피난·방화구조 등의 기준에 관한 규칙상 연면적 200m²를 초과하는 건축물에 설치하는 복도의 유효너비에 대한 설명으로 옳지 않은 것은?(단, 중복도란 양옆에 거실이 있는 복도를 말한다)

① 공동주택 복도의 유효너비는 편복도 1.2m 이상, 중복도 1.5m 이상으로 해야 한다.

② 초등학교 복도의 유효너비는 편복도 1.8m 이상, 중복도 2.4m 이상으로 해야 한다.

③ 당해 층 거실의 바닥면적의 합계가 200m² 이상인 의료시설 복도의 유효너비는 편복도 1.2m 이상, 중복도 1.8m 이상으로 해야 한다.

④ 당해 층 바닥면적의 합계가 500m² 이상 1,000m² 미만인 공연장의 관람실과 접하는 복도의 유효너비는 1.8m 이상으로 해야 한다.

해설

공동주택 복도의 유효너비는 편복도 1.2m 이상, 중복도 1.8m 이상으로 해야 한다.
연면적 200m²를 초과하는 건축물에 설치하는 복도의 유효너비

구분	양옆에 거실이 있는 복도	기타의 복도
유치원·초등학교·중학교·고등학교	2.4m 이상	1.8m 이상
공동주택·오피스텔	1.8m 이상	1.2m 이상
당해 층 거실의 바닥면적 합계가 200m² 이상인 경우	1.5m 이상(의료시설의 복도 1.8m 이상)	1.2m 이상

19 다음 〈보기〉 중 국토의 계획 및 이용에 관한 법령상 용도지역 안에서 허용 용적률이 가장 높은 것은?(단, 조례는 고려하지 않는다)

┌─**보기**─────────────────────────────────────┐
ㄱ. 제1종 일반주거지역　　　　　　　ㄴ. 제3종 일반주거지역
ㄷ. 준주거지역　　　　　　　　　　　ㄹ. 준공업지역
└──┘

① ㄱ　　　　　　　　　　　　　　② ㄴ

③ ㄷ　　　　　　　　　　　　　　④ ㄹ

해설

준주거지역이 최대 500%로 가장 높다.
용도지역 안에서의 용적률
• 제1종 전용주거지역 : 50% 이상 100% 이하
• 제1종 일반주거지역 : 100% 이상 200% 이하
• 제3종 일반주거지역 : 100% 이상 300% 이하
• 중심상업지역 : 200% 이상 1,500% 이하
• 근린상업지역 : 200% 이상 900% 이하
• 전용공업지역 : 150% 이상 300% 이하
• 준공업지역 : 150% 이상 400% 이하
• 생산녹지지역 : 50% 이상 100% 이하
• 보전관리지역 : 50% 이상 80% 이하
• 계획관리지역 : 50% 이상 100% 이하
• 자연환경보전지역 : 50% 이상 80% 이하
• 제2종 전용주거지역 : 50% 이상 150% 이하
• 제2종 일반주거지역 : 100% 이상 250% 이하
• 준주거지역 : 200% 이상 500% 이하
• 일반상업지역 : 200% 이상 1,300% 이하
• 유통상업지역 : 200% 이상 1,100% 이하
• 일반공업지역 : 150% 이상 350% 이하
• 보전녹지지역 : 50% 이상 80% 이하
• 자연녹지지역 : 50% 이상 100% 이하
• 생산관리지역 : 50% 이상 80% 이하
• 농림지역 : 50% 이상 80% 이하

20 전통건축 공포 양식에 대한 설명으로 옳은 것은?

① 다포식은 공포를 기둥 위에만 배열하여 하중을 기둥으로 직접 전달하는 공포 양식으로, 강진 무위사 극락전, 창녕 관룡사 약사전 등이 있다.

② 주심포식은 기둥 상부 이외에 기둥 사이에도 공포를 배열한 공포 양식으로, 서울 경복궁 근정전, 양산 통도사 대웅전 등이 있다.

③ 익공식은 창방과 직교하여 보방향으로 새 날개 모양 등의 부재가 결구되어 만들어진 공포 양식으로, 서울 종묘 정전, 강릉 해운정 등이 있다.

④ 절충식은 다포식과 주심포식을 혼합·절충한 공포 양식으로, 서울 동묘 본전, 강릉 오죽헌 등이 있다.

해설

① 주심포식에 대한 설명이다.
② 다포식에 대한 설명이다.
④ 익공식에 대한 설명이다.

01 병동부의 간호단위(NU ; Nursing Unit)에 대한 설명 중 옳은 것은?

① 질병의 종류에 따라 구분하여 간호하는 것을 PPC(Progressive Patient Care) 방식이라 한다.

② 1개의 간호사 대기소에서 관리하는 병상 수는 40개 이내로 계획한다.

③ 간호사의 보행거리는 30~40m 이내로 한다.

④ 간호사 대기소는 병동부의 관리 및 환자간호를 위해 병동부의 한쪽 끝에 위치한다.

> **해설**
> ① PPC(Progressive Patient Care) 방식은 질병의 종류에 관계없이 또는 같은 질병의 환자를 단계적으로 구분하여 질병을 치료하는 간호단위를 구성 방식을 말한다.
> ③ 간호사의 보행거리는 24m 이내로 한다.
> ④ 간호사 대기소는 병동부의 관리 및 환자간호를 위해 병동부의 중앙에 위치한다.

02 교회 건축에서 시대적 건축 양식이 가장 다른 건물은?

① 파리 노트르담 대성당(Notre Dame Cathedral)

② 영국 솔즈베리 대성당(Salisbury Cathedral)

③ 로마 성 베드로 대성당(St. Peter's Basilica)

④ 독일 쾰른 대성당(Cologne Cathedral)

> **해설**
> 로마 성 베드로 대성당(St. Peter's Basilica)은 르네상스 양식이다.
> 고딕 양식 건축물
> • 파리 노트르담 대성당(Notre Dame Cathedral)
> • 영국 솔즈베리 대성당(Salisbury Cathedral)
> • 독일 쾰른 대성당(Cologne Cathedral)

03 박물관 전시실에서 일부 자연채광 형식을 활용할 경우 가장 옳은 것은?

① 정광창 형식은 유리쇼케이스 내의 전시실에 적합하다.

② 측광창 형식은 측면에서 광선이 사입되기에 조도분포를 고르게 할 수 있어 채광 형식 중 가장 좋은 방법이다.

③ 정측광창 형식은 관람자가 서있는 위치나 중앙부는 어둡고 전시벽면은 조도가 충분하므로 이상적인 채광법이다.

④ 특수채광 형식은 천장 상부에서 경사방향으로 자연광이 유입되기에 벽면 전시물을 조명하는 데는 불리하다.

> **해설**
> ① 정광창 형식은 빛의 반사로 인해 유리 쇼케이스 내의 전시실에 적합하지 않다.
> ② 측광창 형식은 측면에서 광선이 사입되기에 조도분포를 고르게 할 수 없으며, 전시실의 채광 형식 중 가장 불리한 방법이다.
> ④ 특수채광 형식은 천장 상부에서 경사방향으로 벽면을 향하여 자연광이 유입되기에 벽면 전시물을 조명하는 데는 유리하다.

04 1주간 평균수업시간이 40시간인 어느 학교의 음악교실이 사용되는 시간이 20시간이며, 그 중 영어수업을 위해 사용되는 시간을 제외하면 음악교실의 순수율은 75%이다. 영어수업을 위해 사용되는 시간과 음악교실의 이용률(%)은?

시간	이용률
① 15	50
② 10	75
③ 5	50
④ 3	75

> **해설**
> 이용률과 순수율 산정방법에 따라 순수 음악수업을 위해 사용되는 시간을 구할 수 있다.
>
> 이용률 $= \dfrac{\text{음악교실이 사용되는 시간}}{\text{1주 평균수업 시간}} \times 100\%$
>
> $= \dfrac{20\text{시간}}{40\text{시간}} \times 100\%$
>
> $= 50\%$
>
> 순수율(%) $= 75\% = \dfrac{20 - \text{영어수업 시간}}{20\text{시간}} \times 100$
>
> 따라서, 순수 음악수업을 위해 사용되는 시간은 15시간이며, 영어수업 시간은 5시간이 된다.

05 대지에 접하는 도로가 막다른 도로로서 그 길이가 18m인 경우 최소너비 값으로 가장 옳은 것은?

① 2m
② 3m
③ 4m
④ 6m

해설

막다른 도로의 길이가 18m인 경우에 도로의 너비는 3m 이상이어야 한다.

막다른 도로의 길이	도로의 너비
10m 미만	2m 이상
10m 이상 35m 미만	3m 이상
35m 이상	6m 이상(도시지역이 아닌 읍·면지역 : 4m 이상)

06 병원의 세부계획 시 고려해야 할 사항으로 가장 옳지 않은 것은?

① 병동부는 병원 기능상 가장 중요한 부분이며, 병실의 평면형태는 간호단위를 중심으로 계획, 배치된다.
② 검사실, 주사실, 치료실 등의 시설은 외래진료부가 공동으로 이용하도록 계획한다.
③ 외래진료부의 방문환자 수는 병상 수의 2~3배를 1일 평균환자 수로 예측한다.
④ 중앙진료부의 수술부, 물리치료부, 분만실 등은 각 병동부와 외래진료부로부터 바로 통과할 수 있도록 편리한 위치에 둔다.

해설

중앙진료부의 수술부, 물리치료부, 분만실 등은 각 병동부와 외래진료부로부터 통과교통을 두지 않도록 한다.

07 사무용 빌딩 평면계획의 오피스 레이아웃(Office Layout)에 대한 설명으로 가장 옳지 않은 것은?

① 복도형(개실형)은 폐쇄형으로 소규모 사무공간에 적합하며, 사무실의 길이는 변화를 줄 수 있으나 깊이는 변화를 줄 수 없는 단점이 있다.
② 개방형은 칸막이가 없어 커뮤니케이션의 효율을 높일 수 있고 주위환경에 대한 통제가 쉬우나 내부 개조가 불리하여 유지관리비가 많이 드는 단점이 있다.
③ 오피스 랜드스케이핑은 개방형에서 발전된 형식으로 공간이 절약되고 내부 개조가 용이하다.
④ 복도형(개실형)은 각 실의 환경적 조건이 일정하여 독립성과 쾌적성이 좋으며 임대가 용이하다는 장점이 있다.

해설

개방형은 칸막이가 없어 커뮤니케이션의 효율을 높일 수 있고 주위환경에 대한 통제가 쉽다. 또한 내부 개조가 유리하며 유지관리비를 절약할 수 있는 장점이 있다.

08 공연장에서의 음향계획에 관한 설명으로 가장 옳은 것은?

① 공연장의 평면 형태는 음의 집중이 생기도록 계획하며, 좌우 벽면에는 음향의 집중을 위해 흡음재를 사용한다.

② 음향계획에서 고려할 설계 요소는 공간의 형태, 잔향시간, 방음·방진계획 등이 있다.

③ 잔향시간은 실 용적에 반비례하고, 흡음력에 정비례한다.

④ 음 확산을 위해 공연장 벽과 천장의 형태에 각도를 주어서는 안 된다.

해설
① 공연장의 평면 형태는 음이 확산되도록 계획하며, 좌우 벽면에는 음향의 확산을 위해 반사재를 사용한다.
③ 잔향시간은 실 용적에 비례하고, 흡음력에 반비례한다.
④ 음 확산을 위해 공연장 벽과 천장의 형태에 각도를 줄 수 있다.

09 주차장 계획 시 출입구의 위치로 가장 부적합한 장소는?

① 공원, 초등학교, 유치원 등의 출입구에서 10m인 곳

② 횡단보도, 육교 등에서 10m인 곳

③ 종단구배 8%인 도로

④ 교차점 또는 길 모퉁이에서 8m인 곳

해설
공원, 초등학교, 유치원 등의 출입구에서 20m 이내인 곳은 노외주차장 출입구의 설치를 금지한다.

노외주차장 출입구의 설치 금지 장소
• 도로교통법에 의하여 정차 주차가 금지되는 도로의 부분
• 횡단보도(육교 및 지하 횡단보도를 포함)에서 5m 이내의 도로 부분
• 너비 4m 미만의 도로(예외 : 주차대수 200대 이상인 경우에는 너비 6m 미만의 도로에는 설치할 수 없다)
• 종단 기울기 10%를 초과하는 도로
• 유아원, 유치원, 초등학교, 특수학교, 노인복지시설, 장애인 복지 시설 및 아동전용시설 등의 출입구로부터 20m 이내의 도로 부분

10 미술관 건축계획에 있어서 기능, 활동 내용, 소요실의 구성이 가장 옳지 않은 것은?

① 교육 / 집회, 강의, 자료의 열람, 창작활동, 정보교환 / 집회실, 도예실, 학예상담실

② 연구 / 자료의 수집, 정리, 연구, 수리, 기록 / 자료실, 기록신, 사진실, 실험실, 기계실, 공작실

③ 전시 / 자료의 전시 / 전시장, 옥외전시장, 식당

④ 수장 / 자료의 보호, 수납, 운반, 포장 / 미술품 보관고, 자료 창고

해설
식당은 봉사 기능의 소요실에 해당된다.
• 전시 / 자료의 전시 / 전시장, 옥외전시장
• 봉사 / 휴식, 식사 판매 / 휴게실, 식당, 매점, 주방, 클로크 룸

11 백화점 설계 시 기둥간격(Span)을 결정하는 데 있어 고려되어야 할 사항으로 가장 옳지 않은 것은?

① 진열대 치수와 배치방법
② 엘리베이터, 에스컬레이터의 배치
③ 지하주차장의 주차방식과 주차폭
④ 매장의 천장높이와 보의 춤

해설

매장의 천장높이와 보의 춤은 단면계획에서 고려될 사항이다.

12 호텔 건축의 기둥간격(Span)을 산정하는 방식으로 가장 옳은 것은?

① 기둥간격(Span) = (최소 욕실폭 + 각 실 입구 통로폭 + 반침폭) × 2배
② 기둥간격(Span) = (죄소 욕실깊이 + 각 실 입구 통로깊이 + 반침폭) × 2배
③ 기둥간격(Span) = (최소 욕실폭 + 각 실 입구 통로폭 + 반침폭) × 1.5배
④ 기둥간격(Span) = (최소 욕실깊이 + 각 실 입구 통로깊이 + 반침폭) × 1.5배

해설

기둥간격(Span) = (최소 욕실폭 + 각 실 입구 통로폭 + 반침폭) × 2배

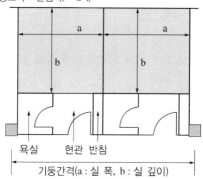

기둥간격(a : 실 폭, b : 실 깊이)

13 공동주택 건축계획 수립에 있어서 주거밀도에 대한 기술 중 가장 옳지 않은 것은?

① 토지이용률 – 단지의 각 용도별 토지이용의 비율(%)이다.
② 건축면적률 – 건물의 밀집도를 나타내는 것으로, 건폐율을 말한다.
③ 건축용적률 – 대지의 고도집약 이용도를 나타내며, 건축 연면적의 대지면적에 대한 비율(%)이다.
④ 호수밀도 – 단지의 밀도를 나타내는 것으로, 단위 토지면적당의 공동주택 동수(동/ha)로 나타낸다.

해설

호수밀도 : 가구의 밀도를 나타내는 것으로, 단위 토지면적당의 공동주택 호수(호/ha)로 나타낸다.

14 〈보기〉에서 설명하는 주거단지계획과 가장 관련 있는 이론가는?

┌─보기├─

전원도시 계획으로 『내일의 전원도시(1898)』, 『레치워스(Letchworth) 전원도시(1903)』, 『윌윈(Welwyn) 전원도시(1920)』 등이 있다.

• 도시와 농촌의 결합으로 중심은 400ha의 시가지로 계획하며 주변은 200ha의 농지로 계획하고 있다.
• 자족적인 시설을 배치하고 있다.
• 토지 사유의 제한과 개발 이익의 사회환원을 주장하고 있다.

① 페리(Clarence Arther Perry)
② 아담스(Thomas Adams)
③ 페더(G. Feder)
④ 하워드(Ebenezer Howard)

해설
하워드(Ebenezer Howard)는 『내일의 전원도시(1898)』에서 도시와 농촌 결합으로 도시가 규모 이상으로 확산되는 것을 방지하고, 자족적인 시설을 배치하며, 토지 사유의 제한과 개발 이익의 사회환원을 주장하였다.

15 〈보기〉의 설명에 가장 알맞은 코어의 종류는?

┌─보기├─

• 바닥면적이 클 경우 적합하며 특히 고층, 초고층에 적합하다.
• 외주 프레임을 내력벽으로 하며, 코어와 일체로 한 내진구조를 만들 수 있다.
• 유효율이 높고 대여빌딩으로서 가장 경제적인 계획을 할 수 있다.

① 편심코어형(편단코어형)
② 독립코어형(외코어형)
③ 양단코어형(분리코어형)
④ 중앙코어형(중심코어형)

해설
중앙코어형(중심코어형)은 평면에서 중앙부분에 코어를 계획하는 형식으로 유효율이 높고 대여빌딩으로서 가장 경제적인 계획을 할 수 있으며, 바닥면적이 클 경우와 고층, 초고층 건축물에 적합하다.

16 장애인 등의 통행을 위한 계단 편의시설에 대한 설명으로 가장 옳은 것은?

① 바닥면으로부터 높이 1.5m 이내마다 휴식을 할 수 있도록 수평면으로 된 참을 설치하여야 한다.

② 계단은 휠체어 이용자가 이용하지 않으므로, 점자표지판은 설치하지 않는다.

③ 계단의 점형 블록은 계단의 시작부분에만 20cm 이격하여 계단폭만큼 설치한다.

④ 계단의 측면에는 반드시 연속하여 손잡이를 설치하여야 한다. 이때 방화문 설치 구간은 제외할 수 있다.

해설

① 바닥면으로부터 높이 1.8m 이내마다 휴식을 할 수 있도록 수평면으로 된 참을 설치하여야 한다.

② 계단의 손잡이의 시작과 끝에는 점자 표기를 하며, 손잡이의 양 끝부분 및 굴절부분에는 층수 · 위치 등을 나타내는 점자표지판을 부착하여야 한다.

③ 계단의 시작과 끝 지점(중간 참 포함)에서 30cm 이격하여 계단의 폭만큼 점형 블록을 설치한다.

17 무대 관련 설비 및 시설로 가장 옳지 않은 것은?

① 그리드아이언(Gridiron)

② 사이클로라마(Cyclorama)

③ 프롬프터 박스(Prompter Box)

④ 캐럴(Carrel)

해설

캐럴(Carrel)은 서고 내에 설치하는 개인용 소열람실 또는 소연구실로서, 크기는 1인당 바닥면적은 1.4~4.0m² 정도이다.

18 백화점 에스컬레이터 운용 방식에 대한 설명으로 가장 옳지 않은 것은?

① 설치 위치는 출입구와 엘리베이터 중간 또는 매장의 중앙에 배치한다.

② 수송능력에 비해 점유면적이 크다.

③ 직렬식 배치는 점유면적은 크지만 승객의 시야가 좋은 형식이다.

④ 에스컬레이터의 경사도는 30° 이하로 하며, 정격속도는 30m/분 이하로 설치한다.

해설

에스컬레이터는 수송능력에 비해 점유면적이 작다.

19 공장건축물의 건축계획에 관한 설명으로 가장 옳지 않은 것은?

① 공장의 레이아웃(Layout) 형식은 대량생산에 유리한 공정중심 레이아웃, 주문생산공장에 유리한 제품중심 레이아웃, 선박 및 건축 등과 같은 제품에 유리한 고정식 레이아웃이 있다.

② 평면 형식에서 분관식(Pavilion Type)은 공장의 신설 및 확장에 유리하고, 집중식(Block Type)은 내부 배치 변화에 융통성이 있다.

③ 지붕의 형태에서 톱날지붕 형태는 채광창을 북향으로 설치하여 균일한 조도를 유지하며, 작업능률을 향상 시키는 데에 유리하다.

④ 바닥구조 중 아스팔트 바닥은 내수성이 있고 먼지가 없어 청결 유지가 가능하며, 탄력성이 있어 균열이 가지 않는다.

해설
공장의 레이아웃(Layout) 형식은 대량생산에 유리한 제품중심 레이아웃, 주문생산공장에 유리한 공정중심 레이아웃, 선박 및 건축 등과 같은 제품에 유리한 고정식 레이아웃이 있다.

20 고려시대 주심포 형식의 건물로 가장 옳지 않은 것은?

① 수덕사 대웅전
② 석왕사 응진전
③ 봉정사 극락전
④ 부석사 무량수전

해설
석왕사 응진전은 고려시대 다포 형식의 건물이다.
고려시대 주심포 형식의 건물
• 수덕사 대웅전
• 봉정사 극락전
• 부석사 무량수전

01 근린생활권 중 어린이 놀이터가 중심이 되는 단위는?

① 인보구　　　　　　　　　② 근린분구
③ 근린주구　　　　　　　　　④ 복합지구

해설
인보구는 어린이 놀이터가 중심시설이다.

02 아레나(Arena) 극장 평면형태에 대한 설명으로 가장 옳지 않은 것은?

① 다른 극장 평면형태에 비해 관객 수용능력에 한계가 많다.
② 다른 극장 평면형태에 비해 연기자의 방향감에 혼란을 줄 수 있다.
③ 다른 극장 평면형태에 비해 무대장치 설치에 어려움이 있다.
④ 다른 극장 평면형태에 비해 경제성이 높다.

해설
• 아레나(Arena) 형식은 다른 극장 평면형태에 비해 무대 가까이에 많은 관객을 수용할 수 있다.
• 프로시니엄(Proscenium) 형식은 관객 수용능력에 한계가 많다.

03 〈보기〉의 설명에 해당하는 난방 방식으로 가장 옳은 것은?

┌ 보기 ├─────────────────────────────
• 현열을 이용한 난방 방식이다.
• 온도조절이 용이하다.
• 쾌감도가 높다.
• 예열시간이 길다.
└───────────────────────────────────

① 증기난방　　　　　　　　　② 온수난방
③ 복사난방　　　　　　　　　④ 온풍난방

해설
온수난방은 현열을 이용한 난방 방식으로, 온도조절이 용이하며 쾌감도가 높지만, 예열시간이 길다.

04 건축허가신청에 필요한 기본설계도서 중 배치도에 표시해야 할 사항이 아닌 것은?

① 건축선 및 대지경계선으로부터 건축물까지의 거리

② 방화구획 및 방화문까지의 거리

③ 주차 동선 및 옥외주차계획

④ 공개공지 및 조경계획

해설
방화구획 및 방화문까지의 거리는 평면도에 표시된다.

05 건축계획 관련 개념들에 대한 설명 중 가장 옳지 않은 것은?

① 배리어 프리(Barrier-Free) 디자인은 장애인 및 고령자들을 위해 무장애공간을 만들기 위한 노력이다.

② 셉테드(CPTED)란 건축물 등 도시시설을 설계 단계부터 범죄예방을 할 수 있는 환경으로 조성하는 기법 및 제도를 말한다.

③ 유니버설 디자인(Universal Design)은 인터내셔널 스타일(International Style)과 유사한 개념으로 세계 각지에서 동시에 유행하는 디자인을 말한다.

④ 거주 후 평가(POE)는 입주 후 사용자들의 반응을 연구하여 사용 중인 건물의 성능을 조사·평가하는 과정이다.

해설
• 유니버설 디자인(Universal Design)은 제품, 시설, 서비스를 이용하는 사람이 성별, 나이, 장애, 언어 등으로 인해 제약을 받지 않도록 설계하는 것이며, 모든 사람을 위한 디자인으로 볼 수 있다.
• 인터내셔널 스타일(International Style)은 바우하우스 출신 디자이너들이 미국으로 건너가 형성한 국제주의 양식으로 볼 수 있으며, 본래의 기능에 충실하게 디자인하며 실용성을 중시하는 경향이 있다.
유니버설 디자인 7대 원칙
• 공평한 사용(Equitable Use)
• 사용상의 융통성(Flexibility in Use)
• 손쉬운 이용(Simple, Intuitive Use)
• 정보이용의 용이(Perceptible Information)
• 오류에 대한 포용력(Tolerance for Error)
• 편리한 조작(Low Physical Effort)
• 적당한 크기와 공간(Size and Space for Approach and Use)

06 사무소 건축 코어(Core)의 유형 및 특징에 대한 설명으로 가장 옳지 않은 것은?

① 편단코어형(편심형) : 기준층 바닥면적이 작은 경우에 적합한 유형

② 중앙코어형(중심형) : 유효율이 높으며, 가장 경제적인 계획이 가능한 유형

③ 양단코어형(분리형) : 단일용도의 소규모 전용사무실에 적합한 유형

④ 외코어형(독립형) : 설비덕트나 배관을 코어로부터 사무실 공간으로 연결하는 데 제약이 많은 유형

해설
• 단일용도의 소규모 전용사무실에 적합한 유형은 편단코어형(편심형)나 독립코어(외코어형)이다.
• 양단코어형(분리형)은 중앙부에 대공간을 만들 수 있고 피난에 유리하며, 대규모 사무실에 적합한 유형이다.

07 서측 창문에서 들어오는 일사를 차단하는 방법으로 가장 효과적인 것은?

① 창문 위에 어닝(Awning)을 설치한다.

② 창문 위에 처마를 앞으로 길게 내민다.

③ 창 외부에 수평루버를 설치한다.

④ 창 외부에 수직루버를 설치한다.

해설
창 외부에 수직루버를 설치할 경우 서측 창문에서 들어오는 낮은 일사를 차단하는 효과가 있으며, ①·②·③은 남측으로부터 높은 고도에서 들어오는 일사를 차단하는 데 효과가 있다.

08 배수트랩에 대한 설명으로 가장 옳지 않은 것은?

① 트랩의 봉수를 보호하기 위하여 봉수의 깊이가 깊을수록 좋다.

② 트랩에 머리카락, 걸레 등이 걸려 아래로 늘어뜨려져 있으면 모세관작용으로 봉수가 말라버린다.

③ 유수에 의해 트랩 내부를 세정할 수 있는 자기세정작용이 있어야 한다.

④ 구조상 내부 청소를 간단하게 할 수 있어야 한다.

해설
트랩의 봉수 깊이는 5~10cm가 적당하며, 깊이가 깊을수록 물의 흐름이 방해될 수 있다.

09 에너지 절약을 위한 조명계획에 대한 설명으로 가장 옳지 않은 것은?

① 동일조도를 요하는 작업으로 조닝(Zoning)을 한다.
② 개방형 평면은 벽체에 의한 차폐 에너지를 줄일 수 있다.
③ 선(先) 주광, 후(後) 인공조명시스템으로 계획한다.
④ 벽 표면의 반사율은 줄이고 흡수율은 높인다.

해설
벽 표면의 반사율은 높이고 흡수율은 줄인다.

10 건축행태심리에서 사회심리적 요인에 대한 설명으로 가장 옳지 않은 것은?

① 프라이버시(Privacy)는 타인의 관심과 관찰로부터 분리되고 싶은 상태를 뜻한다.
② 개인공간(Personal Space)은 정적이고, 그 치수는 고정적이며, 침해당할 때 긴장과 불안을 야기한다.
③ 영역성(Territoriality)은 한 사람이 개인적으로 전용화하고, 특정지우고, 소유하고, 지키는 일단의 행태환경무대를 뜻한다.
④ 혼잡(Crowding)은 기본적으로 밀도와 관계가 있는 개념이다.

해설
개인공간(Personal Space)은 동적이고, 그 치수는 고정되지 않은 심리적이면서도 물리적인 공간으로 침해당할 때 긴장과 불안을 야기할 수 있다.

11 백화점 건축에 대한 설명으로 가장 옳지 않은 것은?

① 에스컬레이터는 엘리베이터에 비해서 수송량은 적지만 승객의 시야가 좋아서 백화점 건축에 사용된다.
② 백화점은 기능에 따라서 고객부문, 종업원부문, 상품부문, 판매부문으로 분류된다.
③ 정방형에 가까운 장방형 부지의 형태가 이상적이다.
④ 창문을 통한 환기와 자연채광보다는 기계를 통한 환기와 인공조명을 검토한다.

해설
에스컬레이터는 엘리베이터에 비해서 수송량이 크며, 승객의 시야가 좋아서 백화점 건축에 사용된다.

12 학교 건축에서 학교운영 방식에 대한 설명 중 가장 옳지 않은 것은?

① 종합교실형 방식에서 교실의 수는 학급 수와 일치하며 모든 교과는 각 교실에서 행한다.

② 교과교실형 방식에서 일반교실은 각 학년에 하나씩 할당되고, 그 외에는 특별교실을 갖는다.

③ 플래툰형 방식에서는 전 학급을 2분단으로 하고, 한쪽이 일반교실을 사용할 때 다른 분단은 특별교실을 사용한다.

④ 달톤형 방식에서는 학급, 학생 구분을 없애고 학생들은 각자의 능력에 맞게 교과를 선택하며, 일정한 교과가 끝나면 졸업한다.

해설
- 교과교실형 : 일반교실이 없고 특별교실로만 운영하는 방식이다.
- 일반교실 및 특별교실형 : 일반교실은 각 학년에 하나씩 할당되고, 그 외에는 특별교실을 갖는다.

13 주차장 경사로 계획에 관한 기준 내용으로 가장 옳지 않은 것은?

① 경사로의 종단 경사도는 직선형 17%, 곡선형 14%까지 허용되지만 자동차가 미끄러지지 않게 하기 위해 실질적으로 10~12% 정도가 바람직하다.

② 경사로는 인도(人道)를 따로 설치하는 것이 좋으며 별도로 보행자 출입구를 만들기도 한다.

③ 경사로의 바닥 마무리는 되도록 매끈한 면으로 한다.

④ 경사로의 양단부에는 경사 완화 부분을 두어 범퍼 등이 닿지 않도록 한다.

해설
주차장 경사로의 바닥 마무리는 거친 면으로 한다.

14 흡음률에 대한 설명으로 가장 옳지 않은 것은?

① 흡음률은 입사 음파의 재료면에 대한 입사 각도에 의하여 달라진다.

② 잔향실법 흡음률은 재료면에서의 음파의 입사가 랜덤인 경우를 말한다.

③ 일반실 주벽의 음파 입사는 기본적으로 수직입사 흡음률의 값이 사용된다.

④ 재료에 음파가 입사하면 그 일부는 반사되고 일부는 재료 중에 흡수되며, 남은 음파는 재료의 배후로 투과된다.

해설
일반실 주벽의 음파 입사는 기본적으로 난(랜덤)입사 흡음률의 값이 사용된다.
- 난(랜덤)입사 흡음률 : 음파가 재료에 대해 모든 각도로 입사할 때의 흡음률을 말한다. 일반실 주벽의 음파 입사는 기본적으로 난(랜덤)입사 흡음률을 사용하며, 잔향실에서 측정한 잔향실법 흡음률로써 실내음향 설계나 소음 저감 등에 활용한다.
- 수직입사 흡음률 : 음파의 입사 각도가 0°인 특수한 조건으로 흡음재의 표면에 수직으로 음이 입사한 상태의 흡음률을 말하며, 제품관리 장소 또는 상품개발 제조단계에서의 품질관리에 활용한다.

15 케빈 린치(Kevin Lynch)가 『도시 환경 디자인(The Image of the City)』에서 정의한 도시 이미지의 다섯 가지 요소로 가장 옳은 것은?

① 구역(Districts), 교점(Nodes), 랜드마크(Landmarks), 광장(Squares), 스카이라인(Skylines)

② 시야(Visual Scope), 통로(Paths), 가장자리(Edges), 주거지(Dwellings), 시간성(Time Series)

③ 통로(Paths), 가장자리(Edges), 구역(Districts), 교점(Nodes), 랜드마크(Landmarks)

④ 광장(Squares), 통로(Paths), 구역(Districts), 스카이라인(Skylines), 교점(Nodes)

해설

케빈 린치(Kevin Lynch)의 도시 이미지의 5가지 요소

- 통로(Paths) : 이동의 경로(방향성)이며 보도, 고속도로, 철도 등이 있다.
- 가장자리(Edges) : 두 지역 사이의 경계와 선형적 요소이며 해안선, 우거진 숲, 늘어선 빌딩들, 옹벽 등이 있다.
- 구역(Districts) : 다른 부분으로부터 구분할 수 있는 선형적 영역이며 주구, 생활권, 블록 등이 있다.
- 교점(Nodes) : Path의 교차점이며 교차로, 광장 등이 있다.
- 랜드마크(Landmarks) : 경관 속에서 두드러지는 요소이며 탑, 기념물, 표지, 건물 등이 있다.

16 단열재에 대한 설명으로 가장 옳지 않은 것은?

① 단열재는 열전도율, 수증기 투과율이 낮아야 한다.

② 무기질 재료인 암면, 유리면, 질석, 펄라이트, 규조토 등은 열에 약한 반면 흡수율이 낮은 장점이 있다.

③ 반사형 단열은 복사의 형태로 열이동이 이루어지는 공기층에 유효하다.

④ 건물의 각 공간은 사용목적에 따라 실내의 온도, 단열재의 사용부위를 달리하여야 한다.

해설

무기질 단열재는 열에 강하고 흡수율이 크다.

무기질 단열재

- 종류
  - 유리질 단열재 : 유리면
  - 광물질 단열재 : 석면, 암면, 펄라이트 등
  - 금속질 단열재 : 규산질, 알루미나질, 마그네시아질 등
  - 탄소질 단열재 : 탄소질 섬유, 탄소분말 등
- 특성
  - 열에 강하고, 흡습성이 크다.
  - 접합부 시공성과 기계적 성질이 우수하다.
  - 벽체에는 시공하기가 어렵다.

17 공장 건축의 지붕형태에 대한 설명으로 가장 옳지 않은 것은?

① 뾰족지붕 : 평지붕과 동일한 최상층 옥상에 천창을 내는 형태이다.

② 솟음지붕 : 채광, 환기에 적합한 형태로 채광창의 경사에 따라 채광이 조절되며, 상부창의 개폐에 의해 환기량도 조절된다.

③ 평지붕 : 대개 중층 건물의 최상층 옥상에 쓰인다.

④ 톱날지붕 : 북향으로 변함없는 조도를 가진 약광선을 수용하며, 기둥이 적게 소요되는 장점이 있다.

> **해설**
> 톱날지붕 : 북향으로 변함없는 조도를 가진 약광선을 수용하지만, 기둥이 많이 소요되는 단점이 있다.

18 〈보기〉에 해당하는 건축그룹으로 가장 옳은 것은?

> **보기**
>
> 1960년 런던의 유스턴 역을 재개발할 당시 참여했던 피터 쿡(Peter Cook)을 비롯한 6명의 건축가들로 결성되었으며, 런던에서 개최된 전시회에 『살아있는 도시(Living City)』를 출품함으로써 공식화되었다. 이들의 건축개념은 소비성과 대중문화, 새로운 기술에 대한 낙관적인 융합을 시도하였으며, 진보적인 공간구조와 설비를 통해 기술적으로 결합된 거대한 도시형태를 펼쳐보였다.

① 팀 텐(Team X)

② 메타볼리즘(Metabolism)

③ 아키그램(Archigram)

④ 움직이는 건축 연구그룹(GEAM ; Group d'Etude d'Architecture Mobile)

> **해설**
> 아키그램(Archigram)은 1960년대에 피터 쿡(Peter Cook)을 비롯한 6명의 건축가들로 결성된 아방가르드 건축 그룹이다. 과학기술에서 영감을 얻어 진보적인 공간구조와 설비를 통해 기술적으로 결합된 거대한 도시의 프로젝트를 통한 새로운 리얼리티를 구현하고자 하였다.

19 건축법 및 건축법 시행령에서 규정하고 있는 용어의 설명으로 가장 옳지 않은 것은?

① 거실이란 건축물 안에서 거주, 집무, 작업, 집회, 오락 기타 이와 유사한 목적을 위하여 사용되는 방을 말한다.

② 지하층이란 건축물의 바닥이 지표면 아래에 있는 층으로, 해당 층 바닥에서 지표면까지의 평균 높이가 해당 층 높이의 1/2 이상인 것을 말한다.

③ 건축선이란 도로에 접한 부분에 있어서 건축물을 건축할 수 있는 선을 말하며, 원칙적으로 대지와 도로의 경계선으로 한다.

④ 대지면적이란 건축법상의 기준폭이 확보된 도로의 경계선과 인접 대지경계선으로 구획된 대지의 표면적이다.

해설

대지면적이란 대지의 수평투영면적을 말한다. 다만, 다음의 어느 하나에 해당하는 면적은 제외한다.
• 대지에 건축선이 정하여진 경우 : 그 건축선과 도로 사이의 대지면적
• 대지에 도시·군계획시설인 도로·공원 등이 있는 경우 : 그 도시·군계획시설에 포함되는 대지면적

20 건축법 시행령에 따른 다중이용 건축물에 해당되지 않는 것은?

① 바닥면적의 합계가 5,000m^{2}인 업무시설

② 바닥면적의 합계가 5,000m^{2}인 판매시설

③ 바닥면적의 합계가 5,000m^{2}인 종합병원

④ 바닥면적의 합계가 5,000m^{2}인 관광숙박시설

해설

바닥면적의 합계가 5,000m^{2}인 업무시설 용도는 해당되지 않는다.

다중이용 건축물(건축법 시행령 제2조 제17호)

다음의 어느 하나에 해당하는 건축물을 말한다.

가. 다음의 어느 하나에 해당하는 용도로 쓰는 바닥면적의 합계가 5,000m^2 이상인 건축물
　　1) 문화 및 집회시설(동물원 및 식물원은 제외한다)
　　2) 종교시설
　　3) 판매시설
　　4) 운수시설 중 여객용 시설
　　5) 의료시설 중 종합병원
　　6) 숙박시설 중 관광숙박시설
나. 16층 이상인 건축물

01 급수 방식 중 고가수조 방식에 대한 설명으로 옳지 않은 것은?

① 건축구조에 부담을 주게 되며 초기 설비비가 많이 든다.

② 단수 시에 급수가 가능하다.

③ 일정한 수압으로 급수할 수 있다.

④ 급수 방식 중 수질오염 가능성이 가장 낮은 방식이다.

해설

급수 방식 중 수질오염 가능성이 가장 높은 방식이다.

02 극장무대와 관련된 용어의 설명으로 옳지 않은 것은?

① 플라이 갤러리(Fly Gallery)는 그리드아이언에 올라가는 계단과 연결되는 좁은 통로이다.

② 그리드아이언(Gridiron)은 와이어로프를 한 곳에 모아서 조정하는 장소로 작업이 편리하고 다른 작업에 방해가 되지 않는 위치가 좋다.

③ 사이클로라마(Cyclorama)는 무대의 제일 뒤에 설치되는 무대배경용 벽이다.

④ 프로시니엄(Proscenium)은 무대와 관람실의 경계를 이루며, 관객은 프로시니엄의 개구부를 통해 극을 본다.

해설

록 레일(Lock Rail) : 와이어로프(Wire Rope)를 한 곳에 모아서 조정하는 장소로서 작업이 편리하고 다른 작업에 방해가 되지 않는 위치가 좋다.

03 내부결로 방지대책으로 옳지 않은 것은?

① 벽체 내부로 수증기의 침입을 억제한다.

② 중공벽 내부의 실내측에 단열재를 시공한 벽은 방습층을 단열재의 고온측에 위치하도록 한다.

③ 단열성능을 높이기 위해 벽체 내부온도가 노점온도 이상이 되도록 열관류율을 크게 한다.

④ 단열공법은 외단열로 하는 것이 효과적이다.

해설

벽체내부 온도가 노점온도 이상이 되도록 열관류율을 작게 한다.

04 근대 건축의 거장과 그의 작품의 연결이 옳지 않은 것은?

① 미스 반데로에(Mies van der Rohe) – 투겐하트 주택(Tugendhat House)

② 발터 그로피우스(Walter Gropius) – 데사우 바우하우스(Dessau Bauhaus)

③ 알바 알토(Alvar Aalto) – 시그램 빌딩(Seagram Building)

④ 프랭크 로이드 라이트(Frank Lloyd Wright) – 로비 하우스(Robie House)

> **해설**
> 시그램 빌딩(Seagram Building)은 미스 반데어로에(Mies van der Rohe)의 작품이다.

05 건축화 조명에 대한 설명으로 옳지 않은 것은?

① 실내장식의 일부로서 천장이나 벽에 배치된 조명기법으로 조명과 건물이 일체가 되는 조명시스템이다.

② 다운라이트조명, 라인라이트조명, 광천장조명 등이 있다.

③ 눈부심이 적고 명랑한 느낌을 주며, 필요한 곳에 적절하게 조명을 설치하여 직접조명보다 조명효율이 좋다.

④ 건축물 자체에 광원을 장착한 조명 방식이므로 건축설계 단계부터 병행하여 계획할 필요가 있다.

> **해설**
> 직접조명보다 조명효율이 좋지 않다.

06 전시실의 순회 형식에 대한 설명으로 옳지 않은 것은?

① 중앙홀 형식은 각 전시실을 자유로이 출입 가능하고, 연속순로 형식은 실을 순서대로 통해야 한다.

② 중앙홀 형식은 중심부에 하나의 큰 홀을 두고, 갤러리 및 코리더 형식은 복도가 중정을 포위하게 하여 순로를 구성하는 경우가 많다.

③ 중앙홀 형식은 홀이 클수록 상대 확장이 용이하고, 연속순로 형식은 1실을 폐쇄하였을 때 전체 동선이 막히게 되는 단점이 있다.

④ 연속순로 형식은 소규모 전시실에 적용 가능하고, 갤러리 및 코리더 형식은 각 실에 직접 들어갈 수 있는 점이 유리하다.

> **해설**
> 중앙홀 형식은 장래 확장이 어렵다.

07 건축법상 용어의 정의에 대한 설명으로 옳지 않은 것은?

① '건축'이란 건축물을 신축·증축·개축·재축하거나 건축물을 이전하는 것을 말한다.

② '거실'이란 건축물 안에서 거주, 집무, 작업, 집회, 오락, 그 밖에 이와 유사한 목적을 위하여 사용되는 방을 말한다.

③ '고층 건축물'이란 층수가 30층 이상이거나 높이가 120m 이상인 건축물을 말한다.

④ '주요구조부'란 내력벽, 기둥, 최하층 바닥, 보를 말한다.

해설

건축법상 주요구조부에는 최하층 바닥이 포함되지 않는다.

08 기계환기 방식 중 송풍기에 의한 급기와 자연적인 배기로 클린 룸과 수술실 등에 적용하는 환기 방식은?

① 제1종 환기　　　　　　　　　　② 제2종 환기

③ 제3종 환기　　　　　　　　　　④ 제4종 환기

해설

송풍기에 의한 급기와 자연적인 배기 : 제2종 환기

09 건축법 시행령상 건축물의 바닥면적 산정방법에 대한 설명으로 옳지 않은 것은?

① 계단탑, 장식탑의 면적은 바닥면적에 산입하지 아니한다.

② 벽·기둥의 구획이 없는 건축물의 바닥면적은 그 지붕 끝부분으로부터 수평거리 1m를 후퇴한 선으로 둘러싸인 수평투영면적으로 한다.

③ 공동주택으로서 지상층에 설치한 기계실의 면적은 바닥면적에 산입하지 아니한다.

④ 건축물의 노대 등의 바닥은 외벽의 중심선으로부터 노대 등의 끝부분까지의 면적에서 노대 등이 접한 가장 긴 외벽에 접한 길이에 1.2m를 곱한 값을 뺀 면적을 바닥면적에 산입한다.

해설

건축물의 노대 등의 바닥은 외벽의 중심선으로부터 노대 등의 끝부분까지의 면적에서 노대 등이 접한 가장 긴 길이에 1.5m를 곱한 값을 공제한 면적을 바닥면적에 산입한다.

10 난방 방식에 대한 설명으로 옳지 않은 것은?

① 증기난방은 증발잠열을 이용하고, 열의 운반 능력이 크다.
② 온수난방은 온수의 현열을 이용하고, 온수 온도를 조절할 수 있다.
③ 복사난방은 방열면의 복사열을 이용하고, 바닥면의 이용도가 높은 편이다.
④ 온풍난방은 복사난방에 비하여 설비비가 많이 드나 쾌감도가 좋다.

해설
온풍난방은 쾌감도가 좋지 못하며, 소음이 많다.

11 상점 건축에서 입면 디자인 시 적용하는 AIDMA 법칙에 대한 설명으로 옳지 않은 것은?

① A(Attention, 주의) – 주목시키는 배려가 있는가?
② I(Interest, 흥미) – 공감을 주는 호소력이 있는가?
③ D(Describe, 묘사) – 묘사를 통해 구체적인 정보를 인식하게 하는가?
④ M(Memory, 기억) – 인상적인 변화가 있는가?

해설
AIDMA 법칙 : Attention(주의), Interest(흥미, 주목), Desire(욕망, 공감, 욕구), Memory(기억, 인상), Action(행동, 출입)

12 건축형태 구성원리에 대한 설명으로 옳지 않은 것은?

① 리듬은 부분과 부분 사이에 시각적으로 강한 힘과 약한 힘이 규칙적으로 연속될 때 나타난다.
② 비례는 선·면·공간 사이에서 상호 간의 양적인 관계를 말하며, 점증, 억양 등이 있다.
③ 균형은 대칭을 통해 가장 손쉽게 구현할 수 있지만, 시각적 구성에서는 비대칭 기법을 통한 구성이 더 역동적인 경우가 많다.
④ 조화는 부분과 부분 사이에 질적으로나 양적으로 모순되는 일이 없이 질서가 잡혀 있는 것을 말한다.

해설
점증, 억양 등은 리듬(Rhythm)에 해당된다.

13 척도조정(Modular Coordination)의 장점이 아닌 것은?

① 현장작업이 단순해지고 공기가 단축된다.
② 건축물 외관의 융통성 확보가 용이하다.
③ 건축재의 수송이나 취급이 편리하다.
④ 설계작업이 단순해지고 대량생산이 용이하다.

해설
건축물 외관의 융통성 확보가 어렵고, 획일적 배치가 되기 쉽다.

14 건축 열환경과 관련된 용어의 설명으로 옳지 않은 것은?

① '현열'이란 물체의 상태변화 없이 물체 온도의 오르내림에 수반하여 출입하는 열이다.
② '잠열'이란 물체의 증발, 응결, 융해 등의 상태변화에 따라서 출입하는 열이다.
③ '열관류율'이란 열관류에 의한 관류열량의 계수로서 전열의 정도를 나타내는 데 사용되며 단위는 kcal/m·h·℃이다.
④ '열교'란 벽이나 바닥, 지붕 등의 건물부위에 단열이 연속되지 않은 열적 취약부위를 통한 열의 이동을 말한다.

해설
열관류율의 단위 : $kcal/m^2 \cdot h \cdot ℃$, $W/m^2 \cdot ℃$

15 사무소 건축에 대한 설명으로 옳은 것만을 모두 고르면?

> ㄱ. 소시오페탈(Sociopetal) 개념을 적용한 공간은 상호작용에 도움이 되지 못하는 공간으로 개인을 격리하는 경향이 있다.
> ㄴ. 코어는 복도, 계단, 엘리베이터 홀 등의 동선부분과 기계실, 샤프트 등의 설비 관련 부분, 화장실, 탕비실, 창고 등의 공용서비스 부분 등으로 구분된다.
> ㄷ. 엘리베이터 대수산정은 아침 출근 피크시간대의 5분 동안에 이용하는 인원수를 고려하여 계획한다.
> ㄹ. 비상용엘리베이터는 평상시에는 일반용으로 사용할 수 있으나 화재 시에는 재실자의 피난을 주요 목적으로 계획한다.

① ㄴ, ㄷ
② ㄱ, ㄴ, ㄷ
③ ㄱ, ㄷ, ㄹ
④ ㄱ, ㄴ, ㄷ, ㄹ

해설
ㄱ. 소시오페탈(Sociopetal)은 마주보는 배치로써 서로 상호작용하며, 소시오퓨걸(Sociofugal)은 다른 쪽을 향하는 배치로써 다른 사람들과 개인의 프라이버시를 유지할 수 있도록 배치하는 방법이다.
ㄹ. 비상용승강기는 화재 시 피난, 구조, 소화 활동에 적합하게 제작된 엘리베이터로써 평상시에는 사용하지 않는다.

16 다음에 해당하는 근대 건축운동은?

- 장식, 곡선을 많이 사용
- 자연주의 경향과 유기적 형식 사용
- 대표 건축가로는 안토니오 가우디

① 아르누보(Art Nouveau)

② 빈 세제션(Wien Secession)

③ 시카고파(Chicago School)

④ 미술공예운동(Arts & Crafts Movement)

해설

아르누보(Art Nouveau) : 철의 유연성을 이용하여 곡선의 장식적 가치를 창조하고자 하였으며, 대표적인 건축가로는 안토니오 가우디, 빅토르 오르타 등이 있다.

17 병원 건축에 대한 설명으로 옳지 않은 것은?

① 정형외과 외래진료부는 보행이 부자연스러운 환자가 많으므로 타과 진료부보다 멀리 떨어진 한적한 곳에 배치한다.

② 중앙진료부는 성장, 변화가 많은 부분이므로 증·개축을 고려하여 계획한다.

③ 간호사 대기소(Nurses Station)는 간호단위 또는 각 층 및 동별로 설치하되, 외부인의 출입을 확인할 수 있고, 환자를 돌보기 쉽도록 배치한다.

④ 대형 병원의 동선계획 시 병동부, 중앙진료부, 외래부, 공급부, 관리부 등 각부 동선이 가급적 교차되지 않도록 계획한다.

해설

정형외과 외래진료부는 타과 진료부보다 저층부 입구에서 가까운 곳에 배치한다.

18 주거건축에서 사용인원수 대비 필요한 환기량을 고려하여 침실 규모를 결정할 경우, 다음과 같은 조건에서 성인 2인용 침실의 적정한 가로변의 길이는?(단, 성인은 취침 중 0.02m^3/h의 탄산가스나 기타의 유해물을 배출한다)

> • 침실의 자연환기 횟수는 1회/h이다.
> • 침실의 천장고는 2.5m이다.
> • 침실의 세로변 길이는 5m이다.

① 2m ② 4m
③ 6m ④ 8m

해설

성인 1인당 50m^3/h가 필요하며 2인이므로, 1시간당 필요환기량은 $2 \times 50\text{m}^3 = 100\text{m}^3$이다.
필요환기량 = 침실의 체적(천장고 × 세로 길이 × 가로 길이)이므로,

따라서, 가로변 길이(m) $= \dfrac{\text{시간당 필요환기량}}{\text{천장고} \times \text{세로변 길이}} = \dfrac{100\text{m}^3}{2.5\text{m} \times 5\text{m}} = 8\text{m}$

19 건축법령상 건축신고 대상이 아닌 것은?

① 기둥을 세 개 이상 수선하는 것 ② 공업지역에서 건축하는 연면적 400m^2인 2층 공장
③ 내력벽의 면적을 30m^2 이상 수선하는 것 ④ 바닥면적의 합계가 100m^2인 개축

해설

④ 바닥면적 합계가 85m^2 이내의 증축, 개축, 재축은 신고대상이다.
①·③ 연면적 200m^2 미만이고, 3층 미만인 건축물의 대수선 행위에 해당될 경우 신고대상이 된다.
② 공업지역이나 산업단지에서 2층 이하, 연면적 500m^2 이하인 공장을 건축할 경우 신고대상이 된다.

20 근린주구 이론에 대한 설명으로 옳지 않은 것은?

① 페리(Clarence Perry)는 『뉴욕 및 그 주변지역계획』에서 일조문제와 인동간격의 이론적 고찰을 통해 근린 주구 이론을 정리하였다.
② 라이트(Henry Wright)와 스타인(Clarence Stein)은 보행자와 자동차 교통의 분리를 특징으로 하는 래드번 (Radburn)을 설계하였다.
③ 아담스(Thomas Adams)는 『새로운 도시』를 발표하여 단계적인 생활권을 바탕으로 도시를 조직적으로 구성하고자 하였다.
④ 하워드(Ebenezer Howard)는 도시와 농촌의 장점을 결합한 전원도시 계획안을 발표하고, 『내일의 전원도 시』를 출간하였다.

해설

페더(G. Feder)는 『새로운 도시(The New City)(1932)』를 발표하며 단계적 일상생활권을 바탕으로 도시를 조직적으로 구성하고자 하였다.

01 병원 건축에 대한 설명으로 가장 옳은 것은?

① 간호사 대기실은 간호작업에 편리한 수직통로 가까이에 배치하며 외부인의 출입도 감시할 수 있도록 한다.

② 병실계획 시 조명은 조도가 높을수록 좋고 마감재는 반사율이 클수록 좋다.

③ 중앙진료실은 외래부, 관리부 및 병동부에서 별도로 독립된 위치가 좋으며 수술부, 물리치료부, 분만부 등은 통과교통이 되지 않도록 한다.

④ 고층 밀집형 병원 건축은 각 실의 환경이 균일하고 관리가 편리하지만 설비 및 시설비가 많이 든다는 단점이 있다.

> **해설**
> ② 병실은 적절한 조도와 균질한 조도분포로써 환자에게 안정을 주어야 하며, 반사율이 큰 마감재는 피하는 것이 좋다.
> ③ 중앙진료실은 외래부와 병동부 사이에 위치하도록 하며 수술부, 물리치료부, 분만부 등은 통과교통이 없도록 한다.
> ④ 고층 밀집형(집중식)은 중복도 형식이나 중앙코어 형식으로 계획하며, 각 병실은 일조, 통풍 등의 환경이 균일하지 못하지만 설비 및 시설비가 분관식에 비해 적게 든다. 저층 분산식(분관식) 병원은 각 실의 환경이 균일하고 관리가 편리하지만 설비 및 시설비가 많이 든다는 단점이 있다.

02 입주 후 평가(POE ; Post Occupancy Evaluation)에 대한 설명으로 가장 옳지 않은 것은?

① 입주 후 생활을 통한 평가과정은 건축행위 주기에서 중요하다.

② 이 과정을 통해 얻어지는 여러 자료들은 설계정보로 활용된다.

③ 설계작업에 대한 가정(Hypothesis)의 단계로 볼 수 있다.

④ 순환성의 설계과정이 끝없이 연계되는(Open Ended) 과정으로 볼 수 있다.

> **해설**
> 입주 후 평가(POE)는 사용(입주) 중인 건축물을 대상으로 사용자의 경험과 반응을 평가 및 연구하는 과정으로 설계작업에 대한 가정(Hypothesis)의 단계와는 관계가 없다.
> **입주(거주) 후 평가(POE ; Post Occupancy Evaluation)**
> • 사용(입주) 중인 건축물을 대상으로 거주 후 사용지의 경험과 반응을 연구하는 과정이다.
> • 만족도, 요구, 가치 등을 평가하여 장래에 유사한 건축계획에 필요한 정보를 추출하고 제공한다.
> • 평가방법
>   – 평가과정 : 건축물 선정 → 인터뷰, 답사, 관찰 → 반응연구 → 지침설정
>   – 평가요소 : 환경장치, 사용자, 주변 환경, 디자인
> • 거주 후 평가유형
>   – 기술적 평가 : 건물에 대한 평가
>   – 기능적 평가 : 서비스에 대한 평가
>   – 행태적 평가 : 환경 심리에 대한 평가

03 '미적 대상을 구성하는 부분과 부분 사이에 질적으로나 양적으로 모순되는 일이 없이 질서가 잡혀 있는 것'을 의미하는 건축의 형태구성원리는?

① 통일성   ② 균형
③ 비례   ④ 조화

해설

① 통일성 : 구성체의 각 요소들 간에 이질감이 느껴지지 않고 전체로서 하나의 이미지를 주는 것이다. 지나친 통일성의 강조는 단조로워지기 쉬우므로 적절한 변화성이 필요하다.
② 균형 : 인간의 지각 중 심리적, 물리적으로 가장 중요한 영향을 미치는 것이 균형에 대한 욕구이다. 대칭과 비대칭, 주도와 종속 등으로 균형을 이룰 수 있다.
③ 비례 : 일반적으로 어떤 양과 다른 양, 건축에서 말하면 선, 면, 공간 사이에 상호간의 양적인 관계를 비례라 한다. 정수비(1 : 1, 2 : 3 등), 루트비(1 : $\sqrt{2}$, 1 : $\sqrt{3}$ 등), 황금비(1 : 1.618) 등으로 비례를 구성할 수 있다.

04 원시사회의 석조 조형인 고인돌에 대한 설명으로 가장 옳지 않은 것은?

① 청동기 사람들이 제사의식과 함께 특별히 중요하게 여겼다.
② 고인돌은 지석묘(支石墓)라고도 한다.
③ 탁자식, 기반식, 개석식으로 구분하기도 한다.
④ 기반식은 북한강 이북에 많이 분포하여 북방식이라고도 한다.

해설

기반식 고인돌(바둑판식 고인돌)은 주로 한강 이남에 분포하여 남방식 고인돌이라고도 한다.

고인돌(지석묘(支石墓), Dolmen)

크고 편평한 바위를 몇 개의 바위로 괴어 놓은 고대의 거석(Megalith) 구조물을 말하며, 윗부분이 평평하며 내부에는 방이 마련되어 있다.

탁자식 고인돌	• 다듬어진 판돌로 ㄷ자 또는 ㅁ자로 무덤방을 만들고 거대한 판석상의 덮개돌을 얹은 형태로서, 한강 이북에 주로 분포하여 북방식이라고도 한다. • 무덤방이 지상에 드러나 있어 다른 형태의 고인돌에 비해 유물이 적은 편이다. • 최근에 전남 고창에도 존재 확인되어 북방식의 명칭은 거의 쓰이지 않는다.
기반식 고인돌	• 판돌, 깬돌, 자연석 등으로 쌓은 무덤방을 지하에 만들고 받침돌을 놓은 뒤, 거대한 덮개돌을 덮은 형태로서 바둑판 모양을 하고 있다. 바둑판식 고인돌이라고도 하며, 주로 한강 이남에 분포하여 남방식 고인돌이라고도 한다. • 북쪽에서도 발견되고 있어 남방식이라는 명칭은 거의 쓰이지 않는다.
개석식 고인돌	지하에 무덤방을 만들고 바로 뚜껑을 덮은 형태로서, 뚜껑식이나 대석개묘 등으로도 불리며, 전국적으로 고르게 분포하며, 요령 지방에도 다수 분포한다.
위석식 고인돌	무덤방이 지상에 있고, 덮개돌이 여러 개의 판석으로 둘러싸여 있으며, 제주도에만 있기 때문에 제주식이라고도 한다.
탑파식 고인돌	무덤방 위에 두 개의 덮개돌이 겹쳐져 있는 형태이다.
굴석식 고인돌	바위 안을 파내어 무덤방을 만들고 그 위에 덮개돌을 씌운 형태로서, 주로 유럽의 동쪽과 아시아의 서북쪽을 구분하는 캅카스 지역에 많다.
경사식 고인돌	무덤방을 덮는 덮개돌을 2분하여 반쪽은 무덤방 위에 그대로 걸쳐 놓고 나머지 반쪽은 무덤방 벽면에 기대어 놓거나 무덤방 옆으로 밀어놓은 형태이다.
묘표식 고인돌	묘역을 표시하는 덮개돌 아래에 중앙무덤방이 있으며, 이 중앙무덤방을 중심으로 그 주변을 돌아가면서 4기의 무덤방이 '卍'자형으로 배열되어 하나의 덮개돌 아래에 모두 5기의 무덤방이 이루어진 형태이다.

05 전시실 관람순회 형식으로 가장 옳지 않은 것은?

① 중앙홀 형식   ② 연속순로 형식

③ 갤러리 및 코리더 형식   ④ 디오라마 형식

해설

디오라마 형식은 특수전시기법이다.

전시실 관람순회 형식

• 연속순로(순회) 형식
 – 각 전시실을 연속적으로 연결하는 형식으로 전시벽면을 많이 만들 수 있다.
 – 단순하고 공간이 절약되며, 소규모 전시실에 적합하다.
 – 많은 실을 순서별로 통해야 하며 1실을 닫으면 전체 동선이 막힌다.

• 갤러리(Gallery) 및 코리더(Corridor) 형식
 – 연속된 전시실을 복도에 의해 배치한 형식이며, 복도도 전시공간으로 이용이 가능하다.
 – 각 실에 직접 들어갈 수 있는 점이 유리하다.
 – 필요시 각 전시실은 자유롭게 독립적으로 폐쇄할 수 있다.

• 중앙홀(Hall) 형식
 – 중심부에 하나의 큰 홀을 두고 주위에 각 전시실을 배치하여 자유롭게 출입하는 형식이다.
 – 중앙홀에 높은 천창을 설치하여 고창으로부터 채광하는 방식이 많다.
 – 대지의 이용률이 높은 장소에 설립할 수 있다.
 – 중앙홀이 크면 동선 혼란은 없으나, 장래 확장에 어려움 있다.
 – 뉴욕의 구겐하임 미술관(Frank Lloyd Wright), 오르세이 미술관(Gae Aulenti) 등이 있다.

06 18세기 말부터 19세기 말 이전까지의 양식적인 혼란기에 전개된 '낭만주의 건축'에 대한 설명으로 가장 옳은 것은?

① 그리스와 로마 양식을 다시 빌려서 새로운 시대에 대응하는 건축

② 이탈리아를 중심으로 유럽에서 전개된 고전주의 양식의 건축

③ 과도기적인 건축 양식으로 고딕 양식에 의해 새로운 시대의 과제를 해결하고자 노력한 건축

④ 각 양식을 새로운 건축의 성격에 따라 적절히 선택 채용하는 건축

해설

③ 낭만주의 건축은 자신들의 국가와 민족의 기원이 중세에 있는 것을 보고, 중세의 고딕 건축에 관심을 가졌다. 또한, 구조와 재료의 정직한 표현이라는 진실성이 반영된 고딕 건축의 양식과 방법을 그대로 유지하려고 시도하였다.

① 신고전주의에 대한 설명이다.

② 르네상스 건축에 대한 설명이다.

④ 절충주의에 대한 설명이다.

07 모듈에 의한 치수계획에 대한 설명으로 가장 옳은 것은?

① 프랭크 로이드 라이트(Frank Lloyd Wright)의 모듈러는 인체의 치수를 기본으로 해서 황금비를 적용하여 고안된 것이다.

② 현재 국제표준기구(ISO)에서 MC(Modular Coordination)에 의거하여 사용하고 있는 기본 모듈은 미터법 사용 국가에서는 10mm로 의견이 일치하고 있다.

③ MC(Modular Coordination)의 이점으로는 설계작업이 단순 간편하고, 구성재의 대량생산이 용이해지며, 현장작업에서 시공의 균질성을 확보할 수 있다는 점 등이 있다.

④ MC(Modular Coordination)는 합리적인 건축공간 구성 시 여러 치수들을 계열화, 규격화하여 조정해서 사용할 필요에 의해 고려되는 것으로 건축공간의 형태에 창조성을 높이는 데 크게 기여한다.

> **해설**
> ① 르 코르뷔지에(Le Corbusier)의 모듈러는 인체의 치수를 기본으로 해서 황금비를 적용하여 고안된 것이다. 프랭크 로이드 라이트는 자연과 건축물의 조화를 추구하는 유기적 건축을 주장하였다.
> ② 기본 모듈은 10cm(1M)를 기준으로 한다.
> ④ MC(Modular Coordination)의 사용에 따라서 건축물 형태, 건축공간의 구성에 있어서 창조성 및 인간성을 상실할 우려가 있다.

08 국토교통부장관은 범죄를 예방하고 안전한 생활환경을 조성하기 위해 건축물, 건축설비 및 대지에 대한 범죄예방 기준을 정하여 고시할 수 있다. 다음 중 범죄예방기준에 따라 건축해야 하는 건축물로 가장 옳지 않은 것은?

① 공동주택 중 세대수가 500세대 이상인 아파트

② 동·식물원을 제외한 문화 및 집회시설

③ 도서관 등 교육연구시설

④ 업무시설 중 오피스텔

> **해설**
> 교육연구시설 중 연구소, 도서관은 제외한다.
> 범죄예방 건축기준 고시에 따른 기준 적용 대상 건축물
> • 공동주택(다세대주택, 연립주택, 아파트)
> • 제1종 근린생활시설(일용품 판매점)
> • 제2종 근린생활시설(다중생활시설)
> • 문화 및 집회시설(동·식물원을 제외한다)
> • 교육연구시설(연구소, 도서관을 제외한다)
> • 노유자시설
> • 수련시설
> • 업무시설(오피스텔)
> • 숙박시설(다중생활시설)
> • 단독주택(다가구주택)

09 장애인 · 노인 · 임산부 등의 편의증진 보장에 관한 법률의 내용에 대한 설명으로 가장 옳지 않은 것은?

① 법률에서 '장애인 등'이란 장애인 · 노인 · 임산부 등 일상생활에서 이동, 시설이용 및 정보 접근 등에 불편을 느끼는 사람을 말한다.

② 본 법률에서 편의시설을 설치해야 하는 대상 중에 통신시설은 포함되지 않는다.

③ 장애물 없는 생활환경 인증의 유효기간은 인증을 받은 날로부터 5년으로 한다.

④ 장애인전용주차구역에서는 누구든지 물건을 쌓거나 그 통행로를 가로막는 등 주차를 방해하는 행위를 해서는 안 된다.

해설

장애인 · 노인 · 임산부 등의 편의증진 보장에 관한 법률에 따른 편의시설을 설치하여야 하는 대상시설
- 공원(자연공원, 공원시설, 도시공원, 공원시설)
- 공공건물 및 공중이용시설(불특정 다수가 이용하는 건축물, 시설 및 그 부대시설로서 대통령령으로 정하는 건물과 시설)
- 공동주택
- 통신시설(전기통신설비, 우편물 등 통신을 이용하는 데에 필요한 시설)
- 그 밖에 장애인 등의 편의를 위하여 편의시설을 설치할 필요가 있는 건물 · 시설 및 그 부대시설

장애인 · 노인 · 임산부 등의 편의증진 보장에 관한 법률에 따른 용어의 정의
- 장애인 등 : 장애인 · 노인 · 임산부 등 일상생활에서 이동, 시설 이용 및 정보 접근 등에 불편을 느끼는 사람을 말한다.
- 편의시설 : 장애인 등이 일상생활에서 이동하거나 시설을 이용할 때 편리하게 하고, 정보에 쉽게 접근할 수 있도록 하기 위한 시설과 설비를 말한다.
- 시설주(施設主) : 대상시설의 소유자 또는 관리자(해당 대상시설에 대한 관리의무자가 따로 있는 경우만 해당한다)를 말한다.
- 시설주관기관 : 편의시설의 설치와 운영에 관하여 지도하고 감독하는 중앙행정기관의 장과 특별시장 · 광역시장 · 특별자치시장 · 도지사 · 특별자치도지사, 시장 · 군수 · 구청장(자치구의 구청장을 말한다) 및 교육감을 말한다.

10 백화점의 매장계획에 대한 설명으로 가장 옳지 않은 것은?

① 백화점의 합리적인 평면계획은 매장 전체를 멀리서도 넓게 보이도록 하되 시야에 방해가 되는 것은 피하는 것이다.

② 매장 내의 통로 폭은 상품의 종류, 품질, 고객층, 고객 수 등에 따라 결정되며, 고객의 흐름도가 고려되어야 한다.

③ 매대배치는 통로계획과 밀접한 관계를 가지며 직각배치방법은 판매장의 면적을 최대로 활용할 수 있다.

④ 매장 구성에서 동일 층에서는 수평적으로 높이차가 있을수록 좋다.

해설

매장은 고객들의 보행에 지장을 주지 않기 위해서 높이차 또는 단차를 두지 않으며, 부득이하게 높이 차이가 발생할 경우 경사로를 두어 이용에 불편하지 않도록 한다.

11 LCC(Life Cycle Cost, 생애주기비용)에 대한 설명으로 가장 옳은 것은?

① 건축재료, 부품 생산에서 설계 및 시공에 이르기까지 건축생산 전반에 걸쳐 통일적으로 적용 가능한 모듈을 만드는 데 소요되는 총 비용

② 완공된 건축물 사용 후 사용자들의 만족도를 측정하여 건물의 성능을 진단 및 평가하는 데 소요되는 총 비용

③ 건축물의 기획, 설계, 시공에서부터 유지관리 및 해체에 이르기까지 소요되는 총 비용

④ 건축물의 효율적 기획, 설계, 시공 및 유지관리를 위해 건축요소별 객체정보를 3차원 정보모델에 담아내는 데 소요되는 총 비용

해설

LCC는 건축물의 기획, 설계, 시공에서부터 유지관리 및 해체에 이르기까지 소요되는 총 비용을 말한다.

LCC(Life Cycle Cost, 생애주기비용)

• 개념
 – 생애주기(Life Cycle) : 모든 시설물은 기획, 설계 및 건설공사로 구분되는 초기투자단계를 지나 운용·관리 단계 및 폐기·처분단계로 이어지는 일련의 과정을 거치게 된다. 이를 시설물의 생애주기(Life Cycle)라고 한다.
 – 생애주기비용(Life Cycle Cost) : 생애주기 기간 동안 시설물에 투입되는 비용(건축물의 기획, 설계, 시공에서부터 유지관리 및 해체에 이르기까지 소요되는 총 비용)의 합계를 말한다.

• 분석
 – 시설물 또는 설비시스템 등에 대하여, 경제적 수명 전반에 걸쳐 발생하는 제비용의 합, 즉 총 비용을 비교하기 편리한 일정한 시점으로 등가환산한 가치로써, 경제성을 평가하는 방법이다.
 – 초기공사비뿐만 아니라 유지관리비까지 고려하여 경제성을 평가하므로 실질적으로 경제적인 안을 선택할 수 있다.

12 공연장의 실내음향계획에 대한 설명으로 가장 옳은 것은?

① 부채꼴의 평면형태는 객석의 앞부분에 측벽 반사음이 쉽게 도달한다.

② 타원이나 원형의 평면형태는 음이 집중되어 전체적으로 불균일하게 분포되기 쉽다.

③ 음의 균일한 분포를 위해 객석 전면 무대측에는 흡음재를 객석 후면측에는 반사재를 계획한다.

④ 발코니 밑의 객석은 공간 깊이가 깊을수록 음이 커지는 음향적 그림자 현상이 생기기 쉽다.

해설

① 부채꼴의 평면형태는 음의 확산에 유리하며, 객석의 뒷부분에 측벽 반사음이 쉽게 도달한다.
③ 음의 균일한 분포를 위해 객석 전면 무대측에는 반사재를 객석 후면측에는 흡음재를 계획한다.
④ 발코니 밑의 객석은 공간 깊이가 깊을수록 음이 작아져 소멸될 수 있고, 음향적 그림자 현상이 생기기 쉽다.

13 교과교실형(V형, Department System) 학교운영 방식에 대한 설명으로 가장 옳은 것은?

① 교실의 수는 학급 수와 일치한다.

② 학생 개인물품 보관장소와 이동 동선에 대한 고려가 필요하다.

③ 전 학급을 2분단으로 나누어 운영한다.

④ 학급별로 하나씩 일반교실을 두고, 별도의 특별교실을 갖춘다.

해설

① 종합교실형(U형) : 교실의 수는 학급 수와 일치한다.

③ 플래툰형(P형) : 전 학급을 2분단으로 나누어 운영한다.

④ 일반교실 및 특별교실형(U + V형) : 학급별로 하나씩 일반교실을 두고, 별도의 특별교실을 갖춘다.

교과교실형(V형) 운영 방식

• 모든 교실이 특정한 교과를 위해 만들어지므로 일반교실은 없다.

• 각 교과 전문의 교실이 주어지므로 순수율이 높아지며, 시설의 질이 높아진다.

• 학생의 이동이 많으며, 전문교실을 100%로 하지 않으면 이용률이 낮아질 수 있다.

• 교실 간의 이동 시 동선처리에 유의해야 하며, 소지품을 보관할 수 있는 공간이 필요하다.

14 상하수도, 직선가로망, 녹지 등의 도시기반시설을 설치하고, 가로변 주택, 기념비적 공공시설 등의 건축물을 조성하여 19세기 중반에서 20세기 초까지 프랑스 파리를 중세 도시에서 근대 도시로 개조하는 파리개조 사업을 주도했던 인물은?

① 토니 가르니에(Tony Garnier)

② 조르주 외젠 오스만(Georges Eugéne Haussmann)

③ 오귀스트 페레(Auguste Perret)

④ 르 코르뷔지에(Le Corbusier)

해설

파리개조사업

• 1853~1870년까지 진행된 프랑스의 수도 파리를 재건설하였던 사업으로, 나폴레옹 3세가 오스만(Georges Eugéne Haussmann)을 파리시장으로 임명한 후 대대적인 도시정비사업을 맡겼다.

• 도시정비사업의 가장 큰 목적은 절대권력에 대한 소요와 폭동, 시위의 장소 자체를 제거하기 위해서 좁고 구불어진 골목을 넓고 직선화하여 시위자들이 바리케이트를 칠 수 없도록 하기 위함이었다.

• 그 당시 파리 시내 도심은 비위생적이며 교통체증 현상이 극심했으며, 정비사업을 통해 도로폭을 넓히고 직선화하였으며 상하수도망 재정비, 가스 가로등 설치, 대규모 녹지 조성 등을 통해 위생 상태와 도심 생활환경을 크게 개선함으로써 오스만은 도시를 하나의 유기체로 보고 도시 전체를 체계적으로 건설하였다.

• 그 결과 기차역과 주요 광장들을 직선으로 연결하는 대로가 만들어졌고 도로 주위에는 오스만 양식 건물이라고 불리는 새로운 형식의 건물들이 들어섰으며, 파리 각지에 크고 작은 녹지가 조성되었다. 또한, 주택과 함께 각종 공공시설과 문화시설이 세워졌으며, 상수도망과 하수도망의 건설은 파리 시민의 생활에 혁명적인 변화를 가지고 왔다.

15 유치원의 일반적인 평면 형식에 대한 설명으로 가장 옳지 않은 것은?

① 일실형 – 관리실, 보육실, 유희실을 분산시키는 유형이다.
② 중정형 – 안뜰을 확보하여 주위에 관리실, 보육실, 유희실을 배치한다.
③ 십자형 – 유희실을 중앙에 두고 주위에 관리실과 보육실을 배치한다.
④ L형– 관리실에서 보육실, 유희실을 바라볼 수 있는 장점이 있다.

해설
일실형은 하나의 대형 교실을 활용하여 관리실, 보육실, 유희실을 집중하여 배치하는 유형이다.
유치원 교사의 평면형
• 일실형 : 하나의 대형 교실을 활용하여 각 실을 집중시킨 형식으로 기능적으로 좋지만 독립성이 떨어진다.
• –자형 : 각 교실은 채광이 잘 되고 밝지만 한 줄로 병렬되어 단조로워지며, 정원 변화가 결여되어 건물과 뜰이 일체가 되기 어렵다.
• L자형 : 관리실에서 교실, 유희실을 바라볼 수 있는 장점이 있다.
• 중정형 : 중앙에 중정을 배치하고 건물 자체에 변화를 주면 동시에 채광도 좋게 할 수가 있지만, 중정이 놀이터가 될 경우 소음문제가 야기될 수 있다.
• 독립형 : 각 실은 독립적이며, 지유스럽고 여유있는 배치이다.
• 십자형 : 불필요한 공간이 없이 기능적이고, 활동적이지만 정적인 분위기가 결여되어 있다.

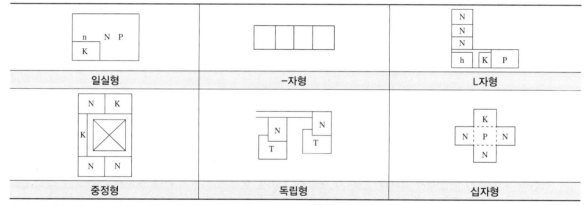

※ N : 보육실, P : 유희실, T : 테라스, K : 관리실, h : 합숙실, n : 유원실

16 건물이 지어지는 과정에서 '기획 단계'를 설명한 내용으로 가장 옳지 않은 것은?

① 구체화 정도에 따라 계획설계, 기본설계, 실시설계로 나뉜다.
② 본질적으로 건축주의 업무이기도 하나 건축사에게 의뢰되기도 한다.
③ 사용자의 요구사항, 제약점 등 조건을 반영한다.
④ 타당성 검토와 프로그래밍을 수반한다.

해설
전체설계(Designing) 단계는 기획 및 계획설계, 기본설계, 실시설계로 나눌 수 있다.
설계(Designing) 단계의 구성
• 기획 및 계획설계 : 계획 및 설계 방향 설정(사용자의 요구사항, 제약점 등 조건 파악, 타당성 검토, 프로그래밍 등의 기획과정 업무, 성과물 작성)
• 기본설계 : 설계자료, 프로그램 자료, 기본적인 설계원칙을 결정하며, 디자인 발전 및 클라이언트와의 협의를 통해 구체적 설계안 결정
• 실시설계 : 견적, 입찰, 시공 등 설계 이후의 후속작업과 시공을 위한 제반도서를 제작하는 과정
• 현장설계 : 현장 상황과 설계납품 이후 발생하는 변경내용을 해결하기 위해 설계하는 과정(감리, 감독자의 승인을 얻어 현장시공자 시행)

17 건물에너지 디자인에서 자연채광을 활용한 건축계획에 대한 설명으로 가장 옳은 것은?

① 아트리움이 에너지 측면에서 효율적이고 쾌적한 공간이 되기 위해서는 전도와 복사로 인한 열손실, 열획득, 열전달 등을 충분히 고려하여야 한다.

② 자연채광 효과를 높이기 위해서 아트리움에 환기장치를 둘 필요는 없다.

③ 태양광을 반사 루버나 광선반을 활용하여 실내에 사입시키기 위해서는 실내에 되도록 반사율이 낮은 재료로 마감하는 것이 좋다.

④ 덕트 채광 방식은 고반사율의 박판경을 사용한 도광 덕트에 의해 주로 천공산란광을 효율적으로 실내에 사입하며 야간 우천 시에도 자연채광을 적극 활용한다.

해설

② 자연채광 효과를 높이기 위해서 아트리움에 환기장치를 두어 공기를 순환시킴으로써 쾌적한 실내환경을 조성한다.

③ 태양광을 반사 루버나 광선반을 활용하여 실내에 사입시키기 위해서는 실내에 되도록 반사율이 높은 재료를 마감하는 것이 좋다.

④ 덕트 채광 방식(광덕트 방식)은 고반사율의 박판경을 사용한 도광 덕트에 의해 주로 주간의 천공산란광을 효율적으로 실내에 사입하여 자연 채광을 적극 활용한다. 야간 우천 시에는 산란광이 실내에 사입되지 않아 효과가 없다.

광덕트 방식(덕트 채광 방식)

건축물의 지붕이나 최상층 바닥 상부면의 외부에 채광기를 설치하고 내부로 입사되는 태양광을 광덕트로 전송하는 방법으로 주거 및 지하공간, 전시공간, 강당 등 주간에도 조명이 필요하고, 자연광이 부족한 영역에 적용을 하고 있으며 태양의 고도와 무관하게 채광효율을 유지할 수 있다.

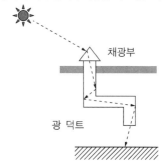

18 건축물들의 동선계획 시 고려해야 하는 사항으로 가장 옳은 것은?

① 주차장에서 진입 동선을 가급적 길게 계획한다.

② 은행에서 고객 동선은 가급적 짧게 계획한다.

③ 상점에서 고객 동선을 가급석 짧게 계획한다.

④ 호텔에서는 숙박객이 프런트를 거치지 않고 바로 주차장으로 갈 수 있도록 계획한다.

해설

① 주차장에서 진입 동선은 가급적 짧게 계획하여 차량 출입에 혼란을 주지 않도록 한다.

③ 상점에서 고객 동선을 가급적 길게 계획하여 고객이 충분히 상품을 접할 수 있도록 한다.

④ 호텔에서는 숙박객이 프런트를 거쳐서 주차장으로 갈 수 있도록 계획한다.

19 건축기본법에 대한 내용 중 가장 옳지 않은 것은?

① 건축정책기본계획에는 건축분야 전문인력의 육성·지원 및 관리에 관한 사항이 포함된다.

② 건축정책기본계획의 수립권자는 국토교통부장관이다.

③ 국가건축정책위원회에서 건축행정 개선에 관한 사항을 심의한다.

④ 광역건축기본계획은 4년마다 수립 및 시행한다.

해설

광역건축기본계획은 5년마다 수립 및 시행한다.

건축기본법 주요 내용

건축정책기본계획의 수립(제10조) 국토교통부장관은 건축정책에 관한 기본계획을 5년마다 수립·시행하여야 한다.

건축정책기본계획의 내용(제11조) 건축정책기본계획에는 다음의 사항이 포함되어야 한다.

1. 건축의 현황 및 여건변화, 전망에 관한 사항
2. 건축정책의 기본목표 및 추진방향
3. 건축의 품격 및 품질 향상에 관한 사항
4. 도시경관 향상을 위한 통합된 건축디자인에 관한 사항
5. 지역의 건축에 관한 발전 및 지원대책
6. 우수한 설계기법 및 첨단건축물 등 연구개발에 관한 사항
7. 건축분야 전문인력의 육성·지원 및 관리에 관한 사항
8. 건축디자인 등 건축의 국제경쟁력 향상에 관한 사항
9. 건축문화 기반구축에 관한 사항
10. 건축 관련 기술의 개발·보급 및 선도시범사업에 관한 사항
11. 건축정책기본계획의 시행 및 그 밖에 대통령령으로 정하는 건축진흥에 필요한 사항

지역건축기본계획의 수립 등(제12조) 시·도지사는 지역의 현황 및 사회·경제·문화적 실정에 부합하는 건축정책을 위하여 건축정책기본계획에 따라 특별시·광역시·도 또는 특별자치도의 건축정책에 관한 기본계획("광역건축기본계획")을 5년마다 수립·시행하여야 하며, 시장·군수·구청장 (자치구의 구청장을 말한다)은 필요한 경우 건축정책기본계획 및 광역건축기본계획에 따라 시·군·구(자치구의 구를 말한다)의 건축정책에 관한 기본계획("기초건축기본계획")을 5년마다 수립·시행할 수 있다.

국가건축정책위원회(제13조) ① 건축분야의 중요한 정책을 심의하고 관계 부처의 건축정책의 조정 및 그 밖에 이 법으로 정하는 사항을 시행하기 위하여 대통령 소속으로 국가건축정책위원회를 둔다.

② 제1항에 따른 국가건축정책위원회는 위원장 1인을 포함하여 30인 이내의 위원으로 구성한다.

국가건축정책위원회의 기능(제14조) 국가건축정책위원회는 다음의 사항을 심의한다.

1. 건축정책기본계획을 포함한 건축정책의 수립 및 조정
2. 건축분야 발전에 관한 주요사업의 지원
3. 건축행정 개선에 관한 사항
4. 건축문화행사 추진에 관한 사항
5. 국민의 건축문화 향유기회의 확대에 관한 사항
6. 건축디자인 기준의 설정에 관한 사항
7. 건축에 관한 조사·연구 및 개발에 관한 사항
8. 그 밖에 건축정책과 관련하여 위원장이 회의에 부치는 사항

20 주차장법 시행규칙에 따른 주차장 계획 시 적용사항으로 가장 옳지 않은 것은?

① 부설주차장의 총 주차대수가 6대인 자주식주차장에서 주차단위구획과 접하지 않는 차로의 너비를 2.5m로 한다.

② 횡단보도로부터 6m 이격된 곳에 노외주차장 출입구를 계획한다.

③ 사람이 통행하는 중형 기계식주차장의 출입구를 너비 2.3m, 높이 1.6m로 계획한다.

④ 지하식 노외주차장의 직선 경사로의 종단 경사로를 15%로 계획한다.

해설

③ 사람이 통행하는 기계식주차장치 출입구의 크기는 중형 기계식주차장의 경우에는 너비 2.3m 이상, 높이 1.8m 이상으로 하여야 한다.

① 자주식부설주차장의 별도 기준에 따라, 부설주차장의 주차대수가 8대 이하인 자주식주차장(지평식)에 한하여 차로의 너비는 2.5m 이상으로 하되, 주차단위구획과 접하여 있는 차로의 너비는 다음과 같다.

주차 형식	차로의 너비
평행주차	3.0m 이상
45° 대향주차, 교차주차	3.5m 이상
60° 대향주차	4.0m 이상
직각주차	6.0m 이상

② 노외주차장의 출구 및 입구는 횡단보도(육교 및 지하횡단보도를 포함한다)로부터 5m 이내에 있는 도로의 부분에는 설치하여서는 아니 된다.

④ 노외주차장 경사로의 종단 경사도는 직선 부분에서는 17%를 초과하여서는 아니 되며, 곡선 부분에서는 14%를 초과하여서는 아니 된다.

기계식주차장치의 안전기준(주차장법 시행규칙 제16조의5)

• 기계식주차장치에 사용하는 재료는 한국산업표준 또는 그 이상으로 하여야 한다.

• 기계식주차장치 출입구의 크기는 중형 기계식주차장의 경우에는 너비 2.3m 이상, 높이 1.6m 이상으로 하여야 하고, 대형 기계식주차장의 경우에는 너비 2.4m 이상, 높이 1.9m 이상으로 하여야 한다. 다만, 사람이 통행하는 기계식주차장치 출입구의 높이는 1.8m 이상으로 한다.

• 주차구획의 크기는 중형 기계식주차장의 경우에는 너비 2.2m 이상, 높이 1.6m 이상, 길이 5.15m 이상으로 하여야 하고, 대형 기계식주차장의 경우에는 너비 2.3m 이상, 높이 1.9m 이상, 길이 5.3m 이상으로 하여야 한다. 다만, 차량의 길이가 5.1m 이상인 경우에는 주차구획의 길이는 차량의 길이보다 최소 0.2m 이상을 확보하여야 한다.

• 운반기의 크기는 자동차가 들어가는 바닥의 너비를 중형 기계식주차장의 경우에는 1.9m 이상, 대형 기계식주차장의 경우에는 1.95m 이상으로 하여야 한다.

• 기계식주차장치 안에서 자동차를 입출고하는 사람이 출입하는 통로의 크기는 너비 50cm 이상, 높이 1.8m 이상으로 하여야 한다.

• 기계식주차장치 출입구에는 출입문을 설치하거나 기계식주차장치가 작동하고 있을 때 기계식주차장치 출입구로 사람 또는 자동차가 접근할 경우 즉시 그 작동을 멈추게 할 수 있는 장치를 설치하여야 한다.

• 자동차가 주차구획 또는 운반기 안에서 제자리에 위치하지 아니한 경우에는 기계식주차장치의 작동을 불가능하게 하는 장치를 설치하여야 한다.

01 건축물의 치수와 모듈계획(Modular Planning)에 대한 설명으로 가장 옳은 것은?

① 기본단위는 30cm로 하며 이를 1M으로 표시한다.

② 건축물의 수직 방향은 3M을 기준으로 하고 그 배수를 사용한다.

③ 모듈치수는 공칭치수가 아닌 제품치수로 한다.

④ 창호치수는 문틀과 벽 사이의 줄눈 중심 간의 거리가 모듈치수에 적합하도록 한다.

해설

① 기본단위는 10cm로 하며 이를 1M으로 표시한다.

② 건축물의 수직 방향은 2M을 기준으로 하고 그 배수를 사용한다.

③ 모듈치수는 공칭치수로 한다.

02 〈보기〉에서 건설정보모델링(BIM ; Building Information Modeling)의 특징으로 옳은 항목을 모두 고른 것은?

┤보기├

ㄱ. 설계 단계에서 공사비 견적에 필요한 정확한 물량과 공간정보 추출이 가능하다.

ㄴ. 다양한 설계분야 전문가들과 협업이 가능하며, 시공 전 설계 오류 및 누락을 발견할 수 있다. 따라서, 설계 및 시공상 문제들에 대한 빠른 대응이 가능하다.

ㄷ. 건설정보모델링의 개념은 객체 속성이 없는 설계시각화용 3차원 디지털 모델을 포함한다.

ㄹ. 에너지 효율과 지속 가능성을 사전평가하고 향상시킬 수 있다.

① ㄱ, ㄴ, ㄷ

② ㄱ, ㄷ, ㄹ

③ ㄱ, ㄴ, ㄹ

④ ㄴ, ㄷ, ㄹ

해설

ㄷ. 건설정보모델링의 개념은 객체 속성이 있는 설계시각화용 3차원 디지털 모델을 포함한다.

03 친환경 건축계획을 설명한 내용으로 가장 옳지 않은 것은?

① 이중외피는 전면 유리를 사용하여 외부 열적부하에 취약한 건물 외피의 성능을 향상시키기 위하여, 건물 외벽의 외측에 또 다른 외피를 이중으로 만드는 것을 말한다.

② 옥상녹화를 통해 건물 외표면의 온도를 효과적으로 억제시킬 수 있으며, 우수의 집수와 보존을 제공함으로써 물의 재활용/재사용 측면에서 물사용을 줄일 수 있다.

③ 패시브 시스템의 축열벽 방식은 실내의 남쪽 창의 안쪽에 열용량이 큰 돌이나 콘크리트 벽을 설치하여 태양 복사열을 저장하여 축열한 뒤 야간에 축열된 열을 실내로 방출하는 방식으로, 상대적으로 저렴하고 실내공간으로부터의 조망이나 채광에 유리하다.

④ 액티브 시스템의 종류로는 태양열에 의한 급탕과 냉난방, 태양광 발전, 풍력, 지열의 이용 등이 있다.

해설
패시브 시스템의 축열벽 방식은 열용량이 큰 돌이나 콘크리트 벽에 의한 축열벽이 많아지면 창의 면적이 줄어들게 되며, 실내공간으로부터의 조망이나 채광에 불리하다.

04 건축 계획에서 습도와 관련된 설명으로 가장 옳지 않은 것은?

① 습도가 높은 지역일수록 개방적 공간형태를 구성한다.

② 쾌적 온도에서는 증발 냉각이 필요 없지만, 고온에서는 중요한 열발산방법이다.

③ 증발 조절에는 절대습도(Absolute Humidity)가 가장 큰 영향을 미친다.

④ 상대습도(Relative Humidity)는 그 공기에 포함되는 수증기분압을 그 공기의 포화수증기분압으로 나눈 후 100을 곱하여 구한다.

해설
증발 조절에는 상대습도(Relative Humidity)가 가장 큰 영향을 미친다.

05 소음 조절에 대한 설명으로 가장 옳지 않은 것은?

① 실내에서 소음 레벨의 증가는 실표면으로부터 반복적인 음의 반사에 기인한다.

② 강당의 무대 뒷부분 등 음의 집중현상 및 반향이 예견되는 표면에서는 반사재를 집중하여 사용한다.

③ 모터, 비행기 소음과 같은 점음원의 경우, 거리가 2배가 될 때 소리는 6데시벨(dB) 감소한다.

④ 평면이 길고 좁거나 천장고가 높은 소규모 실에서는 흡음재를 벽체에 사용하고, 천장이 낮고 큰 평면을 가진 대규모 실에서는 흡음재를 천장에 사용하는 것이 효과적이다.

해설
강당의 무대 뒷부분 등 음의 집중현상 및 반향이 예견되는 표면에서는 흡음재를 집중하여 사용한다.

06 급수 방식과 그 특성을 옳게 짝지은 것은?

┤ 보기 1 ├
(가) 배관 부속품의 파손이 적고, 항상 일정한 수압으로 급수가 가능하다.
(나) 급수설비가 간단하고 시설비가 저렴하다.
(다) 수조의 설치 위치에 제한을 받지 않고 미관상 좋다.

┤ 보기 2 ├
ㄱ. 수도직결 방식   ㄴ. 고가수조 방식   ㄷ. 압력수조 방식

① (가) - ㄱ   ② (가) - ㄴ
③ (나) - ㄷ   ④ (다) - ㄴ

해설
(가) - ㄴ : 고가수조 방식은 배관 부속품의 파손이 적고, 항상 일정한 수압으로 급수가 가능하다.
(나) - ㄱ : 수도직결 방식은 급수설비가 간단하고 시설비가 저렴하다.
(다) - ㄷ : 압력수조 방식은 수조의 설치 위치에 제한을 받지 않고 미관상 좋다.

07 공기조화 중 덕트 방식과 설명을 옳게 짝지은 것은?

┤ 보기 1 ├
(가) 송풍량을 일정하게 하고 실내의 열부하변동에 따라 송풍온도를 변화시키는 방식으로 에너지 소비가 크다.
(나) 송풍온도를 일정하게 하고 실내부하변동에 따라 취출구 앞에서 송풍량을 변화시켜 제어하는 방식으로 에너지
    절감 효과가 크다.
(다) 각 존의 부하변동에 따라 냉·온풍을 공조기에서 혼합하여 각 실내로 송풍한다.
(라) 공조 계통을 세분화하여 각 층마다 공조기를 배치한다.

┤ 보기 2 ├
ㄱ. 정풍량 방식(CAV)   ㄴ. 변풍량 방식(VAV)
ㄷ. 멀티존 유닛(Multi Zone Unit) 방식   ㄹ. 각층 유닛 방식

① (가) - ㄷ   ② (나) - ㄴ
③ (다) - ㄹ   ④ (라) - ㄱ

해설
(가) - ㄱ : 정풍량 방식(CAV)은 송풍량을 일정하게 하고 실내의 열부하변동에 따라 송풍온도를 변화시키는 방식으로 에너지 소비가 크다.
(나) - ㄴ : 변풍량 방식(VAV)은 송풍온도를 일정하게 하고 실내부하변동에 따라 취출구 앞에서 송풍량을 변화시켜 제어하는 방식으로 에너지
       절감 효과가 크다.
(다) - ㄷ : 멀티존 유닛(Multi Zone Unit) 방식은 각 존의 부하변동에 따라 냉·온풍을 공조기에서 혼합하여 각 실내로 송풍한다.
(라) - ㄹ : 각층 유닛 방식은 공조 계통을 세분화하여 각 층마다 공조기를 배치한다.

08 건축물의 피난·방화구조 등의 기준에 관한 규칙에 따르면, 스프링클러가 설치되고 벽 및 반자의 실내에 접하는 부분이 불연재료로 마감된 11층의 경우 방화구획의 설치기준 최소면적은?

① 바닥면적 200m²

② 바닥면적 500m²

③ 바닥면적 1,000m²

④ 바닥면적 1,500m²

해설
11층의 경우 방화구획의 바닥면적 500m²이며, 스프링클러 등의 자동식소화설비를 설치한 경우에는 1,500m² 이내마다 설치한다.

09 시대별 건축에 대한 설명으로 가장 옳지 않은 것은?

① 초기의 고딕 건축은 나이브 벽의 다발 기둥이 정리되고 리브 그로인 볼트가 정착되면서 수직적으로 높아질 수 있었다.

② 낭만주의 건축은 독일을 중심으로 전개되었으며, 픽처 레스크 개념으로 구성한 장식풍의 양식에 집중되었다.

③ 바로크 건축은 종교적 열정을 건축적으로 표현해 낸 양식이며, 역동적인 공간 또는 체험의 건축을 주요 가치로 등장시켰다.

④ 르네상스 건축은 이탈리아의 플로렌스가 발상지이며, 브루넬레스키의 플로렌스 성당 돔 증축에서 시작되었다.

해설
낭만주의 건축은 영국을 중심으로 전개되었으며, 픽처 레스크 운동은 18세기 후반 영국에서 루소의 '자연으로 돌아가라'는 주제를 정신적 바탕으로 한 낭만주의 건축운동이다.

10 다음 〈보기〉에 해당하는 인물은?

┌ 보기 ┐
- 1919년 경성고등공업학교 졸업 후 13년간 조선총독부에서 근무
- 1932년 건축사무소 설립
- 적극적인 사회활동과 참여, 한글 건축 일간지 발간
- 조선 생명 사옥(1930), 종로 백화점(1931), 화신 백화점(1937) 설계

① 박길룡

② 박동진

③ 김순하

④ 박인준

해설
화신 백화점(서울, 1937)은 박길룡 설계로서, 근대 합리주의 양식이다.

11 단지계획과 관련된 용어에 대한 설명으로 가장 옳지 않은 것은?

① 건폐율은 건물의 밀집도를 나타내며, 건축면적을 대지(토지)면적으로 나눈 후 백분율로 산정한다.

② 용적률은 토지의 고도집약 정도를 나타내며, 건물의 지상층 연면적을 대지(토지)면적으로 나눈 후 백분율로 산정한다.

③ 호수밀도는 토지와 인구와의 관계를 나타내며, 주거 인구를 토지면적으로 나누어서 산정한다.

④ 토지이용률은 건물의 바닥면적을 부지면적으로 나누어 백분율로 산정한다.

> **해설**
> 호수밀도(호/ha)는 토지와 건물량의 관계를 나타내며, 대지면적에 대한 주택호수의 비율로 정한다.

12 대중교통 중심 개발(TOD)에 대한 설명으로 가장 옳지 않은 것은?

① 무분별한 교외지역 확산을 막고 중심적인 고밀 개발을 위하여 제시되었다.

② 경전철, 버스와 같은 대중교통 수단의 결절점을 중심으로 근린주구를 개발한다.

③ 주도로를 따라 소매상점과 시민센터 등이 배치되고 저층이면서 중간 밀도 정도의 주거가 계획된다.

④ 영국의 찰스 황태자에 의해 전개된 운동으로, 과거의 인간적이고 아름다운 경관을 지닌 주거환경을 구성한다.

> **해설**
> TOD는 미국 캘리포니아 출신의 건축가 피터 칼소프(Peter Calthorpe)에 의해 처음으로 제시된 이론으로 대중교통 지향 개발(大衆交通指向開發)로서 대중교통 중심으로 도시의 고밀도 지역을 정비하고 외곽지역은 저밀도의 개발과 자연생태지역의 보전을 추구한다.
> **TOD(Transit Oriented Development, 대중교통 지향 개발)**
> - 대중교통 이용자의 편의와 토지이용 효율을 높인 고밀도 복합적인 용도의 주거 및 상업지역 개발이며, 자동차 중심의 도시공간 구조로 인한 온실가스를 줄이고자 하는 방안을 말한다.
> - 제2차 세계 대전 이후 프랑스, 일본, 스웨덴 등의 계획도시, 네덜란드의 매립지와 덴마크의 지역 평등을 추구한 교외 바깥지역 개발사업 등이 있다.
> - 도심지역을 대중교통체계가 잘 정비된 대중교통 지향형 복합 용도의 역 또는 정류장(철도역, 전철역, 정류장)와 센터를 보유하고 있는 고밀도 지역으로 정비하고 외곽지역은 저밀도의 개발과 자연생태지역의 보전을 추구한다.
> - 도심지역의 대중교통과 주변지역의 토지이용을 효과적으로 연계하여 다양한 용도의 시설을 공급하고 다양한 주거유형 및 밀도계획을 하고 보행환경을 정비한다.
> - TOD는 일반적으로 고밀도 인구지역(기차역 또는 전철 또는 버스 정류장 등)에 적용되며 이를 통해 지역에서 저밀도 지역이 펼쳐진다. 또한 일반적으로 블록 크기와 자동차전용면적을 줄임으로써 다른 지역보다 걷기 편하도록 설계되었다.
> - TOD(대중교통 지향 개발)와 TPD(대중교통에 의한 근접 개발)의 차이점
>   - TOD는 토지이용과 교통과의 연관성을 강조하면서 대중교통 밀집지역 중심의 복합적인 토지이용과 보행친화적인 도보환경을 만들고자 하였으며, 개인 교통수단의 통행 패턴을 대중교통 및 녹색교통 위주의 통행 패턴으로 유도하여 자동차 배출가스로 인한 환경오염 및 자동차 운행 중 발생하는 소음 공해를 감소시켜 시민의 편리한 사회생활을 도모하고자 하였다.
>   - TPD는 도시의 고밀도 개발 및 토지이용 패턴을 고려하지 않은 대중교통을 중심으로 한 주변 개발을 주로 의미한다.

13 주차장법 시행규칙에 따르면, 노상주차장의 주차대수가 40대일 경우 설치해야 하는 장애인전용주차구획의 최소기준에 해당하는 것은?

① 1면

② 2면

③ 3면

④ 4면

14 장애인·노인·임산부 등의 편의증진 보장에 관한 법률 시행규칙의 내용에 대한 설명으로 가장 옳지 않은 것은?

① 장애인 등의 통행이 가능한 접근로의 기울기는 지형상 곤란한 경우 12분의 1까지 완화할 수 있다.

② 장애인전용주차구역이 평행주차 형식인 경우, 주차대수 1대에 대하여 폭 2m 이상, 길이 6m 이상으로 하여야 한다.

③ 건물을 신축하는 경우, 장애인이 이용 가능한 대변기의 유효바닥면적은 폭 1.6m 이상, 깊이 2.0m 이상이 되도록 설치하여야 한다.

④ 장애인 등의 통행이 가능한 복도 및 통로의 유효폭은 0.9m 이상으로 하되, 복도의 양옆에 거실이 있는 경우에는 1.2m 이상으로 할 수 있다.

15 공연장 계획에 대한 설명으로 가장 옳지 않은 것은?

① 프로시니엄(Proscenium)은 그림의 액자와 같이 관객의 눈을 무대에 쏠리게 하는 시각적 효과를 갖게 하는 것으로, 일반적으로 정사각형의 형태가 가장 많다.

② 이상적인 공연장 무대 상부 공간의 높이는, 사이클로라마(Cyclorama) 상부에서 그리드아이언(Gridiron) 사이에 무대배경 등을 매달 공간이 필요하므로, 프로시니엄(Proscenium) 높이의 4배 정노이다.

③ 영화관이 아닌 공연장 무대의 폭은 적어도 프로시니엄 아치(Proscenium Arch) 폭의 2배, 깊이는 1배 이상의 크기가 필요하다.

④ 실제 극장의 경우 사이클로라마(Cyclorama)의 높이는 대략 프로시니엄(Proscenium) 높이의 3배 정도이다.

16 박물관 동선계획에 대한 〈보기〉의 내용으로 옳은 것을 모두 고른 것은?

┌─ 보기 ┐
ㄱ. 대규모 박물관의 경우 직원 동선과 자료의 동선을 병용하여 효율성을 높이는 것을 고려할 수 있다.
ㄴ. 관람객 동선의 길이가 길어질 경우 적당한 위치에 짧은 휴식을 취할 수 있는 공간을 계획하는 것이 좋다.
ㄷ. 자료의 반출입 동선은 관람객에게 노출되지 않도록 계획한다.
ㄹ. 연구원(학예원) 동선은 관람객의 서비스나 직원과의 연락이 용이하게 계획한다.
└──────────

① ㄱ, ㄷ   ② ㄱ, ㄹ
③ ㄴ, ㄷ   ④ ㄴ, ㄹ

해설
ㄱ. 대규모 박물관의 경우 직원 동선과 자료의 동선을 분리한다.
ㄹ. 연구원(학예원) 동선은 관람객의 서비스와는 관계가 없으므로 연락이 용이하게 하지 않는다.

17 건축물의 피난·방화구조 등의 기준에 관한 규칙에 따른 피난계단 및 특별피난계단에 대한 설명으로 가장 옳지 않은 것은?

① 건축물 내부에 설치하는 피난계단은 내화구조로 하고 피난층 또는 지상까지 직접 연결되도록 한다.
② 건축물의 내부에서 계단실로 통하는 출입구의 유효너비는 0.75m 이상으로 하고, 그 출입구는 피난의 방향으로 열 수 있어야 한다.
③ 건축물의 바깥쪽에 설치하는 피난계단의 유효너비는 0.9m 이상으로 하고 지상까지 직접 연결되도록 한다.
④ 피난계단 또는 특별피난계단은 돌음계단으로 하여서는 아니 된다.

해설
건축물의 내부에서 계단실로 통하는 출입구의 유효너비는 0.9m 이상으로 하고, 그 출입구는 피난의 방향으로 열 수 있어야 한다.

18 건축법 시행령의 용도별 건축물에 대한 설명으로 가장 옳은 것은?

① 다가구주택은 대지 내 동별 세대수를 합하여 19세대 이하가 거주할 수 있어야 한다.
② 다세대주택은 주택으로 쓰는 1개 동의 바닥면적 합계가 660m² 를 초과하고, 층수가 5개 층 이하인 주택을 말한다.
③ 아파트는 주택으로 쓰는 층수가 4개 층 이상인 주택을 말한다.
④ 다중주택은 학생 또는 직장인 등 여러 사람이 장기간 거주할 수 있도록 독립된 주거의 형태를 갖추어야 한다.

해설
② 다세대주택은 주택으로 쓰는 1개 동의 바닥면적 합계가 660m² 이하이고, 층수가 4개 층 이하인 주택을 말한다.
③ 아파트는 주택으로 쓰는 층수가 5개 층 이상인 주택을 말한다.
④ 다중주택은 학생 또는 직장인 등 여러 사람이 장기간 거주할 수 있는 구조로서, 독립된 주거의 형태를 갖추지 아니한 것이어야 한다.

19 건축법 시행령에 따른 건축물의 높이 산정방법으로 가장 옳지 않은 것은?

① 대지에 접하는 전면도로의 노면에 고저차가 있는 경우, 그 건축물이 접하는 범위의 전면도로부분의 수평거리에 따라 가중평균한 높이의 수평면을 전면도로면으로 본다.

② 건축물의 대지의 지표면이 전면도로보다 높은 경우, 그 고저차의 1/2의 높이만큼 올라온 위치에 그 전면도로의 면이 있는 것으로 본다.

③ 옥상에 설치되는 승강기탑·계단탑·망루 등으로서 그 수평투영면적의 합계가 해당 건축물 건축면적의 1/8 이하의 경우에는 그 부분의 높이가 15m를 넘는 부분만 해당 건축물의 높이에 산입한다.

④ 지붕마루장식·굴뚝·방화벽의 옥상돌출부나 그 밖에 이와 비슷한 옥상돌출물과 난간벽(그 벽면적의 1/2 이상이 공간으로 되어 있는 것만 해당)은 그 건축물의 높이에 산입하지 아니한다.

> **해설**
> 옥상에 설치되는 승강기탑·계단탑·망루 등으로서 그 수평투영면적의 합계가 해당 건축물 건축면적의 1/8 이하의 경우에는 그 부분의 높이가 12m를 넘는 부분만 해당 건축물의 높이에 산입한다.

20 〈보기〉에서 건축법 시행령에 따른 피난층 또는 지상으로 통하는 직통계단까지의 보행거리 적용기준 중 옳은 항목을 모두 고른 것은?

> **보기**
> ㄱ. 거실 각 부분으로부터 계단에 이르는 보행거리는 30m 이하를 기준으로 한다.
> ㄴ. 주요구조부가 내화구조 또는 불연재료인 건축물(지하층에 설치하는 것으로서 바닥면적의 합계가 300m² 이상인 공연장·집회장·관람장 및 전시장은 제외)의 경우에는 보행거리를 50m 이하로 산정한다.
> ㄷ. 주요구조부가 내화구조 또는 불연재료인 건축물 중 16층 이상인 공동주택의 경우 16층 이상인 층에 대해서는 보행거리를 40m 이하로 산정한다.
> ㄹ. 자동화생산시설에 자동식 소화설비를 설치한 공장으로서 국토교통부령으로 정하는 공장의 경우에는 보행거리를 75m 이하로 산정하며, 무인화 공장의 경우에는 100m 이하로 산정한다.

① ㄱ

② ㄴ, ㄷ

③ ㄱ, ㄴ, ㄹ

④ ㄱ, ㄴ, ㄷ, ㄹ

> **해설**
> ※ 법 개정으로 '16층 이상인 공동주택은 40m → 16층 이상인 공동주택의 경우 16층 이상인 층에 대해서는 40m'로 변경되었다.
> ㄱ, ㄴ, ㄷ, ㄹ 모두 옳은 설명이다.

01 공동주택의 평면 형식 중에서 공사비는 많이 소요되나 출입이 편리하고 사생활 보호에 좋으며 통풍과 채광이 유리한 것은?

① 집중형
② 편복도형
③ 중복도형
④ 계단실형

> **해설**
> 계단실형은 출입이 편리하고 사생활 보호에 좋으며 통풍과 채광이 유리하다.

02 모듈계획에 대한 설명으로 옳지 않은 것은?

① 모듈의 사용으로 공간의 통일성과 합리성을 얻을 수 있다.
② 모듈의 사용은 다양하고 자유로운 계획에 유리하다.
③ 사무소 건축에서는 지하주차를 고려한 모듈 설정이 바람직하다.
④ 설계 작업을 단순화, 간편화할 수 있다.

> **해설**
> 모듈의 사용은 자유로운 계획에 불리하며, 건축형태의 창조성과 인간성이 상실될 수 있다.

03 학교운영 방식과 교실 구성에 대한 설명으로 옳은 것은?

① 플래툰형은 학급, 학년을 없애고 학생들이 각자의 능력에 따라 교과를 선택하고 수업하는 방식이다.
② 교과교실형은 전교 교실을 보통교실 이용 그룹과 특별교실 이용 그룹으로 분리하여 두 개의 학급군이 각 교실군을 교대로 사용하는 방식이다.
③ 종합교실형은 설비, 가구, 자료 등이 필요하게 되어 교실 바닥면적이 증가될 수 있다.
④ 특별교실형은 교실 안에서 모든 교과를 학습할 수 있게 계획하는 방식으로 초등학교 저학년에 적합한 방식이다.

> **해설**
> ① 달톤형 : 학급, 학년을 없애고 학생들이 각자의 능력에 따라 교과를 선택하고 수업하는 방식이다.
> ② 플래툰형 : 전교 교실을 보통교실 이용 그룹과 특별교실 이용 그룹으로 분리하여 두 개의 학급군이 각 교실군을 교대로 사용하는 방식이다.
> ④ 종합교실형 : 교실 안에서 모든 교과를 학습할 수 있게 계획하는 방식으로 초등학교 저학년에 적합한 방식이다.

04 건축법상 용어 정의에 대한 설명으로 옳지 않은 것은?

① 고층 건축물이란 층수가 30층 이상이거나 높이가 120m 이상인 건축물을 말한다.

② 거실이란 건축물 안에서 거주, 집무, 작업, 집회, 오락, 그 밖에 이와 유사한 목적을 위하여 사용되는 방을 말한다.

③ 지하층이란 건축물의 바닥이 지표면 아래에 있는 층으로서 바닥에서 지표면까지 평균높이가 해당 층 높이의 1/3 이상인 것을 말한다.

④ 리모델링이란 건축물의 노후화를 억제하거나 기능 향상 등을 위하여 대수선하거나 건축물의 일부 증축 또는 개축하는 행위를 말한다.

해설

지하층이란 건축물의 바닥이 지표면 아래에 있는 층으로서 바닥에서 지표면까지 평균높이가 해당 층 높이의 1/2 이상인 것을 말한다.

05 재료의 열전도 특성을 파악할 수 있는 열전도율의 단위는?

① $kcal/m \cdot h \cdot ℃$

② $kcal/m^3 \cdot ℃$

③ $kcal/m^2 \cdot h \cdot ℃$

④ $kcal/m^2 \cdot h$

해설

열전도율의 단위 : $kcal/m \cdot h \cdot ℃$

06 건축가와 그의 작품의 연결이 옳지 않은 것은?

① 다니엘 리베스킨트(Daniel Libeskind) - 베를린 유태인 박물관

② 렘 콜하스(Rem Koolhaas) - 베를린 신 국립미술관

③ 자하 하디드(Zaha Hadid) - 비트라 소방서

④ 프랭크 게리(Frank Owen Gehry) - 구겐하임 빌바오 미술관

해설

베를린 신 국립미술관은 미스 반데어로에(Ludwig Mies van der Rohe)의 작품이다.

07 거주 후 평가(POE)에 대한 설명으로 옳지 않은 것은?

① 거주 후 평가(POE)를 통해 얻어진 각종 현실적 정보는 새로운 프로젝트에 활용되는 순환성이 있다.
② 거주 후 평가(POE)는 설계-시공-평가 등으로 이루어진 건축행위 주기에서 매우 중요한 과정으로 볼 수 있다.
③ 거주 후 평가과정 시 환경장치(Setting), 사용자(User), 주변 환경(Proximate Environmental Context), 디자인 활동(Design Activity)을 고려해야 한다.
④ 거주 후 평가(POE)는 행태적(Behavioral) 항목에 국한하여 진행된다.

해설
거주 후 평가(POE)의 유형
• 기술적 평가 : 건물에 대한 평가
• 기능적 평가 : 서비스에 대한 평가
• 행태적 평가 : 환경 심리에 대한 평가

08 결로에 대한 설명으로 옳지 않은 것은?

① 결로는 실내외의 온도차, 실내습기의 과다발생, 생활습관에 의한 환기 부족, 구조재의 열적 특성, 시공불량 등의 다양한 원인으로 발생할 수 있다.
② 난방을 통해 결로를 방지할 때에는 장시간 낮은 온도로 난방하는 것보다 단시간 높은 온도로 난방하는 것이 유리하다.
③ 외단열은 벽체 내의 온도를 상대적으로 높게 유지하므로 내단열에 비해 결로 발생 가능성을 현저히 줄일 수 있다.
④ 표면결로는 건물의 표면온도가 접촉하고 있는 공기의 포화온도보다 낮을 때 그 표면에 발생한다.

해설
난방을 통해 결로를 방지할 때에는 낮은 온도로 장시간 난방을 하는 것이 유리하다.

09 주차장법 시행규칙상 노외주차장 구조 설비기준에 대한 설명으로 옳지 않은 것은?

① 노외주차장의 출구 부근의 구조는 해당 출구로부터 2m(이륜자동차전용 출구의 경우에는 1.3m)를 후퇴한 노외주차장의 차로의 중심선상 1.4m의 높이에서 도로의 중심선에 직각으로 향한 왼쪽·오른쪽 각각 60°의 범위에서 해당 도로를 통행하는 자를 확인할 수 있도록 하여야 한다.

② 노외주차장의 출구와 입구에서 자동차의 회전을 쉽게 하기 위하여 필요한 경우에는 차로와 도로가 접하는 부분을 곡선형으로 하여야 한다.

③ 노외주차장의 출입구 너비는 3.5m 이상으로 하여야 하며, 주차대수 규모가 50대 이상인 경우에는 출구와 입구를 분리하거나 너비 5.5m 이상의 출입구를 설치하여야 한다.

④ 노외주차장(이륜자동차전용 노외주차장 제외)이 출입구가 1개이고 주차 형식이 평행주차일 경우 차로의 너비는 3.3m 이상이어야 한다.

해설
출입구가 1개이고 주차 형식이 평행주차일 경우 차로의 너비는 5.0m 이상이어야 한다.

10 건축물 벽 재료에 대한 반사율이 높은 것부터 순서대로 바르게 나열한 것은?

① 붉은벽돌 > 창호지 > 목재 니스칠
② 목재 니스칠 > 백색 유광 타일 > 검은색 페인트
③ 진한색 벽 > 검은색 페인트 > 목재 니스칠
④ 백색 유광 타일 > 목재 니스칠 > 붉은벽돌

해설
반사율이 높은 순서 : 백색 유광 타일 > 목재 니스칠 > 붉은벽돌

11 건축법상 공동주택에 포함되지 않는 것은?(단, 건축법상 해당 용도 기준(층수, 바닥면적, 세대 등)에 모두 부합한다고 가정한다)

① 아파트
② 다세대주택
③ 연립주택
④ 다가구주택

해설
다가구주택은 단독주택에 속한다.

12 극장의 무대 부분에 대한 설명으로 옳지 않은 것은?

① 사이클로라마는 와이어 로프를 한 곳에 모아서 조정하는 장소로서, 작업이 편리하고 다른 작업에 방해가 되지 않는 위치가 바람직하다.

② 그리드아이언은 배경이나 조명기구, 연기자 또는 음향반사판 등이 매달릴 수 있는 장치이다.

③ 프로시니엄은 무대와 객석을 구분하여 공연공간과 관람공간으로 양분되는 무대 형식이다.

④ 오케스트라 피트의 바닥은 연주자의 상체나 악기가 관객의 시선을 방해하지 않도록 객석 바닥보다 낮게 하는 것이 일반적이나, 지휘자는 무대 위의 동작을 보고 지휘하는 관계로 무대를 볼 수 있는 높이가 되어야 한다.

해설
• 사이클로라마(Cyclorama)는 무대 뒤의 둥글게 둘러쳐진 막으로서 조명을 비추어 하늘을 표현하거나 분위기를 표현하는 배경용 막이다.
• 록 레일(Lock Rail)은 와이어 로프를 한 곳에 모아서 조정하는 장소로서, 작업이 편리하고 다른 작업에 방해가 되지 않는 위치가 바람직하다.

13 공기조화설비 중 습공기에 대한 설명으로 옳지 않은 것은?

① 비중량은 습공기 $1m^3$에 함유된 건조공기의 중량이다.

② 절대습도는 습공기의 수증기 분압과 그 온도 상태 포화공기의 수증기 분압과의 비를 백분율로 나타낸 것이다.

③ 비체적은 건조공기 1kg을 함유한 습공기의 용적이다.

④ 엔탈피는 현열과 잠열을 합한 열량이다.

해설
절대습도는 공기 $1m^3$ 중에 포함된 수증기의 양으로서 그램(g)으로 나타낸다. 상대습도는 습공기의 수증기 분압과 그 온도 상태 포화공기의 수증기 분압과의 비를 백분율로 나타낸 것이다.

14 건축법상 지구단위계획에 대한 설명으로 옳은 것은?

① 지구단위계획구역 안에서 대지의 일부를 공공시설 부지로 제공하고 건축할 경우, 용적률은 완화받을 수 있으나 건폐율은 완화받을 수 없다.

② 지구단위계획구역이 주민의 제안에 따라 지정된 경우, 그 제안자가 지구단위계획 안에 포함시키고자 제출한 사항이 타당하다고 인정되는 때에는 특별시장·광역시장·특별자치시장·특별자치도지사·시장 또는 군수는 지구단위계획안에 반영하여야 한다.

③ 지구단위계획의 사항에는 도시의 공간구조, 건축물의 용도 제한, 건축물의 건폐율 또는 용적률, 기반시설의 배치와 규모만 포함된다.

④ 지구단위계획구역의 지정결정 고시일부터 2년 이내에 해당 구역 지구단위계획이 결정, 고시되지 않으면 지구단위계획구역의 지정결정은 효력을 상실한다.

해설

① 건축물 그 밖의 시설의 용도 종류 및 규모 등에 대한 제한을 완화하거나 건폐율 또는 용적률을 완화하여 수립하는 계획으로써 완화받을 수 있다.

③의 내용 이외에, 건축물의 배치, 형태, 색채 또는 건축선에 관한 계획, 환경관리계획 또는 경관계획, 보행안전 등을 고려한 교통처리계획 등도 포함된다(국토계획법 제52조).

④ 도시·군관리계획 결정고시일부터 3년 이내에 지구단위계획이 결정·고시되지 아니하면 그 3년이 되는 날의 다음 날에 지정에 관한 결정은 효력을 잃는다. 또한, 주민이 입안을 제안한 지구단위계획결정의 고시일부터 5년 이내에 이 법 또는 다른 법률에 따라 허가·인가·승인 등을 받아 사업이나 공사에 착수하지 아니하면 5년이 된 날의 다음 날에 효력을 잃는다(국토계획법 제53조).

15 건축디자인 프로세스에서 프로그래밍에 대한 설명으로 옳지 않은 것은?

① 프로그래밍은 건축설계의 전(前) 단계로 설계작업에 필요한 정보를 분석·정리하고 평가하여 체계화시키는 작업이다.

② 프로그래밍은 목표설정, 정보수집, 정보분석 및 평가, 정보의 체계화, 보고서 작성의 순서로 진행된다.

③ 프로그래밍의 과정은 프로젝트 범위에 대한 정확한 정의와 성공적인 해결방안을 위한 기준을 설계자에게 제공하는 것이다.

④ 프로그래밍은 추출된 문제점들을 해결(Problem Solving)하는 종합적인 결정과정이다.

해설

추출된 문제점을 해결하는 종합적인 결정과정은 건축계획 단계(Planning)에서 수행한다.

16 건축 흡음구조 및 재료에 대한 설명으로 옳은 것은?

① 판진동형 흡음구조의 흡음판은 기밀하게 접착하는 것보다 못 등으로 고정하는 것이 흡음률을 높일 수 있다.

② 단일 공동공명기는 전 주파수 영역 범위에서 흡음률이 동일하다.

③ 다공질 재료의 표면이 다른 재료에 의해 피복되어 통기성이 저하되면 저·중주파수에서의 흡음률이 저하된다.

④ 다공질 흡음재는 저·중주파수에서의 흡음률은 높지만 고주파수에서는 흡음률이 급격히 저하된다.

해설
② 공명현상을 이용하여 복잡한 음 중에서 특정 주파수의 음에 공명시켜 그 진동수를 알아내는 기구로써 대개는 음파에 대응하는 장치를 말한다.
③ 다공질 재료의 표면이 다른 재료에 의해 피복되어 통기성이 저하되면 고주파수에서의 흡음률(흡음성능)이 저하된다.
④ 다공질 흡음재는 고주파수에서의 흡음률은 높지만 저주파수에서는 흡음률이 저하된다.

17 화재경보설비에 대한 설명으로 옳지 않은 것은?

① 감지기는 화재에 의해 발생하는 열, 연소 생성물을 이용하여 자동적으로 화재의 발생을 감지하고, 이것을 수신기에 송신하는 역할을 한다.

② 감지기에는 열감지기와 연기감지기가 있다.

③ 수신기는 감지기에 연결되어 화재발생 시 화재등이 켜지고 경보음이 울리도록 한다.

④ 열감지기에는 주위 온도의 완만한 상승에는 작동하지 않고 급상승의 경우에만 작동하는 정온식과 실온이 일정 온도에 달하면 작동하는 차동식이 있다.

해설
열감지기에는 주위 온도의 완만한 상승에는 작동하지 않고 급상승의 경우에만 작동하는 차동식과 실온이 일정 온도에 달하면 작동하는 정온식이 있다.

18 미노루 야마자키가 세인트 루이스에 설계한 주거단지로, 당시 미국 건축가협회 상(賞)을 수상하였지만 슬럼화와 범죄 발생으로 인해 폭파되었으며, 찰스 젠크스(Charles Jencks)가 모더니즘 건축 종말의 상징으로 언급한 건축물은?

① 갈라라테세(Gallaratese) 집합주거단지

② 프루이트 이고우(Pruit Igoe) 주거단지

③ 아브락사스 주거단지(Le Palais d'Abraxas Housing Development)

④ IBA 공공주택(IBA Social Housing)

해설
미국의 1970년대에는 범죄 통제능력을 상실한 대규모 고층 공동주택을 철거하면서 주거환경과 범죄 방지에 대한 세계적인 관심을 불러 일으켰는데, 1976년 세인트 루이스의 프루이트 이고우 주거단지(Pruitt Igoe Housing) 폭파철거 장면이 세계적으로 방영되어 파장을 일으켰다.

16 ① 17 ④ 18 ② **정답**

19 미술관의 자연채광 방식에 대한 설명으로 옳지 않은 것은?

① 측광창 형식은 소규모 전시실 이외에는 부적합하다.
② 고측광창 형식은 정광창식과 측광창식의 절충방식이다.
③ 정측광창 형식은 전시실 채광 방식 중 가장 불리하다.
④ 정광창 형식은 채광량이 많아 조각품 전시에 적합하다.

해설
정측광창 형식은 관람자 위치(중앙부)는 어둡고 전시벽면 조도가 밝은 이상적인 형식으로 전시실 채광 방식 중 가장 유리하다.

20 다음 목조건축물 중 고려시대의 다포식 건축물은?

① 영주 – 부석사 무량수전
② 안동 – 봉정사 극락전
③ 연탄 – 심원사 보광전
④ 안동 – 봉정사 대웅전

해설
심원사 보광전은 고려시대의 다포식 건축물이다.
• 고려시대의 주심포식 건축물
  – 봉정사 극락전(경북 안동, 12세기 말)
  – 부석사 무량수전(경북 영주, 13세기 초)
  – 수덕사 대웅전(충남 예산, 1308)
  – 성불사 극락전(황해북도 사리원, 고려 말)
  – 강릉 객사문(강원 강릉, 14세기)
• 고려시대의 다포식 건축물
  – 심원사 보광전(황해도 해주, 1374)
  – 석왕사 응진전(함남 안변, 1386)
  – 심원사 보광전(황해북도 연탄, 고려 말)

01 건축물의 일조 조절에 대한 설명으로 옳지 않은 것은?

① 일조 조절을 위해서 차양, 발코니, 루버 등이 이용되고 있다.

② 건축물의 남쪽은 침엽수를 심어 겨울에 잎이 떨어지지 않도록 하며, 북쪽은 키 큰 낙엽수로 여름에 그늘을 제공하도록 한다.

③ 건축물의 남쪽은 바닥까지 낮고 좌우로 긴 창을 사용하여 일조량을 조절한다.

④ 건축물의 일조 조절을 위해 겨울에는 일조를 받아들이고 여름에는 일조를 차단하는 것이 일반적이다.

해설

건축물의 남쪽은 키 큰 낙엽수로 여름에 그늘을 제공하도록 하며, 북쪽은 침엽수를 심어 겨울에 잎이 떨어지지 않도록 한다.

02 다음에서 설명하는 공동주택은?

- 각 세대가 단독주택과 같이 독립 정원을 가지고 있으나 접근 도로, 주차장 등은 공동으로 사용한다.
- 사생활 보호를 위하여 세대 사이에 경계 벽을 설치하여 분리하는 것이 특징이다.

① 다세대주택　　　　　　　　　　② 타운 하우스

③ 사슬형 주택　　　　　　　　　　④ 2호 연립주택

해설

타운 하우스(Town House)는 공동주택의 한 종류이며, 2개 이상의 주택을 1채에 붙여 지은 것으로, 각 주택이 벽을 공동으로 사용하지만 별도로 외부에 출입구를 가지고 있는 주택이다. 또한 각 세대가 단독주택과 같이 독립 정원을 가지고 있으나 접근 도로, 주차장 등은 공동으로 사용한다.

03 다음에서 설명하는 건축설계 과정은?

단위 실 설계, 분야별 마감설계, 각 부분설계, 구조설계, 현장 시공을 위한 조립설계 등 시공할 수 있는 단계까지 완성도를 높인다.

① 계획설계　　　　　　　　　　　② 기본설계

③ 실시설계　　　　　　　　　　　④ 감리설계

해설

실시설계는 시공을 위한 설계도서를 작성하는 과정으로 단위 실 설계, 분야별 마감설계, 각 부분설계, 구조설계, 현장 시공을 위한 조립설계 등 시공할 수 있는 단계까지 완성도를 높인다.

04 학교계획에 대한 설명으로 옳지 않은 것은?

① 학생 1인당 교사(校舍) 소요면적은 중학교는 $3.6m^2$, 고등학교는 $4.3m^2$ 정도가 적당하다.

② 교실이 소음 등의 공해로부터 영향을 받지 않도록 도로에서 최대한 격리하여 건물을 배치한다.

③ 학교의 규모와 입지에 따라 적합한 교사(校舍)의 배치 방식으로 계획한다.

④ 학교의 교사(校舍)를 배치할 때 안전성을 고려하여 보행로와 차량 동선을 분리한다.

해설

학생 1인당 교사(校舍) 소요면적은 초등학교는 $3.6m^2$, 중·고등학교는 $8m^2$ 정도가 적당하다.

교사의 규모

학교별	유치원	초등학교	중·고등학교	대학교
교사 규모	$4.3m^2$/명	$3.6m^2$/명	$8m^2$/명	$16m^2$/명

05 건축 양식과 관련 건축물을 바르게 연결한 것은?

① 로마네스크 건축 – 산타 수산나 성당

② 바로크 건축 – 노트르담 성당

③ 고딕 건축 – 세인트 폴 성당

④ 비잔틴 건축 – 성 소피아 성당

해설

① 바로크 건축 : 산타 수산나 성당

② 고딕 건축 : 노트르담 성당

③ 바로크 건축 : 세인트 폴 성당

06 건축법 시행령상 근린생활시설의 용도를 바르게 연결한 것은?

① 제1종 근린생활시설 – $300m^2$ 미만의 탁구장, 테니스장

② 제1종 근린생활시설 – 이용원, 미용원, 독서실

③ 제2종 근린생활시설 – 일반 음식점, 기원

④ 제2종 근린생활시설 – $300m^2$ 이상의 단란주점

해설

① 제1종 근린생활시설 : $500m^2$ 미만의 탁구장

    제2종 근린생활시설 : $500m^2$ 미만의 테니스장

② 제1종 근린생활시설 : 이용원, 미용원

    제2종 근린생활시설 : 독서실

④ 제2종 근린생활시설 : $150m^2$ 미만의 단란주점

07 온수난방에 대한 설명으로 옳지 않은 것은?

① 난방을 정지하여도 난방 효과가 잠시 지속된다.

② 난방 부하의 변동에 따라 온수의 온도와 순환 수량을 쉽게 조절할 수 있다.

③ 열용량이 크기 때문에 온수 순환시간이 길고, 날씨가 추울 때 난방을 정지하면 동결이 발생할 수 있다.

④ 방열기가 필요하지 않으며, 바닥면의 이용도가 높다.

해설
• 온수난방 : 방열기가 필요하며, 방열기 설치에 따른 바닥면의 이용도가 낮아진다.
• 복사난방 : 방열기가 필요하지 않으며, 바닥면의 이용도가 높다.

08 건축물의 실내환경에 대한 설명으로 옳은 것은?

① 잔향시간이 길수록 소리가 명료하고, 짧을수록 음량이 많아져 음을 듣기 쉽다.

② 하향 환기는 급기구를 방의 하부에 두고, 배기구를 방의 상부에 두는 방법이다.

③ 주택의 경우에는 방향 배치가 일사량과 직접적인 관계가 있으므로, 난방기간 중 수직면 일사량을 가장 많이 받는 동향이 유리하다.

④ 환기 횟수는 실의 환기량을 실내 용적으로 나눈 값을 말하며, 1시간당 실내의 공기가 몇 회 완전히 교체되었는지를 나타낸다.

해설
① 잔향시간이 길수록 소리가 음량이 많아져 음을 듣기 쉽고, 짧을수록 명료하다.
② 하향 환기는 급기구를 방의 상부에 두고, 배기구를 방의 하부에 두는 방법이다.
③ 주택의 경우에는 방향 배치가 일사량과 직접적인 관계가 있으므로, 난방 기간 중 수직면 일사량을 가장 많이 받는 남향이 유리하다.

09 고려시대 목조건축의 공포 형식인 주심포식과 다포식에 대한 설명으로 옳은 것은?

① 주심포식은 소로와 첨차로 짜서 기둥 위에만 공포를 배치한 형식이다.

② 다포식은 주두 밑에 창방과 직교되게 첨차식으로 새의 날개 모양의 조각을 한 익공을 끼워 만든 형식이다.

③ 봉정사 극락전, 부석사 무량수전은 다포식에 해당한다.

④ 강릉 오죽헌, 수원 화서문은 주심포식에 해당한다.

해설
② 익공식은 주두 밑에 창방과 직교되게 첨차식으로 새의 날개 모양의 조각을 한 익공을 끼워 만든 형식이다.
③ 봉정사 극락전, 부석사 무량수전은 주심포식에 해당한다.
④ 강릉 오죽헌, 수원 화서문은 익공식에 해당한다.

10 주택에 대한 설명으로 옳지 않은 것은?

① 숑바르 드 로브는 1인당 적정 주거면적에 대해 16m²/인 이하를 병리현상이 발생하는 한계기준으로 분류하였다.

② 효과적으로 오를 수 있는 계단의 경사도는 30°가 적당하다.

③ 복도에 인접한 실의 출입문은 가능하면 실내로 열리도록 계획한다.

④ 주택을 배치할 때 인접 건물이나 나무와의 조화를 고려하여 계획한다.

해설
숑바르 드 로브는 1인당 적정 주거면적에 대해 8m²/인 이하를 병리현상이 발생하는 한계기준으로 분류하였다.

11 색의 체계 및 표시에 대한 설명으로 옳지 않은 것은?

① 색채를 나타내는 체계를 표색계라 한다.

② 색의 순수한 정도를 채도라고 하며, 무채색을 0으로 하고 순색에서 가장 채도가 높은 빨간색을 14로 한다.

③ 명도 대비란 명도가 다른 두 색이 서로의 영향으로 밝은 색은 인접부가 더 어둡게 보이고, 명도가 낮은 색은 인접부가 더 밝아 보이는 현상이다.

④ 면셀의 표색계에서는 색을 나타내기 위하여 색상, 명도, 채도의 기호로 나열하는데, 빨강의 순색은 5R4/14로 표시한다.

해설
명도 대비란 명도가 다른 두 색이 서로의 영향으로 밝은 색은 인접부가 더 밝게 보이고, 명도가 낮은 색은 인접부가 더 어둡게 보이는 현상이다.

12 공동주택의 주동 형태와 유형에 대한 설명으로 옳지 않은 것은?

① 판상형 아파트는 일조 조건을 확보하기 위해서 한 동씩 거리를 두고 주동을 배치하는 형식이다.

② 타워형 아파트는 각 세대에 시각적인 개방감을 주도록 자유로운 배치와 평면구성이 가능하고 도시의 상징적인 건물을 만들 수 있다.

③ 테라스 하우스는 경사지를 이용하여 사연 지형에 따라 건축물을 축조한 형식으로, 세대마다 테라스를 갖는 장점이 있다.

④ 파티오 하우스(Patio House)는 오픈스페이스를 중심으로 주동을 배치하는 형식으로, 조합방법에 따라 다양한 형태를 만들기는 어렵다.

해설
파티오 하우스(Patio House)는 오픈스페이스를 중심으로 주동을 배치하는 형식으로, 조합방법에 따라 다양한 형태를 만들 수 있다.

13 판매시설에 대한 설명으로 옳지 않은 것은?

① 고객의 동선이 매장 내부 판매대 안쪽까지 들어가지 않도록 진열대를 배치한다.

② 교통수단과 물류, 유통의 발달로 대형화하는 방향으로 성장했다.

③ 진출입 동선을 서로 분리할 경우에는 혼잡을 줄일 수 있어 유리하다.

④ 굴절형 진열장 배치는 대면판매와 측면판매의 조합으로 구성된 안경점, 문방구점 등에 적합하다.

해설
고객의 동선이 매장 내부 판매대 안쪽까지 들어오도록 진열대를 배치한다.

14 업무시설에 대한 설명으로 옳은 것은?

① 사무실은 업무시설의 대표적 건축물로 업무효율성보다 방문객의 이용성이 편리한지를 우선 고려하여 입지를 선정한다.

② 완전개방형(Office Landscape)은 업무상 상호 협의가 원활하게 이루어져야 하는 경우에 적합하다.

③ 정보기술의 발달로 주택 등 작은 건물의 여유공간을 업무시설로 활용하는 경우가 점차 감소하고 있다.

④ 업무시설 아트리움 계획 시 실내의 중앙홀을 상부까지 수직으로 관통시키고 유리 지붕을 되도록 설치하지 않는다.

해설
① 사무실은 업무시설의 대표적 건축물로 업무효율성을 우선 고려하여 입지를 선정한다.
③ 정보기술의 발달로 주택 등 작은 건물의 여유공간을 업무시설로 활용하는 경우가 점차 증가하고 있다.
④ 업무시설 아트리움 계획 시 실내의 중앙홀을 상부까지 수직으로 관통시키고 유리 지붕을 되도록 설치한다.

15 코어(Core)에 대한 설명으로 옳지 않은 것은?

① 코어는 계단, 승강기, 화장실, 각종 수직 공동구를 집약한 구조이다.

② 코어의 유형에는 중앙코어, 양단코어 등이 있다.

③ 중앙코어는 연결되는 실이 많거나 복도의 길이가 지나치게 길어 코어를 여러 개 배치하는 형식이다.

④ 사무소 건축의 코어는 최대피난거리를 고려하여 업무공간에서 도달하는 거리가 30m 이내가 되도록 한다.

해설
중앙코어는 중앙에 코어를 두고 바깥에 업무공간을 배치하는 형태로서 각 실로 진입하는 복도의 길이가 짧아지게 되며, 바닥면적이 큰 경우나 고층 및 초고층에 적합하다.

16 공기조화 방식에 대한 설명으로 옳은 것은?

① 패키지 유닛 방식은 시공과 취급이 복잡하므로 대량생산에 불리함이 있다.

② 멀티존 유닛 방식은 하나의 유닛만으로 여러 실을 조절할 수 있으므로, 배관이나 조절장치 등을 한 장소에 집중시킬 수 있다.

③ 팬코일 유닛 방식은 중앙 공조기 등을 써서 공기조화하는 방식으로 주택과 같은 작은 규모의 건물에 주로 적용된다.

④ 이중 덕트 방식은 한 개의 덕트를 사용하여 각 실에 냉풍과 온풍을 공조하는 방식이다.

해설
① 패키지 유닛 방식은 공장제품으로 생산하여 시공과 취급이 간단하며, 대량생산에 유리하다.
③ 팬코일 유닛 방식은 실내형 소형 공조기를 각 실에 설치하여 중앙 기계실로부터 냉수, 온수를 공급하여 공기조화를 하는 방식으로 호텔의 객실, 아파트, 사무실 등과 같이 규모가 큰 건물에 적용된다.
④ 이중 덕트 방식은 두 개의 덕트를 사용하고, 말단에 혼합 유닛을 설치하여 냉풍과 온풍을 혼합하여 각 실에 적합한 실온으로 공조하는 방식이다.

17 건축법령상 건축신고 대상 건축물이 아닌 것은?

① 표준설계도서에 따라 건축하는 건축물로 그 용도 및 규모가 주위 환경이나 미관에 지장이 없다고 인정하여 건축조례로 정하는 건축물

② 연면적 합계가 100㎡ 이하인 건축물

③ 3층 이상인 건축물로 연면적 합계가 500㎡ 이하인 공장의 신축

④ 바닥면적 합계가 85㎡ 이내의 증축·개축 또는 재축

해설
공업지역, 지구단위계획구역, 산업단지에서 건축하는 2층 이하인 건축물로서 연면적 합계 500㎡ 이하인 공장은 건축신고 대상이며, 건축신고를 하면 건축허가를 받은 것으로 본다.
건축신고 대상 건축물(건축법 제14조)
1. 바닥면적의 합계가 85㎡ 이내의 증축·개축 또는 재축. 다만, 3층 이상 건축물인 경우에는 증축·개축 또는 재축하려는 부분의 바닥면적의 합계가 건축물 연면적의 1/10 이내인 경우로 한정한다.
2. 국토의 계획 및 이용에 관한 법률에 따른 관리지역, 농림지역 또는 자연환경보전지역에서 연면적이 200㎡ 미만이고 3층 미만인 건축물의 건축. 다만, 다음 각 목의 어느 하나에 해당하는 구역에서의 건축은 제외한다.
   가. 지구단위계획구역
   나. 방재지구 등 재해취약지역으로서 대통령령으로 정하는 구역
3. 연면적이 200㎡ 미만이고 3층 미만인 건축물의 대수선
4. 주요구조부의 해체가 없는 등 대통령령으로 정하는 대수선
5. 그 밖에 소규모 건축물로서 대통령령으로 정하는 다음 건축물의 건축
   가. 연면적의 합계가 100㎡ 이하인 건축물
   나. 건축물의 높이를 3m 이하의 범위에서 증축하는 건축물
   다. 표준설계도서에 따라 건축하는 건축물로서 그 용도 및 규모가 주위환경이나 미관에 지장이 없다고 인정하여 건축조례로 정하는 건축물
   라. 공업지역, 지구단위계획구역, 산업단지에서 건축하는 2층 이하인 건축물로서 연면적 합계 500㎡ 이하인 공장
   마. 농업이나 수산업을 경영하기 위하여 읍·면지역에서 건축하는 연면적 200㎡ 이하의 창고 및 연면적 400㎡ 이하의 축사, 작물재배사, 종묘배양시설, 화초 및 분재 등의 온실

18 트랩(Trap)에 대한 설명으로 옳지 않은 것은?

① 트랩은 배수관 속의 악취, 유독 가스 등이 실내로 침투하는 것을 방지하기 위하여 배수 계통의 일부에 봉수가 고이게 하는 기구를 말한다.

② S트랩은 세면기, 대변기에 사용하는 것으로, 사이펀작용으로 봉수가 파괴되는 때가 많다.

③ 드럼 트랩은 부엌용 개수기류에 많이 사용하며, 관트랩에 비하여 봉수의 파괴가 적다.

④ P트랩은 유속을 저해하는 단점이 있어, 공공하수관에서 하수 가스 역류용으로 사용된다.

해설
U트랩은 유속을 저해하는 단점이 있어, 공공하수관에서 하수 가스 역류용으로 사용된다.

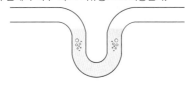

19 친환경 건축계획에 대한 설명으로 옳지 않은 것은?

① 생태 건축은 녹색 건축이나 친환경 건축이라고도 표현한다.

② 비오톱은 식물을 제외한 야생동물의 서식 공간으로, 자연과 인간이 공생하고 순환하는 생태계를 말한다.

③ 신재생에너지 중 태양에너지는 태양의 복사에너지를 열이나 전기로 변환시켜 사용하는 대체에너지 자원이다.

④ 건축물의 벽면 녹화는 실내로의 열전달과 벽면 표면온도의 상승을 억제하는 효과가 있다.

해설
비오톱은 특정한 식물과 동물이 하나의 생활공동체를 이루어 지표상에서 다른 곳과 명확히 구분되는 생물 서식지이며, 자연과 인간이 공생하고 순환하는 생태계를 말한다.

20 주차장 계획에 대한 설명으로 옳지 않은 것은?

① 주차장 면적은 통로(차로)를 포함하여 1대당 $40 \sim 50 m^2$로 계획하는 것이 일반적이다.

② 지하주차장의 스팬은 기준층 평면에 의해 결정되며, 효율적인 기둥간격은 $5.8 \sim 6.2m$가 적당하다.

③ 교차주차의 통로 폭(차로의 너비)은 출입구가 1일 때는 5m, 출입구가 2개 이상일 때는 3.3m로 계획한다.

④ 직각주차의 통로 폭(차로의 너비)은 출입구의 개수와 상관없이 6m로 한다.

해설
교차주차의 통로 폭(차로의 너비)은 출입구가 1일 때는 5m, 출입구가 2개 이상일 때는 3.5m로 계획한다.

01 르 코르뷔지에(Le Corbusier)가 설계한 유니테 다비타시옹(Unité d'habitation)에 대한 〈보기〉의 설명 중 옳은 것을 모두 고르면?

┌보기┐
(가) 개인 생활을 강조하면서도 시설의 공동화를 통한 커뮤니티의 증대를 추구하였다.
(나) 차양시스템(Brise-soleil)이 제시되었다.
(다) 콘크리트를 거칠게 마감하는 노출콘크리트 수법으로 표피의 원시적인 성격을 강조하였다.
(라) 새로운 비례체계인 모듈러(Modulor) 시스템이 적용되었다.
(마) 길고 좁은 평면을 가지는 단위세대는 복층형으로 계획되었다.

① (가), (나), (다)
② (나), (라), (마)
③ (가), (나), (다), (마)
④ (나), (다), (라), (마)
⑤ (가), (나), (다), (라), (마)

해설
(가)~(마) 모두 올바른 설명이다.

02 건축물의 피난·방화구조 등의 기준에 대한 설명 중 옳지 않은 것은?

① 내수성 건축재료란 벽돌·자연석·인조석·콘크리트·아스팔트·도자기질 재료·유리 기타 이와 유사한 재료를 말한다.
② 철근콘크리트조로 이루어진 보는 그 두께에 상관없이 내화구조이다.
③ 철근콘크리트조로 이루어진 바닥은 그 두께에 상관없이 내화구조이다.
④ 철골조로 이루어진 계단은 내화구조이다.
⑤ 철골철근콘크리트조로 이루어진 지붕은 그 두께에 상관없이 내화구조이다.

해설
철근콘크리트조로 이루어진 바닥은 그 두께가 10cm 이상인 경우 내화구조이다.
내화구조 바닥(건축물의 피난·방화구조 등의 기준에 관한 규칙 제3조)
• 철근콘크리트조 또는 철골철근콘크리트조로서 두께가 10cm 이상인 것
• 철재로 보강된 콘크리트블록조·벽돌조 또는 석조로서 철재에 덮은 콘크리트블록 등의 두께가 5cm 이상인 것
• 철재의 양면을 두께 5cm 이상의 철망모르타르 또는 콘크리트로 덮은 것

03 장애인시설을 위한 건축계획에 대한 설명 중 옳지 않은 것은?

① 복도에는 가능한 기둥 또는 소화전 등을 바닥이나 벽에서 돌출시키지 않는다.

② 장애인전용주차장은 넓은 공간 확보를 위해 주출입구에서 가장 먼 곳에 배치한다.

③ 출입구의 문은 가능한 회전문으로 계획하지 않는다.

④ 휠체어 사용자를 위하여 바닥의 단차는 2cm 이하로 계획한다.

⑤ 건축물의 주출입구와 도로 또는 교통시설을 연결하는 보도에는 점자블록을 설치하여야 한다.

> **해설**
> 장애인전용주차장은 이용의 편의성을 위해서 주출입구에서 가장 가까운 곳에 배치한다.

04 고층 사무소 건축에 대한 설명 중 옳은 것은?

① 지하주차장 계획은 구조계획 시 고려하여야 할 주요사항 중 하나이다.

② 엘리베이터는 반드시 출입구에 근접하여 배치시키는 것이 바람직하다.

③ 특별피난계단 상호간의 간격은 가능한 가까이 계획한다.

④ 독립코어형은 기준층 바닥면적이 큰 건물에 적용하는 것이 바람직하다.

⑤ 오피스 랜드스케이프(Office Landscape)는 프라이버시의 확보가 용이하다.

> **해설**
> ② 엘리베이터는 출입구에 근접하여 배치시키지 않는다.
> ③ 특별피난계단 상호간의 간격은 피난에 지장이 없도록 일정한 간격을 두어 설치한다.
> ④ 독립코어형은 기준층 바닥면적이 작은 건물에 적용하는 것이 바람직하다.
> ⑤ 오피스 랜드스케이프(Office Landscape)는 프라이버시의 확보가 용이하지 못하다.

05 아파트의 계획에 대한 설명 중 옳지 않은 것은?

① 어린이 놀이터는 안전을 위하여 보행자 도로와 인접하고 관찰이 용이한 곳에 배치하는 것이 바람직하다.

② 복층형 아파트는 주호 내에 계단을 두어야 하므로 소규모 주택계획에서는 바람직하지 않다.

③ 라이프 사이클(Life Cycle)의 변화에 대응하기 위해서는 내력벽식으로 계획하는 것이 바람직하다.

④ 아파트 단지는 소득계층에 따라 주거동을 구분, 분리배치하는 것은 바람직하지 않다.

⑤ 중복도형 아파트는 각 단위세대의 독립성 유지 및 통풍 측면에서 불리하다.

> **해설**
> 라이프 사이클(Life Cycle)의 변화에 대응하기 위해서는 융통성 및 가변성 등을 고려하여야 하며, 일체식 구조의 경우가 유리하다.

06 다음의 설명 중 옳지 않은 것은?

① 구조·기능·미를 '건축의 3요소'라고 지칭한다.

② 용적률 산정 시 지하층 면적, 지상층의 건축물 부속용도 주차장 면적 그리고 피난안전구역의 면적은 제외한다.

③ BIM(Building Information Modeling)은 3차원 정보를 이용한 건축물의 에너지 성능평가가 주된 목적이며, 설계 초기 단계에서 의사결정에 유용하게 사용된다.

④ CPTED(Crime Prevention Through Environmental Design)는 범죄가 발생할 수 있는 물리적 환경요소를 제거·개조함으로써 범죄를 예방하고자 하는 이론이다.

⑤ POE(Post Occupancy Evaluation)는 사용승인을 받은 후 건축물을 사용하면서 나타나는 문제점을 파악하기 위한 방식으로써, 건축물에 대한 사용자들의 만족도를 평가하는 기법이다.

해설

BIM은 설계 초기 단계에서 의사결정에 유용하게 사용되지만, 에너지 성능평가가 주된 목적은 아니다.

BIM(Building Information Modeling)

3차원 정보모델을 기반으로 시설물의 생애주기에 걸쳐 발생하는 모든 정보를 통합하여 활용이 가능하도록 하는 목적으로 시설물의 형상, 속성 등을 정보로 표현한 디지털 모형을 뜻한다.

07 다음의 설명 중 옳지 않은 것은?

① 침기량은 실내·외 온도차가 클수록 커진다.

② 외단열은 슬래브와 보 또는 벽의 섭합부 등의 열교 예방에 유리하다.

③ 외단열은 실내측 표면결로 예방에 유리하다.

④ 결로는 실내벽 표면온도가 습공기의 노점 이하로 되었을 때 발생한다.

⑤ 기밀성능이 높을수록 침기량이 많아져서 에너지 절감에 유리하다.

해설

기밀성능이 높을수록 침기량이 적어지므로 에너지 절감에 유리하다.

08 고층 건축물에서 나타나는 연돌효과에 대한 설명 중 옳지 않은 것은?

① 실내・외 공기의 밀도차에 의해 발생하는 현상이다.
② 겨울철에는 저층부에서 고층부로 상승기류가 발생한다.
③ 저층부보다 고층부 개구부 면적이 클수록 중성대(Neutral Zone)는 낮아진다.
④ 엘리베이터를 저층부와 고층부로 분리하면 연돌효과를 줄일 수 있다.
⑤ 1층 출입구에 설치하는 방풍실은 연돌효과 저감에 효과가 있다.

해설
저층부보다 고층부 개구부 면적이 클수록 중성대(Neutral Zone)는 높아진다.
중성대(中性帶, Neutral Zone) : 화재 시에 실의 상부는 실외보다 압력이 높고 하부는 압력이 낮아지면서 그 사이에서 실내외의 정압이 같아지는 경계면이 형성되는 지점을 말한다.

09 상점의 동선계획에 대한 설명 중 옳지 않은 것은?

① 고객의 동선은 가능한 짧게 한다.
② 상점의 동선은 고객, 직원, 상품의 동선으로 분류한다.
③ 고객의 동선과 종업원의 동선은 가능한 교차하지 않게 한다.
④ 바닥면은 가능한 고저차를 두지 않는다.
⑤ 직원 동선과 고객 동선의 교차점에 카운터와 진열대를 배치한다.

해설
고객의 동선은 가능한 길게 한다.

10 미술관 계획 시 이용자의 동선에 대한 설명 중 옳지 않은 것은?

① 바닥은 휠체어 이용자를 위해 단차를 두지 않는다.
② 피난경로는 한 방향으로만 계획한다.
③ 관람자의 동선은 관리부분에 자유롭게 출입할 수 없도록 계획한다.
④ 관람자의 출입구는 직원의 출입구와 분리하여 계획한다.
⑤ 관람자의 동선은 출입구, 로비, 전시실의 순서로 계획한다.

해설
관람경로는 한 방향으로만 계획하지만, 피난경로는 신속하고 원활한 대피를 위해 한 방향으로만 계획하지 않는다.

8 ③ 9 ① 10 ② **정답**

11 건축법에서 정의한 용어에 대한 설명 중 옳지 않은 것은?

① '건축물의 용도'란 건축물의 종류를 유사한 구조, 이용 목적 및 형태별로 묶어 분류한 것을 말한다.

② '건축설비'에는 건축물에 설치하는 초고속 정보통신설비, 지능형 홈네트워크설비, 피뢰침 등도 포함된다.

③ '거실'이란 건축물 안에서 거주, 집무, 작업, 집회, 오락, 그 밖에 이와 유사한 목적을 위하여 사용되는 방을 말한다.

④ '주요구조부'란 내력벽, 기둥, 최하층 바닥, 보, 지붕틀을 말한다.

⑤ '지하층'이란 건축물의 바닥이 지표면 아래에 있는 층으로서 바닥에서 지표면까지 평균높이가 해당 층 높이의 1/2 이상인 것을 말한다.

해설

최하층 바닥은 주요구조부에 속하지 않는다.
주요구조부 : 내력벽(耐力壁), 기둥, 바닥, 보, 지붕틀 및 주계단(主階段)을 말한다. 다만, 사잇 기둥, 최하층 바닥, 작은 보, 차양, 옥외 계단, 그 밖에 이와 유사한 것으로 건축물의 구조상 중요하지 아니한 부분은 제외한다.

12 국토교통부장관, 시·도지사 등이 지정하는 용도지역과 용도지구에 대한 설명 중 옳지 않은 것은?

① '생산관리지역'이란 농업·임업·어업 생산 등을 위하여 관리가 필요하나, 주변 용도지역과의 관계 등을 고려할 때 농림지역으로 지정하여 관리하기가 곤란한 지역을 말한다.

② '계획관리지역'이란 도시지역으로의 편입이 예상되는 지역이나 자연환경을 고려하여 제한적인 이용·개발을 하려는 지역으로서 계획적·체계적인 관리가 필요한 지역을 말한다.

③ '방재지구'란 화재 및 산사태, 지반의 붕괴, 그 밖의 재해를 예방하기 위하여 필요한 지구를 말한다.

④ '보호지구'란 문화재, 중요 시설물(항만, 공항 등 대통령령으로 정하는 시설물을 말한다) 및 문화적·생태적으로 보전가치가 큰 시설의 보호와 보존을 위하여 필요한 지구를 말한다.

⑤ '개발진흥지구'란 주거기능·상업기능·공업기능·유통물류기능·관광기능·휴양기능 등을 집중적으로 개발·정비할 필요가 있는 지구를 말한다.

해설

• 방화지구 : 화재의 위험을 예방하기 위하여 필요한 지구이다.
• 방재지구 : 풍수해, 산사태, 지반의 붕괴, 그 밖의 재해를 예방하기 위하여 필요한 지구이다.

13 주차공간의 배치 및 주차장 출입 동선계획에 대한 설명 중 옳지 않은 것은?

① 주차장의 전면도로가 2개 이상인 경우 도로 폭이 큰 도로에 출구와 입구를 설치하여야 한다.

② 주변도로의 교통규제를 고려하여 동선계획을 한다.

③ 출입구를 설치할 수 있는 도로인지를 확인한다.

④ 회차(回車)와 현관의 관계를 고려한다.

⑤ 주차 동선의 단순화와 명쾌성을 유지한다.

> **해설**
> 노외주차장과 연결되는 도로가 둘 이상인 경우에는 자동차교통에 미치는 지장이 적은 도로에 노외주차장의 출구와 입구를 설치하여야 한다. 다만, 보행자의 교통에 지장을 가져올 우려가 있거나 그 밖의 특별한 이유가 있는 경우에는 그러하지 아니하다.

14 장애인의 통행이 가능한 접근로의 설치기준에 대한 설명 중 옳지 않은 것은?

① 접근로의 기울기는 1/18 이하로 하여야 한다. 다만, 지형상 곤란한 경우에는 1/12까지 완화할 수 있다.

② 접근로의 유효폭은 휠체어 사용자가 통행할 수 있도록 1.5m 이상으로 하여야 한다.

③ 휠체어 사용자가 다른 휠체어 또는 유모차 등과 교행할 수 있도록 50m마다 1.5m × 1.5m 이상의 교행구역을 설치할 수 있다.

④ 대지 내를 연결하는 주접근로에 단차가 있을 경우 그 높이 차이는 2cm 이하로 하여야 한다.

⑤ 경사진 접근로가 연속될 경우에는 휠체어 사용자가 휴식할 수 있도록 30m마다 1.5m × 1.5m 이상의 수평면으로 된 참을 설치할 수 있다.

> **해설**
> 장애인 등의 통행이 가능한 접근로는 휠체어 사용자가 통행할 수 있도록 유효폭을 1.2m 이상으로 하여야 한다.

15 건축물에 설치하는 계단의 기준에 해당되지 않는 것은?

① 높이가 3m를 넘는 계단에는 높이 3m 이내마다 유효너비 120cm 이상의 계단참을 설치하여야 한다.

② 높이가 90cm를 넘는 계단 및 계단참의 양옆에는 난간(벽 또는 이에 대치되는 것을 포함한다)을 설치하여야 한다.

③ 초등학교의 계단인 경우에는 계단 및 계단참의 유효너비는 150cm 이상, 단높이는 16cm 이하, 단너비는 26cm 이상으로 하여야 한다.

④ 계단의 유효높이(계단의 바닥 마감면부터 상부 구조체의 하부 마감면까지의 연직 방향의 높이를 말한다)는 2.1m 이상으로 하여야 한다.

⑤ 공연장·집회장 및 관람장의 용도에 쓰이는 건축물의 계단인 경우에는 계단 및 계단참의 유효너비를 120cm 이상으로 하여야 한다.

> **해설**
> 높이가 1m를 넘는 계단 및 계단참의 양옆에는 난간(벽 또는 이에 대치되는 것을 포함한다)을 설치하여야 한다.

16 조선시대 궁궐 건축에 대한 설명 중 옳은 것은?

① 경복궁의 정문인 광화문의 지붕은 팔작지붕 형식을 취하고 있다.

② 창덕궁의 정전은 동향으로 배치되어 있다.

③ 창경궁 후원에는 연경당과 여러 개의 누정이 배치되어 있다.

④ 덕수궁에는 석조전, 석어당 등 많은 서양식 건축물들이 세워져 있다.

⑤ 경희궁은 경복궁의 동쪽에 있다 하여 동궐로 불린다.

> **해설**
> ① 경복궁의 정문인 광화문의 지붕은 우진각지붕 형식을 취하고 있다.
> ② 창덕궁의 정전은 인정전이며, 남향으로 배치되어 있다. 특히, 조선시대의 궁궐 내의 주요 건물이 남향으로 배치되어 있지만, 창경궁의 정전인 명정전은 동향으로 배치되어 있다.
> ③ 창덕궁 후원에는 연경당과 여러 개의 누정이 배치되어 있다.
> ⑤ 창덕궁과 창경궁은 경복궁의 동쪽에 있는 궁궐로서 동궐로 불리며, 경희궁은 경복궁의 서쪽에 있다.

17 친환경 건축과 관련된 용어에 대한 설명 중 옳지 않은 것은?

① ESSD는 1992년 UN환경개발회의에서 채택된 '환경적으로 건전하고 지속가능한 개발'을 의미하는 용어이다.

② G-SEED는 영국의 친환경 건축물 인증제도 명칭이다.

③ LEED는 미국의 친환경 건축물 인증제도 명칭이다.

④ VOCs는 새집증후군의 원인이 되는 '휘발성 유기화합물'을 의미하는 용어이다.

⑤ SHS는 '새집증후군'을 의미하는 용어이다.

해설

G-SEED는 녹색건축인증으로서 우리나라의 건축물에 대한 친환경성을 평가하는 인증제도이며, 영국의 친환경 인증은 BREEAM이다.
녹색건축인증(G-SEED) : 건축물의 자재생산 단계, 설계, 건설, 유지관리, 폐기 등 건축물의 전 생애(Life Cycle)에 걸쳐 에너지 절약 및 환경오염 저감에 기여한 건축물에 대한 친환경 건축물 인증을 부여하는 제도이다.

18 건축법에서 규정한 용도별 건축물의 종류로서 관계가 옳지 않은 것은?

① 단독주택 – 다가구주택, 공관(公館)

② 공동주택 – 다세대주택, 기숙사

③ 제2종 근린생활시설 – 일반음식점, 안마시술소

④ 문화 및 집회시설 – 박물관, 수족관

⑤ 의료시설 – 치과병원, 한의원

해설

• 제1종 근린생활시설 : 의원, 치과의원, 한의원, 조산원, 산후조리원 등
• 제2종 근린생활시설(의료시설) : 병원(종합병원, 병원, 치과병원, 한방병원, 정신병원, 요양병원), 격리병원

19 공연장의 평면 형식에 대한 설명 중 옳지 않은 것은?

① 가변형 무대는 공연장 표현에 있어 최대한의 선택 가능성을 부여한다.

② 오픈 스테이지(Open Stage)는 무대의 4면을 모두 볼 수 있다.

③ 아레나(Arena)는 관객이 연기자를 둘러싸는 형식이다.

④ 프로시니엄(Proscenium)은 강연, 콘서트, 독주회, 연극 등에 좋은 평면 형식이다.

⑤ 아레나(Arena)는 가까운 거리에서 관람하면서 가장 많은 관객을 수용한다.

해설
• 오픈 스테이지(Open Stage)는 무대의 3면을 모두 볼 수 있다.
• 아레나(Arena)는 무대의 4면을 모두 볼 수 있다.

20 소음 방지를 위해 건축법에서 정하는 경계벽을 설치해야 하는 곳이 아닌 것은?

① 노인요양시설의 호실 간 경계벽

② 의료시설의 병실 간 경계벽

③ 다가구주택의 각 가구 간 경계벽

④ 학교의 교실 간 경계벽

⑤ 공동주택의 세대 간 경계벽

해설
경계벽 설치대상 건축물(건축법 시행령 제53조)
1. 단독주택 중 다가구주택의 각 가구 간 또는 공동주택(기숙사는 제외한다)의 각 세대 간 경계벽
2. 공동주택 중 기숙사의 침실, 의료시설의 병실, 교육연구시설 중 학교의 교실 또는 숙박시설의 객실 간 경계벽
3. 제1종 근린생활시설 중 산후조리원의 다음의 어느 하나에 해당하는 경계벽
   가. 임산부실 간 경계벽
   나. 신생아실 간 경계벽
   다. 임산부실과 신생아실 간 경계벽
4. 제2종 근린생활시설 중 다중생활시설의 호실 간 경계벽
5. 노유자시설 중 노인복지법에 따른 노인복지주택의 각 세대 간 경계벽
6. 노유자시설 중 노인요양시설의 호실 간 경계벽

01 학교 건축계획 중 교사의 배치방법에 대한 설명으로 옳은 것은?

① 클러스터형은 협소한 부지를 효율적으로 활용하지만, 화재 및 비상시에 불리하다.

② 분산병렬형은 일종의 핑거플랜 형식으로, 일조, 통풍 등 교실 환경조건이 상이한 편이며 구조계획이 복잡하다.

③ 폐쇄형은 학생이 주로 사용하는 부분을 중앙에 집약시키고 외곽에 특별교실을 두어 원활한 동선을 취할 수 있다.

④ 집합형은 교사동 계획 초기부터 최대규모를 전제로 하여 유기적인 구성이 가능하며, 동선이 짧아 학생이동에 유리하다.

해설
① 폐쇄형은 협소한 부지를 효율적으로 활용하지만, 화재 및 비상시에 불리하다.
② 분산병렬형은 일종의 핑거플랜 형식으로, 일조, 통풍 등 교실 환경조건이 균일한 편이며 구조계획이 간단하다.
③ 클러스터형은 학생이 주로 사용하는 부분을 중앙에 집약시키고 외곽에 특별교실을 두어 원활한 동선을 취할 수 있다.

02 도서관 건축계획에 대한 설명으로 옳지 않은 것은?

① 서고의 구조 중 적층식은 장서보관 효율이 다소 떨어지나 내진·내화 관점에서 유리하다.

② 아동 열람실은 자유개가식 열람 형식과 자유로운 가구배치로 계획하는 것이 좋다.

③ 일반적으로 서고면적 $1m^2$당 150~250권(평균 200권/m^2), 서고용적 $1m^3$당 66권 정도를 수용할 수 있도록 계획한다.

④ 안전개가식은 열람자가 서가에서 책을 선택한 후, 직원의 검열과 대출기록을 마친 다음 열람하는 형식이다.

해설
적층식은 특수구조를 사용하여 도서관의 한 부분을 하층에서 상층까지 서고로 계획하는 유형으로, 장서보관 효율이 높지만 내진·내화 관점에서 불리하다.

1 ④ 2 ① **정답**

03 건물 유형과 목적에 적합한 합리적인 건축계획으로 보기 어려운 것은?

① 창고와 하역장 – 하역장까지 거리를 평준화하기 위해 중앙하역장 방식으로 평면을 계획하였다.

② 상점 – 대면판매와 측면판매를 함께할 수 있도록 안경점을 굴절배열형으로 계획하였다.

③ 오피스 – 작업공간의 자유로운 배치 및 공간의 절약이 가능하도록 오피스 랜드스케이프형으로 계획하였다.

④ 전시관 – 소규모인 전시공간에서 공간 절약을 위해 중앙홀 형식으로 계획하였다.

> **해설**
> 전시관 계획 시 소규모인 전시공간에서 공간 절약을 위해서는 연속순회 형식으로 계획하는 것이 유리하다.

04 우리나라 전통가옥의 지역별 특징에 대한 설명으로 옳지 않은 것은?

① 남부지방형은 '부엌-안방-대청-방'이 일반형이며, 대청은 생활공간 및 제청(祭廳)의 역할을 하였다.

② 함경도지방형은 겹집구조(田자형집)를 이루고 있으며, 정주간은 부엌과 거실의 절충공간으로서 취사 등의 공간이다.

③ 중부지방형은 ㄱ자형의 평면을 보이는 것이 특징이며, '부엌- 안방'의 배열축과 '대청-건넌방'의 배열축이 직교되는 형태가 일반적이다.

④ 평안도지방형은 중앙에 대청인 상방을 두고, 좌우에 작은 구들과 큰 구들을 두며, 북쪽에 고팡을 두어 물품을 보관하였다.

> **해설**
> 제주지방형은 중앙에 대청인 상방을 두고, 좌우에 작은 구들과 큰 구들을 두며, 북쪽에 고팡(음식 재료나 살림살이 등의 물품을 보관하는 제주지방 특유의 창고)을 두어 물품을 보관하였다.
> **우리나라 전통가옥의 지역별 구조**

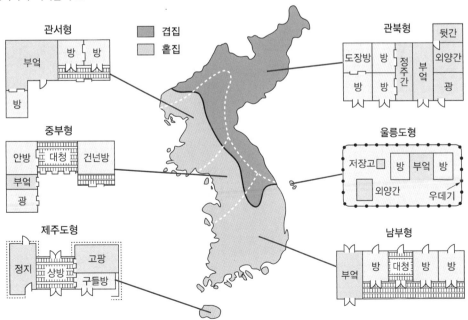

05 공포의 구성 부재에 대한 설명으로 옳은 것만을 모두 고르면?

> ㄱ. 살미는 첨차와 평행하게 도리 방향으로 걸리는 공포 부재이다.
> ㄴ. 소로는 첨차와 첨차, 살미와 살미 사이에 놓여 상부 하중을 아래로 전달하는 역할을 한다.
> ㄷ. 주두는 공포 최하부에 놓인 방형 부재로서, 공포를 타고 내려온 하중을 기둥에 전달하는 역할을 한다.

① ㄱ, ㄴ   ② ㄱ, ㄷ
③ ㄴ, ㄷ   ④ ㄱ, ㄴ, ㄷ

해설
- 살미 : 첨차와 직각으로, 보 방향으로 걸리는 공포 부재를 말한다.
- 첨차 : 살미와 직각으로, 도리 방향으로 걸리는 공포 부재를 말한다.

공포의 구성 사례

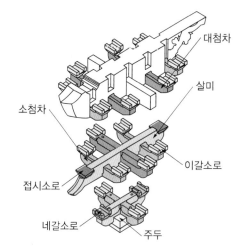

대첨차
살미
소첨차
이갈소로
접시소로
네갈소로
주두

06 건축법 시행령상 건축물의 범죄예방 기준 적용 대상 시설만을 모두 고르면?

> ㄱ. 문화 및 집회시설(동·식물원은 제외한다)
> ㄴ. 교육연구시설(연구소 및 도서관은 제외한다)
> ㄷ. 제2종 근린생활시설 중 다중생활시설
> ㄹ. 수련시설

① ㄱ, ㄷ

② ㄴ, ㄹ

③ ㄱ, ㄴ, ㄹ

④ ㄱ, ㄴ, ㄷ, ㄹ

해설
ㄱ, ㄴ, ㄷ, ㄹ 모두 건축물의 범죄예방 기준 적용 대상 시설이다.
건축물의 범죄예방 기준 적용 대상 시설
• 다가구주택, 아파트, 연립주택 및 다세대주택
• 제1종 근린생활시설 중 일용품을 판매하는 소매점
• 제2종 근린생활시설 중 다중생활시설
• 문화 및 집회시설(동·식물원은 제외한다)
• 교육연구시설(연구소 및 도서관은 제외한다)
• 노유자시설
• 수련시설
• 업무시설 중 오피스텔
• 숙박시설 중 다중생활시설

07 공장 건축계획에 대한 설명으로 옳지 않은 것은?

① 용도지역상 '전용공업지역'인에서 공장, 창고시설, 제1종 근린생활시설은 건축이 가능하다.

② 공장의 바닥을 '콘크리트 위 나무벽돌'로 할 경우, 마모가 되었을 때 쉽게 바닥을 교체할 수 있다.

③ 공장 유형 중 블록 타입은 공장의 신설확장이 비교적 용이하며, 공장건설을 병행할 수 있다.

④ 제품중심 레이아웃은 생산에 필요한 공정·기계 및 기구를 제품의 흐름에 따라 배치하는 방식이다.

해설
공장 유형 중 파빌리온 타입은 공장의 신설확장이 비교적 용이하며, 공장건설을 병행할 수 있다.

08 병원 건축계획에 대한 설명으로 옳지 않은 것은?

① 시설계획상 병동부, 중앙진료부, 외래부, 공급부, 관리부 등으로 구분할 수 있으며, 동선이 교차되지 않도록 하여야 한다.

② 병원의 규모는 일반적으로 병상 수를 기준으로 산정된다.

③ PPC(Progressive Patient Care) 방식 간호단위란 환자를 집중간호단위, 중간간호단위, 자가간호단위 등으로 구분하는 방식을 말한다.

④ 종합병원에는 음압격리병실을 1개 이상 설치하되, 300병상을 기준으로 300병상 초과할 때마다 1개의 음압격리병실을 추가로 설치하여야 한다.

해설

의료기관의 시설규격(의료법 시행규칙 [별표 4])
병상이 300개 이상인 종합병원에는 음압격리병실을 1개 이상 설치하되, 300병상을 기준으로 100병상 초과할 때마다 1개의 음압격리병실을 추가로 설치하여야 한다.

09 다음에서 설명하는 공간구성의 기본원칙과 건물의 예를 옳게 짝지은 것은?

> 하나 이상의 동일하거나 매우 유사한 요소들이 한 축선을 중심으로 서로 반대쪽에 위치하여 평형을 이룬다.

① 대칭 – 팔라디오의 카프라 별장 평면

② 대칭 – 알바 알토의 부오크세니스카(Vuoksenniska) 교회 평면

③ 리듬 – 올림피아의 제우스 신전 입면

④ 리듬 – 프랭크 게리의 빌바오 구겐하임 미술관 입면

해설

대칭은 하나 이상의 동일하거나 매우 유사한 요소들이 한 축선을 중심으로 서로 반대쪽에 위치하여 평형을 이루는 구성원리이며, 팔라디오의 카프라 별장 평면이 그 예이다.

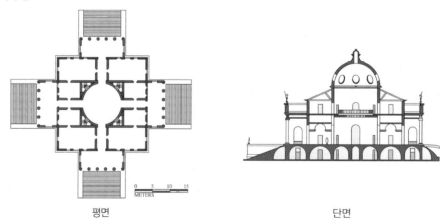

평면   단면

[카프라 별장]

10 다음은 건축물의 설비기준 등에 관한 규칙상 '신축공동주택 등의 자연환기설비 설치기준'의 일부이다. 밑줄 친 부분이 옳은 것은?

> 자연환기설비는 도입되는 바깥공기에 포함되어 있는 입자형·가스형 오염물질을 제거 또는 여과할 수 있는 일정수준 이상의 공기여과기를 갖추어야 한다. 이 경우 공기여과기는 한국산업표준(KS B 6141)에서 규정하고 있는 입자 포집률을 질량법으로 측정하여 ① 60% 이하 확보하여야 하며 공기여과기의 청소 또는 교환이 쉬운 구조이어야 한다. 한국산업표준(KS B 2921)의 시험조건하에서 자연환기설비로 인하여 발생하는 소음은 대표길이 1m(수직 또는 수평 하단)에서 측정하여 ② 80dB 이하가 되어야 한다. 자연환기설비는 설치되는 실의 바닥부터 수직으로 ③ 1.2m 이상의 높이에 설치하여야 하며, 2개 이상의 자연환기설비를 상하로 설치하는 경우 ④ 1m 이하의 수직간격을 확보하여야 한다.

해설
① 70% 이상 확보하여야 하며
② 40dB 이하가 되어야 한다.
④ 1m 이상의 수직간격을 확보하여야 한다.

11 국토의 계획 및 이용에 관한 법률 시행령상 용도지역에 대한 설명으로 옳지 않은 것은?

① 제2종 전용주거지역은 공동주택 중심의 양호한 주거환경을 보호하기 위하여 필요한 지역이다.
② 제2종 일반주거지역은 중고층 주택을 중심으로 편리한 주거환경을 조성하기 위하여 필요한 지역이다.
③ 중심상업지역은 도심·부도심의 상업기능 및 업무기능의 확충을 위하여 필요한 지역이다.
④ 준공업지역은 경공업 그 밖의 공업을 수용하되, 주거기능·상업기능 및 업무기능의 보완이 필요한 지역이다.

해설
제2종 일반주거지역은 중층 주택을 중심으로 편리한 주거환경을 조성하기 위하여 필요한 지역이다.
주거지역 용도지역의 세분
• 전용주거지역 : 양호한 주거환경을 보호하기 위하여 필요한 지역
  – 제1종 전용주거지역 : 단독주택 중심의 양호한 주거환경을 보호하기 위하여 필요한 지역
  – 제2종 전용주거지역 : 공동주택 중심의 양호한 주거환경을 보호하기 위하여 필요한 지역
• 일반주거지역 : 편리한 주거환경을 조성하기 위하여 필요한 지역
  – 제1종 일반주거지역 : 저층 주택을 중심으로 편리한 주거환경을 조성하기 위하여 필요한 지역
  – 제2종 일반주거지역 : 중층 주택을 중심으로 편리한 주거환경을 조성하기 위하여 필요한 지역
  – 제3종 일반주거지역 : 중고층 주택을 중심으로 편리한 주거환경을 조성하기 위하여 필요한 지역

12 건축법 시행령상 용어의 정의로 옳지 않은 것은?

① '이전'이란 건축물의 주요구조부를 해체하지 아니하고 같은 대지의 다른 위치로 옮기는 것을 말한다.

② '증축'이란 기존 건축물이 있는 대지에서 건축물의 건축면적, 연면적, 층수 또는 높이를 늘리는 것을 말한다.

③ '내화구조'란 화염의 확산을 막을 수 있는 성능을 가진 구조로서 국토교통부령으로 정하는 기준에 적합한 구조를 말한다.

④ '초고층 건축물'이란 층수가 50층 이상이거나 높이가 200m 이상인 건축물을 말한다.

해설

방화구조 : 화염의 확산을 막을 수 있는 성능을 가진 구조로서 국토교통부령으로 정하는 기준에 적합한 구조를 말한다.

13 그리스 및 로마 건축의 오더(Order)에 대한 설명으로 옳지 않은 것은?

① 그리스 도리아식(Doric Order)은 단순하고 간단한 양식으로 장중하며 남성적이다.

② 그리스 이오니아식(Ionic Order)은 소용돌이 형상의 주두가 특징이며 여성적이다.

③ 로마 터스칸식(Tuscan Order)은 그리스 이오니아식을 기본모델로 하여 단순화한 양식이다.

④ 로마 콤퍼짓식(Composite Order)은 이오니아식과 코린트식 주범을 복합한 양식이다.

해설

로마 터스칸식(Tuscan Order)은 그리스 도리아식을 기본모델로 하여 단순화한 양식이다.

14 소방용 설비에 대한 설명으로 옳지 않은 것은?

① 포소화설비 중 공기포는 포말소화약제와 물을 혼합하여 기계적으로 거품을 발포시켜 소화하는 설비이다.

② 소화용수설비에는 상수도소화용수설비, 소화수조·저수조 및 기타 소화용수설비가 있다.

③ 스프링클러설비는 크게 폐쇄형과 개방형으로 구분되며, 개방형에는 습식배관 방식과 건식배관 방식이 있다.

④ 차동식 열감지기는 실내온도 변화가 일정한 온도상승률 이상이 되었을 때 작동한다.

해설

스프링클러설비는 크게 폐쇄형과 개방형으로 구분되며, 개방형은 일제살수식이 있으며, 폐쇄형에는 습식과 건식, 부압식, 준비작동식이 있다.

15 난방 방식에 대한 설명으로 옳지 않은 것은?

① 축열벽형 태양열시스템은 직접획득형 태양열시스템에 비해 조망에서 유리하다.

② 온수난방은 물의 온도변화에 따른 온수 용적의 팽창에 여유를 두기 위하여 팽창 탱크(Expansion Tank)를 설치한다.

③ 증기난방에서 복관식은 방열기마다 증기트랩을 설치하여 환수관을 통해 응축수만을 보일러로 환수시킨다.

④ 지역난방은 대규모 설비가 필요하지만, 인적 자원을 절약하고 개별 건물의 유효면적을 증가시킬 수 있다.

해설
축열벽형 태양열시스템은 유리창 등을 통한 직접획득형 태양열시스템에 비해 조망에서 불리하다.

16 저탄소 녹색성장 기본법상 지방자치단체의 책무에 해당하지 않는 것은?

① 저탄소 녹색성장대책을 수립·시행할 때 해당 지방자치단체의 지역적 특성과 여건을 고려하여야 한다.

② 기후변화 문제에 대한 대응책을 정기적으로 점검·평가하여 대책을 마련해야 한다.

③ 관할구역 내에서의 각종 계획 수립과 사업의 집행과정에서 그 계획과 사업이 저탄소 녹색성장에 미치는 영향을 종합적으로 고려하고, 지역주민에게 저탄소 녹색성장에 대한 교육과 홍보를 강화하여야 한다.

④ 저탄소 녹색성장 실현을 위한 국가시책에 적극 협력하여야 한다.

해설
※ 법 개정으로 '저탄소 녹색성장 기본법 → 탄소중립기본법'으로 변경되었다.
※ 출제 시 정답은 ②였으나 법 개정으로 정답 ③
국가와 지방자치단체의 책무(탄소중립기본법 제4조)
① 국가와 지방자치단체는 경제·사회·교육·문화 등 모든 부문에 기본원칙이 반영될 수 있도록 노력하여야 하며, 관계 법령 개선과 재정투자, 시설 및 시스템 구축 등 제반 여건을 마련하여야 한다.
② 국가와 지방자치단체는 각종 계획의 수립과 사업의 집행과정에서 기후위기에 미치는 영향과 경제와 환경의 조화로운 발전 등을 종합적으로 고려하여야 한다.
③ 지방자치단체는 탄소중립 사회로의 이행과 녹색성장의 추진을 위한 대책을 수립·시행할 때 해당 지방자치단체의 지역적 특성과 여건 등을 고려하여야 한다.
④ 국가와 지방자치단체는 기후위기 대응 정책을 정기적으로 점검하여 이행성과를 평가하고, 국제협상의 동향과 주요 국가 및 지방자치단체의 정책을 분석하여 면밀한 대책을 마련하여야 한다.
⑤ 국가와 지방자치단체는 공공기관의 운영에 관한 법률 제4조에 따른 공공기관(이하 "공공기관"이라 한다)과 사업자 및 국민이 온실가스를 효과적으로 감축하고 기후위기 적응역량을 강화할 수 있도록 필요한 조치를 강구하여야 한다.
⑥ 국가와 지방자치단체는 기후정의와 정의로운 전환의 원칙에 따라 기후위기로부터 국민의 안전과 재산을 보호하여야 한다.
⑦ 국가와 지방자치단체는 기후변화 현상에 대한 과학적 연구와 영향 예측 등을 추진하고, 국민과 사업자에게 관련 정보를 투명하게 제공하며, 이들이 의사결정 과정에 적극 참여하고 협력할 수 있도록 보장하여야 한다.
⑧ 국가와 지방자치단체는 탄소중립 사회로의 이행과 녹색성장의 추진을 위한 국제적 노력에 능동적으로 참여하고, 개발도상국에 대한 정책적·기술적·재정적 지원 등 기후위기 대응을 위한 국제협력을 적극 추진하여야 한다.
⑨ 국가와 지방자치단체는 탄소중립 사회로의 이행과 녹색성장의 추진 등 기후위기 대응에 필요한 전문인력의 양성에 노력하여야 한다.

17 차양설계에 대한 설명으로 옳지 않은 것은?

① 일사조절을 위한 건축물의 차양장치는 일반적으로 실외차단장치가 실내차단장치에 비해 효과적이다.

② 내부차양장치는 베네시안 블라인드, 필름 셰이드 등이 있다.

③ 외부차양장치는 선 스크린, 지붕의 돌출차양 등이 있다.

④ 수직남면벽에 돌출한 수평차양장치(차양, 처마 등)의 길이는 주로 수평음영각에 의해 결정된다.

18 주택법상 용어에 대한 설명으로 옳지 않은 것은?

① '부대시설'에는 주택에 딸린 것으로서, 주차장, 관리사무소, 담장 및 주택단지 안의 도로 등이 있다.

② '복리시설'에는 주택단지의 입주자 등의 생활복리를 위한 것으로서, 어린이 놀이터, 근린생활시설, 유치원, 주민운동시설 및 경로당 등이 있다.

③ '기간시설'에는 도로, 상하수도, 전기시설, 가스시설, 통신시설, 지역난방시설 등이 있다.

④ '세대구분형 공동주택'이란 공동주택의 주택 내부공간의 일부를 세대별로 구분하여 생활이 가능한 구조로 하되, 그 구분된 공간의 일부를 구분·소유할 수 있는 주택을 말한다.

19 근현대 건축에 대한 설명으로 옳은 것은?

① 구성주의 작가로 블라디미르 타틀린(Vladimir Tatlin), 엘 리시츠키(El Lissitzky) 등이 있다.

② 루이스 설리번(Louis Sullivan)은 '형태는 기능을 따른다'는 신조형주의 이론을 전개시킨 건축가이다.

③ 아르누보의 대표적 건축가로 빅토르 오르타(Victor Horta), 안토니오 산텔리아(Antonio Sant'Elia), 쿠프 힘멜브라우(Coop Himmelblau) 등이 있다.

④ 독일공작연맹은 신조형주의 이론을 조형적, 미학적 기본원리로 하였으며, 입체파의 영향을 받았다.

해설
② 루이스 설리번(Louis Sullivan)은 '형태는 기능을 따른다'는 기능주의 이론을 전개시킨 건축가이다.
③ 빅토르 오르타(Victor Horta)는 아르누보의 건축가 안토니오 산뗄리아(Antonio Sant'Elia)는 미래파의 건축가이고, 쿠프 힘멜브라우(Coop Himmelblau)는 해체주의 건축가이다.
④ 데 스틸(De Stijl)은 신조형주의 이론을 조형적, 미학적 기본원리로 하였으며 입체파의 영향을 받았다.

20 주차장법령상 주차시설에 대한 내용으로 옳은 것만을 모두 고르면?

> ㄱ. 건축물의 연면적 중 주차장으로 사용되는 부분의 비율이 95% 이상인 건축물은 주차전용건축물에 해당한다.
> ㄴ. 평행주차 형식 외의 경우 확장형 주차장의 주차구획은 너비 2.5m 이상, 길이 5.0m 이상으로 한다.
> ㄷ. 도시지역에서 차량통행이 금지된 장소가 아닌 경우, 주차대수 300대 이하의 규모인 시설물은 부설주차장 설치 의무를 면제받을 수 있다.

① ㄱ, ㄴ   ② ㄱ, ㄷ

③ ㄴ, ㄷ   ④ ㄱ, ㄴ, ㄷ

해설
ㄴ. 평행주차 형식 외의 경우 확장형 주차장의 주차구획은 너비 2.6m 이상, 길이 5.2m 이상으로 한다
평행주차 형식 외의 경우 주차장이 주차구획

구분	너비	길이
경형	2.0m 이상	3.6m 이상
일반형	2.5m 이상	5.0m 이상
확장형	2.6m 이상	5.2m 이상
장애인 전용	3.3m 이상	5.0m 이상
이륜자동차 전용	1.0m 이상	2.3m 이상

01 업무공간의 일종인 사무실 건축계획 시 층고를 결정하는 데 영향을 미치는 요소로 가장 옳지 않은 것은?

① 책상 배치
② 공사비에 따른 경제성
③ 천장 내 소방설비 유무
④ 피난거리 확보

해설

피난거리 확보는 평면을 결정하는 데 미치는 요소이다.

층고 결정요소

• 층고와 깊이 결정요소 : 사용목적(책상 배치 포함), 채광, 공사비 등
• 구조적 요인 : 보의 춤
• 설비적 요인 : 냉난방설비(파이프, 덕트 등), 소방설비(스프링클러 등), 전기설비(조명 등)
• 생리적 요인 : 소요 기적량, 사무실의 깊이 결정요소(채광, 창 크기)

02 비잔틴 건축 양식과 가장 관련이 적은 것은?

① 밀라노 성 암브로지오 성당(St. Ambrogio)

② 베네치아 산 마르코 대성당(San Marco)

③ 라벤나 산 비탈레 성당(San Vitale)

④ 이스탄불 콘스탄티노폴리스(Constantinopolis)

해설

밀라노 성 암브로지오 성당(St. Ambrogio)은 로마네스크 양식의 건축물이다.

03 상점계획 시 고려사항으로 가장 옳지 않은 것은?

① 종업원 동선은 고객의 동선과 교차되지 않는 것이 바람직하고, 가급적 보행거리를 짧게 하는 것이 좋다.

② 대면판매 방식은 상품이 손에 잡혀서 충동적 구매와 선택이 용이하며, 진열면적이 커지고 상품에 친근감이 간다.

③ 쇼윈도 내부를 보려는 손님의 눈부심 방지를 위해 쇼윈도 내부 조도를 손님이 있는 쪽보다 밝게 하는 것이 좋다.

④ 상점 내부의 바닥면은 보도에서 자연스럽게 유도될 수 있도록 평탄한 것이 좋고, 미끄럼이나 요철 및 소음 없이 걷기 쉽게 하는 것이 좋다.

해설

• 대면판매 방식 : 상품 구매와 선택이 용이하지 못하며, 진열면적이 적어진다.
• 측면판매 방식 : 상품이 손에 잡혀서 충동적 구매와 선택이 용이하며, 진열면적이 커지고 상품에 친근감이 간다.

04 중앙식 급탕 방식에 대한 설명으로 가장 옳지 않은 것은?

① 급탕공급 중에 열손실이 적다.

② 설비가 대규모이므로 열효율이 좋다.

③ 대규모 급탕에 경제적이다.

④ 관리상 유리하다.

해설

중앙식 급탕 방식은 배관 길이가 길어져서 급탕공급 중에 열손실이 많다.

중앙식 급탕 방식

• 장점

  – 직접가열장치 : 가스, 기름, 전기

  – 탕비기가 대규모이며, 열효율 좋다.

  – 가열장치 관리가 용이하다(기계실 설치).

  – 배관에 의해 필요 개소 급탕이 가능하다.

  – 호텔, 병원, 사무실 등과 같은 대규모 건물에 적합하다.

• 단점

  – 설비 규모가 크며, 최초 설치비가 비싸다.

  – 관리 전문인력이 필요하다.

  – 시공 후 기구의 증설, 변경이 까다롭다.

  – 배관이 길어져서 열손실이 많다.

05 박물관 배치유형에 대한 설명으로 가장 옳지 않은 것은?

① 분동형 배치는 관람객들의 집합, 분산 및 선별 관람에 유리하다.

② 개방형 배치는 가변적 구조의 전시 연출에 유리하다.

③ 집약형 배치는 시대별, 국가별 등 주제 전시에 유리하다.

④ 중정형 배치는 옥내·외 전시공간 간 유기적 연계에 불리하다.

해설

중정형 배치는 옥내·외 전시공간 간 유기적 연계에 유리하다.

미술관 및 박물관 건축의 평면유형

• 중정형(中庭形, Court Type) : 중점을 중심으로 回자형 배치 형식으로 옥내·외 전시공간 간 유기적 연계에 유리한 형식이다.

• 집약형(集約形, Intensive Type) : 단일건물 내 대·소공간을 집약시킨 형식이다.

• 개방형(開放形, Open Plan Type) : 공간의 구획 없이 전체가 한 공간으로 개방된 형식으로, 강한 공간감을 살리면 효과적인 전시분위기를 연출할 수 있다.

• 분동형(脅練形, Pavililontype) : 몇 개의 전시관들이 핵(核)을 이루는 광장(Communicore)을 중심으로 건물군을 형성하는 형식이다.

• 증·개축형(增·改築形, Extension & Renovation Type) : 기존건물을 외부적으로 확장한다던가, 기존규모 내에서 실내공간을 재조정하는 형식이다.

06 범죄예방환경설계(CPTED)에 대한 설명으로 가장 옳지 않은 것은?

① 영역성은 어떤 지역에 대해 지역주민들이 자유롭게 사용함으로써 그들의 권리를 주장할 수 있는 가상의 영역을 의미하며, 이는 조경, 보도형태, 울타리 등을 이용하여 일정 지역에 대한 소유권을 표시하는 것을 말한다.

② 접근통제는 입·출구, 울타리, 조경, 조명 등 시설물을 적절히 배치하여 사람들이 보호공간에 들어오고 나가는 것을 통제하는 것을 말한다.

③ 자연적 감시는 도로 등의 공적 공간에 대해 시각적 접근과 시각적 노출이 최소화되도록 건축물 배치, 조경 식재, 조명 등을 조절하는 것을 말한다.

④ 활동의 활성화는 일정 지역에 주민 사용을 증진시키기 위하여 공원을 배치하거나 다양한 상가를 유치하는 것을 말한다.

> **해설**
> 자연적 감시는 도로 등 공적 공간에 대하여 시각적인 접근과 노출이 최대화되도록 건축물의 배치, 조경, 조면 등을 통하여 감시를 강화하는 것을 말한다.

07 건축 행위의 진행과정을 순서대로 가장 바르게 나열한 것은?

① 기획 → 기본계획 → 조건분석 → 기본설계 → 시공 → 유지관리

② 조건파악 → 기본설계 → 기본계획 → 실시설계 → 유지관리 → 시공

③ 기초조사 → 기본계획 → 계획설계 → 기본설계 → 실시설계 → 시공감리

④ 조건파악 → 기본계획 → 기본설계 → 계획설계 → 실시설계 → 시공

> **해설**
> **건축 행위의 진행과정** : 기초조사 → 기본계획 → 계획설계 → 기본설계 → 실시설계 → 시공감리

08 건축법상 면적 등의 산정방법으로 가장 옳지 않은 것은?

① 대지면적은 대지의 수평투영면적으로 한다.

② 건축면적은 건축물의 외벽의 중심선으로 둘러싸인 부분의 수평투영면적으로 한다.

③ 연면적은 하나의 건축물 각 층의 바닥면적의 합계로 한다.

④ 층고는 방의 바닥구조체 윗면으로부터 위층 바닥구조체의 아랫면까지의 높이로 한다.

> **해설**
> 층고는 방의 바닥구조체 윗면으로부터 위층 바닥구조체의 윗면까지의 높이로 한다.

09 공장 건축의 공정중심 레이아웃에 대한 설명으로 가장 옳지 않은 것은?

① 이동 시간이 짧게 소요되어 생산성이 높다.
② 작업순서 변화에 쉽게 대처할 수 있다.
③ 표준화 생산이 어려운 경우에 사용한다.
④ 동일 기능을 수행하는 기계설비를 한 작업장에 배치한다.

해설
이동 시간이 짧게 소요되어 생산성이 높은 방식은 제품중심 레이아웃이다.

10 공동주택의 단위주거계획에 대한 설명으로 가장 옳은 것은?

① 단면 형식에서 스킵플로어형(Skip Floor Type)은 복도, 엘리베이터를 각 층에 두는 유형으로 공용면적이 증가되어 단위세대의 전용면적이 감소하는 유형이다.
② 단위주거 조합에서 탑상형은 계단, 엘리베이터홀의 창문계획 및 환기에 어려움이 있다.
③ 평면 형식에서 계단실형은 환경조건이 좋으며 연면적에 대한 전용면적비와 대지의 이용률이 가장 낮다.
④ 단면 형식에서 메조네트형(Maisonette Type)은 단위세대가 작은 규모에 적합한 주거형태이며, 복도면적이 증가하는 장점이 있다.

해설
① 플랫(Flat) 형식은 복도, 엘리베이터를 각 층에 두는 유형이며, 복도형으로 계획할 경우 공용면적이 증가되고 단위세대의 전용면적이 감소한다.
③ 계단실형은 환경조건이 좋으며 연면적에 대한 전용면적비가 높으며, 편복도 형식에 비해 대지의 이용률이 높다.
④ 메조네트형(Maisonette Type)은 단위세대가 큰 규모에 적합한 주거형태이다.

11 교과교실제 학교 건축에서 홈 베이스(Home Base)에 대한 설명으로 가장 옳지 않은 것은?

① 학생 이동 동선의 중심적인 위치에 계획한다.
② 학생의 진·출입 동선, 교과교실로의 이동 및 이용 편의성을 고려하여 계획한다.
③ 학년, 성별 및 층과 관계없이 집중배치를 계획한다.
④ 가능한 한 개방된 공간으로, 층별 동일한 위치로 계획한다.

해설
홈 베이스(Home Base)는 교과교실제 학교에서 학교생활의 거점으로 마련되는 사물함이 있는 공간이며 학년, 성별 및 층에 따라 적절히 분산배치를 계획한다.

12 국토의 계획 및 이용에 관한 법률상 용도지역의 세분으로 가장 옳지 않은 것은?

① 제1종 전용주거지역 – 단독주택 중심의 양호한 주거환경을 보호하기 위하여 필요한 지역

② 제2종 일반주거지역 – 중층 주택을 중심으로 이를 지원하는 일부 상업기능 및 업무기능을 보완하기 위하여 필요한 지역

③ 일반상업지역 – 일반적인 상업기능 및 업무기능을 담당하게 하기 위하여 필요한 지역

④ 자연녹지지역 – 도시의 녹지공간의 확보, 도시확산의 방지, 장래 도시용지의 공급 등을 위하여 보전할 필요가 있는 지역으로서 불가피한 경우에 한하여 제한적인 개발이 허용되는 지역

해설
제2종 일반주거지역은 중층 주택 중심의 편리한 주거환경을 조성하기 위한 지역에 지정한다.

13 도서관 계획에 대한 설명으로 가장 옳은 것은?

① 브라우징 룸(Browsing Room)은 신문 및 잡지 열람을 위한 공간으로 이용자들의 출입이 용이하도록 현관 근처나 로비에 계획한다.

② 아동 열람실은 아동 1인당 1.2~1.5m²를 고려하여 계획하며, 열람 방식은 책손상을 고려하여 폐가식이 좋다.

③ 일반 열람실은 도서관의 각 실에서 가장 중점을 두어야 할 실로서 소음에서 격리시키고 가능한 한 서고에서 멀리 두어야 한다.

④ 캐럴(Carrel)은 장서와 문헌검색에 관하여 도움을 주는 열람공간이며, 일반 열람실과 별실로 계획한다.

해설
② 아동 열람실은 아동 1인당 1.2~1.5m²로 계획하며, 자유개가식이 좋다.
③ 일반 열람실은 가능한 한 서고에서 가까이 두어야 한다.
④ 캐럴(Carrel)은 서고 내부에 설치하는 개인용 소열람실을 말한다.
브라우징 룸(Browsing Room) : 이용자가 도서 컬렉션을 자유롭게 열람할 수 있도록 설계된 도서관의 방 또는 섹션을 말한다.

14 단지계획에 관하여 근린주구 이론의 연결이 가장 옳지 않은 것은?

① 페리(C. A. Perry) - 『뉴욕 및 그 주변지역계획(1927)』

② 하워드(E. Howard) - 『새로운 도시』

③ 아담스(T. Adams) - 『소주택의 근린지』

④ 라이트와 스타인(H. Wright & C. S. Stein) - 『래드번 계획』

> **해설**
> • 하워드(E. Howard) : 『내일의 전원도시』, '레치워스'와 '웰윈' 전원도시 계획
> • 페더(G. Feder) : 『새로운 도시』, 자급자족의 소도시, 단계적 일상생활권 구성
> 하워드(EbenzerHoward)의 『내일의 전원도시(1898)』
> • 도시와 농촌 결합으로 도시가 규모 이상으로 확산되는 것을 방지한다.
> • 중심은 400ha의 시가지로, 주변은 200ha의 농지로 계획한다.
> • 인구 규모는 3~5만 명으로 제한한다.
> • 시청, 미술관, 병원 등을 중심부에 배치하고 동심원상으로 상업지, 주택지, 공업지 등의 자족적인 시설을 배치하여 자족성을 유지한다.
> • 공공단체에 의한 토지의 위탁관리로 토지사유를 제한하며, 개발 이익의 사회 환원을 주장하고 있다.

15 오디토리엄 계획 시 무대 및 객석이 위치한 메인 홀의 실 형태를 음향적인 측면에서 유리하게 설계하기 위한 고려사항으로 가장 옳지 않은 것은?

① 직방체의 작은 실의 경우 세 변의 비는 1 : 1 : 1이나 1 : 2 : 4와 같은 간단한 배수비는 피하는 것이 좋다.

② 일반적으로 부정형이나 비대칭형 평면은 계획 및 시공에 어려운 점이 있지만 음확산을 위해서는 효과적이다.

③ 실의 용적이 작아지면 소요잔향시간을 얻기 위하여 필요한 흡음재의 사용량이 적어진다.

④ 최적잔향시간을 얻기 위하여 천장판은 음원에 가까울수록 확산성 혹은 흡음성을, 멀수록 반사성을 갖도록 계획하는 것이 좋다.

> **해설**
> 최적잔향시간을 얻기 위하여 천장판은 음원에 가까울수록 반사성을 갖도록 계획하며, 멀수록 확산성 또는 흡음성을 갖도록 계획하는 것이 좋다.

16 호텔의 종류별 특성에 대한 설명으로 가장 옳지 않은 것은?

① 호텔의 종류는 그 위치와 지역에 따라 크게 시티 호텔(City Hotel)과 리조트 호텔(Resort Hotel)로 나뉜다.

② 커머셜 호텔(Commercial Hotel)은 주로 업무상의 여행자를 위한 호텔로서 도시의 가장 번화하고 교통이 편리한 위치에 입지한다.

③ 레지덴셜 호텔(Residential Hotel)은 체재기간이 비교적 단기인 경우에 이용되는 호텔로서 객실은 침실 위주의 간소한 시설로 되어 있다.

④ 터미널 호텔(Terminal Hotel)은 교통기관의 발착지점에 위치한 호텔로서 여행자의 편리를 도모한다.

해설

커머셜 호텔은 체재 기간이 비교적 단기인 경우에 이용되는 호텔로서 객실은 침실 위주의 간소한 시설로 되어 있으며, 레지덴셜 호텔은 호화로운 설비를 갖추고 있다.

17 사찰 건축에 대한 설명으로 가장 옳은 것은?

① 사찰과 속세와의 경계를 나타내는 불이문, 사천왕상을 모시는 천왕문, 사찰로 들어가는 최종적인 일주문이 있다.

② 탑을 중심으로 3개의 금당을 배치한 가람배치는 백제의 대표적인 배치 형식으로, 정림사지와 사천왕사지가 있다.

③ 승려들의 일상생활, 예불과 공양, 운력, 정진 등이 이루어지는 공간을 대방이라 한다.

④ 불상을 안치하고 설법을 하는 승려들의 교육 및 집회공간을 승당이라 한다.

해설

① 사찰과 속세의 경계를 나타내는 일주문, 사천왕상을 모시는 천왕문, 사찰로 들어가는 최종적인 불이문이 있다.

② 백제 정림사지는 1탑 1금당 형식이며, 통일신라 사천왕 사지는 2탑 1금당 형식이다.

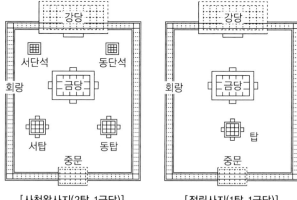

[사천왕사지(2탑 1금당)] [정림사지(1탑 1금당)]

④ 불상을 안치하고 설법을 하는 공간은 법당이나 불전(佛殿)이며, 승려들의 교육 및 집회공간은 강당(講堂)이고, 승당(僧堂)은 승려들이 좌선, 정진하는 곳이다.

18 공동주택의 유형에 대한 설명으로 가장 옳지 않은 것은?

① 연립주택은 주택으로 쓰는 1개 동의 바닥면적 합계가 660m²를 초과하고, 층수가 4개 층 이하인 주택이다.

② 연립주택은 주택의 한 면 이상이 이웃한 주택과 공유됨에 따라 일조, 통풍, 프라이버시를 확보하는 데 제약을 받을 수 있다.

③ 다세대주택은 주택으로 쓰는 1개 동의 바닥면적 합계가 660m² 이하이고, 층수가 4개 층 이하인 주택이다.

④ 다세대주택의 1층 바닥면적의 1/2 이상을 필로티 구조로 하여 주차장으로 사용하고 나머지 부분을 주택 용도로 사용할 경우 1층은 주택의 층수에서 제외된다.

> **해설**
> 다세대주택의 1층 전부 또는 일부를 필로티 구조로 하여 주차장으로 사용하고 나머지 부분을 주택 외의 용도로 사용할 경우 1층은 주택의 층수에서 제외된다.

19 급수 방식에 대한 설명으로 가장 옳지 않은 것은?

① 수도직결 방식은 유지관리비가 저렴하다.

② 고가탱크 방식은 수질오염 가능성이 적다.

③ 급수가압 방식은 급수압이 거의 일정하다.

④ 압력탱크 방식은 국부적으로 고압이 필요한 경우에 좋다.

> **해설**
> 고가탱크 방식은 수질오염 가능성이 많다.

20 장애인 · 노인 · 임산부 등의 편의증진 보장에 관한 법률상 장애인 등의 통행이 가능한 접근로에 대한 설명으로 가장 옳은 것은?

① 접근로와 차도의 경계부분에는 연석 · 울타리 기타 차도와 분리할 수 있는 공작물의 설치는 금지된다.

② 주출입구보다 부출입구가 장애인 등의 이용에 편리하고 안전한 경우에는 주출입구 대신 부출입구에 연결하여 접근로를 설치할 수 있다.

③ 경사진 접근로가 연속될 경우에는 휠체어 사용자가 휴식할 수 있도록 50m마다 1.5m×1.5m 이상의 수평면으로 된 참을 설치하여야 한다

④ 접근로의 기울기는 12분의 1 이하로 하여야 한다. 다만, 지형상 곤란한 경우에는 8분의 1까지 완화할 수 있다.

> **해설**
> ① 접근로와 차도 경계부분에는 연석 · 울타리, 차도와 분리할 수 있는 공작물을 설치한다.
> ③ 경사진 접근로가 연속될 경우에는 30m마다 1.5m×1.5m 이상 수평면으로 된 참을 설치한다.
> ④ 접근로의 기울기는 18분의 1 이하(지형상 곤란한 경우 12분의 1까지 완화)로 하여야 한다.

01 호텔 건축에 대한 설명으로 옳지 않은 것은?

① 아파트먼트 호텔은 리조트 호텔의 한 종류로 스위트룸과 호화로운 설비를 갖추고 있는 호텔이다.
② 리조트 호텔은 조망 및 자연환경을 충분히 고려하고 있으며, 호텔 내외에 레크리에이션 시설을 갖추고 있다.
③ 터미널 호텔은 교통기관의 발착지점에 위치하여 손님의 편의를 도모한 호텔이다.
④ 커머셜 호텔은 주로 상업상, 업무상의 여행자를 위한 호텔로 도시의 번화한 교통의 중심에 위치한다.

해설
아파트먼트 호텔은 장기 체재에 적합한 시티 호텔의 한 종류로, 각 객실에는 일반 아파트에 가까운 시설로서 욕실, 주방 등이 갖추어져 있는 형식이다.

02 은행 건축계획에 대한 설명으로 옳지 않은 것은?

① 주출입구에 전실을 두거나 칸막이를 설치한다.
② 주출입구는 도난방지를 위해 안여닫이로 하는 것이 좋다.
③ 은행 지점의 시설규모(연면적)는 행원 수 1인당 $16 \sim 26m^2$ 또는 은행실 면적의 $1.5 \sim 3$배 정도이다.
④ 금고실에는 도난이나 화재 등 안전상의 이유로 환기설비를 설치하지 않는다.

해설
금고는 밀폐된 공간이기 때문에 환기설비를 한다.

03 다음 설명에 해당하는 공장 건축의 지붕 종류를 옳게 짝지은 것은?

ㄱ. 채광, 환기에 적합한 형태로, 환기량은 상부 창의 개폐에 의해 조절될 수 있다.
ㄴ. 채광창을 북향으로 하는 경우 온종일 일정한 조도를 가진다.
ㄷ. 기둥이 적게 소요되어 바닥면적의 효율성이 높다.

	ㄱ	ㄴ	ㄷ
①	솟을지붕	샤렌지붕	평지붕
②	솟을지붕	톱날지붕	샤렌지붕
③	평지붕	샤렌지붕	뾰족지붕
④	평지붕	톱날지붕	뾰족지붕

해설
ㄱ : 솟을지붕, ㄴ : 톱날지붕, ㄷ : 샤렌지붕

04 백화점 건축계획에서 에스컬레이터에 대한 설명으로 옳은 것은?

① 엘리베이터에 비해 점유면적이 크고 승객 수송량이 적다.

② 직렬식 배치는 교차식 배치보다 점유면적이 크지만, 승객의 시야 확보에 좋다.

③ 교차식 배치는 단층식(단속식)과 연층식(연속식)이 있다.

④ 엘리베이터를 2대 이상 설치하거나 1,000인/h 이상의 수송력을 필요로 하는 경우는 엘리베이터보다 에스컬레이터를 설치하는 것이 유리하다.

> **해설**
> ① 엘리베이터에 비해 점유면적이 작고, 승객 수송량이 많다.
> ③ 병렬식 배치는 단층식(단속식)과 연층식(연속식)이 있다.
> ④ 4대 이상의 엘리베이터를 필요로 할 때 또는 2,000명/h 이상의 수송력을 필요로 하는 경우에는 에스컬레이터를 설치가 유리하다.

05 증기난방 중 진공환수식에 대한 설명으로 옳지 않은 것은?

① 환수관의 말단에 설치된 진공펌프가 증기트랩 이후의 환수관 내를 진공압으로 만들어 강제적으로 응축수를 환수한다.

② 환수가 원활하고 급속히 이루어지므로 관경을 작게 할 수 있다.

③ 보일러와 방열기의 높이차를 충분히 유지할 수 있어야 한다.

④ 중력환수식 증기난방과 달리 환수관의 말단에 공기빼기 밸브를 설치할 필요가 없다.

> **해설**
> 진공환수식은 방열기 위치에 제한을 받지 않는다.
> **리프트 이음(Lift Fitting)**
> • 방열기가 보일러보다 낮은 곳에 위치할 때 응축수를 끌어올리기 위한 배관 이음을 말한다.
> • 길이는 1.5m 이내, 리프트관은 환수관보다 한 치수 작게 한다.

06 병원의 건축계획에 대한 설명으로 옳은 것은?

① 병원은 전용주거지역, 전용공업지역을 제외한 모든 용도지역에서 건축이 허용된다.

② 병동부의 간호단위 구성 시 간호사의 보행거리는 약 24m 이내가 되도록 한다.

③ 수술실은 26.6℃ 이상의 고온, 55% 이상의 높은 습도를 유지하고, 3종 환기 방식을 사용한다.

④ COVID-19 감염병 환자의 병실은 일반 병실과 분리하고 2종 환기 방식을 사용한다.

> **해설**
> ① 전용주거지역은 병원 건축이 허용되지 않지만, 전용공업지역은 병원 건축이 허용된다.
> ③ 환기용 창이 없는 경우 1종 환기 방식을 사용한다.
> ④ 감염병 환자 또는 호흡기 질환 병실은 일반 병실과 분리하고 음압병실로 구성하며 3종 환기 방식을 사용한다.

07 다음 설명에 해당하는 쾌적지표는?

> 온도, 기류, 습도를 조합한 감각지표로서 효과온도 또는 체감온도라고도 한다. 상대습도(RH)가 100%, 풍속 0m/s인 임의 온도를 기준으로 정의한 것이며, 복사열은 고려하지 않는다.

① 작용온도

② 유효온도

③ 수정유효온도

④ 신유효온도

해설

① 작용온도 : 기온, 기류, 주의벽 방사온도의 종합에 의해서 체감도를 나타내는 온도이다.

③ 수정유효온도 : 유효온도와 복사열 조합의 온도이다(열복사가 큰 여름철에 유효).

④ 신유효온도 : 유효온도에서 상대습도를 50%(현실적인 수치)로 기준한 온도이다.

08 실내공기질 관리법 시행규칙상 PM-10 미세먼지에 대한 실내공기질 유지기준이 다른 것은?(단, 실내공기질에 미치는 기타 요소들은 동일한 상태이고 각각의 연면적은 3,000m^2 이상인 경우이다)

① 업무시설

② 학원

③ 지하역사

④ 도서관

해설

① : 200μg/m^3 이하

②·③·④ : 100μg/m^3 이하

실내공기질 유지기준(실내공기질 관리법 시행규칙 별표 2)(PM ; Particulate Matter)

오염물질 항목 다중이용시설	미세먼지 (PM-10) (μg/m^3)	미세먼지 (PM-2.5) (μg/m^3)	이산화 탄소 (ppm)	폼알데 하이드 (μg/m^3)	총부유 세균 (CFU/m^3)	일산화 탄소 (ppm)
지하역사, 지하상가, 철도 대합실, 여객자동차터미널의 대합실, 공항시설 중 여객터미널, 도서관·박물관 및 미술관, 대규모 점포, 장례식장, 영화상영관, 학원, 전시시설, 목욕장업의 영업시설	100 이하	50 이하	1,000 이하	100 이하	–	10 이하
의료기관, 산후조리원, 노인요양시설, 어린이집, 실내어린이놀이시설	75 이하	35 이하		80 이하	800 이하	
실내주차장	200 이하	–		100 이하	–	25 이하
실내체육시설, 실내공연장, 업무시설, 둘 이상 용도에 사용되는 건축물	200 이하	–	–	–	–	–

09 건축법 시행령상 막다른 도로의 길이에 따른 최소한의 너비 기준으로 옳은 것은?

막다른 도로의 길이	도로의 너비
① 10m 미만	2m 이상
② 10m 미만	3m 이상
③ 10m 이상 35m 미만	4m 이상
④ 10m 이상 35m 미만	6m 이상

해설
- 10m 미만 : 2m 이상
- 10m 이상 35m 미만 : 3m 이상
- 35m 이상 : 6m 이상(도시지역이 아닌 읍 · 면지역 4m 이상)

10 국토의 계획 및 이용에 관한 법률상 용도지역에 대한 설명으로 옳지 않은 것은?(단, 조례는 고려하지 않는다)

① 주거지역에서 건폐율의 최대한도는 70%이다.

② 자연환경보전지역에서 건폐율의 최대한도는 20%이다.

③ 계획관리지역이란 도시지역으로의 편입이 예상되는 지역이나 자연환경을 고려하여 제한적인 이용·개발을 하려는 지역으로서 계획적·체계적인 관리가 필요한 지역을 말한다.

④ 보전관리지역이란 자연환경·농지 및 산림의 보호, 보건위생, 보안과 도시의 무질서한 확산을 방지하기 위하여 녹지의 보전이 필요한 지역을 말한다.

해설
녹지지역은 자연환경·농지 및 산림의 보호, 보건위생, 보안과 도시의 무질서한 확산을 방지하기 위하여 녹지의 보전이 필요한 지역을 말한다.
보전관리지역 : 자연환경보호, 산림보호, 수질오염방지, 녹지공간 확보 및 생태계 보전 등을 위하여 보전이 필요하나, 주변의 용도지역과의 관계 등을 고려할 때 자연환경보전지역으로 지정하여 관리하기가 곤란한 지역을 말한다.

11 르네상스 건축에 대한 설명으로 옳지 않은 것은?

① 일반적으로 층의 구획이나 처마 부분에 코니스(Cornice)를 들렀다.

② 수평선을 의장의 주요소로 하여 휴머니티의 이념을 표현하였다.

③ 건축의 평면은 장축형과 타원형이 선호되었다.

④ 건축물로는 메디치 궁전(Palazzo Medici), 피티 궁전(Palazzo Pitti) 등이 있다.

해설
르네상스 건축은 고전주의적 경향을 보였으며, 수학적 관계에 바탕을 둔 조화, 질서, 균형, 통일에 의한 형태미를 추구하였고, 평면은 단축형을 보였다.

12 다음 설명에 해당하는 공동주택의 단위주거 단면 형식은?

> • 단위주거의 평면구성 제약이 적고 소규모도 설계가 용이하다.
> • 복도가 있는 경우 단위주거의 규모가 크면 복도가 길어져 공용면적이 증가하며, 프라이버시에 있어 타 형식보다 불리하다.
> • 단위주거가 한 개의 층에만 한정된 형식이다.

① 메조네트형　　　　　　　　　　② 스킵메조네트형
③ 트리플렉스형　　　　　　　　　　④ 플랫형

해설
① 메조네트형(복층형) : 하나의 주거단위가 복층의 형식을 이룬다.
② 스킵메조네트형 : 한 층 또는 두 개 층을 걸러서 복도를 설치하고, 계단을 통해 반층씩 올라가거나 내려가면서 복층의 단위 주거로 진입하는 형식이다.
③ 트리플렉스형 : 1개의 단위 세대가 3개 층을 사용한다.
플랫형
• 단위주거가 한 개의 층에만 한정된 형식이다.
• 단위주거의 평면구성 제약이 적고 소규모도 설계가 용이하다.
• 복도가 있는 경우 단위 주거의 규모가 크면 복도가 길어져 공용면적이 증가하며, 프라이버시에 있어 타 형식보다 불리하다.

13 배관 및 밸브설비에 대한 설명으로 옳지 않은 것은?

① 동관이나 스테인리스 강관은 내구성, 내식성이 우수하여 급수관이나 급탕관으로 적합하다.
② 급탕배관의 경우 슬루스 밸브는 배관 내 공기의 체류를 유발하기 쉬우므로 글로브 밸브를 사용하는 것이 좋다.
③ 체크 밸브는 유체를 한 방향으로 흐르게 하고 반대 방향으로는 흐르지 못하게 하는 밸브이다.
④ 급탕배관의 경우 신축·팽창을 흡수 처리하기 위해 강관은 30m, 동관은 20m마다 신축이음을 1개씩 설치하는 것이 좋다.

해설
급탕배관의 경우 글로브 밸브는 배관 내 공기의 체류를 유발하기 쉬우므로 슬루스 밸브를 사용하는 것이 좋다.
• 슬루스(Sluice) 밸브 : 마찰저항 손실이 적고, 개폐기능에 적합하며, 배관 도중에 설치한다.
• 글로브(Glove) 밸브 : 마찰저항 손실이 크고, 유로 폐쇄 또는 유량조정에 적합하며, 배관 말단에 주로 설치한다.

14 다음 설명에 해당하는 공포 양식을 적용한 건축물을 옳게 짝지은 것은?

> ㄱ. 창방 위에 평방을 올리고 그 위에 공포를 배치한 형식
> ㄴ. 소로와 첨차로 공포를 짜서 기둥 위에만 배치한 형식

	ㄱ	ㄴ
①	수원 화서문	강릉 객사문
②	영주 부석사 무량수전	서울 숭례문
③	서울 창경궁 명정전	예산 수덕사 대웅전
④	안동 봉정사 대웅전	경주 불국사 대웅전

해설

③ 서울 창경궁 명정전 – 다포식, 예산 수덕사 대웅전 – 주심포식
① 수원 화서문 – 익공식, 강릉 객사문 – 주심포식
② 영주 부석사 무량수전 – 주심포식, 서울 숭례문 – 다포식
④ 안동 봉정사 대웅전 – 다포식, 경주 불국사 대웅전 – 다포식

15 다음 설명에 해당하는 서양 근대건축운동과 가장 관련 있는 인물과 작품을 옳게 짝지은 것은?

> • 19세기 말 프랑스와 벨기에를 중심으로 전개된 예술운동 양식이다.
> • 과거의 복고주의에서 탈피하여 상징주의 형태와 패턴의 미학을 받아들였다.
> • 주로 곡선을 사용하고 식물을 모방하여 '꽃의 양식'으로도 불린다.

① 빅토르 오르타(Victor Horta) – 타셀 주택(Tassel House)
② 게리트 토머스 리트벨트(Gerrit Thomas Rietveld) – 슈뢰더 주택(Schröder House)
③ 안토니 가우디(Antoni Gaudi) – 로비 주택(Robie House)
④ 월터 그로피우스(Walter Gropius) – 바우하우스(Bauhaus)

해설

아르누보 : 19세기 말 프랑스와 벨기에를 중심으로 전개된 예술운동 양식이며, 주로 곡선을 사용하고 식물을 모방하여 '꽃의 양식'으로도 불린다.
① 빅토르 오르타 – 타셀 주택(Tassel House) : 아르누보
② 게리트 리트벨트 – 슈뢰더 주택 : 데 스틸
③ 프랭크 로이드 라이트 – 로비 주택(Robie House)
④ 월터 그로피우스 – 바우하우스(Bauhaus) : 국제주의 건축

16 상점 건축계획에서 진열장 배치에 대한 설명으로 옳지 않은 것은?

① 직렬배열형은 통로가 직선이므로 고객의 흐름이 빠르며, 부분별 상품진열이 용이하고 대량판매 형식도 가능한 형태이다.

② 굴절배열형은 진열케이스의 배치와 고객 동선이 굴절 또는 곡선으로 구성된 형태로 대면판매와 측면판매의 조합으로 이루어진다.

③ 복합형은 서로 다른 배치형태를 적절히 조합한 형태로 뒷부분은 대면판매 또는 카운터 접객부분으로 계획된다.

④ 환상배열형은 중앙에는 대형상품을 진열하고 벽면에는 소형상품을 진열하며 침구점, 의복점, 양품점 등에 적합하다.

> 해설
> 환상배열형은 중앙에는 소형상품을 진열하고 벽면에는 대형상품을 진열하며, 수예품점, 민예품점, 침구점 등에 적합하다.

17 개인적 공간(Personal Space)에 대한 설명으로 옳지 않은 것은?

① 개인 상호 간의 접촉을 조절하고 바람직한 수준의 프라이버시를 이루는 보이지 않는 심리적 영역이다.

② 개인이 사용하는 공간으로서, 외부에 대하여 방어하는 한정되고 움직이지 않는 고정된 공간이다.

③ 개인의 신체를 둘러싸고 있는 기포와 같은 형태이다.

④ 홀(Edward T. Hall)은 대인 간의 거리를 친밀한 거리(Intimate Distance), 개인적 거리(Personal Distance), 사회적 거리(Social Distance), 공적 거리(Public Distance)로 구분하였다.

> 해설
> 개인의 신체 주변에 침입자(다른 사람)가 들어올 수 없는 프라이버시 공간의 형태로서, 침범받고 싶지 않은 일정한 물리적 공간이며, 자기 주변의 일정한 공간에 대한 무의식적인 경계선을 갖는다(고정되지 않는다).

18 사무소 계획의 표준계단설계에서 계단 단높이(R)와 단너비(T)의 가장 적합한 실용적 표준설계치수 범위는?

	R	T	R + T
①	10~15cm	20~25cm	약 35cm
②	13~18cm	22~27cm	약 40cm
③	15~20cm	25~30cm	약 45cm
④	18~23cm	27~32cm	약 50cm

> 해설
> ③ R : 15~20cm, T : 25~30cm, R + T : 약 45cm

19 급수 펌프에 대한 설명으로 옳은 것은?

① 펌프의 진공에 의한 흡입 높이는 표준기압 상태에서 이론상 12.33m이나 실제로는 9m 이내이다.

② 히트 펌프는 고수위 또는 고압력 상태에 있는 액체를 저수위 또는 저압력의 곳으로 보내는 기계이다.

③ 원심식 펌프는 왕복식 펌프에 비해 고속운전에 적합하고 양수량 조정이 쉬워 고양정 펌프로 사용된다.

④ 왕복식 펌프는 케이싱 내의 회전자를 회전시켜 케이싱과 회전자 사이의 액체를 압송하는 방식의 펌프이다.

해설

① 펌프의 진공에 의한 흡입 높이 : 표준기압에서 이론상 10.33m, 실제 7m 정도이다.

② 히트 펌프 : 저온부 또는 저압력에서 고온부 또는 고압력의 곳으로 보낸다(열펌프, 열원 : 공기, 우물물, 태양열, 지열 등).

④ 왕복식 펌프 : 펌프 내부의 용적의 변화를 이용하여 액체를 흡입, 토출하는 방법(피스톤 펌프, 플런저 펌프, 다이아프램 펌프)이다.

　※ 회전식 펌프는 케이싱 내의 회전자를 회전시켜 케이싱과 회전자 사이의 액체를 압송하는 방식이다.

20 전원설비에서 수변전설비의 용량 추정과 관련한 산식으로 옳지 않은 것은?

① 수용률(%) = $\dfrac{\text{부하설비용량(kW)}}{\text{최대수용전력(kW)}} \times 100$

② 부등률(%) = $\dfrac{\text{각 부하의 최대수용전력의 합계(kW)}}{\text{합계 부하의 최대수용전력(kW)}} \times 100$

③ 부하율(%) = $\dfrac{\text{평균수용전력(kW)}}{\text{최대수용전력(kW)}} \times 100$

④ 부하설비용량 = 부하밀도(VA/m²) × 연면적(m²)

해설

수용률(%) = $\dfrac{\text{최대수용전력(kW)}}{\text{부하설비용량(kW)}} \times 100$

01 미술관 출입구 계획에 대한 설명으로 옳지 않은 것은?

① 일반 관람객용과 서비스용 출입구를 분리한다.

② 상설전시장과 특별전시장은 입구를 같이 사용한다.

③ 오디토리움 전용 입구나 단체용 입구를 예비로 설치한다.

④ 각 출입구는 방재시설을 필요로 하며 셔터 등을 설치한다.

해설
전시 시간이나 관람객의 출입 동선을 고려하여 상설전시장과 특별전시장은 입구를 분리하여 사용한다.

02 도서관의 서고계획에 대한 설명으로 옳지 않은 것은?

① 도서 증가에 따른 확장을 고려하여 계획한다.

② 내화, 내진 등을 고려한 구조로서 서가가 재해로부터 안전해야 한다.

③ 도서의 보존을 위해 자연채광을 하며 기계환기로 방진, 방습과 함께 세균의 침입을 막는다.

④ 서고 공간 1m³당 약 66권 정도를 보관한다.

해설
도서의 보존을 위해 인공조명을 하며 기계환기로 방진, 방습과 함께 세균의 침입을 막는다.

03 건축법 시행령상 면적 등의 산정방법에 대한 설명으로 옳지 않은 것은?

① 층고는 방의 바닥구조체 아랫면으로부터 위층 바닥구조체의 아랫면까지의 높이로 한다.

② 처마높이는 지표면으로부터 건축물의 지붕틀 또는 이와 비슷한 수평재를 지지하는 벽·깔도리 또는 기둥의 상단까지의 높이로 한다.

③ 지하주차장의 경사로는 건축면적에 산입하지 아니한다.

④ 해당 건축물의 부속용도인 경우 지상층의 주차용으로 쓰는 면적은 용적률 산정 시 제외한다.

해설
층고는 방의 바닥구조체 윗면으로부터 위층 바닥구조체의 윗면까지의 높이로 한다.

04 현대적 학교운영 방식인 개방형 학교(Open School)에 대한 설명으로 옳지 않은 것은?

① 학생 개인의 능력과 자질에 따른 수준별 학습이 가능한 수요자 중심의 학교운영 방식이다.

② 2인 이상의 교사가 협력하는 팀티칭(Team Teaching) 방식을 적용하기에 부적합하다.

③ 공간계획은 개방화, 대형화, 가변화에 대응할 수 있어야 한다.

④ 흡음효과가 있는 바닥재 사용이 요구되며, 인공조명 및 공기조화설비가 필요하다.

> **해설**
> 개방형 학교(Open School)는 팀티칭(Team Teaching) 방식을 적용하기에 적합하다.

05 건축물의 피난·방화구조 등의 기준에 관한 규칙상 특별피난계단의 구조에 대한 설명으로 옳은 것만을 모두 고르면?

> ㄱ. 계단실에는 예비전원에 의한 조명설비를 할 것
> ㄴ. 계단실의 실내에 접하는 부분의 마감은 난연재료로 할 것
> ㄷ. 계단은 내화구조로 하고 피난층 또는 지상까지 직접 연결되도록 할 것
> ㄹ. 출입구의 유효너비는 0.9m 이상으로 하고 피난의 방향으로 열 수 있을 것
> ㅁ. 건축물의 내부와 접하는 계단실의 창문 등(출입구를 제외한다)은 망이 들어 있는 유리의 붙박이창으로서 그 면적을 각각 1m^2 이하로 할 것

① ㄱ, ㄴ, ㅁ

② ㄱ, ㄷ, ㄹ

③ ㄱ, ㄷ, ㄹ, ㅁ

④ ㄴ, ㄷ, ㄹ, ㅁ

> **해설**
> ㄴ. 계단실의 실내에 접하는 부분의 마감은 불연재료로 할 것
> ㅁ. 계단실에는 노대 또는 부속실에 접하는 부분 외에는 건축물의 내부와 접하는 창문 등을 설치하지 아니할 것

06 1인당 공기공급량(m^3/h)을 기준으로 할 때 다음과 같은 규모의 실내공간에 1시간당 필요한 환기 횟수[회]는?

> • 정원 : 500명
> • 실용적 : 2,000m^3
> • 1인당 소요 공기량 : 40m^3/h

① 8

② 10

③ 16

④ 25

> **해설**
> 500명 × 40m^3·회/h·명 = 20,000m^3·회/h
> 따라서, 환기횟수(회/h) = 20,000m^3·회/h ÷ 2,000m^3 = 10회/h

07 특수전시기법에 대한 설명으로 옳지 않은 것은?

① 디오라마 전시 - 사실을 모형으로 연출하여 관람시킬 수 있다.

② 파노라마 전시 - 벽면전시와 입체물이 병행되는 것이 일반적인 유형이다.

③ 아일랜드 전시 - 대형전시물, 소형전시물 등 전시물 크기와 관계없이 배치할 수 있다.

④ 하모니카 전시 - 전시 평면이 동일한 공간으로 연속 배치되어 다양한 종류의 전시물을 반복 전시하기에 유리하다.

해설
하모니카 전시 : 전시 평면이 동일한 공간으로 연속 배치되어 있어서 동일한 종류의 전시물을 반복 전시하기에 유리하다.

08 공연장에 대한 설명으로 옳은 것은?

① 대규모 공연장의 경우 클락 룸(Clock Room)의 위치는 퇴장 시 동선 흐름에 맞추어 1층 로비의 좌측 또는 우측에 집중배치한다.

② 오픈 스테이지(Open Stage)형은 가까이에서 공연을 관람할 수 있으며 가장 많은 관객을 수용하는 평면형이다.

③ 객석이 양쪽에 있는 바닥면적 $800m^2$ 공연장의 세로 통로는 80cm 이상을 확보한다.

④ 잔향시간은 객석의 용적과 반비례 관계에 있다.

해설
① 대규모 공연장의 경우 휴대품 보관소인 클락 룸(Clock Room)의 위치는 퇴장 시 동선의 혼잡을 피하기 위해서 몇 개의 군(1층석, 2층석, 3층석 등)으로 좌우측에 분산하여 배치한다.
② 아레나(Arena Stage)형은 가까이에서 공연을 관람할 수 있으며 가장 많은 관객을 수용하는 평면형이다.
④ 잔향시간은 객석의 용적과 비례 관계에 있다.

09 주요 작품으로는 시그램 빌딩과 베를린 신 국립미술관 등이 있으며 "Less is More"라는 유명한 건축적 개념을 주장했던 건축가는?

① 미스 반데어로에   ② 알바 알토

③ 프랭크 로이드 라이트   ④ 루이스 설리번

해설
미스 반데어로에(Mies van der Rohe, 1886~1969)
독일 출신의 모더니즘 건축의 거두로서 20세기 마천루의 형태를 제시한 인물이며 월터 그로피우스, 르 코르뷔지에와 함께 근대 건축의 개척자로 꼽힌다. 건축적 특징을 요약하는 개념으로 "더 적은 것이 더 많은 것이다(less is More)"를 주장하며 단지 철과 유리라는 재료만으로써 단순하고 정제된 아름다움을 가진 건축적 표현으로 보여주고자 하였다.

10 병원 건축의 간호단위계획에 대한 설명으로 옳지 않은 것은?

① 공동병실은 주로 경환자의 집단수용을 위해 구성하며, 전염병 및 정신병 병실은 별동으로 격리한다.

② 1개의 간호사 대기소에서 관리할 수 있는 병상 수는 일반적으로 30~40개 정도로 구성한다.

③ 오물처리실은 각 간호단위마다 설치하는 것이 좋다.

④ PPC(Progressive Patient Care) 방식은 동일 질병의 환자들만을 증세의 정도에 따라 구분하여 간호단위를 구성하는 것이다.

해설

PPC(Progressive Patient Care) 방식은 질병의 종류에 관계없이 또는 같은 질병의 환자를 단계적으로 증세의 정도에 따라 구분하여 간호단위를 구성하는 것이다.

11 수격작용(Water Hammering) 방지 대책으로 옳지 않은 것은?

① 공기실(Air Chamber)을 설치한다.

② 유속을 느리게 한다.

③ 밸브작동을 천천히 한다.

④ 배관에 굴곡을 많이 만든다.

해설

배관에 굴곡을 가급적 적게 만든다.

12 한국 목조건축의 구성요소 중 기둥에 적용된 의장기법에 대한 설명으로 옳지 않은 것은?

① 배흘림은 평행한 수지선의 중앙부가 가늘어 보이는 착시현상을 교정하기 위한 기법이다.

② 민흘림은 상단(주두) 부분의 지름을 굵게 하여 안정감을 주는 기법이다.

③ 귀솟음은 중앙 기둥부터 모서리 기둥으로 갈수록 기둥 높이를 약간씩 높게 하는 기법이다.

④ 안쏠림은 모서리 기둥을 안쪽으로 약간 경사지게 하는 기법이다.

해설

민흘림은 상단(주두) 부분의 지름을 하단보다 작게 하여 안정감을 주는 기법이다.

13 백화점 판매 매장의 배치 형식 계획에 대한 설명으로 옳은 것은?

① 직각배치는 판매장 면적이 최대한으로 이용되고 배치가 간단하다.

② 사행배치는 많은 고객이 판매장 구석까지 가기 어렵다.

③ 직각배치는 통행폭을 조절하기 쉽고 국부적인 혼란을 제거할 수 있다.

④ 사행배치는 현대적인 배치수법이지만 통로폭을 조절하기 어렵다.

> **해설**
> ② 사행배치는 많은 고객이 판매장 구석까지 가기 쉽다.
> ③ 직각배치는 통행폭을 조절하기 어렵고 국부적인 혼란이 있을 수 있다.
> ④ 직각배치는 현대적인 배치수법이지만 통로폭을 조절하기 어렵다.

14 조선시대 궁궐에 대한 설명으로 옳지 않은 것은?

① 경복궁 - 근정전을 중심으로 하는 일곽의 중심건물은 남북축선상에 좌우대칭으로 배치하였다.

② 창덕궁 - 인정전을 정전으로 하며 궁궐배치는 산기슭의 지형에 따라서 자유롭게 하였다.

③ 창경궁 - 명정전을 정전으로 하며 정전이 동향을 한 특유한 예로서 창덕궁의 서쪽에 위치한다.

④ 덕수궁 - 임진왜란 후에 선조가 행궁으로 사용하였으며 서양식 건물이 있다.

> **해설**
> **창경궁** : 명정전을 정전으로 하며 정전이 동향을 한 특유한 예로서 창덕궁의 동쪽에 위치한다.

15 공기조화 방식 중 패키지 유닛 방식에 대한 설명으로 옳지 않은 것은?

① 설비비가 저렴하다.

② 각 유닛을 각각 단독으로 조절할 수 있다.

③ 일반적으로 진동과 소음이 적다.

④ 용량이 작으므로 대규모 건물에는 적합하지 않다.

> **해설**
> 패키지 유닛 방식(Package Unit)
> • 냉매를 직접 열매로서 이용하는 방식이다.
> • 유닛에 냉동기를 내장하고 있으므로 부분운전이 가능하고 에너지 절약형이다.
> • 온도조절기를 내장하고 있어서 개별 제어가 가능하다.
> • 진동과 소음이 발생하기 쉽다.

16 열전달에 대한 설명으로 옳은 것은?

① 대류란 고체와 고체 사이의 접촉에 의한 열전달을 의미하고 전도란 고체 표면과 유체 사이에 열이 전달되는 형태이다.

② 물은 다른 재료보다 열용량이 커서 열을 저장하기에 좋은 재료이다.

③ 복사열은 대류와 마찬가지로 중력의 영향을 받으므로 아래로는 복사가 가능하나 위로는 복사가 불가능하다.

④ 물이 높은 곳에서 낮은 곳으로 흐르는 것과 마찬가지로 열도 높은 곳에서 낮은 곳으로 흐르므로 고온도에 있는 열을 저온도로 보내는 장치를 열펌프(Heat Pump)라 한다.

해설
① 전도란 고체와 고체 사이의 접촉에 의한 열전달을 의미하고 전달은 고체 표면과 유체 사이에 열이 전달되는 형태이다.
③ 복사열은 열이 전자기파의 형태로 운반되거나 물체가 전자파를 방출하는 현상으로 두 물체의 사이에 매개물질이 없는 진공 상태에서도 열이 전달될 수 있으며 중력의 영향을 받지 않고 복사가 가능하다.
④ 열펌프(Heat Pump)는 열을 저온의 열원(熱源)에서 흡수하여 고온의 열원으로 옮기는 기계(냉동기나 냉장고 등)이다.

17 분전반 설치 시 유의사항으로 옳지 않은 것은?

① 가능한 한 매 층마다 설치하고 제3종 접지를 한다.

② 통신용 단자함이나 옥내소화전함과 조화 있게 설치한다.

③ 조작상 안전하고 보수·점검을 하기 쉬운 곳에 설치한다.

④ 가능한 한 부하의 중심에서 멀리 설치한다.

해설
가능한 한 부하의 중심에서 가까이 설치한다.

18 건축기본법에서 규정하여 건축의 공공적 가치를 구현하고자 하는 기본이념만을 모두 고르면?

> ㄱ. 국민의 안전·건강 및 복지에 직접 관련된 생활공간의 조성
> ㄴ. 사회의 다양한 요구를 조정하고 수용하며 경제활동의 토대가 되는 공간환경의 조성
> ㄷ. 환경 친화적이고 지속 가능한 녹색건축물 조성
> ㄹ. 지역의 고유한 생활양식과 역사를 반영하고 미래세대에 계승될 문화공간의 창조 및 조성
> ㅁ. 건축물의 안전·기능·환경 및 미관을 향상시킴으로써 공공복리의 증진에 이바지하는 것

① ㄱ, ㄴ, ㄹ   ② ㄱ, ㄹ, ㅁ

③ ㄴ, ㄷ, ㅁ   ④ ㄴ, ㄹ, ㅁ

해설
ㄷ. 환경 친화적이고 지속 가능한 녹색건축물 조성 → 녹색건축물 조성 지원법 기본원칙 중 일부
ㅁ. 건축물의 안전·기능·환경 및 미관을 향상시킴으로써 공공복리의 증진에 이바지하는 것 → 건축법의 목적
기본이념(건축기본법 제2조)
이 법은 국가 및 지방자치단체와 국민의 공동의 노력으로 다음 각 호와 같은 건축의 공공적 가치를 구현함을 기본이념으로 한다.
1. 국민의 안전·건강 및 복지에 직접 관련된 생활공간의 조성
2. 사회의 다양한 요구를 조정하고 수용하며 경제활동의 토대가 되는 공간환경의 조성
3. 지역의 고유한 생활양식과 역사를 반영하고 미래세대에 계승될 문화공간의 창조 및 조성

19 건물정보모델링(BIM ; Building Information Modeling) 기술을 도입하여 설계 단계에서 얻을 수 있는 장점들만을 모두 고르면?

> ㄱ. 설계안에 대한 검토를 통해 설계 요구조건 등에 대한 만족 여부를 확인할 수 있다.
> ㄴ. 정확한 물량 산출을 하여 공사비 견적에 활용할 수 있다.
> ㄷ. 각 작업단위에서 필요한 자재 정보를 연동하여 공정계획 및 관리 효율을 향상시킬 수 있다.
> ㄹ. 발주자에게 건물 모델 및 정보를 건물운영관리시스템에 사용될 수 있도록 넘겨줄 수 있다.

① ㄱ, ㄴ
② ㄱ, ㄷ
③ ㄴ, ㄹ
④ ㄷ, ㄹ

해설

ㄷ은 시공 단계, ㄹ은 준공 단계에서 얻을 수 있는 장점이다.

건물정보모델링(BIM)

- 건축물의 설계 초기 단계에서부터 시공, 유지관리 및 해체에 이르기까지 전체 수명주기에 거쳐 건축적 정보 및 관련 자산의 정보를 통합 모델링하고 관리하는 것을 의미한다.
- 설계 단계에서는 설계안에 대한 검토를 통해 설계 요구조건 등에 대한 만족 여부를 확인할 수 있으며, 정확한 물량 산출을 하여 공사비 견적에 활용할 수 있다.

20 복사난방 방식에 대한 설명으로 옳지 않은 것은?

① 매입 배관 시공으로 설비비가 비싸나 유지관리는 용이하다.
② 실내의 온도 분포가 균등하고 쾌감도가 우수하다.
③ 외기 급변에 따른 방열량 조절은 어려우나 층고가 높은 공간에서도 난방 효과가 우수하다.
④ 바닥의 이용도가 높으며 개방 상태에서도 난방 효과가 있다.

해설

복사난방 방식은 바닥이나 벽 등에 배관을 매입하여 시공함으로써 설비비가 비싸며, 누수 등으로 인한 고장 시 수리가 곤란하여 유지관리가 어렵다.

01 주택계획의 기본 방향으로 옳지 않은 것은?

① 생활의 쾌적함을 높인다.

② 가사노동을 늘릴 수 있도록 한다.

③ 가족생활을 중심으로 하는 공간계획을 한다.

④ 가족의 취미와 직업, 생활 방식에 일치하도록 한다.

해설

가사노동을 줄일 수 있도록 한다.

주택설계의 기본 목표

• 생활의 쾌적함 증대

• 가사노동의 경감(주부 동선 단축)

• 가족본위의 주거(가장중심 → 주부중심)

• 개인생활의 프라이버시 확보

• 활동성 증대를 위한 입식 도입

02 건축 시 건폐율을 설정하는 목적으로 옳지 않은 것은?

① 대지에 최소한의 공지 확보

② 화재 시 연소의 차단이나 소화, 피난에 필요한 공간 확보

③ 일조, 채광, 통풍 등 위생적인 환경 조성

④ 항공기 이착륙에 필요한 고도 확보

해설

항공기 이착륙에 필요한 고도 확보는 관계가 없다.

건폐율 지정 목적

• 대지 안에 최소한의 공지를 확보한다.

• 건축물의 과밀을 방지한다.

• 일조 · 채광 · 통풍 등 위생적인 환경을 조성한다.

• 화재 또는 기타의 재해 시에 연소의 차단이나 소화 · 피난 등에 필요한 공간을 확보한다.

03 난방설비에 대한 설명으로 옳지 않은 것은?

① 온수난방은 현열을 이용한 방식이다.

② 온수난방은 증기난방보다 난방의 쾌감도가 낮다.

③ 증기난방은 온수난방보다 설비비와 유지비가 저렴하다.

④ 증기난방은 열의 운반 능력이 크다.

해설

온수난방은 증기난방보다 난방의 쾌감도가 높다.

• 증기난방(Steam Heating) 장단점
  - 증발잠열을 이용하므로 열의 운반 능력이 크다.
  - 예열시간이 짧고 증기순환이 빠르다.
  - 설비비, 유지비가 저렴하다.
  - 방열면적과 관경이 작아도 된다.
  - 방열량 제어가 어렵다.
  - 쾌감도가 나쁘다.
  - 난방개시 때 소음(Steam Hammering)이 많이 발생한다.

• 온수난방(Hot Water Heating) 장단점
  - 방열량 조절이 용이하다.
  - 증기난방에 비해 쾌감도가 좋다.
  - 현열을 이용한 방식으로, 열용량이 커서 난방을 정지하여도 여열이 오래 간다.
  - 연속난방 시 유리하다.
  - 예열시간이 길며, 온수 순환시간이 길다.
  - 한랭지에서는 난방 정지 시 동결의 우려가 있다.

04 1890년대에 전 유럽에 걸쳐 유행한 '새로운 예술'이란 뜻을 지닌 것으로, 과거의 모든 전통 양식을 배제하고 새로운 형태의 양식을 만들고자 한 근대 건축 운동은?

① 바우하우스(Bauhaus)

② 빈 세제션(Vienna Secession) 운동

③ 아르누보(Art Nouveau) 건축

④ 미술 공예 운동(Arts and Crafts Movement)

해설

아르누보(Art Nouveau) 건축은 1890년대에 전 유럽에 걸쳐 유행한 '새로운 예술'이란 뜻을 지닌 것으로, 과거의 모든 전통 양식을 배제하고 새로운 형태의 양식을 만들고자 한 근대 건축 운동이다.

아르누보(Art Nouveau)

• '새로운 미술'이란 의미이며 19세기 말의 유럽에서 일어난 특수한 미술 경향을 말하며, 1890~1910년 사이 '세기 말'에 유럽과 미국의 많은 지역에서 유행한 순수미술과 응용미술의 한 양식이다.

• 1800년대 후반, 많은 유럽의 아티스트, 그래픽 디자이너 및 건축가는 공식적이고 고전적인 설계방법에 반발하였으며, 기계시대의 산업시대에 대한 반발은 존 러스킨(John Ruskin) 등의 작가들에 의해 주도되었다.

• 독일어권에서는 유겐트 잡지 이름을 따서 유겐트슈틸(독일어 : Jugendstil)이라고도 불린다.

05 신·재생에너지에 대한 설명으로 옳지 않은 것은?

① 지열에너지 – 지하에 있는 저온층으로부터 증기 또는 열수의 형태로 발전

② 신에너지 – 연료전지, 석탄액화·가스화, 수소에너지

③ 바이오에너지 – 식물에서 생산한 바이오 디젤, 바이오 알코올 등을 생산

④ 풍력에너지 – 바람의 힘을 기계의 회전운동으로 변환시켜 전기를 발생

해설
지열에너지는 지하에 있는 고온층으로부터 증기 또는 열수의 형태로 발전하여, 히티펌프를 통한 온수, 난방에 이용한다.

06 주택의 주방계획에 대한 설명으로 옳지 않은 것은?

① 주방의 평면형태는 일자형, ㄱ자형, ㄷ사형, 섬형, 병렬형 등이 있다.

② 쾌적하고 능률적으로 작업할 수 있어야 하고, 위생적인 측면에 유의한다.

③ 작업대는 준비대 → 개수대 → 조리대 → 가열대 → 배선대 순서로 배치한다.

④ 냉장고, 싱크 및 레인지 등을 잇는 길이가 길수록 좋다.

해설
냉장고, 싱크 및 레인지 등을 잇는 길이는 작업 동선을 줄일 수 있도록 하기 위해 짧을수록 좋다.

07 다음에서 설명하는 업무시설 평면계획은?

> • 직위 서열보다는 의사 전달과 작업의 흐름을 중심으로 배치하는 형식이다.
> • 변화하는 업무의 흐름이나 작업 형태에 신속하게 대응할 수 있다.

① 개실형 계획(Individual Plan)

② 그룹형 계획(Group Space Plan)

③ 개방식 계획(Open Plan)

④ 랜드스케이핑 계획(Landscaping Plan)

해설

오피스 랜드스케이핑 계획(Office Landscaping Plan)으로서, 실내공간을 의사 전달과 작업의 흐름을 중심으로 배치함으로써 변화하는 업무의 흐름이나 작업 형태에 신속하게 대응할 수 있는 형식이다.

오피스 랜드스케이핑(Office Landscaping)

• 사무공간의 작업 패턴(흐름) 관계를 고려하여 획일성을 없애고 업무의 융통성과 능률을 높이고자 하는 방식이다.

• 장점
  – 사무실 내에서 인간관계의 질적 향상과 작업 능률이 향상된다.
  – 작업 패턴의 변화에 따른 조정이 가능하며 융통성이 있으므로 새로운 요구사항에 맞도록 신속한 변경이 가능하다.
  – 사무공간 및 공사비(칸막이 벽, 공조, 소화, 조명설비 등)가 절약되어 경제적이다.

• 단점
  – 소음이 발생하기 쉽다.
  – 프라이버시가 결여될 우려가 있다.
  – 사무실을 모듈에 의해 설계할 때 배치방법에 제약을 받는다.
  – 대형가구 등 소리를 반향시키는 기재의 사용이 어렵다.

08 대지의 도로 모퉁이 부분의 건축선으로 모퉁이에서 후퇴하는 A와 B의 거리(m)는?

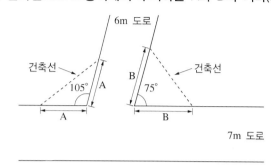

	A	B			A	B
①	1	1		②	2	3
③	3	4		④	4	3

해설
- A는 도로의 교차각이 105°이므로 90° 이상~120° 미만에 해당되며, 당해 도로의 너비가 7m일 경우에 교차되는 도로의 너비는 6m이므로, 3m가 된다.
- B는 도로의 교차각이 75°이므로 90° 미만에 해당되며, 당해 도로의 너비가 7m일 경우에 교차되는 도로의 너비는 6m이므로, 4m가 된다.

도로 모퉁이에서의 건축선
너비 8m 미만인 도로의 모퉁이에 위치한 대지의 도로 모퉁이 부분의 건축선은 그 대지에 접한 도로경계선의 교차점으로부터 도로경계선에 따라 다음의 표에 따른 거리를 각각 후퇴한 두 점을 연결한 선으로 한다.

도로의 교차각	당해 도로의 너비		교차되는 도로의 너비
	6m 이상~8m 미만	4m 이상~6m 미만	
90° 미만	4m	3m	6m 이상~8m 미만
	3m	2m	4m 이상~6m 미만
90° 이상~120° 미만	3m	2m	6m 이상~8m 미만
	2m	2m	4m 이상~6m 미만

09 일사량에 대한 설명으로 옳지 않은 것은?
① 일사량의 단위는 $kcal/m^2 \cdot h$로 나타낸다.
② 지표 노달 일사량은 태양고도가 낮을수록 증가한다.
③ 주택은 방향에 따라 일사량과 직접적인 관계가 있다.
④ 여름에는 수평면에 대한 일사량의 값이 대단히 크다.

해설
지표 도달 일사량은 태양고도가 낮을수록 감소하고, 태양고도가 높을수록 증가한다.

10 건축법령상 규정된 용어에 대한 설명으로 옳지 않은 것은?

① 이전 – 건축물의 주요구조부를 해체하지 아니하고 같은 대지의 다른 위치로 옮기는 것

② 개축 – 기존 건축물이 있는 대지에서 건축물의 건축면적, 연면적, 층수 또는 높이를 늘리는 것

③ 거실 – 건축물 안에서 거주, 집무, 작업, 집회, 오락, 그 밖에 이와 유사한 목적을 위하여 사용되는 방

④ 지하층 – 건축물의 바닥이 지표면 아래에 있는 층으로서 바닥에서 지표면까지 평균높이가 해당 층 높이의 이상인 것

해설

증축은 기존 건축물이 있는 대지에서 건축물의 건축면적, 연면적, 층수 또는 높이를 늘리는 것이다.

개축

• 기존 건축물의 전부 또는 일부를 해체하고 그 대지에 종전과 같은 규모의 범위에서 건축물을 다시 축조하는 것

• 일부 해체의 범위

　– 내력벽·기둥·보·지붕틀 중 셋 이상이 포함되는 경우를 말한다.

　– 한옥의 경우에는 지붕틀의 범위에서 서까래는 제외한다.

11 그림과 같은 배수용 트랩을 사용하기에 가장 적합한 곳은?

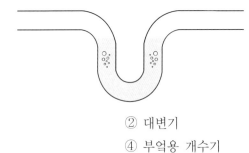

① 공공하수관　　　　　　　　　② 대변기

③ 세면기　　　　　　　　　　　④ 부엌용 개수기

해설

U트랩(가옥 트랩, 매인 트랩) : 배수 횡주관에 사용되는 형태로 수평배관 도중이나 말단에 설치한다. 공공하수관에서 발생하는 악취 또는 가스의 역류를 방지하지만 유수의 흐름을 저해하는 단점이 있다.

12 다음에서 설명하는 조명 방식은?

> 빛의 60~90%를 아래 방향으로 향하게 하여 작업면을 비추고, 10~40%의 빛이 천장이나 위 벽부분에서 반사되어 작업면의 조도를 증가시키는 방식

① 반직접조명
② 전반확산조명
③ 간접조명
④ 반간접조명

해설

반직접 조명은 빛의 60~90%를 하향으로 작업면을 비추고, 상향으로 10~40%의 빛이 천장이나 위 벽 부분에서 반사되어 작업면의 조도를 증가시키는 방식

기구 배광에 따른 분류

구분	설치 방식	상향광속	하향광속	장점	단점
직접 조명		0~10%	90~100%	• 조명이 좋다. • 높은 조도를 얻을 수 있다. • 먼지에 의한 감광이 적다. • 설비비가 저렴하다.	• 지저분할 수 있다. • 눈부심이 많다. • 눈이 피로하다. • 소요전력이 크다. • 공간 전체에 균일한 조도 유지가 어렵다.
반직접 조명		10~40%	60~90%		
전반 확산 조명		40~60%	40~60%	• 직접조명과 간접조명의 혼용 방식이다. • 각 조명 방식의 장점을 취한다.	
반간접 조명		60~90%	10~40%	• 조도가 균일하다. • 음영이 적다. • 안정된 분위기이다.	• 조명률이 나쁘다. • 먼지 감이 많다. • 천장의 영향을 많이 받는다. • 입체감이 적다.
간접 조명		90~100%	0~10%		

13 주동계획에서 탑상형의 계획적 특징이 아닌 것은?

① 판상형에 비하여 조망권 확보가 유리하다.

② 각 세대의 거주환경이 불균등하다.

③ 다양한 방향으로 창을 낼 수 있다.

④ 토지의 이용 효율이 감소한다.

해설

토지의 이용 효율이 증가한다.

주동 형태(입체 형태)에 따른 분류

• 판상형
  – 각 주호마다 균등한 자연환경조건을 갖도록 일렬(–자)로 연립한 형태를 취한다.
  – 각 주호마다 향, 일조, 통풍 등이 비교적 균등한 조건을 가질 수 있다.
  – 주동의 전면길이의 증가로 조망이 차단될 우려가 크다.
  – 외부공간에 긴 음영이 생겨 외부환경조건이 다소 좋지 않다.

• 탑상형
  – 대지의 조망, 경관계획상 유리하다.
  – 단지설계상 랜드마크(Landmark)의 역할을 기대할 수 있다.
  – 외부공간의 음영이 적어 외부환경조건이 유리하다.
  – 토지의 이용 효율이 증가한다.
  – 엘리베이터의 효율성이 낮아 관리비 측면에서 불리하다.
  – 각 주호의 환경조건이 불균등할 수 있다.

14 학교 단위공간계획에 대한 설명으로 옳지 않은 것은?

① 교실 출입구는 2개소에 설치한다.

② 교실의 크기는 7m × 9m가 적당하다.

③ 조명은 칠판의 조도가 책상면의 조도보다 높아야 한다.

④ 저학년은 한색 계통, 고학년은 난색 계통을 주로 사용한다.

해설

교실의 색채는 초등학교 저학년은 난색 계통이 좋고, 고학년은 사고력 증진을 위해 중성색이나 한색 계통을 사용한다.

교실의 색채조절 계획

• 색채는 주위와 대비가 작은 것이 좋다.
• 교실의 색채는 초등학교 저학년은 난색 계통이 좋고, 고학년은 사고력 증진을 위해 중성색이나 한색 계통을 사용한다.
• 창작적이고 감성적인 학습활동을 위한 음악교실이나 미술교실 등은 난색 계통이 좋다.

15 우리나라 고건축물과 그 특징을 바르게 연결한 것은?

① 봉정사 극락전 – 맞배지붕 – 민흘림기둥 – 다포식

② 수덕사 대웅전 – 팔작지붕 – 배흘림기둥 – 주심포식

③ 강릉 객사문 – 맞배지붕 – 민흘림기둥 – 다포식

④ 부석사 무량수전 – 팔작지붕 – 배흘림기둥 – 주심포식

해설
① 봉정사 극락전 – 맞배지붕 – 배흘림기둥 – 주심포식
② 수덕사 대웅전 – 맞배지붕 – 배흘림기둥 – 주심포식
③ 강릉 객사문 – 맞배지붕 – 민흘림기둥 – 주심포식

16 열환경에 대한 설명으로 옳지 않은 것은?

① 벽과 같은 고체를 통하여 유체에서 유체로 열이 전해지는 현상을 열관류라고 한다.

② 결로에는 재료의 표면에서 발생하는 표면결로와 재료 내부에서 발생하는 내부결로가 있다.

③ 난방은 건물 내부의 표면온도를 조절하여 실내 기온을 노점온도 이하로 유지한다.

④ 중공벽 내부의 실내측에 단열재로 시공한 벽은 결로를 방지하기 위하여 방습층을 설치하는 것이 효과적이다.

해설
난방은 건물 내부의 표면온도를 조절하여 실내 기온을 노점온도 이상으로 유지한다.

17 학교 건축계획에 대한 설명으로 옳은 것은?

① 학교운영 방식 중 종합교실형은 교실 수와 학급 수가 일치한다.

② 일반교실 배치 형식 중 클러스터형은 복도의 면적이 늘어나고 소음이 크다.

③ 일반교실 배치 형식 중 엘보형은 실의 개성을 살리기에 유리하다.

④ 학교운영 방식 중 달톤형은 각 학급을 두 분단으로 나누어 운영한다.

해설
② 일반교실 배치 형식 중 클러스터형은 복도의 면적이 줄어들고 소음이 적다.
③ 일반교실 배치 형식 중 엘보형은 실의 개성을 살리기가 다소 어렵다.
④ 학교운영 방식 중 플래툰형(P형)은 각 학급을 두 분단으로 나누어 운영한다.

18 급수 방식 중 압력탱크 방식에 대한 설명으로 옳은 것은?

① 탱크의 설치 위치에 제한이 없고 사용 수량에 맞추어 급수량을 조절한다.

② 수도 본관에서 인입관을 연결하여 수압으로 직접 급수하는 방식이다.

③ 수압을 일정하게 유지할 수 있고, 대규모 급수설비에 적합하다.

④ 급수펌프만으로 건물 내 급수하는 방식이다.

해설
② 수도직결식
③ 고가탱크식
④ 펌프직송 방식

---

19 다음에서 설명하는 소화설비는?

> 전용 소화전인 송수구를 통하여 실내로 물을 공급하는 것으로, 지하층의 일반화재진압을 위한 설비

① 옥내소화전　　　　　　　　② 옥외소화전

③ 스프링클러　　　　　　　　④ 연결살수설비

해설
연결살수설비는 전용 소화전인 송수구를 통하여 실내로 물을 공급하는 것으로, 지하층의 일반화재진압을 위한 설비이다.

연결살수설비
- 소방대가 건물 외벽 또는 외부에 있는 송수구를 통해 지하층 등의 천장에 설치되어 있는 헤드까지 송수하여 화재를 진입하는 소방시설이다.
- 지하층 부분의 면적 합계가 150m² 이상인 경우에 적용한다.
- 연결살수설비는 송수구, 배관, 살수헤드만으로 구성된다.
- 지하가 또는 지하실에서의 화재는 지하에 연기로 인해 소방대의 진입이 어렵고, 화재 원인부분에 유효하게 소화하는 것이 거의 불가능하므로 지하실 화재의 소화에는 소방호스에 의한 주수보다 호우 상태의 살수가 효과적이다.

---

20 건축계획의 의사결정 과정에 대한 설명으로 옳지 않은 것은?

① 발상·이미지 – 배치, 평면, 입면 등의 도면과 모형 등으로 구체화하는 단계

② 평가 – 목표 달성도와 조건 적응을 평가하는 단계

③ 조건설정 – 계획을 정확하게 결정하는 데 필요한 각종 정보의 처리작업 단계

④ 계획결정 – 선택과 수정을 거쳐 종합 평가한 후 최종계획을 결정하는 단계

해설
- 발상·이미지 : 목적에 필요한 각종 자료 및 정보를 수집하고 목표를 설정하는 단계이다.
- 모델화 과정 : 배치, 평면, 입면 등의 도면과 모형 등으로 구체화하는 단계이다.

CHAPTER 07

2021년 **국가직 7급**(2021.09.11.)

01 유치원 계획에 대한 설명으로 옳지 않은 것은?

① 적정 통원거리는 4세아의 경우 300m, 5세아의 경우 400m, 교통사정이 좋은 경우 최대 600m로 볼 수 있다.

② 유원장을 정적인 놀이공간, 중간적 놀이공간, 동적인 놀이공간으로 구분할 때, 동적인 놀이공간은 고정놀이기구를 이용하여 놀이활동을 하는 공간이며, 시소, 그네, 정글짐, 미끄럼틀 등으로 구성한다.

③ L자형 교사평면은 관리부문과 보육공간을 L자형으로 구성하는 유형이며, 관리실에서 보육실과 유희실을 감시할 수 있는 장점이 있다.

④ 중정형 교사평면은 채광이 좋은 안뜰을 놀이실 대용으로 사용할 수 있으나 소음문제가 야기될 수 있다.

> **해설**
> 동적인 놀이공간은 넓은 공지를 설치하여 자유롭게 움직이며 노는 공간으로 게임, 모험놀이, 공놀이, 달리기 등을 위한 공간으로 구성한다.
> 유치원 놀이공간(유원장) 구성 구분
> • 정적 놀이공간
>   – 교실 학습의 연장으로 자연에 대한 경험 및 휴식을 할 수 있는 공간이다.
>   – 테라스, 수목, 파고라, 화단, 모래밭, 식물재배장, 동물사육장 등으로 구성한다.
> • 동적 놀이공간
>   – 흙이나 잔디로 된 넓은 공지를 설치하여 자유롭게 움직이며 노는 공간이다.
>   – 게임, 모험놀이, 공놀이, 달리기 등을 위한 공간으로 구성한다.
> • 중간적 놀이공간
>   – 고정 놀이기구를 이용하여 놀이활동을 하는 공간이다.
>   – 그네, 시소, 미끄럼틀, 정글짐 등을 설치하며, 바닥은 넘어질 경우의 사고를 대비하여 부드러운 재료로 마감하는 것이 유리하다.

02 초등학교 계획에 대한 설명으로 옳은 것은?

① 주거단지 계획에서 인보구는 초등학교를 중심으로 하는 근린생활단위이다.

② 학교운영 방식 중 종합교실형은 초등학교 저학년에 적합하다.

③ 저학년 교실은 되도록 고층에 배치한다.

④ 순수율은 교실이 사용되고 있는 시간을 1주간의 평균수업시간으로 나눈 백분율 값이다.

> **해설**
> ① 주거단지 계획에서 근린주구는 초등학교를 중심으로 하는 근린생활단위이다.
> ③ 저학년 교실은 되도록 저층에 배치한다.
> ④ 이용률은 교실이 사용되고 있는 시간을 1주간의 평균수업시간으로 나눈 백분율 값이다.

03 공연장 계획에서 무대 및 관련 시설에 대한 설명으로 옳은 것은?

① 프롬프터 박스(Prompter Box)는 연극에 필요한 무대 소품과 장비를 보관하는 공간이며, 앤티룸(Anti Room) 이라고도 한다.

② 잔교(Light Bridge)는 그리드아이언(Grid Iron)에 올라가는 계단과 연결되는 좁은 활차이다.

③ 사이클로라마(Cyclorama)는 무대 제일 뒤에 설치되는 무대배경용 벽이다.

④ 록레일(Lock Rail)은 트랩룸(Trap Room)에서 무대배경 전체를 올려놓고 한 번에 오르내릴 수 있는 장치이다.

해설
① 프롬프터 박스(Prompter Box)는 공연 중 배우나 출연자가 대사나 가사를 알려주거나 주의환기를 위한 장소이다.
② 잔교(Light Bridge)는 무대 상부에서 작업자가 탑승하여 조명기구를 설치하고, 조명기구의 위치와 각도를 조절할 수 있는 발판을 가진 틀 구조물이다.
④ 록레일(Lock Rail)은 와이어 로프를 한 곳에 모아서 조정하는 장소로서 무대 벽 좌우에 설치한다.

04 병원의 병실계획 시 유의사항으로 옳지 않은 것은?

① 병실 출입문은 밖여닫이로 하고 문지방 단차는 2cm 이하로 한다.

② 병실의 천장은 환자의 시선이 늘 닿는 곳이므로 반사율이 큰 마감재료는 피한다.

③ 창면적은 바닥면적의 1/3~1/4 정도로 하며, 창대의 높이는 90cm 이하로 하여 외부 조망이 가능하도록 한다.

④ 조명설비는 환자의 병상마다 후면에 개별적으로 설치한다.

해설
병실 출입문은 안여닫이로 하고 문지방의 단차는 두지 않는다.

05 사회적 환경과 인간행태의 상호관계에 대한 설명으로 옳지 않은 것은?

① 프라이버시는 개인·집단 또는 단체의 접근을 통제하고 자신들에 관한 정보를 언제, 어떻게, 어느 정도로 전달할 것인지 스스로 결정할 권리라 할 수 있다.

② 과밀은 지각된 밀도의 함수이며, 이러한 지각은 기분, 개성, 물리적 상황의 영향에 좌우된다.

③ 영역성이란 보이지 않는 보호영역이며, 기포(Bubble)의 형태로 유기체가 가지고 다니며 자신과 타인 사이를 유지하는 성질이다.

④ 각자의 개인공간은 동적이고 그 치수는 변할 수 있으며, 침해당할 때 긴장과 불안이 야기된다.

> **해설**
> 개인적 공간(Personal Space)은 보이지 않는 보호영역이며, 기포(Bubble)의 형태로 유기체가 가지고 다니며 자신과 타인 사이를 유지하는 성질이 있다.
> **영역성(Territoriality)** : 영역이란 '특정 대상에 대해 권리를 주장하거나 책임의식을 유발할 수 있는 심리적, 물리적 범위 또는 경계'를 의미하는 것으로, 사적 공간(Private Space), 반사적/반공적 공간(Semi-private/Semi-public Space), 공적 공간(Public Space)으로 구분된다.

06 배수 및 통기관 설비에 대한 설명으로 옳은 것만을 모두 고르면?

> ㄱ. 통기관은 배수의 흐름을 원활하게 하고 트랩의 봉수를 보호하기 위해 설치한다.
> ㄴ. 봉수파괴 현상은 자기사이펀, 흡출, 분출, 증발 작용 등에 의해 발생한다.
> ㄷ. 결합 통기관은 위생기구마다 통기관이 하나씩 설치되는 것으로 가장 이상적이며 습윤 통기관이라고도 한다.
> ㄹ. 신정 통기관는 배수 수직관 상부에서 관경을 축소하지 않고 연장하여 대기 중에 개구한 통기관이다.

① ㄱ, ㄴ

② ㄱ, ㄷ

③ ㄱ, ㄴ, ㄹ

④ ㄴ, ㄷ, ㄹ

> **해설**
> ㄷ. 위생기구마다 통기관이 하나씩 설치되는 것으로 가장 이상적인 통기관은 각개 통기관이다.

07 바우하우스(Bauhaus)에 대한 설명으로 옳지 않은 것은?

① 데사우의 바우하우스는 디자인학부동, 공작실동, 기숙사동 등으로 구성되었다.

② 이론교육과 실습교육을 병행하였다.

③ 미술학교와 공예학교를 통합해 바이마르에 설립한 학교이며, 월터 그로피우스(Walter Gropius)가 초대 교장직을 수행하였다.

④ 예술의 복귀를 주장하는 존 러스킨(John Ruskin)의 영향을 받아 오토 와그너(Otto Wagner)가 설립하였다.

> **해설**
> • 바우하우스 : 1919~1933년까지 독일에서 월터 그로피우스(Walter Gropius)가 설립하여 운영한 학교로서 미술과 공예, 사진, 건축 등과 관련된 종합적인 내용을 교육하였다.
> • 빈 세제션 운동(Wien Secession) : 존 러스킨(John Ruskin), 윌리암 모리스(William Morris) 등에 의한 예술의 복귀를 주장하는 아르누보의 영향을 받아 오토 와그너(Otto Wagner)가 설립하였다.

08 건축 조형 원리에서 대칭성과 가장 거리가 먼 것은?

① 윌리엄 모리스(William Morris)의 '붉은 집(Red House)'

② 루이스 칸(Louis Kahn)의 '솔크(Salk) 생물학 연구소'

③ 에로 사리넨(Eero Saarinen)의 '잉골스(Ingalls) 하키경기장'

④ 마리오 보타(Mario Botta)의 '스타비오 원형 주택(Casa Rotonda)'

> **해설**
> 윌리엄 모리스(William Morris)의 '붉은 집(Red House)'은 필립 웹(Phillip Webb)과 함께 설계하여 지은 집이다. 벽돌을 주재료로 해서 회반죽으로 마감을 하던 당시의 19세기 중반의 영국의 유행과는 달리 붉은 벽돌을 이용해 따로 마감을 하지 않았고 좌우대칭을 무시하였다.

09 다음 설명에 해당하는 색의 조화로 가장 적합한 것은?

> 색상환에서 나란히 인접한 색상을 이용한 배색을 말하며, 한 가지 색을 공통으로 공유하므로 온화한 조화와 통일감 있는 배색효과를 갖는다. 실내디자인에 따뜻한 분위기를 주기 위해서는 너무 강한 색을 쓰면 자극적일 수 있으므로 적색, 황색, 오렌지색 등의 가까운 색으로 조화를 이루도록 구성하는 방법이 이에 해당한다.

① 단색 조화

② 명암 조화

③ 보색 조화

④ 유사색 조화

해설

유사색 조화는 색상환에서 나란히 인접한 유사 색상을 배색하여 조화를 이루도록 하는 방법이며, 한 가지 색을 공통으로 공유하므로 온화한 조화와 통일감 있는 배색효과를 갖는다.

10 건축물의 설비기준 등에 관한 규칙에 따른 환기설비에 대한 설명으로 옳은 것은?

① 신축공동주택 등의 자연환기설비 설치기준에 따른 공기여과기 성능은 계수법으로 측정하여 60% 이상이어야 한다.

② 신축공동주택 등에서 열회수형 환기장치의 유효환기량은 표시용량의 70% 이상이어야 한다.

③ 30세대 이상의 신축공동주택은 시간당 0.5회 이상의 환기가 이루어질 수 있도록 자연환기설비 또는 기계환기설비를 설치해야 한다.

④ 다중이용시설의 기계환기설비 용량기준은 시설의 단위면적당 환기량을 원칙으로 산정한다.

해설

① 신축공동주택 등의 자연환기설비 설치기준에 따른 공기여과기 성능은 계수법으로 측정하여 70% 이상이어야 하며, 기계환기설비의 경우는 60% 이상이어야 한다.

② 신축공동주택 등에서 열회수형 환기장치의 유효환기량은 표시용량의 90% 이상이어야 한다.

④ 다중이용시설의 기계환기설비 용량기준은 시설이용 인원당 환기량을 원칙으로 산정한다.

11 상업 건축에 대한 설명으로 옳은 것은?

① 입면 디자인 시 적용하는 AIDMA 법칙은 Attention(주의), Interest(흥미), Design(디자인), Memory(기억), Art(예술성)이다.

② 쇼핑센터에서 몰(Mall)의 구성 요소로는 고객의 휴식과 이벤트 등을 위한 페데스트리언 몰(Pedestrian Mall)과 점포와 점포를 연결하고 고객의 방향성과 동선을 유도하는 코트(Court)로 구분할 수 있으며, 전체 면적의 약 30%의 면적비율을 가진다.

③ 쇼핑센터의 핵점포는 단일 종류의 상품을 전문적으로 취급하는 상점과, 음식점 등의 서비스점으로 구성되며, 전체면적의 약 25%를 차지한다.

④ 백화점의 기둥간격(Span)을 결정하는 계획은 건축물의 구조안전과 층 높이를 충족한다는 전제 아래서 매장 진열대의 치수와 배치방법, 엘리베이터 및 에스컬레이터의 배치 방식, 지하주차장 계획 등이 고려되어야 한다.

해설
① 입면 디자인 시 적용하는 AIDMA 법칙은 Attention(주의), Interest(흥미), Desire(욕망), Memory(기억), Action(구매 행동)이다.
② 쇼핑센터에서 몰(Mall)의 구성 요소로는 고객의 휴식과 이벤트 등을 위한 코트(Court)와 점포와 점포를 연결하고 고객의 방향성과 동선을 유도하는 페데스트리언 몰(Pedestrian Mall)로 구분할 수 있으며, 전체면적의 약 10%의 면적비율을 가진다.
③ 쇼핑센터의 전문점은 단일 종류의 상품을 전문적으로 취급하는 상점과, 음식점 등의 서비스점으로 구성되며, 전체면적의 약 25%를 차지한다.

12 아파트의 주동 형식에 대한 설명으로 옳지 않은 것은?

① 탑상형은 인동간격으로 인해 배치계획상 판상형보다 제약이 많다.

② 판상형은 각호에 일조·통풍 등의 환경 조건이 균등하다.

③ 판상형 주동의 평행배치는 획일적이며 단조로운 배치가 되기 쉬운 단점이 있다.

④ 탑상형 아파트는 조망에 있어서 판상형보다 유리하다.

해설
판상형은 인동간격으로 인해 배치계획상 탑상형보다 제약이 많다.

13 미술관 전시실의 순로(순회) 형식에 대한 설명으로 옳지 않은 것은?

① 중앙홀 형식은 중앙홀이 크면 동선의 혼란을 초래할 수 있으나 장래의 확장에는 유리하다.

② 연속순로 형식은 소규모 전시실에 적합하며 비교적 전시벽면을 많이 만들 수 있다.

③ 연속순로 형식은 직사각형 또는 다각형의 각 전시실을 연속적으로 연결하는 형식이다.

④ 갤러리(Gallery) 및 코리도(Corridor) 형식은 각 실에 직접 출입이 가능하고 필요시 자유로이 독립적으로 폐쇄할 수 있다.

> **해설**
> 중앙홀 형식은 중앙홀이 크면 동선의 혼란이 줄일 수 있지만, 장래의 확장에는 불리하다.

14 도서관(교육연구시설) 계획에 대한 설명으로 옳지 않은 것은?

① 준주거지역, 자연녹지지역에서는 도서관 건축이 허용된다.

② 도서관은 30~40년 후의 장래 증축에 대해 충분히 대처할 수 있는 대지면적을 확보할 수 있는 곳이 좋다.

③ 서고의 높이는 2.3m 전후로 한다.

④ 적층식 서고는 층마다 서가를 놓는 방식이며, 서가가 고정식이 아니므로 평면계획상 유연성이 있다.

> **해설**
> 단독서가식 서고는 층마다 서가를 놓는 방식이며, 서가가 고정식이 아니므로 평면계획상 유연성이 있다. 특히 모듈러 시스템을 적용하는 경우 각 면적에 조화를 이룰 수 있다.

15 결로 방지대책에 대한 설명으로 가장 적절하지 못한 것은?

① 난방을 통해 건물 내부의 표면온도를 올리고 실내온도를 노점온도 이상으로 유지한다.

② 실내 습기증가를 방지하기 위하여 환기 횟수를 증가시킨다.

③ 열교현상이 일어나지 않도록 단열계획 및 시공을 완벽히 한다.

④ 중공벽에 방습층을 설치할 경우 단열재의 저온측인 실외측에 설치한다.

> **해설**
> 중공벽에 방습층을 설치할 경우 단열재의 고온측인 실내측에 설치한다.

16 공기조화 방식에 대한 설명으로 옳지 않은 것은?

① 전공기 방식은 외기냉방이 가능하며 공기청정 제어가 용이한 공조 방식이지만 설치공간을 많이 필요로 하는 단점이 있다.

② 팬코일 유닛 방식은 냉매 방식으로 덕트 스페이스는 크지만 각 실 조절이 편리하다는 장점이 있다.

③ 전공기 방식에는 단일 덕트 방식, 이중 덕트 방식 등이 있다.

④ 단일 덕트 변풍량 방식(VAV)은 단일 덕트 정풍량 방식(CAV)에 비해 에너지소비 및 송풍동력이 절약된다.

해설
팬코일 유닛 방식은 전수 방식으로 실내형 소형 공조기를 각 실에 설치하고 중앙 기계실로부터 냉수, 온수를 공급하여 공기조화를 하는 방식으로 덕트가 필요하지 않으며 각 실 조절이 편리하다.

17 창고 건축에서 하역장의 위치에 따른 평면 형식에 대한 설명으로 옳지 않은 것은?

① 외주 하역장 방식은 해안 부두 등 대규모 창고에 적합하다.

② 중앙 하역장 방식은 일기에 관계없이 하역할 수 있으나 채광상 불리하다.

③ 분산 하역장 방식은 각 창고에서 하역장까지의 거리가 모두 평준화되므로 화물의 처리가 빠르나 소규모 창고에는 부적합하다.

④ 무인 하역장 방식은 수용면적이 가장 크며, 직접 화물을 창고 내에 반입할 때 기계의 수량도 비교적 많이 필요하다.

해설
• 중앙 하역장 방식은 각 창고에서 하역장까지의 거리가 모두 평준화되므로 화물의 처리가 빠르나 소규모 창고에는 부적합하다.

• 분산 하역장 방식은 소규모의 창고를 필요로 하는 경우에 적합한 방식으로 창고별로 보관하는 물품의 수량이 적고 품목이 다른 경우에 적용하기 유리한 형식이다.

18 초기 기독교 시대 교회당의 (가)~(다)에 해당하는 명칭을 바르게 연결한 것은?

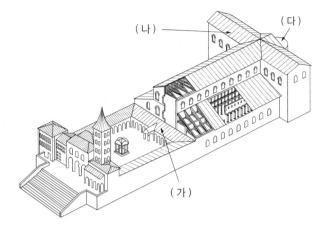

	(가)	(나)	(다)
①	트란셉트(Transept)	나르텍스(Narthex)	아일(Aisle)
②	나르텍스(Narthex)	트란셉트(Transept)	아일(Aisle)
③	나르텍스(Narthex)	트란셉트(Transept)	앱스(Apse)
④	트란셉트(Transept)	나르텍스(Narthex)	앱스(Apse)

해설
- (가) : 나르텍스(Narthex)로 신랑 내부로 들어가는 전실을 말한다.
- (나) : 트란셉트(Transept)로 수랑 또는 익랑으로서 신랑과 직각으로 교차되어 있는 회랑을 말한다.
- (다) : 앱스(Apse)로 후진(後陣)으로서 가장 깊숙히 위치해 있는 부분의 반원형 공간으로 제단이나 유물을 보관한다.

19 (가), (나)에 해당하는 전통건축의 부재 명칭을 바르게 연결한 것은?

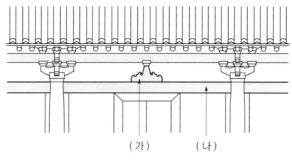

	(가)	(나)
①	대공	장혀
②	대공	창방
③	화반	장혀
④	화반	창방

20 장애인 · 노인 · 임산부 등의 편의증진 보장에 관한 법령상 설치기준 적합성을 확인해야 하는 편의시설의 종류로 옳은 것만을 모두 고르면?

ㄱ. 높이 차이가 제거된 건축물 출입구
ㄴ. 장애인 등의 이용이 가능한 샤워실 및 탈의실
ㄷ. 임산부 등을 위한 휴게시설
ㄹ. 점자블록
---

① ㄱ, ㄷ   ② ㄱ, ㄹ

③ ㄴ, ㄷ, ㄹ   ④ ㄱ, ㄴ, ㄷ, ㄹ

21 '하이테크(신공업기술주의) 건축' 건축가와 작품이 옳게 짝지어진 것만을 모두 고르면?

> ㄱ. 노만 포스터(Norman Foster) – 홍콩 상하이 은행 본부, 런던 시청
> ㄴ. 시저 펠리(Cesar Pelli) – 시그램 빌딩, 페트로나스 타워
> ㄷ. 프랭크 게리(Frank Gehry) – 게리 하우스, 빌바오 구겐하임 미술관
> ㄹ. 리처드 로저스(Richard Rogers) – 퐁피두 센터, 로이드 보험 본사

① ㄱ, ㄴ
② ㄱ, ㄹ
③ ㄴ, ㄷ
④ ㄷ, ㄹ

해설

ㄴ. 시그램 빌딩은 미스 반데어로에(Mies van der Rohe)의 작품이며, 페트로나스 타워는 시저 펠리(Cesar Pelli)의 작품이다.
ㄷ. 프랭크 게리(Frank Gehry)는 해체주의 건축가이며, 게리 하우스와 빌바오 구겐하임 미술관을 설계하였다.

하이테크(신공업기술주의) 건축

• 특성
 – 공업기술 지상주의로 공업생산에 의한 표준화된 새로운 재료와 부재를 신기술 신공법을 적극적으로 활용하여 건설하였다.
 – 구조체 설비 및 동선체계, 커튼월의 표피를 외관에 표현하여 시각적 강조하였다.
 – 가변성을 지닌 공간과 구조로 기능에 따라 융통성을 제공하였다.
• 건축가와 작품
 – 노만 포스터(Norman Foster) : 홍콩 상하이 은행 본부, 런던 시청
 – 리처드 로저스(Richard Rogers) : 퐁피두 센터, 로이드 보험 본사, 레니엄 롬
 – 케빈 로쉬(Kevin Roche) : 오클랜드 미술관, UN Plaza
 – 시저 펠리(Cesar Pelli) : 퍼시픽 디자인 센터, 페트로나스 타워

22 건축물의 에너지절약설계기준상 건축부문 설계기준의 권장사항에 해당하지 않는 것은?

① 발코니 확장을 하는 공동주택이나 창 및 문의 면적이 큰 건물에는 단열성이 우수한 로이(Low-E) 복층창이나 삼중창 이상의 단열성능을 갖는 창을 설치한다.
② 문화 및 집회시설 등의 대공간 또는 아트리움의 최상부에는 자연배기 또는 강제배기가 가능한 구조 또는 장치를 채택한다.
③ 단열조치를 하여야 하는 부위의 열관류율이 위치 또는 구조상의 특성에 의하여 일정하지 않는 경우에는 해당 부위의 평균열관류율 값을 면적가중계산에 의하여 구한다.
④ 틈새바람에 의한 열손실을 방지하기 위하여 외기에 직접 또는 간접으로 면하는 거실 부위에는 기밀성 창 및 문을 사용한다.

해설

③의 내용은 건축부문 설계기준의 의무사항에 속한다.

23 열관류율이 0.2W/m² · K인 벽체에 설치된 단열재 중 열저항이 2m² · K/W인 단열재를 두께가 같고 열저항이 5m² · K/W인 단열재로 교체하였을 때 해당 벽체의 열관류율은?

① 0.125W/m² · K

② 0.25W/m² · K

③ 0.33W/m² · K

④ 0.5W/m² · K

해설

교체 전, 벽체 전체의 열관류율이 0.2W/m² · K이므로, 교체 전, 벽 전체의 열저항 $= \dfrac{1}{\text{열관류율}} = \dfrac{1}{0.2} = 5\text{m}^2 \cdot \text{K/W}$이다.

이 중 단열재 부분의 열저항 값은 2m² · K/W이고 단열재를 제외한 벽체 부분의 열저항 값은 3m² · K/W가 된다.

따라서, 단열재를 제외한 벽체 부분의 열저항 값 3m² · K/W에 교체 후 단열재의 열저항 5m² · K/W를 합하면 8m² · K/W가 된다.

교체 후, 벽 전체의 열관류율 $= \dfrac{1}{\text{열저항}} = \dfrac{1}{8} = 0.125\text{W/m}^2 \cdot \text{K}$가 된다.

24 체육시설 계획에 대한 설명으로 옳지 않은 것은?

① 채광을 고려하여 체육관의 장축을 동서로 배치하는 것이 좋다.

② 일반적인 체육관의 크기는 농구코트 2면과 배구코트 1면이며, 1.5m 이상의 안전영역을 확보하는 것을 기준으로 한다.

③ 체육관 경기장의 벽은 경기자가 충돌하거나 용구가 부딪혀도 견딜 수 있는 강도와 탄성이 요구된다.

④ 육상경기장은 일반적으로 장축을 남북방향으로 배치하고, 오후의 서향 일광을 고려하여 주관람석을 서쪽에 둔다.

해설

일반적인 체육관의 크기는 농구코트 1면이며, 2m 이상의 안전영역을 확보하는 것을 기준으로 한다.

25 건축법 시행령상 직통계단을 2개소 이상 설치하여야 하는 경우가 아닌 것은?(단, 각각의 건축물은 총 지상 4층이고, 피난층 또는 지상으로 통하는 출입구가 있는 층은 1층이며, 각 경우는 해당용도 및 규모로만 4층에 계획한다)

① 치과병원의 용도로 쓰는 층으로서 그 층의 해당 용도로 쓰는 거실의 바닥면적의 합계가 150m^{2}인 경우

② 장애인 의료재활시설의 용도로 쓰는 층으로서 그 층의 해당 용도로 쓰는 거실의 바닥면적의 합계가 200m^{2}인 경우

③ 종교시설의 용도로 쓰는 층으로서 그 층에서 해당 용도로 쓰는 바닥면적의 합계가 300m^{2}인 경우

④ 업무시설 중 오피스텔의 용도로 쓰는 층으로서 그 층의 해당 용도로 쓰는 거실의 바닥면적의 합계가 400m^{2}인 경우

해설

의료시설(입원실이 없는 치과병원은 제외)은 3층 이상의 층으로서 그 층의 해당 용도로 쓰는 거실의 바닥면적의 합계가 200m^2 이상인 경우 직통계단을 2개소 이상 설치하여야 한다. 따라서, 치과병원의 용도로 쓰는 층으로서 그 층의 해당 용도로 쓰는 거실의 바닥면적의 합계가 150m^{2}인 경우에는 해당되지 않는다.

직통계단의 설치(건축법 시행령 제34조 제2항)

피난층 외의 층이 다음 각 호의 어느 하나에 해당하는 용도 및 규모의 건축물에는 국토교통부령으로 정하는 기준에 따라 피난층 또는 지상으로 통하는 직통계단을 2개소 이상 설치하여야 한다.

1. 제2종 근린생활시설 중 공연장·종교집회장, 문화 및 집회시설(전시장 및 동·식물원은 제외), 종교시설, 위락시설 중 주점영업 또는 장례시설의 용도로 쓰는 층으로서 그 층에서 해당 용도로 쓰는 바닥면적의 합계가 200m^2(제2종 근린생활시설 중 공연장·종교집회장은 각각 300m^2) 이상인 것
2. 단독주택 중 다중주택·다가구주택, 제1종 근린생활시설 중 정신과의원(입원실이 있는 경우로 한정), 제2종 근린생활시설 중 인터넷컴퓨터게임시설제공업소(해당 용도로 쓰는 바닥면적의 합계가 300m^2 이상인 경우만 해당)·학원·독서실, 판매시설, 운수시설(여객용 시설만 해당), 의료시설(입원실이 없는 치과병원은 제외), 교육연구시설 중 학원, 노유자시설 중 아동 관련 시설·노인복지시설·장애인 거주시설 및 장애인 의료재활시설, 수련시설 중 유스호스텔 또는 숙박시설의 용도로 쓰는 3층 이상의 층으로서 그 층의 해당 용도로 쓰는 거실의 바닥면적의 합계가 200m^2 이상인 것
3. 공동주택(층당 4세대 이하인 것은 제외) 또는 업무시설 중 오피스텔의 용도로 쓰는 층으로서 그 층의 해당 용도로 쓰는 거실의 바닥면적의 합계가 300m^2 이상인 것
4. 제1호부터 제3호까지의 용도로 쓰지 아니하는 3층 이상의 층으로서 그 층 거실의 바닥면적의 합계가 400m^2 이상인 것
5. 지하층으로서 그 층 거실의 바닥면적의 합계가 200m^2 이상인 것

01 건축정보모델링(Building Information Modeling)에 대한 설명으로 옳지 않은 것은?

① 3차원 기하학적 정보를 포함한 건축물 정보를 활용하여 기존의 도면에서 확인하기 어려웠던 설계 요구사항이나 건축법규 등을 검토할 수 있다.

② 설계, 시공, 구조, 설비 등 다양한 작업을 할 때 상호 간의 간섭이나 문제가 될 수 있는 사항을 미리 확인할 수 있다.

③ 작업자 간의 협업이 강화되어 필요시 실시간으로 모델정보를 공유할 수 있다.

④ 설계변경 시 파라메트릭 모델링 정보에 대한 데이터 무결성 확보가 불가능하므로 설계변경을 지양해야 한다.

해설
설계변경 시 파라메트릭 모델링 정보에 대한 데이터 확보가 가능하므로 설계변경 업무가 용이하다.

02 공장 건축에 대한 설명으로 옳지 않은 것은?

① 공장 건축형식 중 파빌리온 타입은 공간효율이 좋고 건축비가 저렴하다.

② 공장 건축형식 중 블록 타입은 단층구조의 평지붕이나 무창공장에 적합하다.

③ 공정중심 레이아웃은 다품종 소량생산이나 주문생산의 경우와 표준화가 어려운 경우에 사용된다.

④ 고정식 레이아웃은 조선, 항공, 토목 및 건축공사에 적합하다.

해설
공장 건축형식 중 블록 타입은 공간효율이 좋고 건축비가 저렴하지만, 파빌리온 타입은 분산배치로써 공간효율이 좋지 않고 건축비가 비싸다.

03 다음 건축물을 설계한 건축가는?

> • 파구스 팩토리는 '강철과 유리의 건축'을 향한 진보적인 발전을 의미하며, 특히 건물 모서리가 수직기둥 없이 투명한 유리상자의 피막으로 처리되어 비구조적 특성이 두드러지는 건축물이다.
> • 데사우의 바우하우스는 강의동, 작업실습동 및 학생기숙사 등 3개 동의 건물로 구성되며 비대칭성과 율동성이 두드러진다.

① 프랭크 로이드 라이트(Frank Lloyd Wright)
② 발터 그로피우스(Walter Gropius)
③ 르 코르뷔지에(Le Corbusier)
④ 미스 반데어로에(Mies van der Rohe)

해설
발터 그로피우스(Walter Gropius)는 데사우의 바우하우스, 파구스 팩토리를 설계하였다.

04 박물관 건축계획에 대한 설명으로 옳지 않은 것은?

① 전시공간의 동선계획은 관람객의 흐름을 의도하는 대로 유도할 수 있는 레이아웃이 되도록 교차통행이 이루어지도록 한다.
② 전시방법 중 벽면전시의 경우 시야는 약 40° 범위의 사물을 지각하는 데 익숙하며 수직적 시야는 위아래로 각각 27°로 설정한다.
③ 전시실의 순회 형식 중 중앙홀 형식은 대지의 이용률이 높은 장소에 설립할 수 있으며 중앙홀이 크면 동선에는 혼란이 없으나 장래에 확장하기가 어렵다.
④ 수장고는 온·습도의 급격한 변화를 방지하는 것이 중요하며 일반적으로 장래 확장을 고려하여 충분한 면적을 확보하는 것이 바람직하다.

해설
전시공간의 동선계획은 관람객의 흐름을 의도하는 대로 유도할 수 있는 레이아웃이 되도록 하며, 교차나 역순을 피하여 통행이 이루어지게 한다.

05 장애인·노인·임산부 등의 편의증진 보장에 관한 법률 시행규칙과 주차장법 시행규칙상 장애인전용주차구역에 대한 설명으로 옳지 않은 것은?

① 장애인전용주차구역은 장애인 등의 출입이 가능한 건축물의 출입구 또는 장애인용 승강설비와 가장 가까운 장소에 설치하여야 한다.

② 장애인전용주차구역의 크기는 평행주차 형식이 아닐 경우 주차대수 1대에 대하여 폭 3.3m 이상, 길이 5m 이상으로 하여야 한다.

③ 주차공간의 바닥면은 장애인 등의 승하차에 지장을 주는 높이 차이가 없어야 하며, 기울기는 1/12 이하로 할 수 있다.

④ 주차대수 규모가 100대인 노상주차장의 경우에는 2대부터 4대까지의 범위에서 장애인의 주차수요를 고려하여 해당 지방자치단체의 조례로 정하는 비율 이상의 장애인전용주차구획을 설치하여야 한다.

해설
주차공간의 바닥면은 장애인 등의 승하차에 지장을 주는 높이 차이가 없어야 하며, 기울기는 1/50 이하로 할 수 있다.

06 건축법 시행령과 건축물 설비기준 등에 관한 규칙상 비상용승강기와 승강장에 대한 설명으로 옳지 않은 것은?

① 높이 31m를 넘는 거실의 용도로 쓰이는 각 층의 바닥면적 중 최대바닥면적이 1,500m²인 건축물에는 비상용승강기를 1대 이상 설치하여야 한다.

② 높이 31m를 넘는 거실의 용도로 쓰이는 각 층의 바닥면적 중 최대바닥면적이 4,500m²인 건축물에는 화재가 났을 때 소화에 지장이 없도록 일정한 간격을 두고 비상용승강기를 2대 이상 설치하여야 한다.

③ 옥외승강장의 바닥면적은 비상용승강기 1대에 대하여 6m² 이상으로 한다.

④ 승강장에는 노대 또는 외부를 향하여 열 수 있는 창문이나 배연설비를 설치하여야 한다.

해설
승강장의 바닥면적은 비상용승강기 1대에 대하여 6m² 이상으로 할 것. 다만, 옥외에 승강장을 설치하는 경우에는 그러하지 아니하다.

07 근대 건축운동과 대표적인 건축가에 대한 설명으로 옳지 않은 것은?

① 표현주의는 대담한 의장과 디자인의 자유성을 부여한 조형적 설계를 실현하고자 하였으며 대표적인 건축가로는 에리히 멘델존(Erich Mendelsohn)이 있다.

② 구성주의는 입체주의를 수정하여 일반적인 형태를 추구하고자 하였으며 대표적인 건축가로는 르 코르뷔지에(Le Corbusier)가 있다.

③ 데 스틸은 큐비즘의 영향을 받고 신조형주의의 원리를 옹호하였으며 대표적인 건축가로는 아우드(J. J. P. Oud)가 있다.

④ 아르누보는 철을 사용한 유기적 곡선을 주요 모티브로 사용하였으며 대표적인 건축가로는 안토니 가우디(Antoni Gaudi)가 있다.

> **해설**
> 퓨리즘(Purism)은 입체주의를 수정하여 일반적인 형태를 추구하고자 하였으며 대표적인 건축가로는 르 코르뷔지에(Le Corbusier)가 있으며, 미술가 아메데 오장팡(Amédée Ozanfant)과 『입체주의 이후』라는 저서에서 퓨리즘의 토대를 규정하면서 주도하였다.

08 건축법령상 용도변경 중 신고대상이 아닌 것은?

① A는 소유건축물을 숙박시설에서 공동주택으로 용도변경하였다.

② B는 소유건축물을 운동시설에서 노유자시설로 용도변경하였다.

③ C는 소유건축물을 창고시설에서 업무시설로 용도변경하였다.

④ D는 소유건축물을 업무시설에서 의료시설로 용도변경하였다.

> **해설**
> 업무시설에서 의료시설로 용도변경하는 경우는 건축허가대상이 된다.
> **용도변경을 위한 건축물의 분류**
> • 허가대상 : 상위군(오름차순)에 해당하는 용도로 변경하는 행위
> • 신고대상 : 하위군(내림차순)에 해당하는 용도로 변경하는 행위
> • 건축물대장상의 기재변경신청 : 동일 시설군 내에서 용도 변경하는 행위

시설군	세부용도		
1. 자동차 관련 시설군	자동차 관련 시설		
2. 산업 등 시설군	① 운수시설 ④ 위험물 저장 및 처리시설 ⑦ 장례시설	② 창고시설 ⑤ 자원순환 관련 시설	③ 공장 ⑥ 묘지 관련 시설
3. 전기통신시설군	① 방송통신시설	② 발전시설	
4. 문화집회시설군	① 문화 및 집회시설	② 종교시설 ③ 위락시설	④ 관광휴게시설
5. 영업시설군	① 판매시설 ③ 숙박시설	② 운동시설 ④ 2종 근린생활시설 중 다중생활시설	
6. 교육 및 복지시설군	① 의료시설 ⑤ 야영장시설	② 교육연구시설 ③ 노유자시설	④ 수련시설
7. 근린생활시설군	① 제1종 근린생활시설	② 제2종 근린생활시설(다중생활시설 제외)	
8. 주거업무시설군	① 단독주택 ⑤ 국방·군사시설	② 공동주택 ③ 업무시설	④ 교정시설
9. 그 밖의 시설군	동물 및 식물 관련 시설		

09 다음의 조건일 때 건폐율과 용적률로 옳은 것은?

- 대지의 면적 : 200m^2
- 건물의 층수 : 지상 3층, 지하 2층
- 용도 : 지상 1층은 부속용도의 주차장으로 이용되며, 지상 2층과 3층은 사무실이다.
- 한 층의 바닥면적은 100m^{2}이며, 지상 1층의 주차장으로 이용되는 바닥면적은 60m^{2}이다(단, 모든 층의 바닥면적과 수평투영한 형태는 동일하며, 바닥면적과 건축면적은 같다).
- 배치도 :

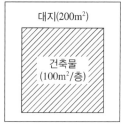

대지(200m^2)

건축물
(100m^2/층)

    건폐율   용적률

① 30%   100%

② 50%   120%

③ 50%   130%

④ 50%   150%

해설

건폐율 $= \dfrac{\text{건축면적}}{\text{대지면적}} \times 100\% = \dfrac{100\text{m}^2}{200\text{m}^2} \times 100\% = 50\%$

용적률 $= \dfrac{\text{연면적}}{\text{대지면적}} \times 100\% = \dfrac{(100-60)\text{m}^2 + (2 \times 100)\text{m}^2}{200\text{m}^2} \times 100\% = \dfrac{240\text{m}^2}{200\text{m}^2} \times 100\% = 120\%$

10 공기조화설비에서 고려해야 하는 냉ㆍ난방 부하에 대한 설명으로 옳은 것은?

① 틈새바람에 의한 부하는 냉방과 난방 모두에 해당하며 현열부하만 포함한다.

② 창유리를 통한 총 열취득량은 표준일사열취득, 유리창의 면적 및 차폐계수의 곱으로 구한다.

③ 인체 발열에 의한 냉방부하는 활동량에 따라 달라지는 데 활동량이 많아질수록 현열부하의 비중이 커진다.

④ 외벽을 통한 열취득량을 계산할 때 상당온도차는 외벽의 방위에 따라 다르다.

해설

① 틈새바람에 의한 부하는 냉방과 난방 모두에 해당하며 현열부하와 잠열부하가 모두 포함한다.

② 창유리를 통한 총 열취득량은 일사에 의한 투과열량(표준일사열취득 × 유리창의 면적 × 차폐계수)과 실내외의 온도차에 의한 관류열량의 합으로 구한다.

③ 인체 발열에 의한 냉방부하는 활동량에 따라 달라지는 데 활동량이 많아질수록 현열과 잠열부하의 비중이 모두 커진다.

11 도서관의 건축계획에 대한 설명으로 옳지 않은 것은?

① 서고의 장서보관방법과 열람실의 출납시스템을 우선적으로 결정하여야 하며, 반드시 장래의 확장에 대한 계획도 함께 고려하여야 한다.

② 적층 서가식은 건물 각 층 바닥에 서가를 놓는 방식으로 고정식이 아니므로 평면계획상 융통성이 있다.

③ 모듈러 시스템의 적용 필요성이 높으며, 서고의 서가배치 및 열람실의 좌석배치 등을 충분히 검토해야 한다.

④ 서고의 환경은 온도 15℃, 습도 63% 정도가 좋으며, 도서 보존을 위하여 내부는 어두운 것이 좋다.

해설
단독 서가식은 건물 각 층 바닥에 서가를 놓는 방식으로 고정식이 아니므로 평면계획상 융통성이 있다.
서가의 형식
• 적층 서가식 : 도서관 건물의 한쪽을 최하층에서 최상층까지 서고로 차지하는 형식으로 수직 동선으로 연결하며, 채광과 환기를 고려하여야 한다.
• 단독 서가식 : 건물 각 층 바닥에 서가를 놓는 것으로 고정식이 아니므로 평면계획상에서는 융통성이 있다.
• 절충식 서가 : 적층식과 단독식 서가를 절충한 방법으로 2가지를 조합시킨 형식이다.

12 공동주택의 단면 유형에 대한 설명으로 옳지 않은 것은?

① 플랫은 공용부에 접하는 면적이 클 때에는 프라이버시 침해를 받기 쉬우나, 평면구성이 용이하다.

② 스킵플로어는 통로면적 등 공유면적이 감소하나 전용면적은 증가하며, 비상시 대피하기에 불리하다.

③ 메조넷은 소규모 주택에서 경제성과 공간 다양성을 동시에 확보할 수 있으나, 중복도형인 경우에 소음이 발생한다.

④ 트리플렉스는 주호가 3개 층으로 구성되어 통로가 없는 층의 평면은 프라이버시와 통풍 및 채광에 유리하나, 단면이 복잡하여 설계하기가 어렵다.

해설
플랫(Flat) 형식은 소규모 주택에서 경제성과 공간 다양성을 동시에 확보할 수 있으나, 중복도형인 경우에 소음이 발생한다.

13 다음 조건상 실내에서 허용되는 이산화탄소 농도는?

> • 바닥면적 100m², 천장고 3m인 강의실에 설치된 기계환기장치가 환기횟수 2회/h의 풍량으로 가동되고 있다.
> • 호흡으로 발생하는 실내 이산화탄소량은 3m³/h이다.
> • 급기되는 공기의 이산화탄소 농도는 0으로 가정한다.
>
> $$필요환기량 = \frac{실내\ CO_2\ 발생량}{실내\ CO_2\ 허용농도 - 외기의\ CO_2\ 농도}[m^3/h]$$

① 500ppm

② 2,000ppm

③ 5,000ppm

④ 20,000ppm

해설

필요환기량 $= 100m^2 \times 3m \times 2회/h = 600m^3 \cdot 회/h$

$600m^3 \cdot 회/h = \dfrac{3m^3 \cdot 회/h}{(실내\ CO_2\ 허용농도 \times 10^{-6})ppm - 0}$

$\therefore$ 실내 CO_2 허용농도(ppm) $= \dfrac{1}{2 \times 10^{-4}} = 5,000\,ppm$

14 다음은 물류센터 화재와 관련된 기사에서 발췌한 것이다. (가)와 (나)에 들어갈 숫자로 옳은 것은?

> 코로나19 사태 이후 대형창고나 물류센터가 도심지 가까이에 우후죽순처럼 들어서고 있다. 그러나 화재안전의 관점에서 접근한다면 지난 6월 경기도 내 ○○물류센터에서 발생한 화재사고와 같이 대형화재로 이어질 위험성 또한 상존하고 있는 것도 사실이다. …(중략)… 건축법 시행령과 건축물의 피난·방화구조 등의 기준에 관한 규칙에 따르면, 주요구조부가 내화구조 또는 불연재료로 된 건축물로서 연면적이 1,000m²를 넘는 것은 국토교통부령으로 정하는 기준에 따라 내화구조로 된 바닥·벽 및 60분+방화문 또는 자동방화셔터 등으로 구획하여야 한다. 이때, 10층 이하의 층은 바닥면적 (가)m² 이내마다 방화구획을 하여야 하는데 만약 스프링클러 기타 이와 유사한 자동식소화설비를 설치한 경우에는 바닥면적 (나)m² 이내마다 설치할 수 있다. …(후략)

	(가)	(나)
①	200	2,000
②	200	3,000
③	1,000	2,000
④	1,000	3,000

해설

10층 이하의 층은 바닥면적 1,000m² 이내마다 방화구획을 하여야 하는데 만약 스프링클러 기타 이와 유사한 자동식 소화설비를 설치한 경우에는 바닥면적 3,000m² 이내마다 설치할 수 있다.

15 게슈탈트 심리학에서 주장하는 도형조직의 원리에 대한 설명으로 옳지 않은 것은?

① 시각요소 간의 거리가 가까운 것보다 먼 것들이 모여 시각요소 그룹이 결정된다.

② 시각요소 간의 거리가 동일한 경우에는 유사한 물리적 특성을 지닌 요소들이 하나의 그룹으로 느껴진다.

③ 직선 또는 단순한 곡선을 따라 같은 방향으로 연결된 것처럼 보이는 요소는 동일한 그룹으로 느껴진다.

④ 시각요소를 지각할 때에는 더욱 위요된 혹은 더욱 완전한 도형을 선호하는 방향으로 그룹을 형성한다.

해설

접근성으로서 시각요소 간의 거리가 가까운 것들이 모여 시각요소 그룹이 결정된다.

게슈탈트 법칙의 종류

• 접근성(근접의 법칙, Law of Proximity) : 근접한 것끼리 짝지어져 보이는 착시현상으로 사물을 인지할 때, 가까이에 있는 물체들을 하나의 그룹으로 묶어 인지한다.

• 유사성(유동의 법칙, Law of Similarity) : 형태, 규모, 색, 질감 등에 있어서 유사한 시각적 요소들이 연관되어 보이는 착시현상으로 거리가 동일한 경우에는 유사한 물리적 특성을 지닌 요소들이 하나의 그룹으로 느껴진다.

• 연속성(연속의 법칙, Law of Continuity) : 유사한 배열이 하나의 묶음으로 시각적 이미지의 연속장면으로 보이는 착시현상으로 직선 또는 단순한 곡선을 따라 같은 방향으로 연결된 것처럼 보이는 요소는 동일한 그룹으로 느껴진다.

• 폐쇄성(폐합의 법칙, Law of Closure) : 시각적 요소들이 어떤 형상으로 허용되어 보이는 착시현상으로 더욱 위요된 혹은 더욱 완전한 도형을 선호하는 방향으로 그룹을 형성한다.

• 그림과 바탕(도형과 배경) : 시각적 요소들이 어떤 형상으로 허용되어 보이는 착시현상으로 루빈의 항아리의 착시 등이 있다.

• 공통성(공동 운명의 법칙, Law of Common Fate) : 대상이나 형태들이 같은 방향으로 움직일 때 그것을 하나의 단위로 인식한다.

16 녹색건축물 조성 지원법 시행령상 건축주가 '에너지 절약계획서'를 제출해야 하는 건축물은?(단, 모두 신축 건축물이다)

① 연면적 10,000m²인 냉방 및 난방설비를 모두 설치하지 아니하는 농수산물도매시장

② 연면적 5,000m²인 냉방 및 난방설비를 모두 설치하는 식물원

③ 연면적 300m²인 냉방 및 난방설비를 모두 설치하는 탁구장

④ 연면적 300m²인 냉방 및 난방설비를 모두 설치하는 동물병원

해설

농수산물도매시장은 냉방 및 난방설비를 모두 설치하지 아니하는 경우일 때, 에너지 절약계획서 제출 제외대상에 해당되지 않는다.

에너지 절약계획서 제출 대상 건축물

다음의 어느 하나에 해당하는 신청을 하는 경우에는 대통령령으로 정하는 바에 따라 에너지 절약계획서를 제출하여야 한다.

1. 건축허가(대수선은 제외한다)
2. 용도변경 허가 또는 신고
3. 건축물대장 기재내용 변경

에너지 절약계획서 제출 제외대상 건축물

다음의 어느 하나에 해당하는 건축물을 건축하려는 건축주는 에너지 절약계획서를 제출하지 아니한다.

1. 단독주택
2. 문화 및 집회시설 중 동·식물원
3. 공장, 창고시설, 위험물 저장 및 처리 시설, 자동차 관련 시설, 동물 및 식물 관련 시설, 자원순환 관련 시설, 교정시설, 국방·군사 시설(제1종 근린생활시설 제외), 방송통신시설(제1종 근린생활시설 제외), 발전시설, 묘지 관련 시설의 건축물 중 냉방 및 난방 설비를 모두 설치하지 아니하는 건축물
4. 그 밖에 국토교통부장관이 에너지 절약계획서를 첨부할 필요가 없다고 정하여 고시하는 건축물

17 건축법 시행령과 건축물의 피난·방화구조 등의 기준에 관한 규칙상 '피난안전구역'에 대한 설명으로 옳지 않은 것은?

① 높이는 2.1m 이상으로 한다.

② 건축물 내부에서 피난안전구역으로 통하는 계단은 특별피난계단의 구조로 하여야 한다.

③ 초고층 건축물에는 지상층으로부터 최대 30개 층마다 1개소 이상 설치하여야 한다.

④ 기계실, 보일러실, 전기실 등 건축설비를 설치하기 위한 공간과 동일한 층에는 설치할 수 없다.

해설

기계실, 보일러실, 전기실 등 건축설비를 설치하기 위한 공간과 동일한 층에는 설치할 수 있다.

피난안전구역의 설치기준

① 피난안전구역은 해당 건축물의 1개 층을 대피공간으로 하며, 대피에 장애가 되지 아니하는 범위에서 기계실, 보일러실, 전기실 등 건축설비를 설치하기 위한 공간과 같은 층에 설치할 수 있다. 이 경우 피난안전구역은 건축설비가 설치되는 공간과 내화구조로 구획하여야 한다.

② 피난안전구역에 연결되는 특별피난계단은 피난안전구역을 거쳐서 상·하층으로 갈 수 있는 구조로 설치하여야 한다.

③ 피난안전구역의 구조 및 설비는 다음 각 호의 기준에 적합하여야 한다.

1. 피난안전구역의 바로 아래층 및 위층은 녹색건축물 조성 지원법에 따라 국토교통부장관이 정하여 고시한 기준에 적합한 단열재를 설치할 것
2. 피난안전구역의 내부마감재료는 불연재료로 설치할 것
3. 건축물의 내부에서 피난안전구역으로 통하는 계단은 특별피난계단의 구조로 설치할 것
4. 비상용승강기는 피난안전구역에서 승하차할 수 있는 구조로 설치할 것
5. 피난안전구역에는 식수공급을 위한 급수전을 1개소 이상 설치하고 예비전원에 의한 조명설비를 설치할 것
6. 관리사무소 또는 방재센터 등과 긴급연락이 가능한 경보 및 통신시설을 설치할 것
7. 별도로 정하는 기준에 따라 산정한 면적 이상일 것
8. 피난안전구역의 높이는 2.1m 이상일 것
9. 배연설비를 설치할 것
10. 그 밖에 소방청장이 정하는 소방 등 재난관리를 위한 설비를 갖출 것

17 ④ **정답**

18 댐퍼의 종류와 용도에 대한 설명으로 옳지 않은 것은?

① 슬라이드형 댐퍼는 한 방향으로 열리지만 역방향으로는 열리지 않아 역류방지용으로 쓰인다.

② 단익형 댐퍼는 버터플라이형 댐퍼라고도 하며 소형덕트에 쓰인다.

③ 다익형 댐퍼는 대형덕트에 쓰이며, 대향익형이 평행익형보다 제어성이 좋다.

④ 스플릿형 댐퍼는 덕트 분기부에서 풍량조절용으로 쓰인다.

해설
• 역류방지 댐퍼는 한 방향으로 열리지만 역방향으로는 열리지 않아 역류방지용으로 쓰이는 댐퍼로서 화장실이나 욕실 천장 등의 환풍기에 연결하여 사용한다.

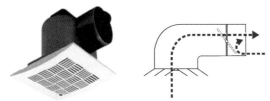

• 슬라이드형 댐퍼는 미닫이문처럼 날개가 가이드를 따라서 개폐되는 댐퍼이다.

19 사무소 건축계획에 대한 설명으로 옳지 않은 것은?

① 렌터블 비(Rentable Ratio)는 임대사무실의 채산성의 지표가 되는데, 일반적으로 70~75% 범위가 표준이다.

② 코어계획은 유효면적률을 높이기 위한 것으로 중심코어형은 바닥면적이 작은 경우에 적합하다.

③ 오피스 랜드스케이프 형식은 작업패턴의 변화에 따라 신속한 대처가 가능하며 공간이 절약된다.

④ 엘리베이터 설치 시 수송력 향상을 위하여 엘리베이터 조닝계획을 통해 왕복시간을 단축하는 방향으로 계획한다.

해설
코어계획은 유효면적률을 높이기 위한 것으로 중심코어형은 바닥면적이 큰 경우에 적합하다.

20 건축물에 대한 설명으로 옳은 것만을 모두 고르면?

> ㄱ. 르 코르뷔지에(Le Corbusier)의 사보아 주택은 '새로운 건축의 5원칙'을 모두 보여주는 건물이다.
> ㄴ. 미스 반데어로에(Mies van der Rohe)의 시그램 빌딩은 미스의 대표적인 고층 오피스 건물이다.
> ㄷ. 프랭크 로이드 라이트(Frank Lloyd Wright)의 구겐하임 미술관은 주된 외장재료로 석회석과 티타늄을 사용하였다.

① ㄱ
② ㄷ
③ ㄱ, ㄴ
④ ㄴ, ㄷ

해설
- 프랭크 로이드 라이트(Frank Lloyd Wright)의 미국 뉴욕의 구겐하임 미술관은 철골 구조에 콘크리트와 유리를 덧씌우는 방식으로 건축되었다.
- 프랭크 게리(Frank Gehry)의 스페인 빌바오 구겐하임 미술관은 주된 외장재료로 티타늄, 석회암, 유리 등의 소재로 마감하였다.

01 호텔 건축계획에 대한 설명으로 옳지 않은 것은?

① 직원용 출입구는 관리상 가급적 여러 개를 설치한다.

② 객실은 차음상 엘리베이터 샤프트와 거리를 두어 배치한다.

③ 숙박 고객과 연회 고객의 출입구는 분리하는 것이 좋다.

④ 물품 검수용 출입구는 검사 및 관리상 1개소로 한다.

해설

종업원(직원)의 출입구 및 물품의 반출입구는 각각 1개소로 함으로써 관리상 효율화를 도모한다.

02 사무소 건축계획에서 승강기 조닝(Zoning)에 대한 설명으로 옳지 않은 것은?

① 더블데크(Double Deck) 방식은 단층형 승강기를 이용하며, 복합용도의 초고층 건물에 적합하다.

② 스카이로비(Sky Lobby) 방식은 초고속의 셔틀(Shuttle) 승강기를 설치한다.

③ 승강기 조닝(Zoning)은 수송시간 단축, 유효면적 증가 등의 이점이 있다.

④ 컨벤셔널(Conventional) 방식은 여러 층으로 구성된 1존(Zone)을 1뱅크(Bank)의 승강기가 서비스하는 방식이다.

해설

더블데크 엘리베이터(Double-deck Elevator)는 하나의 승강로에 2대의 카를 설치하는 복층형 엘리베이터이므로 수송능력 증대가 가능하고, 건물 점유면적도 축소할 수 있으므로 초고층 빌딩의 셔틀용으로 채용하는 것이 효과적이다.

03 연립주택 분류 중 중정형 주택(Patio House)에 대한 설명으로 옳지 않은 것은?

① 아트리움 하우스(Atrium House)라고도 한다.

② 내부 세대의 중시 잃은 채광을 극복하기 위해 일부 세대들을 2층으로 구성할 수 있다.

③ 격자형의 단조로운 형태를 피하기 위해 돌출 또는 후퇴시킬 수 있다.

④ 경사지의 자연지형 훼손을 최소화하기 위해 많이 활용되며, 한 세대의 지붕이 다른 세대의 테라스로 사용된다.

해설

테라스 하우스(Terraced House)는 경사지의 자연지형 훼손을 최소화하기 위해 많이 활용되며, 한 세대의 지붕이 다른 세대의 테라스로 사용된다.

04 건축법상 '주요구조부'에 속하는 것만을 모두 고르면?

ㄱ. 내력벽	ㄴ. 작은 보
ㄷ. 주계단	ㄹ. 지붕틀
ㅁ. 옥외 계단	ㅂ. 최하층 바닥

① ㄱ, ㄴ, ㄷ　　　　　　　　　② ㄱ, ㄷ, ㄹ

③ ㄱ, ㄷ, ㅂ　　　　　　　　　④ ㄴ, ㄹ, ㅁ

해설
작은 보, 옥외 계단, 최하층 바닥은 건축법상 '주요구조부'에 속하지 않는다.

05 범죄예방 건축기준 고시상 범죄예방 건축기준 용어의 정의에 대한 설명으로 옳지 않은 것은?

① '접근통제'란 출입문, 담장, 울타리, 조경, 안내판, 방범시설 등을 설치하여 외부인의 진·출입을 통제하는 것을 말한다.

② '영역성 확보'란 공적 공간과 사적 공간의 적극적 연계를 통해 지역 공동체(커뮤니티)를 증진하는 것을 말한다.

③ '활동의 활성화'란 일정한 지역에 대한 자연적 감시를 강화하기 위하여 대상 공간 이용을 활성화시킬 수 있는 시설물 및 공간계획을 하는 것을 말한다.

④ '자연적 감시'란 도로 등 공공공간에 대하여 시각적인 접근과 노출이 최대화되도록 건축물의 배치, 조경, 조명 등을 통하여 감시를 강화하는 것을 말한다.

해설
영역성 확보는 공간배치와 시설물 설치를 통해 공적 공간과 사적 공간의 소유권 및 관리와 책임 범위를 명확히 하는 것을 말한다.

06 박물관 건축계획에서 배치유형에 대한 설명으로 옳은 것은?

① 분동형(Pavilion Type)은 단일 건축물 내에 크고 작은 전시실을 집약하는 형식으로, 가동적인 전시연출에 유리하다.

② 개방형(Open Plan Type)은 분산된 여러 개의 전시실이 광장을 중심으로 건물군을 이루는 형식으로, 많은 관람객의 집합, 분산, 선별 관람에 유리하다.

③ 중정형(Court Type)은 중정을 중심으로 전시실을 배치한 형식으로, 실내·외 전시공간 간 유기적 연계에 유리하다.

④ 폐쇄형(Closed Plan Type)은 분산된 여러 개의 전시실이 작은 광장 주변에 분산 배치되는 형식으로, 자연채광을 도입하는 데 유리하다.

해설
① 단일 건축물 내에 크고 작은 전시실을 집약하는 형식으로, 가동적인 전시연출에 유리한 형식은 단일 형식이다.
②·④ 분산된 여러 개의 전시실이 광장을 중심으로 건물군을 이루는 형식으로, 많은 관람객의 집합, 분산, 선별 관람에 유리한 형식은 분동 형식(Pavilion Type)이다.

07 수격작용(Water Hammering)에 대한 설명으로 옳지 않은 것은?

① 수격작용은 밸브, 수전 등의 관 내 흐름을 순간적으로 막을 때 발생한다.

② 수격작용이 발생하면 배관이나 기구류에 진동이나 소음이 발생한다.

③ 수격방지기구는 발생원이 되는 밸브와 가급적 먼 곳에 부착한다.

④ 수격작용을 방지하기 위하여 관 내 유속을 가능한 한 느리게 한다.

해설
수격방지기구는 발생원이 되는 밸브와 가급적 가까운 곳에 부착한다.

08 신·재생에너지에 대한 설명으로 옳지 않은 것은?

① 재생에너지는 햇빛이나 물과 같은 자연요소가 아닌 재생가능한 에너지를 변환시켜 이용하는 것이다.

② 수소에너지와 연료전지는 신에너지에 속한다.

③ 연료전지는 수소, 메탄 및 메탄올 등의 연료를 산화시켜서 생기는 화학에너지를 전기에너지로 변환시킨 것이다.

④ 신에너지 및 재생에너지 개발·이용·보급 촉진법에서 신·재생에너지 이용의무화 등을 규정하고 있다.

해설
재생에너지는 햇빛·물·지열·강수·생물유기체 등의 자연요소를 포함하는 재생 가능한 에너지를 변환시켜 이용하는 에너지이다.

09 그림의 밸브에 대한 설명으로 옳은 것은?

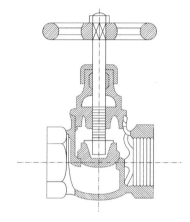

① 슬루스 밸브(Sluice Valve)라고 하며, 유체의 흐름에 대하여 마찰이 적어 물과 증기의 배관에 주로 사용된다.

② 스톱 밸브(Stop Valve)라고 하며, 유로 폐쇄나 유량 조절에 적합하다.

③ 체크 밸브(Check Valve)라고 하며, 스윙형과 리프트형이 있고 그림은 리프트형을 나타낸 것이다.

④ 글로브 밸브(Globe Valve)라고 하며, 쐐기형의 밸브가 오르내림으로써 유체의 흐름을 반대 방향으로 흐르지 못하게 한다.

> **해설**
> 스톱 밸브(Stop Valve)로서 밸브 본체가 상하로 움직임이면서 밸브시트에 접촉하면서 유량을 제어하거나 유체의 흐름을 완전하게 개폐하도록 한 밸브이며, 종류에는 글로브 밸브(유체의 흐름이 직선)와 앵글 밸브(유체의 흐름이 직각)가 있다.

10 다음 중 근대 건축의 대표적인 건축가와 작품이 잘못 짝지어진 것은?

① 미스 반데어로에(Mies van der Rohe) - 판스워스(Farnsworth) 주택

② 르 코르뷔지에(Le Corbusier) - 롱샹(Ronchamp) 성당

③ 알바 알토(Alvar Aalto) - 솔크(Salk) 생물학연구소

④ 발터 그로피우스(Walter Gropius) - 파구스(Fagus) 공장

> **해설**
> 솔크(Salk) 생물학연구소는 소아마비 백신을 만들어낸 노벨상 수상자 조너스 에드워드 솔크(Jonas Edward Salk) 박사의 의뢰로 루이스 칸이 설계하였다.

11 다음 설명에 해당하는 설비는?

건물 내부의 각 층에 설치되어 화재 시 급수설비로부터 배관을 통하여 호스(Hose)와 노즐(Nozzle)의 방수압력에 따라 소화 효과를 발휘하는 설비이다. 소방대상물의 각 부분으로부터 수평거리 25m 이하에 설비를 설치하여야 한다.

① 드렌처(Drencher) 설비　　　　　② 스프링클러(Sprinkler) 설비
③ 연결송수관설비　　　　　　　　　④ 옥내소화전설비

해설
옥내소화전 설비는 건물 내부의 각 층에 설치되어 화재 시 급수설비로부터 배관을 통하여 호스(Hose)와 노즐(Nozzle)의 방수압력에 따라 소화 효과를 발휘하는 설비이다.

12 다음에서 설명하는 도시계획가는?

• 도시와 농촌의 관계에서 서로의 장점을 결합한 도시를 주장하였다.
• 그의 이론은 런던 교외 신도시지역인 레치워스(Letchworth)와 웰윈(Welwyn) 지역 등에서 실현되었다.
• 『내일의 전원도시(Garden Cities of Tomorrow)』를 출간하였다.

① 하워드(E. Howard)　　　　　　　② 페리(C. A. Perry)
③ 페더(G. Feder)　　　　　　　　　④ 가르니에(T. Garnier)

해설
하워드(E. Howard)는 『내일의 전원도시(Garden Cities of Tomorrow)』를 출간하면서, 도시와 농촌의 관계에서 서로의 장점을 결합한 도시를 주장하였다.

13 자연형 태양열시스템 중 부착온실 방식에 대한 설명으로 옳지 않은 것은?

① 집열창과 축열체는 주거공간과 분리된다.
② 온실(Green House)로 사용할 수 있다.
③ 직접획득 방식에 비하여 경제적이다.
④ 주거공간과 분리된 보조생활공간으로 사용할 수 있다.

해설
부착온실 방식은 온실을 설치하는 간접획득 방식으로서 직접획득 방식에 비하여 열취득 및 효율면에서 비경제적이다.

14 학교운영 방식에 대한 설명으로 옳은 것은?

① 종합교실형은 초등학교 고학년에 가장 적합하다.

② 교과교실형은 모든 교실을 특정 교과를 위해 만들어 일반교실은 없으며 학생의 이동이 많은 방식이다.

③ 플래툰형은 학년과 학급을 없애고 학생들은 각자의 능력에 따라 교과를 선택하고 일정한 교과를 수료하면 졸업하는 방식이다.

④ 달톤형은 각 학급을 2분단으로 나누어 한쪽이 일반교실을 사용할 때 다른 한쪽은 특별교실을 사용한다.

해설

① 종합교실형은 초등학교 저학년에 가장 적합하다.

③ 플래툰형은 각 학급을 2분단으로 나누어 한쪽이 일반교실을 사용할 때 다른 한쪽은 특별교실을 사용한다.

④ 달톤형은 학년과 학급을 없애고 학생들은 각자의 능력에 따라 교과를 선택하고 일정한 교과를 수료하면 졸업하는 방식이다.

15 녹색건축물 조성 지원법령상 녹색건축물에 대한 설명으로 옳지 않은 것은?

① 녹색건축물이란 저탄소 녹색성장 기본법 제54조에 따른 건축물과 환경에 미치는 영향을 최소화하고 동시에 쾌적하고 건강한 거주환경을 제공하는 건축물을 말한다.

② 국토교통부장관은 지속 가능한 개발의 실현과 자원절약형이고 자연친화적인 건축물의 건축을 유도하기 위하여 녹색건축 인증제를 시행한다.

③ 녹색건축 인증 등급은 에너지 소요량에 따라 10등급으로 한다.

④ 녹색건축 인증의 유효기간은 녹색건축 인증서를 발급한 날부터 5년으로 한다.

해설

※ 법 제정으로 '저탄소 녹색성장 기본법 제54조 → 탄소중립기본법 제31조'로 변경되었다.

녹색건축 인증 등급은 4등급으로 분류하며 최우수(그린 1등급), 우수(그린 2등급), 우량(그린 3등급) 또는 일반(그린 4등급)으로 구분한다.

16 도서관 건축계획 중 출납시스템에 대한 설명으로 옳지 않은 것은?

① 자유개가식은 도서가 손상되기 쉽고 분실 우려가 있다.

② 안전개가식은 도서 열람의 체크 시설이 필요하다.

③ 반개가식은 열람자가 직접 책의 내용을 열람하고 선택할 수 있어 출납시설이 불필요하다.

④ 폐가식은 대출받는 절차가 복잡하여 직원의 업무량이 많다.

해설

• 반개가식 : 열람자가 책의 표지 등을 보고 선택할 수 있으며, 출납시설이 필요하다.

• 자유개가식 : 열람자가 직접 책의 내용을 열람하고 선택할 수 있어 출납시설이 불필요하다.

17 병원 건축계획에 대한 설명으로 옳지 않은 것은?

① 간호단위의 크기는 1조(8~10명)의 간호사가 담당하는 병상 수로 나타낸다.

② 병동부의 소요실로는 병실, 격리병실, 처치실 등이 있다.

③ 의료법 시행규칙상 '음압격리병실'은 보건복지부장관이 정하는 기준에 따라 전실 및 음압시설 등을 갖춘 1인 병실을 말한다.

④ CCU(Coronary Care Unit)는 요양시설과 같이 만성화되어 재원기간이 긴 환자를 대상으로 하는 간호단위 구성이다.

해설
• 장기간호단위(Long-term Care Unit)는 요양시설과 같이 만성화되어 재원기간이 긴 환자를 대상으로 하는 간호단위 구성이다.
• CCU(Coronary Care Unit)는 관상동맥 치료 단위이며 심장중환자실(CICU)로서 심근·협심증환자를 대상으로 지속적인 모니터링과 치료를 필요로 하는 간호단위 구성이다.

18 건축화 조명에 대한 설명으로 옳은 것만을 모두 고르면?

> ㄱ. 조명이 건축물과 일체가 되는 조명 방식으로 건축물의 일부가 광원의 역할을 한다.
> ㄴ. 다운라이트 조명은 광원을 천장 또는 벽면 뒤쪽에 설치 후 천장 또는 벽면에 반사된 반사광을 이용하는 간접조명 방식이다.
> ㄷ. 광천장 조명은 천장면에 확산투과성 패널을 붙이고 ㄱ 안쪽에 광원을 설치하는 방법이다.
> ㄹ. 코브라이트 조명은 천장면에 루버를 설치하고 그 속에 광원을 설치하는 방법이다.

① ㄱ, ㄴ   ② ㄱ, ㄷ

③ ㄴ, ㄹ   ④ ㄷ, ㄹ

해설
ㄴ : 코브라이트 조명, ㄹ : 루버조명

19 ㉠에 해당하는 공포의 구성 부재 명칭은?

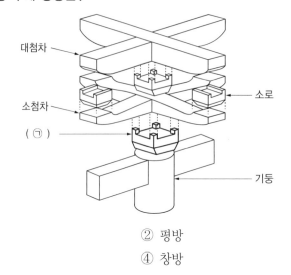

① 주두   ② 평방

③ 살미   ④ 창방

해설
주두(柱頭) : 기둥머리 위나 창방, 평방 등의 횡으로 놓이는 부재 위에 놓여 위쪽의 무게를 받아 기둥이나 벽으로 전달시켜 주는 기둥과 공포를 연결하는 부재이다.

20 건축법령상 공개공지 또는 공개공간(이하 공개공지 등)에 대한 설명으로 옳지 않은 것은?

① 공개공지 등을 설치하는 경우 건축물의 용적률, 건폐율, 높이제한 등을 완화하여 적용할 수 있다.

② 공개공지는 필로티의 구조로 설치하여서는 아니 되며, 울타리를 설치하는 등 공개공지 등의 활용을 저해하는 행위를 해서는 아니 된다.

③ 공개공지 등의 면적은 대지면적의 100분의 10 이하의 범위에서 건축조례로 정하며, 이 경우 건축법 제42조에 따른 조경면적을 공개공지 등의 면적으로 할 수 있다.

④ 공개공지 등에는 일정기간 동안 건축조례로 정하는 바에 따라 주민들을 위한 문화행사를 열거나 판촉활동을 할 수 있다.

해설
공개공지는 필로티의 구조로 설치할 수 있다.

01 은행의 건축계획에 대한 설명으로 옳지 않은 것은?

① 고객 출입구는 2개소 이상으로 하고 밖여닫이로 한다.

② 고객의 공간과 업무공간 사이에는 원칙적으로 구분이 없도록 한다.

③ 현금 반송 통로는 관계자 외 출입을 금하며 감시가 쉽도록 한다.

④ 고객이 지나는 동선은 가능한 한 짧게 한다.

해설

고객 출입구는 되도록 1개소로 하고, 도난방지상 안여닫이로 한다. 전실을 둘 경우 바깥문은 밖여닫이 또는 자재문으로 한다.

02 다음에서 설명하는 디자인의 원리는?

> • 양 지점으로부터 같은 거리인 점에서 평형이 이루어진다는 것을 의미
> • 두 부분의 중앙을 지나는 가상의 선을 축으로 양쪽 면을 접어 일치되는 상태

① 강조   ② 점이

③ 대칭   ④ 대비

해설

대칭은 축을 중심으로 양쪽의 모양이 같은 것을 뜻하며, 안정적이고 정적이기 때문에 정돈되고 차분한 분위기를 연출할 수 있다.

03 빛의 단위로 옳은 것은?

① 광도 - 칸델라(cd)   ② 휘도 - 켈빈(K)

③ 광속 - 라드럭스(rlx)   ④ 광속발산도 - 루멘(lm)

해설

② 휘도 - 니트(nit = cd/m^2), 스틸브(stilb = cd/cm^2)

③ 광속 - 루멘(lm)

④ 광속발산도 - 라드럭스(rlx = m/m^2)

정답 1 ①   2 ③   3 ①

04 다음에서 설명하는 개념은?

> 성별, 연령, 국적 및 장애의 유무와 관계없이 모든 사람이 안전하고 편리하게 이용할 수 있는 제품, 건축, 환경을 설계하는 개념

① 범죄예방환경설계(Crime Prevention Through Environmental Design)
② 길찾기(Wayfinding)
③ 지속 가능한 건축(Sustainable Architecture)
④ 유니버설 디자인(Universal Design)

해설
유니버설 디자인(Universal Design) : 연령, 성별, 국적 및 장애유무 등과 관계없이 모든 시민이 안전하게 이용할 수 있는 환경을 설계하는 것을 뜻하며, 많은 사람들의 경험이 바탕이 되는 실용적인 디자인이다.

05 특수전시기법인 디오라마(Diorama) 전시에 대한 설명으로 옳지 않은 것은?

① 전시물을 부각해 관람자가 현장에 있는 듯한 느낌을 주게 하는 입체적인 기법이다.
② 사실을 모형으로 연출해 관람시키는 방법으로 실물 크기의 모형 또는 축소형의 모형 모두가 전시 가능하다.
③ 조명은 전면 균질조명을 기본으로 한다.
④ 벽면전시와 입체물을 병행하는 것이 일반적이며 넓은 시야의 실경을 보는 듯한 감각을 주는 기법이다.

해설
벽면전시와 입체물을 병행하는 것이 일반적이며 넓은 시야의 실경을 보는 듯한 감각을 주는 기법은 파노라마(Panorama) 전시이다.

06 주거 건축계획에 대한 설명으로 옳지 않은 것은?

① 주택 전체 건물의 방위는 남쪽이 좋으며, 남쪽 이외에는 동쪽으로 18° 이내와 서쪽으로 16° 이내가 합리적이다.
② 주택의 입지조건은 일조와 통풍이 양호하고 전망이 좋은 곳이 이상적이다.
③ 한식 주택의 평면구성은 개방적이며 실의 분화로 되어 있고, 양식 주택의 평면구성은 폐쇄적이며 실의 조합으로 되어 있다.
④ 주택의 생활공간은 개인생활공간, 가사노동공간, 공동생활공간 등으로 구분한다.

해설
한식 주택의 평면구성은 폐쇄적이며 실의 조합으로 되어 있고, 양식 주택의 평면구성은 개방적이며 실의 분화로 되어 있다.

07 주차장법령상 주차장 계획 및 구조·설비기준에 대한 설명으로 옳지 않은 것은?

① 노외주차장의 출입구 너비는 3m 이상으로 하고, 주차대수 규모가 30대 이상이면 출구와 입구를 분리해야 한다.

② 횡단보도에서 5m 이내에 있는 도로의 부분에는 노외주차장의 출구 및 입구를 설치할 수 없다.

③ 단독주택(다가구주택 제외)의 시설면적이 50m²를 초과하고 150m² 이하일 경우, 부설주차장 설치기준은 1대이다.

④ 지하식 또는 건축물식 노외주차장 경사로의 종단 경사도는 직선 부분에서 17%를, 곡선 부분에서는 14%를 초과해서는 안 된다.

해설

노외주차장의 출입구 너비는 3.5m 이상으로 하고, 주차대수 규모가 50대 이상이면 출구와 입구를 분리해야 하거나 너비 5.5m 이상의 출입구를 설치하여야 한다.

08 사무소 건축계획에 대한 설명으로 옳지 않은 것은?

① 편심코어는 바닥면적이 작은 소규모 사무소 건축에 유리하다.

② 사무공간을 개실형으로 배치할 경우, 임대는 용이하나 공사비가 많이 든다.

③ 승강기 배치의 경우 4대 이상이면 알코브형으로 배치하되, 10대를 최대한도로 한다.

④ 기준층 평면의 결정요소는 구조상 스팬의 한도, 설비시스템상 한계, 자연채광, 피난거리, 지하주차장 등이다.

해설

승강기 배치의 경우 5대 이상이면 알코브형으로 배치하되, 알코브형 배치는 8대 정도를 한도로 하고 그 이상일 경우 군별로 분할하는 것을 고려한다.

09 건축물의 범죄예방 설계 가이드라인상 설계기준에 대한 설명으로 옳지 않은 것은?

① 공동주택의 지하주차장에는 자연채광과 시야 확보가 용이하도록 썬큰, 천창 등의 설치를 권장한다.

② 단독주택의 출입문은 도로 또는 통행로에서 직접 볼 수 있도록 계획한다.

③ 높은 조도의 조명보다 낮은 조도의 조명을 많이 설치하여 과도한 눈부심을 줄인다.

④ 공적인 장소와 사적인 장소 간의 융합을 통해 공간의 소통을 강화하여 영역성을 확보한다.

해설

공적(公的) 공간과 사적(私的) 공간의 위계(位階)를 명확하게 인지할 수 있도록 설계하여야 한다.

10 건축물의 에너지절약설계기준상 건축부문의 권장사항에 대한 설명으로 옳지 않은 것은?

① 외피의 모서리 부분은 열교가 발생하지 않도록 단열재를 연속적으로 설치한다.

② 건물 옥상에는 조경을 하여 최상층 지붕의 열저항을 높이고, 옥상면에 직접 도달하는 일사를 차단한다.

③ 건물의 창 및 문은 가능한 한 크게 설계하여 자연채광을 좋게 하고 열획득 효율을 높이도록 한다.

④ 건축물 외벽, 천장 및 바닥으로의 열손실을 방지하기 위하여 기준에서 정하는 단열두께보다 두껍게 설치하여 단열부위의 열저항을 높이도록 한다.

해설

건물의 창 및 문은 가능한 작게 설계하며, 특히 열손실이 많은 북측 거실의 창 및 문의 면적은 최소화한다.

11 도서관 건축계획에 대한 설명으로 옳지 않은 것은?

① 도서관 건축계획은 모듈러 플랜(Modular Plan)을 통해 확장 변화에 대응하는 것이 유리하다.

② 반개가식은 이용률이 낮은 도서나 귀중서 보관에 적합하다.

③ 안전개가식은 1실의 규모가 1만 5천 권 이하의 도서관에 적합하다.

④ 참고실(Reference Room)은 일반 열람실과 별도로 하고, 목록실과 출납실에 인접시키는 것이 좋다.

해설

반개가식은 신간서적 안내에 적합하며, 이용률이 낮은 도서나 귀중서 보관에 적합한 형식은 폐가식이다.

12 (가)~(라)의 건축용어와 A~D의 건축물 유형이 옳게 짝지어진 것은?

(가) 프로시니엄 아치(Proscenium Arch)	A. 공장
(나) 클린 룸(Clean Room)	B. 공연장
(다) 캐럴(Carrel)	C. 호텔
(라) 프런트 오피스(Front Office)	D. 도서관

	(가)	(나)	(다)	(라)
①	B	A	D	C
②	B	D	C	A
③	D	B	A	C
④	D	C	A	B

해설
(가) 프로시니엄 아치(Proscenium Arch) - B. 공연장
(나) 클린 룸(Clean Room) - A. 공장
(다) 캐럴(Carrel) - D. 도서관
(라) 프런트 오피스(Front Office) - C. 호텔

13 병원 건축의 분관식(Pavilion Type) 배치에 대한 설명으로 옳지 않은 것은?

① 넓은 대지가 필요하며 보행거리가 멀어진다.
② 급수, 난방, 위생, 기계설비 등의 설비비가 적게 든다.
③ 병동부, 외래부, 중앙진료부가 수평 동선을 중심으로 연결된 형태이다.
④ 일조 및 통풍 조건이 좋다.

해설
• 분관식(Pavilion Type)은 급수, 난방, 위생, 기계설비 등의 설비비가 많이 든다.
• 집중식(Block Type)은 급수, 난방, 위생, 기계설비 등의 설비비가 적게 든다.

14 치수와 모듈에 대한 설명으로 옳지 않은 것은?

① 모듈치수는 공칭치수를 의미한다.
② 고층 라멘 건물은 조립부재 줄눈 중심 간 거리가 모듈치수에 일치해야 한다.
③ 제품치수는 공칭치수에서 줄눈 두께를 뺀 거리이다.
④ 창호치수는 문틀과 벽 사이의 줄눈 중심 간 거리가 모듈치수에 일치하도록 한다.

해설
• 조립식 건물은 조립부재 줄눈 중심 간 거리가 모듈치수에 일치해야 한다.
• 고층 라멘 건물은 층높이, 기둥 중심거리가 모듈치수에 일치해야 한다.

15 수도직결 방식에 대한 설명으로 옳지 않은 것은?

① 탱크나 펌프가 필요하지 않아 설비비가 적게 소요된다.

② 수도 압력 변화에 따라 급수압이 변한다.

③ 정전일 때 급수를 계속할 수 있다.

④ 대규모 급수설비에 가장 적합하다.

해설

수도직결 방식은 소규모 급수설비에 적합하며, 고가탱크 방식은 대규모 급수설비에 적합하다.

16 온수난방에 대한 설명으로 옳은 것은?

① 난방 부하의 변동에 따라 온수 온도와 온수의 순환수량을 쉽게 조절할 수 있다.

② 온수순환 방식에 따라 단관식, 복관식으로 분류한다.

③ 증기난방에 비해 방열면적과 배관의 관경이 작아 설비비를 줄일 수 있다.

④ 예열시간이 짧고 동결 우려가 없다.

해설

② 배관 방식에 따라 단관식, 복관식으로 분류한다.

③ 증기난방에 비해 방열면적과 배관의 관경이 커져서 설비비가 증가된다.

④ 예열시간이 길고 동결 우려가 있다.

17 급탕 배관에 이용하는 신축이음쇠의 종류에 대한 설명으로 옳지 않은 것은?

① 슬리브형(Sleeve Type) - 배관의 고장이나 건물의 손상을 방지한다.

② 벨로스형(Bellows Type) - 온도 변화에 따른 관의 신축을 벨로스의 변형에 의해 흡수한다.

③ 스위블 조인트(Swivel Joint) - 1개의 엘보(Elbow)를 이용하여 나사부의 회전으로 신축 흡수한다.

④ 신축 곡관(Expansion Loop) - 고압 옥외배관에 사용할 수 있으나 1개의 신축길이가 길다.

해설

스위블 조인트(Swivel Joint) : 여러 개의 엘보를 이용하여 신축 및 팽창을 흡수하며 누수가 우려되므로 저압 배관에 사용된다.

18 장애인·노인·임산부 등의 편의증진 보장에 관한 법률 시행규칙상 장애인의 통행이 가능한 계단에 대한 설명으로 옳지 않은 것은?

① 계단은 직선 또는 꺾임형태로 설치할 수 있다.

② 계단 및 참의 유효폭은 1.2m 이상으로 하되, 건축물의 옥외피난계단은 0.8m 이상으로 할 수 있다.

③ 바닥면으로부터 높이 1.8m 이내마다 휴식을 할 수 있도록 수평면으로 된 참을 설치할 수 있다.

④ 경사면에 설치된 손잡이의 끝부분에는 0.3m 이상의 수평 손잡이를 설치하여야 한다.

19 한국의 근현대 건축가와 그의 작품의 연결이 옳은 것은?

① 나상진 – 부여박물관
② 이희태 – 제주대학교 본관
③ 김수근 – 경동교회
④ 김중업 – 절두산 성당

20 서양 건축 양식에 대한 설명으로 옳지 않은 것은?

① 로마 양식은 아치(Arch)나 볼트(Vault)를 이용하여 넓은 내부공간을 만들었다.

② 초기 기독교 양식은 투시도법을 도입하였고 장미창(Rose Window)을 사용하였다.

③ 비잔틴 양식은 동서양의 문화 혼합이 특징이며 펜던티브 돔(Pendentive Dome)을 창안하였다.

④ 고딕 양식은 첨두아치(Pointed Arch), 플라잉 버트레스(Flying Buttress), 리브 볼트(Rib Vault)와 같은 구조적이자 장식적인 기법을 사용하였다.

01 단독주택의 건축계획에 대한 설명으로 옳지 않은 것은?

① 단위 실의 기능, 크기, 용도 등을 고려하여 단면계획을 수립한다.

② 평면계획 시 건물과 각 실의 방향은 일조, 통풍, 소음, 조망, 도로와의 관계 등을 고려한다.

③ 반자높이는 방의 바닥면으로부터 위층 슬래브의 윗면까지의 높이로 한다.

④ 포치(Porch)는 서양 주택에서 지붕이 있는 현관으로, 건물의 본체에서 앞으로 돌출된 곳을 말한다.

해설
방의 바닥면으로부터 반자까지의 높이로 한다. 다만, 한 방에서 반자높이가 다른 부분이 있는 경우에는 그 각 부분의 반자면적에 따라 가중평균한 높이로 한다.

02 다음에서 설명하는 공동주택 주동계획의 단면 형식은?

> 한 층 또는 두 층을 걸러 복도를 설치하거나 그 밖의 층에는 복도가 없이 계단실에서 단위 주거에 도달하는 형식으로, 엘리베이터는 복도가 있는 층에만 정지하는 단면 형식

① 중복도(Middlecorridor)형

② 단층(Flat)형

③ 복층(Maisonette)형

④ 스킵플로어(Skipfloor)형

해설
스킵플로어(Skipfloor) 형식은 주거단위의 단면을 단층형과 복층형에서 동일층으로 하지 않고 반층씩 어긋나게 하는 형식으로 한 층 또는 두 층을 걸러 복도를 설치하거나 그 밖의 층에는 복도가 없이 계단실에서 단위 주거에 도달하며, 엘리베이터는 복도가 있는 층에만 정지하는 단면 형식을 취한다.

03 다음은 건물의 외벽과 코어를 표현한 그림이다. 바닥면적이 큰 대규모 및 고층 건물에 적합한 코어 형식은?

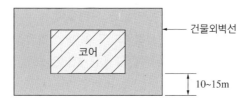

① 편심코어형(편단코어형) ② 중심코어형(중앙코어형)
③ 양단코어형(코어분리형) ④ 독립코어형(외코어형)

해설
중심코어형(중앙코어형)
• 중앙에 코어를 두고 바깥에 업무공간을 배치하는 행태이다.
• 바닥면적이 큰 경우나 고층 및 초고층에 적합하다.
• 코어와 일체로 한 내진구조의 내력벽 구성이 유리하다.
• 유효율이 높고 대여 빌딩으로서 가장 경제적인 계획을 할 수 있다.

04 업무시설의 평면계획에 대한 설명으로 옳지 않은 것은?

① 개방형은 칸막이벽을 설치하지 않아 공사비가 저렴하다.
② 개실형은 소음의 영향이 커서 사무 분위기가 산만해질 수 있다.
③ 오피스 랜드스케이핑은 업무의 독립성을 확보하기 어렵다.
④ 개방형은 모든 면적을 유용하게 이용할 수 있다.

해설
개실형은 소음의 영향이 적으며 사무 분위기를 좋게 할 수 있다.
개실형 배치
• 복도에 의해 각 층의 사무공간으로 들어가는 방법이다.
• 장점
 – 독립성 및 프라이버시, 쾌적성이 좋다.
 – 소음의 영향이 적으며 사무 분위기를 좋게 할 수 있다.
 – 조명, 창, 블라인드, 커튼 등을 이용한 환경 조절이 쉽다.
• 단점
 – 실의 칸막이 설치 후 변경이 어려워 장래 변화에 대응하기 어렵다.
 – 업무 감독과 커뮤니케이션이 어렵다.
 – 방 길이에는 변화를 줄 수 있으나, 연속된 긴 복도 때문에 실 깊이에는 변화를 줄 수 없다.
 – 복도, 구석진 공간, 출입문 공간으로 인하여 공간의 낭비가 있다.
 – 공사비가 많이 든다.

05 르네상스 건축 양식의 특징으로 옳은 것은?

① 수직선을 의장의 주요소로 하여 종교적 이념을 나타냈다.

② 비대칭이고 자유로운 평면으로 구성한, 경쾌하고 우아한 기법을 사용하였다.

③ 외부 벽체에 층을 구획하거나 처마 부분에 강렬한 코니스를 둘러 벽면을 구획·장식하였다.

④ 대비, 과장 등의 역동적이고 3차원적인 건축 기법을 활용해 공간의 극적 효과를 창출하였다.

해설

① 수평선을 의장의 주요소로 하여 인간을 주제로 다양한 건축이 나타났다.
② 고전 건축의 대칭적 질서와 형식미를 기본적 요소로 사용하였고, 비례와 조화를 이루는 건축형태를 추구하였다.
④ 대비, 과장 등의 역동적이고 3차원적인 건축 기법을 활용해 공간의 극적 효과를 창출한 것은 바로크 건축의 특징이다.

06 공동주택의 단지계획에 대한 설명으로 옳지 않은 것은?

① 근린분구는 커뮤니티의 단위로 삼기에는 너무 작다.

② 근린주구라는 용어는 페리(C. A. Perry)가 주거단지 커뮤니티 조성을 위한 계획단위로 사용하였다.

③ 인보구는 인구 100~200명, 면적 0.5~2.5ha의 규모로 유아 놀이터, 공동세탁소 등을 공동으로 사용한다.

④ 근린주구는 주택 호수 1,600~2,000호, 반지름은 약 200~300m로 초등학교 하나를 중심으로 하는 크기이다.

해설

근린주구는 주택 호수 1,600~2,000호, 반지름은 약 400~500m로 초등학교 하나를 중심으로 하는 크기이다.

07 건축물의 일조를 조절하기 위한 방법으로 활용되지 않는 것은?

① 중공벽   ② 흡열유리

③ 유리블록   ④ 차양

해설

중공벽(中空壁, Hollow Wall)은 벽체의 중간에 공간을 두고 이중으로 만든 벽으로 방습, 방음, 단열 등의 효과가 있다.

건축물의 일조를 조절하기 위한 방법

• 차양, 발코니, 루버 등을 설치한다.
• 개구부에는 유리블록, 흡열유리 등을 설치한다.
• 건축물의 남쪽은 바닥까지 낮고 좌우로 긴 창을 사용하여 일조량을 조절한다.
• 건축물의 북쪽은 침엽수를 심어 겨울에 잎이 떨어지지 않도록 하며, 남쪽은 키 큰 낙엽수로 여름에 그늘을 제공하도록 한다.

08 판매시설 계획에 대한 설명으로 옳은 것은?

① 굴절형의 진열장 배치는 상품 진열이 쉽고 대량판매가 가능하다.

② 환상형의 진열장 배치는 중앙 부분에는 대면판매를 위한 상품, 벽면에는 대규모 상품을 진열할 수 있다.

③ 전략 상품은 중점 상품의 판매력을 높이기 위한 보조 상품 그룹이다.

④ 상점 안에서 고객의 동선은 짧게, 종업원의 동선은 길게 한다.

해설
① 직렬형으로 진열장을 배치하면 상품 진열이 쉽고 대량판매가 가능하다.
③ 보완 상품은 중점 상품의 판매력을 높이기 위한 보조 상품 그룹이다.
④ 상점 안에서 고객의 동선은 길게, 종업원의 동선은 짧게 한다.

판매 전략상의 상품 구성
• 중점 상품 : 높은 매출액과 이익 확보를 위해 주력하는 제품으로, 상품 회전율이 가장 높은 상품들로 매장 구성을 한다.
• 보완 상품 : 중점 상품을 보완하는 제품으로, 특수고객의 욕구를 만족시켜 주거나 특수지역의 수요 혹은 특수계절의 수요 등에 응할 수 있는 상품을 말한다.
• 전략 상품 : 전략적 차원에서 등장한 제품으로, 브랜드나 매장의 품위 향상을 위한 고가품이나 쇼윈도 디스플레이용 제품을 말한다.

09 급수 방식에 대한 설명으로 옳지 않은 것은?

① 수도직결 방식 – 주택이나 소규모 건축물에 주로 이용된다.

② 고가탱크 방식 – 단수가 되어도 일정량의 급수를 계속할 수 있다.

③ 압력탱크 방식 – 압력차가 커서 급수압이 일정하지 않다.

④ 탱크가 없는 부스터 방식 – 급수펌프와 고가수조를 이용하여 급수한다.

해설
급수펌프와 고가수조를 이용하여 급수하는 방식은 고가탱크 방식이다.

10 한국 건축의 시대별 특성에 대한 설명으로 옳은 것은?

① 통일신라의 사찰 건축은 탑을 중심으로 하는 일탑식 가람배치가 주를 이루었다.

② 고려 말경에는 몽골의 영향으로 중국 북동부에서 성행하던 건축 양식인 주심포식이 도입되었다.

③ 조선 시기에 들이 민간에 깊이 뿌리내린 불교의 영향으로 사찰 건축이 전성기를 이루었다.

④ 조선 후기에는 다포식의 건물에 주심포식을 혼합하여 절충한 절충식이 나타나기 시작했다.

해설
① 통일신라의 사찰 건축은 탑을 중심으로 하는 이탑식 가람배치가 주를 이루었다.
② 고려 중기에 남송의 영향으로 주심포식이 도입되었다.
③ 삼국시대부터 고려시대에 이르기까지 불교가 발전하면서 사찰 건축의 전성기를 맞이하였으나, 조선시대에는 숭유억불 정책으로 사찰 건축물이 건립되었으나 이전 시대에 비해서는 위축되었다.

11 발코니에 대한 설명으로 옳지 않은 것은?

① 일조 조절을 위한 방법으로 이용되기도 한다.

② 건축물의 내부와 외부를 연결하는 완충공간이다.

③ 전망, 휴식 등의 목적으로 부가적으로 설치되는 공간이다.

④ 직접 외기와 접하지는 않으나 다목적으로 활용된다.

해설
발코니는 건축물의 내부와 외부를 연결하는 완충공간으로서 전망이나 휴식 등의 목적으로 건축물 외벽에 접하여 부가적으로 설치되는 공간을 말하며 다목적으로 활용된다.

12 증기난방에 대한 설명으로 옳지 않은 것은?

① 보일러에서 물을 가열하여 발생한 증기를 활용한 증발잠열로 난방하는 방식이다.

② 예열시간이 온수난방에 비하여 짧고, 증기의 순환이 빠르다.

③ 난방의 쾌감도가 높고, 난방 부하의 변동에 따라 방열량의 조절이 가능하다.

④ 방열면적을 온수난방보다 작게 할 수 있다.

해설
증기난방은 쾌감도가 낮고, 난방 부하의 변동에 따라 방열량의 조절이 어렵다.

13 그림과 같이 일방적으로 실내로 송풍하고, 배기는 배기구 및 틈새 등으로 배출하는 방식으로 공장에서 청정공기를 공급할 때 많이 사용하는 환기 방식은?

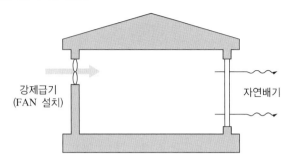

강제급기
(FAN 설치)

자연배기

① 제1종 환기 방식　　　　② 제2종 환기 방식
③ 제3종 환기 방식　　　　④ 자유식 환기 방식

해설
강제급기 및 자연배기는 제2종 환기 방식이다.
기계환기의 송풍방식에 의한 분류

구분	급기	배기	실내압	적용
제1종 환기	송풍기	배풍기	정압, 부압	• 공기조정설비를 포함한다. • 밀폐된 공간, 수술실 등
제2종 환기	송풍기	자연	정압	• 배기구 위치에 제약이 있다. • 청정실, 반도체실 등
제3종 환기	자연	배풍기	부압	• 급기구 위치에 제약이 있다. • 부엌, 욕실, 화장실, 오염실 등

14 우리나라 목조 건축의 구성 요소에 대한 설명으로 옳지 않은 것은?

① 첨차 – 기둥머리에서 기둥과 기둥을 연결하는 수평 부재이다.
② 공포 – 보와 도리, 기둥을 구조적으로 결합하여 육중한 지붕의 하중을 효과적으로 기둥에 전달, 분배하는 부재이다.
③ 지붕 – 형태에 따라 맞배지붕, 팔작지붕, 우진각지붕, 네모지붕, 육모지붕, 팔모지붕 등이 있다.
④ 평방 – 다포식 건물에서 창방 위에 덧대는 수평 부재로, 공포를 통해 내려오는 지붕의 하중을 직접 받아 기둥에 전달하는 역할을 한다.

해설
• 첨차(檐遮) : 주두, 소로 및 살미와 함께 공포를 구성하는 기본 부재로 살미와 반턱맞춤에 의해 직교하여 결구되는 도리 방향의 부재(部材)를 말한다.
• 창방(昌枋) : 기둥머리에 결구되어 기둥과 기둥을 연결하며, 공포를 통해 전달되는 지붕하중을 지지하며 기둥으로 하중을 전달해 주는 역할을 한다.

15 건축물의 일부를 광원화하는 건축화 조명 방식 중 벽면을 광원으로 하는 방식은?

① 밸런스(Balance) 조명

② 코브(Cove) 조명

③ 루버(Louver) 조명

④ 코퍼(Coffer) 조명

> **해설**
> 밸런스(Balance) 조명 : 박스나 패널 등으로 제작해 커튼 상부 또는 벽면에 부착하고 그 뒷면에서 조명을 설치해서 벽체를 간접으로 비추는 벽면을 광원으로 하는 간접조명을 말한다.

16 잔향시간에 대한 설명으로 옳지 않은 것은?

① 잔향시간이 길면 음이 명료하지 않다.

② 잔향시간은 흡음력에 비례하고 실의 용적에 반비례한다.

③ 잔향시간이 짧으면 음량이 작아져 음을 듣기 어렵다.

④ 잔향시간은 일정한 세기의 음을 음원으로부터 중지시킨 후, 실내에너지 밀도가 최초값보다 60dB 감소하는 데 걸리는 시간이다.

> **해설**
> 잔향시간은 흡음력에 반비례하고 실의 용적에 비례한다.

17 건축법규상 면적 등의 산정방법에 대한 설명으로 옳은 것만을 모두 고르면?

> ㄱ. 건축면적을 산정할 때, 외벽이 없는 경우에는 외곽부분 기둥의 중심선으로 둘러싸인 부분의 수평투영면적을 건축면적으로 산정한다.
> ㄴ. 건축물의 노대 등의 바닥은 난간 등의 설치여부에 관계없이 노대 등의 면적에서 노대 등이 접한 가장 긴 외벽의 길이에 1.5m를 곱한 값을 뺀 면적을 바닥면적에 산입한다.
> ㄷ. 연면적은 용적률을 산정하는 지표로, 한 건축물의 각 층 바닥면적의 합계를 의미하고, 용적률 산정 시에는 지하층의 면적과 지상층의 주차용 면적을 포함한다.
> ㄹ. 필로티가 공중의 통행이나 차량의 통행에 전용되는 경우에는 바닥면적에 산입하지 않는다.

① ㄱ, ㄹ

② ㄴ, ㄷ

③ ㄱ, ㄴ, ㄷ

④ ㄱ, ㄴ, ㄹ

> **해설**
> ㄷ. 연면적은 용적률을 산정하는 지표로, 한 건축물의 각 층 바닥면적의 합계를 의미하고, 용적률 산정 시에는 지하층의 면적과 지상층의 주차용 면적은 제외한다.

18 건축법규상 대지면적 산정에 대한 설명으로 옳지 않은 것은?

① 너비가 4m에 미달하는 도로에 접한 경우 그 도로의 중심선으로부터 그 소요 너비의 2분의 1만큼 후퇴한 선을 건축선으로 하여 대지면적을 산정한다.

② 너비가 4m에 미달하는 도로에 접한 경우 그 도로의 반대쪽에 경사지, 하천, 철도, 선로부지 등이 있을 때에는 도로의 소요 폭 만큼 후퇴한 선을 건축선으로 하여 대지면적을 산정한다.

③ 대지 안에 도로, 공원 등의 도시계획시설이 있는 경우에는 그 도시계획시설의 면적을 대지면적에 포함하여 산정한다.

④ 너비 4m 이상인 도로에 접하고 건축선을 별도로 지정한 경우에는 그 건축선과 대지경계선 사이의 면적을 포함하여 대지면적을 산정한다.

해설
대지면적 산정 시에는 대지 안에 도로, 공원 등의 도시계획시설이 있는 경우에 그 도시계획시설의 면적을 대지면적에서 제외하고 산정한다.
• 지정건축선 : 4m 이상인 도로에 접한 대지에 건축선이 정해진 경우, 그 건축선과 도로경계선 사이의 부분은 대지면적에 산입한다.
• 후퇴건축선 : 4m 미만인 도로에 접한 대지에 건축선이 정해진 경우, 그 건축선과 도로경계선 사이의 부분은 대지면적에 산입하지 않는다.

19 다음에서 설명하는 통기관은?

• 소규모 건물에 주로 적용한다.
• 층수가 적은 건축물에 주로 적용한다.
• 통기 수직관을 생략한다.

① 신정 통기관
② 루프 통기관
③ 각개 통기관
④ 드럼 통기관

해설
신정 통기관은 최상부의 배수 수직관을 끌어올려 대기 중에 개구함으로써 배수 수직관이 통기관 역할을 하도록 한 것으로 통기배수 수직관을 생략할 수 있고 통기효과가 좋다.

20 친환경 건축계획에 대한 설명으로 옳지 않은 것은?

① 지열에너지 – 지하에 있는 고온층으로부터 증기 또는 열수의 형태로 열을 받아들여 발전하는 재생에너지다.

② 조력에너지 – 바다의 밀물과 썰물 때 발생하는 부력으로 대형 프로펠러를 돌려서 발전하는 재생에너지다.

③ 옥상녹화 – 건축물을 환경 친화적으로 바꾸는 데 효과적이며, 하중, 방수, 유효 토심, 배수, 식물 선택 등을 고려하여야 한다.

④ 녹색 건축(Green Architecture) – 환경 친화적 건축의 개념으로 자연환경에 해를 주지 않고 자연 자원을 활용하는 건축이다.

해설
조력에너지 : 조력발전은 조수의 간만을 이용한 수력발전 방식으로 해수면의 상하운동을 이용해서 전기에너지를 생산하는 방식이다.

CHAPTER 08

PART 02 기출문제

2022년 기출문제

01 공연장 건축계획에 관한 설명으로 옳지 않은 것은?

① 객석에서 연기자의 표정을 읽을 수 있는 가시한계는 무대로부터 15m 정도이며, 무대로부터 22m 정도를 가시거리 1차 허용한도로 본다.

② 객석 배치의 가시범위는 무대의 중심선에서 수평편각 60°(전체각 120°) 이내로 한다.

③ 프로시니엄(Proscenium)은 무대와 객석의 경계면에 위치하여 관객이 무대에 집중하게 하는 역할과 무대 상부의 장치, 기구, 조명 등을 숨겨주는 기능을 한다.

④ 평면계획의 아레나(Arena)형은 연기자의 전체적인 통일효과를 얻기 어려운 반면, 오픈 스테이지(Open Stage)형은 무대가 돌출되어 있어 연기자의 전체적인 통일효과를 얻을 수 있다.

> **해설**
> 아레나(Arena)형과 오픈 스테이지(Open Stage)형은 연기자의 혼란된 방향감 때문에 전체적인 통일효과를 얻기 어렵다.

02 도서관 건축계획에 관한 설명으로 옳지 않은 것은?

① 서고의 규모는 150~250권/m^2(평균 200권/m^2)으로 한다.

② 자유개가식 출납시스템은 이용자가 자유롭게 도서를 찾고 검열없이 열람 가능하다.

③ 일반 열람실은 통로를 포함하여 성인 1인당 1.5~2.0m^2(평균 1.8m^2), 아동 1인당 1.0~1.2m^2(평균 1.1m^2) 정도로 한다.

④ 반개가식 출납시스템은 이용자가 책의 표지는 볼 수 있으나 대출기록을 제출한 후 사서로부터 책을 받아 열람한다.

> **해설**
> 일반 열람실은 성인 1인당 1.5~2.0m^2(평균 1.8m^2), 아동 1인당 1.0~1.2m^2(평균 1.1m^2) 정도로 하며, 통로를 포함하면 실 전체에 대해서 2.0~2.5m^2 정도로 한다.

03 녹색건축물 조성 지원법상 녹색건축물 조성 기본원칙으로 옳지 않은 것은?

① 온실가스 배출량 감축을 통한 녹색건축물 조성

② 환경 친화적이고 지속가능한 녹색건축물 조성

③ 녹색건축물의 조성에 대한 계층 간, 지역 간 균형성 확보

④ 법 제정 이후 기존 건축물을 제외한 신축 건축물에 대한 에너지효율화의 합리적 추진

해설

기존 건축물에 대한 에너지효율화 추진도 포함된다.

녹색건축물 조성 기본원칙(녹색건축물 조성 지원법 제3조)
- 온실가스 배출량 감축을 통한 녹색건축물 조성
- 환경 친화적이고 지속가능한 녹색건축물 조성
- 신·재생에너지 활용 및 자원 절약적인 녹색건축물 조성
- 기존 건축물에 대한 에너지효율화 추진
- 녹색건축물의 조성에 대한 계층 간, 지역 간 균형성 확보

04 공장 건축계획에 관한 설명으로 옳은 것은?

① 분관식(Pavilion Type)은 통풍, 채광에 어려움이 있다.

② 분관식(Pavilion Type)은 공장의 신설, 확장이 비교적 어렵다.

③ 집중식(Block Type)은 공간효율이 좋고 건축비가 저렴하다.

④ 집중식(Block Type)은 제품의 운반과 동선 흐름에 어려움이 있다.

해설

① 분관식(Pavilion Type)은 통풍, 채광의 확보에 유리하다.
② 분관식(Pavilion Type)은 공장의 신설, 확장이 비교적 용이하다.
④ 집중식(Block Type)은 제품의 운반과 동선 흐름이 유리하다.

05 형태구성 원리에 대한 설명으로 옳은 것만을 모두 고르면?

> ㄱ. '리듬'은 부분과 부분 사이에 강한 힘과 약한 힘이 규칙적으로 연속될 때 나타나는데, 이러한 동적 질서는 활기찬 표정과 함께 시각적 운동감을 준다.
> ㄴ. '조화'에는 반복, 점층, 억양 등이 있다.
> ㄷ. '통일성'이란 구성체의 요소들 간에 이질감이 느껴지지 않게 전체로서 하나의 이미지를 주는 것을 말하며, 통일성이 지나치게 강조되면 단조로워지기 쉽다.
> ㄹ. '균형'이란 미적 대상을 구성하는 부분들 사이에 질적으로나 양적으로 모순되는 일이 없이 질서가 잡혀 있는 것을 말하며, 균형의 방법에는 유사성과 대비가 있다.

① ㄱ, ㄷ
② ㄱ, ㄹ
③ ㄴ, ㄷ
④ ㄴ, ㄹ

해설

ㄴ. '리듬'에는 반복, 점층, 억양 등이 있다.
ㄹ. '조화'란 미적 대상을 구성하는 부분들 사이에 질적으로나 양적으로 모순되는 일이 없이 질서가 잡혀 있는 것을 말하며, 균형의 방법에는 유사성과 대비가 있다.

06 도시재생(Urban Regeneration)에 대한 설명으로 옳지 않은 것은?

① 도시재생사업 시행은 도지사가 지정하면 마을기업도 할 수 있다.

② 도시재생 인정사업은 젠트리피케이션(Gentrification) 현상이 발생한 지역 지구에 주로 지정된다.

③ 도시재생이란 인구의 감소, 산업구조의 변화, 도시의 무분별한 확장, 주거환경의 노후화 등으로 쇠퇴하는 도시를 경제적·사회적·물리적·환경적으로 활성화시키는 것이다.

④ 2013년 도시재생 활성화 및 지원에 관한 특별법 제정으로 계획적이고 통합적인 도시재생 추진체계가 구축되었다.

해설

도시재생 인정사업은 기초생활인프라의 국가적 최저기준에 미달하는 지역이나 인구가 현저히 감소하는 지역, 총 사업체 수의 감소 등 산업의 이탈이 발생되는 지역, 노후주택의 증가 등 주거환경이 악화되는 지역 등에 주로 지정된다.

• 도시재생 인정사업 : 도시재생전략계획이 수립된 지역에서 도시재생법 제26조의2에 따라 도시재생활성화지역과 연계하여 시행할 필요가 있다고 인정하는 사업을 말한다.
• 젠트리피케이션(Gentrification) : 도시 환경이 변하면서 중·상류층이 도심의 낙후지역으로 유입되고 이로 인해 땅값, 임대료 등이 상승하면서 비싼 월세 등을 감당할 수 없는 원주민 등이 다른 곳으로 밀려나는 현상을 말한다.

07 POE(거주 후 평가)에 관한 설명으로 옳지 않은 것은?

① 유사건물의 건축계획에 지침이 된다.
② 주요 평가요소는 디자인활동, 주변환경, 사용자, 환경장치이다.
③ POE는 기능적 평가 및 기술적 평가 두 가지로 나뉜다.
④ 인터뷰, 현지답사, 관찰 등의 방법을 이용하여 사용자의 만족도를 조사한다.

해설

POE 평가유형
• 기술적 평가(건물에 대한 평가)
• 기능적 평가(서비스에 대한 평가)
• 행태적 평가(환경심리에 대한 평가)

08 건축가에 대한 설명으로 옳지 않은 것은?

① 자하 하디드(Zaha Hadid)는 이라크 출신 여성 건축가로 공간의 경계를 허무는 디자인 경향을 띠며, 작품으로 2014년 개장한 동대문 디자인 플라자가 있다.
② 토요 이토(Toyo Ito)는 일본을 대표하는 건축가로서 재활용 가능한 종이를 소재로 재해나 전쟁으로 인한 피난민들을 위한 임시 주거건축(Paper Log House)을 설계했다.
③ 렌조 피아노(Renzo Piano)와 리처드 로저스(Richard Rogers)는 현대 기술의 발전을 외피로 표현한 파리의 퐁피두 센터(Centre Pompidou)를 설계했다.
④ 렘 콜하스(Rem Koolhaas)는 네덜란드 건축가로 1975년 설계사무소 OMA(Office for Metropolitan Architecture)를 설립해 활동했으며, 대표작으로 보르도 하우스(Maison á Bordeaux), 쿤스탈(Kunsthal), 넥서스 하우징(Nexus Housing) 등이 있다.

해설

반 시게루(Ban Shigeru)는 일본을 대표하는 건축가로서 재활용 가능한 목재나 종이를 소재로 재해나 전쟁으로 인한 피난민들을 위한 임시 주거건축 (Paper Log House)을 설계했다.

09 건축법령상 건축물의 범죄예방 기준에 따라 건축하여야 하는 건축물로 옳지 않은 것은?

① 노유자시설

② 업무시설 중 오피스텔

③ 주거용 건축물인 아파트(다가구주택 제외)

④ 교육연구시설(연구소 및 도서관 제외)

해설

단독주택 중 다가구주택은 건축물의 범죄예방 기준에 따라 건축하여야 하는 건축물에 해당된다.

건축물의 범죄예방 기준에 따라 건축하여야 하는 건축물(건축법 시행령 제63조의 6)

1. 공동주택(다세대주택, 연립주택, 아파트)
2. 제1종 근린생활시설(일용품 판매점)
3. 제2종 근린생활시설(다중생활시설)
4. 문화 및 집회시설(동·식물원을 제외한다)
5. 교육연구시설(연구소, 도서관을 제외한다)
6. 노유자시설
7. 수련시설
8. 업무시설(오피스텔)
9. 숙박시설(다중생활시설)
10. 단독주택(다가구주택)

10 교과교실제를 운영하는 학교에서 다음 조건인 경우의 수학교과 소요교실 수는?

- 각 학년을 6학급으로 편성한 중학교
- 주당 수업가능시간이 각 학년 30시간
- 수학교과의 주당 수업시간은 1학년 4시간, 2학년 5시간, 3학년 5시간
- 이용률은 70%(단, 충족률·순수율은 100%로 본다)

① 3개실　　　　　　　　　　② 4개실

③ 5개실　　　　　　　　　　④ 6개실

해설

- 학급 수 : 각 학년 6개이며 3개 학년이므로 총 18개 학급
- 주당 수업시수 : 학년별 수학교과 수업시간 총 14시간
- 주당 수업가능 시간 : 각 학년 30시간이므로 총 90시간
- ∴ 교과교실 수 = 주당 수업시수 × 학급 수 ÷ 주당 수업가능시간 ÷ 이용률

$$= 14 \times 18 \div 90 \div 0.7$$

$$= 4개실$$

11 집합주택계획에 관한 설명으로 옳지 않은 것은?

① 공동주택 복도의 유효폭은 갓복도의 경우 1.2m 이상, 중복도의 경우 1.8m 이상으로 계획하여야 한다.

② C. A. Perry의 근린주구단위는 간선도로를 경계로 하고 초등학교 하나를 필요로 하는 인구를 적정단위로 보았다.

③ C. A. Perry는 커뮤니티센터를 중심에 배치시켜서 이웃 간의 유대관계를 긴밀히 하는 근린주구모델을 주장하였다.

④ 아파트의 계단실형은 엘리베이터의 경제적인 효율이 높아 고층 아파트에 적합하고 편복도형은 독립성이 적지만 각 주호가 균등한 조건으로 배치하는 데 적합하다.

해설

아파트의 계단실형은 엘리베이터의 경제적인 효율이 낮아서 고층 아파트에 불리하다.

12 다음 채광 방식으로 적절한 것은?

> 천장의 중앙에 천창을 설치하여 자연광을 유입하는 방식이다. 전시실의 중앙부를 밝게 할 수 있으며, 벽면 조도를 균등히 할 수 있고, 유리 쇼케이스가 필요한 공예품의 전시실에 부적합하지만 채광량이 많이 필요한 조각류의 전시에 적합하다.

① 정광창(Top Light)　　　　　　② 측광창(Side Light)

③ 고측광창(Clerestory)　　　　　④ 정측광창(Top Side Light)

해설

정광창(Top Light)은 천장의 중앙에 천창을 설치하여 자연광을 유입하는 방식이다. 전시실의 중앙부를 밝게 할 수 있으며, 벽면 조도를 균등히 할 수 있다. 유리 쇼케이스가 필요한 공예품의 전시실에 부적합하지만 채광량이 많이 필요한 조각류의 전시에 적합하다.

13 에너지 절약을 위한 건물디자인 설명으로 옳은 것은?

① 간헐난방을 하는 경우에는 내단열이 불리하다.

② 건물 주위에 수목, 연못을 배치하면 냉난방부하가 증가되어 열손실이 많아진다.

③ 벽체보다 상대적으로 열관류율이 작은 유리창은 열손실이 크므로 벽체보다 에너지 저감에 불리하다.

④ 체적비(S/V)가 낮을수록 유리하고, 건물은 남북축보다는 동서축으로 긴 형태가 유리하다.

해설

① 간헐난방을 하는 경우에는 내단열이 유리하다.

② 건물 주위에 수목, 연못을 배치하면 냉난방부하가 감소되어 열손실이 적어진다.

③ 벽체보다 상대적으로 열관류율이 큰 유리창은 열손실이 크므로 벽체보다 에너지 저감에 불리하다.

14 장애인·노인·임산부 등의 편의증진 보장에 관한 법률 시행규칙상 장애인 편의시설 세부기준에 대한 설명으로 옳지 않은 것은?

① 휠체어 사용자가 통행할 수 있도록 접근로의 유효폭은 1.2m 이상으로 하여야 한다.

② 대지 내를 연결하는 주접근로에 단차가 있을 경우 그 높이 차이는 2cm 이하로 하여야 한다.

③ 접근로의 기울기는 1/18 이하로 하여야 하며, 지형상 곤란한 경우에는 1/12까지 완화할 수 있다.

④ 경사진 접근로가 연속될 경우에는 휠체어 사용자가 휴식할 수 있도록 50m마다 1.5m×1.5m 이상의 수평면으로 된 참을 설치할 수 있다.

> **해설**
> • 경사진 접근로가 연속될 경우에는 휠체어 사용자가 휴식할 수 있도록 30m마다 1.5m×1.5m 이상의 수평면으로 된 참을 설치할 수 있다.
> • 휠체어 사용자가 다른 휠체어 또는 유모차 등과 교행할 수 있도록 50m마다 1.5m×1.5m 이상의 교행구역을 설치할 수 있다.

15 사무소 건축의 코어(Core)계획에 관한 설명으로 옳지 않은 것은?

① 코어는 각 층마다 공통의 위치에 있도록 한다.

② 양단코어는 대공간 확보가 가능하고 2방향 피난에 유리하며, 중심코어는 소규모 건물에 적합하다.

③ 코어계획은 건축설계 시 유효면적을 높이기 위하여 각 층의 서비스, 설비 등의 공용부분을 분리시켜 집약하는 계획이다.

④ 코어계획의 이점으로 평면계획의 유효면적 증가, 구조계획의 안정성 증가, 설비계획의 집중화가 있다.

> **해설**
> 양단코어는 대공간 확보가 가능하고 2방향 피난에 유리하며, 중심코어는 대규모 건물에 적합하다.

16 주택법 시행령상 공동주택에 포함되는 소형 주택의 기준으로 옳지 않은 것은?

① 500세대 미만의 국민주택 규모이어야 한다.

② 세대별 주거전용면적이 60m² 이하이어야 한다.

③ 지하층에는 세대를 설치할 수 없으며, 세대별 독립된 주거가 가능하도록 욕실 및 부엌이 설치되어 있어야 한다.

④ 주거전용면적이 30m² 미만인 경우에는 욕실 및 보일러실을 제외한 부분을 하나의 공간으로 구성해야 한다.

해설
※ 출제 시 정답은 ①이었으나 법 개정으로 ④번 내용이 삭제되어 정답 ①, ④
도시형 생활주택으로서 300세대 미만의 국민주택 규모이어야 한다.
도시형 생활주택 중 소형 주택(주택법 시행령 제10조)
소형 주택은 다음의 요건을 모두 갖춘 공동주택을 말한다.
1. 세대별 주거전용면적은 60m² 이하일 것
2. 세대별로 독립된 주거가 가능하도록 욕실 및 부엌을 설치할 것
3. 지하층에는 세대를 설치하지 아니할 것

17 건축물의 피난·방화구조 등의 기준에 관한 규칙상 방화구획의 설치기준으로 옳지 않은 것은?

① 방화구획은 지하 1층에서 지상으로 직접 연결하는 경사로 부위를 제외하고 매 층마다 구획한다.

② 10층 이하의 층은 바닥면적 1,000m²(스프링클러 기타 이와 유사한 자동식 소화설비를 설치한 경우에는 바닥면적 3,000m²) 이내마다 구획한다.

③ 필로티나 그 밖에 이와 비슷한 구조(벽면적의 1/2 이상이 그 층의 바닥면에서 위층 바닥 아래면까지 공간으로 된 것만 해당한다)의 부분을 주차장으로 사용하는 경우 그 부분은 건축물의 다른 부분과 구획한다.

④ 11층 이상의 층은 바닥면적 300m²(스프링클러 기타 이와 유사한 자동식 소화설비를 설치한 경우에는 바닥면적 600m²) 이내마다 구획한다.

해설
11층 이상의 층은 바닥면적 200m²(스프링클러 기타 이와 유사한 자동식 소화설비를 설치한 경우에는 바닥면적 600m²) 이내마다 구획한다. 다만, 벽 및 반자의 실내에 접하는 부분의 마감을 불연재료로 한 경우에는 바닥면적 500m²(스프링클러 기타 이와 유사한 자동식 소화설비를 설치한 경우에는 1,500m²) 이내마다 구획하여야 한다.

18 건축공간과 인간의 행태에 관한 설명으로 옳지 않은 것은?

① 인간은 환경의 자극을 '지각 → 인지 → 반응'의 과정으로 수용한다.

② 벽의 높이를 H, 두 벽 사이 간격의 폭을 D라고 할 때, $D/H > 1$이면, 공간의 폐쇄성이 감소한다.

③ 과밀과 연계된 프라이버시는 개체 간 단절이나 격리보다 상황에 따른 사회적 접촉을 조절하고 선택하는 권리이다.

④ 2차 영역(Secondary Territories, Semi-Public)보다 1차 영역(Primary Territories, Private)이나 공적 영역(Public Territories)에서 개체의 불필요한 갈등이나 마찰이 발생할 가능성이 크다.

> **해설**
> 2차 영역(Secondary Territories, Semi-Public)이나 공적 영역(Public Territories)보다 1차 영역(Primary Territories, Private)에서 개체의 불필요한 갈등이나 마찰이 발생할 가능성이 크다.
> 어윈 알트만(I. Altman)의 영역성 : 영역을 점유기간, 점유자와 타인에게 불러일으키는 인지, 사유화된 정도, 침범당했을 때 방어할 가능성에 따라 1차적 영역, 2차적 영역, 공적 영역으로 분류하였다.
> • 1차적 영역(Primary Territories, Private) : 일상생활의 중심이 되는 점유공간이며 외부인에 대한 배타성이 높은 곳으로 주택, 사무실 등이 있다. 사유화되어 있고 소유주가 강력한 통제권을 가지고 외부로부터 침범을 받았을 때 침입자가 심각한 문제를 일으킬 수 있다.
> • 2차적 영역(Secondary Territories, Semi-public) : 1차적 영역과 공적 영역의 중간적 성격이며, 특정한 집단의 구성원들이 점유하는 공간으로 교실, 교회 등이 있고 1차적 영역보다 배타성이 낮고 덜 영구적이며, 사용자에게 소유권은 인정되지 않지만 어느 정도 공간을 개인화할 수 있다.
> • 공적 영역(Public Territories) : 모든 사람에게 자유롭게 출입이 허용되지만 적절한 행동을 지키지 않으면 제약을 받기도 한다. 사용자에게 소유권이 인정되지 않으며 통제권을 주장하기 어렵지만, 일시적으로 점유도 가능한 곳이며 공원, 광장, 해변 등이 해당된다.

19 건축물의 소음방지 대책에 대한 설명으로 옳지 않은 것은?

① 중량 충격음이 발생하는 바닥의 고체음 차단에는 뜬 바닥 구조가 효율적이다.

② 천장이나 바닥, 벽에 무거운 재료를 사용할수록 공기음에 대한 차음성능이 향상된다.

③ 이중 창문에서는 소음방지를 위해 유리의 두께를 서로 다르게 하거나, 한쪽 유리를 경사지게 하는 방법을 적용한다.

④ 소음방지를 위한 흡음재는 소규모 실에서는 천장에 사용하는 것이, 평면이 큰 대규모 실에서는 벽체에 사용하는 것이 효과적이다.

> **해설**
> 소음방지를 위한 흡음재는 소규모 실에서는 벽면에 사용하고, 평면이 큰 대규모 실에서는 천장에 사용하는 것이 효과적이다.

20 전통 건축에 대한 설명으로 옳지 않은 것은?

① 경주 석불사는 통일신라시대에 창건된 사찰이다.

② 수덕사 대웅전은 주심포 구조로서 통일신라시대의 대표적 양식이다.

③ 통일신라시대에 세워진 사천왕사는 쌍탑식 가람배치이다.

④ 경주 감은사는 지면과 금당 바닥 사이에 공간을 두고 있다.

> **해설**
> 수덕사 대웅전은 고려시대 대표적 양식이며, 1308년으로 고려 충렬왕 34년에 건립되었다. 정면 3칸, 측면 4칸의 단층 목조이며, 맞배지붕으로 만들어진 주심포 건물이다.

21 다음 조건의 건축물이 반드시 취득해야 하는 인증이 아닌 것은?

> • 지방자치단체에서 소유한 문화시설(전시장)
> • 신축 건축물
> • 건축물의 연면적 : 2,000m²
> • 녹색건축물 조성 지원법상 에너지 절약 계획서 제출대상 건축물

① 에너지효율 등급 인증   ② 녹색건축 인증

③ 장애물 없는 생활환경 인증   ④ 제로에너지건축물 인증

해설

건축물 연면적이 3,000m² 이상일 경우 녹색건축 인증대상이 된다.

녹색건축 인증대상 건축물(녹색건축물 조성 지원법 시행령 제11조의3)

다음의 기준에 모두 해당하는 건축물을 말한다.

1. 중앙행정기관, 지방자치단체 등 기관 또는 교육감이 소유 또는 관리하는 건축물일 것

2. 신축·재축 또는 증축하는 건축물일 것. 다만, 증축의 경우에는 건축물이 있는 대지에 별개의 건축물로 증축하는 경우로 한정한다.

3. 연면적(하나의 대지에 복수의 건축물이 있는 경우 모든 건축물의 연면적을 합산한 면적을 말한다)이 3,000m² 이상일 것

4. 에너지 절약 계획서 제출대상일 것

22 입찰안내서 내용으로 볼 때 이 건물에 가장 적절한 공기조화설비 방식은?

> 〈○○병원 공기조화설비 리모델링 입찰안내서〉
> 우리 ○○병원은 다음과 같은 기준을 충족하는 공기조화 방식으로 리모델링하고자 합니다.
> 첫째, 환자의 컨디션이 모두 다르므로 각 실별 개별조절이 가능하여야 합니다.
> 둘째, 현재 병실 공간이 좁아서 활용면적에 영향을 주는 공기조화 방식은 희망하지 않습니다.
> 셋째, 여름철에도 난방이 필요한 방이 있으므로 사계절 난방이 가능하여야 합니다.
> 넷째, 기존 CAV시스템으로 인해 설치되어 있는 덕트공간과 중앙공조실을 활용하고자 하며, 외기냉방을 할 수 있으면
>   좋겠습니다.
> 다섯째, 현재 건물의 층고가 높아서 덕트 설치에 큰 문제가 없으며, 리모델링 시 바닥배관공사를 희망하지 않습니다.
> 이상과 같은 조건에 합당한 공조 방식을 선택하여 입찰하여 주시기 바랍니다.
>   −○○병원장−

① 팬코일 유닛 방식(Fan Coil Unit)

② 2중 덕트 방식(Double Duct System)

③ 패키지 유닛 방식(Packaged Unit)

④ 단일 덕트 변풍량 방식(Variable Air Volume System)

해설

2중 덕트 방식(Double Duct System)이 적합하다.

2중 덕트 방식 : 각 실별로 개별제어가 양호하며, 계절마다 냉·난방 전환이 필요치 않고 사계절 난방이 가능하며, 전공기 방식이므로 냉·온수관이 필요 없다.

23 병원 건축계획에 대한 설명으로 옳은 것은?

① 입원실은 내화구조가 아닌 경우 3층 이상에 설치할 수 없다.

② ICU(Intensive Care Unit)는 일반 환자를 위한 간호단위를 의미한다.

③ 환자 1명을 수용하는 입원실의 면적은 $6.3m^2$ 이상으로 계획한다.

④ 1개의 간호사 대기소(Nurses Station)의 병상 수는 일반 병동을 기준으로 최대 20병상 이내로 계획한다.

해설
② ICU(Intensive Care Unit)는 중증 환자를 효과적으로 치료하기 위한 특수한 병실의 간호단위를 의미한다.
③ 환자 1명을 수용하는 입원실의 면적은 $10m^2$ 이상으로 계획한다.
④ 1개의 간호사 대기소(Nurses Station)의 병상 수는 일반 병동을 기준으로 최대 30~40병상 이내로 계획한다.

24 주차장법 시행규칙상 부설주차장(주차대수 8대 이하, 자주식주차장인 경우) 설치기준에 대한 설명으로 옳은 것은?

① 주차대수 8대 이하의 주차단위구획은 차로를 기준으로 하여 세로로 2대까지 접하여 배치할 수 있다.

② 보행인의 통행로가 필요한 경우에는 시설물과 주차단위구획 사이에 0.5m 이하의 거리를 두어야 한다.

③ 보도와 차도의 구분이 없는 너비 12m 미만의 도로에 접하는 부설주차장은 그 도로를 차로로 하여 주차단위구획을 배치할 수 있다.

④ 출입구의 너비는 3m 이상으로 한다(단, 막다른 도로에 접하여 있고, 시장·군수 또는 구청장이 차량의 소통에 지장이 없다고 인정하는 경우 2.5m 이하로 할 수 있다).

해설
① 주차대수 5대 이하의 주차단위구획은 차로를 기준으로 하여 세로로 2대까지 접하여 배치할 수 있다.
② 보행인의 통행로가 필요한 경우에는 시설물과 주차단위구획 사이에 0.5m 이상의 거리를 두어야 한다.
④ 출입구의 너비는 3m 이상으로 한다(단, 막다른 도로에 접하여 있고, 시장·군수 또는 구청장이 차량의 소통에 지장이 없다고 인정하는 경우 2.5m 이상으로 할 수 있다).

25 친환경 건축에 대한 설명으로 옳은 것만을 모두 고르면?

> ㄱ. 수동적 태양열 난방(Passive Solar Heating) 방식 중 부착온실, 썬룸과 같은 부속공간으로부터 열을 획득하는 방식은 간접흡수형 시스템(Indirect Gain System)이다.
> ㄴ. 태양열 발전은 태양에너지를 열로 변환시키고 증기를 발생시켜서 발전기로 전기에너지를 얻는다.
> ㄷ. 공동주택성능등급은 구조관련 등급, 소음관련 등급, 화재/소방 등급 3부문으로 구성되어 있다.
> ㄹ. 에너지효율등급인증은 1^{+++}등급부터 7등급까지 10개의 등급으로 구분한다.

① ㄱ, ㄴ   ② ㄱ, ㄷ

③ ㄴ, ㄹ   ④ ㄷ, ㄹ

해설

ㄱ. 수동적 태양열 난방(Passive Solar Heating) 방식 중 부착온실, 썬룸과 같은 부속공간으로부터 열을 획득하는 방식은 분리획득형 시스템이다.

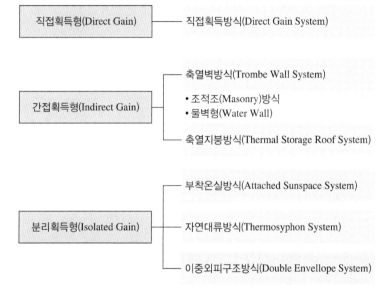

[수동적 태양열 난방(Passive Solar Heating) 방식]

ㄷ. 공동주택성능등급은 구성은 소음관련 등급, 구조관련 등급, 환경관련 등급, 생활환경 등급, 화재ㆍ소방 등급으로서 5부문으로 구성되어 있다.

01 공동주택의 평면 형식 중 계단실형에 대한 특징으로 옳은 것은?

① 엘리베이터 1대당 단위 주거를 많이 둘 수 있다.

② 대지를 고밀도로 이용할 때 사용한다.

③ 각 세대의 채광 및 통풍이 좋고 프라이버시가 양호하며 저층 주택과 중층 주택에 많이 사용한다.

④ 통풍, 채광, 환기 등이 불리하여 이를 해결하기 위한 고도의 설비시설이 필요하다.

해설
①, ②번 복도형의 특징이며, ④번은 집중형의 특징이다.

02 유니버설 디자인(Universal Design)의 원칙에 해당하지 않는 것은?

① 동등한 이용(Equitable Use)

② 간단하고 직관적인 이용(Simple and Intuitive Use)

③ 적은 물리적인 노력(Low Physical Effort)

④ 안전도 증강과 오조작 방지(Fail Safe & Fool Proof)

해설
유니버설 디자인(Universal Design)
• 제품, 시설, 서비스를 이용하는 사람이 성별, 나이, 장애, 언어 등으로 인해 제약을 받지 않도록 설계하는 것이며, 모든 사람을 위한 디자인을 말한다.
• 유니버설 디자인 7대 원칙
  – 공평한 사용, 동등한 이용(Equitable Use)
  – 사용상의 융통성(Flexibility in Use)
  – 손쉬운 이용, 간단하고 직관적 이용(Simple and Intuitive Use)
  – 정보이용의 용이(Perceptible Information)
  – 오류에 대한 포용력(Tolerance for Error)
  – 편리한 조작, 적은 물리적인 노력(Low Physical Effort)
  – 적당한 크기와 공간(Size and Space for Approach and Use)

03 학교 건축계획에 대한 설명으로 옳지 않은 것은?

① 우리나라는 학교건축 표준설계(지침)를 개발·시행해 오다가 이후 폐지하면서 학교에 다양한 건물 및 환경이 조성되기 시작하였다.

② 학교 건물을 분산병렬형(Finger Plan)으로 계획하면, 교실의 환경조건이 균등하고 협소한 대지를 효율적으로 이용할 수 있다.

③ 학교를 교과교실형(V형)으로 운영하면, 학생의 이동은 많지만 순수율 높은 교실이 제공되어 시설의 질이 높아진다.

④ 초등학교 저학년 교실은 다른 학년과 분리하고 저층부에 배치하는 것이 바람직하다.

> **해설**
> 학교 건물을 분산병렬형(Finger Plan)으로 계획하면, 교실의 환경조건이 균등하지만, 넓은 대지를 필요로 한다.

04 사무소 건축계획에서 그림의 (가)~(라) 코어(Core) 유형에 대한 설명으로 옳지 않은 것은?

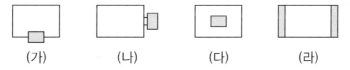

(가)　　(나)　　(다)　　(라)

※ ▨ : 코어

① (가)는 바닥면적이 커지면 코어 이외에 피난시설, 설비 샤프트 등이 필요해진다.

② (나)는 자유로운 업무공간을 확보할 수 있으나 내진구조에 불리하다.

③ (다)는 오픈코어로서 업무공간의 융통성이 가장 우수하다.

④ (라)는 방재상 2방향 피난시설 설치에 유리하다.

> **해설**
> (다)는 중심코어로서 내진구조에 유리하며 고층 빌딩에 적합하다.

05 신에너지와 재생에너지에 대한 설명으로 옳지 않은 것은?

① 폐기물에너지는 주원료가 고가이거나 처리비용이 추가되어 에너지 회수의 경제성이 낮은 재생에너지이다.

② 해양에너지는 고갈될 염려가 없는 조력, 파력, 조류, 온도차 발전 등으로 얻을 수 있는 재생에너지이다.

③ 연료전지는 수소와 산소가 가진 이온결합의 화학적 에너지를 직접 전기에너지로 변환시키는 것이다.

④ 소수력에너지는 자연에 있는 작은 수로나 개천을 이용해 전기에너지를 생산하는 재생에너지이다.

해설

폐기물에너지는 주원료가 저가이며, 에너지 회수의 경제성이 높은 재생에너지이다. 위생시설 및 다양한 처리기술을 위한 처리비용이 추가될 수 있다.

폐기물에너지
- 폐기물에너지는 폐기물을 가공·처리하여 생산한 에너지로서 가정이나 사업장에서 발생되는 가연성·유기성 폐기물 중 에너지 함량이 높은 폐기물을 여러 형태의 연료로 생산한다.
- 폐기물에너지의 장점과 단점
  - 폐기물 재활용 및 감량으로 이산화탄소 감축 효과가 있다.
  - 다양한 형태로 생산 연료가 변형되어 활용가치가 높다.
  - 에너지 이용과정 중 고열을 사용하여 지역난방 열공급이 가능하다.
  - 쓰레기 매립지역이 감소되므로 토지의 환경개선이 가능하다.
  - 위생시설 및 다양한 처리기술이 요구되어 초기 투자 비용이 높은 편이다.
  - 폐기물 소각 시에 배출되는 환경오염 물질과 생산 및 보관 시에 발생하는 악취, 오염 물질로 인해 설치에 어려움이 있다.

06 국토의 계획 및 이용에 관한 법령상 용도지역 안에서의 건폐율 최대한도가 가장 낮은 것부터 순서대로 나열한 것은?(단, 지방자치단체의 조례 및 기타 예외사항은 고려하지 않음)

ㄱ. 제1종 전용주거지역	ㄴ. 제2종 일반주거지역
ㄷ. 중심상업지역	ㄹ. 일반상업지역
ㅁ. 일반공업지역	ㅂ. 자연녹지지역

① ㄱ, ㄴ, ㅂ, ㅁ, ㄷ, ㄹ   ② ㄷ, ㄹ, ㅁ, ㄱ, ㄴ, ㅂ

③ ㅂ, ㄱ, ㄴ, ㅁ, ㄹ, ㄷ   ④ ㅂ, ㄴ, ㄱ, ㄷ, ㄹ, ㅁ

해설

ㄱ. 제1종 전용주거지역 : 50% 이하
ㄴ. 제2종 일반주거지역 : 60% 이하
ㄷ. 중심상업지역 : 90% 이하
ㄹ. 일반상업지역 : 80% 이하
ㅁ. 일반공업지역 : 70% 이하
ㅂ. 자연녹지지역 : 20% 이하

07 건축환경심리와 관련된 내용으로 설명이 옳지 않은 것은?

① 개인공간(Personal Space)은 영역(Territory)과 구별되는 개념이다.

② 개인공간(Personal Space)은 보이지 않는 심리적 공간으로서 그 크기는 상황적인 변수에 따라 달라진다.

③ 어윈 알트만(I. Altman)은 지각 심리학에서 근접, 연속, 공동운명의 법칙 등을 통하여 건축공간의 조직화를 주장하였다.

④ 로버트 조머(R. Sommer)는 건축·도시공간을 생각할 때, 인간적 요인에 대한 배려가 결여된 현대의 도시공간을 비판하였다.

> **해설**
> 막스 베르트하이머(M. Wertheimer)는 지각 심리학에서 근접, 연속, 공동운명의 법칙 등을 통하여 건축공간의 조직화를 주장하였다.

08 건축법 시행령상 해당 용어에 대한 설명으로 옳은 것만을 모두 고르면?

> ㄱ. '내수재료'란 인조석·콘크리트 등 내수성을 가진 재료로서 국토교통부령으로 정하는 재료를 말한다.
> ㄴ. '내화구조'란 화염의 확산을 막을 수 있는 성능을 가진 구조로서 국토교통부령으로 정하는 기준에 적합한 구조를 말한다.
> ㄷ. '난연재료'란 불에 잘 타지 아니하는 성능을 가진 재료로서 국토교통부령으로 정하는 기준에 적합한 재료를 말한다.
> ㄹ. '초고층 건축물'이란 층수가 40층 이상이거나 높이가 100m 이상인 건축물을 말한다.

① ㄱ, ㄴ   ② ㄱ, ㄷ

③ ㄴ, ㄷ   ④ ㄴ, ㄹ

> **해설**
> ㄴ. '방화구조'란 화염의 확산을 막을 수 있는 성능을 가진 구조로서 국토교통부령으로 정하는 기준에 적합한 구조를 말한다.
> ㄹ. '초고층 건축물'이란 층수가 50층 이상이거나 높이가 200m 이상인 건축물을 말한다.

09 국토의 계획 및 이용에 관한 법률상 지구단위계획의 내용에 포함되는 사항만을 모두 고르면?

> ㄱ. 환경관리계획 또는 경관계획
> ㄴ. 건축물 높이의 최고한도 또는 최저한도
> ㄷ. 건축물의 배치·형태·색채 또는 건축선에 관한 계획
> ㄹ. 보행안전 등을 고려한 교통처리계획

① ㄱ, ㄷ

② ㄴ, ㄷ

③ ㄱ, ㄴ, ㄹ

④ ㄱ, ㄴ, ㄷ, ㄹ

해설

ㄱ~ㄹ 모두 포함된다.

지구단위계획의 내용에 포함되는 사항(국토의 계획 및 이용에 관한 법률 제52조)

1. 용도지역이나 용도지구를 세분하거나 변경하는 사항
2. 기존 용도지구를 폐지하고 그 용도지구에서의 건축물이나 그 밖의 시설의 용도·종류 및 규모 등의 제한을 대체하는 사항
3. 대통령령으로 정하는 기반시설의 배치와 규모
4. 도로로 둘러싸인 일단의 지역 또는 계획적인 개발·정비를 위하여 구획된 일단의 토지의 규모와 조성계획
5. 건축물의 용도제한, 건축물의 건폐율 또는 용적률, 건축물 높이의 최고한도 또는 최저한도
6. 건축물의 배치·형태·색채 또는 건축선에 관한 계획
7. 환경관리계획 또는 경관계획
8. 보행안전 등을 고려한 교통처리계획 등

10 클린 룸 계획에 대한 설명으로 옳지 않은 것은?

① 클린 룸의 등급을 구분하는 청정기준(Class)은 미연방규격을 표준으로 한다.

② 미생물을 관리 대상으로 할 경우, 바이오 클린 룸(Bio Clean Room)이라고도 한다.

③ 클린 룸의 기류 방식 중에서 난류형 방식은 환기회수보다 취출구의 면 풍속이 중요하다.

④ 무균실은 수평층류형 방식을 주로 사용한다.

해설

클린 룸의 기류방식 중에서 난류형 방식은 환기회수가 중요하며, 층류형은 취출구의 면 풍속이 중요하다.

클린 룸 기류 방식

• 난류형(Conventional Type)
  - 청정도 계산법과 환기회수법으로 급기풍량을 결정한다.
  - 필터 및 공기처리가 간단하다.
  - 설비비가 저렴하며, 관리가 용이하다.
  - 고도의 청정도가 가능하다.

• 층류형(Laminar Flow Type)
  - 급기풍량은 취출구의 면 풍속에 의해 결정된다.
  - 환기회수가 커 단시간 내 청정도가 유지된다.
  - 오염 상태로부터 회복이 빠르다.
  - 작업인수 및 작업 상태에 따라 좌우되지 않는다.
  - 층류식 수평형, 층류식 수직형이 있다.

11 그림에 해당하는 은행의 평면 형식에 대한 설명으로 옳은 것은?

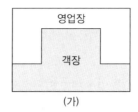

(가)   (나)

① (가)는 접객 동선을 짧고 단순하게 하는 평면 형식이다.

② (가)는 영업장 업무를 중심으로 배치한 평면 형식이다.

③ (나)는 대규모의 은행에 적합한 평면 형식이다.

④ (나)는 직원의 동선보다 고객의 동선을 고려한 평면 형식이다.

해설

① (가)는 접객 동선을 길고 단순하게 하는 평면 형식이다.
② (가)는 객장 업무를 중심으로 배치한 평면 형식이다.
④ (나)는 접객 동선을 분리하면서 직원의 동선을 고려한 평면 형식이다.

은행의 평면 형식별 특성

평면 형식		특성
	소규모의 지점	• 폭이 좁고, 깊이가 깊다. • 고객 대기공간이 작고 동선이 짧다.
	약간 크고 길모퉁이에 적합	• 2면의 도로에 접하고 있어 시각적으로 인지성이 높다. • 모서리 부분에 출입구를 설치하는 것이 유리하다.
	외국의 보편적 채용 형식	• 고객용 출입구의 폭을 좁게 한다. • 객장 내부에 다수의 접객 창구를 만들 수 있다.
(a) (b)	기본 평면 또는 규모가 큰 본점	• 정면을 넓게 계획하며 많은 창구를 만들 수 있다. • (a)형은 접객 동선이 길지만 단순한 형태이다. • (b)형은 직원 동선을 고려하고, 접객 동선을 분리하는 형태이다.

12 오물정화설비의 용어에 대한 설명으로 옳지 않은 것은?

① SS(Suspended Solid) : 오수 중에 함유하는 부유물질을 ppm으로 나타낸 것이며 수질의 오염도를 표시한다.

② COD(Chemical Oxygen Demand) : 산화되기 쉬운 유기물이 화학적으로 안정된 무기물로 변화하기 위한 산소량이다.

③ BOD(Biochemical Oxygen Demand) : 생물화학적 산소요구량으로 값이 작을수록 물의 오염도는 낮다.

④ DO(Dissolved Oxygen) : 용존산소량을 나타낸 것이며 값이 클수록 정화능력이 작은 수질이다.

해설

DO(Dissolved Oxygen) : 용존산소량을 나타낸 것이며 수온, 기압, 기타 조건에 따라 달라지고, DO값이 클수록 정화능력이 우수한 수질이다.

13 건축설비 중 통기관의 배관에 대한 설명으로 옳은 것만을 모두 고르면?

> ㄱ. 오수 정화조의 배기관은 단독으로 대기 중에 개구한다.
> ㄴ. 오수 정화조, 오수피트, 잡배수피트는 같은 계통으로 연결하여 사용하는 것이 효율적이다.
> ㄷ. 통기관과 환기용 덕트는 연결하면 안 된다.
> ㄹ. 통기 수직관은 빗물수직관과 연결해서 사용하는 것이 좋다.

① ㄱ, ㄷ   ② ㄱ, ㄹ

③ ㄴ, ㄷ   ④ ㄷ, ㄹ

해설

ㄴ. 오수 정화조, 오수피트, 잡배수피트는 같은 계통으로 연결하지 않는다.
ㄹ. 통기수직관은 빗물수직관과 연결해서 사용하지 않는다.

14 그림은 조선왕조 한성의 4대문과 4소문을 표현한 것이다. (가)~(라)에 대한 설명으로 옳게 짝지어진 것은?

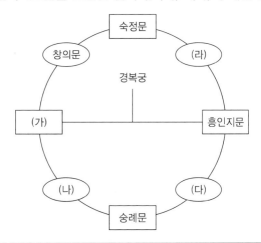

(가) 오행의 의(義)를 취하여 돈의문이란 이름으로 축조하였으며 일명 서대문으로 불렀다.
(나) 본래 이름은 홍화문이었으나 창경궁 동문의 이름과 겹치게 되어 혜화문으로 바뀌게 되었다.
(다) 수구문이라고도 불렀으며 시신을 운구할 때 이 문을 통해 나갔다고 해서 시구문이라고도 불렀다.
(라) 소덕문이라고도 불렀으며, 일제에 의해 완전히 철거되어 지금은 존재하지 않는다.

① (가), (나)　　　　　　　　② (가), (다)
③ (나), (라)　　　　　　　　④ (다), (라)

해설
(나)는 소의문(서소문), (라)는 혜화문(동소문)이다.

구분	방위	문이름	용도
사대문	동	흥인지문(동대문)	서울의 동쪽 관문
	서	돈의문(서대문)	중국과 통하는 관문
	남	숭례문(남대문)	한양의 관문
	북	숙정문(북대문)	평상시 닫혀 있음
사소문	동북	혜화문(동소문)	양주·포천 방면 관문
	동남	광희문(수구문)	시신을 성 밖으로 내보내던 통로
	서남	소의문(서소문)	
	서북	창의문(자하문)	북대문 역할

15 서울의 위도가 37.5°라고 하면, 춘분과 추분 때 정오 시간대의 태양고도는?

① 23.5°

② 29°

③ 52.5°

④ 76°

해설
- 춘분과 추분의 태양 정오 고도 = 90° − 위도
 = 90° − 37.5° = 52.5°
- 동지의 태양 정오 고도 = 90° − (위도 + 23.5°)
 = 90° − (37.5° + 23.5°) = 29°
- 하지의 태양 정오 고도 = 90° − (위도 − 23.5°)
 = 90° − (37.5° − 23.5°) = 76°

16 범죄예방 건축기준 고시상 100세대 이상 아파트의 범죄예방 기준에 따른 대지의 출입구와 담장에 대한 설명으로 옳지 않은 것은?

① 담장은 안전과 사생활 보호를 위하여 차폐형으로 계획하여야 한다.

② 담장은 사각지대 또는 고립지대가 생기지 않도록 계획하여야 한다.

③ 출입구는 영역의 위계가 명확하도록 계획하여야 한다.

④ 출입구의 조명은 출입구와 출입구 주변에 연속적으로 설치하여야 한다.

해설
담장은 자연적 감시를 위하여 투시형으로 계획하여야 한다.

17 장애인 · 노인 · 임산부 등의 편의증진 보장에 관한 법률 시행규칙상 편의시설의 구조에 대한 내용으로 옳은 것은?

① 장애인 등의 통행이 가능한 접근로에서 접근로의 기울기는 1/18 이하, 단차의 높이 차이는 2.5cm 이하로 하여야 한다.

② 경사로는 바닥면으로부터 높이 0.75m 이내마다 휴식을 할 수 있도록 수평면으로 된 참을 설치하여야 한다.

③ 장애인 등의 이용이 가능한 접수대 또는 작업대의 하부에는 바닥면으로부터 높이 0.75m 이상, 깊이 0.4m 이상의 공간을 확보한다.

④ 장애인전용주차구역에서 평행주차 형식의 경우, 주차대수 1대에 대하여 폭 2.5m 이상, 길이 5.5m 이상으로 한다.

해설
① 장애인 등의 통행이 가능한 접근로에서 접근로의 기울기는 1/18 이하, 단차의 높이 차이는 2.0cm 이하로 하여야 한다.
③ 장애인 등의 이용이 가능한 접수대 또는 작업대의 하부에는 바닥면으로부터 높이 0.65m 이상, 깊이 0.45m 이상의 공간을 확보한다.
④ 장애인전용주차구역에서 평행주차 형식의 경우는 주차대수 1대에 대하여 폭 2.0m 이상, 길이 6.0m 이상으로 설치하여야 하며, 평행주차 형식 외의 경우는 주차대수 1대에 대하여 폭 3.3m 이상, 길이 5.0m 이상으로 하여야 한다.

18 (가)~(라) 작품에 대한 설명으로 옳지 않은 것은?

> (가) 필리포 브루넬레스키(Filippo Brunelleschi) – 산타 마리아 델 피오레(Duomo, Santa Maria del Fiore)
> (나) 레온 바티스타 알베르티(Leon Battista Alberti) – 산타 마리아 노벨라(Santa Maria Novella)
> (다) 도나토 브라만테(Donato Bramante) – 템피에토(Tempietto)
> (라) 카를로 마데르노(Carlo Maderno) – 산타 수산나(Santa Susanna)

① 4개 작품 중 시대적으로 가장 빠른 작품은 (다)이다.
② (나), (라)의 입면 형식은 (다)와 상이하다.
③ (가), (나), (다)는 모두 르네상스 시대 작품이고 (라)는 바로크 시대 작품이다.
④ (가), (나), (다), (라)는 모두 종교시설이다.

해설
4개 작품 중 시대적으로 가장 빠른 작품은 (나)이다.
(가) 산타 마리아 델 피오레(Duomo, Santa Maria del Fiore) : 1296년 착공
(나) 산타 마리아 노벨라(Santa Maria Novella) : 1279~1357년
(다) 템피에토(Tempietto) : 1502~1513년
(라) 산타 수산나(Santa Susanna) : 1537~1603년

19 색채이론과 색채표기법(Color Notation)에 대한 설명으로 옳지 않은 것은?
① 먼셀 표색계는 빨강, 노랑, 녹색, 파랑, 보라를 기본으로 하여 결과적으로 100색상이 된다.
② 오스트발트 표색계는 보색이 되도록 배치한 24색상환을 기본으로 한다.
③ 보색은 서로 상반하여 대비를 이루는 색으로, 빨강색의 보색은 녹색이다.
④ 먼셀 색채표기법에 의하면 5YR8/13은 주황색, 채도 8, 명도 13인 색이다.

해설
먼셀 색채표기법에 의하면 5YR8/13은 주황색, 명도 8, 채도 13인 색이다.

20 기후위기 대응을 위한 탄소중립·녹색성장 기본법상 용어의 정의가 옳은 것만을 모두 고르면?

ㄱ. '녹색산업'이란 온실가스를 배출하는 화석에너지의 사용을 대체하고 에너지와 자원 사용의 효율을 높이며, 환경을 개선할 수 있는 재화의 생산과 서비스의 제공 등을 통하여 탄소중립을 이루고 녹색성장을 촉진하기 위한 모든 산업을 말한다.

ㄴ. '기후변화'란 극단적인 날씨뿐만 아니라 물 부족, 식량 부족, 해양산성화, 해수면 상승, 생태계 붕괴 등 인류 문명에 회복할 수 없는 위험을 초래하여 획기적인 온실가스 감축이 필요한 상태를 말한다.

ㄷ. '탄소중립 사회'란 화석연료에 대한 의존도를 낮추거나 없애고 기후위기 적응 및 정의로운 전환을 위한 재정·기술·제도 등의 기반을 구축함으로써 탄소중립을 원활히 달성하고 그 과정에서 발생하는 피해와 부작용을 예방 및 최소화할 수 있도록 하는 사회를 말한다.

ㄹ. '녹색성장'이란 화석에너지의 사용을 단계적으로 축소하고 녹색기술과 녹색산업을 육성함으로써 국가경쟁력을 강화하고 지속가능발전을 추구하는 성장을 말한다.

---

① ㄱ, ㄴ

② ㄱ, ㄷ

③ ㄴ, ㄹ

④ ㄱ, ㄷ, ㄹ

해설

- 기후위기 : 극단적인 날씨뿐만 아니라 물 부족, 식량 부족, 해양산성화, 해수면 상승, 생태계 붕괴 등 인류 문명에 회복할 수 없는 위험을 초래하여 획기적인 온실가스 감축이 필요한 상태를 말한다.
- 기후변화 : 사람의 활동으로 인하여 온실가스의 농도가 변함으로써 상당기간 관찰되어 온 자연적인 기후변동에 추가적으로 일어나는 기후체계의 변화를 말한다.
- 녹색성장 : 에너지와 자원을 절약하고 효율적으로 사용하여 기후변화와 환경 훼손을 줄이고 청정에너지와 녹색기술의 연구개발을 통한 새로운 성장동력을 확보하며 새로운 일자리를 창출해 나가는 등 경제와 환경이 조화를 이루는 성장을 말한다.

01 다음 중 미술관 동선계획이 가장 잘못된 것은?

① 관람객의 흐름을 의도하는 대로 유도할 수 있는 레이아웃이 되어야 한다.

② 관람객의 흐름에 막힘이 없어야 한다.

③ 관람객 시선이 일정한 방향성을 가질 수 있도록 하기 위하여 전후좌우 다 보는 계획은 가급적 지양한다.

④ 동선체계의 가장 일반적인 방법은 일방통행에 의한 관람이 이루어지게 하는 것이다.

해설
관람객 시선이 일정한 방향성을 가질 수 있도록 하기 위하여 전후좌우 다 보는 계획으로 가급적 지향한다.

02 다음 중 상점 쇼윈도(Show Window) 유리면의 반사를 방지하기 위한 방법으로 가장 잘못된 것은?

① 진열장 외부 조도를 내부보다 밝게 한다.

② 쇼윈도 앞에 가로수를 식재한다.

③ 특수한 곡면유리를 사용한다.

④ 유리를 사면(斜面)으로 설치한다.

해설
진열장 내부조도를 외부보다 밝게 한다.

03 다음 중 우리나라 목조 건축 구성요소에 대한 설명으로 가장 잘못된 것은?

① 조선시대 궁궐의 정전이나 사찰의 주불전 등 주요건물에 주로 사용한 공포 양식은 다포식이다.

② 공포(栱包)는 중국계 목조가구식 전통문화의 공통석인 특징으로, 보와 도리, 기둥을 구조적으로 결합시키는 역할을 한다.

③ 창방(昌枋)은 평방(平枋) 위에 덧대어 공포(栱包)를 통해 내려오는 지붕하중을 직접 기둥에 전달한다.

④ 덤벙주초(막돌주초)는 목재기둥 하단부를 초석 형상에 맞추어 가공한 것으로, 자연석을 그대로 사용하거나 쪼개어 사용하는 초석이다.

해설
평방(平枋)은 다포식에서 창방(昌枋) 위에 덧대어 공포(栱包)를 통해 내려오는 지붕하중을 창방을 통하여 기둥에 전달하는 부재이다.

04 다음 중 문화재보호법상 역사문화환경 보존지역에 대한 설명으로 가장 잘못된 것은?

① 역사문화환경 보존지역이란 지상에 고정되어 있는 유형물이나 일정한 지역이 문화재로 지정된 경우에 해당 지정문화재의 점유면적을 제외한 지역이다.

② 역사문화환경 보존지역의 범위는 해당 지정문화재의 외곽경계로부터 500m 안으로 한다.

③ 시·도지사는 지정문화재의 역사문화환경보호를 위하여 역사문화환경 보존지역을 정할 경우 문화재청장과 협의하여야 한다.

④ 인·허가 행정기관은 인·허가 전에 역사문화환경 보존지역 내 건설공사가 지정문화재의 보존에 영향을 미칠 우려가 있는 행위에 해당하는지 여부를 검토하여야 한다.

해설

※ 법 개정으로 '문화재보호법 → 문화유산법'으로, '문화재, 지정문화재 → 문화유산, 지정문화유산'으로 변경되었다.

• 문화유산법상 역사문화환경 "보호구역"이란 지상에 고정되어 있는 유형물이나 일정한 지역이 문화유산으로 지정된 경우에 해당 지정문화유산의 점유면적을 제외한 지역으로서 그 지정문화유산을 보호하기 위하여 지정된 구역을 말한다.

• 문화유산법상 "역사문화환경"이란 문화유산 주변의 자연경관이나 역사적·문화적인 가치가 뛰어난 공간으로서 문화유산과 함께 보호할 필요성이 있는 주변 환경을 말한다.

05 다음 중 체육관을 계획할 때 설명으로 가장 잘못된 것은?

① 체육관은 경기부분, 관람부분, 관리부분으로 구성한다.

② 출입로, 탈의 영역 및 샤워실은 될 수 있으면 교차하지 않도록 구성한다.

③ 목조 바닥의 경우 바닥구조체와 약 300~1,500mm의 공간을 두어 습기가 생기는 것을 방지하도록 한다.

④ 체육관은 배구코트를 기준으로 경기장의 규모를 결정한다.

해설

체육관은 농구코트를 기준으로 경기장의 규모를 결정한다.

06 다음 중 실내 음향계획에 대한 설명으로 가장 잘못된 것은?

① 실내 음향계획 시 무대 부분은 반사재, 관객 부분은 흡음재를 설치한다.

② 잔향시간은 재료의 평균흡음률에 비례한다.

③ 잔향시간이란 실내에 일정한 세기의 음을 발생시킨 후 그 음이 중지된 때부터 세기 레벨이 60dB 약해지는 데 소요된 시간이다.

④ 실의 흡음력이 클수록 잔향시간은 짧아진다.

해설
잔향시간은 재료의 평균흡음률에 반비례하며, 실의 용적에는 비례한다.

07 다음 중 국토의 계획 및 이용에 관한 법률상 지구단위계획에 대한 설명으로 가장 잘못된 것은?

① 도시개발법의 관련 규정에 따라 지정된 도시개발구역은 지구단위계획구역을 지정할 수 있다.

② 지구단위계획구역에서 건축물의 용도를 변경하려면 그 지구단위계획에 맞게 하여야 한다.

③ 도시지역 내 주거·상업·업무 등의 기능을 결합하는 등 복합적인 토지 이용을 증진시킬 필요가 있는 지역은 8년 기여간 변경이 가능하다

④ 도시지역 외의 지역은 지구단위계획구역으로 지정할 수 없다.

해설
도시지역 외의 지역에도 지구단위계획 구역으로 지정할 수 있다.
지구단위계획구역의 지정 등(국토의 계획 및 이용에 관한 법률 제51조 제3항)
도시지역 외의 지역을 지구단위계획구역으로 지정하려는 경우 다음 각 호의 어느 하나에 해당하여야 한다.
1. 지정하려는 구역 면적의 50/100 이상이 계획관리지역으로서 대통령령으로 정하는 요건에 해당하는 지역
2. 개발진흥지구로서 대통령령으로 정하는 요건에 해당하는 지역
3. 용도지구를 폐지하고 그 용도지구에서의 행위 제한 등을 지구단위계획으로 대체하려는 지역

08 다음 중 개발제한구역에서 건축물의 건축 또는 공작물의 설치가 불가능한 시설의 종류는?

① 골프장　　　　　　　　　　　　② 실내체육관

③ 청소년수련관　　　　　　　　　④ 미술관

미술관은 설치 가능한 시설에 포함되어 있지 않다.

개발제한구역에서 건축 또는 공작물의 설치 가능한 시설(개발제한구역의 지정 및 관리에 관한 특별조치법 시행령 별표 1)

1. 개발제한구역의 보전 및 관리에 도움이 될 수 있는 시설
   - 공공공지 및 녹지, 하천 및 운하
   - 등산로, 산책로, 등 체력단련시설
   - 실외체육시설, 소규모 실내 생활체육시설, 실내체육관
   - 골프장
   - 휴양림, 산림욕장, 청소년수련시설, 자연공원, 도시공원
   - 잔디광장, 피크닉장 및 야영장, 탑 또는 기념비
   - 개발제한구역 관리·전시·홍보 관련 시설
   - 모의전투게임 관련 시설, 자전거이용시설, 도시농업농장
2. 개발제한구역을 통과하는 선형시설과 필수시설
   - 철도, 궤도, 도로 및 광장, 관개 및 발전용수로
   - 수도 및 하수도, 공동구, 전기공급설비
   - 전기통신시설·방송시설 및 중계탑 시설, 송유관
   - 집단에너지공급시설, 버스 차고지 및 그 부대시설
   - 가스공급시설
3. 개발제한구역에 입지해야만 그 기능과 목적이 달성되는 시설
   - 공항(헬기장을 포함한다), 항만, 환승센터, 주차장
   - 학교, 지역공공시설
   - 국가의 안전·보안업무의 수행을 위한 시설
   - 폐기물처리시설, 자동차 천연가스 공급시설
   - 유류저장 설비, 기상시설, 장사 관련 시설
   - 문화재의 복원과 문화재관리용 건축물
   - 경찰훈련시설, 택배화물 분류 관련 시설
4. 국방·군사시설 및 교정시설
5. 개발제한구역 주민의 주거·생활편익 및 생업을 위한 시설
   - 동식물 관련 시설
   - 농수산물 보관 및 관리 관련 시설
   - 단독주택
   - 근린생활시설 일부
   - 주민 공동이용시설

09 다음 중 현대 건축작품에 대한 설명이 가장 잘못된 것은?

① 켄양(Ken Yeang)의 킴벨 미술관(Kimbell Art Museum)은 건물 내부의 깊숙한 곳까지 채광과 통풍을 고려한 원통형의 건물로서, 친환경 건축물의 대표적 사례이다.

② 장 누벨(Jean Nouvelle)의 아랍문화연구소(Institut du Monde Arabe) 남측 창문에 햇빛의 양에 따라 자동으로 조절되는 카메라 조리개 같은 수많은 셔터가 설치되어 있다.

③ 프랭크 게리(Frank Gehry)의 구겐하임 미술관(Guggenheim Museum Bilbao)은 티타늄으로 외관을 둘러싼 건물로, 꽃을 연상시키는 매스로 구성되어 메탈플라워(Metal Flower)라고도 불린다.

④ 제임스 스털링(J. Stirling)의 슈투트가르트 국립미술관(Staatsgalerie Stuttgart)은 포스트 모던 건축(Post-modern Architecture)의 대표적 건물이다.

해설
킴벨 미술관(Kimbell Art Museum)은 루이스 칸(Louis Kahn)의 작품이다.

10 다음 중 현행 건축법상 특별건축구역에 대한 건축법 적용의 특례에 해당하는 사항만을 모두 골라 놓은 것은?

ㄱ. 대지의 조경	ㄴ. 건폐율
ㄷ. 용적률	ㄹ. 건축물의 높이제한
ㅁ. 건축선에 따른 건축제한	

① ㄱ, ㄴ, ㄷ   ② ㄴ, ㄷ, ㅁ

③ ㄱ, ㄴ, ㄴ, ㄹ   ④ ㄱ, ㄴ, ㄷ, ㅁ

해설
특별건축구역에 건축하는 건축물에 대하여는 다음 각 호를 적용하지 아니할 수 있다.
• 대지의 조경
• 건축물의 건폐율
• 건축물의 용적률
• 대지 안의 공지
• 건축물의 높이제한
• 일조 등의 확보를 위한 건축물의 높이 제한

11 다음 중 건축의 형태 구성원리에 대한 설명으로 가장 잘못된 것은?

① 비례(Proportion)란 미적 대상을 구성하는 부분과 부분 사이에 질적으로나 양적으로 모순되는 일이 없이 질서가 잡혀 있는 것을 말한다.

② 질감(Texture)이란 물체를 만져보지 않고 눈으로만 보아도 그 표면의 상태를 알 수 있는 것을 말한다.

③ 균형(Balance)이란 구성체의 부분들이 시각적인 힘의 균형이 잡혀 있는 상태로, 현대 건축에서는 동적 균형(Dynamic Balance)을 추구하는 경향이 많다.

④ 먼셀의 색구(色球)에서 채도(Chroma)는 색의 선명도를 나타내는 것으로, 먼셀 구(球)의 축과 직각의 수평 방향으로 표시되어 있다.

해설
• 조화(Harmony) : 미적 대상을 구성하는 부분과 부분 사이에 질적으로나 양적으로 모순되는 일이 없이 질서가 잡혀 있는 것을 말한다.
• 비례(Proportion) : 일반적으로 어떤 양과 다른 양, 건축에서 말하면 선, 면, 공간 사이에 상호간의 양적인 관계를 말한다.

12 다음 중 현대 건축사조에 대한 설명으로 가장 잘못된 것은?

① 포스트 모던(Post Modern) 건축은 과거의 양식적 요소를 참조하고, 장식을 적극적으로 도입하려는 경향을 가지고 있다.

② 건축에서 해체주의는 철학적으로는 데리다(Derrida)의 이론에 근거하고, 건축적 측면에서는 러시아 구성주의의 경향을 받은 것이다.

③ 대중주의 건축은 예술의 대중화를 주장하는 대중 예술처럼 건축도 맥락주의, 상징성, 장식, 은유 등을 통하여 대중의 건축을 포용하여야 한다는 건축사조이다.

④ 표현주의 건축은 규격화, 표준화, 대량생산을 적극적으로 이용하였으며, 기능성, 효율성, 경제성, 실용성 위주의 건축을 추구하였다.

해설
• 국제주의 건축은 규격화, 표준화, 대량생산을 적극적으로 이용하였으며, 기능성, 효율성, 경제성, 실용성 위주의 건축을 추구하였다.
• 표현주의 건축은 전쟁 후 생활의 불안한 상태와 혼란의 내적 감정을 표출하고자 하였으며 리듬감 있는 조형 구성, 동적인 표현으로써 주관적이고 비정형적인 표현적 건축을 추구하였다.

13 다음 중 은행의 평면계획에서 영업장과 객장의 면적 비율로 가장 적절한 것은?

① 영업장 5 : 객장 3

② 영업장 2 : 객장 1

③ 영업장 3 : 객장 2

④ 영업장 4 : 객장 1

해설

은행은 영업장 : 객장 = 3 : 2의 면적 비율로 계획한다.

14 다음 중 공장 혹은 창고의 계획 시 고려할 사항으로 가장 잘못된 것은?

① 클린 룸(Clean Room)의 설계는 재료의 선정, 밀폐도, 실내기압, 실내외 압력 차이 등의 방법을 자세히 고려한다.

② 생체위험물질(Bio Hazard)의 방지를 위해선 배관 연결부분이나 관통부분에 유의한다.

③ 생산에 필요한 모든 공정과 제품의 흐름에 따라 기계 및 기구를 배치하는 방식은 제품중심의 연속작업식 이다.

④ 고정식 배치 혹은 고정식 레이아웃(Layout)은 제품이 크고 수가 적을 때 선택해서는 안 된다.

해설

고정식 배치 혹은 고정식 레이아웃(Layout)은 제품이 크고 수가 적을 때 적용하는 방식이다.

15 다음 중 건축물의 에너지 절약방안으로 가장 적절한 것은?

① 벽체의 열관류율을 크게 할수록 에너지 절약에 유리하다.

② 같은 형상의 건물은 방위에 상관없이 열부하가 같다.

③ 건물의 연면적에 대한 외피 면적비가 작을수록 에너지 절약에 유리하다.

④ 이중 외피는 자연환기와 통풍을 극대화하는 방식으로 냉방부하를 감소시키지 못한다.

해설

① 벽체의 열관류율을 크게 할수록 에너지 절약에 불리하다.
② 같은 형상의 건물은 방위에 따라서 열부하가 다르다.
④ 이중 외피는 자연환기와 통풍을 극대화하는 방식으로 냉방부하를 감소시키는 역할을 한다.

16 다음 중 실내 조명설계에 대한 설명으로 가장 잘못된 것은?

① 조도는 면에 투사되는 광속의 밀도를 말하며 단위로는 럭스(lx)를 사용한다.

② 주광률은 채광계획을 위한 주요 지표로 이용된다.

③ 옥내조명의 설계순서는 광원의 선정, 조명 방식의 결정, 소요 조도 결정, 조명기구 배치 결정, 조명기구 필요 수 산정 순서이다.

④ 주광률이란 실내 특정 지점의 주광 조도와 옥외 천공광 조도의 비율을 말한다.

해설
옥내조명의 설계 순서는 소요 조도 결정 → 광원의 선정 → 조명 방식의 결정 → 조명기구 배치 결정 → 조명기구 필요 수 산정 순으로 설계한다.

17 다음 중 극장의 각도와 거리의 관계에서 객석의 가시 범위에 있어 1차 허용 한도로 가장 적절한 것은?

① 9m ② 22m

③ 30m ④ 37m

해설
관객석의 가시거리 한도
• 생리적 한도(15m) : 배우의 표정이나 동작을 상세히 감상할 수 있으며, 인형극이나 아동극에 적용할 수 있다.
• 1차 허용 한도(22m) : 많은 관객을 수용하기 위한 적당한 가시거리이며, 강연이나 일반적인 공연, 국악이나 실내악 등에 적용할 수 있다.
• 2차 허용 한도(35m) : 배우의 일반적인 동작으로 감상할 수 있으며, 발레나 뮤지컬 공연에 적용할 수 있다.

18 다음 중 병원 건축의 수술실 계획에 대한 설명으로 가장 잘못된 것은?

① 수술실의 벽은 녹색계 마감을 계획하도록 한다.

② 수술실의 습도는 55% 이상으로 유지하도록 한다.

③ 수술실은 병원의 각 부분에서 누구나 쉽게 접근 이용하도록 계획한다.

④ 공기조화설비 시 공기는 재순환하지 않도록 한다.

해설
수술실은 병원의 각 부분에서 쉽게 접근하지 않도록 계획한다.
수술실 위치
• 외래부와 병동 중간에 위치하게 하여 쌍방의 이용이 편리하게 한다.
• 복도에 다른 부분의 통과교통이 없는 건물의 익단부(막다른 위치)로 격리된 위치에 둔다.
• 중앙소독공급부와 수직 또는 수평적으로 근접된 부분이 좋다.
• 병동 및 응급부에서 환자수송이 용이한 곳으로 한다.

19 다음 중 학교의 분산병렬형 배치에 대한 설명으로 가장 잘못된 것은?

① 일조, 통풍 등 교실의 환경조건이 균등해진다.

② 구조계획이 복잡해지기 쉽고 규격형의 이용이 어려워진다.

③ 편복도로 계획할 경우 복도면적이 크고 길어지는 단점이 있다.

④ 각 건물 사이에 놀이터와 정원 등을 계획할 수 있다.

해설
• 분산병렬형 배치는 구조계획이 간단하고 규격형의 이용이 용이하다.
• 폐쇄형 배치는 구조계획이 복잡해지기 쉽고 규격형의 이용이 어려워진다.

20 다음 중 주택단지의 총 세대수와 진입도로나 기간도로와 접하는 폭과의 연결이 가장 잘못된 것은?

① 주택단지가 30세대이면 6m 이상의 도로가 적당하다.

② 주택단지가 600세대이면 8m 이상의 도로가 적당하다.

③ 주택단지가 1,000세대이면 15m 이상의 도로가 적당하다.

④ 주택단지가 2,000세대이면 20m 이상의 도로가 적당하다.

해설
주택단지가 600세대이면 12m 이상의 도로가 적당하다.
공동주택단지 안 도로의 설계속도
• 주택단지 안의 도로는 시속 20km/h 이하가 되도록 한다.
• 도로의 설계속도 : 유선형 도로로 설계하거나 도로 노면의 요철이나 마감 포장, 과속방지턱 설치 등을 통하여 도로 속도를 조절한다.
• 공동주택단지 도로폭

주택단지의 총 세대수	기간도로와 접하는 폭, 진입도로의 폭
300세대 미만	6m 이상
300세대 이상~500세대 미만	8m 이상
500세대 이상~1,000세대 미만	12m 이상
1,000세대 이상~2,000세대 미만	15m 이상
2,000세대 이상	20m 이상

21 다음 중 주차 구조물의 평면계획으로 가장 적절한 것은?

① 이용자 편의를 위해 도로의 교차점이나 모퉁이에서 또는 공원 등 출입구로부터 충분한 거리를 둔 지역에 입구를 설치한다.

② 통로는 원만한 흐름을 위해 쌍방향 통행을 도입하는 것이 좋다.

③ 출구는 될 수 있으면 도로에서 보이지 않게 하고 도로의 차량 흐름에 부합되게 설치한다.

④ 수용 대수가 많아질 경우를 대비하여 입구와 출구를 결합한다.

해설
② 통로는 원만한 흐름을 위해 일방향 통행을 도입하는 것이 좋다.
③ 출구는 될 수 있으면 도로에서 보이도록 하고 도로의 차량흐름에 방해되지 않도록 설치한다.
④ 수용 대수가 많아질 경우를 대비하여 입구와 출구를 분리한다.

22 다음 중 계단실형의 공동주택에 대한 설명으로 가장 잘못된 것은?

① 채광, 전망, 통풍에 있어 유리하다.

② 출입이 편리하고 사생활 확보가 양호하다.

③ 통행부 면적이 작아 건물의 이용도가 높다.

④ 엘리베이터 정지 층수를 적게 할 수 있지만 $50m^2$ 이하에서는 비경제적이다.

해설
공동주택을 단면 형식으로 분류할 경우, 복층형(메조넷형)은 엘리베이터 정지 층수를 적게 할 수 있지만 $50m^2$ 이하에서는 비경제적이다.

23 다음 중 백화점의 에스컬레이터 계획에 대한 설명으로 가장 적절한 것은?

① 백화점의 에스컬레이터는 통계상 고객의 70~80%가 이용하는 주이동수단이다.

② 백화점의 에스컬레이터는 엘리베이터와 비슷한 정도의 수송 능력을 갖추고 있다.

③ 백화점의 에스컬레이터는 수송력 대비 점유면적이 커지는 단점이 있다.

④ 백화점의 에스컬레이터는 다른 이동수단과 비교하면 저렴하게 설치할 수 있다.

해설
② 백화점의 에스컬레이터는 시간 대비 엘리베이터의 10배 이상의 수송 능력을 갖추고 있다.
③ 백화점의 에스컬레이터는 수송력 대비 점유면적이 작아지는 장점이 있다.
④ 백화점의 에스컬레이터는 다른 이동수단과 비교하면 설치비가 고가이다.

24 다음 중 건축물의 설계 시 BIM(Building Information Modeling)에 대한 설명으로 가장 잘못된 것은?

① 설계도의 3차원화 작업의 하나로 프로젝트 단계에서 작업의 최고 정점이 설계과정의 전반부에 나타나는 특징이 있다.

② 세밀한 부분까지 설계자와 시공자 건축주의 소통을 원활하게 해 설계변경의 횟수가 증가하고 확대되는 경향이 있다.

③ 데이터베이스의 완성 단계에 이르러 수량 적산이 가능하다.

④ 3차원 모델링 디자인 프로그램과의 호환에 기반을 두고 있다.

해설
세밀한 부분까지 설계자와 시공자, 건축주의 소통을 원활하게 해 설계오류나 변경의 횟수를 줄일 수 있는 장점이 있다.

25 다음 중 근린생활권의 단계적 구성에서 설명이 가장 적절한 것은?

① 근린주구는 유아 놀이터를 중심으로 공동세탁장의 시설 등이 있으며 인구 규모는 2,000~2,500명을 단위로 한다.

② 근린분구는 15~25헥타르(ha)의 면적으로 400~500호의 가구 수를 가지며 유치원, 상점 등을 포함한다.

③ 인보구의 인구 최소규모로 1,000명 이상을 기준으로 한다.

④ 근린생활권이란 19세기 독일에서 정립된 도시 건축 이론이 국내에 들어와 정착된 것이다.

해설
① 근린분구는 어린이 공원을 중심으로 일상 소비생활에 필요한 공동시설과 공동세탁장의 시설 등이 있으며 인구 규모는 2,000~2,500명을 단위로 한다.

③ 인보구의 인구 규모는 100~200명을 기준으로 한다.

④ 근린생활권은 19세기 말 영국의 하워드(Ebenezer Howard)가 제시한 전원도시(Garden City)에서의 생활권 개념과 1929년 페리(Clarence A. Perry)가 제안한 근린주구이론의 기초를 바탕으로 국내에 들어와 정착된 것이다.

01 노인복지법상 노인복지시설 중 노인주거복지시설이 아닌 것은?

① 양로시설

② 노인공동생활가정

③ 노인복지주택

④ 노인요양시설

④ 노인요양시설은 노인의료복지시설에 포함된다.
① 양로시설 : 노인을 입소시켜 급식과 그 밖에 일상생활에 필요한 편의를 제공함을 목적으로 하는 시설이다.
② 노인공동생활가정 : 노인들에게 가정과 같은 주거여건과 급식, 그 밖에 일상생활에 필요한 편의를 제공함을 목적으로 하는 시설이다.
③ 노인복지주택 : 노인에게 주거시설을 임대하여 주거의 편의·생활지도·상담 및 안전관리 등 일상생활에 필요한 편의를 제공함을 목적으로 하는 시설이다.

02 학교 건축 학습공간계획에 있어서 열린교실 계획방법으로 옳지 않은 것은?

① 일반교실과 오픈스페이스를 하나의 기본 유닛(Unit)으로 계획한다.

② 저·중·고학년별로 그루핑하여 계획한다.

③ 모든 학습과 활동이 일반교실 내에서 긴밀하게 이루어지도록 계획한다.

④ 개방형 또는 가변형 칸막이(Movable Partition)를 계획한다.

모든 학습과 활동이 일반교실 내에서 긴밀하게 이루어지도록 계획하는 방식은 종합교실형이다.

03 장애인·노인·임산부 등의 편의증진 보장에 관한 법률 시행규칙상 장애인을 위한 편의시설에 대한 설명으로 옳지 않은 것은?

① 장애인 출입문의 전면 유효거리는 1.2m 이상으로 하여야 한다.

② 접근로의 기울기는 1/18 이하이어야 하며, 다만 지형상 곤란한 경우에는 1/12까지 완화할 수 있다.

③ 건물을 신축하는 경우, 장애인용 화장실의 대변기 전면에는 1.4m×1.4m 이상의 활동공간을 확보하여야 한다.

④ 장애인용승강기의 승강장 바닥과 승강기 바닥의 틈은 2cm 이하이어야 하며, 승강장 전면의 활동공간은 1.2m×1.2m 이상 확보하여야 한다.

장애인용승강기의 승강장 바닥과 승강기 바닥의 틈은 3cm 이하이어야 하며, 승강장 전면의 활동공간은 1.4m×1.4m 이상 확보하여야 한다.

04 (가)에 해당하는 주거단지계획 용어는?

> • (가)은/는 자동차 통과교통을 막아 주거단지의 안전을 높이기 위한 도로 형식으로 도로의 끝을 막다른 길로 하고 자동차가 회차할 수 있는 공간을 제공한다.
> • 미국 뉴저지의 래드번(Radburn) 근린주구 설계(1928년)는 (가)이/가 적용되었으며, 자동차 통과교통을 막고 보행자는 녹지에 마련된 보행자 전용통로로 학교나 상점에 갈 수 있게 한 보차분리 시스템이다.

① 슈퍼블록(Super Block)
② 본엘프(Woonerf)
③ 쿨데삭(Cul-de-sac)
④ 커뮤니티(Community)

해설

쿨데삭(Cul-de-sac) : 자동차 통과교통을 막아 주거단지의 안전을 높이기 위한 도로 형식으로 도로의 끝을 막다른 길로 하고 자동차가 회차할 수 있는 공간을 제공한다.

05 주택법령상 도시형 생활주택에 대한 설명으로 옳은 것은?

① 도시형 생활주택이란 500세대 미만의 국민주택규모에 해당하는 주택을 말한다.

② 소형 주택의 경우 세대별로 독립된 주거가 가능하도록 욕실 및 부엌을 설치하면 지하층에 세대를 설치할 수 있다.

③ 단지형 연립주택의 경우 건축위원회의 심의를 받은 경우에는 주택으로 쓰는 층수를 10개 층까지 건축할 수 있다.

④ 소형 주택과 주거전용면적이 $85m^2$를 초과하는 주택 1세대를 함께 건축하는 경우에 이 둘을 하나의 건축물에 건축할 수 있다.

해설

① 도시형 생활주택이란 300세대 미만의 국민주택규모에 해당하는 주택을 말한다.
② 소형 주택의 경우 지하층에 세대를 설치하지 아니한다.
③ 단지형 연립주택의 경우 건축위원회의 심의를 받은 경우에는 주택으로 쓰는 층수를 5개 층까지 건축할 수 있다.

도시형 생활주택(주택법 시행령 제10조)

① 도시형 생활주택이란 도시지역에 건설하는 다음 각 호의 주택을 말한다.
　1. 소형 주택 : 다음 각 목의 요건을 모두 갖춘 공동주택
　　가. 세대별 주거전용면적은 $60m^2$ 이하일 것
　　나. 세대별로 독립된 주거가 가능하도록 욕실 및 부엌을 설치할 것
　　다. 지하층에는 세대를 설치하지 아니할 것
　2. 단지형 연립주택 : 소형 주택이 아닌 연립주택. 다만, 건축위원회의 심의를 받은 경우에는 주택으로 쓰는 층수를 5개 층까지 건축할 수 있다.
　3. 단지형 다세대주택 : 소형 주택이 아닌 다세대주택. 다만, 건축위원회의 심의를 받은 경우에는 주택으로 쓰는 층수를 5개 층까지 건축할 수 있다.
② 하나의 건축물에는 도시형 생활주택과 그 밖의 주택을 함께 건축할 수 없다. 다만, 다음 각 호의 어느 하나에 해당하는 경우는 예외로 한다.
　1. 소형 주택과 주거전용면적이 $85m^2$를 초과하는 주택 1세대를 함께 건축하는 경우
　2. 준주거지역 또는 상업지역에서 소형 주택과 도시형 생활주택 외의 주택을 함께 건축하는 경우
③ 하나의 건축물에는 단지형 연립주택 또는 단지형 다세대주택과 소형 주택을 함께 건축할 수 없다.

06 도서관의 건축계획에 대한 설명으로 옳지 않은 것은?

① 도서관의 현대적 기능은 교육 및 연구시설을 넘어 지역사회와 연계된 공공문화활동의 중심체 역할을 하므로 이러한 특징을 건축계획에 반영할 수 있어야 한다.

② 도서관은 이용자 안전을 보장하고 도서 보관이 용이하도록 접근에 대한 강한 통제와 감시가 확보되어야 한다.

③ 도서관은 이용자와 관리자, 자료의 동선이 교차되지 않도록 배치하는 것이 바람직하다.

④ 도서관 공간구성에서 중심 부분은 열람실 및 서고이며 미래의 확장 수요에 건축적으로 대응할 수 있어야 한다.

해설
도서관은 지역사회의 중심적 위치로 재해가 없고, 접근성이 좋으며 누구나 편리하게 이용할 수 있는 장소에 위치해야 한다.

07 건물에서 공조 방식의 결정요인에 대한 설명으로 옳지 않은 것은?

① 건물 설계방법이나 공조 설비계획에서 이루어지는 에너지 절약

② 각 존(Zone)마다 실내의 온·습도 조건을 고려하여 제어하는 개별제어

③ 공조구역별 공조 계통과 내·외부 존(Zone)을 통합하는 조닝(Zoning)

④ 설비비, 운전비, 보수관리비, 시간 외 운전, 설비의 변경 등의 요인

해설
공조 계통을 구분하여 효율적인 공조 방식을 선정하고, 내·외부 존(Zone)을 구분하여 조닝(Zoning)한다.

08 아트리움의 장점이 아닌 것은?

① 천창을 통한 시각적 개방감을 줄 수 있다.

② 외기로부터 보호되어 외부공간보다 쾌적한 온열환경을 제공할 수 있다.

③ 화재 등 재난 방재에 유리하다.

④ 휴식공간, 라운지, 실내정원, 전시, 공연 등 다양한 기능적 공간으로 활용할 수 있다.

해설
아트리움은 화재 시에 연기 등의 확산이 우려되므로 재난 방재에 불리하다.

09 먼셀 색채계에 따른 색채(Color)의 속성에 대한 설명으로 옳지 않은 것은?

① 기본색(Primary Color)은 원색으로서 적색(Red), 황색(Yellow), 청색(Blue)을 말하며, 기본색이 혼합하여 이루어진 2차색(Secondary Color) 중 녹색(Green)은 황색(Yellow)과 청색(Blue)을 혼합한 것이다.

② 오렌지색(Orange)과 자주색(Violet)은 상호 보색(Complimentary Color)관계이다.

③ 먼셀 색입체(Munsell Color Solid)에서 명도(Value)는 흑색, 회색, 백색의 차례로 배치되며, 흑색은 0, 백색은 10으로 표기된다.

④ 채도(Chroma)는 색의 선명도를 나타낸 것으로서 먼셀 색입체(Munsell Color Solid)에서 중심축과 직각의 수평 방향으로 표시된다.

해설
오렌지색(Orange)과 파란색(Blue)은 보색관계이다.

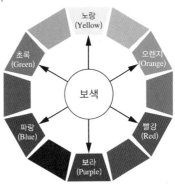

10 배관 속에 흐르는 물질의 종류와 배관 식별색을 바르게 연결한 것은?(단, KS A 0503 : 2020 배관계의 식별 표시를 따른다)

① 증기(S) – 어두운 빨강　　　　　② 물(W) – 하양
③ 가스(G) – 연한 주황　　　　　④ 공기(A) – 초록

해설
물질의 종류와 식별색

물질의 종류	식별색
물	파랑
증기	어두운 빨강
공기	하양
가스	연한 노랑
산 또는 알칼리	회보라
기름	어두운 주황
전기	연한 주황

11 18세기 말 조선시대에 대두되었던 신진 학자들의 실학정신이 성곽 축조에 반영된 사례는?

① 풍납토성

② 부소산성

③ 남한산성

④ 수원화성

해설

수원화성 : 정조의 명을 받은 다산 정약용은 수많은 연구 끝에 〈성설(城說)〉과 같은 공사계획서를 꼼꼼하게 기록하였으며, 거중기 등은 화성 축조에 사용되었다. 이러한 화성의 축조는 신진 학자들의 실학정신이 반영되었다.

12 공연장 무대와 객석의 평면 형식과 그에 대한 특징을 바르게 연결한 것은?

> ㄱ. 무대 및 객석 크기, 모양, 배열 등의 형태는 작품과 환경에 따라 변화가 가능하다.
> ㄴ. 사방(360°)에 둘러싸인 객석의 중심에 무대가 자리하고 있는 형식이다.
> ㄷ. 연기자가 일정 방향으로만 관객을 대하고 관객들은 무대의 정면만을 바라볼 수 있다.
> ㄹ. 관객의 시선이 3방향(정면, 좌측면, 우측면)에서 형성될 수 있다.

① ㄱ – 아레나 타입

② ㄴ – 오픈 스테이지 타입

③ ㄷ – 프로시니엄 타입

④ ㄹ – 가변형 타입

해설

ㄱ : 가변형 타입

ㄴ : 아레나 타입

ㄹ : 오픈 스테이지 타입

13 건축 조형원리에 대한 설명으로 옳지 않은 것은?

① '축'은 공간 내 두 점으로 성립되고, 형태와 공간을 배열하는 데 중심이 되는 선을 말한다.

② '리듬'은 서로 다른 형태 또는 공간이 반복패턴을 이루지 않고, 모티프의 특성을 활용하는 것을 말한다.

③ '대칭'은 하나의 선(축) 또는 점을 중심으로 동일한 형태와 공간이 나누어지는 것을 말한다.

④ '비례'는 부분과 부분 또는 부분과 전체와의 수량적 관계를 말한다.

해설

리듬은 부분과 부분 사이에 시각적으로 강한 힘과 약한 힘이 규칙적으로 반복되거나 연속될 때 나타난다.

11 ④ 12 ③ 13 ② **정답**

14 트랩(Trap)의 봉수파괴 원인이 아닌 것은?

① 위생기구의 배수에 의한 사이펀 작용
② 이물질에 의한 모세관현상
③ 장기간 미사용에 의한 증발
④ 낮은 기온에 의한 동결

해설

트랩(Trap)의 봉수파괴 원인
• 자기사이펀 작용
• 유도사이펀 작용(흡출 및 흡인 작용)
• 토출 작용(역압 분출 작용)
• 모세관현상
• 증발현상
• 관성에 의한 배출

15 건물들이 가로에 면하여 나란히 연속하여 입지한 경우, 바람이 가로에 빠르게 흐르는 현상은?

① 벤투리 효과(Venturi Effect)
② 통로 효과(Channel Effect)
③ 차압 효과(Pressure Connection Effect)
④ 피라미드 효과(Pyramid Effect)

해설

② 통로 효과(Channel Effect) : 건물들이 가로에 면하여 나란히 연속하여 입지한 경우, 그 사이 공간으로 들어선 바람이 통로를 따라 빠르게 흐르는 현상을 말한다. 아파트 단지에서 동들을 나란히 세워 중앙 통로를 만들면 그 안쪽 바람의 흐름이 빨라지는 것은 이러한 통로 효과 때문이다.

① 벤투리 효과(Venturi Effect) : 바람이 지나가는 길에서 건물 사이의 간격이 좁아지면 그 사이로 흐름이 빨라지게 되는 현상이다. 고층 건물들 사이에서 빌딩풍이라는 돌풍이 발생해 풍해(風害)를 일으키는데, 빌딩풍이 발생하는 이유는 상층부에 바람이 부딪혀 떨어지는 와류풍(Vortex Flow) 등과 함께 벤투리 효과 때문이다.

③ 차압 효과(Pressure Connection Effect) : 나란히 있는 건물을 바람이 넘어갈 때는 뒤쪽 건물 앞면에 부딪히면서 압력이 높아져 상층부와 다르게 지표면에서는 앞쪽 건물 뒷면으로 바람이 부는 현상을 말한다. 일자형 아파트에 수직으로 바람이 불 때 그사이 공간의 오염된 공기가 쉽게 빠져나가지 못할 것으로 예상할 수 있다.

④ 피라미드 효과(Pyramid Effect) : 피라미드처럼 건물의 높이가 점진적으로 높아지면 상공으로 바람이 흐르고 지표면 풍속은 저하되는 피라미드 효과가 나타난다. 아파트가 주변 건물들과 어우러져 피라미드 모양을 이루면, 지표면 공기는 정체된다는 점을 보여준다.

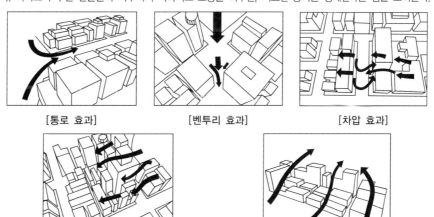

[통로 효과]   [벤투리 효과]   [차압 효과]

[피라미드 효과]   [차폐 효과]

16 BIM(Building Information Modeling)에 대한 설명으로 옳지 않은 것은?

① 신속한 의사결정을 가능하게 하여 중복작업 및 공사 지연을 감소시킬 수 있다.

② 복잡한 곡면형태를 가진 비정형 건축의 경우 물량산출이 불가능하다.

③ 시공 시 필요한 상세 정보를 공장에서 제작할 수 있는 데이터로 변환해 제공할 수 있다.

④ 시공 시 부재 간의 충돌을 사전에 확인하고 시공품질을 향상시킬 수 있다.

해설
복잡한 곡면형태를 가진 비정형 건축의 경우에도 BIM 모델데이터에서의 물량산출이 가능하다.

17 건축물의 피난·방화구조 등의 기준에 관한 규칙상 연면적 200m²를 초과하는 건물에 설치하는 계단의 설치기준으로 옳지 않은 것은?

① 높이가 3m를 넘는 계단에는 높이 3m 이내마다 유효너비 150cm 이상의 계단참을 설치할 것

② 높이가 1m를 넘는 계단 및 계단참의 양옆에는 난간(벽 또는 이에 대치되는 것을 포함한다)을 설치할 것

③ 너비가 3m를 넘는 계단에는 계단의 중간에 너비 3m 이내마다 난간을 설치하되, 계단의 단높이가 15cm 이하이고 계단의 단너비가 30cm 이상인 경우에는 그러하지 아니함

④ 계단의 유효높이(계단의 바닥 마감면부터 상부 구조체의 하부 마감면까지의 연직방향의 높이를 말한다)는 2.1m 이상으로 할 것

해설
높이가 3m를 넘는 계단에는 높이 3m 이내마다 유효너비 120cm 이상의 계단참을 설치해야 한다.

18 주거단지 근린생활권에 대한 설명으로 옳지 않은 것은?

① 인보구는 어린이 놀이터가 중심이 되는 단위이며 아파트의 경우 3~4층, 1~2동의 규모이다.

② 근린분구는 일상 소비생활에 필요한 공동시설이 운영 가능한 단위이며 소비시설, 유치원, 후생시설 등을 설치한다.

③ 근린주구는 약 200ha의 면적에 초등학교를 중심으로 한 단위를 말하며 경찰서, 전화국 등의 공공시설이 포함된다.

④ 주거단지의 생활권 체계는 인보구, 근린분구, 근린주구 순으로 위계가 형성된다.

해설
근린주구 : 주호수는 1,600~2,000호, 인구는 8,000~10,000명, 면적은 약 100ha 정도로 초등학교를 중심으로 한 단위를 말하며 경찰서, 전화국 등의 공공시설이 포함된다.

19 한국의 대표적인 현대 건축가와 그 설계 작품을 바르게 연결한 것은?

① 김수근 – 자유센터

② 류춘수 – 수졸당

③ 승효상 – 주한 프랑스 대사관

④ 김중업 – 상암 월드컵 경기장

해설

② 승효상 – 수졸당

③ 김중업 – 주한 프랑스 대사관

④ 류춘수 – 상암 월드컵 경기장

20 범죄예방 환경설계(CPTED)에 대한 설명으로 옳지 않은 것은?

① 범죄예방을 위한 전략으로 영역성 강화, 자연적 접근, 활동성 증대, 유지관리의 4개의 전략을 제시하고 있다.

② 공적공간과 사적공간의 경계부분은 바닥에 단을 두거나 바닥의 재료 또는 색채를 다르게 하여 공간구분을 명확하게 인지할 수 있도록 한다.

③ 오스카 뉴먼(O. Newman)이 제시한 '방어공간(Defensible Space)' 이론은 범죄예방 환경설계의 발전에 기여하였다.

④ 범죄예방 환경설계는 잠재적 범죄가 발생할 수 있는 환경요소의 다각적인 상황을 변화시키거나 개조함으로써 범죄를 예방하는 설계기법을 의미한다.

해설

범죄예방디자인(CPTED)

• 범죄가 특정한 환경 또는 지역에서 집중되거나 반복해서 발생하는 특징을 착안하여 범죄에 취약한 도시환경에 감시-접근통제 기능을 접목해 범죄발생의 기회적 요소를 사전에 차단하는 환경설계디자인을 말한다.

• 기본원리(전략)

　– 자연적 감시

　– 자연적 접근 통제

　– 영역성 강화

　– 활동의 활성화

　– 유지관리

01 유니버설 디자인의 7대 원칙에 해당하지 않는 것은?

① 공평한 사용(Equitable Use)

② 사용상의 융통성(Flexibility in Use)

③ 오류에 대한 포용력(Tolerance for Error)

④ 안전한 사용(Safe Use)

해설

유니버설 디자인 7대 원칙

1. 공평한 사용(Equitable Use)
2. 사용상의 융통성(Flexibility in Use)
3. 손쉬운 이용(Simple, Intuitive Use)
4. 정보이용의 용이(Perceptible Information)
5. 오류에 대한 포용력(Tolerance for Error)
6. 편리한 조작(Low Physical Effort)
7. 적당한 크기와 공간(Size and Space for Approach and Use)

02 학교 건축계획에 대한 설명으로 가장 옳지 않은 것은?

① 초등학교 배치계획은 학년단위로 구획하는 것이 원칙이며, 저학년 교실은 저층에 두는 것이 좋다.

② 특별교실은 교과교육 내용에 따라 융통성, 보편성, 학생 이동 시 소음 등을 고려하여 배치한다.

③ 관리부분은 전체 중심 위치에 배치하며 학생들의 동선을 차단하지 않도록 한다.

④ 교사 배치계획은 폐쇄형보다 분산병렬형으로 하는 것이 토지이용 측면에서 효율적이다.

해설

폐쇄형이 분산병렬형에 비해 토지이용 측면에서 효율적이다.

03 〈보기〉에서 체육시설계획 시 가동수납식 관람석의 특징으로 옳은 것을 모두 고른 것은?

> ┤보기├
> ㄱ. 경기장 바닥면에 설치가 용이하다.
> ㄴ. 피난에 대비한 직통계단의 설치와 관람석 등으로부터 출구에 대한 법규 사항을 고려할 필요가 없다.
> ㄷ. 벽의 1면에만 설치가 가능하다.
> ㄹ. 좁은 경기장 코트의 충분한 면적을 확보하고 관람석에서 경기와 일체감을 유도하는 것이 가능하다.

① ㄱ, ㄷ   ② ㄱ, ㄹ

③ ㄱ, ㄷ, ㄹ   ④ ㄴ, ㄷ, ㄹ

해설
ㄴ. 피난에 대비한 직통계단의 설치와 관람실 등으로부터 출구에 대한 법규 사항을 고려하여야 한다.

04 배설물 정화조에 대한 설명으로 가장 옳지 않은 것은?

① 배설물 정화조의 정화성능은 일반적으로 BOD와 BOD 제거율로 나타낸다.
② 산화조에서는 혐기성균을 작용시켜 산화한다.
③ 부패조에서는 오수분해 및 침전작용을 한다.
④ 부패탱크 방식에서 오물은 부패조, 산화조, 소독조의 순서를 거치면서 정화된다.

해설
산화조에서는 호기성균을 작용시켜 산화한다.

05 지구단위계획에 대한 설명으로 가장 옳지 않은 것은?

① 지구단위계획은 도시계획수립 대상지역의 일부에 대하여 토지 이용을 합리화하고 그 기능을 증진시키며 미관 개선 등을 위하여 수립하는 계획이다.
② 지구단위계획구역 및 지구단위계획은 도시관리계획으로 결정한다.
③ 지구단위계획은 건축물의 건폐율 또는 용적률, 건축물 높이의 최고한도 또는 최저한도 내용을 포함한다.
④ 지구단위계획은 건축법에 근거한다.

해설
지구단위계획은 국토의 계획 및 이용에 관한 법률에 근거한다.

06 단열에 대한 설명으로 가장 옳지 않은 것은?

　① 벽체의 축열성능을 이용하여 단열을 유도하는 방법을 용량형 단열이라고 한다.

　② 열교는 단열된 벽체가 바닥·지붕 또는 창문 등에 의해 단절되는 부분에서 생기기 쉽다.

　③ 내단열의 경우 외단열보다 실온변동이 작으며 표면결로 발생의 위험이 적다.

　④ 기포성 단열재를 통해 공기층을 형성하여 단열을 유도하는 방법을 저항형 단열이라고 한다.

> **해설**
> 내단열의 경우 외단열에 비해 실온변동이 크며, 벽제 온도가 낮아서 실내측에 결로가 발생하기 쉽다.

07 16세기 르네상스를 대표하는 건축가 중 한 사람인 안드레아 팔라디오의 작품으로 가장 옳은 것은?

　① 빌라 로톤다

　② 캄피돌리오 광장

　③ 피렌체 대성당(두오모)

　④ 라 뚜레트 수도원

> **해설**
> ② 캄피돌리오 광장(로마) : 미켈란젤로
> ③ 피렌체 대성당(두오모) : 브루넬리스키
> ④ 라 뚜레트 수도원(에보) : 르 코르뷔지에
> 안드레아 팔라디오(Andrea Palladio)
> • 르네상스 후기 고전주의 건축가
> • 알베르티의 건축 이론을 추종하여 수치적 관계, 즉 비례를 기본적으로 구성원리로 하는 건축을 추구
> • 『건축사서』 저술
> • 주요 작품 : 빌라 로톤다(Villa Rotonda, 카프라 별장, 비첸차), 성 조르지오 마지오레 성당(베니스), 성 일 레텐토레 성당(베니스)

08 예산 수덕사 대웅전에 대한 설명으로 가장 옳지 않은 것은?

　① 전형적인 주심포 양식 건물이다.

　② 우리나라에서 가장 오래된 목조 건물이다.

　③ 고려시대의 사찰이다.

　④ 앞면 3칸, 옆면 4칸의 단층 건물이다.

> **해설**
> 우리나라에서 현존하는 가장 오래된 목조 건물은 봉정사 극락전(경북 안동)이다.

09 건축물의 피난·방화구조 등의 기준에 관한 규칙상 학교 계단의 설치기준으로 가장 옳지 않은 것은?

① 중·고등학교 계단의 단높이는 18cm 이하로 한다.

② 초등학교 계단의 단높이는 18cm 이하로 한다.

③ 중·고등학교 계단의 단너비는 26cm 이상으로 한다.

④ 초등학교 계단의 단너비는 26cm 이상으로 한다.

해설

초등학교 계단의 단높이는 16cm 이하로 한다.

10 업무시설 코어계획 시 코어의 역할 및 효용성으로 가장 옳지 않은 것은?

① 공용부분을 집약시켜 유효임대면적을 증가시키는 역할

② 건물의 단열성과 기밀성을 향상시키는 역할

③ 기둥 이외의 2차적 내력 구조체로서의 역할

④ 파이프, 덕트 등 설비요소의 설치공간으로서의 역할

해설

코어의 역할

• 평면적 역할 : 공용(서비스) 부분을 집약시켜 유효임대면적을 높일 수 있다.

• 구조적 역할 : 기둥 이외의 주내력 구조체로 외곽이 내진벽 역할을 한다.

• 설비적 역할 : 설비 계통(수직 교통시설, 파이프 및 덕트 등)을 설치하여 설비순환이 원활하며 관리가 용이하다.

11 병원 건축계획에 대한 설명으로 가장 옳지 않은 것은?

① 수술실은 외래진료부와 병동부와의 접근성을 고려하여 배치하고 이를 위해 통과 동선으로 계획한다.

② 외래진료부는 외부환자 접근이 유리한 곳에 위치시키며 외래진료와 대기, 간단한 처치 등을 고려하여 계획한다.

③ 병동부는 환자가 입원하여 24시간 간호가 이루어지는 곳으로 간호단위를 고려하여 계획한다.

④ 병원계획에서는 의료기술 발전에 따른 성장과 미래변화에 대응할 수 있도록 공간의 확장, 변형, 설비변경이 가능하도록 계획하여야 한다.

해설

수술실은 중앙진료부와 병동부 사이에 접근성을 고려하여 배치하며, 통과 동선을 두지 않는다.

12 주차장법 시행규칙상 노외주차장 설치에 대한 계획기준과 구조·설비기준에 대한 설명으로 가장 옳지 않은 것은?

① 노외주차장의 출입구 너비는 주차대수 규모가 50대 이상이 경우에는 출구와 입구를 분리하거나 너비 3.5m 이상의 출입구를 설치하여 소통이 원활하도록 하여야 한다.

② 지하식 노외주차장의 경사로의 종단 경사도는 직선부분에서는 17%를 초과하여서는 아니 되며, 곡선부분에서는 14%를 초과하여서는 아니 된다.

③ 지하식 노외주차장 차로의 높이는 주차바닥면으로부터 2.3m 이상으로 하여야 한다.

④ 경사진 곳에 노외주차장을 설치하는 경우에는 미끄럼 방지시설 및 미끄럼주의 안내표지 설치 등 안전대책을 마련해야 한다.

해설

노외주차장의 출입구 너비는 3.5m 이상으로 하여야 하며, 주차대수 규모가 50대 이상인 경우에는 출구와 입구를 분리하거나 너비 5.5m 이상의 출입구를 설치하여 소통이 원활하도록 하여야 한다.

---

13 〈보기〉에서 옳은 것을 모두 고른 것은?

┌ 보기├───
ㄱ. 하워드(E. Howard)의 내일의 전원도시 이론은 산업화에 따른 근대공업 도시에 대한 대안으로 제시되었다. 또한 농촌과 도시의 장점만을 골라 결합한 제안으로 런던 교회 도시 레치워스의 모델이 되었다.
ㄴ. 페리(C. A. Perry)의 근린주구 이론은 한 개의 초등학교를 중심으로 한 인구 규모를 단위로 삼고 주구 내 통과교통을 방지하는 교통계획을 제안하였다.
ㄷ. 라이트(H. Wright)와 스타인(C. S. Stein)의 래드번 설계의 주된 특징은 자동차와 보행자의 분리이며 쿨데삭으로 계획되었다.
──

① ㄱ, ㄴ 　　　　　　　　　　　② ㄱ, ㄷ
③ ㄴ, ㄷ 　　　　　　　　　　　④ ㄱ, ㄴ, ㄷ

해설

㉠, ㉡, ㉢ 모두 옳은 설명이다.

14 공동주택의 건축계획적 분류에 대한 설명으로 가장 옳지 않은 것은?

① 편복도형 아파트는 공용복도로 인하여 사생활 침해가 발생할 우려가 있다.

② 계단실형 아파트는 복도를 통하지 않고 단위주호에 접근할 수 있는 장점이 있지만 중간에 위치한 주택은 직접 외기에 접할 수 있는 개구부를 2면에 설치할 수 없다는 단점이 있다.

③ 중복도형 아파트는 대지에 대한 이용도가 높으나 일반적으로 채광과 통풍이 양호하지 않다.

④ 홀집중형 아파트는 좁은 대지에 주거를 집약할 수 있으나 통풍이 불리해질 수 있다.

해설

계단실형 아파트의 각 세대는 개구부가 2면에 직접 외기와 접할 수 있다.

15 건축법 시행령 제2조에 명시된 특수구조 건축물에 대한 설명 중 〈보기〉의 ㉠, ㉡에 들어갈 값을 옳게 짝지은 것은?

┌ **보기** ┐

(가) 한쪽 끝은 고정되고 다른 끝은 지지(支持)되지 아니한 구조로 된 보·차양 등이 외벽(외벽이 없는 경우에는 외곽 기둥을 말한다)의 중심선으로부터 (㉠)m 이상 돌출된 건축물

(나) 기둥과 기둥 사이의 거리(기둥의 중심선 사이의 거리를 말하며, 기둥이 없는 경우에는 내력벽과 내력벽의 중심선 사이의 거리를 말한다)가 (㉡)m 이상이 건축물

(다) 특수한 설계·시공·공법 등이 필요한 건축물로서 국토교통부장관이 정하여 고시하는 구조로 된 건축물

	㉠	㉡			㉠	㉡
①	3	10		②	3	20
③	5	10		④	5	20

해설

특수구조 건축물

• 한쪽 끝은 고정되고 다른 끝은 지지(支持)되지 아니한 구조로 된 보·차양 등이 외벽(외벽이 없는 경우에는 외곽 기둥을 말한다)의 중심선으로부터 3m 이상 돌출된 건축물

• 기둥과 기둥 사이의 거리(기둥의 중심선 사이의 거리를 말하며, 기둥이 없는 경우에는 내력벽과 내력벽의 중심선 사이의 거리를 말한다)가 20m 이상인 건축물

• 특수한 설계·시공·공법 등이 필요한 건축물로서 국토교통부장관이 정하여 고시하는 구조로 된 건축물

16 급배수 및 위생설비 등에 대한 설명으로 가장 옳지 않은 것은?

① 급수·급탕설비는 양호한 수질과 수압을 확보하기 위한 설비시스템이 요구되며 일단 공급된 물은 역류되지 않아야 한다.

② 가스설비는 가스의 공급설비와 이를 연소시키기 위한 설비이다.

③ 배수와 통기설비 설치 시 악취나 해충이 실내에 침입하는 것을 방지하기 위해 트랩이 사용된다.

④ 소화설비는 화재 시 물과 소화약제를 분출하는 설비로 건축법의 규정에 맞춰 용량 및 규격을 결정하여야 한다.

해설
소화설비는 소방시설 설치 및 관리에 관한 법률(소방시설법)의 규정에 따라 설치하며, 국가화재안전기준 규정에 따라 용량 및 규격을 결정하여야 한다.

17 주차장법 시행령상 시설면적이 동일할 경우 부설 주차장의 주차대수를 가장 많이 설치하여야 하는 시설은?

① 위락시설
② 판매시설
③ 제2종 근린생활시설
④ 방송통신시설 중 데이터 센터

해설
• 위락시설 시설면적 : 100m² 당 1대
• 판매시설 시설면적 : 150m² 당 1대
• 제1종, 제2종 근린생활시설 : 시설면적 200m² 당 1대
• 방송통신시설 중 데이터 센터 : 시설면적 400m² 당 1대

18 건축법 시행령 제27조의2(공개공지 등의 확보)에 명시된 공개공지에 대한 설명으로 가장 옳지 않은 것은?

① 공개공지는 필로티의 구로조 설치할 수 있다.

② 공개공지 등의 면적은 대지면적의 10/100 이하의 범위에서 건축조례로 정한다.

③ 공개공지 등에는 연간 60일 이내의 기간 동안 건축조례로 정하는 바에 따라 주민들을 위한 문화행사를 열거나 판촉활동을 할 수 있다.

④ 문화 및 집회시설, 종교시설, 농수산물유통시설, 업무시설 및 숙박시설로서 해당 용도로 쓰는 바닥면적의 합계가 3,000m² 이상인 건축물에는 공개공지 등을 설치해야 한다.

해설
문화 및 집회시설, 종교시설, 판매시설(농수산물유통시설을 제외한다), 운수시설(여객용 시설만 해당한다), 업무시설 및 숙박시설로서 해당 용도로 쓰는 바닥면적의 합계가 5,000m² 이상인 건축물에는 건축물의 대지에 공개공지 또는 공개공간을 설치해야 한다.

16 ④ 17 ① 18 ④ **정답**

19 건축설계 도서에 포함되는 도면은 배치도, 평면도, 단면도, 상세도 등이 있다. 배치도에 표현되는 정보로 가장 옳지 않은 것은?

① 대지 내 건물들 간의 간격 및 부지경계선과 건물 외곽선과의 거리

② 대지에 접하거나 대지를 통화하는 모든 도로

③ 건물 계단실 형태와 계단참의 높이

④ 건물 주변 수목들의 위치와 조경부분

해설
건물 계단실의 형태와 계단참의 높이는 평면도와 단면도에 표현된다.

20 〈보기〉에서 설명하는 수법의 명칭은?

┤보기├
우리나라 전통 목조 건축에서 사용되는 기법으로 건물 중앙에서 양쪽 모퉁이로 갈수록 기둥의 높이를 조금씩 높이는 수법을 뜻한다. 같은 높이로 기둥을 세우면 건물 양쪽이 처진 것처럼 보이는 착시현상을 교정하는 방법 중 하나이다.

① 후림   ② 조로

③ 귀솟음   ④ 안쏠림

해설
귀솟음 : 건물 중앙에서 양쪽 귀(모서리)로 갈수록 기둥을 조금씩 높여 귓기둥을 가장 높게 설치함으로써 착시현상을 교정하는 기법이다.

01 루이스 헨리 설리번(Louis Henry Sullivan)에 대한 설명으로 옳은 것만을 모두 고르면?

> ㄱ. "형태는 기능을 따른다(Form Follows Function)."라는 명제를 주장하였다.
> ㄴ. 구성주의 이론을 전개하였다.
> ㄷ. 홈 인슈어런스 빌딩을 설계하였다.
> ㄹ. 프랭크 로이드 라이트의 스승이다.

① ㄱ, ㄴ
② ㄱ, ㄹ
③ ㄴ, ㄷ
④ ㄱ, ㄷ, ㄹ

해설
- 루이스 헨리 설리번(Louis Henry Sullivan) : "형태는 기능을 따른다(Form Follows Function)."라는 명제를 주장하였으며, 시카고 학파로서 기능주의 이론을 전개하였다. 또한 프랭크 로이드 라이트의 스승이기도 하다.
- 홈 인슈어런스 빌딩은 윌리엄 바론 제니(William Le Baron Jenney)가 설계하였다.

02 다음에서 설명하는 공기조화 방식에 해당하는 것으로만 묶은 것은?

> - 온도 및 습도 등을 제어하기 쉽고 실내의 기류 분포가 좋다.
> - 실내에 설치되는 기기가 없어 실의 유효면적이 증가한다.
> - 외기냉방 및 배열회수가 용이하다.
> - 덕트 스페이스가 크고, 공조 기계실을 위한 큰 면적이 필요하다.

① 패키지 유닛 방식, 룸에어컨
② CAV 방식, VAV 방식, 이중 덕트 방식
③ 팬코일 유닛 방식, 유인 유닛 방식
④ 인덕션 유닛 방식, 복사냉난방 방식

해설
전공기 방식으로서 덕트를 이용한 공기조화 방식을 설명하고 있으며 CAV 방식, VAV 방식, 이중 덕트 방식 등이 있다.

03 화장실 바닥 배수에 주로 사용하는 트랩은?

① U형 트랩

② 드럼 트랩

③ 벨 트랩

④ 샌드 트랩

해설

벨(Bell) 트랩은 플로어 트랩으로서 벨이나 종 모양의 기구를 씌운 형태의 트랩이며, 욕실 등의 바닥면 배수 배관에 사용된다.

04 건축물의 급수 방식에 대한 설명으로 옳지 않은 것은?

① 고가수조 방식은 상수도에서 받은 물을 저수탱크에 저장한 뒤, 펌프로 건물 옥상 등에 끌어올린 후 공급하는 방식이다.

② 초고층 건물에서는 과대한 수압으로 인한 수격작용이나, 저층부와 상층부의 불균등한 수압차 문제를 해소하기 위해 급수조닝을 할 필요가 있다.

③ 수도직결 방식은 일반 주택이나 소규모 건물에서 많이 사용하는 방식으로 상수도 본관에서 인입관을 분기하여 급수하는 방식이다.

④ 부스터 방식은 수도 본관에서 물을 받아 물받이 탱크에 저수한 다음 급수펌프로 압력탱크에 물을 보내면 압력탱크에서는 공기를 압축 가압하여 급수하는 방식이다.

해설

• 압력탱크 방식은 수도 본관에서 물을 받아 물받이 탱크에 저수한 다음 급수펌프로 압력탱크에 물을 보내면 압력탱크에서는 공기를 압축 가압하여 급수하는 방식이다.

• 부스터 방식(펌프직송 방식)은 수도 본관으로부터 저수탱크에 물을 받은 후, 여러 대의 자동 펌프(가압 펌프, 부스터 펌프)를 이용하여 필요 기구에 급수하는 방식이다.

05 건축의 과정에 대한 설명으로 옳은 것은?

① 기초조사 → 실시설계 → 기본계획 → 기본설계의 순으로 진행된다.

② 기본계획은 구체적인 형태의 기본을 결정하는 단계로 기본설계도서를 작성한다.

③ 기초조사는 설계도면에 표시할 수 없는 각종 건축, 기계, 전기, 기타 사항 등을 글이나 도표로 삭성하는 과정이다.

④ 실시설계는 공사에 필요한 사항을 상세도면 등으로 명시하는 작업 단계이다.

해설

① 기초조사 → 기본계획 → 기본설계 → 실시설계의 순으로 진행된다.

② 기본설계는 구체적인 형태의 기본을 결정하는 단계로 기본설계도서를 작성한다.

③ 시방서는 설계도면에 표시할 수 없는 각종 건축, 기계, 전기, 기타 사항 등을 글이나 도표로 작성하는 과정이다.

06 주거 건축계획에 대한 설명으로 옳은 것만을 모두 고르면?

> ㄱ. 공동주택 단면 형식 중 단위 주거의 복층형은 프라이버시가 좋으므로 소규모 주택일수록 경제적이다.
> ㄴ. 공동주택 접근 형식 중 편복도형은 각 세대의 주거환경을 균질하게 할 수 있다.
> ㄷ. 쿨데삭(Cul-de-sac)은 통과교통이 없어 보행자의 안전성 확보에 유리하다.
> ㄹ. 근린생활권 중 인보구는 어린이 놀이터가 중심이 되는 단위이다.

① ㄱ, ㄴ

② ㄷ, ㄹ

③ ㄱ, ㄴ, ㄷ

④ ㄴ, ㄷ, ㄹ

해설

ㄱ. 복층형은 프라이버시가 좋지만, 소규모 주택일수록 비경제적이다.

07 건축법령상 용어의 정의로 옳지 않은 것은?

① "초고층 건축물"이란 층수가 50층 이상이거나 높이가 200m 이상인 건축물을 말한다.

② "주요구조부"란 기초, 내력벽, 기둥, 보, 지붕틀 및 주계단을 말한다.

③ "고층 건축물"이란 층수가 30층 이상이거나 높이가 120m 이상인 건축물을 말한다.

④ "거실"이란 건축물 안에서 거주, 집무, 작업, 집회, 오락, 그 밖에 이와 유사한 목적을 위하여 사용되는 방을 말한다.

해설

• 주요구조부 : 내력벽(耐力壁), 기둥, 바닥, 보, 지붕틀 및 주계단(主階段)을 말한다.
• 기초 : 주요구조부에 해당되지 않는다.

08 고대 건축에 대한 설명으로 옳지 않은 것은?

① 인슐라(Insula)는 1층에 상점이 있는 중정 형태의 로마시대 서민주택이다.

② 로마의 컴포지트 오더는 이오니아식과 코린트식 오더를 복합한 양식으로 화려한 건물에 많이 사용되었다.

③ 조세르왕의 단형 피라미드는 마스타바라고도 부르며 쿠푸왕의 피라미드보다 후기에 만들어졌다.

④ 우르의 지구라트는 신에게 제사를 지내는 신전의 기능과 천문관측의 기능을 동시에 가지고 있었으며, 평면은 사각형이고 각 모서리가 동서남북으로 배치되었다.

해설

소세르왕의 난형 피라미드(사카라, B.C. 2778년경)는 이모텝이 건설하였으며, 쿠푸왕의 피라미드(기자, B.C. 2590년경)보다 전기에 만들어졌다.

09 우리나라 전통 목조 가구식 건축에 대한 설명으로 옳은 것은?

① 정면(도리 방향) 5칸, 측면(보 방향) 3칸인 평면구성일 경우에는 칸 수가 24칸이다.

② 고주는 외곽기둥으로 사용되며, 평주와 우주는 내부기둥으로 사용된다.

③ 오량가는 종단면상에 보가 3줄, 도리가 2줄로 걸리는 가구 형식이다.

④ 장방형의 건물은 일반적으로 정면(도리 방향) 중앙에 정칸을 두고 그 좌우에는 협칸을 둔다.

해설
① 정면(도리 방향) 5칸, 측면(보 방향) 3칸인 평면구성일 경우에는 칸 수가 15칸이다.
② 고주, 우주는 내부기둥으로 사용되며, 평주는 외부기둥으로 사용된다.
③ 오량가는 종단면상에 보가 2줄, 도리가 5줄로 걸리는 가구 형식이다.

10 소화설비 중 스프링클러에 대한 설명으로 옳지 않은 것은?

① 스프링클러헤드와 소방대상물 각 부분에서의 수평거리(R)는 내화구조건축물의 경우 2.3m이며, 스프링클러를 정방형으로 배치한다면 스프링클러헤드 간의 설치간격은 $\sqrt{3}\,R$로 나타낼 수 있다.

② 개방형은 천장이 높은 무대부를 비롯하여 공장, 창고에 채택하면 효과적이다.

③ 스프링클러헤드의 방수압력은 1kg/cm^2 이상이고, 방수량은 80L/min 이상이 되어야 한다.

④ 병원의 입원실에는 조기반응형 스프링클러헤드를 설치하여야 한다.

해설
스프링클러헤드와 소방대상물 각 부분에서의 수평거리(R)는 내화구조건축물의 경우 2.3m이며, 스프링클러를 정방형으로 배치한다면 스프링클러헤드 간의 설치간격은 $\sqrt{2}\,R$로 나타낼 수 있다.

11 주차장법 시행규칙상 노외주차장의 출구 및 입구가 설치될 수 없는 경우는?

① 유치원 출입구로부터 24m 이격된 도로의 부분

② 종단 기울기가 8%인 도로

③ 건널목의 가장자리로부터 6m 이격된 도로의 부분

④ 횡단보도로부터 10m 이격된 도로의 부분

해설
건널목의 가장자리로부터 10m 이내인 곳은 정차 및 주차가 금지되며, 이에 해당되는 도로의 부분은 노외주차장의 출구 및 입구를 설치할 수 없다.

12 병원 건축계획에 대한 설명으로 옳은 것만을 모두 고르면?

> ㄱ. 의료법 시행규칙상 입원실은 내화구조인 경우에는 지하층에 설치할 수 있다.
> ㄴ. 종합병원은 생산녹지지역 및 자연녹지지역에서 건축이 가능하다.
> ㄷ. 간호사 근무실(Nurse Station)은 병실군의 중앙에 배치하여야 한다.
> ㄹ. 의료법 시행규칙상 병상이 300개 이상인 종합병원은 입원실 병상 수의 100분의 3 이상을 중환자실 병상으로 만들어야 한다.

① ㄱ, ㄴ
② ㄱ, ㄷ
③ ㄴ, ㄷ
④ ㄷ, ㄹ

해설

ㄱ. 의료법 시행규칙상 입원실은 내화구조인 경우에는 3층 이상에는 입원실을 설치할 수 있으나, 지하층에는 설치할 수 없다.
ㄹ. 의료법 시행규칙상 병상이 300개 이상인 종합병원은 입원실 병상 수의 100분의 5 이상을 중환자실 병상으로 만들어야 한다.

13 호텔 건축계획에 대한 설명으로 옳지 않은 것은?

① 기준층 기둥 간격은 객실단위 폭(침실 폭 + 객실입구 통로 폭 + 반침 폭)의 두 배로 한다.
② 연면적에 대한 숙박부의 면적비는 평균적으로 리조트 호텔보다 시티 호텔이 크다.
③ 프런트 오피스는 호텔의 기능적 분류상 관리부분에 속한다.
④ 호텔 연회장의 회의실 1인당 소요면적은 $1.8m^2$/인이다.

해설

기준층 기둥 간격은 객실단위 폭(욕실 폭 + 객실입구 통로 폭 + 반침 폭)의 두 배로 한다.

14 지상 15층 사무소 건축물에서 아침 출근시간에 10분간 엘리베이터 이용자의 최대인원 수가 62명일 때, 일주시간이 5분인 10인승 엘리베이터의 최소필요대수는?(단, 10인승 엘리베이터 1대의 평균수송인원은 8명으로 한다)

① 3대
② 4대
③ 7대
④ 8대

해설

$S = \dfrac{5분 \times 10명}{5분} = 10명$

10분간 이용자는 62명이므로, 5분간 이용자는 31명이다.

따라서, $N = \dfrac{31명}{S} = \dfrac{31명}{10명} = 3.1$이므로 4대가 필요하다.

15 극장 건축계획에 대한 설명으로 옳은 것은?

① 객석의 단면 형식 중 단층형이 복층형보다 음향효과 측면에서 유리하다.

② 각 객석에서 무대 전면이 모두 보여야 하므로 수평시각은 클수록 이상적이다.

③ 공연장의 출구는 2개 이상 설치하며, 관람실 출입구는 관람객의 편의를 위하여 안여닫이 방식으로 한다.

④ 연극 등을 감상하는 경우 연기자의 표정을 읽을 수 있는 가시 한계(생리적 한도)는 22m이다.

해설
② 각 객석에서 무대 전면이 모두 보여야 하므로 수평시각은 작을수록 이상적이다.
③ 공연장의 출구는 2개 이상 설치하며, 관람실 출입구는 관람객의 피난을 고려하여 안여닫이로 하지 않는다.
④ 연극 등을 감상하는 경우 연기자의 표정을 읽을 수 있는 가시 한계(생리적 한도)는 15m이다.

16 주택법 시행령상 준주택에 해당하지 않는 것은?(단, 건축물의 종류 및 범위는 건축법 시행령에 따른다)

① 다중주택 　　　　　　② 다중생활시설
③ 기숙사 　　　　　　　④ 오피스텔

해설
다중주택은 해당되지 않는다.
준주택의 종류와 범위(주택법 시행령 제4조)
• 건축법 시행령에 따른 기숙사
• 건축법 시행령에 따른 다중생활시설
• 건축법 시행령에 따른 노인복지시설 중 노인복지법상의 노인복지주택
• 건축법 시행령에 따른 오피스텔

17 다음과 같은 조건을 가진 어떤 학교 미술실의 이용률(%)과 순수율(%)은?

> 1주간 평균수업시간은 50시간이다. 미술실이 사용되는 수업시간은 1주에 총 30시간이다. 그 중 9시간은 미술 이외 다른 과목 수업에서 사용한다.

이용률	순수율
① 42	60
② 60	42
③ 60	70
④ 70	60

해설

- 이용률 $= \dfrac{30시간}{50시간} \times 100(\%) = 60\%$

- 순수율 $= \dfrac{30시간 - 9시간}{30시간} \times 100(\%) = 70\%$

18 열교에 대한 설명으로 옳지 않은 것은?

① 열의 손실이라는 측면에서 냉교라고도 한다.

② 난방을 통해 실내온도를 노점온도 이하로 유지하면 열교를 방지할 수 있다.

③ 중공벽 내의 연결 철물이 통과하는 구조체에서 발생하기 쉽다.

④ 내단열 공법 시 슬래브가 외벽과 만나는 곳에서 발생하기 쉽다.

해설

난방을 통해 실내온도를 노점온도 이상로 유지하면 열교를 방지할 수 있다.

19 다음 설명에 해당하는 사회심리적 요인은?

- 어떤 물건 또는 장소를 개인화하고 상징화함으로써 자신과 다른 사람을 구분하는 심리적 경계이다.
- 개인이나 집단이 어떤 장소를 소유하거나 지배하기 위한 환경장치이다.
- 침해당하면 소유한 사람들은 방어적인 반응을 보인다.
- 오스카 뉴먼(Oscar Newman)은 이 개념을 이용해 방어적 공간(Defensible Space)을 주장했다.

① 영역성   ② 과밀
③ 프라이버시   ④ 개인공간

해설
- 영역성은 어떤 물건 또는 장소를 개인화, 상징화함으로써 자신과 다른 사람을 구분하는 심리적 경계를 말하며, 침해당하면 소유한 사람들은 방어적인 반응을 보인다.
- 오스카 뉴먼(Oscar Newman)은 영역성의 개념이 적용될 수 있는 공간으로서의 방어적 공간은 각종 범죄발생을 방지할 수 있는 효과를 지닌다고 주장하였다.

20 음환경에 대한 설명으로 옳지 않은 것은?

① 다공성 흡음재는 중·고주파 흡음에 유리하고 판(막)진동 흡음재는 저주파 흡음에 유리하다.
② 잔향시간이란 실내에 일정 세기의 음을 발생시킨 후 그 음이 중지된 때로부터 실내의 평균에너지 밀도가 최초값보다 60dB 감쇠하는 데 소요되는 시간을 말한다.
③ 동일 면적의 공간에서 층고를 낮추면 잔향시간은 늘어난다.
④ 공기의 점성저항에 의한 음의 감쇠는 잔향시간에 영향을 준다.

해설
동일 면적의 공간에서 층고를 낮추면 체적(용적)이 작아지므로 잔향시간은 줄어들게 된다.

01 다음 중 건축가와 그가 언급한 건축에 대한 설명으로 가장 잘못된 것은?

① 비투르 비우스(Vitru Vius)는 "하나의 건축물이 건축으로서 자격을 얻기 위해서는 그 건축물이 세워진 목적을 용이하게 충족시켜야 하며 구조상 튼튼하고 아름다워야 한다."고 하였다.

② 루이스 설리번(Luis Sullivan)은 "건축의 형태는 기능을 따른다."고 하여 기능주의적 건축관을 강조하였다.

③ 프랭크 로이드 라이트(Frank Lloyd Wright)는 "건축은 시대와 시대, 세대와 세대를 이어 내려오는 위대한 삶의 창조적인 정신이다."라고 하였다.

④ 알바 알토(Alver Aalto)는 "건축에 있어서 중요한 것은 무엇보다도 공간적이어야 하며 공간을 위한 건축이지 않으면 안 된다."고 하였다.

해설
알바 알토(Alver Aalto)는 "건축에 있어서 중요한 것은 무엇보다도 인간적이어야 하며 인간을 위한 건축이지 않으면 안 된다."고 하였다.

02 다음 중 근린주구의 이론 중 라이트(H. Wright)와 스타인(C.S. Stein)의 래드번(Radburn) 설계에 대한 설명으로 가장 잘못된 것은?

① 주된 특징은 자동차와 보행자의 분리이다.

② 이것은 슈퍼블록(Super Block)으로 주택들과 가구 안의 시설들, 학교, 공원까지 보도에 의해 연결된다.

③ 래드번의 형식은 전형적인 쿨데삭(Cul-de-sac)으로 도로시설 역할을 한다.

④ 쿨데삭은 영국의 막다른 골목(Dead-end-street)과 매우 유사한 것으로 주거들은 막다른 골목 끝에 자유로이 배치된다.

해설
쿨데삭은 영국의 막다른 골목(Dead-end-street)과는 구별되는 것으로 주거들은 막다른 골목 끝에 사유토지 배치된다.

03 다음 중 주거단지 동선계획의 보차분리 방식 중 평면분리 방식으로 가장 잘못된 것은?

① 보행자 안전참

② 루프(Loop)

③ T자형

④ 열쇠자형

해설

보차(步車)분리 방식

• 평면분리 : 쿨데삭(Cul-de-sac), 루프(Loop), T자형, 열쇠형

• 면적분리 : 보행자 안전참, 보행자 공간, 몰 플라자

• 입체분리 : 오버브리지, 언더패스, 지상인공지반, 지하가, 다층구조지반

• 시간분리 : 시간제 차량통행, 차 없는 날

04 다음 중 업무시설 스모크 타워(Smoke Tower)에 대한 설명으로 가장 잘못된 것은?

① 비상계단의 전실에 화재에 의해 침입한 연기를 배기하기 위한 샤프트이다.

② 화재 시 복도가 굴뚝 역할을 하는 것을 방지한다.

③ 자연환기에 의한 배기와 기계배기에 의한 배연방법이 있다.

④ 전실의 천장높이는 가급적 높게 한다.

해설

화재 시 계단실이 굴뚝 역할을 하는 것을 방지한다.

05 다음 중 용어와 단위를 짝지은 것으로 가장 잘못된 것은?

① 조도 – lx

② 환기량 – m^3/h

③ 휘도 – cd/m^2

④ 열관류율 – $W/m \cdot ℃$

해설

열관류율 – $W/m^2 \cdot ℃$

06 다음 중 백화점 매장의 진열대 배치방법 중 자유유선 배치에 대한 설명으로 가장 잘못된 것은?

① 고객의 흐름에 따라 자유로운 곡선으로 진열대를 배치한 형식을 말한다.

② 이상적인 판매 방식이나 동선이 중앙에 집중되므로 사용하기가 곤란하다.

③ 상품의 성격이나 판매장의 종류에 따라 진열대의 배치가 자유롭다.

④ 유기적인 계획이 가능하며 판매장의 특수성을 살필 수 있다.

해설
방사형 배치는 이상적인 판매 방식이나 동선이 중앙에 집중되므로 사용하기가 곤란하다.

07 다음 중 이륜차 용도가 아닌 주차장 계획에 대한 설명으로 가장 잘못된 것은?

① 평행주차 외의 경우 장애인용의 주차단위구획의 길이는 5.0m 이상으로 계획한다.

② 노외주차장의 경우 출입구가 2개 이상인 직각주차 형태의 주차장의 차로 너비는 6.0m 이상으로 계획한다.

③ 노외주차장 경사로의 종단 경사도는 직선부분에서는 17%를 초과하여서는 아니 되며, 곡선부분에서는 14%를 초과하여서는 아니 된다.

④ 노외주차장 주차대수 규모가 50대 이상인 경우의 경사로는 너비 5.0m 이상인 2차로를 확보하거나 진입차로와 진출차로를 분리하여 계획한다.

해설
주차대수 규모가 50대 이상인 경우의 경사로는 너비 6m 이상인 2차로를 확보하거나 진입차로와 진출차로를 분리하여야 한다.

08 다음 교실의 형식 중 클러스터형에 대한 설명으로 가장 잘못된 것은?

① 교실을 소단위별로 분리하여 배치한 형식으로서 교실 간 독립성을 확보하기 좋다.

② 각 교실이 외부와 접하는 면이 많으며, 교실의 채광성, 환기성, 통풍성이 좋다.

③ 넓은 부지를 필요로 하지 않으며, 복도의 면적은 작아지지만 관리 동선이 길어져 운영비가 많이 들어가는 단점이 있다.

④ 각 교실군 사이에 고유의 정원을 확보하기 용이하다.

해설

클러스터형 교실의 배치 형식
- 교실을 소단위로 분할하여 홀을 중심으로 각 교실을 배치하는 방법이다.
- 장점
  - 학년 또는 교실 단위의 독립성이 크다.
  - 각 교실이 외부와 접하는 면적이 많다.
  - 교실 간의 간섭 및 소음이 적다.
  - 일조, 일사가 좋다.
- 단점
  - 넓은 교지를 필요로 한다.
  - 교실 및 관리부의 동선이 길다.
  - 시설 운영비가 많이 든다.

09 다음 중 유치원 계획 시 유의사항에 대한 설명으로 가장 잘못된 것은?

① 유치원의 시설은 유아생활에 속하는 것이기 때문에 유아 본위로 생각해서 안치수 및 비탈치수 등에 주의한다.

② 유아의 풍부한 상상력을 자극할 수 있도록 평면계획에서 단조로운 것을 피해 여러 가지 알코브를 고려한다.

③ 입면 및 색채계획도 통일성을 해치지 않는 범위 안에서 다양한 구성이 되도록 힘쓴다.

④ 유아의 생활범위를 확대하기 위해 옥내와 옥외의 명확한 분리를 도모한다.

해설

유아의 생활범위를 확대하기 위해 옥내와 옥외의 일체화를 도모한다.

10 다음 중 창고시설의 하역장 형식과 그 내용에 대한 설명으로 가장 잘못된 것은?

① 분산하역장식 : 중규모 창고에 채용된다.

② 외주하역장식 : 해안부두 등 대규모 창고에 적당하다.

③ 중앙하역장식 : 각 창고로부터 모든 하역장까지의 거리가 평준화되므로 물품의 처리, 판매가 비교적 빠르다.

④ 무인하역장식 : 수용면적이 가장 크고 직접 화물을 창고 내에 반입할 때 기계의 수량도 비교적 많이 필요하다.

해설
분산하역장식 : 소규모 창고에 채용된다.

11 다음 중 1인당 주거면적 산정에 대한 설명으로 가장 잘못된 것은?

① 프랑크푸르트 암마인(Frankfurt am Main) 국제주거회의 – 15m^2/인

② 숑바르 드 로브(Chombard de Lawve) 한계기준 – 14m^2/인

③ UIOP 세계가족단체협회 – 16m^2/인

④ 숑바르 드 로브(Chombard de Lawve) 병리기준 – 10m^2/인

해설
숑바르 드 로브(Chombard de Lawve) 병리기준 : 8m^2/인

12 다음 중 건축사조 - 건축가 - 대표작품으로 가장 잘못된 것은?

① 르네상스 - Filippo Brunelleschi - 성 안드레아 성당

② 바로크 - Giovanni Lorenzo Bernini - 성 베드로 성당

③ 모더니즘 - Hugo Alvar Henrik Aalto - 비푸리 도서관

④ 해체주의 - Frank Gehry - 발바오 구겐하임 미술관

해설

르네상스 - 알베르티(Battista Alberti) - 성 안드레아 성당

성 안드레아 성당

• 1472~1512년에 건축된 르네상스 양식의 성당으로 알베르티가 설계하였으며, 이탈리아 만투아(Mantua)에 있다.

• 성당의 평면은 장축형의 라틴 십자가 모양의 3랑식이며, 실내는 배럴 볼트가 축조되었다.

• 네이브와 트랜셉트의 교차부에는 높은 돔이 있으며, 드럼에는 채광용 창이 있다.

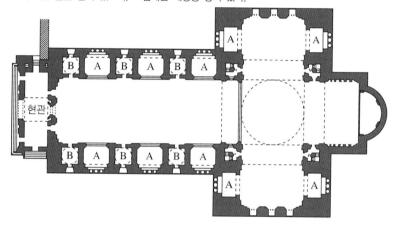

13 다음 중 건물 용도별 평면계획에 대한 설명으로 가장 잘못된 것은?

① 주택 - 테라스 하우스는 주로 경사지를 이용한 주택 형식으로 한 세대의 지붕이 다른 세대의 테라스로 전용되는 형식이다.

② 업무시설 - 개실배치 형식은 스크린이나 식목, 수납가구로 공간이 구분된다.

③ 미술관 - 연속순회(순로) 형식은 구형 또는 다각형의 각 전시실을 연속적으로 연결한다.

④ 공연장 - 아레나(Arena)형은 중심무대장치형으로 불리며, 근접거리에서 많은 관객을 수용할 수 있다.

해설

• 업무시설에서 개실배치 형식은 복도에 의해 각 부분으로 들어가는 방법이다.

• 업무시설에서 오피스 랜드스케이프(Office Landscape)는 개방식 배치의 일종으로 업무의 흐름에 따라 공간으로 배치하며 스크린이나 식목, 수납가구로 공간이 구분한다.

14 다음 중 도서관의 출납시스템의 유형에 대한 특징으로 가장 잘못된 것은?

① 자유개가식은 책의 목록이 없어 간편하다.

② 안전개가식은 감시가 필요 없다.

③ 반개가식은 출납시설이 필요 없다.

④ 폐가식은 도서의 유지관리가 양호하다.

> **해설**
> 반개가식은 책의 표지까지는 이용자가 볼 수 있지만, 책을 열람하기 위해서는 도서관원에게 요청 및 대출기록 후에 책을 열람하는 형식이며, 출납시설이 필요하다.

15 다음 중 계획설계의 도서내용에 포함되는 항목으로 가장 잘못된 것은?

① 설계지침서   ② 건축도면

③ 구조계획서   ④ 기계설비계획서

> **해설**
> 설계지침서는 기획업무 단계에서 작성한다.
> 기획업무
> • 건축주의 요구조건과 의도를 분석하며, 프로젝트의 방향을 설정하는 단계이다.
> • 건축주 요구조건 파악 및 분석, 규모 및 법규 검토, 현장조사 및 분석, 설계지침서 작성, 경제성 및 예산 검토, 사례조사 등을 수행한다.

16 다음 중 겨울철 실내측 표면결로를 방지하는 조치로 가장 잘못된 것은?

① 열전도율이 낮은 단열재를 두껍게 설치하여 표면온도를 높인다.

② 외부의 공기 유입을 차단하여 실내공기의 유출을 최소화한다.

③ 단열재 사이의 접합부위에 열교 방지를 위한 조치를 수행한다.

④ 외단열 공법을 적용하여 단열재 설치의 결손을 최소화한다.

> **해석**
> 결로 방지를 위해서는 충분한 환기가 필요하며, 외부의 공기 유입과 실내공기의 유출을 통해 실내를 환기함으로써 습기를 제거한다.

17 다음 중 대수선의 범위를 설명한 내용 중 가장 잘못된 것은?

① 방화벽 바닥 또는 벽을 수선 또는 변경

② 특별피난계단을 수선 또는 변경

③ 기둥 두 개에 대한 수선 또는 변경

④ 내력벽 면적의 30m²를 수선 또는 변경

해설

기둥을 증설 또는 해체하거나 세 개 이상 수선 또는 변경하는 것이 대수선 범위에 해당된다.

대수선의 범위

• 내력벽을 증설 또는 해체하거나 그 벽면적을 30m² 이상 수선 또는 변경하는 것

• 기둥을 증설 또는 해체하거나 세 개 이상 수선 또는 변경하는 것

• 보를 증설 또는 해체하거나 세 개 이상 수선 또는 변경하는 것

• 지붕틀(한옥의 경우에는 지붕틀의 범위에서 서까래는 제외한다)을 증설 또는 해체하거나 세 개 이수선 또는 변경하는 것

• 방화벽 또는 방화구획을 위한 바닥 또는 벽을 증설 또는 해체하거나 수선 또는 변경하는 것

• 주계단·피난계단 또는 특별피난계단을 증설 또는 해체하거나 수선 또는 변경하는 것

• 다가구주택의 가구 간 경계벽 또는 다세대주택의 세대 간 경계벽을 증설 또는 해체하거나 수선 또는 변경하는 것

• 건축물의 외벽에 사용하는 마감재료를 증설 또는 해체하거나 벽면적 30m² 이상 수선 또는 변경하는 것

18 다음 중 건물용도별 계단계획에 대한 설명으로 가장 잘못된 것은?

① 계단의 유효높이(계단의 바닥 마감면부터 상부 구조체의 하부 마감면까지의 연직 방향의 높이를 말한다)는 2.1m 이상으로 계획

② 초등학교의 계단인 경우에는 계단 및 계단참의 유효너비는 130cm 이상, 단높이는 16cm 이하, 단너비는 26cm 이상으로 계획

③ 중·고등학교의 계단인 경우에는 계단 및 계단참의 유효너비는 150cm 이상, 단높이는 18cm 이하, 단너비는 26cm 이상으로 계획

④ 문화 및 집회시설(공연장·집회장 및 관람장에 한한다)에 쓰이는 건축물의 계단인 경우에는 계단 및 계단참의 유효너비를 120cm 이상으로 계획

해설

초등학교의 계단인 경우에는 계단 및 계단참의 유효너비는 150cm 이상, 단높이는 16cm 이하, 단너비는 26cm 이상으로 계획한다.

19 다음 중 호텔계획에 대한 일반적인 동선계획으로 가장 잘못된 것은?

① 숙박객과 연회객의 동선을 분리하여 혼잡하지 않도록 한다.

② 숙박객이 프런트를 통하지 않고 직접 주차장으로 가지 못하게 한다.

③ 종업원의 출입구는 2개소 이상 설치하여 서비스 시간을 단축한다.

④ 고객 동선과 서비스 동선이 교차하지 않도록 한다.

해설
종업원의 출입구는 1개소로 설치하며, 호텔 이용객을 위한 서비스 시간을 단축하도록 한다.

20 다음 중 6층 이상의 거실면적 합계에 따른 승용승강기의 배치계획으로 가장 잘못된 것은?

① 2,000m²의 의료시설에 8인승 승강기 1대 배치

② 3,000m²의 판매시설에 8인승 승강기 2대 배치

③ 5,000m²의 숙박시설에 16인승 승강기 1대 배치

④ 12,000m²의 공동주택에 16인승 승강기 2대 배치

해설
• 6층 이상의 거실면적 합계가 2,000m²의 의료시설에 8인승 승강기를 배치할 경우, 3,000m² 이하인 경우에는 2대를 배치하여야 한다.
• 6층 이상이 거실면적 합계가 3,000m²를 초과하는 경우에는 2대에 3,000m²를 초과하는 2,000m² 이내마다 1대를 더한 대수로 배치하여야 한다.
  다만, 16인승 이상의 경우에는 2대로 산정한다.

19 ③ 20 ① **정답**

21 다음 중 건물의 코어공간 내에 설치되는 공간의 일반적인 줄임말에 대한 설명으로 가장 잘못된 것은?

① AD - 냉난방 공조시스템의 공기유로를 위한 공간을 의미한다.

② AV - 소방설비의 스프링클러 배관의 통로를 의미한다.

③ TPS - 각종 급배수 배관의 수직 설치공간을 의미한다.

④ EPS - 전력공급을 위해 각 층에 두는 전력분배공간을 의미한다.

해설

TPS(Telecommunication Pipe Shaft) - 통신용 전선 통로를 의미한다.

설비 관련 공간 줄임말

• AD(Air Duct) : 냉난방 공기조화용 통로
• AV(Alarm Valve) : 소화전, 스프링클러 배관용 통로
• PD(Pipe Duct) : 기계설비 배관용 통로
• EPS(Electric Pipe Shaft) : 전기전용 통로
• TPS(Telecommunication Pipe Shaft) : 통신전용 통로

22 다음 중 전시실 순회 형식 중 연속순로 형식의 특징으로 가장 잘못된 것은?

① 장래 확장에 대한 유연성이 부족하다.

② 단순하고 공간이 절약된다.

③ 소규모 전시실에 적합하다.

④ 한실을 막으면 전체 동선이 막힌다.

해설

• 연속순로 형식은 장래 확장에 대한 유연성이 좋다.
• 장래 확장에 대한 유연성이 부족한 전시실 순회 형식은 중앙홀 형식이다.

23 다음 중 건축의장용 색채의 관련 설명으로 가장 잘못된 것은?

① 색입체는 색의 3속성인 색상, 명도, 채도를 입체로 만든 것이다.

② 명도는 무채색과 유채색 모두에 나타나며 색의 밝기를 나타낸다.

③ 먼셀 표색계는 현색계의 가장 대표적인 표색계이다.

④ 감법혼합은 색광의 혼합으로 원색이 혼합될수록 밝아진다.

해설

• 감법혼합 : 색료의 혼합으로 원색이 혼합될수록 어두워진다.
• 가법혼합 : 색광의 혼합으로 원색이 혼합될수록 밝아진다.

24 다음 설명에 해당하는 공장 건축의 레이아웃으로 가장 적절한 것은?

> 기능식 레이아웃으로 다품종 소량생산, 주문생산, 표준화가 곤란한 경우에 사용하는 공장 건축의 레이아웃

① 혼성식 레이아웃
② 고정식 레이아웃
③ 공정중심 레이아웃
④ 제품중심 레이아웃

해설
공정중심 레이아웃은 기능식 레이아웃으로 다품종 소량생산, 주문생산, 표준화가 곤란한 경우에 사용하는 공장 건축의 레이아웃 배치방법이다.

25 다음 중 업무시설의 코어배치 특징의 설명으로 가장 잘못된 것은?

① 편심코어형은 바닥면적이 커지면 피난시설, 설비설치 등이 불리하다.
② 독립코어형은 덕트나 배관을 업무공간과 연결하기 쉽다.
③ 중심코어형은 대규모의 면적 및 초고층 건물에 적합하다.
④ 양단코어형은 2방향 피난에 이상적이며 방재상 유리하다.

해설
독립코어형은 덕트나 배관을 업무공간과 연결하기 어렵다.

01 건축물계획에 대한 설명으로 옳지 않은 것은?

① 백화점 – 사행배치 방식은 고객 동선을 판매장 구석까지 연결할 수 있지만, 다양한 크기의 진열장이 필요하다.

② 공연장 – 아레나(Arena)형 무대 배치는 많은 관객을 수용할 수 있으며, 무대의 배경을 만들지 않아서 경제성이 있다.

③ 공장 – 공정중심의 레이아웃(기계설비 중심)은 기능식 레이아웃으로써 다품종 소량생산으로 표준화가 어려운 경우 적합하다.

④ 미술관 – 전시실의 중앙홀 형식은 자유로운 출입이 가능하고 장래 확장에 유리하다.

해설

전시실의 중앙홀 형식은 중앙홀에서 전시실로의 자유로운 출입이 가능하지만, 장래 확장에는 불리하다.

02 단독주택과 비교한 공동주택의 장단점에 대한 설명으로 옳지 않은 것은?

① 주호별 독립성이 강화되어 개인적인 프라이버시(Privacy) 확보에 유리하다.

② 전기, 공기조화, 정화조 등 설비시설의 집중화로 유지관리비를 절감할 수 있다.

③ 고층화, 설비의 고도화 등에 따라 건축비가 상승할 수 있다.

④ 1호당 대지의 점유면적 감소로 토지를 효율적으로 이용할 수 있다.

해설

공동주택은 주호별 독립성이 약화되어 개인적인 프라이버시(Privacy) 확보에 불리하다.

03 건축 음향계획에서 잔향시간에 대한 설명으로 옳은 것은?

① 전기음향설비를 주로 이용하는 경우에는 잔향시간을 길게 하는 것이 좋다.

② 오케스트라나 뮤지컬 등 음악 청취를 목적으로 하는 경우에는 짧은 잔향시간이 필요하다.

③ 음이 전파될 때 파동현상이 나타나고 이때 1초당 진동하는 횟수를 주파수라 하며 단위는 Hz를 사용한다.

④ 잔향시간이란 음이 중지된 때로부터 음의 에너지 밀도가 80dB 감쇠하는 데 소요되는 시간을 의미한다.

해설

① 전기음향설비를 주로 이용하는 경우에는 잔향시간을 짧게 하는 것이 좋다.

② 오케스트라나 뮤지컬 등 음악 청취를 목적으로 하는 경우에는 긴 잔향시간이 필요하다.

④ 잔향시간이란 음이 중지된 때로부터 음의 에너지 밀도가 60dB 감쇠하는 데 소요되는 시간을 의미한다.

04 건축법 시행령상 용어의 뜻으로 옳지 않은 것은?

① '부속건축물'이란 같은 대지에서 주된 건축물과 분리된 부속용도의 건축물로서 주된 건축물을 이용 또는 관리하는 데에 필요한 건축물을 말한다.

② '초고층 건축물'이란 층수가 50층 이상이거나 높이가 200m 이상인 건축물을 말한다.

③ '이전'이란 건축물의 주요구조부를 해체하지 아니하고 같은 대지의 다른 위치로 옮기는 것을 말한다.

④ '신축'이란 기존 건축물의 일부를 철거하고 그 대지에 종전과 같은 규모의 범위에서 건축물을 다시 축조하는 것을 말한다.

해설

• 신축 : 건축물이 없는 대지에 새로 건축물을 축조(築造)하는 것을 말한다.

• 개축 : 기존 건축물의 전부 또는 일부를 해체하고 그 대지에 종전과 같은 규모의 범위에서 건축물을 다시 축조하는 것을 말한다.

05 다음 중 신에너지 및 재생에너지 개발·이용·보급 촉진법상 신에너지에 해당하는 것만을 모두 고르면?

| ㄱ. 수소에너지 | ㄴ. 연료전지 |
| ㄷ. 원자력 | ㄹ. 태양에너지 |

① ㄱ, ㄴ 　　　　　　　　　　② ㄷ, ㄹ
③ ㄱ, ㄴ, ㄹ 　　　　　　　　　④ ㄴ, ㄷ, ㄹ

> **해설**
> • 신에너지 : 기존의 화석연료를 변환시켜 이용하거나 수소·산소 등의 화학 반응을 통하여 전기 또는 열을 이용하는 에너지로서 다음의 어느 하나에
> 　해당하는 것을 말한다.
> 　- 수소에너지
> 　- 연료전지
> 　- 석탄을 액화·가스화한 에너지 및 중질잔사유(重質殘渣油)를 가스화한 에너지
> • 재생에너지 : 햇빛·물·지열(地熱)·강수(降水)·생물유기체 등을 포함하는 재생 가능한 에너지를 변환시켜 이용하는 에너지로서 다음의 어느
> 　하나에 해당하는 것을 말한다.
> 　- 태양에너지
> 　- 풍력
> 　- 수력
> 　- 해양에너지
> 　- 지열에너지
> 　- 생물자원을 변환시켜 이용하는 바이오에너지
> 　- 폐기물에너지(비재생폐기물로부터 생산된 것은 제외한다)

06 체육시설계획에 대한 설명으로 옳지 않은 것은?

① 실내 체육관은 일반적으로 장축을 동서 방향으로 배치한다.
② 옥외 육상경기장의 운동장은 일반적으로 장축을 남북 방향으로 배치한다.
③ 육상경기장 트랙의 직선구간 거리 계측은 트랙 안쪽 경계선에서 30cm 바깥쪽의 선으로 한다.
④ 수영장 풀은 경기자가 직사광선이나 수면 반사로 인한 눈부심이 없도록 장축을 동서 방향으로 배치한다.

> **해설**
> 수영장 풀은 경기자가 직사광선이나 수면 반사로 인한 눈부심이 없도록 장축을 남북 방향으로 배치한다.

07 건축조형에 대한 설명으로 옳지 않은 것은?

① 르네상스는 고전적 형식미를 배척하고 엄격한 비례를 통해 조용하고 차분한 인상을 강조하였다.
② 아르누보는 곡선화된 물결문양, 비대칭적 형태의 곡선과 같은 장식적 가치를 강조하였다.
③ 메타볼리즘은 생체의 메커니즘을 반영한 생물학적 이미지를 통하여 유추의 건축을 추구하였다.
④ 포스트모더니즘은 역사와 전통적인 이미지를 형태 표현의 주요한 조형 개념으로 활용하였다.

> **해설**
> 르네상스는 고전 건축의 질서와 형식미를 건축의 기본적 요소로서 하였으며, 엄격한 비례를 통해 조용하고 차분한 인상을 강조하였다.

08 전통건축 지붕 형식에서 (가)와 (나)에 대한 설명과 예시가 모두 옳은 것은?

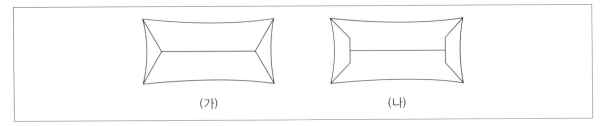

(가)   (나)

① (가)는 용마루와 내림마루로 구성된다. - 안동 봉정사 극락전
② (가)는 네 면에 모두 지붕면이 보이고 추녀가 있다. - 경복궁 광화문
③ (나)는 용마루, 내림마루, 추녀마루를 모두 갖춘 형식이다. - 서울 숭례문
④ (나)는 용마루와 추녀마루가 만나는 형식이다. - 경복궁 향원정

해설
① (가)는 용마루와 추녀마루로 구성된다.
③ 서울 숭례문은 (가)의 지붕 형식이다.
④ 경복궁 향원정은 육각형 모임지붕 형식이다.

09 범죄예방 건축기준 고시상 범죄예방 건축기준에 대한 설명으로 옳지 않은 것은?
① '활동의 활성화'란 일정한 지역에 대한 자연적 감시를 강화하기 위하여 대상 공간 이용을 활성화시킬 수 있는 시설물 및 공간계획을 하는 것을 말한다.
② 제1종 근린생활시설(일용품 판매점), 제2종 근린생활시설(다중생활시설), 문화 및 집회시설(동·식물원), 교육연구시설(연구소, 도서관) 등은 범죄예방 건축기준을 적용하여야 한다.
③ '100세대 이상 아파트에 대한 기준'에 따라 주차장의 차로와 통로 및 출입구의 기둥 또는 벽에는 경비실 또는 관리사무소와 연결된 비상벨을 25m 이내마다 설치하여야 한다.
④ '다가구주택, 다세대주택, 연립주택, 아파트(100세대 미만) 및 오피스텔 등에 관한 사항'에 따라 계단실에는 외부공간에서 자연적 감시가 가능하도록 창호설치를 권장한다.

해설
제1종 근린생활시설(일용품 판매점), 제2종 근린생활시설(다중생활시설), 문화 및 집회시설(농·식물원은 제외한다), 교육연구시설(연구소, 도서관은 제외한다) 등은 범죄예방 건축기준을 적용하여야 한다.

                    정답

10 건강친화형 주택 건설기준상 의무기준에 해당하지 않는 것은?

① 플러시아웃(Flush-out) 또는 베이크아웃(Bake-out) 실시

② 단위세대의 환기성능 확보

③ 건축자재, 접착제 등 시공·관리기준

④ 실내 발생 미세먼지 제거

해설

의무기준(건강친화형 주택 건설기준 제4조)
- 친환경 건축자재를 적용한다.
- 플러시아웃(Flush-out) 또는 베이크아웃(Bake-out)을 실시한다.
- 단위세대의 환기성능을 확보한다.
- 환기설비의 성능검증을 시행한다.
- 입주 전에 설치하는 친환경 생활제품을 적용한다.
- 건축자재, 접착제 등 시공·관리기준을 준수한다.

11 사무소 건축의 코어(Core) 종류에 대한 설명으로 옳지 않은 것은?

① 편심코어는 바닥면적이 크지 않은 소규모 사무실인 경우에 많이 사용한다.

② 양단코어는 구조적으로 바람직한 코어 유형이지만, 방재와 피난에는 불리하다.

③ 독립코어는 사무실 공간이 코어에 영향을 받지 않고, 자유로운 사무공간을 확보할 수 있다.

④ 중앙코어는 바닥면적이 넓은 경우에 적합하며, 고층 건물에 많이 사용한다.

해설

양단코어는 2방향 피난에 이상적이며, 방재와 피난상 유리하다.

12 도서관 건축계획에 대한 설명으로 옳지 않은 것은?

① 이용자 동선은 짧게 배치하면서 다른 동선과 교차하지 않는 것이 바람직하다.

② 공간계획의 가변성을 위해 모듈계획을 기본으로 하는 것이 유리하다.

③ 반개가식은 신간서적 안내에 적합하고 서가의 감시가 필요하다.

④ 서고는 자료를 정리·보존하는 곳으로서 도서관 계획 중 가장 전문적인 지식을 요하는 부분이다.

해설

반개가식은 신간서적 안내에 적합하고 서가의 감시가 필요 없다.

13 생활권 주택단지 구성이론에서 단계별 규모가 큰 것부터 순서대로 바르게 나열한 것은?

① 근린지구 > 근린분구 > 근린주구 > 인보구
② 근린지구 > 근린주구 > 근린분구 > 인보구
③ 근린주구 > 근린지구 > 인보구 > 근린분구
④ 근린주구 > 근린지구 > 근린분구 > 인보구

해설

근린주구의 구성

구분	면적	중심시설	설치시설
인보구	0.5~2.5ha	철근콘크리트조건물 3~4층, 아파트 1~2동	• 유아 놀이터 • 공동세탁장, 쓰레기처리장 등
근린분구	15~25ha	일상 소비 생활에 필요한 공동시설을 운영할 수 있는 체계	• 소비시설 : 잡화, 음식점 • 보건위생시설 : 공중목욕탕, 약국, 이·미용실, 진료소, 공중화장실 • 보육시설 : 유치원, 어린이집, 어린이 공원
근린주구	100ha	초등학교를 중심으로 한 근린분구 수 개의 집합체	• 교육문화시설 : 초등학교, 도서관 • 행정시설 : 동사무소, 우체국, 소방서 • 의료시설 : 병원 • 공원시설 : 공원, 운동장
근린지구	400ha	지역 커뮤니티 시설	• 도시 생활의 대부분의 시설

*1ha = 100m × 100m = 10,000m^2

14 학교 교실의 배치방식에 대한 설명으로 옳지 않은 것은?

① 클러스터(Cluster)형은 중앙에 특별교실, 학년별 교실동을 두어 동선을 분리하고 공용공간을 외곽에 배치한다.
② 폐쇄형은 협소한 대지의 효율적 이용이 가능한 장점이 있으나, 화재 등 비상시 대피에 불리하고 환경조건이 불균등하다.
③ 분산병렬형은 일정한 크기의 교실계획에 유용하며 구조계획이 간단하고 일조, 통풍 등 환경조건이 균등하다.
④ 집합형은 동선이 짧아 학생들의 이동이 유리하며, 물리적 환경이 좋다.

해설

클러스터(Cluster)형은 중앙에 공용공간을 두고 특별교실, 학년별 교실동을 외곽에 배치하여 동선을 분리하는 형식이다.

15 건축화 조명계획에 대한 설명으로 옳지 않은 것은?

① 다운라이트 조명(Down Lighting)은 천장면에 구멍을 뚫어 기구를 매입시키는 방식이다.

② 코브라이트 조명(Cove Lighting)은 광원을 천장 또는 벽면에 부착하여 높은 조도를 확보하는 직접조명 방식이다.

③ 루버천장 조명(Louver Ceiling Lighting)은 천장면에 루버를 설치하고 그 속에 조명을 배치하는 방식이다.

④ 코니스 조명(Cornice Lighting)은 벽면에 설치한 밸런스 보드(Valance Board)를 천장면에 닿게 끌어올린 방식이다.

해설

코브라이트 조명(Cove Lighting)은 간접조명 형식으로 천장부에서 몰딩이나 선반 혹은 수평면이 우묵하게 들어간 곳에 숨겨진 광원으로부터 나오는 조명 방식이다.

16 건축물에 사용하는 밸브류 및 부속류에 대한 설명으로 옳지 않은 것은?

① 글로브 밸브(Glove Valve)는 구형(球形)이며, 유량조절에 적합하지만 마찰손실이 크다.

② 게이트 밸브(Gate Valve)는 유체의 흐름을 수직으로 차단하는 형식의 밸브로 완전히 열렸을 때는 유체저항이 적다.

③ 스트레이너(Strainer)는 밸브 시트 수명을 단축시키는 불순물을 방지하기 위하여 사용하는 것이다.

④ 플로트 밸브(Float Valve)는 배관의 가장 높은 위치에 설치하여 배관 내에 발생한 공기를 자동적으로 배출하기 위한 것이다.

해설

플로트 밸브(Float Valve)
• 액면에 뜨게 한 플로트가 상하로 움직임에 따라 개폐되는 밸브이다.
• 액의 유입을 조절하여 액면을 일정하게 유지하는 조절밸브이다.

17 노인복지법상 다음에서 설명하는 서비스를 제공함을 목적으로 하는 노인복지시설은?

> 부득이한 사유로 가족의 보호를 받을 수 없어 일시적으로 보호가 필요한 심신이 허약한 노인과 장애노인을 보호시설에 단기간 입소시켜 보호함으로써 노인 및 노인가정의 복지증진을 도모하기 위한 서비스

① 노인주거복지시설
② 노인여가복지시설
③ 노인의료복지시설
④ 재가노인복지시설

해설

재가노인복지시설(노인복지법 제38조)
재가노인복지시설은 다음의 어느 하나 이상의 서비스를 제공함을 목적으로 하는 시설을 말한다.
- 방문요양서비스 : 가정에서 일상생활을 영위하고 있는 노인(이하 재가노인)으로서 신체적·정신적 장애로 어려움을 겪고 있는 노인에게 필요한 각종 편의를 제공하여 지역사회 안에서 건전하고 안정된 노후를 영위하도록 하는 서비스
- 주·야간보호서비스 : 부득이한 사유로 가족의 보호를 받을 수 없는 심신이 허약한 노인과 장애노인을 주간 또는 야간 동안 보호시설에 입소시켜 필요한 각종 편의를 제공하여 이들의 생활안정과 심신기능의 유지·향상을 도모하고, 그 가족의 신체적·정신적 부담을 덜어주기 위한 서비스
- 단기보호서비스 : 부득이한 사유로 가족의 보호를 받을 수 없어 일시적으로 보호가 필요한 심신이 허약한 노인과 장애노인을 보호시설에 단기간 입소시켜 보호함으로써 노인 및 노인가정의 복지증진을 도모하기 위한 서비스
- 방문 목욕서비스 : 목욕장비를 갖추고 재가노인을 방문하여 목욕을 제공하는 서비스
- 그 밖의 서비스 : 그 밖에 재가노인에게 제공하는 서비스로서 보건복지부령이 정하는 서비스

18 히트펌프 시스템에 대한 설명으로 옳지 않은 것은?

① 대기, 지하수, 폐열, 지열 등의 열원을 이용할 수 있는 시스템이다.
② 증발 → 압축 → 응축 → 팽창의 히트펌프 사이클에서 난방 운전 시 증발기가 실내측이 된다.
③ 한 개의 장치로 냉방 시에는 냉동기로, 난방 시에는 난방열원기기로 이용할 수 있다.
④ 4방역지밸브(4-way Reversing Valve)를 이용하여 냉매의 경로를 변환시킬 수 있다.

해설

증발 → 압축 → 응축 → 팽창의 히트펌프 사이클에서 난방 운전 시, 압축기에서 고온고압으로 압축된 냉매를 기화시킨 후 응축기로 보내며 높은 온도의 열을 온도가 낮은 바깥쪽으로 내보내기 위해 증발기가 실외측이 된다.

19 건축미학 원리에 대한 설명으로 옳지 않은 것은?

① 타원형과 자유로운 곡선은 바로크 건축의 평면과 형태 구성에 많이 사용되었다.

② 파르테논 신전에서는 기둥의 착시교정을 위해 양 끝의 기둥을 다른 기둥보다 가늘게 만들었다.

③ 15세기 르네상스 시대의 건축가들은 3차원적 사물을 객관적으로 재현하는 수단으로 투시도법을 발명하였다.

④ 하기아 소피아(Hagia Sophia) 대성당은 바실리카의 장축형 구도와 돔의 중앙집중식 배치가 공간적으로 결합된 건축물이다.

해설
파르테논 신전의 기둥은 직경이 1.9m이고 높이는 10.4m이며, 착시교정을 위해 양 끝의 기둥을 다른 기둥보다 직경이 약간 더 크게 만들었다.

20 우리나라에 건립된 현대건축물과 건축가 또는 사무소의 연결이 옳지 않은 것은?

① 서울 한남동 리움 현대 미술관 – 장 누벨(Jean Nouvel)

② 부산 센텀 영화의 전당 – 쿱 힘멜블라우(Coop Himmelblau)

③ 서울 용산 아모레 퍼시픽 사옥 – 데이비드 치퍼필드(David Chipperfield)

④ 서울 삼성동 현대산업개발 사옥(아이파크 타워) – 베르나르 추미(Bernard Tschumi)

해설
서울 삼성동 현대산업개발 사옥(아이파크 타워) – 다니엘 리베스킨트(Daniel Libeskind)

21 스마트도시 조성 및 산업진흥 등에 관한 법률상 (가)~(라)에 들어갈 말로 옳지 않은 것은?

스마트도시 조성 및 산업진흥 등에 관한 법률 제2조(정의)
1. "스마트도시"란 도시의 경쟁력과 삶의 질의 향상을 위하여 [(가)] 등을 융·복합하여 건설된 도시기반시설을 바탕으로 다양한 도시서비스를 제공하는 지속가능한 도시를 말한다.
2. "스마트도시서비스"란 스마트도시기반시설 등을 통하여 [(나)] 등 도시의 주요 기능별 정보를 수집한 후 그 정보 또는 이를 서로 연계하여 제공하는 서비스로서 대통령령으로 정하는 서비스를 말한다.
3. "스마트도시기반시설"이란 … (중략) …
4. "스마트도시기술"이란 스마트도시기반시설을 건설하여 스마트도시서비스를 제공하기 위한 [(다)] 기술을 말한다.
5. "건설·정보통신 융합기술"이란 국토의 계획 및 이용에 관한 법률 제2조제6호에 따른 기반시설 또는 같은 조 제13호에 따른 공공시설을 지능화하기 위하여 건설기술에 [(라)] 등의 기술을 융합한 기술로서 대통령령으로 정하는 기술을 말한다.

① (가) 건설·정보통신기술

② (나) 행정·교통·복지·환경·방재

③ (다) 초연결지능정보통신망

④ (라) 전자·제어·통신

해설
(다) 건설·정보통신 융합기술과 정보통신

22 주거밀도계획에 대한 설명으로 옳지 않은 것은?

① 주거밀도계획 전반에 영향을 미치는 요인으로 거주밀도와 건축밀도가 있다.

② 거주밀도의 지표로는 건폐율과 용적률이 있다.

③ 인구밀도는 단위 토지면적에 대한 거주 인구수를 표시한 비율이다.

④ 인구밀도는 km^2당 인구수(인/km^2) 또는 ha당 인구수(인/ha)로 나타낸다.

해설
거주밀도의 지표로는 인구밀도와 호수밀도가 있으며, 건축밀도의 지표로는 건폐율과 용적률이 있다.

23 시대별 서양건축 양식에 대한 설명으로 옳지 않은 것은?

① 초기 기독교 건축은 클러스터드 피어(Clustered Pier)와 리브 볼트(Rib Vault)가 특징이다.

② 르네상스 건축은 교회 돔 하부에 창이 있는 드럼(Drum)을 설치하여 채광효과를 높였다.

③ 시카고 학파는 시카고에 고층 건축의 빌딩 양식을 발전시켰다.

④ 구성주의(Constructivism) 작품인 타틀린(Vladimir Tatlin)의 제3인터내셔널 기념탑은 3차원적인 나선형 구조로 구성되었다.

해설
클러스터드 피어(Clustered Pier)와 리브 볼트(Rib Vault)는 로마네스크 건축의 특징이다.

22 ② 23 ① **정답**

24 건축법 시행령상 다음 건물의 반자높이는?(단, 도면에서 제시하지 않은 정보나 가능성은 고려하지 않는다)

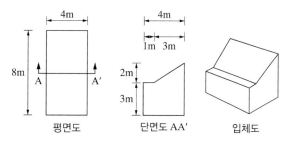

평면도　　단면도 AA′　　입체도

① 3.25m

② 3.5m

③ 3.75m

④ 4.0m

해설

$$반자의\ 가중평균높이 = \frac{거실의\ 체적(m^3)}{거실의\ 바닥면적(m^2)}$$

$$반자높이 = \frac{(8\times1\times3)+\left[(5+3)\times3\times\frac{1}{2}\right]\times8}{(4\times8)} = \frac{24+96}{32} = 3.75m$$

고저차가 있는 반자높이의 산정

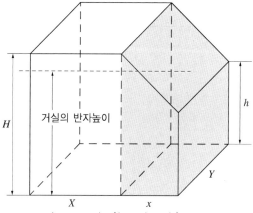

$$반자높이 = \frac{(X\times Y\times H)+[(H+h)\times x/2]\times Y}{(X+x)\times Y}$$

25 주차장법 시행규칙상 주차장의 주차단위구획이다. 빈칸 ㉠~㉣에 들어가는 수치를 순서대로 바르게 나열한 것은?(단, 평행주차형식 외의 경우로, 둘 이상의 연속된 주차단위구획은 제외한다)

구분	너비	길이
경형	(㉠)m 이상	3.6m 이상
일반형	2.5m 이상	(㉡)m 이상
확장형	(㉢)m 이상	5.2m 이상
장애인용	3.3m 이상	(㉣)m 이상

	㉠	㉡	㉢	㉣
①	2.0	4.5	2.6	5.0
②	2.5	4.5	2.5	4.6
③	2.0	5.0	2.6	5.0
④	2.5	5.0	2.5	4.6

해설

주차단위구획의 크기(평행주차형식 외의 경우)

구분	너비	길이
경형	2.0m 이상	3.6m 이상
일반형	2.5m 이상	5.0m 이상
확장형	2.6m 이상	5.2m 이상
장애인용	3.3m 이상	5.0m 이상

25 ③ 정답

01 건축가와 설계이념 그리고 작품이 바르게 짝지어진 것만을 모두 고르면?

> ㄱ. 루이스 설리반(Louis Sullivan) – 형태는 기능을 따른다(Form Follows Function). – 로비 하우스(Robie House, Chicago)
> ㄴ. 아돌프 로스(Adolf Loos) – 장식은 죄악이다(Ornament is Crime). – 슈타이너 주택(Steiner house, Vienna)
> ㄷ. 미스 반데어로에(Mies van der Rohe) – 적을수록 풍부하다(Less is More). – 일리노이 공과대학 크라운 홀(Crown Hall of IIT, Chicago)
> ㄹ. 르 코르뷔지에(Le Corbusier) – 제공하는 공간과 제공받는 공간(Servant Space & Served Space) – 스타인 저택 (Villa Stein, Paris)

① ㄱ, ㄴ
② ㄱ, ㄹ
③ ㄴ, ㄷ
④ ㄷ, ㄹ

해설

ㄱ. 로비 하우스(Robie House, Chicago) – 프랭크 로이드 라이트(Frank Lloyd Wright)
ㄹ. 제공하는 공간과 제공받는 공간(Servant Space & Served Space) – 루이스 칸(Louis Khan)

02 다음 환기와 관련된 조건에서 (가)에 들어갈 값은?

> • 실크기 : 깊이 4m, 폭 [(가)] m, 높이 3m
> • 1인당 필요환기량 : $10m^3/h$
> • 설정환기횟수 : 5회/h
> • 정원 : 30명

① 2
② 3
③ 4
④ 5

해설

1인당 필요환기량$(m^3/h) = \dfrac{\text{실의 체적}(m^3) \times \text{환기횟수}(\text{회}/h)}{\text{인원수}}$이며,

$10 = \dfrac{4 \times x \times 3 \times 5}{30}$이므로

$\therefore x = 5$

03 건축법령 및 국토의 계획 및 이용에 관한 법령상 건축물의 입지나 건축물의 형태를 결정할 때의 법적 제한에 대한 설명으로 옳은 것은?

① 제1종 전용주거지역은 저층 주택을 중심으로 편리한 주거환경을 조성하기 위해 지정된 지역이다.

② 방화지구는 도시의 화재 및 기타 재해 위험을 예방하기 위해서 필요한 때 지정하는 것으로, 방화지구 내 건축물은 주요구조부에 한해 내화구조를 적용해야 한다.

③ 건폐율은 대지면적에 대한 건축면적의 비율로, 대지에 건축물이 둘 이상 있는 경우의 건축면적은 개별 건축물의 건축면적 합계로 산정한다.

④ 일반주거지역 내 건축하는 모든 건축물은 일조 등의 확보를 위해 정북 방향의 인접 대지경계선으로부터 해당 건축물 각 부분 높이의 1/2 이상 거리를 띄어 건축하여야 한다.

해설
① 제1종 전용주거지역은 단독주택을 중심으로 양호한 주거환경을 조성하기 위해 지정된 지역이다.
② 방화지구는 도시의 화재 및 기타 재해 위험을 예방하기 위해서 필요한 때 지정하는 것으로, 건축물의 주요구조부와 지붕, 외벽을 내화구조로 하여야 한다.
④ 전용주거지역이나 일반주거지역에서 건축물을 건축하는 경우에는 건축물의 각 부분을 정북(正北) 방향으로의 인접 대지경계선으로부터 다음의 범위에서 건축조례로 정하는 거리 이상을 띄어 건축하여야 한다.
• 높이 10m 이하인 부분 : 인접 대지경계선으로부터 1.5m 이상
• 높이 10m를 초과하는 부분 : 인접 대지경계선으로부터 해당 건축물 각 부분 높이의 1/2 이상

04 사무소 건축의 코어(Core) 계획으로 옳지 않은 것은?

① 양단코어는 기준층 바닥면적이 작은 경우에 유리하다.

② 피난용 특별계단 상호간의 거리는 법정 한도 내에서 가급적 멀리 둔다.

③ 코어 내의 각 공간이 각 층마다 공통의 위치에 있도록 한다.

④ 계단, 엘리베이터 및 화장실은 가능한 한 근접시켜 배치한다.

해설
양단코어는 기준층 바닥면적이 크고 길 경우에 유리하다.

05 학교 건축계획에 대한 설명으로 옳지 않은 것은?

① 학교의 입지는 통학구역, 일조, 통풍, 조망, 소음, 방재 등을 고려하여 선택한다.

② 교육적 측면 및 생활적 측면에서의 기능뿐 아니라 지역사회의 요구를 고려하여 계획한다.

③ 중복도형으로 교실을 배치하면 복도면적을 줄일 수 있고 각 교실의 실내환경이 균질해진다.

④ 교실의 배치유형 중 엘보우 액세스형(Elbow Access Type)은 일조 및 통풍이 양호하다.

해설
중복도형으로 교실을 배치하면 복도면적을 줄일 수 있지만, 각 교실의 실내환경이 균질해지기 어렵다.

06 건축물의 에너지절약설계기준상 설계기준으로서 기계부문의 권장사항에 해당하는 것은?

① 틈새바람에 의한 열손실을 방지하기 위하여 외기에 직접 또는 간접으로 면하는 거실 부위에는 기밀성 창 및 문을 사용한다.

② 난방기기, 냉방기기, 급탕기기는 고효율제품 또는 이와 동등 이상의 효율을 가진 제품을 설치한다.

③ 기기배관 및 덕트는 국토교통부에서 정하는 국가건설기준 기계설비공사 표준시방서의 보온두께 이상 또는 그 이상의 열저항을 갖도록 단열조치를 하여야 한다.

④ 팬코일유닛이 설치되는 경우에는 전원의 방위별, 실의 용도별 통합제어가 가능하도록 한다.

해설
① 건축부문의 권장사항
③ 기계부문의 의무사항
④ 전기부문의 권장사항

07 공동주택 단지의 배치계획 시 도로의 기능별 구분에 따라 위계를 높은 것부터 순서대로 바르게 나열한 것은?

| (가) 주간선도로 | (나) 국지도로 |
| (다) 집산도로 | (라) 보조간선도로 |

① (가), (나), (다), (라)

② (가), (나), (라), (다)

③ (가), (라), (나), (다)

④ (가), (라), (다), (나)

해설
주간선도로 > 보조간선도로 > 집산도로 > 국지도로

08 주심포형식과 다포형식에 대한 설명으로 옳지 않은 것은?

① 다포형식은 주로 궁이나 사찰의 주요 전각과 같이 중요도가 높은 건축물에 사용되었다.

② 다포형식에서는 대부분 천장을 가설하지 않아 서까래가 노출되어 보이도록 하고, 주심포형식에서는 서까래 말구가 노출되는 것을 막기 위해 우물천장을 가설하는 경우가 많다.

③ 다포형식은 포작을 받치는 평방이 있고, 주심포형식은 기둥 사이에 포작이 없어 평방이 없다.

④ 고려시대의 건축물로 다포형식에는 연탄의 심원사 보광전, 주심포형식에는 강릉의 객사문 등이 있다.

해설
다포형식은 천장 가설을 위해 측간에서 일부 천장을 가설하고, 다시 중량의 높이에서 단으로 높여 천장을 가설하였으며, 간포를 받치기 위해 창방 외에 평방이라는 부재가 추가되었다. 내부에서 측면 서까래 말구가 노출되어 보이므로 이를 기리기 위해 우물천장을 가설하는 경우가 많았다.

09 주차장법령상 주차장에 대한 설명으로 옳은 것은?

① 기계식주차장의 사용검사 유효기간은 3년, 정기검사 유효기간은 2년이다.

② 노외주차장의 출입구 너비는 3m 이상으로 하여야 한다.

③ 위락시설 부설주차장의 경우 시설면적 150m² 당 1대로 한다.

④ 너비 10m 미만, 종단경사도가 3%를 초과하는 도로에는 노상주차장을 설치할 수 없다.

> **해설**
> ② 노외주차장의 출입구 너비는 3.5m 이상으로 하여야 한다.
> ③ 위락시설 부설주차장의 경우 시설면적 100m² 당 1대로 한다.
> ④ 너비 6m 미만, 종단경사도가 4%를 초과하는 도로에는 노상주차장을 설치할 수 없다.

10 단위가 바르게 짝지어진 것만을 모두 고르면?

ㄱ. 열전도율 – kcal/m·h·K	ㄴ. 비열 – kcal/kg·K
ㄷ. 열관류율 – W/m²·K	ㄹ. 열용량 – W/m·K

① ㄱ, ㄷ

② ㄱ, ㄹ

③ ㄱ, ㄴ, ㄷ

④ ㄴ, ㄷ, ㄹ

> **해설**
> W/m·K는 열전도율의 단위이다.
> **열용량** : 어떤 물체를 1℃ 높이는 데 필요한 열량을 말하며, 단위는 kcal/℃이다.

11 감염병 치료를 위한 음압격리병실의 설계방법에 대한 설명으로 옳지 않은 것은?

① 1인 기준 병실의 면적은 순면적 15m² 이상 확보한다.

② 실내공기 중 오염물질의 신속한 배출을 위해 창문을 상시 개폐할 수 있도록 한다.

③ 병실 전실, 내부 복도 등 인접구역보다 2.5Pa 이상 낮은 음압을 유지한다.

④ 상호 인접한 실의 양쪽 출입문은 동시에 열리지 않는 구조로 하되, 비상시 인터락 해제가 가능하도록 한다.

> **해설**
> 음압격리병실 내 틈새는 테이프 및 시트지를 통하여 밀폐한다. 창문은 개폐되지 않도록 고정하고, 출입문의 상부 및 측면도 틈새가 최소화되도록 조치한다.

12 전시시설의 건축계획에 대한 설명으로 옳지 않은 것은?

① 동선체계는 크게 관람자 동선, 직원 동선, 전시품 및 자료의 동선으로 이루어진다.

② 관람 시 발생하는 관람자의 피로도를 완화하기 위해 휴식시설을 계획한다.

③ 아일랜드 전시는 전시내용을 통일된 형식 속에서 규칙적으로 반복하는 전시방법을 말한다.

④ 전시품의 관람 거리를 고려하여 전시실의 폭을 계획한다.

해설
• 아일랜드 전시 : 벽이나 천장을 직접 이용하지 않고, 전시물 또는 전시 장치를 배치함으로써 전시공간을 만들어내는 전시방법이다.
• 하모니카 전시 : 전시내용을 통일된 형식 속에서 규칙적으로 반복하는 전시방법이다.

13 신축 건축물의 경사로 설계 내용 중 장애인 · 노인 · 임산부 등의 편의증진 보장에 관한 법률 시행규칙을 잘못 적용한 것은?

① 건축물의 경사로 유효폭을 1.5m로 계획했다.

② 직선이 아닌 경사로의 시작과 끝, 굴절부분 및 참에 1.2m×1.2m의 활동공간을 확보했다.

③ 바닥면으로부터 높이 0.7m마다 휴식을 위한 참을 마련했다.

④ 건축물의 경사로 기울기를 1/15로 설계했다.

해설
직선이 아닌 경사로의 시작과 끝, 굴절부분 및 참에 1.5m×1.5m의 활동공간을 확보해야 한다(장애인등편의법 시행규칙 별표 1).

14 색(Color)에 대한 설명으로 옳은 것은?

① 건축물 색채계획에서 주조색, 강조색, 보조색을 사용하였다면, 가장 작은 면적을 차지하는 색상은 보조색이다.

② 오스트발트의 색상 표시법상 17gc의 경우 17은 색상, g는 흰색량(22%), c는 검은색량(44%)이며, 순색량은 34%이다.

③ 먼셀의 색채표시법에 의하면 5R 3/8의 경우 색상은 5R, 채도는 3, 명도는 8이다.

④ 보색이란 색상환에서 가장 먼 거리에 있는 색으로, 이 두 색을 혼합하면 유채색이 된다.

해설
① 건축물 색채계획에서 주조색, 강조색, 보조색을 사용하였다면, 가장 작은 면적을 차지하는 색상은 강조색이다.
③ 먼셀의 색채표시법에 의하면 5R 3/8의 경우 색상은 5R, 명도는 3, 채도는 8이다.
④ 보색이란 색상환에서 가장 먼 거리에 있는 색으로, 이 두 색을 혼합하면 무채색이 된다.

15 한국 근·현대 건축가와 작품을 연결한 것 중 바르지 않은 것은?

① 김수근 – 잠실종합운동장 주경기장

② 김정수 – 국회의사당

③ 김중업 – 주한 프랑스대사관

④ 김태수 – 환기미술관

해설
환기미술관은 우규승 건축가가 설계하였다.
환기미술관 : 건물보다 내부와 외부 공간의 자연스러운 흐름이 중심이 되도록 설계되었다.

16 국토의 계획 및 이용에 관한 법률 시행령상 보호지구에 속하지 않는 것은?

① 자연환경보호지구　　　　　　　② 역사문화환경보호지구

③ 중요시설물보호지구　　　　　　④ 생태계보호지구

해설
보호지구(국토계획법 시행령 제31조)
• 역사문화환경보호지구 : 국가유산, 전통사찰 등 역사·문화적으로 보존가치가 큰 시설 및 지역의 보호와 보존을 위하여 필요한 지구
• 중요시설물보호지구 : 중요시설물(항만, 공항, 공용시설, 교정시설·군사시설)의 보호와 기능의 유지 및 증진 등을 위하여 필요한 지구
• 생태계보호지구 : 야생동식물서식처 등 생태적으로 보존가치가 큰 지역의 보호와 보존을 위하여 필요한 지구

17 건축법령상 건축물 대수선에 해당하는 것을 모두 고르면?

ㄱ. 내력벽 면적 30m² 이상의 수선
ㄴ. 기둥의 증설
ㄷ. 보 두 개의 변경
ㄹ. 주계단·피난계단의 해체

① ㄱ, ㄴ　　　　　　　　　　　② ㄷ, ㄹ

③ ㄱ, ㄴ, ㄷ　　　　　　　　　④ ㄱ, ㄴ, ㄹ

해설
보를 증설 또는 해체하거나 세 개 이상 수선 또는 변경하는 경우 대수선에 해당된다.

18 요양병원 설계 시 반영해야 하는 사항으로 옳지 않은 것은?

① 욕조의 높이는 바닥면으로부터 0.45m 초과 0.55m 이하로 한다.

② 휠체어리프트 설치 시 1.4m×1.4m 이상의 승강장을 갖추어야 한다.

③ 당해 층 거실의 바닥면적 합계가 300m²인 요양병원의 중복도 유효폭은 1.8m 이상으로 한다.

④ 병원용 엘리베이터는 평상시에 승객용 엘리베이터로 사용할 수 있도록 한다.

> **해설**
> 욕조의 높이는 바닥면으로부터 0.4m 이상 0.45m 이하로 한다.

19 케빈 린치(Kevin Lynch)의 도시 이미지 구성요소에 대한 설명으로 옳지 않은 것은?

① 랜드마크(Landmarks)는 밖에 있는 관찰자의 눈에 잘 띄어 기억하기 쉬운 물리적 특징을 지니고 있다.

② 경계(Edges)는 관찰자가 길로 고려하지 않는 두 지역 사이의 선형 요소로 해안선, 긴 벽 등을 예로 들 수 있다.

③ 지구(Districts)는 관찰자가 심리적으로 느낄 수 있는 공통적 특징을 갖는 구역을 일컫는다.

④ 가로(Paths)는 관찰자가 진입할 수 있는 하나의 결절점으로 교차로, 광장 등이 해당된다.

> **해설**
> • 가로(Paths) : 사람들이 다닐 수 있는 길을 말하며 장소와 장소를 연결시켜주는 주요한 간선도로, 내부도로 등이 해당된다.
> • 결절점(Node) : 관찰자가 진입할 수 있는 하나의 결절점으로 교차로, 광장 등이 해당된다.

20 건축물의 급탕 방식에 대한 설명으로 옳지 않은 것은?

① 저탕형 탕비기는 중앙식 급탕 방식에 해당한다.

② 저탕조에 증기를 직접 불어넣어 가열하는 방식은 기수혼합법이다.

③ 개별식 급탕 방식은 배관이 짧아서 열손실이 적다.

④ 간접가열식 급탕 방식은 급탕 개소가 많고 다량의 급탕량을 필요로 하는 대규모 건축물에 주로 이용한다.

> **해설**
> • 중앙식 급탕법 : 직접가열식, 간접가열식
> • 개별식 급탕법 : 순간온수기, 저탕형 탕비기, 기수혼합식

01 건축가와 주요 사상 및 대표 작품의 연결이 옳지 않은 것은?

① 프랭크 로이드 라이트(Frank Lloyd Wright) – 유기적 건축 – 낙수장(Falling Water)

② 르 코르뷔지에(Le Corbusier) – 근대건축의 5원칙 – 라투레트 수도원(Sainte Marie de La Tourette)

③ 미스 반데어로에(Mies van der Rohe) – 적을수록 풍부하다(Less is more) – 시그램 빌딩(Seagram Building)

④ 필립 존슨(Philip Johnson) – 지역주의 – 로이드 보험 본사(Lloyd's of London)

해설

리처드 로저스(Richard Rogers) – 하이테크 건축 – 로이드 보험 본사(Lloyd's of London)

02 기후대에 따른 토속건축에 대한 설명으로 옳은 것은?

① 고온건조기후에서는 일사가 충분하므로 이를 최대한 활용하기 위해 개구부의 수가 많고 크기 또한 크다.

② 고온다습기후에서는 증발에 의한 냉각효과가 잘 일어나므로 습공기의 실내 체류시간이 최대한 길게 설계되었다.

③ 온난기후에서는 따뜻한 기후가 유지되므로 처마 등의 차양으로 연중 최대한 일사가 들지 않도록 하였다.

④ 한랭기후에서는 열손실을 최소로 하는 것이 중요하므로 용적에 대한 표면적의 비율이 최소화되었다.

해설

① 고온건조기후에서는 개구부의 수가 적고 크기 또한 작다.

② 고온다습기후에서는 증발에 의한 냉각효과가 잘 일어나지 않으므로 습공기의 실내 체류시간이 최대한 짧게 설계되었다.

③ 온난기후에서는 여름철에는 따뜻한 기후가 유지되지만 나머지 계절에는 추운 기후이므로, 일사를 받을 수 있는 커다란 창과 여름철의 일사를 피할 수 있는 차양이 필요하다.

03 학교 건축계획에서 교과교실형에 대한 설명으로 옳은 것은?

① 각 학급이 전용 일반교실을 가지며 특정 교과는 특별교실을 두고 운영한다.

② 각 교과의 순수율이 높은 교실이 주어지며 시설의 수준이 높아진다.

③ 학생의 이동이 적으며 교실 이용률이 100%라 하더라도 반드시 순수율이 높다고 할 수 없다.

④ 초등학교 저학년에 가장 적합하며 안정적인 생활을 위한 홈베이스가 필요하다.

해설

① 일반교실 및 교과교실형에 대한 설명이다.

③ 종합교실형에 대한 설명이다.

④ 초등학교 저학년에는 적합하지 않으며, 홈베이스가 필요하다.

04 난방방식에 대한 설명으로 옳지 않은 것은?

① 온수난방은 난방 휴지기간이 길면 동결의 우려가 있으나 증기난방에 비하여 쾌감도는 높다.

② 증기난방은 현열을 이용하므로 배관 관경이 크고 열의 운반능력 또한 커서 연속난방에 적합하다.

③ 온풍난방은 예열시간이 짧아 손쉽게 이용할 수 있으나 소음이 크고 쾌감도가 낮다.

④ 복사난방은 방이 개방된 상태에서도 난방효과가 있으며 방열기가 필요 없어 바닥면의 이용도가 높다.

해설

증기난방은 잠열을 이용하므로 배관 관경이 작으며, 열의 운반능력은 크지만, 연속난방에는 적합하지 않다.

증기난방(Steam Heating)

장점	• 증발잠열을 이용하므로 열의 운반능력이 크다. • 예열시간이 짧고, 증기순환이 빠르다. • 설비비, 유지비가 싸다. • 방열기의 방열면적을 작게 할 수 있다. • 방열면적과 관경이 작아도 된다. • 한랭지에서 동결의 우려가 적다.
단점	• 부하변동에 따른 방열량 제어가 어렵다. • 난방개시 때 소음(Steam Hammering)이 많이 난다. • 쾌감도가 나쁘며, 열손실이 크다. • 화상의 우려(102℃의 증기 사용)가 있다. • 배관 내 부식 우려가 크다.

05 건축법령상 '건축물'에 해당하지 않는 것은?

① 주택의 대문

② 공장의 담장

③ 높이 6m의 고가수조

④ 지붕과 기둥만 있는 차고

해설

고가수조는 높이 8m를 넘는 경우 건축물에 해당되며, 높이 6m의 고가수조는 해당되지 않는다.

건축물(건축법 제2조) : 토지에 정착하는 공작물 중 지붕과 기둥 또는 벽이 있는 것과 이에 딸린 시설물, 지하나 고가의 공작물에 설치하는 사무소·공연장·점포·차고·창고, 그 밖에 대통령령으로 정하는 것을 말한다.

06 건축법 시행령상 리모델링이 쉬운 구조의 요건이 아닌 것은?

① 각 세대는 인접한 세대와 수직 또는 수평 방향으로 통합하거나 분할할 수 있을 것

② 구조체에서 건축설비, 내부 마감재료 및 외부 마감재료를 분리할 수 있을 것

③ 개별 세대 안에서 구획된 실(室)의 크기, 개수 또는 위치 등을 변경할 수 있을 것

④ 세대 내부 내력벽 및 기둥의 길이 비율을 높여 경제성 확보 및 공기 단축을 유도할 수 있을 것

해설

④의 요건은 없으며, 건축법 시행령 제6조의5에서 리모델링이 쉬운 구조의 요건은 ①, ②, ③이다.

07 우리나라 전통건축 부재에 대한 설명으로 옳은 것은?

① 첨차는 보방향으로 걸리고, 살미는 도리방향으로 걸리는 공포부재이다.

② 평방은 외진기둥을 한 바퀴 돌면서 기둥머리를 연결한 부재로, 다포식의 경우에는 평방만으로 간포의 하중을 견디기 어려워 그 위에 창방을 올린다.

③ 소로는 주두와 모양이 같고 크기가 작은 부재로, 장혀나 공포재(첨차, 살미 등) 밑에 놓여 상부 하중을 아래로 전달하는 역할을 하는 부재이다.

④ 장혀는 포와 포 사이에 놓여 화반을 받치고 있는 부재이다.

> **해설**
> ① 첨차는 도리방향으로 걸리고, 살미는 보방향으로 걸리는 공포부재이다.
> ② 창방은 외진기둥을 한 바퀴 돌면서 기둥머리를 연결한 부재로, 다포식의 경우에는 창방만으로 간포의 하중을 견디기 어려워 그 위에 평방을 올린다.
> ④ 화반은 포와 포 사이에 놓여 장혀를 받치고 있는 부재이다.

08 르네상스 시대 건축가와 업적에 대한 설명으로 옳은 것만을 모두 고르면?

> ㄱ. 필리포 브루넬레스키(Filippo Brunelleschi)는 입체적 원근법을 도입한 투시도법을 창안하였다.
> ㄴ. 레온 바티스타 알베르티(Leon Battista Alberti)는 『건축론(De Re Aedificatoria)』을 저술하였다.
> ㄷ. 안토니오 산텔리아(Antonio Sant'Elia)는 비트루비우스의 『건축십서』를 번역한 초기 르네상스 시대 건축가이다.
> ㄹ. 안드레아 팔라디오(Andrea Palladio)는 『건축의 다섯 오더』에서 고전 건축의 다섯 가지 비례를 정량적으로 법칙화 하여 오더를 정확히 그릴 수 있도록 하였다.

① ㄱ, ㄴ

② ㄷ, ㄹ

③ ㄱ, ㄴ, ㄹ

④ ㄱ, ㄷ, ㄹ

> **해설**
> ㄷ. 레온 바티스타 알베르티(Leon Battista Alberti)는 비트루비우스의 『건축십서』를 번역한 초기 르네상스 시대 건축가이다.
> ㄹ. 세바스티아노 세를리오(Sebastiano Serlio)는 『건축의 다섯 오더』에서 고전 건축의 다섯 가지 비례를 정량적으로 법칙화하여 오더를 정확히 그릴 수 있도록 하였다.

09 장애인·노인·임산부 등의 편의증진 보장에 관한 법률 시행규칙상 다음 그림과 같이 복도의 벽에 손잡이를 설치할 때 규격을 바르게 나열한 것은?

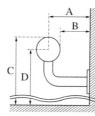

	손잡이와 벽의 간격	간격	손잡이의 높이	높이
①	A	3.2~3.8cm	D	0.85m 내외
②	A	5cm 내외	D	0.8~0.9m
③	B	3.2~3.8cm	C	0.85m 내외
④	B	5cm 내외	C	0.8~0.9m

해설

손잡이와 벽의 간격(B)은 5cm 내외, 손잡이의 높이(C)는 0.8~0.9m이다.

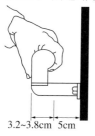

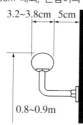

3.2~3.8cm 5cm

0.8~0.9m

3.2~3.8cm 5cm

10 업무시설 용도의 건축물에서 승강기 설치계획에 대한 설명으로 옳은 것은?(단, 승용승강기는 비상용승강기 구조로 하지 않는다)

① 승강기 대수는 1시간 동안 실제 운반해야 할 총인원수를 5분간 1대가 운반하는 인원수로 나눈 값으로 산정한다.

② 승강기 운행 형식 중 스킵스톱운행은 2대 이상의 승강기를 병설하는 경우에 주로 적용하여 승강장 수를 줄일 수 있으나 시설비가 많이 든다.

③ 건축법령상 6층 이상의 거실면적의 합계가 5,000m²인 경우 16인승 승용승강기로 계획한다면 1대를 설치한다.

④ 건축법령상 높이 31m를 넘는 각 층의 바닥면적 중 최대 바닥면적이 5,000m²인 경우 비상용승강기는 2대를 설치한다.

> **해설**
> ① 승강기 대수는 출근시간 직전 5분 동안 실제 운반해야 할 총인원수를 5분간 1대가 운반하는 인원수로 나눈 값으로 산정한다.
> ② 승강기 운행 형식 중 스킵스톱(Skip-stop)운행은 선택적 운행으로써 2대 이상의 승강기를 병설하는 경우에 주로 적용한다. 짝수층, 홀수층 등의 방법으로 운행하면서 승강장 수를 줄일 수 있고 시설비가 적게 든다.
> ④ 비상용승강기는 높이 31m를 넘는 각 층의 바닥면적 중 최대 바닥면적이 1,500m²를 넘는 건축물인 경우 1대에 1,500m²를 넘는 3,000m² 이내마다 1대씩 더한 대수 이상으로 설치하여야 한다. 따라서 설치대수 $= 1 + \dfrac{5,000 - 1,500}{3,000} ⇒ 2.2$(대)이므로 비상용승강기는 3대를 설치한다.

11 공연장 평면유형에 대한 설명으로 옳지 않은 것은?

① 아레나(Arena)형은 무대배경을 만들지 않으므로 경제적이다.

② 프로시니엄(Proscenium)형은 가까운 거리에서 가장 많은 관객을 수용할 수 있고 연기자와의 접촉면도 넓다.

③ 오픈 스테이지(Open Stage)형은 연기자가 다양한 방향감 때문에 통일된 효과를 나타내는 것이 쉽지 않다.

④ 가변형 무대(Adaptable Stage)는 작품의 성격에 따라 연출에 적합한 성격의 공간을 만들어 낼 수 있다.

> **해설**
> 아레나(Arena)형은 가까운 거리에서 가장 많은 관객을 수용할 수 있으며, 연기자와의 접촉면도 넓다.

12 기계식 주차시설에 대한 설명으로 옳지 않은 것은?

① 단시간 내에 많은 차량의 주차가 가능하다.

② 고층의 입체적인 주차가 가능하므로 지가(地價)가 비싼 대지에 유리하다.

③ 기계 고장 시 승강 및 피난이 어렵다.

④ 자주식에 비해 운영비가 많이 든다.

> **해설**
> 차량의 주차 시간이 많이 소요된다.

13 게슈탈트(Gestalt) 이론에 따른 지각법칙에 대한 설명으로 옳은 것은?

① 연속성(Good Continuation) – 형이나 그룹이 방향성을 잃고 단절되어 지각되는 경향

② 폐쇄성(Closure) – 불완전한 형이나 그룹이 완전한 형이나 그룹으로 완성되어 지각되는 경향

③ 근접성(Proximity) – 형이나 그룹이 가까이 있을수록 분리된 것으로 지각되는 경향

④ 유사성(Similarity) – 유사한 모양의 형이나 그룹을 하나의 부류로 지각하지 못하는 경향

> **해설**
> ① 연속성(Good Continuation) : 형이나 그룹이 방향성을 갖고 지각되는 경향
> ③ 근접성(Proximity) : 형이나 그룹이 가까이 있을수록 하나로 통합되어 지각되는 경향
> ④ 유사성(Similarity) : 유사한 모양의 형이나 그룹을 하나의 부류로 지각하는 경향

14 음에 대한 설명으로 옳은 것만을 모두 고르면?

> ㄱ. 음의 강도(Sound Intensity)와 최소가청음 강도(=10^{-12}W/m^2)의 비율로 음의 세기 레벨을 구할 수 있다.
> ㄴ. 음압 레벨이 20dB에서 40dB로 변하면 음압은 10배로 증가한다.
> ㄷ. 잔향시간은 실의 용적에 비례하고 흡음력에 반비례한다.

① ㄱ, ㄴ   ② ㄱ, ㄷ

③ ㄴ, ㄷ   ④ ㄱ, ㄴ, ㄷ

> **해설**
> ㄱ, ㄴ, ㄷ 모두 옳은 설명이다.

15 일조와 일사에 대한 설명으로 옳은 것은?

① 일조는 태양으로부터 받는 열의 복사에너지를 말한다.

② 일조시간을 가조시간으로 나눈 비율을 일조율이라고 한다.

③ 일사 차단을 위한 차양은 실내에 설치하는 것이 실외에 설치하는 것보다 효과적이다.

④ 일사량의 단위는 W/m^2 · ℃로 나타낸다.

> **해설**
> ① 일사는 태양으로부터 받는 열의 복사에너지를 말한다.
> ③ 일사 차단을 위한 차양은 실외에 설치하는 것이 실내에 설치하는 것보다 효과적이다.
> ④ 일사량의 단위는 kcal/m^2 또는 W/m^{2}이며, 열관류율의 단위는 W/m^2 · ℃로 나타낸다.

16 주거 건축에서 부엌에 대한 설명으로 옳은 것은?

① 일렬형(일자형)은 소규모에 적합하다.

② 주방의 시설은 개수대, 조리대, 냉장고, 준비대, 가열대, 배선대 순으로 배치한다.

③ 작업삼각형은 냉장고, 개수대, 배선대를 연결한 것이다.

④ 작업삼각형의 길이는 2.4~3.4m 범위가 적당하다.

> **해설**
> ② 주방의 시설은 준비대, 냉장고, 개수대, 조리대, 가열대, 배선대 순으로 배치한다.
> ③ 작업삼각형은 냉장고, 개수대, 가열대를 연결한 것이다.
> ④ 작업삼각형의 길이는 3.6~6.0m 범위가 적당하다.

17 지구단위계획수립지침상 '지구단위계획의 성격'에 대한 설명으로 옳지 않은 것은?

① 관할 행정구역 내의 일부지역을 대상으로 토지이용계획과 건축물계획이 서로 환류되도록 함으로써 평면적 토지이용계획과 입체적 시설계획이 서로 조화를 이루도록 하는데 중점을 둔다.

② 난개발 방지를 위하여 개별 개발수요를 집단화하고 기반시설을 충분히 설치함으로써 개발이 예상되는 지역을 체계적으로 개발·관리하기 위한 계획이다.

③ 지구단위계획구역 및 지구단위계획은 도시·군관리계획으로 결정한다.

④ 향후 20년에 걸쳐 나타날 시·군의 성장·발전 등의 여건변화와 향후 10년에 개발이 예상되는 일단의 토지 또는 지역과 그 주변지역의 미래 모습을 상정하여 수립하는 계획이다.

> **해설**
> 지구단위계획은 향후 10년 내외에 걸쳐 나타날 시·군의 성장·발전 등의 여건변화와 향후 5년 내외에 개발이 예상되는 일단의 토지 또는 지역과 그 주변지역의 미래 모습을 상정하여 수립하는 계획이다.

18 건축물의 설비기준 등에 관한 규칙상 '피뢰설비'에 대한 설명으로 옳은 것은?

① 피뢰설비의 재료는 최소 단면적이 피복이 없는 동선(銅線)을 기준으로 수뢰부, 인하도선 및 접지극은 40m² 이상이거나 이와 동등 이상의 성능을 갖추어야 한다.

② 급수·급탕·난방·가스 등을 공급하기 위하여 건축물에 설치하는 금속배관 및 금속재 설비는 전위(電位) 차이가 발생하도록 전기적으로 접속해야 한다.

③ 낙뢰의 우려가 있는 건축물, 높이 20m 이상의 건축물에는 기준에 적합한 피뢰설비를 설치해야 한다.

④ 돌침은 건축물의 맨 윗부분으로부터 20cm 이상 돌출시켜 설치해야 한다.

> **해설**
> ① 피뢰설비의 재료는 최소 단면적이 피복이 없는 동선(銅線)을 기준으로 수뢰부, 인하도선 및 접지극은 50m² 이상이거나 이와 동등 이상의 성능을 갖추어야 한다.
> ② 급수·급탕·난방·가스 등을 공급하기 위하여 건축물에 설치하는 금속배관 및 금속재 설비는 전위(電位)가 균등하게 이루어지도록 전기적으로 접속해야 한다.
> ④ 돌침은 건축물의 맨 윗부분으로부터 25cm 이상 돌출시켜 설치해야 한다.

16 ① 17 ④ 18 ③ **정답**

19 일정한 실내온도상승률 이상에서 작동하는 기능을 포함하고 있는 '자동화재탐지설비'만을 모두 고르면?

ㄱ. 정온식 감지기	ㄴ. 차동식 감지기
ㄷ. 보상식 감지기	ㄹ. 광전식 감지기

① ㄱ, ㄷ
② ㄱ, ㄹ
③ ㄴ, ㄷ
④ ㄴ, ㄹ

해설

차동식 감지기, 보상식 감지기는 일정한 실내온도상승률 이상에서 작동하는 기능을 포함하고 있다.

ㄱ. 정온식 감지기는 주위 온도가 일정 온도 이상일 때 작동한다.

ㄹ. 광전식 감지기는 연기감지기이다.

20 배수 및 통기설비에 대한 설명으로 옳지 않은 것은?

① 자기 사이펀 작용은 수직관 가까이 기구가 설치되어 있을 때 수직관 위로부터 일시에 대량의 물이 낙하하면 순간적으로 관 내 연결부에 진공이 생겨 봉수를 파괴한다.

② 루프통기방식은 2개 이상의 트랩을 하나의 통기관을 이용하여 통기하는 방식이니, 끔장할 수 있는 기구 수는 8개 이내이다.

③ 트랩은 배수관 내의 유해가스나 악취의 역류를 방지하는 기구이다.

④ 통기관의 설치목적은 트랩의 봉수가 파괴되지 않도록 하며 배수의 흐름을 원활히 하는 것이다.

해설

유인 사이펀 작용은 수직관 가까이 기구가 설치되어 있을 때 수직관 위로부터 일시에 대량의 물이 낙하하면 순간적으로 관내 연결부에 진공이 생겨 봉수를 파괴한다.

01 박물관의 특수전시기법에 대한 설명으로 옳지 않은 것은?

① 영상 전시 – 현물을 직접 전시할 수 없는 경우나 오브제 전시만의 한계를 극복하기 위해 사용한다.

② 하모니카 전시 – 하모니카의 흡입구처럼 동일한 공간을 연속하여 배치한다.

③ 파노라마 전시 – 연속적인 주제를 전경으로 펼쳐지도록 연출한다.

④ 디오라마 전시 – 2차원적인 매체를 활용하여 입체감이나 현장감보다는 전시물의 군집배치에 초점을 맞춘다.

해설
디오라마 전시
• 전시물 뒤에 그림이나 사진을 비추어 전시하여, 현장에 임한 듯한 느낌을 가지고 관찰할 수 있는 전시기법이다.
• 하나의 사실 또는 주제의 시간 상황을 고정시켜 연출한다.
• 현장 매체를 전시하는 방법, 모형 전시방법, 실물 또는 모형을 전시하고 보조 매체를 가하는 방법 등이 있다.

02 다음 제시된 건축의 과정을 순서대로 바르게 나열한 것은?

(가) 계획설계(기본계획)	(나) 실시설계
(다) 거주 후 평가	(라) 기본설계(중간설계)
(마) 시공 및 감리	(바) 기획

① (바) → (가) → (라) → (나) → (마) → (다) ② (바) → (가) → (라) → (다) → (나) → (마)
③ (바) → (라) → (가) → (나) → (마) → (다) ④ (바) → (라) → (가) → (다) → (나) → (마)

해설
기획 → 계획설계(기본계획) → 기본설계(중간설계) → 실시설계 → 시공 및 감리 → 거주 후 평가

03 근린생활권 주거단지 단위 중의 하나로 대략 100ha의 면적에 초등학교를 중심으로 하여 어린이공원, 운동장, 우체국, 소방서 등이 설치되는 단위는?

① 인보구   ② 근린분구
③ 근린주구   ④ 근린지구

해설
① 인보구 : 반경 100m 정도를 기준으로 하는 가장 작은 생활권 단위로서 어린이 놀이터가 중심이 되는 단위이다.
② 근린분구 : 주민 간에 면식이 가능한 최소단위의 생활권으로서 일상 소비생활에 필요한 공동시설이 운영 가능한 단위이다.

04 백화점의 수직 동선계획에 대한 설명으로 옳지 않은 것은?

① 에스컬레이터는 전체 연면적에 대한 점유율이 높고 설치비용이 많이 든다.

② 엘리베이터는 에스컬레이터에 비해 수송량 대비 점유면적이 작아 가장 효율적인 수송 수단이다.

③ 에스컬레이터는 엘리베이터에 비해 고객의 대기 시간이 짧으며 수송 능력이 좋다.

④ 엘리베이터는 가급적 집중배치하고, 고객용, 화물용, 사무용으로 구분한다.

해설

에스컬레이터는 엘리베이터에 비해 수송량 대비 점유면적이 작고, 효율적인 수송 수단이다.

05 건축물의 설비기준 등에 관한 규칙상 다음 창호 평면에 나타난 피벗(Pivot) 종축창의 배연창 유효면적 산정기준은?(단, W는 창의 폭, H는 창의 유효 높이이다)

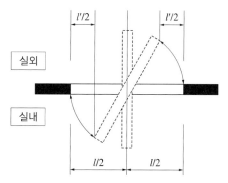

• l : 90° 회선 시 창호와 직각 방향으로 개방된 수평거리
• l'' : 90° 미만 0° 초과 시 창호와 직각 방향으로 개방된 수평거리

① $W \times l'/2 \times 2$
② $W \times l/2 \times 2$
③ $H \times l'/2 \times 2$
④ $H \times l/2 \times 2$

해설

Pivot 종축창 : $H \times l'/2 \times 2$

※ 배연창 유효면적은 벽면에 부착된 창의 면에 수직한 개구면적으로 산정한다.

06 유치원의 세부공간계획에 대한 설명으로 옳지 않은 것은?

① 유희실은 안전성과 방음효과를 고려하여 바닥의 소재를 선정한다.

② 화장실은 교실 내부 또는 가장 가까운 곳에 배치하여 교사가 지도할 수 있도록 한다.

③ 유원장은 정적 놀이공간, 중간적 놀이공간, 동적 놀이공간으로 구분하여 공간을 구성한다.

④ 개인용 물품이나 교재 등을 보관하는 창고는 필수공간이 아니므로 선택적으로 계획한다.

> **해설**
> 개인용 물품이나 교재 등을 보관하는 창고는 필수적 공간으로써 계획되어야 한다.

07 극장 건축계획에 대한 설명으로 옳지 않은 것은?

① 아레나(Arena)형은 객석과 무대가 하나의 공간에 있으므로 배우와 관객 간의 일체감을 높여 긴장감이 높은 공연에 적합하다.

② 프로시니엄(Proscenium)형은 그림의 액자와 같이 관객의 눈을 무대에 쏠리게 하는 시각적 효과가 있어 강연, 연극공연 등에 적합하다.

③ 플라이 갤러리(Fly Gallery)는 그리드 아이언에 올라가는 계단과 연결되며, 무대 주위의 벽에 6~9m 높이로 설치되는 좁은 통로이다.

④ 사이클로라마(Cyclorama)는 무대의 천장 밑에 철골을 촘촘히 깔아 바닥을 형성하여 무대배경이나 조명기구 또는 음향 반사판 등을 매달 수 있게 하는 장치이다.

> **해설**
> • 그리드 아이언(Grid Iron)은 무대의 천장 밑에 철골을 촘촘히 깔아 바닥을 형성하여 무대배경이나 조명기구 또는 음향 반사판 등을 매달 수 있게 하는 장치이다.
> • 사이클로라마(Cyclorama) : 극장 뒤에 설치된 배경막을 말하며, 무대 뒤쪽의 구조물을 가려주는 역할을 한다.

08 도시 및 주거환경정비법상 이 법에서 정한 절차에 따라 도시기능을 회복하기 위하여 정비구역에서 정비기반시설을 정비하거나 주택 등 건축물을 개량 또는 건설하는 '정비사업'에 해당하지 않는 것은?

① 재건축사업　　　　　　　　　　② 재개발사업

③ 가로주택정비사업　　　　　　　④ 주거환경개선사업

> **해설**
> 정비사업
> • 주거환경개선사업 : 도시 저소득 주민이 집단거주하는 지역으로서 정비기반시설이 극히 열악하고 노후 · 불량건축물이 과도하게 밀집한 지역의 주거환경을 개선하거나, 단독주택 및 다세대주택이 밀집한 지역에서 정비기반시설과 공동이용시설 확충을 통하여 주거환경을 보전 · 정비 · 개량하기 위한 사업
> • 재개발사업 : 정비기반시설이 열악하고 노후 · 불량건축물이 밀집한 지역에서 주거환경을 개선하거나 상업지역 · 공업지역 등에서 도시기능의 회복 및 상권활성화 등을 위하여 도시환경을 개선하기 위한 사업
> • 재건축사업 : 정비기반시설은 양호하나 노후 · 불량건축물에 해당하는 공동주택이 밀집한 지역에서 주거환경을 개선하기 위한 사업

09 상점의 건축계획에 대한 설명으로 옳지 않은 것은?

① 평면형식 중 환상배열형은 중앙에 소형 상품을, 벽면에 대형 상품을 진열하는 데 적합하다.

② 고객 동선은 가능한 한 길게, 종업원의 동선은 가능한 한 짧게 하는 것이 합리적이다.

③ 측면판매 방식은 충동적 구매와 선택이 용이하지만, 판매원을 위한 통로 공간으로 인해 진열면적이 감소한다.

④ 매장계획 시 고객을 감시하기 쉬우나, 고객이 감시받고 있다는 인상을 주지 않도록 한다.

해설
측면판매 방식은 충동적 구매와 선택이 용이하고, 진열면적이 증가한다.

10 교육시설의 건축계획에 대한 설명으로 옳지 않은 것은?

① 과학교실은 실험 실습을 위한 전기, 가스, 급배수설비를 갖춘다.

② 미술실은 실내가 균일한 밝기의 조도를 유지할 수 있도록 배치한다.

③ 음악실은 적당한 잔향시간을 유지하도록 한다.

④ 도서실은 학교의 모든 곳으로부터 접근이 편리한 위치에 있도록 배치하며 이용 활성화를 위해 폐가식으로 운영한다.

해설
학교의 도서실은 이용 활성화를 위해 개가식으로 운영한다.

11 실내공기질 관리법령상 다중이용시설의 실내공기질에 대해서는 공기오염물질에 따라 유지기준과 권고기준으로 구분하고 있다. 다음 중 유지기준 항목인 공기오염물질만을 모두 고르면?

ㄱ. 미세먼지	ㄴ. 이산화탄소
ㄷ. 오존	ㄹ. 라돈
ㅁ. 석면	ㅂ. 일산화탄소

① ㄱ, ㄴ, ㄷ   ② ㄱ, ㄴ, ㅂ

③ ㄷ, ㄹ, ㅁ   ④ ㄹ, ㅁ, ㅂ

해설
• 실내공기질 유지기준 : 미세먼지(PM-10), 미세먼지(PM-2.5), 이산화탄소, 폼알데하이드, 총부유세균, 일산화탄소
• 실내공기질 권고기준 : 이산화질소, 라돈, 총휘발성유기화합물, 곰팡이

12 건축법상 건축물의 높이를 일조 등의 확보를 위하여 정북 방향의 인접 대지경계선으로부터의 거리에 따라 대통령령으로 정하는 높이 이하로 하여야 하는 지역만을 모두 고르면?

ㄱ. 제1종 전용주거지역	ㄴ. 제3종 일반주거지역
ㄷ. 준주거지역	ㄹ. 준공업지역

① ㄱ
② ㄱ, ㄴ
③ ㄱ, ㄴ, ㄷ
④ ㄴ, ㄷ, ㄹ

해설
일조 등의 확보를 위한 건축물의 높이 제한 : 전용주거지역과 일반주거지역에 적용한다.

13 사무소의 건축계획에 대한 설명으로 옳지 않은 것은?

① 코어의 종류에는 편심코어형, 중앙(중심)코어형, 독립코어형, 양단코어형 등이 있다.
② 코어는 내력 구조체의 기능을 수행하여 건물의 구조적 안정성을 증대시킨다.
③ 오피스 랜드스케이핑(Office Landscaping)은 개방식 배치의 한 형태로, 업무환경의 변화에 따라 공간을 조정할 수 있다.
④ 복도형 사무실(Corridor Office)은 한 장소에서 책상과 시설을 서열에 따라 배치하며, 업무에 대한 감독 및 커뮤니케이션이 쉽다.

해설
개방식 배치(Open Plan System)는 한 장소에서 책상과 시설을 서열에 따라 배치하며, 업무에 대한 감독 및 커뮤니케이션이 쉽다.

14 그림은 한국전통건축의 기법을 표현한 것이다. (가)~(라)를 바르게 연결한 것은?

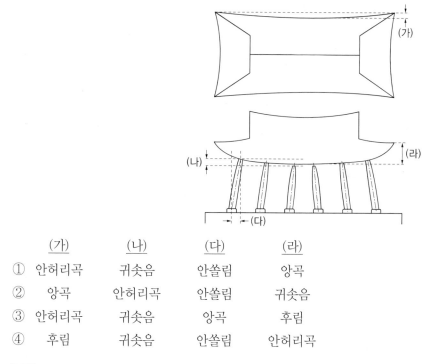

	(가)	(나)	(다)	(라)
①	안허리곡	귀솟음	안쏠림	앙곡
②	앙곡	안허리곡	안쏠림	귀솟음
③	안허리곡	귀솟음	앙곡	후림
④	후림	귀솟음	안쏠림	안허리곡

해설
- 안허리곡(후림) : 중앙보다 처마 끝을 조금 더 튀어나오도록 처리한 것으로 평면상으로 지붕의 선이 곡선을 그리게 되어 더욱 우아하고 아름답게 보인다.
- 앙곡(조로) : 정면에서 볼 때 양쪽 추녀 쪽으로 갈수록 점차 곡선 형태로 높아지는 것이다.

15 주거시설의 건축계획에 대한 설명으로 옳지 않은 것은?

① 평면계획 시 생활행위를 고려하여 일반적으로 취침공간과 식사공간을 분리하여 배치한다.

② 동선의 3요소인 빈도, 속도, 궤적을 고려하여 침실, 테라스, 창고와 같이 속도가 높은 구간에 가구를 배치한다.

③ 향에 따른 배치계획을 할 경우 북쪽은 종일 햇빛이 들지 않고 북풍을 받아 춥지만, 조도가 균일하여 아틀리에 등의 작업실을 두기에 유리하다.

④ 개인생활공간, 공동생활공간, 가사노동공간으로 구분할 수 있는 3개 생활공간의 동선은 상호 분리하여 간섭이 없어야 한다.

해설
동선의 3요소인 빈도, 속도, 하중을 고려하여 속도가 높은 구간에는 가구를 배치하지 않는다.

16 노인복지법상 노인복지시설에 대한 설명으로 옳지 않은 것은?

① 노인의료복지시설에는 노인요양시설, 노인요양공동생활가정이 있다.

② 노인여가복지시설에는 노인복지관, 노인공동생활가정, 노인교실이 있다.

③ 노인주거복지시설 중 양로시설은 노인을 입소시켜 급식과 그 밖에 일상생활에 필요한 편의를 제공함을 목적으로 한다.

④ 재가노인복지시설 중 단기보호서비스를 제공하는 시설은 부득이한 사유로 가족의 보호를 받을 수 없어 일시적으로 보호가 필요한 심신이 허약한 노인과 장애노인을 단기간 입소시켜 보호하는 시설이다.

해설
노인여가복지시설에는 노인복지관, 경로당, 노인교실이 있다.
※ 노인공동생활가정은 노인주거복지시설에 속한다.

17 다음에서 설명하는 덕트(Duct)의 배치방식은?

> • 가장 간단한 방식으로 설비비가 저렴하다.
> • 덕트 스페이스가 작다.

① 개별 덕트 방식
② 간선 덕트 방식
③ 환상 덕트 방식
④ 원형 덕트 방식

해설
간선 덕트 방식은 가장 간단한 방식으로 설비비가 저렴하며, 덕트 스페이스가 작다.

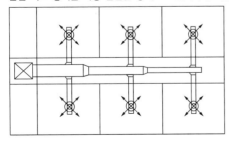

18 건축법령상 건축물의 승강기에 대한 설명으로 옳지 않은 것은?

① 비상용승강기의 승강로는 당해 건축물의 다른 부분과 내화구조로 구획하고 각 층으로부터 피난층까지 이르는 승강로를 단일구조로 연결하여 설치한다.

② 층수가 30층 이상인 건축물에는 승용승강기 중 1대 이상을 피난용승강기로 설치한다.

③ 비상용승강기의 승강장에는 채광이 되는 창문이 있거나 예비전원에 의한 조명설비를 한다.

④ 비상용승강기의 승강장에는 배연설비를 설치해야 하되, 외부를 향하여 열 수 있는 창문을 설치해서는 안 된다.

> **해설**
> 비상용승강기의 승강장에는 노대 또는 외부를 향하여 열 수 있는 창문이나 배연설비를 설치하여야 한다.

19 병원의 형태에 따른 건축계획에 대한 설명으로 옳지 않은 것은?

① 수직 고층의 병원은 도시지역에 충분한 대지를 확보하기 어려울 경우에 적합하다.

② 분관형은 평면 분산식으로, 저층 건물이 일반적이고 채광 및 통풍 조건이 좋다.

③ 기단형은 넓은 저층동 상부에 고층동 건물을 계획한 것으로, 저층동의 공간 배치가 자유롭지 못하다.

④ 다익형은 분관형과 기단형의 절충형태로, 각 부분 간의 긴밀한 연계성을 유지하면서도 좀 더 자유로운 계획이 가능한 형태이다.

> **해설**
> 기단형은 넓은 저층동 상부에 고층동을 계획한 것으로, 저층동의 공간 배치가 자유롭다.

20 20세기 국제주의 양식 건축의 대표적인 건축가와 그의 작품을 연결한 것으로 옳지 않은 것은?

① 피터 쿡(Peter Cook) – 로비 하우스(Robie House)

② 르 코르뷔지에(Le Corbusier) – 빌라 사보아(Villa Savoye)

③ 발터 그로피우스(Walter Gropius) – 바우하우스(Bauhaus)

④ 미스 반데어로에(Mies Van Der Rohe) – 바르셀로나 파빌리온(Barcelona Pavilion)

> **해설**
> 프랭크 로이드 라이트(Frank Lloyd Wright) – 로비 하우스(Robie House)

01 배수관 내의 흐름을 원활하게 하고 신선한 공기를 유통시켜 배수관 계통의 환기를 도모하는 것은?

① 봉수　　　　　　　　　　② 트랩

③ 통기관　　　　　　　　　④ 워터해머

해설
① 봉수 : 트랩 안에 일정량의 채워져 있는 물을 말한다.
② 트랩 : 봉수를 고이게 하는 기구이며, 배수관 속 악취, 유독가스 및 벌레의 침투를 방지한다.
④ 워터해머(수격작용) : 급수관 내에서 물의 흐름이 갑자기 정지할 때, 급수관경이 작을 때, 빠른 유속에 의해 발생한다.

02 다음 설명에 해당하는 학교운영 방식은?

* 모든 교실이 특정교과를 위하여 만들어지므로 일반교실은 없다.
* 각 학과에 순수율이 높은 교실이 주어지므로 시설의 수준은 높아진다.
* 학생의 이동이 심하다.

① 달톤형　　　　　　　　　② 플래툰형

③ 교과교실형　　　　　　　④ 종합교실형

해설
① 달톤형 : 학급, 학년을 없애고 학생들이 각자의 능력에 따라 교과를 골라 일정한 교과가 끝나면 졸업한다.
② 플래툰형 : 전 학급을 2분단으로 나누고, 한편이 일반교실을 사용할 때 다른 한편은 특별교실을 사용한다.
④ 종합교실형 : 종합교실형은 교실 수는 학급 수와 일치하며, 각 학급은 자기 교실에서 모든 학습을 하므로 교실의 이용률은 높지만 순수율은 낮아진다.

03 음환경계획에서 사람이 음으로 느끼는 음압의 단위는?

① dB

② lm

③ lx

④ cd/m²

해설

② lm : 광속의 단위

③ lx : 조도의 단위

④ cd/m² : 휘도의 단위

04 아파트의 평면형식에 따른 특징으로 옳지 않은 것은?

① 계단실형은 채광·통풍에 유리하고 출입이 편리하다.

② 편복도형은 단위주거가 통로에 면해 있어 독립성이 침해되기 쉽다.

③ 중복도형은 복도 양쪽으로 단위주거가 배치되어 고밀화될 때 유리하다.

④ 집중형은 단위주거의 위치와 관계없이 모든 세대의 일조가 균등하다.

해설

집중형은 단위주거의 위치에 따라 각 세대의 일조, 채광, 통풍 등의 환경조건이 불균등하다.

05 복사 난방이 장점으로 옳지 않은 것은?

① 실내의 온도 분포가 균등하고 쾌감도가 높다.

② 방열기가 필요하지 않고 바닥면의 이용도가 높다.

③ 실이 개방된 상태에서도 난방 효과가 있다.

④ 시공, 수리와 방의 모양을 바꿀 때 편리하다.

해설

복사 난방은 시공, 수리와 방의 모양을 바꿀 때 바닥이나 벽 속의 난방배관 교체가 어렵다.

06 (가)~(라)에 들어갈 전통건축의 명칭으로 옳은 것은?

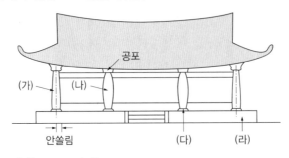

	(가)	(나)	(다)	(라)
①	평주	배흘림	초석	평방
②	평주	우주	막돌	평방
③	우주	평주	초석	기단
④	귀솟음	우주	창방	기단

해설

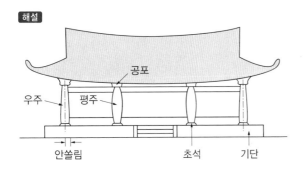

07 실내 환경계획에서 결로에 대한 설명으로 옳지 않은 것은?

① 고온다습한 여름철과 겨울철 난방 시에 발생하기 쉽다.

② 일반적으로 남향 벽이나 바닥 등에서 일어나기 쉽다.

③ 환기가 잘 되지 않아 실내에서 발생하는 수증기량이 증가하고 습기 처리에 대한 시설이 불완전할 때 발생한다.

④ 재료의 표면에서 발생하는 표면결로와 재료 내부에서 발생하는 내부결로가 있다.

해설

결로는 일반적으로 북향 벽이나 환기가 잘 되지 않는 부분에서 일어나기 쉽다.

08 다음 설명에 해당하는 근대 건축 운동은?

> • 1890년대 전 유럽에 걸쳐 유행한 이 운동은 과거의 모든 건축 전통 양식을 배제하고 새로운 형태의 양식을 만들고자 하는 것이 목표였다.
> • 직선이나 각이 진 형태를 배제하고 장식적인 곡선을 많이 사용한다는 특징을 가진다.
> • 대표적 건물로 빅토르 오르타(Victor Horta)의 타셀(Tassel) 주택 등이 있다.

① 아르누보(Art Nouveau) 건축
② 시카고파(Chicago School) 건축
③ 국제양식(International Style) 건축
④ 근대건축국제회의(CIAM)

해설
아르누보(Art Nouveau) 건축은 과거의 모든 건축 전통 양식을 배제하고 새로운 형태의 양식을 만들고자 하는 것이 목표였으며, 장식적인 곡선을 많이 사용하였다.

09 소방설비에 대한 설명으로 옳지 않은 것은?

① 스프링클러는 방화 대상물의 상부 또는 천장면에 살수기구를 설치하는 것으로 화재 시 물을 분사한다.
② 일반적으로 스프링클러헤드 하나가 소화할 수 있는 면적은 $10m^2$ 정도이다.
③ 연결살수설비는 전용 송수구를 통하여 실내로 물을 공급하는 것으로 지하층의 일반 화재를 진압한다.
④ 옥내소화전은 건물 각 층에 설치하는 것으로 화재 발생을 감지하고 자동으로 물을 분사한다.

해설
스프링클러는 건물 각 층에 설치하는 것으로 화재 발생을 감지하고 자동으로 물을 분사한다.

10 친환경 건축에 대한 설명으로 옳지 않은 것은?

① 생태 건축은 자연의 순환체계와 연계되어 있으며 환경 건축, 녹색 건축 등으로도 표현된다.
② 실외보다 실내 온도가 높을 때 상부 창으로 외부 공기를 유입시키고 실내 공기 유출을 위하여 하부에 창을 내면 자연환기에 효과적이다.
③ 아트리움은 건물 실내의 중앙 홀 등을 상부 층까지 수직으로 관통하여 유리 지붕을 설치함으로써 채광, 환기 등 쾌적한 실내 환경을 제공한다.
④ 우리나라가 지정한 재생에너지에는 풍력, 수력, 해양에너지, 지열에너지 등이 포함된다.

해설
실외보다 실내 온도가 높을 때 따뜻한 공기가 상승하므로 상부 창으로 실내의 공기를 외부로 유출시키고 실내 공기 유출을 위하여 상부에 창을 내면 자연환기에 효과적이다.

11 다음 건축물의 건폐율(%)은?(단, 대지면적은 100m², 평면치수는 외벽 중심선 기준이다)

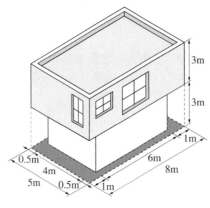

① 24 ② 32

③ 40 ④ 64

해설

$$건폐율(\%) = \frac{건축면적}{대지면적} \times \frac{5 \times 8}{100} = 40\%$$

12 음환경계획에서 잔향에 대한 설명으로 옳지 않은 것은?

① 음 발생이 중지된 후에도 소리가 실내에 남는 현상이다.

② 실내에서 음의 명료도가 큰 값을 유지하기 위해서는 음원의 에너지가 충분할 경우 잔향이 있는 것이 좋다.

③ 잔향시간은 실의 용적에 비례하고 흡음력에 반비례한다.

④ 실의 사용 목적 및 용적에 맞는 적당한 크기의 잔향시간을 최적 잔향시간이라고 한다.

해설

잔향이 많을수록 명료도가 낮아질 수 있으며, 실내에서 음의 명료도가 큰 값을 유지하기 위해서는 음원의 에너지가 충분할 경우 잔향이 적을수록 좋다.

13 공동주택의 공용시설계획에 대한 설명으로 옳지 않은 것은?

① 양쪽으로 실이 있는 복도의 너비는 1.8m 이상으로 한다.

② 계단은 단 높이 18cm, 단 너비는 27~30cm, 물매 30° 이하가 바람직하다.

③ 일반적으로 6층 이상의 아파트에는 엘리베이터를 설치한다.

④ 계단실의 배수는 지하에서 처리한다.

해설

계단실의 배수는 지상에서 처리한다.

11 ③ 12 ② 13 ④ **정답**

14 건축설비 방식에 의한 공기조화에 대한 설명으로 옳은 것은?

① 각층 유닛 방식은 층마다 공기조화 유닛을 설치하는 방식으로 소형 건물에 적합하다.

② 팬 코일 유닛 방식은 호텔의 객실, 아파트, 주택 및 사무실에 적용된다.

③ 이중 덕트 방식은 건물의 바닥 또는 천장면에 구조체 파이프 코일을 설치하여 여름에는 냉수, 겨울에는 온수를 통하게 하여 실의 공기조화를 한다.

④ 패키지 유닛 방식은 소형 유닛과 덕트 병용 방식으로 시공과 취급이 어려워 원가 상승의 단점이 있다.

> **해설**
> ① 각층 유닛 방식은 층마다 공기조화 유닛을 설치하는 방식으로 대형 건물에 적합하다.
> ③ 이중 덕트 방식은 공조기에 의해 냉풍과 온풍을 각각의 덕트로 보낸 후 말단의 혼합상자에서 혼합하여 각 실에 송풍하는 방식이다.
> ④ 패키지 유닛 방식은 압축기, 냉각코일, 송풍기, 공기필터 등을 케이싱 내에 조립·설치한 장비인 패키지 유닛을 실내 또는 각 존에 배치하여 냉방을 하는 방식이다.

15 건축법령상 용어의 정의로 옳지 않은 것은?

① 대수선 : 건축물의 기둥, 보, 내력벽, 주계단 등의 구조나 외부 형태를 수선·변경하거나 증설하는 것으로서 대통령령으로 정하는 것을 말한다.

② 개축 : 기존 건축물의 전부 또는 일부(내력벽, 기둥, 보, 지붕틀 중 둘 이상이 포함되는 경우를 말한다)를 해체하고 그 대지에 연면적 합계를 종전과 같은 규모의 범위에서 건축물을 다시 축조하는 것을 말한다.

③ 증축 : 기존 건축물이 있는 대지에서 건축물의 건축면적, 연면적, 층수 또는 높이를 늘리는 것을 말한다.

④ 리모델링 : 건축물의 노후화를 억제하거나 기능 향상 등을 위하여 대수선하거나 건축물의 일부를 증축 또는 개축하는 행위를 말한다.

> **해설**
> **개축** : 기존 건축물의 전부 또는 일부(내력벽, 기둥, 보, 지붕틀 중 셋 이상이 포함되는 경우를 말한다)를 해체하고 그 대지에 종전과 같은 규모의 범위에서 건축물을 다시 축조하는 것을 말한다.

정답 14 ② 15 ②

16 건축계획을 시작하기 전에 먼저 검토해야 할 내용으로 옳은 것만을 모두 고르면?

ㄱ. 베이크아웃(Bake-out)	ㄴ. 건축의 용도
ㄷ. 건축주의 요구사항	ㄹ. 규모 및 예산
ㅁ. 사용자 분석	ㅂ. 입주 후 평가(POE)

① ㄱ, ㄴ, ㄷ
② ㄱ, ㄹ, ㅂ
③ ㄴ, ㄷ, ㄹ, ㅁ
④ ㄴ, ㄷ, ㅁ, ㅂ

해설
베이크아웃(Bake-out) : 실내 공기온도를 높여 건축자재나 마감재료에서 나오는 유해물질의 배출을 일시적으로 증가시킨 후 환기시켜 유해물질을 제거하는 것이며, 시공자는 모든 실내 내장재 및 붙박이 가구류 설치한 후부터 사용검사 신청 전까지의 기간에 실시해야 한다.

17 업무시설 평면계획에서 랜드스케이핑 계획(Landscaping Plan)의 특징으로 옳은 것은?

① 소음이 발생하기 쉽고 업무 분위기가 산만할 수 있다.
② 직위서열을 중심으로 배치함으로써 업무변화에 신속하게 대응할 수 있다.
③ 공간의 길이에 변화를 줄 수 있지만 깊이에는 변화를 줄 수 없다.
④ 복도를 통하여 각 층의 여러 공간으로 들어가는 방법으로, 공사비가 비교적 비싸다.

해설
② : 개방식 배치에 대한 설명이다.
③·④ : 개실형 배치에 대한 설명이다.
오피스 랜드스케이핑(Office Landscaping)
• 사무공간의 작업 패턴(흐름) 관계를 고려하여 획일성을 없애고 업무의 융통성과 능률을 높이고자 하는 방식이다.
• 개방식 배치의 변형된 방식으로, 낮은 칸막이나 화분 등으로 자유롭게 구성한다.
• 장점
 ‑ 사무실 내에서 인간관계의 질적 향상과 작업 능률이 향상된다.
 ‑ 작업 패턴의 변화에 따른 조정이 가능하며 융통성이 있으므로 새로운 요구사항에 맞도록 신속한 변경이 가능하다.
 ‑ 사무공간 및 공사비(칸막이 벽, 공조, 소화, 조명설비 등)가 절약되어 경제적이다.
 ‑ 시각적 차단과 부드러운 분위기를 조성할 수 있다.
 ‑ 창이나 기둥의 방향에 관계없이 사무실 배치가 가능하다.
• 단점
 ‑ 소음이 발생하기 쉽다.
 ‑ 프라이버시가 결여될 우려가 있다.
 ‑ 사무실을 모듈에 의해 설계할 때 배치방법에 제약을 받는다.
 ‑ 대형가구 등 소리를 반향시키는 기재의 사용이 어렵다.

18 주택계획에서 주택의 규모에 대한 설명으로 옳지 않은 것은?

① 주택의 적정규모는 1인당 주거면적으로 계산한다.

② 1인당 주거면적은 현관, 복도 등 부속실을 포함한다.

③ 숑바르 드 로브는 1인당 주거면적의 병리기준, 한계기준, 적정기준을 제시하였다.

④ 숑바르 드 로브가 제시한 적정기준은 16m²/인이다.

해설
1인당 주거면적은 현관, 복도 등 부속실 등의 공용면적은 제외한다.

19 국토의 계획 및 이용에 관한 법률 시행령상 상업지역에 대한 용도지역의 세분으로 옳지 않은 것은?

① 중심상업지역   ② 근린상업지역

③ 전용상업지역   ④ 유통상업지역

해설
상업지역 : 중심상업지역, 근린상업지역, 일반상업지역, 유통상업지역

20 (가)~(다)에 들어갈 숫자로 옳은 것은?

근린분구 : 주택 호수 [(가)]호, 인구 약 [(나)]명, 면적 [(다)]ha로 일상생활 소비에 필요한 공동시설을 영위할 수 있는 단위

	(가)	(나)	(다)
①	400~500	2,000	15~25
②	400~500	4,000	50~75
③	1,600~2,000	4,000	50~75
④	1,600~2,000	8,000	75~100

해설
근린분구는 주택 호수 400~500호, 인구 약 2,000~2500명, 면적 15~25ha로 일상생활 소비에 필요한 공동시설을 영위할 수 있는 단위이다.

교육이란 사람이 학교에서 배운 것을 잊어버린 후에 남은 것을 말한다.

– 알버트 아인슈타인 –

기술직 건축계획 한권으로 끝내기

개정1판1쇄 발행	2024년 07월 05일 (인쇄 2024년 05월 23일)
초 판 발 행	2023년 04월 05일 (인쇄 2023년 02월 22일)
발 행 인	박영일
책 임 편 집	이해욱
편 저	민영기
편 집 진 행	윤진영 · 김달해
표지디자인	권은경 · 길전홍선
편집디자인	정경일
발 행 처	(주)시대고시기획
출 판 등 록	제10-1521호
주 소	서울시 마포구 큰우물로 75 [도화동 538 성지 B/D] 9F
전 화	1600-3600
팩 스	02-701-8823
홈 페 이 지	www.sdedu.co.kr
I S B N	979-11-383-7204-6(13350)
정 가	30,000원

WIN QUALIFICATION

윙크
Win Qualification의 약자로서
자격증 도전에 승리하다의
의미를 갖는 시대고시기획의
자격서 브랜드입니다.

SD 에듀

단기합격을 위한
완전학습서

Win-Q

**윙크
시리즈**

자격증 취득에 승리할 수 있도록 **Win-Q시리즈**는 완벽하게 준비하였습니다.

기술자격증 도전에 승리하다!

빨간키
핵심요약집으로
시험 전 최종점검

핵심이론
시험에 나오는 핵심만
쉽게 설명

핵심예제
꼭 알아야 할 내용을
다시 한번 풀이

기출문제
시험에 자주 나오는
문제유형 확인

한눈에 이해할 수 있도록
체계적으로 정리한 핵심이론

철저한 시험유형 파악으로
만든 필수확인문제

국가직·지방직 등
최신 기출문제와 상세 해설

기술직 공무원 기계일반
별판 | 24,000원

기술직 공무원 기계설계
별판 | 24,000원

기술직 공무원 물리
별판 | 23,000원

기술직 공무원 생물
별판 | 20,000원

기술직 공무원 임업경영
별판 | 20,000원

기술직 공무원 조림
별판 | 20,000원

※도서의 이미지와 가격은 변경될 수 있습니다.

나는 이렇게 합격했다

당신의 합격 스토리를 들려주세요
추첨을 통해 선물을 드립니다

베스트 리뷰
갤럭시탭 / 버즈 2

상/하반기 추천 리뷰
상품권 / 스벅커피

인터뷰 참여
백화점 상품권

이벤트 참여방법

합격수기

| SD에듀와 함께한 도서 or 강의 **선택** | > | 나만의 합격 노하우 정성껏 **작성** | > | 상반기/하반기 추첨을 통해 선물 증정 |

인터뷰

| SD에듀와 함께한 강의 **선택** | > | 합격증명서 or 자격증 사본 **첨부**, 간단한 **소개 작성** | > | 인터뷰 완료 후 **백화점 상품권 증정** |

이벤트 참여방법
다음합격의 주인공은 바로 여러분입니다!

QR코드 스캔하고 ▷ ▷ ▷ ▶
이벤트 참여하여 푸짐한 경품받자!

합격의 공식
SD에듀